VIE

DE

MGR LE DUC DE NORMANDIE,

FILS DE LOUIS XVI ET DE MARIE-ANTOINETTE
ROI ET REINE DE FRANCE,

Que la révolution fit orphelin en 1793, et qu'elle raya du nombre des vivants en 1795,

CONNU DANS LE MONDE SOUS LE NOM DE

M. L'EX-BARON DE RICHEMONT,

par

M. L. Esp. J. V. CLARAVALI DEL CURSO.

« Il existe une victime échappée à l'orage qui a englouti presque
« toute sa famille. (L'EX BARON DE RICHEMONT.)
« J'ai été malheureux toute ma vie, j'ai parcouru la terre et
« n'ai trouvé d'asile nulle part. (le même.)
« Celui qui ne sait pas souffrir n'est pas digne des honneurs de
« la persécution. » (le même.)

1 vol. grand in-8, de plus de 600 pages.

Prospectus.

PRÉFACE DE L'AUTEUR.

En livrant aujourd'hui au public la vie de son altesse royale Monseigneur le duc de Normandie, fils de Louis XVI, notre intention a été, tout d'abord, de payer, avant de descendre dans la tombe, sur laquelle nos cheveux blancs nous annoncent que nous avons déjà un pied, un juste tribut d'amour et de fidélité à la plus longue, la plus grande, la plus auguste et la plus incroyable de toutes les infortunes; et ensuite de donner à la France, notre chère et bien-aimée patrie, un gage de notre dévouement et de notre affection. Qu'on ne nous accuse pas de vouloir jeter, au milieu de nos malheureux concitoyens déjà trop divisés, un nouveau brandon de discorde et de guerre civile, puisque nous désirons, au contraire, avec ardeur les réunir tous autour de l'unique et véritable principe qui peut seul faire disparaître à jamais tous les partis

Mais, dira-t-on, le fils de Louis XVI est mort dans la tour du Temple. Non, non, répondrons-nous, le fils du roi-martyr n'est pas mort, cet auguste rejeton de tant de grands monarques est au milieu de nous, plein de vie et de santé, rempli de science et de vertu. Nous avons interrogé les plus fameux conventionnels dans leurs actes et dans leurs écrits, et ils nous ont répondu que le fils de Louis XVI n'était point mort dans la tour du Temple d'où des mains habiles l'avaient tiré. Nous avons lu les mémoires manuscrits de sa compagne de captivité, madame la duchesse d'Angoulême, et ils nous ont dit que le fils de Louis XVI n'était point mort au Temple.

Nous avons fouillé dans les annales et les décrets du Consulat et de l'Empire, et ils nous ont appris que le fils de Louis XVI n'était pas mort dans la tour du Temple. Nous avons contemplé avec étonnement la chute de cet empire colossal, et ses ruines fumantes nous ont crié que le fils de Louis XVI n'était pas mort dans la tour du Temple. Nous avons examiné avec soin la conduite que la Restauration a tenue envers les serviteurs dévoués et les sujets fidèles de l'infortuné Louis XVI, et cette conduite nous a assuré que le fils du saint roi-martyr n'était pas mort dans la tour du Temple. Nous avons vu avec autant de surprise que de douleur l'expulsion de la famille royale, et ces illustres proscrits nous ont crié en partant pour un troisième exil, que le fils de Louis XVI n'était point mort au Temple. Nous avons considéré avec attention ce qui lui a succédé en 1830, — qui n'a pas de nom, tant c'est ignoble et dégoûtant, — et l'examen de ce régime qui a laissé vilipender la France au-dehors et lui a fait éprouver mille avanies au-dedans, nous a convaincu que le fils de Louis XVI n'était mort ni au Temple, ni ailleurs, et qu'il était vivant.

Nous avons interrogé l'Assemblée nationale de 1848, et elle nous a avoué qu'elle croyait à l'existence du fils de Louis XVI dans la personne de M. l'ex-baron de Richemont. Nous nous sommes adressé à l'immortel Pie IX, et ce grand pontife nous a répondu que son envoyé extraordinaire à Paris, en 1848, pour s'assurer de l'identité du dauphin dans la personne de M. le baron de Richemont, et que l'audience qu'il avait accordée en 1848 à *ce dernier comme fils du saint roi-martyr*, proclamaient hautement qu'il croyait à l'existence de monseigneur le duc de Normandie, fils de Louis XVI.

Nous offrons donc à nos concitoyens cet opuscule, résultat des recherches exactes de toute notre vie, fruit de nos longues veilles, produit d'un travail consciencieux, comme un dernier gage de l'amour que nous avons toujours eu pour eux, et nous leur demandons de le lire avec attention jusqu'à la fin, alors ils s'écrieront comme nous, que le fils de Louis XVI n'est mort ni dans la tour du Temple, ni ailleurs.

Nous avons divisé la vie du fils de Louis XVI et de Marie-Antoinette, en quatre livres :

Le premier contient la vie du prince depuis sa naissance jusqu'à la mort de son infortuné père ;

Le second renferme sa détention au Temple, son enlèvement et la substitution d'un autre enfant à sa place, substitution que nous environnerons des preuves les plus convaincantes, les plus péremptoires et les plus invincibles ; il renferme encore ce qu'il devint sous la Convention, le Directoire, le Consulat et l'Empire ;

Le troisième retrace l'accueil rebutant que le prince a essuyé sous la Restauration, les persécutions qu'elle lui a suscitées, et la manière dont il en a triomphé ;

Le quatrième présente le prince aux prises avec l'astucieux Louis-Philippe, qui lui tend cent piéges divers auxquels il échappe heureusement, sous les ailes de l'auguste Marie, protectrice de sa royale famille, et patronne de la France, et le conduit, à travers mille dangers, jusqu'au moment où nous offrons l'histoire de sa vie aux Français étonnés.

Prix : 5 francs.

A LYON.

Chez DUMOULIN et RONET ' imprimeurs-libraires,
rue Centrale, 20 (à l'homme d'Osier).

VIE

DE

MGR LE DUC DE NORMANDIE.

L'auteur et ses ayant-droits se réservent la propriété de l'ouvrage, et poursuivront selon toute la rigueur des lois toute contrefaçon de quelque manière qu'elle ait lieu, et sous quelque prétexte qu'elle se fasse.

L. Esp. J. V. CLARAVALI, *del Curso*.

VIE

DE

MGR LE DUC DE NORMANDIE,

FILS DE LOUIS XVI ET DE MARIE-ANTOINETTE
ROI ET REINE DE FRANCE,

Que la révolution fit orphelin en 1793, et qu'elle raya du nombre des vivants en 1795,

CONNU DANS LE MONDE SOUS LE NOM DE
M. L'EX-BARON DE RICHEMONT,

par

M. L. Esp. J. V. CLARAVALI DEL CURSO.

« Il existe une victime échappée à l'orage qui a englouti presque
« toute sa famille.   (L'EX BARON DE RICHEMONT.)
« J'ai été malheureux toute ma vie, j'ai parcouru la terre et
« n'ai trouvé d'asile nulle part.   (le même.)
« Celui qui ne sait pas souffrir n'est pas digne des honneurs de
« la persécution. »   (le même.)
Justitia elevat gentem : miseros autem facit populos peccatum.
   La justice élève les nations, et le péché rend les peuples
   misérables.   (Proverb., ch. 14, v. 34.)

PARIS.
Chez tous les Libraires.

LYON.
IMPRIMERIE DE DUMOULIN ET RONET, LIBRAIRES,
Rue St-Côme, 6, au 1er étage.

1850.

Avis important aux lecteurs.

Nous ne doutons pas que dans le siècle sceptique et raisonneur où nous vivons, la plupart de nos lecteurs ne désirent voir ce qu'on appelle scolastiquement la *preuve des preuves*, c'est-à-dire les pièces originales que nous citons dans notre ouvrage. Nous leur déclarons en toute vérité que nous n'avons rien dit ni rapporté dont nous ne fussions moralement certain. Souvent, il est vrai, nous ne mettons que les lettres initiales des personnes qui nous ont fourni des documents très-positifs sur le fait historique que nous traitons, mais c'est pour ménager leurs intérêts et ne pas les exposer à de sourdes et injustes persécutions de la part de qui est si intéressé à tenir la vérité captive et à cacher la lumière sous le boisseau. D'ailleurs, ceux de nos lecteurs qui voudront s'assurer par eux-mêmes de l'existence et de l'authenticité des pièces originales n'auront qu'à se rendre à Paris, s'adresser à M. Pascal, rue Madame, 54, et on exposera à leurs regards étonnés un bien plus grand nombre de déclarations, certificats et attestations très-authentiques que l'espace que nous nous sommes prescrit ne nous a pas permis de citer.

CLARAVALI.

A SA SAINTETÉ PIE IX.

Très-Saint-Père,

La plus longue, la plus auguste et, si l'on peut s'exprimer ainsi, la plus merveilleuse des infortunes des temps anciens et modernes, infortune vraiment marquée du sceau de la divinité, ne peut être patronnée et célébrée qu'en paraissant sous les auspices de Votre Sainteté qui honore la chaire de saint Pierre par ses vertus apostoliques, qui l'illustre par ses sublimes qualités, et qui la sanctifie par ses grandes souffrances. Le plus humble, le plus respectueux et le plus dévoué de vos fils ose donc aujourd'hui, Très-Saint-Père, faire hommage à Votre Sainteté de la vie de Mgr. le duc de Normandie, fils du pieux Louis XVI, roi de France, mort martyr de sa foi et de sa charité, de ce rejeton de tant de grands et de puissants monarques, que la révolution fit orphelin en 1793 et qu'elle raya du nombre des vivants en 1795. L'Agneau dominateur, qui a reçu les nations pour héritage, a sauvé ce nouveau Moïse des eaux révolutionnaires pour le montrer bientôt à l'univers étonné et le donner à la France pardonnée. C'est la divine Marie, sa puissante protectrice, qui a conduit, Très-Saint-Père, ce petit-fils de saint Louis, plus grand encore par ses infortunes inouies que par son antique et illustre origine, aux pieds de Votre Sainteté, canal des bénédictions et des grâces célestes, dont il a besoin pour remplir sa noble mission, au commencement de cette année 1849, année devenue à jamais mémorable par l'entrevue des deux plus augustes et plus célèbres victimes des tempêtes révolutionnaires, et par ces immenses tribulations que le digne vicaire de Jésus-Christ éprouve pour apaiser la justice divine et sanctifier l'église catholique qu'il gouverne, dans ces temps mauvais, avec une sagesse toute divine. Vous seul, Seigneur, pourriez nous apprendre ce qui s'est passé de touchant, de beau et d'héroïque, pendant cette entrevue d'une heure, dans ces deux grands cœurs qui battent à l'unisson, dans ces deux intelligences de premier ordre, que vous enrichissez par l'adversité et que vous conservez pour l'exaltation et la gloire de votre Eglise, pour le salut et le bonheur de la France de Marie votre divine mère. Daignez donc, ô Très-Saint-Père, ne pas refuser ce léger tribut de la foi, de l'amour et de la piété filiale de celui qui, prosterné aux pieds de Votre Sainteté, la supplie de lui pardonner sa trop grande hardiesse et de lui accorder, comme la plus insigne faveur, sa bénédiction apostolique.

Je suis avec le plus profond respect,

Très-Saint-Père,

De Votre-Sainteté,

Le très-humble et très-obéissant serviteur,
et le fils le plus dévoué :

L. Esp. J. V. CLARAVALI, *del Curso.*

PRÉFACE.

En livrant aujourd'hui au public la vie de son altesse royale Monseigneur le duc de Normandie, fils de Louis XVI, notre intention a été, tout d'abord, de payer, avant de descendre dans la tombe, sur laquelle nos cheveux blancs nous annoncent que nous avons déjà un pied, un juste tribut d'amour et de fidélité à la plus longue, la plus grande, la plus auguste et la plus incroyable de toutes les infortunes; et ensuite de donner à la France, notre chère et bien-aimée patrie, un gage de notre dévouement et de notre affection, en lui montrant l'arbre de vie à l'ombre duquel elle trouvera le repos, la paix, la gloire et le bonheur. Qu'on ne nous accuse donc pas de vouloir jeter, au milieu de nos malheureux concitoyens déjà trop divisés, un nouveau brandon de discorde et de guerre civile, puisque nous désirons, au contraire, avec ardeur les réunir tous autour de l'unique et véritable principe qui peut seul faire disparaître à jamais tous les partis confondus sous l'autorité légitime.

Mais, nous dira-t-on, le fils de Louis XVI est mort dans la tour du Temple. Non, non, répondrons-nous, le fils du roi-martyr n'est pas mort, cet auguste rejeton de tant de grands monarques est au milieu de nous, plein de vie et de santé, rempli de science et de vertu. Nous avons interrogé les plus fameux conventionnels dans leurs actes et dans leurs écrits, et ils nous ont répondu que le fils de Louis XVI n'était point mort dans la tour du Temple d'où des mains habiles l'avaient tiré. Nous avons lu les mémoires manuscrits de sa compagne de captivité, madame la duchesse d'Angoulême, et ils nous ont dit que le fils de Louis XVI n'était point mort au Temple.

Nous avons fouillé dans les annales et les décrets du Consulat et de l'Empire, et ils nous ont appris que le fils de Louis XVI n'était pas mort dans la tour du Temple. Nous avons contemplé avec étonnement la chute de cet empire colossal, et ses ruines fumantes nous ont crié que le fils de Louis XVI n'était pas mort dans la tour du Temple. Nous avons examiné avec soin la conduite que la Restauration a tenue envers les serviteurs dévoués et les sujets fidèles de l'infortuné Louis XVI, et cette conduite nous a assuré que le fils du saint roi-martyr n'était pas mort dans la tour du Temple. Nous avons vu avec autant de surprise que de douleur l'expulsion de la famille royale, et ces illustres proscrits nous ont crié en partant pour un troisième exil, que le fils de Louis XVI n'était point mort au Temple. Nous avons considéré avec attention ce qui lui a succédé en 1830, — qui n'a pas de nom, tant c'est ignoble et dégoûtant, — et l'examen de ce régime qui a laissé vilipender France au-dehors et lui a fait éprouver mille avanies au-dedans, nous a convaincu que le fils de Louis XVI n'était mort ni au Temple, ni ailleurs, et qu'il était vivant.

Nous avons interrogé l'Assemblée nationale de 1848, et elle nous a avoué qu'elle croyait à l'existence du fils de Louis XVI dans la personne de M. l'ex-baron de Richemont. Nous nous sommes adressé à l'immortel Pie IX, et ce grand pontife nous a répondu que son envoyé extraordinaire à Paris, en 1848, pour s'assurer de l'identité du dauphin dans la personne de M. le baron de Richemont, et que l'audience qu'il avait accordée en 1849 à *ce dernier comme fils du saint roi martyr*, proclamaient hautement qu'il croyait à l'existence de monseigneur le duc de Normandie, fils de Louis XVI.

Nous offrons donc à nos concitoyens, avant d'entrer dans la voie commune de toute chair, cet opuscule, résultat des recherches exactes de toute notre vie, fruit de nos longues veilles, produit d'un travail consciencieux, comme un dernier gage de l'amour que nous avons toujours eu pour eux, et nous leur demandons de le lire avec attention jusqu'à la fin; alors ils s'écrieront comme nous, que le fils de Louis XVI n'est mort ni dans la tour du Temple, ni ailleurs, et que lui *seul*, dans l'ordre de la Providence, *peut* nous procurer la gloire, la paix et le bonheur.

Nous diviserons la vie du fils de Louis XVI et de Marie-Antoinette, en quatre livres :

Le premier contient la vie du prince depuis sa naissance jusqu'à la mort de son infortuné père ;

Le second renferme sa détention au Temple, son enlèvement et la substitution d'un autre enfant à sa place, substitution que nous environnerons des preuves les plus convaincantes, les plus péremptoires et les plus invincibles ; il renferme encore ce qu'il devint sous la Convention, le Directoire, le Consulat et l'Empire ;

Le troisième retrace les rebuts que le prince essuya sous la Restauration, les persécutions qu'elle lui suscita, et la manière dont il en triompha ;

Le quatrième présente le prince aux prises avec l'astucieux Louis-Philippe qui lui tend cent piéges divers auxquels il échappe heureusement, sous les ailes de l'auguste Marie, protectrice de sa royale famille, et patronne de la France, et le conduit, à travers mille dangers, jusqu'au moment où nous offrons l'histoire de sa vie aux Français étonnés.

INTRODUCTION.

Comme nous préparions un avant-propos ou une introduction pour mettre à la tête de la Vie de Monseigneur le duc de Normandie, fils de Louis XVI, il nous est tombé sous la main une brochure dans laquelle nous avons trouvé un article parfaitement approprié à notre sujet. C'est un dialogue d'un noble Milanais avec un voyageur français sur les principaux événements arrivés en France depuis 1793 jusqu'à nos jours. Nous le citons textuellement afin que nos lecteurs puissent en apprécier eux-mêmes le mérite :

« Dernièrement, faisant un voyage de longue haleine en pays étranger, nous fûmes tout-à-coup rejoint par un inconnu qui nous aborda avec une rare politesse et se mit à causer avec nous. Tout intéressait dans sa personne. Un port majestueux une voix douce, un organe sonore et une élocution pure et élégante, prévenaient en sa faveur et annonçaient un personnage distingué et de haute extraction ; c'était dans le courant du mois de juillet dernier ; mais le sujet de la conversation nous est présent comme si c'était hier. Nous nous mîmes à parler des nouvelles du jour et des derniers événements arrivés en France.

« Cet étranger, que nous prîmes à son langage et à son accent pour un noble Milanais, sans en être pourtant bien sûr, car nous n'osâmes lui demander ni son nom ni sa patrie, prit la parole et nous parla en ces termes : « Vous autres Français, vous êtes un peuple poli, brave, généreux, belliqueux et franc, comme le porte votre nom originel, mais un peu léger et inconstant ; et cette légèreté qui vous empêche de réfléchir, fait votre malheur et cause vos commotions politiques. Depuis que votre belle et riche France s'est rendue coupable du plus grand crime dont une nation puisse souiller ses annales, si vous en exceptez toutefois le déicide commis par le peuple Juif, en faisant tomber sur l'échafaud la tête du meilleur des rois, elle a reçu de grandes et fortes leçons de la part du modérateur suprême des peuples et des rois, Mais, parce qu'elle n'a pas su ou voulu en profiter, la Providence lui en réserve de plus grands et de plus terribles encore, jusqu'à ce qu'elle ait fait réparation et amende honorable à son roi martyr, dans la personne de son fils enlevé du Temple par les soins du prince de Condé, lequel j'ai vu et connu dans les prisons de Milan, où l'inique politique de Louis XVIII et de l'empereur d'Autriche l'avait fait renfermer. Vous saurez que les nations sont solidaires vis-à-vis de la justice divine des attentats qui se commettent dans leur sein. En vertu de cette solidarité qui a commencé dans le jardin d'Eden, et sans laquelle toute société est impossible, Dieu qui a les yeux ouverts sur les actions des hommes, des peuples et des rois, a déposé sa puissance pour un temps bien limité, entre les mains du grand Napoléon qui a châtié l'Europe par la France et la France par l'Europe. Et lorsque, après avoir défait et rétabli des potentats à sa volonté, ôté et distribué des couronnes selon son bon plaisir, il croit asseoir son empire colossal sur des bases solides et inébranlables, voilà que le Tout-Puissant qui tire la tempête de ses trésors, détruit par le souffle de sa bouche l'armée la plus belle et la plus formidable qu'on ait jamais vue, et envoie mourir sur un rocher celui qui, dans son fol orgueil, avait osé dire avec le premier des orgueilleux : « Dieu règnera dans le « ciel et moi sur la terre: *Deus in cœlo, et ego* « *super terram*.

« Après l'Empire, est venue la Restauration qui, a plusieurs reprises, a étouffé la voix du fils de Louis XVI, qu'elle pourchassait et faisait emprisonner à Milan, en lui substituant, par sa police, les Mathurin Bruneau, les Fontolive, les Persat, faux Dauphins qu'elle lançait dans le public pour faire oublier le véritable, comme si la fausse monnaie n'était pas un signe certain de la bonne. Mais voilà que, dans le moment même où elle vient de faire tomber sous le coup d'un éventail une puissance barbaresque qui avait, pendant plusieurs siècles, bravé tous les potentats de l'Europe, elle abandonne la victoire et le trône à quelques gamins de Paris ; preuve évidente que la couronne ne lui appartenait pas, car un roi légitime s'ensevelit sous les débris de la monarchie expirante.

« A la restauration a succédé le gouvernement de juillet. Louis Philippe qui avait reçu la couronne des mains du peuple, parut faible dans les commencements ; mais, à force de concessions, de ruse et d'adresse, il s'est solidement établi. Gardé par une armée de 400 mille hommes, protégé par les remparts et les forts de Paris, il se croit inexpugnable et regarde le plus beau trône de l'univers comme l'héritage naturel de sa nombreuse postérité. Mais Celui qui hait l'iniquité et qui aime la justice, le jette bas, dans le temps même que ce roi du peuple chante victoire.

« Vous autres Français, au caractère bouillant et impétueux, vous réfléchissez peu sur ces grands enseignements donnés par une Providence attentive qui pèse les actions des peuples et des rois dans la balance de sa justice éternelle. Pour moi, qui suis possesseur d'une prophétie qui se trouve dans ma famille depuis 1800, qui ai étudié l'histoire et suivi la marche des événements, j'ai la certitude que tous ces bouleversements, aussi imprévus qu'extraordinaires, arrivent pour réparer une grande injustice commise par une grande nation envers un auguste personnage. Attendez et vous verrez.

« Etonné et surpris d'un pareil discours, nous nous hasardâmes à lui demander s'il parlait sérieusement et s'il croyait réellement à l'existence du Dauphin que tous nos historiens faisaient mourir dans la tour du Temple, à la suite des mauvais traitements que lui fit éprouver le féroce Simon, cordonnier de profession, et devenu, par les attentats de la révolution, le précepteur des enfants de France. Alors cet étranger qui commandait le silence par l'intérêt qu'il savait mettre à la conversation, reprit la suite de son discours et nous exposa avec force et conviction les preuves de l'enlèvement et de l'existence actuelle du duc de Normandie. Il nous cita, entre autres choses, le témoignage du grand pape Pie VI, mort à Valence. Ce saint Pontife, nous dit-il, dans une allocution adressée au sacré collége, trois jours avant son enlèvement sacrilége, annonça que le *jeune Louis-Charles de Normandie*, enlevé du Temple par les agents du prince de Condé, avait d'abord été transporté dans la Vendée, et qu'il jouissait d'une parfaite santé. Cette pièce importante, signée de Pie VI, et revêtue du sceau de l'Etat, se trouve encore aujourd'hui dans les archives de la Cour de Rome. Il nous parla aussi beaucoup des lettres du prince de Condé et d'autres documents qui furent saisis sur le duc de Normandie au moment de son arrestation dans les Etats autrichiens, lettres et documents qui prouvaient évidemment que celui qui en était nanti ne pouvait être que le fils de l'infortuné Louis XVI. Tous les employés de la prison de Milan, et Silvio Pellico lui-même qui fait mention du duc de Normandie dans son ouvrage intitulé: *Mes Prisons*, étaient persuadés que le prisonnier d'Etat tenu au secret rigoureux pendant sept ans, dix mois et douze jours, sans qu'on lui ait fait subir aucun interrogatoire, sans qu'on ait pu lui imputer aucun crime, sans qu'il ait été au pouvoir de ses bourreaux couronnés de trouver, dans toute la vie de leur infortunée victime, une seule action digne de blâme pour justifier tant soit peu cet acte d'iniquité arbitraire et inouï dans les annales des nations civilisées et même des peuples barbares, était véritablement son altesse royale Monseigneur le duc de Normandie, fils de Louis XVI. « Aussi, continua le noble Milanais, dès que l'ordre de l'élargissement du prince fut parvenu à Milan, les autorités supérieures s'empressèrent de lui en communiquer le contenu et de lui annoncer qu'il était libre. Ce jour fut un jour de fête pour toute la ville. Employés et gardiens, chacun vint souhaiter bon voyage et bonne chance au *bon monsieur Louis-Charles de Bourbon*. Mais outre ces preuves fournies par l'histoire et mille autres renfermées dans les *Mémoires d'un contemporain*, que j'ai lus avec intérêt, j'ai une prophétie conservée dans ma famille avec soin, que je regarde comme très-authentique, laquelle annonçait longtemps d'avance les événements dont je viens de vous entretenir, et prédit beaucoup d'autres choses qui certainement s'accompliront en temps et lieu. Sollicité par nous, le noble Milanais tira de son portefeuille un vieux manuscrit et nous lut sa prophétie qui n'est autre que celle que nous connaissons sous le nom de prophétie d'Orval. »

Nous pensons faire plaisir à nos lecteurs en mettant cette prophétie, précédée d'une notice sur son authenticité et suivie de l'explication du noble Milanais, après les pièces justificatives du quatrième livre de cet ouvrage.

Aux sages et intéressantes réflexions du noble Milanais, ajoutons quelques considérations propres à faire connaître les causes de la grandeur, de la décadence et de la chute du royaume très-chrétien.

Quand le suprême Dominateur veut verser la coupe de sa colère sur une nation pour la punir de ses nombreuses et grandes iniquités, que fait-il ? Il lui ôte les gens de cœur et tous les hommes de guerre, tous les juges, les prophètes et les vieillards, qui ont en partage la sagesse et l'expérience. Et après lui avoir ôté tous ces secours qui sont la force et l'appui des royaumes, il lui donne des enfants pour princes et des efféminés pour maîtres (Isaïe, c. 3, v. 2, 4.). C'est précisément ce qui est arrivé à notre malheureuse patrie, à la suite du règne glorieux de Louis-le-Grand, mais surtout depuis l'attentat du 21 janvier 1793. Le Seigneur, Dieu des armées, dont la providence s'étend à tout et veille sur tout avec une égale sollicitude, avait choisi, dans sa sagesse éternelle, pour gouverner la France, une auguste famille qui, depuis plus de quatorze siècles tient dans ses mains le plus beau sceptre de l'univers, sans que ni les révolutions, ni les bouleversements politiques, ni les guerres intestines et étrangères, ni le temps qui détruit tout, n'aient pu le lui arracher. Sous le gouvernement paternel de l'illustre famille des Bourbons, qui compte dans son sein tant de bons, de sages et de grands rois, le royaume très-chrétien marchant de prospérité en prospérité, vivait heureux, donnait le mouvement et dictait la loi à l'Europe qui enviait sa gloire et désirait son bonheur.

On fouillerait en vain dans les fastes des royaumes et des empires, pour trouver une race de rois, sans en excepter même la famille de David, ce roi selon le cœur de Dieu, qui, pour la durée et les grands hommes qu'elle a fournis, puisse être comparée à l'auguste et à l'antique famille des Bourbons. Quoique, d'après d'habiles chroniqueurs qui l'assurent et la font remonter en ligne directe jusqu'au grand Constantin, il nous fût facile d'établir que cette royale famille descend de quelque famille impériale, ou de quelque puissant sénateur tenant aux têtes couronnées, qui s'était fixé comme chef ou gouverneur dans la Germanie, cette partie de l'empire romain d'où sortirent les Francs ou Français pour s'établir dans les Gaules, nous nous contenterons, pour ne rien dire que de bien certain, de la faire remonter au roi Pharamond seulement (420) par Mérovée, prince de cette famille, qui régna après Clodion, fils de ce monarque. Ce prince, aussi habile politique qu'intrépide guerrier, mérita de donner son nom à la première race de nos rois (448). Childéric, son fils et son successeur, est moins remarquable par les aventures romanesques qu'on lui attribue, que par l'honneur plus solide d'avoir donné le jour au grand Clovis. C'est ce dernier prince que nous pouvons regarder comme le vrai conquérant des Gaules, comme le véritable fondateur de la monarchie, et le chef de cette longue suite de rois qui l'ont gouvernée jusqu'à 1795, et qui, dans l'ordre de la Providence, malgré les vicissitudes et les révolutions qui briseront parfois le sceptre dans leurs mains, doivent conserver la couronne jusqu'à la fin des temps, où, selon une antique tradition, le dernier roi de France doit déposer à Jérusalem sa couronne et son sceptre. Aussi, la conviction de nos pères, fondée sur une promesse faite à Hugues-Capet que ses fils en récompense de sa piété *règneraient à ja-*

mais, était telle à ce sujet, qu'ils ne concevaient la fin de la monarchie qu'avec la fin de l'univers.

Nous n'ignorons pas qu'on ne fait ordinairement remonter les Bourbons qu'à Hugues-Capet, fils de Hugues-le-Grand, premier roi de la race Capétienne, qui régnait en l'an 987 ; mais c'est à tort, car la race des Capétiens et celle des Carlovingiens ont la même origine ; l'une et l'autre remontent à Pepin-le-Gros nommé aussi Pepin de Landen et Pepin d'Héristal. Voici comme nous établissons notre thèse, d'après les meilleurs critiques, ou plutôt de quelle manière nous dressons l'arbre généalogique de cette illustre famille : 1° Pour la race des Carlovingiens, Pepin-le-Gros a eu pour premier fils Charles-Martel, père de Pepin-le-Bref, qui est le premier roi de cette race éteinte dans Louis V, mort l'an 987 ; 2° pour la race des Capétiens : le même Pepin-le-Gros a eu pour second fils Nivelon, qui a eu Théodebert, qui a eu Robert-le-Fort, qui a eu Robert, roi de la race carlovingienne, l'an 922; ce Robert est père de Hugues-le-Grand : donc la seconde et la troisième race de nos rois ont la même origine. Nous devons en dire autant de la première race, car Pepin-le-Gros est fils d'Anségise, qui est fils de St-Arnould, qui est fils d'Ansbert, époux de Batilde, fille de Clotaire Ier, septième roi de France de la première race, qui mourut l'an 561. La courte généalogie que nous venons d'établir, l'histoire à la main, prouve donc évidemment que les trois races de nos rois ont une seule et même origine, et que leur tige commune est le prince Mérovée, chef de la première race. Il est donc bien certain que l'auguste famille des Bourbons, qui occupe plusieurs trônes de l'Europe, remonte à une antiquité de plus de 1400 ans, et qu'ils sont la postérité de Pepin, de Mérovée et de Pharamond, et par ce dernier, pourrions-nous même ajouter avec certains chroniqueurs, d'une famille impériale romaine.

Nous devons faire observer ici que jusqu'au roi Hugues que sa grande prudence et sa rare sagesse firent surnommer *Capet*, car en langue celtique ce mot signifie *prudent* et *sage*, la couronne était élective; c'est-à-dire, que les seigneurs étaient en possession, depuis la fondation de la monarchie, d'élire celui des membres de la famille royale qu'ils croyaient le plus digne du trône, sans avoir égard au droit d'aînesse, comme le roi partageait aussi sa couronne entre ses différents enfants. Un prince, dont la sage politique fondée sur la justice et la prudence égalait la piété et la valeur guerrière, comprit facilement les graves inconvénients qu'entraînaient soit les partages, soit les élections. Il anéantit ces deux abus à la fois, en faisant agréer aux seigneurs que son fils Robert fût couronné de son vivant, et qu'il régnât seul après lui. Les premiers successeurs de Hugues Capet suivirent cet exemple, et dès lors l'hérédité du trône, en faveur du fils aîné, fut consacrée non par une loi expresse, mais par un usage auquel depuis plus de mille ans on n'a jamais dérogé, et qui, devenu ainsi une loi fondamentale de l'Etat, a épargné à la France, notre chère patrie, bien des secousses et des révolutions. C'est pour nous punir de notre impiété envers lui, et du crime épouvantable dont la nation s'est rendue coupable en faisant périr sur l'échafaud le meilleur des rois, le pieux Louis XVI, que le Seigneur a permis qu'on ait foulé aux pieds cette loi fondamentale depuis 1793, comme on a également violé toutes les autres lois divines et humaines. C'est en revenant à ces principes sacrés que nous sortirons de cet abîme révolutionnaire où le philosophisme du 18e siècle nous a précipités. Si depuis près de deux mille ans, le ciel poursuit à outrance la vengeance du déicide commis sur la personne sacrée de l'homme-Dieu, laissera-t-il impuni l'attentat énorme commis le 21 janvier 1793, sur la personne inviolable de l'homme-roi? N'en doutons pas, ce crime de lèse-majesté demande une expiation publique et une réparation solennelle: nous aurons fait l'une et l'autre, et réconcilié le Ciel avec notre infortunée patrie, en reconnaissant l'auguste orphelin du Temple, qui vit ignoré au milieu de nous, comme autrefois le Sauveur au milieu de son peuple. Voilà la condition à laquelle le ciel justement irrité nous offre la paix. Car, en nous promenant de Ninive à Babylone, d'Athènes à Rome, et de Rome à Paris, partout la divine sagesse nous montre gravé sur les débris, et comme sur la tombe des empires : *la justice les éleva, et l'impiété les détruisit.*

Pour trouver les premières sources qui ont commencé à creuser l'abîme révolutionnaire qui a englouti la monarchie française en 1793, il faut remonter jusqu'à la fin du règne de Louis-le-Grand. C'est à dater de cette époque que nous voyons le courroux du ciel se promener sur la France, et dans la nature même des fléaux dont il l'afflige, lui présager d'autres fléaux encore, réservés pour d'autres temps. Cependant le Dieu lent à punir, tantôt disposait autour de lui les instruments de ses vengeances, tantôt faisait briller dans le lointain les éclairs de sa colère; mais il fallut un siècle entier de prévarications pour lui arracher la foudre et déterminer enfin la catastrophe qui devait envelopper tout un grand peuple mûr pour le châtiment. Vers la fin de ce règne à jamais mémorable, un jeune prince surtout faisait alors les délices et tout l'espoir de la nation. Elève accompli de l'immortel Fénélon, imbu des principes et de la morale de ce grand maître, le Dauphin, duc de Bourgogne, paraissait destiné à montrer en sa personne le héros véritable du Télémaque fabuleux. Tout promettait à la France qu'à un règne brillant et glorieux, mais qui finissait par l'épuisement, succéderait le règne le plus heureux des vertus pacifiques. Trop flatteuse espérance ! elle n'enfantera que des regrets. Le tombeau à peine refermé sur son père, s'ouvrira pour recevoir en même temps et le Dauphin et son épouse, et un troisième Dauphin encore, leur fils aîné. Alors les regards de la France consternée n'auront plus à se reposer que sur un faible enfant qu'une langueur mortelle assiége dans le berceau. Alors aussi, et parmi les terribles épreuves de ces malheurs domestiques, qui viennent se confondre avec une suite de malheurs publics, Louis, plus grand que jamais, s'inclinera religieusement devant le trône du Roi seul immortel. C'est ici, l'on ne peut en douter, que commence à s'annoncer ostensiblement le grand mystère de châtiment que le Ciel, quand il en sera temps, déploiera tout entier sur la France devenue plus coupable. C'est à la mort prématurée de ce Dauphin de si grande espérance, que s'attache le premier anneau visible de cette chaîne fatale qui, avant la fin du XVIIIme siècle, aura englouti dans un abîme commun et le monarque des Français et la monarchie même. Et l'instrument de la colère divine sera un Philippe d'Orléans, justement soupçonné, accusé même de la mort prématurée de plusieurs princes placés avant lui sur les degrés du trône. Ce prince dont le nom seul semble être un présage de calamité, avait été convaincu d'avoir aspiré à la couronne d'Espagne au préjudice du petit-fils de Louis XIV dont il commandait les armées. Impie, incrédule, athée même, selon quelques-uns, Philippe d'Orléans était surtout décrié par la plus étrange dissolution de mœurs. Pour le peindre d'un seul mot : c'était un nouveau Sardanapale.

Louis-le-Grand qui le connaissait et qui prévoyait ce que deviendrait sous un tel régent la France qu'il avait établie la reine des nations, avait pris soin, dans un testament plein de sagesse, d'assujettir à des formes celui qu'il jugeait indigne d'être investi de la plénitude du pouvoir suprême, et de gérer, sans surveillant, la tutelle de l'enfant roi. Le testament du monarque, envoyé cacheté au Parlement de Paris, y avait été reçu avec de grands témoignages de respect et l'assurance que la compagnie répondrait à cette marque de confiance de son roi, par son zèle à faire valoir dans le temps l'acte sacré dont il la rendait dépositaire. Cependant, comme s'ils n'eussent attendu que le moment de se venger de la longue soumission dans laquelle les avait retenus la fermeté du grand roi, les magistrats, le jour même où ils eussent dû promulguer ses dispositions testamentaires, en prononcèrent la nullité, comptant pour rien l'intérêt public, comparé à l'avantage dont les flatta l'ambitieux duc d'Orléans, de recouvrer pour eux-mêmes d'orgueilleuses prétentions, et de se ménager un patron toutpuissant dans celui dont ils faisaient un régent sans dépendance. Cet outrage, fait aux dernières volontés de Louis XIV testant pour la sûreté de la couronne et le salut de son peuple, fit peu d'éclat dans la circonstance, placé entre le tombeau d'un roi et le berceau de son successeur. Mais, comme ce n'est jamais impunément pour eux-mêmes, ni sans danger pour l'Etat, que les grands et les soutiens nés de la puissance en provoquent ou en souffrent l'avilissement, cet acte d'irrévérence de la magistrature ne deviendra pas seulement la calamité du moment, il entraînera encore à sa suite les plus funestes conséquences. Le Parlement de Paris n'oubliera plus qu'il put, au mépris des volontés d'un roi, se constituer l'arbitre suprême de la tutelle d'un autre roi ; et le régent lui-même, complice de l'attentat, en éprouvera les premiers inconvénients. Il verra bientôt, et, pendant tout le règne de Louis XV, nous verrons ce corps ambitieux, infatué de la chimère d'une autorité indéfinie, fatiguer le trône par ses luttes scandaleuses, et enfin sonner le tocsin de l'anarchie, en mettant aux prises le plus vertueux des rois avec les hommes les plus vicieux.

Comme on le voit par les mesures de précaution qu'il prenait, Louis XIV voulait prévenir les grands malheurs et l'épouvantable catastrophe que lui avait sans doute annoncés quelque nouveau Nathan. Mais le Ciel, qui veillait à l'accomplissement de sa parole, rendait inutiles les conseils de la prudence humaine, en enlevant par une mort soudaine et prématurée les véritables soutiens du trône, et en livrant les rênes du gouvernement à des mains inhabiles et corrompues. Une fois maître absolu des affaires, le régent, comme on devait s'y attendre, ne tardera pas de faire au royaume tout le mal qu'eût voulu prévenir le feu roi. Ce prince, au lit de la mort, lui avait dit, en présence de sa cour : « Vous allez gouverner, « mon neveu : *ce que je vous recommande par-dessus tout, c'est le maintien de la religion.* » Mais à peine Louis-le-Grand a-t-il les yeux fermés, que la religion, dans le royaume, ne découvre pas de plus dangereux ennemis que les ministres de la puissance, le régent et ses conseils. Dès-lors, les grands intérêts de Dieu pour qui seul doivent régner ceux qui ne règnent que par lui, furent comptés pour rien dans le nouveau cabinet dont faisait partie l'impie et libertin Dubois, ancien précepteur et fauteur des premières débauches du duc d'Orléans, et la religion sainte fut ravalée au niveau des institutions humaines qu'emploie la politique pour contenir la multitude. C'est de cette époque à jamais fatale à l'autel et au trône, que date l'axiome machiavélique jusqu'alors inconnu parmi nous : *qu'avec de la conscience on n'avance rien en affaires ; et que par fidélité dans les engagements, bonne foi dans les traités,* il est impossible que l'homme d'Etat entende autre chose que l'art de tromper plus habilement, et de mieux imprimer à la duplicité la physionomie de la droiture (1).

Cette morale, le juste effroi du monde, était conforme en tout au génie de celui que le régent s'était associé pour premier complice de son administration : elle fut la règle constante du ministre Dubois. Et tous nos gouvernants l'ont suivie jusqu'à présent. Voilà la première et la véritable cause de nos malheurs et de nos bouleversements politiques. Tant qu'une main ferme n'aura pas abattu les têtes de cette hydre révolutionnaire née du philosophisme, notre malheureuse France doit se résigner à demeurer sur le volcan dont elle éprouvera de temps en temps de terribles secousses, jusqu'à ce qu'elle soit enfin engloutie dans ses abîmes. Le régent ainsi encouragé par ceux qu'il s'était associés, asservit le plus beau

---

(1) Combien ces maximes détestables sont différentes de ces paroles remarquables de Jean II : « Quand la bonne foi serait bannie du reste de la terre, elle devrait toujours se trouver dans le cœur et dans la bouche des rois Voilà comme pensaient, parlaient et agissaient les rois de France jusqu'à la fatale régence du duc d'Orléans Telle sera encore la conduite du vertueux Louis XVI ; mais sa justice, sa religion et sa bonne foi lui mériteront la palme du martyre.

royaume de l'univers à l'empire de tous les vices. Ce prince immoral convertit son palais en un sérail de prostituées, où il se donna pour commensaux les hommes les plus débauchés et les plus fameux impies de son temps. Aussi, en peu d'années, sa cour, volcan de dissolution, inonda de ses laves impures la capitale et les provinces, et fit des Français, autrefois si religieux, un peuple sans foi, sans lois et sans mœurs, d'où sortirent plus tard les Danton, les Marat, les Robespierre et tant d'autres monstres qui seront à jamais la honte et l'opprobre, comme la terreur et l'effroi de notre malheureuse patrie. Un auteur célèbre, dont nous empruntons ici les paroles, a dit : « Toutes les fois que Dieu justement irrité veut punir la France coupable, il la fait tomber dans les mains d'un d'Orléans ; quand il veut la délivrer, il lui rend ses chers Bourbons. » Selon nous, le règne du dernier d'Orléans élève cette assertion à la hauteur d'une vérité historique désormais inattaquable.

Les commencements du règne de Louis XV furent heureux, parce que ce prince résista d'abord à la tourbe impure de la secte philosophique ; mais une fois subjugué par les leçons et les exemples de Richelieu, gentilhomme corrompu et incrédule, s'il en fût jamais, et de l'infâme duc de Choiseul, il abandonna les rênes de l'Etat à cet indigne ministre et s'endormit dans le sein de la mollesse. Ainsi voyons-nous se développer, en se rapprochant de nous, le mystère encore obscur des vengeances célestes sur un peuple qui se déprave. Un prince d'un rare mérite, le Dauphin, fils de Louis XV, placé sur le premier degré du trône, retrace toutes les qualités de l'esprit et du cœur du duc de Bourgogne, réjouit tous les Français vertueux, et prépare, dans le silence du cabinet où il se livre aux études les plus sérieuses, au monde un grand roi et à la France un règne de prospérité et de bonheur. Le duc de Choiseul a surpris, par le moyen d'un valet infidèle, le secret du Dauphin et la résolution où il est d'échapper à la tutelle du courtisan vicieux, de régner par lui-même et de se faire d'abord le fléau du philosophisme déjà conspirateur, pour pouvoir être ensuite sans obstacle le bienfaiteur des peuples. Le Dauphin ayant été frappé tout-à-coup d'une maladie de langueur qu'on jugea peu naturelle, les regards de la France entière se fixèrent sur celui qui avait tant de raisons de redouter son règne. Des soupçons semblables à ceux qui avaient atteint le duc d'Orléans lorsque mourut le Dauphin père de Louis XV, à la mort du Dauphin son fils, poursuivirent Choiseul. Son nom exécré se mêla aux accents de la douleur publique, et le désespoir n'hésita pas à charger d'un crime secret celui dont toute l'administration n'était qu'un tissu de crimes connus.

Alors les sectaires réunis aux francs-maçons, les

impies et les athées, les libertins et les incrédules, sous le nom trompeur et fallacieux de philosophe, se donnant pour les docteurs du genre humain, inondèrent la France d'ouvrages abominables où respirait l'esprit d'indépendance et de révolte, de libertinage et de dissolution, de mépris et de sarcasme pour tout ce qui tenait au culte catholique qu'on voulait abolir, afin de renverser plus facilement le trône de nos rois quatorze fois séculaire. Cette secte philosophique vomie de l'enfer pour ravager la terre, renversa et détruisit tous les principes les mieux établis jusqu'alors, pour élever le matérialisme et le néant sur les débris fumants de l'autel et du trône ensevelis sous les mêmes ruines. Un des moyens qu'elle employa avec le plus de persévérance, dès qu'elle en eut reconnu la puissance sur les esprits qu'elle maîtrisait, ce fut de leur exagérer l'excellence et les bienfaits de l'opinion, l'opinion si souvent l'enfant de l'ignorance et la mère des illusions. Les philosophes du paganisme avaient proclamé l'opinion la reine du monde. Enchérissant sur leurs anciens, les sophistes modernes érigèrent l'opinion en divinité impérieuse, dont l'homme d'Etat ne pouvait impunément dédaigner le culte. Le respect pour l'opinion fut, à leur avis, la première vertu politique. Tout vrai sage, tout homme jaloux de bien gouverner devait interroger, étudier l'opinion, éviter soigneusement de se compromettre avec l'opinion, savoir faire des sacrifices à l'opinion, et surtout mettre en place les sujets recommandés par l'opinion. Un de ces sophistes les plus applaudis de ses contemporains, leur disait : « L'opinion publique, chez une nation qui pense et qui parle, est la règle du gouvernement (Raynal, 1789). » Un autre, qui faisait plus de dupes encore, écrivait : « On ne pouvait plus dédaigner de compter avec l'opinion. — L'opinion publique exerçait depuis longtemps un empire *salutaire*. — Dans le siècle présent, le mépris pour l'autorité de l'opinion était un sentiment aveugle. (Necker, de la Révolution française, tome 1, pages 108, 295.) » Voilà comme ces sophistes audacieux égaraient la politique du vertueux Louis XVI, dont les sentiments étaient si nobles, si bons et si purs. Jamais prince n'était monté sur le trône avec des intentions plus droites et un désir plus grand de faire le bonheur de son peuple. Lorsque heureux et triomphant, dans une guerre entreprise contre son gré, Louis XVI, à peine sorti de l'adolescence, fixait les regards de l'Europe sur ce premier début de son règne, toute la France de concert admirait les vertus et chantait les louanges de son roi, d'un jeune roi qui, opposant sa modestie à des transports immodérés, nous disait : « Pourquoi ces louanges et ces bénédictions précoces ? qu'on les réserve pour le jour où il me sera donné d'avoir rendu mon peuple heureux. »

C'avait été en effrayant Louis XV du fantôme de cette opinion factice, que la machiavélique ambition du duc de Choiseul avait souvent égaré la politique de ce prince. Le comte de Maurepas suivit les mêmes errements; et, trouvant plus commode d'obéir au torrent que de lutter contre lui, il ne recommandait rien tant à Louis XVI que le respect pour l'opinion. Ses autres ministres philosophes lui parlaient dans le même sens. Consulter alors cette opinion, c'était, pour le gouvernement, tenir conseil sous la tente de son ennemi. Mais les ministres de Louis XVI, enfants eux-mêmes de l'opinion, protégeaient leur mère auprès du prince, et lui répétaient avec confiance qu'il n'appartenait qu'à l'opinion de lui révéler le secret qu'il cherchait du plus parfait bonheur de son peuple.

Désabusé enfin par les cruelles leçons de l'expérience, Louis XVI avait appris à connaître le prix de l'opinion dont des conspirateurs étaient les organes; l'on ne peut douter que s'il eût échappé à leur perfidie, plus confiant dans ses propres lumières et dans une droiture d'esprit qui ne l'avait jamais trompé, il eût régné avec plus de gloire, en régnant plus par lui-même. Une réflexion que faisait ce prince dans sa confidence domestique, vient à l'appui de cette conjecture. Au temps où la révolution l'avait déjà rendu captif dans sa capitale, et à l'occasion d'un reproche qu'un journaliste adressait à un ministre, il disait à son fidèle valet de chambre Thierry : « Les livres et les hommes s'accordent souvent pour nous faire illusion et nous égarent en voulant nous éclairer. J'avais lu dans Labruyère, mes instituteurs et d'autres encore dont je ne puis suspecter la bonne foi m'avaient cent fois répété, que le peuple serait heureux quand le prince prendrait pour ses conseils et ses ministres ceux que le peuple voudrait lui donner lui-même, si ce choix dépendait de lui. Eh bien ! séduit par cette théorie, et désirant uniquement de rendre mon peuple heureux, j'ai consulté ce peuple, j'ai confié ses intérêts à ceux qu'il m'a lui-même désignés, et les hommes les plus vantés par mon peuple sont ceux qui ont le moins rempli mes vœux pour son bonheur. Je tiens aujourd'hui plus que jamais pour Fénélon, qui nous dit que la renommée ne nous vante d'ordinaire que les talents ambitieux et superficiels, et que c'est à nous d'aller jusqu'au bout du monde à la recherche du vrai mérite, toujours modeste et sans empressement à se produire. »

Disons-le bien haut, afin que notre voix soit entendue de toutes les parties de notre malheureuse patrie, depuis le martyre de Louis XVI, cette même opinion, simple écho des différents partis qui se sont injustement emparé du pouvoir, continue de nous tromper sur le sort de Monseigneur le duc de Normandie, fils de ce vertueux monarque.

Les Jacobins, couverts du sang du roi son père, redoutant le règne d'un prince élevé à l'école du malheur, qui leur aurait rendu selon leurs œuvres, l'ont caché à l'amour des Français, à l'aide d'un acte de décès frauduleux et mensonger. Et la renommée embouchant la trompette vénale des régicides, organe de l'opinion de ces temps désastreux, annonça à la France et à l'Europe entière que l'auguste orphelin du Temple était mort le 8 juin 1795. Après les conventionnels qui avaient tant d'intérêt à étouffer la voix de leur illustre et infortunée victime, est venu le consulat, puis l'empire. Le jeune guerrier *venu d'outre-mer dans le pays du celte gaulois*, oubliant qu'il n'a reçu du Ciel qu'une mission temporaire, veut fonder un vaste empire et établir solidement sa dynastie sur les débris fumants d'une monarchie quatorze fois séculaire. Plein de ces projets gigantesques, Bonaparte fait successivement disparaître les libérateurs et les témoins de l'auguste orphelin que la divine Marie, sa puissante protectrice, soustrait à sa fureur par le moyen de la bonne Joséphine. Docile aux ordres du grand capitaine qui l'a attachée à son char victorieux, l'opinion d'alors continue d'égarer la France en maintenant le mensonge de la Convention. A l'Empire tombé avec fracas a succédé la Restauration.

Ce gouvernement, du moins, qui proclame hautement la justice de son droit, et monte sur le trône couvert du manteau de la légitimité, va éclairer la France indignement trompée jusqu'alors, rechercher le fils du saint roi-martyr, déposer le sceptre entre ses mains et faire ainsi le bonheur des Français. Ainsi le voulait le Ciel qui a clairement manifesté sa volonté par l'organe du paysan de la Beauce : ainsi le prescrivait l'équité qu'on ne foule jamais aux pieds en vain ; mais l'ambition du sceptique Louis XVIII a étouffé les cris de la nature et du sang, la voix de l'humanité et de la justice, en faisant poursuivre et arrêter sur la terre étrangère l'auguste orphelin du Temple, perpétuelle victime des pouvoirs usurpateurs. Et l'opinion, faussée par la presse vénale de la Restauration, a continué de tromper la France en publiant du haut de la tribune parlementaire, que l'infâme Robespierre n'avait pas manqué de faire mourir le fils infortuné de Louis XVI.

Honteux de son impure origine, le régime de Juillet, sorti de dessous les pavés de la capitale pour l'opprobre et la ruine de la France, a persécuté dans l'ombre l'héritier légitime dont il avait volé les droits, pendant qu'il commandait à l'opinion de lui prêter son appui pour retenir la France dans l'erreur. Et aujourd'hui encore, héritant de la haine et poursuivant l'œuvre inique de leurs devanciers, que ne font pas les meneurs légitimistes pour donner le change à la France et tromper même M. le comte de Chambord sur le véritable chef de l'illustre maison de Bourbon? Car, n'en doutons pas, héritier de la franchise, du courage et de la loyauté du duc de Berry, son infortuné père, Mgr le duc de Bordeaux serait le premier à crier, avec l'illustre auteur de ses jours, à ces lâches courtisans de *cour*, à ces avides partisans de *places* : « Justice, justice avant tout », si on ne lui cachait pas la vérité sur une aussi grande et aussi longue infortune.

Voyez les coryphées du parti prétendu légitimiste courir de Paris à Frohsdorf et de Frohsdorf à Paris, et crier à leur retour afin de mieux donner le change à la France : « *Dieu le veut, place au droit.* » Et la presse, organe de l'opinion légitimiste, répète sur tous les tons : *Dieu le veut, place au droit.* » O France! ô notre chère patrie! jusques à quand seras-tu ainsi le jouet des différents partis qui ne t'ont réduite sous leur injuste domination, que pour se partager tes riches dépouilles et te rendre l'opprobre, l'esclave et la tributaire des autres nations dont tu as été pendant si longtemps la reine et la maîtresse sous l'heureux gouvernement de tes souverains légitimes? Ouvre enfin les yeux à la lumière qui brille de toutes parts; vois et contemple avec admiration ce nouveau Moïse que la divine Providence a miraculeusement sauvé des eaux bourbeuses et infectes de la révolution pour te procurer le salut, la gloire et le bonheur. C'est l'auguste orphelin du Temple, l'élu de Dieu, le protégé de Marie, c'est lui *seul* qui sera ton libérateur, parce que *seul* il représente cette longue suite de souverains que le Dominateur suprême t'a donnée pendant une succession non interrompue de quatorze siècles. Voilà le héros qui soulagera toutes tes misères, parce qu'il a passé par toutes les épreuves; celui qui réunira tous les partis, parce qu'il n'appartient à aucun, et qu'il les confondra tous dans son ardent amour; celui qui te rendra de nouveau la reine des nations, et te consolera ainsi de tes humiliations passées; le sage et prudent administrateur qui se hâtera de mettre un appareil salutaire sur toutes les plaies que t'ont faites tous les régimes passés. Jette-toi dans ses bras comme dans le sein de la Providence dont il est le lieutenant: ce nouveau David armé par le Seigneur triomphera de tous les Goliaths qui te provoqueront; il établira une paix durable dans tes villes et tes campagnes, où il fera renaître le commerce, l'abondance et la prospérité. Quand il aura opéré tous ces prodiges, il cédera sa place au jeune comte de Chambord. Alors commencera le règne du nouveau Salomon. Réunissons-nous donc tous et crions d'un commun accord: *Dieu le veut*, *place au droit*, place à la justice, place à la vérité qui seule nous délivrera: *veritas liberabit vos* (S. Jean, c. 8, v. 38.).

VIE

DE SON ALTESSE ROYALE MONSEIGNEUR

LE

DUC DE NORMANDIE,

FILS DE LOUIS XVI.

LIVRE PREMIER.

SOMMAIRE :

Histoire de monseigneur le duc de Normandie. — Sa naissance. — Histoire de la boussole. — Voyage de Montmédy. — Son issue malheureuse. — Journée du 20 juin 1792. — La famille royale renfermée aux Feuillants, puis au Temple, à la suite de la journée du 10 août. — Massacres du 2 septembre 1792. — Vie de la famille royale dans l'intérieur du Temple. — Séparation du roi d'avec la famille royale. — Le roi est mis en accusation. — Le roi paraît à la barre de la Convention. — Séparation nouvelle et entière du roi d'avec sa famille. — Le roi est condamné à la peine de mort. — Entrevue du roi avec sa famille. — Mort du roi. — Testament du roi.

Nous ne croyons pas que depuis la fondation des différents empires et royaumes, que l'on peut faire remonter jusqu'à Nemrod, arrière petit-fils de Cham, qui passe pour le fondateur de l'empire de Babylone; lequel, comme l'histoire ancienne nous l'apprend, bâtit la ville de ce nom, à côté de la fameuse tour de Babel, l'on puisse trouver dans les annales des divers peuples de la terre, répandus dans les quatre parties du monde, une histoire qui ait quelques traits de ressemblance avec celle du prince infortuné dont nous entreprenons d'écrire la vie, ou, pour parler plus exactement, de raconter les malheurs extraordinaires et les persécutions inouïes qu'il a éprouvés, pour ainsi dire, dès son berceau jusqu'à présent. L'on pourrait, à la vérité, établir un certain rapport entre la vie de monseigneur le duc de Normandie et celle de Moïse, libérateur du peuple de Dieu, ou celle du jeune Joas sauvé du massacre de la famille royale de David par les soins du grand-prêtre Joïada; mais, à notre avis, la conservation de ces deux grands hommes que le ciel destinait à une mission particulière, paraît beaucoup moins merveilleuse que celle du prince infortuné dont nous allons essayer de faire connaître l'existence miraculeuse, les épreuves diverses et les maux incroyables. Que l'on n'attende pas de nous un style pompeux et élégant : nous raconterons les choses avec d'autant plus de simplicité que les faits intéressent et ex parlent assez par eux-mêmes. D'ailleurs, outre qu'un pareil style ne convient pas à l'histoire, dont la vérité et la clarté font le premier mérite, nous avouons sans peine notre impuissance à cet égard.

Monseigneur le duc de Normandie, troisième enfant du bon et vertueux Louis XVI, et de la brillante et trop infortunée Marie-Antoinette, fille de Marie-Thérèse, impératrice d'Allemagne, reine de Hongrie, naquit à Versailles, dans le château de ses pères, le 27 mars 1785. Ce fut le jour même de sa naissance que le roi, son père, pour récompenser la Normandie qu'il venait de visiter, de l'accueil flatteur qu'il en avait reçu, et des honneurs qu'on lui avait rendus, lui conféra le titre de duc de Normandie, qui n'avait pas été donné aux fils de France depuis Charles, quatrième fils de Charles VII, si célèbre dans l'histoire de la monarchie, par les hauts faits de Jeanne d'Arc, jeune héroïne qui le délivra des Anglais et le fit sacrer à Reims. Ce prince fut présenté au baptême le même jour par *Monsieur*, frère du roi, et par Madame Elisabeth, au nom de la reine de Naples, Marie-Charlotte-Louise de Lorraine, sœur de la reine, et il reçut les prénoms de Louis-Charles. Il fut baptisé dans la chapelle du roi par le cardinal Edouard, évêque de Strasbourg, grand aumônier, et par le curé Broqueville. L'on confia son enfance, d'abord à madame de Polignac, puis à madame de Tourzel, qui lui continua ses soins jusqu'à la trop fameuse catastrophe qui, du même coup, brisa le sceptre le plus ancien et le mieux affermi de l'Europe, en faisant tomber sur l'échafaud la tête du meilleur des rois, et renversa les autels du Très-Haut, dont les temples furent démolis et le culte aboli.

Le roi lui donna pour gouverneur le duc d'Harcourt, pour sous-gouverneurs, les chevaliers du Pujet et d'Allonville; et l'abbé Davaux, de Vienne, en Dauphiné, fut son précepteur. Il eut pour maître d'écriture, conjointement avec monseigneur Louis-Joseph-François-Xavier, son frère aîné, M. de Saint-Cyr.

Jamais prince n'annonça de plus heureuses et de plus précoces dispositions. A tous les avantages d'une belle et intéressante physionomie, il joignait les inclinations les plus douces et l'esprit le plus ouvert. Sa gouvernante qui surveillait avec soin toutes ses démarches, profitait des moindres circonstances qui se présentaient pour diriger les mouvements de son cœur vers le bien, et pour développer son intelligence qu'elle appliquait sans cesse à des choses en rapport avec la faiblesse de son âge, mais toujours bonnes et instructives. Quand elle s'apercevait ou qu'elle apprenait que le jeune prince s'était livré à une trop grande vivacité, qui était le seul défaut sérieux qu'on pût lui reprocher avec quelque fondement, elle saisissait la première occasion favorable pour lui faire apercevoir et sentir son emportement. Il convenait toujours de son tort et promettait de s'en corriger.

Un jour que jouant avec un officier du château, il avait perdu la partie, celui-ci lui dit : « J'ai vaincu monseigneur le duc de Normandie. » Le jeune prince, piqué de l'expression, répondit par une saillie d'humeur, pour laquelle la reine le mit en pénitence. Le lendemain, sa gouvernante lui ayant fait une leçon sur le trait de violence auquel il s'était livré la veille : « Je sens bien, répondit-il, que j'ai eu tort; mais aussi, pourquoi ne disait-il pas tout uniment qu'il m'avait gagné? » Comme il avait un goût bien prononcé pour les bouquets et les fleurs, le roi son père lui avait destiné de petits terrains spéciaux devant les châteaux de Versailles, de Meudon, de Rambouillet, et sur la terrasse du bord de l'eau, aux Tuileries. C'est dans ces divers parterres qu'il passait la plus grande partie de ses heures de récréation. Bien des curieux venaient l'y voir courir et s'amuser. Souvent le jeune prince, dont la prévenance et la politesse égalaient la bonté du cœur, quittait ses amusements pour cueillir des fleurs et présenter des bouquets aux spectateurs de ses jeux enfantins. Monseigneur le duc de Normandie aimait beaucoup les oiseaux. Il en avait toujours; mais il les laissait parfois échapper.

Il arriva un jour au château de Meudon deux enfants, dont le plus jeune avait à peine sept ans. Ils portaient dans un panier deux petits oiseaux que l'aîné avait pris, à l'aide de son mouchoir, auprès de la fontaine de l'Ain, où sa mère l'avait envoyé puiser de l'eau. Présentés à M. le duc d'Harcourt par le suisse Arlebique, ces deux enfants furent accueillis avec beaucoup de bienveillance. On leur présenta deux pièces d'or, à titre de récompense ; mais ils les refusèrent, parce qu'ils appartenaient à une famille riche. On allait les congédier, lorsque l'aîné demanda la faveur de remettre directement aux princes les oiseaux qu'ils rapportaient, car on leur avait dit qu'ils leur appartenaient. Cette faveur leur ayant été accordée, le duc voulut bien les accompagner dans la galerie où se trouvaient les deux fils du roi. L'aîné était dans un fauteuil et paraissait souffrant. Monseigneur le dauphin souffrait beaucoup en effet en 1789, dans le mois de mai, époque où cette anecdote se passait. C'est là que le célèbre docteur Desault, chirurgien en chef de l'Hôtel-Dieu à Paris, venait donner ses soins au dauphin qui mourut dans ce château le 4 juin 1789. Pendant que l'aîné s'entretenait avec les princes, en présence du duc d'Harcourt, leur gouverneur, le cadet quitta la main de son frère, se dirigea vers la table de travail du duc de Normandie, et, portant la main sur la carte topographique qui y était étendue, il disait tout haut : Voilà Meudon, voilà Fleury, voila Bellevue, etc... Le duc de Normandie lui prit la main qui parcourait la carte, disant : Mon petit ami, on ne met pas la main là-dessus ; mais s'apercevant aussitôt de l'impression pénible que ce peu de mots avait produite sur ce jeune enfant, il le prit par le bras et l'entraîna dans son petit jardin, qni se trouvait à l'autre bout de la galerie, en dehors. Ils y jouèrent au jardinier pendant plus d'une heure ; après avoir ainsi fait oublier a ce petit enfant ce mot de vivacité, il le ramena dans la galerie, et les deux frères retournèrent à la maison pleins de joie ; ils s'empressèrent de raconter à leurs parents la manière bienveillante avec laquelle ils avaient été reçus par les princes et leur gouverneur.

Cependant S. A. R. monseigneur le duc de Normandie, que nous appellerons désormais monseigneur le Dauphin, faisait de rapides progrès dans les diverses sciences auxquelles on l'appliquait. Déjà la religion, l'histoire, la géographie, l'arithmétique, la grammaire, etc., lui étaient familières. Son précepteur, l'abbé Davaux, doux, pieux, savant et modeste, comme le bon Fénélon, précepteur du duc de Bourgogne, donnait l'exemple de toutes les vertus à son auguste élève, avant de lui en faire un précepte. Le jeune prince étonnait souvent, tantôt par ses réflexions, tantôt par ses allusions ingénieuses à des lectures qu'on lui avait faites, et qu'on eût pu croire au-dessus de sa portée.

Un jour qu'on lui avait lu quelques traits de la vie des anciens philosophes, il va quérir sa petite lanterne, l'allume, fait semblant de chercher quelqu'un dans sa chambre, et s'arrêtant devant son instituteur, lui dit : « Diogène, en plein midi, cherchait un homme avec sa lanterne, et ne le trouvait pas ; plus heureux que Diogène, je trouve un homme et un ami. »

Une autre fois, comme on lui faisait une lecture dans le Télémaque, et qu'on en était à l'endroit où l'auteur propose à résoudre la question : *quel est le plus malheureux des hommes ?* le dauphin dit au lecteur : « Arrêtez, je vous prie, monsieur, ne lisez point la réponse ; je vais vous dire ma pensée. » Comme il y avait beaucoup de monde dans l'appartement, on lui dit de monter sur un siége. Il le fait, et d'un ton pénétré : « Messieurs, dit-il, le plus malheureux des hommes, c'est un bon roi qui voit que ses sujets ne veulent pas lui obéir. » A cette réponse si analogue aux circonstances, tous les yeux se remplirent de larmes. Le roi lui-même profitait de toutes les occasions pour agrandir le cercle des connaissances et cultiver l'esprit si précoce du jeune prince.

Un jour, pendant une promenade à Rambouillet, il lui expliquait l'usage de la boussole ; il en tenait une à la main. L'auguste enfant demanda au roi si elle pouvait être utile sur terre, comme sur la mer ; sans nul doute, répondit le monarque. Oh ! bien alors, papa, s'écria-t-il aussitôt, prêtez-moi cette boussole, et laissez-moi retourner tout seul au château. Le roi y consentit, et lui donna la boussole et sa bourse ; il ajouta : séparons-nous ici ; moi, je prends la gauche ; vous, mon fils, prenez la droite. Je vous donne rendez-vous au vieux château. Et à l'instant le jeune prince se mit en marche, en tâchant, d'abord, de bien s'orienter. Le roi s'en retourne de son côté ; mais il a soin de commander à des hommes de suivre son fils à distance, tout en se tenant cachés. Une fois seul, le dauphin s'engagea dans le chemin qui pouvait le rapprocher du château. Au sortir de la forêt, il rencontra un paysan auquel il demanda l'heure. Comme son chien ne cessait d'aboyer contre le jeune voyageur royal, il voulait le battre ; mais le prince le pria bien de ne point lui faire du mal, et lui donna un louis pour le remercier. Il continua ensuite sa route et mit cinq heures à arriver au château. Le roi commençait à être inquiet ; aussi, s'écria-t-il, en le voyant : ma foi, mon ami, je te croyais perdu. — Oh ! perdu, lui dit l'enfant d'un air confiant ! — Te voilà bien fier ; mais si tu n'avais pas eu de boussole ? — Ah !

mon papa, à défaut de la boussole, mon cœur m'aurait guidé vers vous, le meilleur des pères! répondit le dauphin avec un sentiment de tendresse difficile à exprimer. Cette répartie qui respirait la piété filiale, et qui était pleine d'esprit, lui valut des félicitations et des caresses de la part du roi.

M. de Saint-Cyr, son maître d'écriture, s'appliquait aussi à former le cœur du dauphin, en même temps qu'il dirigeait sa plume dans les leçons qu'il lui donnait. Une fois que le jeune prince n'avait pas fait la tâche qui lui avait été imposée, M. de St-Cyr le condamna à remplir huit pages d'écriture. Le dauphin, qui trouvait cette punition beaucoup trop sévère, chercha dans son imagination enfantine le moyen d'y échapper. Il s'arrêta à celui-ci qui était une espièglerie très spirituelle. Il prit du papier et traça sur chaque page un grand L qui partait du haut jusqu'en bas. Cela fait, il posa le cahier à la place de son maître, afin que celui-ci le vit à son retour et se tint en repos. En rentrant, M. de St-Cyr demanda à son auguste élève pourquoi il ne travaillait pas à ses pages : — Aussitôt le jeune espiègle les lui présenta, en s'écriant : les voilà ! La surprise du maître fut telle, qu'il se détourna pour rire.... et sur son observation que ce n'était pas ainsi qu'il l'avait entendu, le dauphin répondit : « qu'attendu qu'il avait été condamné à remplir huit pages, sans stipuler le nombre de lettres, de mots et de lignes qui devaient y entrer, il avait trouvé plus simple de faire une seule lettre qui remplît la page tout entière. » Le maître parut satisfait, et il partit en disant qu'une autre fois il s'expliquerait mieux (1).

(1) Voir la note à la fin du premier Livre.

Si le jeune prince cherchait parfois le moyen de se soustraire aux punitions disciplinaires que lui infligeaient ses maîtres, la bonté de son cœur ne lui permettait pas non plus de laisser dans l'embarras ceux qu'il y voyait. La reine qui surveillait elle-même l'éducation de la jeune princesse, sœur aînée et unique du dauphin, et profitait de toutes les occasions pour former son cœur à la vertu et diriger son esprit dans les études sérieuses dont la baronne de Mackau suivait les détails, avait placé auprès d'elle, afin de la stimuler au travail, et surtout pour dompter sa hauteur et sa fierté, une jeune personne de son âge à peu près, nommée Ernestine Lambriquet, fille d'une de ses femmes de chambre. Elles recevaient toutes les deux les mêmes leçons. Dans l'un des exercices auxquels on les appliquait, la reine faisant faire une répétition d'histoire, demandait à cette jeune demoiselle, compagne de la princesse : qui avait fondé Carthage? Elle hésitait à répondre, quoique souvent elle eût entendu ce fait historique. Le dauphin qui assistait à cette leçon, ce qui lui arrivait quelquefois, lui soufflait à l'oreille : « *Dis donc*, Ernestine, *dis donc* (Didon). Cette jeune personne, intimidée, ne répondant pas encore, il s'écria alors : — Mais, *dis donc*, Ernestine. La reine sourit et embrassa le jeune prince.

Dans une autre circonstance, la reine ayant chanté à sa prière : *Je n'aime pas mon petit garçon*, s'arrêta pour dire : « Tu vois, mon ami, comme le piano est faux ! — Ce n'est pas le piano, ce sont les paroles qui sont fausses, répondit aussitôt le dauphin.

Un autre jour, l'abbé Davaux, son précepteur, lui donnant une leçon de grammaire en présence de la reine, lui demanda s'il se souvenait de celle de la veille.

Oh! oui, dit le prince, très-bien. — De quoi était-il question ? — de la distinction qu'il y a entre le positif, le comparatif et le superlatif. — Prouvez-nous par des exemples, que vous entendez cette distinction ? — Hé bien ! si je dis : *Monsieur l'abbé est bon*, voilà le positif; *il est meilleur que bien d'autres*, c'est le comparatif; *maman est la meilleure de toutes les mamans*, voilà le superlatif. » Cette ingénieuse application faite par un enfant qui ne paraît pas plus se douter de son esprit que de ses malheurs, attendrit la reine, qui porte son mouchoir à ses yeux. Le dauphin le voit, vole dans les bras de sa mère, et, en mêlant ses larmes aux siennes, lui dit : « Ah ! maman, vous avez donc toujours des chagrins. » C'en devait être, en effet, un continuel pour cette princesse, que ses inquiétudes sur le sort réservé à un enfant que tout lui rendait si cher.

A l'occasion de la fête de la reine, le roi dit au dauphin, qu'il fallait qu'il composât lui-même le bouquet qu'il présenterait à sa mère, ainsi que le compliment qui l'accompagnerait. On lui apporte une corbeille pleine de fleurs, entre lesquelles il distingue l'*immortelle* : il s'en saisit et dit : « Je ne veux que celle-là, et mon compliment est tout fait ; en la présentant à *maman*, je lui dirai : je veux que maman ressemble à ma fleur. » Un particulier ayant fait le même jour un compliment à la reine qui y avait paru fort sensible, le dauphin prie madame Elisabeth de lui en tirer une copie. Il la prend, la plie, la met sous son gilet et du côté gauche, en disant : Ce côté là, ma tante, est plus près du cœur. » Tout charmait et captivait dans ce jeune prince, qu'il suffisait de voir pour se laisser prévenir en sa faveur. Un regard vif et spirituel, des manières franches et libérales, l'air de candeur qui respirait sur un visage de la plus rare beauté, faisait deviner une partie de ce qu'il était, mais il fallait le suivre dans le détail de sa conduite pour apprécier tout ce qu'il valait. Un seul défaut, comme nous l'avons déjà observé, s'était manifesté en lui, la colère, défaut auquel les enfants des grands sont plus sujets que les autres, par la raison qu'ils sont plus flattés dans leurs caprices. Mais comme ce n'était jamais impunément que le dauphin sacrifiait à cette passion, il s'en était presque entièrement corrigé. Sa punition, s'il s'y livrait, était d'expier la faute dans un boudoir obscur (2).

Malgré son air distrait en apparence, lorsqu'il était libre dans les appartements, le jeune prince remarquait tout, et faisait ses observations sur ce qui ne lui paraissait pas selon l'ordre ou les convenances. Un particulier avait été admis à présenter à madame Elisabeth une pièce de vers, qui fut jugée fort belle. Le dauphin étant sorti, aperçoit l'auteur occupé à considérer les appartements; il rentre et dit à la reine : « Ce monsieur qui vient de sortir est encore là; il n'a eu qu'une révérence de ma tante pour ses jolis vers; elle devrait bien l'en aller remercier. — Cela ne se peut, dit la reine, mais rien n'empêcherait que vous ne le fissiez vous-même pour elle. La commission est à peine reçue qu'elle est acquittée : « Vos vers, dit le dauphin au poète, ont été lus avec bien du plaisir; je viens vous en remercier pour ma tante et pour moi. »

Les reparties ingénieuses ne manquaient jamais au prince pour se tirer d'affaire : on le grondait pendant une promenade, et on lui demandait par quelle fantaisie, au

---

(2) Voir la note à la fin du premier Livre.

lieu de suivre le beau chemin, il s'en écartait pour sautiller d'une pierre sur une autre. C'est, répondit-il, pour m'accoutumer an chemin de la gloire, qui est raboteux. Un soir qu'il s'amusait dans l'appartement de la reine, tandis qu'elle causait avec le ministre Bertrand de Molleville, on vint l'avertir que son souper était prêt et servi; et, sans prendre congé de la compagnie, en deux bonds il est à la porte. La reine le rappelle : « Comment, Monsieur, vous sortez sans faire la révérence à M. Bertrand! » et le dauphin, en se retournant avec vivacité : « Oh! maman, M. Bertrand est de nos amis... bonsoir, M. Bertrand. » Il répara un jour une impolitesse avec une présence d'esprit dont le plus adroit courtisan se serait applaudi. Un détachement de soldats de la garde nationale défilait sous ses fenêtres : « Comme ils marchent! s'écriat-il; on voit bien que ce ne sont pas là des Suisses. » Il n'avait pas prononcé ces mots, qu'il s'apercoit qu'il a, à côté de lui, un des officiers de cette troupe, dont la tenue lui fait pitié; à l'instant, et comme par suite de discours, il ajoute : « Oh! mais, attendez un peu qu'on les ait exercés, et vous verrez que des Francais valent bien des Suisses. »

Nous ne finirions pas, si nous voulions citer tous les traits d'esprit, de bonté de cœur, de prévenance et de politesse exquise, dont le dauphin donna des exemples multipliés dans sa première éducation. Aussi tous ceux qni l'approchaient ne pouvaient s'empêcher d'admirer et d'aimer un prince qui réunissait dans sa personne tant de belles et de si brillantes qualités.

Cependant le torrent révolutionnaire une fois débordé, répand sa lave impure sur toutes les parties de la France, où il porte la terreur, le pillage et la mort. Les états-généraux qui s'étaient donné le nom imposant d'Assemblée Constituante, comme si une monarchie qui comptait plus de quatorze siècles d'existence, était restée jusques-là sans constitution, avaient, par leurs attentats inouïs et leurs actes arbitraires qu'ils qualifiaient pompeusement de décrets constitutifs, pour fixer et defendre les droits du peuple francais, avaient, disons-nous, préparé la ruine et la chute de la royauté. L'Assemblée législative qui lui succéda, commenca à l'exécuter, et la sanguinaire Convention qui remplaca cette dernière Assemblée, consomma cette œuvre d'iniquité en faisant tomber sur l'échafaud la tête du meilleur et du plus juste des rois.

Le traître duc d'Orléans, surnommé Philippe-Egalité, dévoré de la soif de régner, après avoir accaparé tous les blés, avait, par ses émissaires soudoyés, habilement répandu le bruit que le roi voulait faire périr son peuple par la famine. A l'instant plus de trente mille assassins se transportent à Versailles, menaçant de massacrer toute la famille royale. L'on en voulait principalement à la reine qui avait été tant calomniée, et qui méritait si peu de l'être. Elle ne dut son salut qu'à la fuite et au dévouement de ses gardes qui se firent égorger pour sauver leur souveraine dans cette circonstance périlleuse. Au milieu des cris plaintifs poussés par les victimes et des vociférations des assassins, le roi parut sur le balcon du château, et harangua cette foule furieuse et égarée. Jamais monarque ne se montra plus grand, plus magnanime et plus digne du trône que Louis XVI dans ce danger imminent. Ce prince vertueux, abandonné à ses propres ressources, environné de ses plus mortels ennemis, parla avec tant de raison, de bonté, de douceur et de persuasion, que cette foule, honteuse de ses excès, tomba à ses pieds, lui demanda pardon, et se mit à crier : *Vive le roi !* tant la vertu a d'empire même sur ceux qui la haïssent le plus, parce qu'elle condamne leurs œuvres d'iniquité ! Les principaux factieux, dont plusieurs appartenaient à l'Assemblée nationale, voyant leur coup manqué, obligèrent le roi et la famille royale, composée de la reine, de ses deux enfants et de madame Elisabeth, sœur du roi, à venir à Paris habiter le palais des Tuileries (5 octobre 1789). L'Assemblée, qui avait elle-même provoqué le voyage du roi à Paris, le suivit avec joie; sachant bien qu'entourée de milliers de satellites que la révolte nourrissait dans la capitale, elle y triompherait sans peine des résistances que le monarque opposerait à ses innovations.

Arrivés aux Tuileries, les membres de la famille royale ne purent pas trouver un instant de repos et de calme pour se remettre un peu des grandes fatigues et des profondes émotions qu'ils avaient éprouvées pendant la pénible et trop longue route de Versailles à Paris. Le bruit s'étant répandu que la reine s'était échappée, les cours et les avenues du palais furent remplies d'une foule immense qui demandait, par des cris séditieux, à voir la reine et le dauphin. La reine se montra sur le balcon tenant le dauphin par la main. La vue de cette auguste princesse et du noble rejeton de tant de rois, calma les forcenés qui vociféraient des chants obscènes, et la foule se retira satisfaite. Le roi dépouillé peu à peu de sa puissance et de son autorité suprême par les empiétements continuels de l'Assemblée nationale qui se rendait d'autant plus exigeante que le souverain se montrait plus facile, avait accordé ou plutôt sanctionné successivement plusieurs décrets qui tendaient à l'anéantissement de la royauté.

Tout-à-coup elle présenta à la sanction royale un nouveau décret qu'elle qualifia audacieusement de constitution civile du clergé ; comme si Jésus-Christ, la sagesse incarnée, avait laissé subsister près de deux mille ans son Eglise sans lois, sans règles et sans forme de gouvernement. Cette prétendue constitution, entachée du vice schismatique et du crime d'hérésie, ne tendait à rien moins qu'à renverser l'ordre hiérarchique, à détruire les saints canons et à bouleverser l'Eglise de France qu'elle séparait du Souverain Pontife, avec lequel elle défendait de n'avoir aucune communication. Trois fois le roi refusa de signer ce décret astucieux, et trois fois l'on revint à la charge. Enfin, l'on fit entrevoir à ce monarque déjà détrôné que ce refus obstiné d'approuver un acte qui, après tout, n'avait rien de bien répréhensible, allait exaspérer l'Assemblée constituante qui était décidée à passer outre, et à anéantir ainsi son autorité. Le pieux Louis XVI, qui n'aperçut pas d'abord tout le venin que renfermait cette production infernale, y apposa enfin sa sanction pour le bien de la paix et pour empêcher de plus grands maux (24 août 1790). Mais il ne tarda pas à reconnaître qu'il avait fait une faute, et il se reprocha jusqu'à la mort cet acte de faiblesse, comme il le qualifiait lui-même.

Ce prince infortuné comprenant qu'il ne pouvait plus faire le bien, et qu'on se servait de son nom et d'un simulacre d'autorité qu'il n'avait plus en réalité, pour tout bouleverser et détruire l'ancien ordre de choses, résolut de se soustraire par la fuite aux obsessions incessantes de l'Assemblée, et de mettre ainsi sa malheureuse famille en lieu de sûreté. Son intention n'était pas de quitter le royaume, mais de gagner la forteresse de Montmédy, d'où il se fût porté comme médiateur entre ses sujets révoltés et les puissances voisines, aussi intéressées que lui, et, selon toute apparence, déterminées à soutenir sa cause.

Tous les préparatifs faits dans le plus grand secret, les ordres expédiés aux différents chefs des troupes échelonnées sur la route que les augustes fugitifs devaient parcourir, le départ fut fixé au 19 juin 1791, à dix heures du soir. Ainsi l'ont réglé les hommes ; mais la divine Providence qui a choisi, parmi ce qu'il y avait de plus grand, de plus vertueux et de plus juste en France, trois victimes pour expier les fautes, les scandales et les crimes du dernier règne, en a décidé autrement. Une légère indisposition survenue tout-à-coup à Mme de Tourzel fit retarder le départ d'un jour, et ce retard perdit tout.

Le 20 juin 1791, entre dix et onze heures du soir, monseigneur le dauphin fut réveillé en sursaut par Mme de Tourzel, sa gouvernante, qui avait succédé à Mme de Polignac.

Ce jeune prince, qui n'avait pas encore six ans et demi, était à moitié endormi pendant qu'on l'habillait en fille, en lui annonçant qu'on allait le conduire à Montmédy. Un profond silence régnait partout. L'on fit descendre l'auguste enfant par un escalier dérobé. La reine avait pris le titre de femme de chambre de Mme de Tourzel, que l'on nommait la baronne de Koaf ; le prince et la princesse, sa sœur, passaient pour les deux enfants de cette dernière. Mme de Tourzel arriva la première à la place du Carrousel avec les deux enfants de France ; puis vinrent la reine, madame Elisabeth, et enfin le roi. Une berline avait été préparée par les soins du baron de Fersen, ambassadeur suédois. Les illustres voyageurs la joignirent sur le boulevard, et prirent la route de Montmédy, précédés d'un cabriolet dans lequel se trouvaient les dames de Neuville et Brunier, l'une première femme de chambre du dauphin, et l'autre femme du docteur de la cour. MM. de Maldan, Dumoustier et de Valory, gardes-du-corps, désignés par M. le marquis d'Agout pour accompagner la famille royale, suivaient la voiture.

Le retard dont nous avons parlé plus haut fut cause que le roi et sa suite ne rencontrèrent pas sur la route les troupes que le marquis de Bouillé y avait échelonnées, sous le prétexte d'escorter un convoi d'argent, et qui devaient protéger la fuite des augustes pélerins. Malgré ces divers contre-temps, la course fut heureuse jusqu'à Sainte-Ménéhould, où le roi, obligé de se montrer pour avoir des chevaux, fut reconnu par le maître de poste Drouet, qui monta aussitôt le plus léger de ses coursiers et arriva, malgré les ténèbres et les difficultés des chemins de traverse, à Varennes, où il répandit l'alarme assez longtemps avant que les illustres fugitifs y entrassent ; de sorte que les partisans de l'Assemblée nationale eurent tout le loisir de prendre leurs mesures pour les arrêter.

A l'arrivée de la famille royale dans cette petite ville, la voiture fut entourée par une troupe de déterminés qui, le sabre et le pistolet à la main, sommèrent le monarque et sa suite de se rendre. La reine, malgré les vociférations et les menaces de ces furieux, ordonna au postillon d'avancer ; mais sa voix, habituée jusque-là à être obéie, se fit entendre en vain. Les conducteurs demeurèrent immobiles, et après quelques pourparlers avec le commandant de la garde nationale Blanc ou Leblanc, propriétaire de l'hôtel du *Bras-d'Or*, les illustres voyageurs furent entraînés à la porte du procureur de la commune,

Sauce, espèce de municipal, épicier-droguiste, ou on les força à descendre. Le pieux Louis XVI, qui ne pouvait plus dissimuler et garder l'*incognito*, dit alors : « Je suis votre roi. » Le ton ferme et touchant avec lequel cet infortuné prince prononça ces mots, l'air de grandeur et de vertu qui brillait sur son visage plein de majesté et de bonté, firent tomber à ses pieds ceux qui se trouvaient autour de lui.

Sur ces entrefaites arrivèrent MM. de Choiseul, de Damas, de Guoguelat, et plusieurs autres officiers d'un dévouement absolu, et dont la résolution aurait pu sur-le-champ mettre fin à la captivité du roi et de sa suite. Mais l'alarme avait été répandue : la population s'était attroupée, et bientôt ce fut plus que des reproches qu'on adressa à ces illustres fugitifs. Leurs défenseurs furent arrêtés, les hussards saisis, et eux-mêmes se virent forcés, après l'arrivée de M. Romeux, aide-de-camp de Lafayette et dépêché par lui, de reprendre le chemin de Paris au milieu des cris séditieux de la multitude soulevée. A Epernay, la famille royale ramenée prisonnière rencontra la garde nationale de Piéry. Au milieu du tumulte et du désordre occasionné par cette rencontre, monseigneur le dauphin fut séparé de ses infortunés parents par la foule, et porté par un garde-du-corps, M. de Valory, au commandant de la garde nationale, M. Cazotte, fils du célèbre Cazotte, si connu pour ses spirituels écrits, et encore plus, peut-être,, pour sa fameuse prédiction sur les évènements de la révolution française, rapportée dans le premier volume du Cours de Littérature de Laharpe (édition de Paris, 1829, pièces justificatives, n° 5). Ce jeune prince se jeta au cou du commandant, qu'il mouilla de ses larmes et le supplia de le rendre à sa famille qu'il ne cessait de demander en pleurant. M. Cazotte, touché des caresses et des pleurs de ce royal enfant, se joignit aux gardes-du-corps, et ils le portèrent dans la chambre où l'on avait introduit la reine qui, de son côté, réclamait ardemment son fils.

Près de Boursault, et à deux lieux d'Epernay, Barnave, Péthion et Latour-Maubourg, députés par l'Assemblée nationale, joignirent les illustres prisonniers, et les deux premiers montèrent dans leur voiture. Barnave se mit aussitôt à parler avec madame Elisabeth, qui lui expliqua avec sa bonté ordinaire, les causes et les motifs du voyage de la famille royale à Montmédy. Il goûta parfaitement les raisons que la princesse lui donna, entra dans sa manière de voir, et se conduisit avec beaucoup de respect et d'égards envers cette auguste et malheureuse famille pendant tout le temps de la route. L'air de bonté répandu sur la physionomie du roi ; la résignation, la douceur et la patience de la reine, dont on avait dit tant de mal ; les prévenances, le calme et la conversation des autres personnes ; la candeur, l'innocence, la beauté et les caresses du dauphin qui semblait ignorer sa fâcheuse position pour faire oublier la leur à ses illustres parents ; tout, en un mot, contribua à gagner le cœur du féroce Barnave qui, quoiqu'il eût été entraîné dans le torrent révolutionnaire, avait conservé des sentiments nobles et élevés. Aussi, depuis ce voyage dont il conserva toujours un précieux souvenir, il fut entièrement dévoué à la famille royale, et ce dévouement sincère lui valut, plus tard, les honneurs de l'échafaud.

Il n'en fut pas de même du farouche Péthion. Ce trop fameux révolutionnaire, traître à son roi et à sa patrie, fut prodigue de mots et avare de politesse : sans presque aucun égard pour une auguste et malheureuse famille, il buvait et mangeait dans la voiture avec une malpropreté dégoûtante. Il prit une fois le dauphin sur ses genoux, et se mit à rouler ses beaux cheveux blonds sur ses sales doigts. Il le faisait quelquefois avec tant de brusquerie, qu'il forçait le jeune prince à crier. « Donnez-moi mon fils, lui dit la reine d'un ton pénétré et les yeux pleins de larmes ; il est accoutumé à des soins et à des égards qui le disposent peu à tant de familiarités. » Ces paroles qui exprimaient si bien la tendre sollicitude d'une mère remplie de douleurs, ne firent aucune impression sur le cœur corrompu et matériel du farouche Péthion, plongé tout entier dans la plus grossière crapule. Au mépris de tant et de si grandes infortunes, il continua ses manières grotesques et impolies jusqu'à la fin du voyage.

Arrivée à Paris, la famille royale fut de nouveau installée aux Tuileries. A la descente de la voiture, Carnot se trouvait là avec l'abbé Grégoire qui reçut dans ses bras le dauphin des mains de Péthion, et Carnot le portant jusqu'au haut du grand escalier, le remit à ses augustes parents qu'il consola un peu par sa présence et par ses caresses enfantines.

Ainsi se termina ce funeste voyage de Varennes, avant-coureur de bien des dégoûts, et prélude des plus épouvantables catastrophes. L'Assemblée constituante, dont le mandat allait bientôt finir, déclara qu'il n'y avait point eu de délit dans le voyage de Montmédy, et pour cette fois, elle rendit justice à son roi, qui consacra ses quelques instants de repos à l'éducation du dauphin, afin de ne pas le livrer entre les mains des nouveaux maîtres choisis par les Jacobins. Le jeune prince consolait les douleurs de ses augustes parents par l'application qu'il apportait à l'étude, et par les progrès qu'il faisait dans les sciences.

Sur la fin de septembre 1791, l'Assemblée dite Constituante termine ses travaux. Le roi accepte la constitution et jure de la maintenir et de la faire exécuter. En tête, se trouve la déclaration des droits de l'homme, ploclamés quelque temps auparavant par le trop fameux Lafayette. La France, divisée en quatre-vingt-trois départements, est déclarée monarchie héréditaire ; le pouvoir législatif est confié, sauf l'approbation du roi, à une assemblée de députés élus par la nation. Le pouvoir exécutif est attribué au monarque, dont la personne est déclarée *inviolable* et *sacrée. Inviolable !* Peut-on abuser jusqu'à ce point des termes du langage, et en profaner l'usage d'une manière aussi révoltante ?

Le 1er octobre suivant, la seconde Assemblée, dite Législative, remplaça l'Assemblée constituante ; et les excès auxquels elle se porta firent bientôt oublier ceux de sa devancière. Une de ses premières prétentions fut de vouloir rendre le roi étranger au premier devoir de la paternité, celui de l'éducation de son fils. « J'aimerais mieux, disait ce prince à son ministre Bertrand, laisser mon fils sans gouverneur que d'exposer celui que je nommerais à des insultes, et peut-être à des dangers pour sa vie. D'un autre côté, je crains fort que si je diffère mon choix, les Jacobins ne proposent Condorcet, l'abbé Sieyès ou quelqu'autre dans les mêmes principes. » Ce choix, néanmoins, par des obstacles de circonstance, resta sans autre effet que celui de repousser le projet des Jacobins, qui voulaient, disaient-ils hautement, élever le dauphin dans des principes révolutionnaires ; et le pieux Louis XVI continua de consacrer à l'instruction de son fils les tristes loisirs que lui laissait sa position. Tous les jours, et à plusieurs reprises, on voyait le monarque se faire enfant avec l'enfance, et bégayer avec elle les premiers éléments des langues et des sciences. Ces soins respectables de la tendresse paternelle qui remplaçait les premiers maîtres qu'elle avait choisis elle-même pour l'éducation du dauphin, ne furent ni infructueux pour le fils, ni sans récompense pour le père. L'habitude du travail, auprès d'un maître qui savait le faire aimer, avait fait contracter au jeune prince l'émulation du savoir et un désir d'apprendre qui déjà semblait tenir de la passion. Le temps marqué pour ses récréations n'était pas plutôt écoulé qu'il accourait réclamer sa leçon auprès de son père. De précieuses qualités de l'esprit et du cœur se développèrent bientôt dans le dauphin et devinrent la grande consolation du roi, et le charme puissant de sa cruelle captivité. Jamais enfant dans un âge aussi tendre, ne reçut d'aussi cruelles et d'aussi terribles leçons de l'adversité que le fils du pieux Louis XVI : heureux, néanmoins, de les recevoir à l'école de la vertu.

Le rejeton de tant de rois ne se montre un instant à la terre que pour y faire l'apprentissage de tous les malheurs, pour y être témoin et presque victime de tous les crimes, en un mot, pour éprouver tous les genres de persécutions qui dureront, pour ainsi dire, autant que sa vie. Ses yeux ne s'ouvrent plus que pour voir couler les larmes de ses vertueux parents qui pleurent plus sur son malheureux sort que sur leurs infortunes personnelles, et pour contempler avec effroi les ruines de sa maison qui compte plus de cent générations de rois. Un trône ombragea son berceau; mais ce trône repose sur un volcan près de faire éruption,

Au moment où cet enfant royal s'annonce pour commander un jour à la France, du sein de la France dépravée s'élève un troupeau de monstres à face humaine, qui, après avoir effrayé son enfance de leurs rugissements, dévoreront à ses yeux les auteurs de ses jours, et n'hésiteront quelque temps à le dévorer lui-même que pour en faire auparavant le jouet de leur férocité ; mais la divine Providence qui a compté ses jours et veille sur les destinées de la France qu'elle veut encore une fois rendre le modèle et la maitresse des nations, le dérobera miraculeusement à leur voracité et le cachera pour un temps à la terre, afin de le donner, pur de nos crimes et étranger à nos discordes civiles, au royaume de France, qui portera alors avec un noble orgueil le titre de royaume très-chrétien.

Cependant, comme si la catastrophe qui menaçait la France, eût dû rassembler tous les contrastes à côté de tous les crimes, il était impossible de se figurer un enfant plus intéressant que le jeune héritier de la monarchie qui s'écroulait ; de trouver dans un enfant de sept à huit ans plus de finesse d'esprit et d'intelligence, plus d'amabilité dans le propos et le maintien, plus d'élévation dans les sentiments, un naturel plus heureux, des inclinations plus vertueuses, de plus précieux indices, en un mot, des qualités désirables dans un prince né pour le trône. Il comprenait parfaitement la position de ses augustes parents, et saisissait avec un à-propos vraiment au-dessus de son âge, toutes les occasions qui se présentaient pour la faire apprécier par les personnes qui l'approchaient. Au fort de la révolution, et lorsque la famille royale éprouvait dans son palais toutes les rigueurs de la captivité, une des femmes attachées au service du jeune prince, disait à une compagne que si elle obtenait tel avantage, elle s'estimerait heureuse comme une reine. Le dauphin, qui jouait dans la chambre, s'arrête à ce propos et dit : « Ah! Sarney, y songez-vous, *heureuse comme une reine?* et moi j'en connais une qui pleure tous les jours. »

La politesse lui était naturelle, et il trouvait toujours le mot gracieux à dire à propos. On lui avait donné au Louvre un petit jardin où il allait s'amuser et cultiver des fleurs; il y avait été conduit par un détachement de deux cents gardes nationaux ; et quatre à cinq seulement y avaient été admis avec lui. Avant qu'on ne fermât la porte, il se tourne vers ceux qui devaient y rester, et leur dit : « Je suis bien fâché, Messieurs, que mon jardin soit si petit, car j'aurais grand plaisir à vous y recevoir tous. » Il était loin cependant de vouloir passer de la politesse à la familiarité. Pendant qu'il se trouvait, comme ses parents, sous la surveillance des Jacobins, il méprisait leurs allures grossières, et ne souffrait jamais qu'ils lui prissent les mains, ou qu'ils le tinssent entre leurs bras. Un jour qu'il se débattait contre les caresses brutales d'un de ces satellites : « Je sais bien, lui dit celui-ci, que tu n'aimes pas notre habit. — Et d'où savez-vous donc, Monsieur, répondit l'enfant, que je n'aime pas un habit que vous me voyez si souvent porter ? »

Cependant l'Assemblée législative, que la malencontreuse intervention de l'Autriche, de la Prusse et du Piémont dans les affaires de la France, avait beaucoup contribué à irriter contre la famille royale, avait présenté à la sanction du roi plusieurs décrets, dont l'un prononçait la peine de mort contre les émigrés, l'autre ordonnait la déportation des prêtres non assermentés, et un troisième prescrivait la formation d'un camp sous les murs de Paris. Dans ce moment critique, l'indignation causée par tant d'injustice rendit au roi toute son énergie. Usant du droit que lui laissait la constitution, il refusa de sanctionner les deux premiers décrets. Les Jacobins, alors tout puissants, se réunirent pour lui arracher son acquiescement. Tous leurs efforts furent inutiles. Le pieux Louis XVI, qui puisait dans la religion sa patience héroïque, sa rare prudence, son courage invincible et son amour constant pour son peuple, persista dans son refus, et le dépit qu'ils en eurent amena la journée du 20 juin 1792, à laquelle contribuèrent les Orléanistes, dans l'espérance d'en profiter pour eux-mêmes. Dès le matin de ce jour, trente mille brigands, ramassis de tous les quartiers de la capitale, armés de piques, de sabres, de faulx, de haches, de fourches et de longs bâtons à crochet, pénétrèrent dans les Tuileries. Les ministres, pour sauver la reine dont les jours étaient principalement menacés, lui conseillèrent de placer le dauphin devant elle debout sur une table, ne croyant pas qu'il y eût de plus sûr bouclier pour la princesse que son fils ; car cet aimable enfant avait dans la conversation et dans toute sa personne quelque chose de si séduisant, que les ennemis les plus acharnés de ses illustres parents, ne pouvaient le voir sans se laisser prendre par ses charmes. En effet, bon nombre de ceux qui menaçaient d'assassiner la mère, désarmés à l'aspect du fils, s'écriaient : « Oh ! le bel enfant ! » A l'instant leur fureur se calmait, et les armes leur tombaient des mains. Pour le roi, il ne dut son salut qu'à son courage. Seul, il alla au devant de cette multitude furieuse, comme autrefois le Sauveur du monde à la rencontre du traître Judas et de sa vile soldatesque, lui ouvrit lui-même les portes, et l'on vit alors quel ascendant la vertu peut conserver sur les cœurs les plus féroces ; de tant de misérables armés et payés pour le crime, aucun n'osa le commettre. En vain un Jacobin proposa au roi, dans cet instant critique, la sanction du décret lancé contre les prêtres insermentés (sanction dant le refus était le prétexte des attentats de ce jour), le pieux Louis XVI, au milieu des piques et des poignards, répondit hautement que ce n'était ni le moment de la demander ni celui de l'accorder. Madame Elisabeth, cet ange de vertus, qui était restée auprès du roi son auguste frère, pour partager tous ses périls, faillit être victime de son dévouement. Un homme à regards sinistres, jetant les yeux sur elle, la prit pour la reine. Aussitôt il pousse un cri de fureur ; brandissant sa pique, il allait la percer si l'on n'eût détourné le coup en lui criant que c'était Madame Elisabeth. « Pourquoi le détromper, dit la princesse? peut-être que ma mort leur eût épargné un plus grand crime. »

Il y avait cinq heures que durait cette lutte aussi fatigante que périlleuse pour la famille royale qui ne parut jamais plus grande que dans ce danger extrême, quand Péthion, maire de Paris, l'un des principaux auteurs de la conspiration, voyant ses manœuvres déconcertées par la fermeté et le courage du pieux Louis XVI, qui ne fut jamais plus roi que dans cette journée, parut dans la salle où le prince était aux prises avec ses assassins. « Sire, lui cria-t-il, n'ayez pas peur, vous n'avez rien à craindre. » Moi, craindre ! reprit le roi en fixant Péthion ; c'est à l'homme qui n'a pas la conscience pure qu'il appartient de craindre. Puis saisissant la main d'un soldat, il ajouta : Tiens, grenadier, mets la main sur mon cœur, et dis à cet homme s'il bat plus vite qu'à l'ordinaire. Péthion, confondu, se retira, et toute son armée, sur une simple invitation de sa part, évacua les Tuileries. Le lendemain de cette affreuse journée, au bruit du tocsin, et à la nouvelle d'un nouveau rassemblement qui inquiétait la reine, le jeune prince, avec l'expression naïve du sentiment de la veille, disait à sa mère : « Eh ! maman, est-ce qu'hier n'est pas fini ? » Pour toute réponse, la reine le serra dans ses bras et l'arrosa de ses larmes.

Non, prince infortuné, ce jour néfaste n'est pas encore fini pour vous ni pour les vôtres; et au fur et à mesure qu'il prolongera sa pâle et lugubre clarté, vos douleurs se multplieront. A sa sombre lueur vous verrez commettre trois attentats inouïs, qui, en vous rendant orphelin et vous privant de tout appui sur la terre, vous voueront à toutes les misères, à toutes les persécutions que vous éprouverez pendant votre vie, errant, sans nom, sans famille et sans patrie, pour expier, avec les trois royales et innocentes victimes de nos discordes civiles, le crime le plus grand dont une nation puisse se rendre coupable.

Mais aussi, le ciel justement irrité châtiera notre belle France, autrefois si heureuse sous le gouvernement paternel de ses rois, en la livrant à la merci de quelques montres à face humaine, qui décimeront ses enfants, et la feront passer par tous les genres d'anarchie et tous les degrés d'humiliation, d'où elle ne sortira que pour tomber sous la férule du despotisme militaire environné d'une auréole de gloire acquise au prix du sang de plus de quatre millions de Français. Et pour qu'elle reconnaisse que c'est la main divine qui la frappe, elle demeurera ainsi humiliée et battue par les tempêtes pendant plus d'un demi-siècle, essayant de tous les régimes qu'elle rejetera tour-à-tour malgré tous les efforts qu'elle fera et tous les gouvernements qu'elle se donnera pour sortir de cet état de convulsion révolutionnaire.

Enfin, vaincue par tant et de si grandes adversités, elle ouvrira les yeux à la lumière, tombera aux genoux du fils du saint roi martyr, que ses gouvernants divers, honteux de leur origine illégitime, lui avaient caché pendant si longtemps, soit en le retenant dans de noirs cachots comme un vil criminel, soit en le pourchassant comme une bête fauve. Alors, et alors seulement, elle recouvrera la paix, la gloire et le bonheur.

Quelques jours après, le dauphin demanda au roi pourquoi le peuple qu'il aimait tant était toujours fâché contre lui. Le pieux Louis XVI, qui ne rêvait que la félicité du peuple dont il disait toujours du bien, répondit que le peuple souffrait de la disette et qu'il était égaré par quelques brouillons ; mais qu'il fallait toujours l'aimer. En effet, le roi et la reine voulaient que le dauphin fût familier avec tous les gardes nationaux. Quand il avait conversé avec quelqu'un d'eux, il revenait demander à sa mère : « Maman, est-ce bien comme cela ? » Et elle lui donnait souvent des félicitations.

Dans la nuit du 9 au 10 août 1792, plus affreuse encore que le 20 juin, lorsque tout annonçait une nouvelle attaque du château, le dauphin rencontre un enfant de son âge, que la reine faisait élever par charité ; il lui parle de la position critique où il se trouve, et lui dit : « Comme vous avez moins à craindre que moi, tenez, voici une boucle de mes cheveux ; en la voyant, vous vous souviendrez que je suis en danger, et vous direz : Il faut que je prie Dieu pour lui. » Dès minuit un coup de canon donne le signal ; on sonne le tocsin, et les brigands de la veille, au nombre de vingt mille, dirigés par les

Marseillais, vont bloquer les Tuileries. Le roi, qui ne se montrait jamais plus grand que dans ces circonstances critiques où il fallait payer de sa personne, tant la foi, la piété et la vertu augmentent le véritable courage et le sincère dévouement, a bientôt tiré son plan de défense, et disposé deux mille gardes nationaux et neuf cents Suisses, seules troupes qu'il ait à ses ordres, depuis qu'on lui a enlevé sa maison militaire. Il place les deux mille gardes nationaux dans les avenues et la cour du château, et distribue les neuf cents Suisses dans l'intérieur du palais. Ces sages et prudentes dispositions, cette attitude calme et impassible qui attend le danger sans le craindre, en imposèrent tellement à ces vingt mille brigands salariés pour le crime, qu'ils n'osèrent jamais attaquer et se contentèrent de pousser des vociférations obscènes et des cris séditieux.

Pendant ce temps, l'on tenait conseil à la cour. La reine est d'avis qu'on résiste et que l'on s'ensevelisse noblement les armes à la main, sous les ruines de la monarchie. Son avis est partagé par tout ce qui entoure la famille royale ; mais le roi qui ne peut pas se décider à faire verser une seule goutte de sang pour ce qu'il appelle sa propre cause, leur répond avec fermeté que
« Charles Ier, roi d'Angleterre, pensait comme eux ;
« mais, ajoute-t-il aussitôt, son exemple m'apprend que
« ce moyen n'est rien moins qu'infaillible en révolution.
« Je pourrai périr, je dirai plus, je m'attends à périr ;
« mais jamais l'histoire ne m'adressera le reproche qu'elle
« fait à ce prince, d'avoir, pour ma cause, mis mes su-
« jets aux prises avec mes sujets. »

Cependant les brigands qui avaient envoyé des émissaires parmi les gardes nationaux pour les corrompre, gagnaient du terrain. Déjà la défection avait commencé parmi les troupes du roi, lorsque le dauphin aperçoit un officier, le capitaine Parizot, qui commandait une compagnie de la garde nationale, et qui résistait courageusement aux factieux en refusant d'abandonner son poste. Aussitôt le jeune prince vole vers ce brave officier, et lui dit en lui baisant la main : « Jamais je n'oublierai ce que vous avez risqué pour nous, vos traits et votre action resteront gravés dans mon cœur. » Ce trait prouve une fois de plus combien ce jeune prince avait les sentiments nobles et le cœur reconnaissant, et comme il savait mettre à profit les leçons qu'il recevait à l'école de la vertu.

Dans ce moment d'incertitude et d'hésitation, Rœderer, alors procureur-général syndic, vint annoncer au roi qu'il répondait de sa vie et de celle de toute sa famille, s'il voulait se rendre au sein de l'Assemblée législative. Alors le roi commande, ceux qui avaient été d'un avis contraire se soumettent; et pour éviter l'effusion du sang il va noblement demander asile aux représentants de la nation. La famille royale qui veut partager tous les dangers du monarque, l'accompagne dans cette route aussi pénible que dangereuse. Tant de magnanimité et de malheurs devaient commander le respect et l'intérêt. C'est le contraire qui arriva. Ce même jour l'Assemblée décréta la déchéance provisoire du roi, ainsi que sa détention et celle de sa famille. Le pieux Louis XVI avait voulu, par sa retraite, prévenir l'effusion du sang ; et ce fut sa retraite même qui devint comme le signal des hostilités. On eût dit qu'une main invisible conduisait le roi à sa perte, pour punir le peuple d'avoir méconnu son cœur et oublié ses vertus. A peine était-il hors du château, que le plus hardi des assaillants, s'approchant d'un bataillon suisse qui avait la garde du grand escalier, l'invita à se joindre à eux et à crier : *vive la nation !* Sur le refus des Suisses, ils allongent leurs piques à crochets, attirent successivement cinq soldats qu'ils massacrent. A la vue de cette atrocité, le bataillon fait feu sur les assassins et les renverse. Cette première décharge porte au loin l'épouvante ; les brigands prennent la fuite, laissant les cours jonchées de fusils, de piques, de bonnets rouges, et les Suisses restent maîtres pour un moment du champ de bataille. Mais la garde nationale ayant fait défection, l'armée des brigands que les Suisses n'avaient pu poursuivre, à cause de leur petit nombre, se rallia, revint sur ses pas et pénétra par la galerie du Louvre dans l'intérieur des Tuileries, dont elle inonda les appartements. Alors le carnage devint affreux : Suisses, gens de cour, officiers du palais, valets des cuisines, tout fut massacré, à l'exception d'un petit nombre qui s'ouvrit un passage l'épée à la main, ou qui se sauva par des issues dérobées.

En vertu du décret de déchéance délibéré et discuté sous les yeux même de l'infortuné monarque, et en présence du jeune dauphin placé à dessein sur le bureau et à la droite du président, afin d'émouvoir et de toucher, par sa belle et intéressante physionomie, les membres de l'Assemblée législative, la famille royale fut gardée pendant trois jours aux Feuillants, et de là conduite et renfermée dans le Temple. La constitution du 14 septembre 1791 déclarant elle-même la personne du roi inviolable et sacrée, quelques personnes dévouées auraient voulu que Louis XVI eût, séance tenante, protesté énergiquement contre le despotisme et l'arbitraire de l'Assemblée, qui, ce jour-là, outrepassa évidemment ses pouvoirs et ses droits ; mais ce religieux monarque, qui, depuis assez longtemps s'était offert en holocauste à la justice divine pour expier les crimes de son peuple égaré qu'il aimait toujours, jugea cette démarche inutile, peu conforme aux circonstances critiques dans lesquelles ils se trouvaient, lui et sa malheureuse famille, et refusa. Le 13 août 1792, le roi, la reine son épouse, madame Elisabeth sa sœur et ses deux enfants, le jeune dauphin âgé de sept ans et demi, et Madame royale qui en avait treize, furent donc renfermés dans la tour du Temple, d'où ils ne devaient plus sortir, les trois premiers, que pour monter à l'échafaud ; la jeune princesse pour être échangée avec les cinq commissaires de la Convention, que Dumouriez avait livrés aux Autrichiens, et le dauphin pour mener une vie errante et inconnue dans les différentes parties de l'univers, dont il apprendra le langage et étudiera les usages et les mœurs, afin de pouvoir remplir plus tard la mission qui lui sera confiée, quand la divine justice, apaisée, l'aura rendu à l'amour des Français. Ils y furent suivis par Mmes de Lamballe, de Tourzel, Pauline de Tourzel sa fille; et par Mmes Thibault, Navarre, Basire et Saint-Brice, femmes de chambre, qui étaient venues les rejoindre aux Feuillants avec Mme Auguié, l'une des femmes de chambre de la reine, et belle-mère du maréchal Ney. Mme Auguié remit à la reine 25 louis qui lui furent enlevés plus tard. MM. de Chamilly et Hue suivirent aussi la royale famille, ainsi que Turgy, Chrétien et Marchant. MM. de Chamilly et Hue ayant été arrêtés avec Mmes de Lamballe et de Tourzel; Cléry, valet de chambre du dauphin, se présenta de lui-même à Péthion, qui l'autorisa à reprendre son service auprès du jeune prince.

Cependant les puissances voisines, justement alarmées des attentats auxquels les Jacobins qui dominaient alors en France se portaient contre l'autorité royale, prirent les armes de concert. Sur la fin du mois d'août, le roi de Prusse, à la tête de cent mille hommes, a franchi la frontière et pénétré jusqu'au cœur de la Champagne. Au bruit de cette soudaine invasion, une fureur mêlée de désespoir saisit les factieux. Trop certains du sort qui les attendait s'ils venaient à succomber, ils voulurent du moins faire périr avant eux tous ceux de leurs concitoyens qu'ils regardaient comme leurs ennemis, parce qu'ils l'étaient de leurs principes destructeurs de toute morale, de toute liberté et de toute subordination. Sous prétexte d'assurer la tranquillité de l'intérieur pendant qu'ils iraient contre l'ennemi du dehors, ils font des visites domiciliaires et enferment dans diverses prisons tout ce qui leur paraît suspect; mais surtout des milliers de nobles et de prêtres insermentés. On ne les rassemblait ainsi que pour les massacrer plus facilement, et l'exécution suivit de près.

Le 2 septembre 1792, on invite tous les citoyens de la capitale à marcher au secours de la Champagne. Le tocsin sonne, on bat la générale et le peuple prend les armes au cri de guerre mille fois répété : *Volons à l'ennemi!* Des Jacobins mêlés dans la foule criaient au peuple : « Nos plus dangereux ennemis sont dans les prisons ; on va les délivrer, et pendant notre absence ils massacreront nos femmes et nos enfants. Il faut les prévenir : volons aux prisons, égorgeons les prisonniers. » L'exécrable cri : *égorgeons les prisonniers !* vole de bouche en bouche; une espèce de rage s'empare de la multitude, et le massacre commence. Il dura quatre jours, et coûta la vie à près de huit mille Français, dont le crime était d'avoir montré trop d'attachement à la religion catholique, trop de dévouement à la monarchie, et de n'avoir pu se résoudre à partager le délire de leurs concitoyens. Les mêmes massacres eurent lieu à Meaux, à Reims, à Lyon, à Versailles ; et, s'ils ne s'étendirent point alors sur toute la France, c'est que les Jacobins ne trouvèrent pas assez de bourreaux.

Bientôt la retraite des Prussiens, attribuée à la mésintelligence du roi avec l'empereur d'Autriche, qui pensaient, l'un et l'autre, à s'agrandir au détriment de la France plutôt qu'à rétablir l'infortuné Louis XVI sur son trône, donna une nouvelle audace aux conjurés dont les vues se concentrèrent sur les moyens à prendre pour en finir plus promptement avec la royauté.

Hâtons-nous donc de rentrer dans la tour du Temple, où nous resterons désormais avec les augustes victimes que le ciel a choisies pour satisfaire à sa justice, jusqu'à ce que le moment du sacrifice soit arrivé. On commença par enlever de la manière la plus brutale toutes les personnes attachées au service de la famille royale, dont le dévouement les avait portées à s'enfermer avec elle pour partager sa douloureuse captivité. Les augustes captifs ne purent garder que le bon Cléry. C'est au journal de ce dévoué serviteur que nous empruntons la description de la petite tour du Temple, qui servait de prison au roi et à sa malheureuse famille, parce que nous la croyons nécessaire pour mieux faire connaître la vie intérieure de ces illustres proscrits.

Cette tour était adossée à la grande, sans communication intérieure, et formait un carré long, flanqué de deux tourelles ; dans une de ces tourelles, était un petit escalier qui partait du premier étage et conduisait à une galerie sur la plate-forme ; dans l'autre étaient des cabinets qui correspondaient à chaque étage de la tour. Le corps de bâtiment avait quatre étages. Le premier était composé d'une antichambre, d'une salle à manger et d'un cabinet pris dans la tourelle, où se trouvait une bibliothèque de douze à quinze cents volumes. Le second était divisé à peu près de la même manière. La plus grande pièce servait de chambre à coucher à la reine et à monsieur le dauphin ; la seconde, séparée de la première par une petite antichambre fort obscure, était occupée par madame Royale et madame Elisabeth. Il fallait traverser cette chambre pour entrer dans le cabinet pris dans la tourelle ; et ce cabinet, qui servait de garde-robe à tout ce corps de bâtiment, était commun à la famille royale, aux officiers municipaux et aux soldats. Le roi demeurait au troisième étage et couchait dans la grande pièce. Le cabinet pris dans la tourelle lui servait de cabinet de lecture. A côté était une cuisine séparée de la chambre du roi par une petite pièce obscure qu'avaient habitée MM. de Chamilly et Hue, et sur laquelle étaient les scellés depuis leur arrestation. Le quatrième étage était fermé. Il y avait au rez-de-chaussée des cuisines dont on ne fit aucun usage. Le pieux Louis XVI se levait ordinairement à six heures du matin ; il se rasait lui-même ; ensuite Cléry le coiffait et l'habillait. Il passait aussitôt dans son cabinet de lecture. Cette pièce était très-petite ; le municipal restait dans la chambre à coucher, la porte entr'ouverte, afin d'avoir toujours les yeux sur le roi. Sa majesté priait à genoux pendant quelque temps, et lisait ensuite jusqu'à neuf heures, heure à laquelle la reine, ses enfants et madame Elisabeth montaient dans la chambre du roi pour le déjeûner, qui durait à peine vingt minutes. A dix heures, le roi descendait avec sa famille dans la chambre de la reine et y passait la journée. Il s'occupait assidûment de l'éducation du dauphin, dont l'intelligence répondait parfaitement aux tendres soins du roi. La mémoire du jeune prince était si heureuse, que sur une carte géographique couverte d'une feuille de papier, il indiquait les départements, les districts, les villes et le cours des rivières. La reine, de son côté, s'occupait de l'instruction de la princesse, dont les différentes leçons duraient jusqu'à onze heures. Le reste de la matinée se passait à coudre, à tricoter ou à faire de la tapisserie. A midi, les princesses se rendaient dans la chambre de madame Elisabeth pour quitter leurs robes du matin. A une heure, lorsque le temps était beau, on faisait descendre la famille royale dans le jardin; quatre officiers municipaux et un chef de légion de la garde nationale l'accompagnaient. Pendant la promenade, le fidèle Cléry faisait jouer le dauphin, soit au ballon, au palet, à la course, soit à d'autres jeux d'exercice. A deux heures l'on remontait dans la tour pour le dîner. Tous les jours, à la même heure, Santerre, de brasseur de bière devenu commandant général de la garde nationale de Paris, venait au Temple accompagné de deux aides-de-camp. Il visitait exactement les différentes pièces pour s'assurer par lui-même que les prisonniers étaient présents et ne faisaient aucune tentative d'évasion.

Après le repas, la famille royale se rendait dans la chambre de la reine; leurs majestés faisaient ordinairement une partie de piquet ou de trictrac. Monseigneur le dauphin jouait à la balle et au volant dans la chambre de madame Elisabeth. A quatre heures, le roi prenait quelques instants de repos, les princesses autour de lui, chacune un livre à la main ; le plus grand silence régnait pendant ce sommeil. Quel spectacle ! un roi poursuivi par la haine et la calomnie, tombé du trône dans les fers, mais soutenu par sa conscience et sa foi, et dormant paisiblement du sommeil du juste, comme autrefois saint Pierre dans la prison de Jérusalem, où le cruel Hérode l'avait fait jeter ; son épouse, ses enfants, sa sœur, contemplant avec respect ses traits augustes, dont le malheur semblait encore augmenter la sérénité, et sur lesquels on pouvait lire d'avance le bonheur dont il jouit aujourd'hui dans le ciel où il est couronné pour l'éternité !!!

Au réveil du roi, on reprenait la conversation : le fidèle Cléry venait s'asseoir à côté de sa majesté, et donnait sous ses yeux des leçons d'écriture et d'arithmétique au dauphin. Après cette leçon, le bon serviteur jouait avec le jeune prince à la balle et au volant dans la chambre de madame Elisabeth. A la fin du jour, la famille royale se plaçait autour d'une table ; la reine faisait à haute voix une lecture de livres d'histoire ou de quelques ouvrages bien choisis, propres à instruire et à amuser ses enfants ; mais dans lesquels des rapprochements imprévus avec sa situation se présentaient souvent et donnaient lieu à des pensées bien douloureuses qui faisaient couler des larmes de tous les yeux. Madame Elisabeth lisait à son tour, et cette lecture durait jusqu'à huit heures. Le fidèle Cléry servait ensuite le souper du dauphin dans la chambre de madame Elisabeth, et la famille royale y assistait. Le pieux Louis XVI se plaisait à y donner quelques distractions à ses enfants, en leur faisant deviner des énigmes tirées d'une collection de Mercures de France, qu'il avait trouvée dans la bibliothèque. Après le souper de monsieur le dauphin, la reine lui faisait réciter ses prières; il en faisait une particulière pour madame la princesse de Lamballe; et par une autre il demandait à Dieu de protéger les jours de madame la marquise de Tourzel, sa gouvernante. Lorsque les municipaux étaient trop près, ce jeune prince avait la précaution de dire ces deux dernières prières à voix basse. A neuf heures le roi soupait. La reine et madame Elisabeth restaient alternativement auprès de monseigneur le dauphin pendant ce repas; le fidèle Cléry leur portait ce qu'elles désiraient de manger, et leur racontait sans témoin ce qu'il avait pu apprendre pendant le jour. Après le souper, le roi remontait un instant dans la chambre de la reine, lui donnait la main en signe d'adieu, ainsi qu'à sa sœur, et recevait les embrassements de ses enfants; il allait dans sa chambre, se retirait dans son cabinet, et y lisait ou y priait jusqu'à minuit. La reine et les princesses se renfermaient chez elles. Un des municipaux restait dans une petite pièce qui séparait leurs chambres, et y passait la nuit; l'autre suivait sa majesté. Ce genre de vie si édifiant et si plein de résignation dura tout le temps que le roi resta dans la petite tour, c'est-à-dire jusqu'au 30 septembre 1792. Quelle situation pour cette royale et infortunée famille! Se voir jour et nuit garder, observer, épier par cent argus divers qui étudient ses moindres signes ou mouvements, qui interprètent ou prennent tout en mauvaise part, même son silence, qui s'appliquent à la tourmenter de toutes les manières, soit par les injures, les calomnies et les atrocités qu'ils apportent du dehors, et qu'ils lui débitent avec une espèce de joie infernale, soit par la conduite atroce qu'ils tiennent à son égard dans l'intérieur de la prison! Être dans les souffrances, les angoisses et les douleurs, sans pouvoir se les communiquer ou en diminuer l'amertume et l'intensité par des consolations et des encouragements réciproques ! Grand Dieu ! quel long et terrible martyre !

Ce fut surtout pendant ce séjour que le roi et la reine sentirent de quelle ressource leur était le dauphin dans les situations les plus critiques et les plus violentes. Il était, comme nous l'avons déjà dit en passant, d'une rare prudence et d'une réserve à toute épreuve auprès des cruels satellites qui surveillaient ses parents, sans que jamais il lui fut échappé un mot qui pût les compromettre ; car les prétendus aveux, dont nous parlerons plus loin, que l'exécrable Simon supposa avoir tirés du dauphin à la charge de la reine, sa mère, et de madame Elisabeth, sa tante, étaient si brutalement absurdes, que des scélérats plus prudents, et Robespierre lui-même, en furent révoltés, comme d'une imputation de nature à faire suspecter tous les autres chefs d'accusation.

Si le jeune prince se faisait admirer par un discernement précoce, l'usage qu'il en faisait le rendait plus intéressant encore, et l'on eût pu dire de lui que tout son esprit était au service de son cœur. Il avait assez de discrétion pour éviter tout ce qui eut pu rappeler à ses parents des souvenirs affligeants, et il s'étudiait en tout à alléger le poids de leur captivité. C'était peu pour lui de leur obéir, il prévenait leurs désirs, il devinait ce qui pouvait leur faire plaisir. Parmi les municipaux qui surveillaient jour et nuit les prisonniers du Temple, il se trouvait quelques âmes honnêtes. Le dauphin les connaissait, et dès qu'il les voyait entrer à la relevée de la garde, il courrait chez la reine : « Bonne nouvelle, maman; nous avons aujourd'hui MM. N. N. » La famille royale, pendant ses repas, étant habituellement observée par la malveillance, ou gardait le silence, ou parlait peu. Le dauphin alors faisait les frais de la conversation, racontait, interrogeait, parlait de sa leçon du jour, parlait de ce qu'il y avait sur la table ; et les choses les plus indifférentes n'étaient pas sans intérêt par la tournure qu'il savait leur donner.

On avait un jour servi une brioche, à laquelle on ne touchait pas : « Il paraît, papa, dit le dauphin, qu'on n'a pas envie d'entamer cette brioche. Je connais une petite armoire qui n'est pas loin d'ici, où je pourrais la cacher, mais si bien que je défierais les plus fins de la trouver. » A ce propos, les deux argus de la commune redressent les oreilles, en se regardant, comme pour se dire : nous tenons le secret. Mais la reine qui ne voudrait pas que leur soupçon devînt matière à de nouvelles vexations, dit au dauphin : « Il faut, monsieur, que vous nous montriez tout de suite où est cette armoire. » Alors le petit espiègle, d'un geste badin, et sans mot dire, montre le trou de sa bouche, ce qui fait rire, et décide du sort de la brioche.

Après ses leçons d'histoire, d'écriture, de géographie et d'arithmétique, le jeune prince partageait souvent les jeux du roi. Un jour qu'il jouait au jeu de *Siam*, ne pouvant dépasser le nombre *seize* et gagner une seule partie, il s'écria avec vivacité : « Voilà un nombre bien malheureux ! — Qui le sait mieux que moi ? répondit le roi. » Malgré tant de malheurs et de si grandes privations, qui devaient aller toujours en augmentant, le pieux Louis XVI s'occupait sans relâche de l'instruction du dauphin, qui déjà était familier avec les plus beaux passages de Fénélon, de Racine, etc., tant son intelligence était extraordinaire et ses progrès rapides sous un maitre si bon et si habile, qui inventait chaque jour de nouveaux procédés, tous plus ingénieux les uns que les autres pour lui faciliter l'étude des diverses sciences auxquelles il s'appliquait.

Pour faire boire à longs traits le calice de douleur et d'ignominie à la famille royale, on lui fit enlever tout ce qui pouvait adoucir sa cruelle captivité, encre, papier, plumes, travail manuel, etc., rien, en un mot, ne fut laissé à sa disposition.

Le 21 septembre 1792, la *Convention nationale* ouvre ses travaux de sanglante mémoire. Dès le jour même elle porte le décret fameux qui abolit pour toujours la royauté, et fait rentrer roi et princes dans le droit commun. Le lendemain l'ère républicaine commence. Le 29 septembre, sur les dix heures du soir, six commissaires municipaux entrèrent dans l'appartement de la reine où le roi se trouvait, pour lui faire lecture d'un arrêté de la commune, qui ordonnait sa translation dans la grande tour.

Quoique prévenu de cet événement par le fidèle Cléry, le pieux Louis XVI en fut très-vivement affecté ; sa famille désolée cherchait à lire dans les yeux des commissaires jusqu'où devaient s'étendre leurs sinistres projets ; ce fut en la laissant dans les plus vives alarmes que le roi reçut ses adieux ; et cette séparation, qui annonçait déjà tant d'autres malheurs, fut un des moments les plus cruels que leurs majestés eussent encore passés au Temple. Le fidèle Cléry suivit l'infortuné monarque dans sa nouvelle prison. L'appartement destiné au roi dans la grande tour n'était point achevé ; il n'y avait qu'un seul lit et aucun meuble ; les peintres et les colleurs y travaillaient encore, ce qui occasionnait une odeur insupportable dont sa majesté fut très-incommodée. Mais la douleur qu'elle ressentait de la cruelle séparation lui faisait oublier toute autre peine. Le lendemain, après le lever du roi, le fidèle Cléry voulait se rendre dans la petite tour pour habiller le prince ; les barbares municipaux s'y opposèrent formellement, et lui annoncèrent que désormais il ne pouvait plus avoir de communication avec les autres prisonniers, ni son maître non plus, car, d'après l'arrêté de la commune il ne devait plus recevoir ses enfants. En vain l'infortuné monarque leur témoigna, à plusieurs reprises, le désir de dîner avec sa famille, il n'éprouva qu'un accablant refus. Mais, au moins, ajouta le roi, mon valet de chambre peut descendre, c'est lui qui a soin de mon fils, et rien n'empêche qu'il ne continue de le servir. Cela ne dépend pas de nous, dirent les commissaires, et ils se retirèrent. A dix heures du matin, d'autres municipaux amenèrent les ouvriers pour continuer les travaux de l'appartement. Un des municipaux dit au roi qu'il venait d'assister au déjeûner de sa famille, et qu'elle était en bonne santé. « Je vous remercie, répondit le roi ; je vous prie de lui donner de mes nouvelles, et de lui dire que je me porte bien. Ne pourrais-je pas, ajouta-t-il, avoir quelques livres que j'ai laissés dans la chambre de la reine ? Vous me feriez plaisir de me les envoyer, car je n'ai rien à lire. » Sa majesté indiqua les livres qu'elle désirait. Ce municipal consentit à la demande du roi ; mais ne sachant pas lire il proposa à Cléry de l'accompagner. Le fidèle serviteur se félicita de l'ignorance de cet homme, et bénit la Providence de lui avoir ménagé ce moment de consolation. Le roi le chargea de quelques ordres ; ses yeux lui dirent le reste. Cléry trouva la reine dans sa chambre, entourée de ses enfants et de madame Elisabeth : ils pleuraient tous, et leur douleur augmenta à sa vue. Ils lui firent mille questions sur le roi, auxquelles il ne put répondre qu'avec réserve. La reine s'adressant aux municipaux qui l'avaient accompagné, renouvela vivement la demande d'être avec le roi, au moins pendant quelques instants du jour, et à l'heure des repas. Ce n'étaient plus des plaintes ni des larmes, c'étaient des cris de douleur..... Au lamentable et déchirant spectacle que présentait dans ce moment cette illustre et infortunée famille qui était tombée de si haut dans un abîme de maux, des sauvages au cœur de tigre auraient été attendris..... Parmi les sanglots entremêlés de supplications, on entendait les doux noms de père, d'époux et de frère..... Jamais tableau plus touchant ni plus attendrissant ne s'était vu.

Enfin, le commandant des municipaux tout honteux de sentir son cœur amolli, prononça ces mots avec une espèce d'impatience : « Eh bien ! ils dineront ensemble aujourd'hui; mais comme notre conduite est subordonnée aux arrêtés de la commune, nous ferons demain ce qu'elle prescrira. » A la seule idée de se trouver encore avec le roi, un sentiment qui tenait presque de la joie vint soulager cette malheureuse famille. La reine, tenant ses enfants dans ses bras, madame Elisabeth les mains élevées vers le ciel, remerciaient Dieu de ce bonheur inattendu, et offraient le spectacle le plus touchant. Cléry choisit les livres que le roi avait demandés et les lui porta. Les municipaux étant entrés avec lui, annoncèrent à sa majesté qu'elle verrait encore sa famille. Le fidèle serviteur ayant obtenu la permission de continuer son service auprès du jeune prince et des princesses, il put apprendre à la reine ce qui s'était passé, et tout ce qu'avait souffert le roi depuis qu'il l'avait quittée. On servit le dîner chez le roi, où sa famille se rendit ; et par les sentiments qu'elle fit éclater, on put juger des craintes qui l'avaient agitée.

On n'entendit plus parler de l'arrêté de la commune, et la famille royale continua de se réunir aux heures des repas ainsi qu'à la promenade. Après le dîner, on fit voir à la reine l'appartement qu'on lui préparait au-dessus de celui du roi : elle sollicita les ouvriers d'achever promptement ; mais ils n'eurent fini qu'au bout de trois semaines. Durant cet intervalle, le fidèle Cléry continua son service tant auprès de leurs majestés qu'auprès du jeune prince et des princesses ; leurs occupations furent à peu près les mêmes. Les soins que le pieux Louis XVI donnait à l'éducation de son fils n'éprouvèrent aucune interruption. Mais ce séjour de la famille royale dans deux tours séparées, en rendant la surveillance des municipaux plus difficile, la rendait aussi plus inquiète ; en sorte que ces illustres captifs sentaient de plus en plus toute l'horreur de leur triste position, et descendaient chaque jour davantage au fond de l'abîme.

Le jour même que la reine vint habiter l'appartement qu'on lui avait préparé dans la grande tour, jour si vivement désiré, jour qui semblait promettre à leurs majestés quelques consolations, fut marqué de la part des officiers municipaux par un nouveau trait d'animosité contre cette infortunée princesse. Depuis son entrée au Temple, ils la voyaient consacrer son existence au soin de son fils, et trouver quelque adoucissement à ses maux dans sa reconnaissance et dans ses caresses ; ces monstres à face humaine l'en séparèrent sans l'en prévenir ; sa douleur fut extrême ; mais, pour ne pas trop augmenter la cruelle joie de ses féroces gardiens, elle tâcha de la comprimer et de la tenir renfermée dans son cœur. Le jeune prince ayant été remis au roi, le fidèle Cléry fut chargé de son service. Avec quel attendrissement la reine ne recommanda-t-elle pas au bon serviteur de veiller sur les jours de son fils ! Les événements dont nous aurons désormais à parler s'étant passés dans un local différent de celui dont nous avons donné la description, nous croyons devoir faire connaître la nouvelle habitation de leurs majestés.

La grande tour du Temple, d'environ cent cinquante pieds de hauteur, forme quatre étages qui sont voûtés, et soutenus au milieu par un gros pilier, depuis le bas jusqu'à la flèche. L'intérieur est d'environ trente pieds en carré. Le second et le troisième étages, destinés à la famille royale, étant, comme les autres d'une seule pièce, furent divisés en quatre chambres par des cloisons de planches. Le rez-de-chaussée était à l'usage des municipaux : le premier étage servait de corps-de-garde. Le pieux Louis XVI fut logé au second. La première pièce de son appartement était une antichambre où trois portes différentes conduisaient séparément aux trois pièces. En face de la porte d'entrée était la chambre du roi, dans laquelle on plaça un lit pour monsieur le dauphin ; celle du fidèle Cléry se trouvait à gauche, ainsi que la salle à manger, qui était séparée de l'antichambre par une cloison en vitrage. Chacune de ces chambres était éclairée par une croisée ; mais on avait mis en dehors de gros barreaux de fer et des abat-jour qui empêchaient l'air de circuler. Les embrasures des fenêtres avaient neuf pieds de profondeur. La grande tour communiquait par chaque étage à quatre tourelles placées sur les angles. Dans une de ces tourelles était l'escalier qui allait jusqu'aux créneaux ; on y avait placé des guichets de distance en distance, au nombre de sept. De cet escalier on entrait dans chaque appartement en franchissant deux portes; la première était en bois de chêne fort épais, et garni de clous, la seconde en fer. Une autre tourelle donnait dans la chambre du roi, et y formait un cabinet. On avait ménagé une garde-robe dans la troisième. La quatrième renfermait le bois de chauffage. On y déposait, pendant le jour, les lits de sangles sur lesquels les municipaux de garde auprès de sa majesté passaient la nuit. La reine et les autres princesses logeaient au troisième étage, dont la distribution, comme nous l'avons dit, était à peu près la même que celle du second. Le quatrième étage n'était point occupé: une galerie régnait dans l'intérieur des créneaux, et servait quelquefois de promenade. On avait placé des jalousies entre les créneaux pour empêcher la famille royale de voir et d'être vue. Depuis cette réunion de la famille royale dans la grande tour, il y eut peu de changement dans les heures des repas, des lectures et des promenades, ainsi que dans les moments que le roi et la reine avaient jusque-là consacrés à l'éducation de leurs enfants. Après son lever, le pieux Louis XVI lisait l'office des chevaliers du Saint-Esprit, et comme on avait refusé de laisser dire la messe au Temple, même les jours de dimanche, il la remplaçait par la récitation du bréviaire à l'usage du diocèse de Paris. Madame Elisabeth et la reine récitaient des prières avec le dauphin et la princesse, ou faisaient avec eux des lectures sur des livres de piété. Combien de fois ne vit-on pas madame Elisabeth, cette âme déjà toute céleste, à genoux, les mains élevées vers le ciel, prier avec ferveur des heures entières dans cette humble posture! Admirons la bonté de la providence qui voulut bien accorder cet adoucissement momentané à cette royale et infortunée famille pour la préparer à de nouvelles épreuves mille fois plus terribles que celles par ou elle a passé jusqu'à présent ; car il est arrêté dans les décrets éternels de la justice divine, qu'elle épuisera, par ses humiliations, ses privations de toute espèce et par ses souffrances morales et physiques, la malice et la rage de ces monstres à figure humaine, que l'enfer vomit quelquefois de ses gouffres ténébreux pour châtier la terre souillée par les crimes de ses habitants, et donner ainsi de sages enseignements aux générations futures.

Mais plus le calice réservé à ces royales victimes sera amer et douloureux, plus la grâce sera abondante, et les consolations intérieures multipliées. Elles élèveront des mains pures et une voix suppliante vers le ciel ; mais ce sera pour appeler la miséricorde sur elles, le pardon sur leurs ennemis, l'oubli sur leurs sujets égarés et le bonheur sur la France, leur chère patrie. Voilà, ô religion sainte et divine, le plus beau de vos triomphes ! car vous mettez autant de différence entre les héros chrétiens que vous formez à la vertu et que vous préparez au martyre, et ces prétendus sages du paganisme, tant vantés dans l'antiquité, qu'il y a de distance entre votre céleste origine d'où vos héros tirent leur force invincible, et la source impure où ces sages puisent leurs orgueilleuses et mortelles maximes. Ce moment de répit est bientôt remplacé par les nouvelles vexations que l'on fait éprouver à ces augustes victimes ; leurs cruels satellites qui s'étudiaient à les tourmenter en toute manière, exerçaient sur elle une surveillance si tyrannique que rien ne sortait ou n'entrait de tout ce qui servait à leur usage, sans être soumis à l'examen le plus minutieux.

Pour en donner un exemple choisi entre mille, ces

cerbères à face humaine firent couper les marges à un livre de piété que madame Elisabeth faisait rendre à madame la duchesse de Sérent, dans la crainte qu'on y eût écrit quelque chose avec une encre particulière.

Le 3 décembre, la sanguinaire Convention, altérée du sang du *juste*, décrète la mise en jugement de l'infortuné Louis XVI qui est chaque jour rassasié de nouveaux opprobres dans sa prison et noirci au dehors des plus atroces calomnies. Tandis que les conjurés répandent le bruit parmi le peuple qu'il existait entre le roi et les puissances étrangères une conspiration dont le but était de leur livrer la France, qu'ils appellent à leur secours tout ce que les chansons, la gravure, le théâtre et les tréteaux des carrefours pouvait leur fournir de prestige pour égarer l'opinion publique, et hâter ce jugement tant désiré; leurs barbares satellites en commission auprès du religieux monarque, imaginent tous les jours quelque chose de nouveau pour l'affliger. On écrit sur la porte de sa chambre et en dedans : *La guillotine est permanente et attend le tyran Louis XVI;* d'autres écrivent sur les murs de la promenade : *Madame Veto la dansera..... Nous saurons mettre le gros cochon au régime.... Il faut étrangler les petits louveteaux.* On crayonne tantôt une figure suspendue à une potence avec ces mots : *Louis prenant un bain d'air;* tantôt une guillotine avec cet écriteau : *Louis crachant dans le sac.* Nous passons sous silence les menaces horribles que des gendarmes et des gardes nationaux venaient faire sous les fenêtres de son appartement. Ni le pouvoir exécutif ni la Convention ne croyaient pas que ces infamies atroces, inouïes même chez les sauvages, fussent dignes de leur attention, parce qu'elles ne regardaient que le *tyran*, qui leur opposait un calme inaltérable et une patience surhumaine. Honte à jamais aux fauteurs de pareilles atrocités qu'on ne sait comment qualifier, tant elles excitent l'indignation ! En vain ces monstres à face humaine, qui portent dans leurs cœurs de tigre tout le fiel et toute la rage de l'enfer, veulent déshonorer le *juste* et le couvrir d'infamie, avant de l'immoler à leur fureur impie. Son nom restera pur et sa mémoire sera en bénédiction chez la postérité la plus reculée ; tandis qu'eux-mêmes poursuivis par la vengeance divine, seront exécrés et maudits de génération en génération, et lègueront à leurs derniers descendants un nom plein d'horreur et d'anathèmes. Ainsi le pieux Louis XVI buvait jusqu'à la lie le calice de douleurs et d'humiliations, et descendait par degré au fond de l'abîme révolutionnaire creusé par la philosophie athée du dix-huitième siècle.

Leurs majestés, abreuvées d'outrages de toute espèce, reposaient tristement leurs regards fatigués sur le jeune dauphin, qui mettait à contribution toute l'intelligence de son esprit et tout l'amour de son cœur pour leur faire oublier leur fâcheuse position. Il s'observait tellement que jamais il ne lui arriva de dire un mot qui pût rappeler à ses illustres et infortunés parents leur ancienne grandeur. Et dans le temps où toute communication était interdite aux membres de la famille royale, et où ils ne pouvaient, sans crime, se transmettre une pensée ni se rendre un service, c'était ce jeune prince, dont les gardes prenaient moins d'ombrage, qui était entremetteur, et s'acquittait avec autant de zèle que d'intelligence des petits messages dont on le chargeait. Le valet de chambre Cléry, à qui il était interdit de parler à voix basse aux prisonniers, confiait au dauphin, en le couchant, ce qu'il voulait faire savoir au roi, et le roi chargeait l'enfant de sa réponse au valet de chambre. Ce fidèle serviteur étant tombé malade, le dauphin lui donnait des soins assidus, lui portait des boissons que madame Élisabeth avait préparées, s'informait de ses divers besoins, lui tenait lieu de garde-malade. Cléry reprit son service, quoique affecté d'un gros rhume. Madame Élisabeth, convalescente de la même maladie, avait reçu par ordre du médecin, des pastilles pectorales, que sa charité lui fit un devoir de partager avec celui qui en avait autant de besoin qu'elle ; et le dauphin fut chargé de les remettre le soir à Cléry, lorsqu'il se présenterait. Le valet de chambre, attendu à neuf heures, ne parut ce jour-là qu'à onze. Pendant ces deux heures, le jeune prince avait eu la constance de lutter contre le sommeil, assis sur son lit. Comme des gardes veillaient toujours à la porte, il fait signe à Cléry d'approcher, et lui dit à voix basse : « Tenez, voici une boîte que ma tante vous envoie pour votre toux ; je n'ai pas voulu m'endormir sans vous l'avoir remise ; mais vous faites bien d'arriver, car je n'en puis plus de sommeil ; » et en parlant il tombe endormi sur son oreiller.

Le moment du sacrifice approchait. Le pieux Louis XVI qui doit épuiser la coupe de la justice divine dont tant de forfaits ont allumé la colère, est violemment séparé du dauphin ; qu'un municipal, accompagné du fidèle Cléry, remet à la reine. Sa majesté voulut savoir le motif de cet enlèvement. Les commissaires répondirent qu'ils exécutaient les ordres du conseil de la commune. Le roi embrassa tendrement son fils, et chargea Cléry de le conduire. A son retour, le bon serviteur annonça à sa majesté qu'il avait laissé le jeune prince dans les bras de la reine, ce qui parut le tranquilliser. Le 11 décembre 1792, ce religieux monarque, plus grand dans le malheur qu'il n'avait jamais paru sur le trône dans les plus beaux jours de la royauté, fut conduit à la barre de la Convention par Chambon, maire de Paris, pour y entendre la lecture de l'acte d'accusation dirigé contre lui. Il contenait trente-quatre chefs d'accusation, auxquels on le somma de répondre. Quoique pris au dépourvu, le roi les détruisit tous sur le champ avec autant de force et de justesse que de modération et de simplicité. On lui reprochait jusqu'à ses aumônes et ses bienfaits, comme autant de moyens employés pour séduire le peuple. A une inculpation si étrange, le pieux Louis XVI se contenta de répondre : « Je n'avais pas de plus grand plaisir que de donner à ceux qui étaient dans le besoin; » et ces mots qui faisaient l'histoire de sa vie, furent vivement sentis par ceux des spectateurs en qui la férocité n'avait pas éteint tout sentiment. Barrère, président de la Convention, termina son odieux interrogatoire par une allégation si atroce et si manifestement calomnieuse, qu'on a peine à concevoir comment les ennemis de Louis XVI eurent l'impudence de la produire. « Vous avez, lui dit-il, fait couler, au 10 août, le sang des Français; qu'avez-vous à répondre ? — Non, monsieur, répliqua le roi d'un ton très-élevé; ce n'est pas moi qui ai fait couler le sang des Français; » et cette réponse énergique fit pâlir sur leurs siéges plusieurs des scélérats qui osaient lui imputer une journée dont ils étaient les auteurs et lui la victime.

Le roi rentra à six heures du soir, accablé de fatigue. Son premier soin fut de demander à voir sa famille. Cette consolation lui fut refusée; et depuis ce moment toute communication avec elle lui fut interdite.

L'heure du sacrfice approchant, la divine Providence y préparait cette auguste victime par de nouvelles privations. Dans la prévision de cette douloureuse séparation, ce religieux monarque avait dit au dauphin, quelque temps auparavant, une chose remarquable et qui mérite d'être rapportée ici où elle trouve naturellement sa place : *Mon fils, les rois sont comme des arbres élevés; toujours agités par les vents, ils sont souvent battus par les tempêtes.* Le 12 décembre, le pieux Louis XVI fut autorisé à se choisir un conseil pour l'assister. Ce prince désigna pour le défendre, Malesherbes, Tronchet et Target. Celui-ci, à l'opprobre éternel de son nom, ayant refusé son ministère, Desèze, jeune avocat du parlement de Bordeaux, s'immortalisa en venant offrir son rare talent pour la parole à son roi qui l'accepta. Pendant toute la durée de ce monstrueux procès, la famille royale, qui ne pouvait plus communiquer avec le roi, passa son temps dans les angoisses, les gémissements, les larmes et les exercices de piété. Chaque jour on trouvait madame Elisabeth, que son amour fraternel avait fait renfermer dans le Temple, prosternée au pied de son crucifix où elle puisait la force, la résignation et le courage héroïque qu'elle tâchait d'inspirer aux autres. Là, elle ne cessait de s'offrir en holocauste pour sauver les jours du roi son frère. Cet ange que le ciel a prêté à la terre, qui a laissé partout la trace et l'odeur de ses vertus, sera exaucé en partie, et le martyre couronnera cette vie d'innocence, de dévouement et de sacrifices. Pour le jeune prince, il continuait de recevoir des leçons d'histoire, de vertu et de patience de la reine, dont il adoucissait un peu les chagrins par son application à l'étude, par les progrès qu'il y faisait et par ses caresses enfantines.

Mais toute récréation et toute consolation avaient cessé pour cette auguste et infortunée famille plongée dans la plus amère tristesse, d'où la tiraient cependant quelquefois les nouvelles de la santé du roi, que le fidèle Cléry lui faisait passer par le moyen de Turgy. Placé auprès des princesses, il leur témoigna le plus fidèle dévouement, leur donnait communication de ce qui pouvait les intéresser sur les affaires du jour et les tenait au courant de ce qui concernait le procès du pieux Louis XVI. C'est par l'entremise de Turgy que le dauphin était parvenu à faire passer au roi quelques billets écrits de sa propre main (4).

Le 25 décembre 1792, le roi, accompagné de ses trois défenseurs, parut pour la seconde fois à la barre de la Convention. La parole fut accordée à Desèze qui prononça un discours éloquent et pathétique, par lequel il fit tout à la fois l'apologie la plus complète de son roi et la condamnation la mieux motivée des impies qui méditaient sa mort. L'embarras et la confusion des conventionnels, de ces tigres altérés de sang humain, furent à leur comble, lorsque, seuls insensibles au milieu d'un auditoire attendri jusqu'aux larmes, l'orateur, vers la fin de son discours, promenant autour de lui des regards lents et foudroyants, s'écria, par un mouvement oratoire des plus beaux : « Je cherche parmi vous des juges et mes yeux ne rencontrent que des accusateurs ! » Les Jacobins ne se trouvant pas assez forts pour condamner le roi ce jour-là, le firent reconduire à la tour du Temple.

Ce religieux monarque, qui puisait dans sa foi éclairée et dans sa tendre piété toute la force et la grandeur d'âme

---

(4) Voir la 4ᵐᵉ note à la fin du premier Livre.

qu'il fit paraitre pendant tout le temps de sa captivité, mais surtout dans ses derniers moments, certain maintenant du sort qui l'attendait, employa le peu d'instants que ses ennemis lui laissèrent, à se préparer à la mort. Cependant les Jacobins, toujours plus altérés de son sang, employaient tous les genres de séduction et de menaces, pour s'assurer de la majorité des suffrages. Le 15 janvier 1793, on déclara le pieux Louis XVI coupable de conspiration contre la liberté publique ; et le 16, la peine de mort fut prononcée à la pluralité de cinq voix seulement : c'était une infraction manifeste aux lois du temps, qui exigeaient les deux tiers des suffrages pour la condamnation d'un accusé.

Desèze et ses deux collègues s'élevèrent avec force contre cette inique sentence, et en appelèrent au peuple français. Mais les factieux connaissaient trop bien les dispositions du peuple pour lui remettre la décision de ce grand procès, et l'appel fut rejeté. Cet arrêt barbare affecta vivement les amis de la vertu, qui étaient ceux de ce prince infortuné, et leur arracha quelques plaintes, même dans les lieux publics. Mais le pieux Louis XVI, qui depuis longtemps s'était offert comme une victime de propitiation à la justice divine, s'attendait si bien à être condamné à la peine de mort, que dès le 25 décembre il avait fait son testament. Cette pièce, que la divine providence a pris soin de transmettre à la postérité d'une manière, pour ainsi dire, miraculeuse, pour la gloire de son serviteur, respire tous les sentiments de la foi la plus pure, de la piété la plus tendre et de la charité la plus ardente. Tout, dans ce testament, qui seul suffirait pour immortaliser son auteur, parle au cœur attendri et touché. On le dirait une lettre envoyée du ciel pour consoler la terre, tant tout y est grand, noble, généreux et sublime de bonté, de tendresse, d'oubli et de pardon ! Nous ne pouvons résister au désir de l'ajouter à la fin de la première partie de cet opuscule, afin que nos lecteurs puissent apprécier par eux-mêmes le mérite de ce précieux écrit, ainsi que la vertu du roi martyr de sa foi ; car tout le monde sait aujourd'hui que c'est en haine de la religion catholique que ce pieux monarque pratiqua et protégea toute sa vie, que ces monstres vomis de l'enfer pour la terreur et l'opprobre de la terre, le condamnèrent à mort. Aussi le saint pontife Pie VI, victime également choisie par le ciel pour expier le crime de son prédécesseur, qui avait aboli la Compagnie de Jésus, n'hésita pas de qualifier de martyre la mort de Louis XVI, dans un consistoire qu'il tint à Rome le 17 juin 1793.

Le 17 janvier 1793, M. de Malesherbes annonça lui-même au roi qu'il était condamné à mort. Ce bon vieillard se jeta aux pieds de sa majesté, qu'il arrosa pendant quelque temps de ses larmes, sans pouvoir parler, étouffé qu'il était par ses sanglots. Le roi le releva lui-même et le serra avec affection contre son cœur. Le juste périssant pour sauver les coupables, le ciel s'appliquera à faire ressembler, pour ainsi dire, trait pour trait, sa mort à celle du Sauveur des hommes. Aussi toutes les circonstances qui accompagnèrent la passion et le crucifiement du fils de Marie, se rencontreront avec une juste proportion toutefois, à la mort du pieux Louis XVI. Dénonciateurs, parents, ennemis personnels, laïcs, ecclésiastiques, tous s'écrieront dans leur délire frénétique : Qu'il meure ! qu'il meure ce juste dont la vie pure, innocente et exemplaire, nous est un reproche continuel.

Le fidèle Cléry nous apprend lui-même que le roi

éprouva le supplice de l'agonie, qu'une pâleur mortelle couvrit pendant quelque temps son visage, et qu'il ne pouvait envisager sans frayeur tous les maux qui allaient fondre sur la France et sur son infortunée famille. « Je ne crains pas la mort, disait ce prince au confident de ses peines, mais je ne puis envisager sans frémir le sort cruel qui est réservé après ma mort à ma malheureuse famille, à la reine, à mes infortunés enfants !... et ces fidèles serviteurs qui ne m'ont point abandonné, ces vieillards qui n'avaient d'autres moyens pour subsister que les modiques pensions que je leur faisais ; qui va les secourir ? Je vois le peuple livré à l'anarchie devenir la victime de toutes les factions, les crimes se succéder, de longues dissensions déchirer la France... » Puis après un moment de silence : « O mon Dieu ! était-ce là le prix que je devais recevoir de tous mes sacrifices ? N'avais-je pas tout tenté pour assurer le bonheur des Français ? » Depuis sa condamnation à mort, quatre municipaux gardaient nuit et jour le roi à vue ; de sorte que cet infortuné prince ne pouvait pas faire un pas, ni rester un instant *seul*. Sa majesté se plaignit en vain de cette mesure vexatoire ; on ne changea rien à sa triste position.

Il parait certain que ce religieux monarque eut une connaissance anticipée de sa mort. Les paroles prophétiques que nous venons de citer, la réponse qu'il fit peu auparavant à Cléry et à M. de Malesherbes le prouvent évidemment. Le 1er janvier 1793, ce fidèle serviteur, après avoir présenté au pieux Louis XVI ses vœux les plus ardents pour la fin de ses malheurs, lui dit qu'il était à peu près sûr du consentement de la Convention, si sa majesté demandait la permission de voir sa famille. « Dans quelques jours, répondit cette âme déjà céleste, *ils ne*

me refuseront pas cette consolation, il faut attendre. »
Quand M. de Malesherbes vint lui annoncer l'arrêt de mort, il était dans l'obscurité, les deux coudes appuyés sur une table, et le visage couvert de ses mains. Il sortit de sa méditation au bruit que fit M. de Malesherbes, le fixa, se leva et lui dit : « Depuis deux heures je suis occupé à chercher, si dans le cours de mon règne, j'ai pu mériter de mes sujets le plus léger reproche. Hé bien, je vous assure dans toute la vérité de mon cœur, *comme un homme qui va paraître devant Dieu*, que j'ai constamment voulu le bonheur du peuple, et que jamais je n'ai formé un vœu qui lui fut contraire. » Tel est le prince qu'on envoyait à l'échafaud comme un tyran. D'ailleurs des révélations authentiques nous apprennent que Dieu, pour récompenser la vertu et soutenir le courage de ce prince dans ses dernières épreuves, lui fit connaître qu'il aurait le bonheur de mourir martyr, et lui laissa apercevoir la riche couronne qui l'attendait au ciel.

Le 20 janvier, à deux heures, Garat, ministre de la justice, accompagné de douze à quinze personnes qui composaient le conseil exécutif, entra dans l'appartement du pieux Louis XVI pour lui donner lecture de l'arrêt de la Convention. Comme personne n'a mieux peint la grandeur d'âme et la magnanimité de ce prince dans ce moment redoutable, que l'homme qui était le moins fait pour sentir l'impression de la vertu, le barbare Hébert, surnommé le *Père Duchêne*, nous allons le laisser parler lui-même. Voici comment il s'exprime dans son journal du 21 janvier 1793 : « Je voulus être présent à la lecture de l'arrêt de mort de *Louis*. Il l'écouta avec un sangfroid rare. Lorsqu'elle fut achevée, il demanda sa famille, un confesseur, enfin tout ce qui pouvait lui être de quelque soulagement dans son heure dernière. Il mit tant d'onction, de noblesse, de dignité, de grandeur, dans son maintien et dans ses paroles, que je ne pus y tenir; *des pleurs de rage vinrent mouiller mes paupières. Il avait dans ses regards et dans ses manières quelque chose de visiblement surnaturel à l'homme.* Je me retirai en voulant retenir des larmes qui coulaient malgré moi, et bien résolu de finir là mon ministère. Je m'en ouvris à un de mes collègues, qui n'avait pas plus de fermeté que moi pour continuer, et je lui dis avec ma franchise ordinaire : Les prêtres, membres de la Convention, en votant pour la mort, quoique la *sainteté* de leur caractère le leur défendît, ont formé la majorité qui nous délivre du tyran; eh bien, que ce soient aussi des *prêtres constitutionnels* qui le conduisent à l'échafaud. Des prêtres constitutionnels ont seuls assez de férocité pour remplir un tel emploi. Nous fîmes, en effet, décider, mon collègue et moi, que ce seraient les deux prêtres, Jacques Roux et Pierre Bernard (1) qui conduiraient Louis à la mort, et l'on sait qu'ils s'acquittèrent de cette fonction avec l'insensibilité des bêtes féroces. »

Garat et ses commissaires n'ayant voulu prendre aucune résolution sur les demandes du pieux Louis XVI, en référèrent au pouvoir exécutif, qui renvoya le tout à la Convention nationale.

Pendant cette lecture, le fidèle Cléry était resté contre

(1) Ces deux hommes firent une fin digne d'eux : Bernard périt sur l'échafaud le même jour que Robespierre; et Jacques Roux mourut dans des accès de rage à Bicêtre, après s'être donné plusieurs coups de couteau; ils avaient imité Judas, ils en éprouvèrent le sort. *Judas recessit, et abiens laqueo se suspendit.* — *S. Matth.*, c. 27, v. 5.

la porte, debout, les bras croisés, et comme privé de tout sentiment. Le roi s'approcha de lui, lui parla avec bonté et lui dit de faire apporter son dîner. Il se mit à table et demanda un couteau. L'un des municipaux lui fit connaître alors l'arrêté de la commune, par lequel il lui était défendu de se servir de couteau et de fourchette à ses repas. « Me croit-on assez lâche, dit le roi, pour que j'attente à ma vie? On m'impute des crimes, mais j'en suis innocent et je mourrai sans crainte. Je voudrais que ma mort fît le bonheur des Français, et pût écarter les malheurs que je prévois. » Il se fit après ces sublimes paroles un grand silence. Le roi mangea peu ; il coupa du bœuf avec sa cuiller, rompit son pain ; son dîner ne dura que quelques minutes. Sur les six heures du soir, Garat revint à la tour annoncer au roi qu'il était libre d'appeler tel ministre du culte qu'il jugerait à propos, et de voir sa famille librement et sans témoins ; mais que la Convention nationale avait passé à l'ordre du jour sur le sursis de trois jours.

A huit heures, le roi sortit de son cabinet, et dit aux commissaires de le conduire vers sa famille ; les municipaux répondirent qu'il ne pourrait la voir, d'après l'ordre du ministre de la justice, que dans la salle à manger. — Vous avez entendu, répliqua sa majesté, que le décret de la Convention me permet de la voir sans témoin. — Cela est vrai, dirent les municipaux, vous serez en particulier : on fermera la porte ; mais, par le vitrage, nous aurons les yeux sur vous. — Faites descendre ma famille, dit le roi. La reine parut la première, tenant le jeune dauphin par la main ; ensuite madame Royale et madame Elisabeth : tous se précipitèrent dans les bras du roi ; un morne silence régna pendant quelques minutes, et ne fut interrompu que par des sanglots. La reine fit un mouvement pour entraîner sa majesté dans sa chambre. « Non, dit le roi, passons dans cette salle ; je ne puis vous voir que là. » Ils y entrèrent, et le fidèle Cléry ferma la porte qui était en vitrage. Le roi s'assit, la reine à sa gauche, madame Elisabeth à sa droite, madame Royale presque en face, et le jeune prince resta debout entre les jambes du roi : tous étaient penchés vers lui, et le tenaient souvent embrassé. Cette scène de douleur dura sept quarts d'heure, pendant lesquels le roi parla en ces termes. « Modérez votre douleur.... plus vous m'aimez, plus vous devez rendre grâce à Dieu de ce qu'il veut bien mettre fin à d'aussi longues souffrances.... Il faut tous mourir un jour.... Heureux celui qui meurt innocent et persécuté !... Ecoutez-moi avec attention, et n'employons pas les seuls instants qui nous restent à verser des pleurs qui ne peuvent rien changer à mon sort. Madame, continua le roi, en s'adressant à la reine, après la tâche bien importante d'élever vos enfants, il vous reste celle de vous arracher des mains de nos ennemis. Vous pensez peut-être vous retirer auprès de votre neveu ; gardez-vous en bien, vous n'y éprouveriez que des dégoûts.... je connais les vues de ceux qui le dirigent.... Rendez-vous plutôt auprès de Catherine II, impératrice de Russie ; vous y trouverez un accueil plein de générosité ; elle n'abusera pas de votre position pour vous forcer à payer son appui, elle ne souffrira pas qu'on méconnaisse les droits de la veuve et des enfants de celui qui fut son ami, pour s'emparer de leur héritage. Là, vous attendrez que des circonstances amènent des évènements qui puissent vous être favorables.... Pendant ce temps, vous formerez vos enfants à la vertu et à la modestie.... Votre fils surtout exigera des soins particuliers ; rendez-le le plus honnête homme possible ; dites-lui qu'il naquit citoyen avant d'être roi ; que ne l'étant plus, il n'a aucun droit à réclamer ; que le peuple français a été libre de changer la forme de son gouvernement, et que chercher à ressaisir une puissance qu'il nous a ôtée, serait un crime.... Cependant, si, un jour la nation, fatiguée de son gouvernement actuel ou de tout autre qui pourrait lui succéder, venait, par un consentement unanime, à le rappeler dans son sein et à lui rendre l'autorité, il serait de son devoir d'obéir à ce vœu et de l'accepter.... Je suis loin de désirer pour lui ce dangereux honneur.... Ce que je veux, c'est qu'il acquière les vertus et les connaissances nécessaires pour servir sa patrie, si jamais elle a besoin de son bras... *Je lui défends de chercher à venger mon trépas.* Et vous, ma chère sœur, vous la seule amie qui me soit restée, puisse le Dieu de bonté vous récompenser comme vous le méritez !... Toi, mon pauvre Louis, aime bien ta mère, ta tante et ta sœur ; sois leur soumis comme à moi-même, et deviens assez vertueux pour que les Français puissent dire un jour que tu étais digne du trône dont ils ont précipité ton malheureux père. Je vous bénis, et j'ose croire que mes vœux seront exaucés par celui que j'invoque de toute mon âme, et auquel je vous confie. Puisse ma mort être le dernier malheur de notre maison (1).

(1) Les dernières paroles du si bon roi Louis XVI à sa famille, la veille de sa mort, ne furent prononcées qu'en présence des membres de cette auguste famille ; nul autre ne les a entendues, ni pu les entendre. Cependant elles sont connues : qui donc a pu les relever, si ce n'est un des membres présents ? La reine et la sœur du roi sont mortes assassinées, et il est historiquement notoire que ces

La famille royale écoutait dans le plus profond silence.
Ses larmes coulaient en abondance, et les sanglots des
princesses qui redoublaient après chaque phrase, inter-
rompaient le roi pendant quelques minutes, et il recom-
mençait ensuite à parler. Quel touchant spectacle! Les
instructions que donnaient et les bénédictions que répan-
daient les anciens patriarches sur leurs lits de mort, ne
pouvaient être ni plus instructives ni plus efficaces.

A dix heures un quart, le roi se leva le premier, et tous
le suivirent : le fidèle Cléry ouvrit la porte, la reine tenait le roi par le bras droit : leurs majestés donnaient
chacune une main à monsieur le dauphin ; madame
Royale à la gauche tenait le roi embrassé par le milieu
du corps ; madame Elisabeth du même côté, mais un peu
plus en arrière, avait saisi le bras gauche de son auguste
frère : ils firent quelques pas vers la porte d'entrée, en

---

deux princesses n'en ont parlé à qui que ce soit. Il est également
notoire que la fille du roi n'en a dit mot à personne. — Si donc,
malgré ce silence, ces sublimes paroles sont connues, il faut, de
toute nécessité, qu'elles aient été publiées par le fils du roi lui-même.
Or, comment aurait-il pu les publier depuis 1830, s'il était mort en
1793, comme le prétendent la Convention et tous les gouvernements qui se sont succédés en France depuis 1793 ? Dira-t-on que ces
touchantes et prophétiques paroles ne sont pas du martyr Louis XVI ?
Il suffit de les lire attentivement pour être convaincu que nul autre
que ce prince n'a pu les inventer. Il faut être Louis XVI, avoir son
cœur et son âme, connaître les hommes et sa position comme lui,
pour parler ainsi à son infortunée famille. Ces sublimes paroles portent tellement l'empreinte du cachet de ce saint roi, que nous ne
craignons pas de dire que, s'il ne les avaient pas réellement prononcées, aucun membre de cette auguste famille n'aurait pu nous
les transmettre telles qu'on vient de les lire : elles prouvent donc
l'existence de monseigneur le duc de Normandie.

poussant les gémissements les plus douloureux. «Je vous assure, leur dit le roi, que je vous verrai demain matin à huit heures. — Vous nous le promettez, répétèrent-ils tous ensemble. — Oui, je vous le promets. — Pourquoi pas à sept heures ? dit la reine. — Eh bien ! oui, à sept heures, répondit le roi, *adieu*.... Il prononça cet adieu d'une manière si expressive que les sanglots redoublèrent. Madame Royale tomba évanouie aux pieds du roi qu'elle tenait embrassé. Le bon Cléry la releva et aida madame Elisabeth à la soutenir. Le roi voulant mettre fin à cette scène déchirante, leur donna les plus tendres embrassements, et eut la force de s'arracher de leurs bras. «Adieu ! adieu ! dit-il ; ils se séparèrent. Ce fut, hélas ! pour toujours.

Le pieux Louis XVI, après avoir fait à Dieu le sacrifice de tout ce qu'il avait de plus cher, se disposa à lui offrir celui de sa propre vie.

L'abbé Edgeworth de Firmont, choisi par le roi pour l'aider à mourir, avait accepté avec joie ce noble et périlleux ministère, et s'était fait introduire par Garat, dans la tour du Temple. Le religieux monarque s'enferma avec lui dans le cabinet de la tourelle, où il passa près de trois heures. Les princesses remontèrent chez elles, et, quoique les deux portes fussent fermées, on continua d'entendre leurs cris et leurs gémissements dans l'escalier.

C'est ici le lieu de placer une scène touchante qui se passa au moment où le jeune dauphin apprit que le roi son père était jugé à mort. Ce fut dans cette douloureuse circonstance que parut dans toute sa vivacité la chaleur de sentiment renfermé dans son cœur sensible. Après avoir, avec sa famille, arrosé ce tendre père de ses larmes, exalté par sa douleur, il prolonge au dehors la scène qui vient de se passer dans l'intérieur ; il ne connaît plus d'obstacle, il échappe au premier corps de garde et se précipite vers l'escalier ; on l'arrête, on le ramène, sans savoir ce qu'il roule dans sa tête ; mais bientôt on l'apprend quand on le voit saisir les genoux d'un municipal qu'il reconnaît, et s'écrier en sanglottant : « Ah ! monsieur, je vous en prie, je vous en prie, menez-moi dans l'Assemblée ; je lui demanderai qu'on ne fasse pas mourir papa. » Et c'était cet étonnant enfant, ce prodige de sensibilité et de vertus précoces, que des philosophes-tigres, dénonçaient sous le nom de *louveteau*, qu'il était expédient d'étouffer, et qu'en effet leur scélératesse calculée aurait étouffé, sans un miracle visible dû à la protection de la divine Marie qui l'a délivré de sa captivité, soustrait à tous les dangers pour le faire régner sur la France qu'elle protége, parce qu'elle lui est consacrée.

Le pieux Louis XVI étant sorti de son cabinet, se mit à table pour souper : il mangea peu, mais avec appétit. Après souper sa majesté rentra dans son cabinet, et son confesseur en sortit un instant après pour aller demander au conseil les ornements sacrés et les autres objets nécessaires pour dire la messe le lendemain matin. Revenu auprès du roi, tous deux passèrent dans la tourelle et y restèrent jusqu'à minuit et demi. Le roi alla se coucher ensuite ; comme le fidèle Cléry fermait les rideaux, sa majesté lui recommanda de l'éveiller à cinq heures. A peine fut-il couché qu'un sommeil profond s'empara de tous ses sens : il dormit jusqu'à cinq heures sans s'éveiller : c'était le sommeil du *juste* qui s'endormait pour la dernière fois sur la terre, pour aller bientôt se réveiller dans le séjour de la gloire, où une couronne immortelle l'attendait. Le roi se leva à cinq heures et entra dans son cabinet où M. de Firmont le suivit. A six heures sa majesté assista à la messe : pendant l'auguste sacrifice, il régna un grand silence. Le roi, toujours à genoux, entendit la messe avec le plus saint recueillement, dans l'attitude la plus noble : sa figure paraissait rayonnante ; sa majesté communia : après la messe, le roi passa dans son cabinet pour faire son action de grâce. Le fidèle Cléry y entra quelque temps après ; il fondait en larmes. « *Vous avez tort de vous affliger tant, lui dit le pieux Louis XVI ; les gens qui veulent bien encore m'aimer devraient au contraire se réjouir en voyant arriver le terme de mes maux.* » Il se précipita aux pieds de sa majesté pour lui demander sa bénédiction. Le roi lui témoigna qu'il était content de ses soins, l'engagea à les continuer à son fils qui pourra peut-être, ajouta-t-il, les récompenser un jour, lui donna ensuite sa bénédiction, puis le releva, et, le serrant avec affection contre son sein, lui recommanda d'en faire part à toutes les personnes qui lui étaient attachées. Rentré dans sa chambre, le fidèle Cléry y trouva M. de Firmont faisant sa prière à genoux. « Quel prince ! lui dit celui-ci en se relevant, avec quelle résignation, avec quel courage il va à la mort ! Il est aussi tranquille que s'il venait d'entendre la messe dans son palais, et au milieu de sa cour. » A sept heures, le roi sortit de son cabinet, appela Cléry, et le tirant dans l'embrasure de la croisée, il lui dit : « Vous remettrez ce cachet à mon fils... (c'était un cachet de montre en argent, à trois faces, sur l'une desquelles était l'écusson de France, sur une autre, L. L., et sur la troisième, une tête d'enfant casquée). Cet anneau à la reine ; (il portait ces lettres : M. A. A. A., 19 *aprilis* 1770.) Dites-lui bien que je la quitte avec peine... Ce petit paquet renferme des cheveux de toute ma famille ; (le roi avait écrit dessus de sa propre main : *cheveux de ma femme, de ma sœur et de mes enfants.*) Vous le lui remettrez aussi... Dites à la reine, à mes chers enfants, à ma sœur, que j'avais promis de les voir ce matin ; mais que j'ai voulu leur épargner la douleur d'une séparation si cruelle ; combien il m'en coûte de partir sans recevoir leurs derniers embrassements.... » Il essuya quelques larmes, puis il ajouta avec l'accent le plus douloureux : « Je vous charge de leur faire mes adieux !... » Il rentra aussitôt dans son cabinet pour puiser de nouvelles forces dans la prière et renouveler à Dieu le sacrifice de sa vie...

Cependant Paris était sous les armes depuis cinq heures du matin ; on entendait battre la générale, le bruit des armes, le mouvement des chevaux, le transport des canons qu'on plaçait et déplaçait sans cesse, tout retentissait dans la tour. A neuf heures, le bruit augmenta, les portes s'ouvrent avec fracas; Santerre, accompagné de sept à huit municipaux, parmi lesquels étaient Jacques Roux et Pierre Bernard, entre à la tête de dix gendarmes qu'il range sur deux lignes. A ce mouvement, le roi sortit de son cabinet : « Vous venez me chercher? dit-il à Santerre. — Oui. — Je vous demande trois minutes, » répartit ce prince, sans rien perdre de son calme, ce qui lui fut accordé. Un instant après il présenta un paquet à Jacques Roux en le priant de le remettre au conseil général de la commune. Jacques Roux refusa de s'en charger, sous prétexte que sa mission était seulement de le conduire à l'échafaud. C'est juste, répondit le roi, et il donna le paquet à un autre membre de la commune, qui s'en chargea. Il contenait son testament. Le pieux Louis XVI, se tournant ensuite vers Santerre, lui dit d'un ton calme et ferme : Eh bien ! *partons*. Ce prince monta dans une voiture où étaient son confesseur, un officier et un sous-officier de gendarmerie qui avaient ordre de le poignarder, s'il se faisait un mouvement en sa faveur. Cette atroce précaution fut inutile ; et parmi tant de milliers d'hommes, dont la plupart détestaient le parricide qu'on allait commettre, il ne s'en trouva pas un seul qui osât, nous ne disons pas se dévouer, mais se déclarer pour son roi. Une stupeur universelle avait glacé les esprits et resserré les cœurs. La voiture s'avançait lentement au milieu d'une quadruple haie de gardes nationaux, au nombre de cent mille, dont la plupart étaient affligés. La marche dura près de deux heures ; un morne silence régnait partout : la consternation était générale. Le roi seul, tranquille au milieu des passions diverses qui agitaient les spectateurs, pria durant tout le trajet ; et rien ne put altérer le calme d'une âme qui ne tenait déjà plus à la terre. Cette même religion qui l'avait autrefois préservé du danger des grandeurs humaines, lui adoucissait, dans ce moment terrible, les amertumes de la mort, et lui inspirait un héroïsme auquel ses bourreaux eux-mêmes ne purent refuser leur admiration.

Arrivé au pied de l'échafaud, place de la Révolution, ci-devant Louis XV, le roi resta dans la voiture avec son confesseur, auquel il parla à voix basse, et descendit ensuite avec un sangfroid qui annonçait le calme de son âme. Il avait un habit puce, une veste blanche, la culotte et les bas gris. Prêt à monter à l'échafaud, son confesseur lui dit d'une voix forte : *Fils de saint Louis, montez au ciel !* On aurait cru, à l'air calme et serein de ce prince, qu'il obéissait à sa voix. Il ne sentit d'émotion qu'au moment où l'exécuteur lui lia les mains et lui coupa les cheveux ; son confesseur lui dit que *c'était un dernier sacrifice*, un trait de ressemblance de plus avec Jésus-Christ. Le pieux Louis XVI, se tournant ensuite vers la force armée, qui, avec quelques buveurs de sang lâchés par les Jacobins, remplissait la place, dit d'une voix haute et très-ferme : « Français, je meurs innocent, c'est du haut de l'échafaud, et prêt à paraître devant Dieu, que je vous dis cette vérité : je pardonne à mes ennemis, je désire que ma mort soit utile au peuple, et que la France.... » A ces mots Santerre ordonna à l'exécuteur de faire son devoir, et fit battre les tambours pour arrêter l'impression que ces paroles commençaient à faire. Le roi se présenta à la mort avec le courage d'un martyr, et l'horrible forfait fut consommé !...

Ainsi périt, le 21 janvier, 11 heures du matin, 1793, à l'âge de trente-huit ans et demi, le monarque le plus doux et le plus juste qu'ait jamais eu la France, et qui se montra vraiment grand dans les fers ! ! !

Parmi les spectateurs, il y en eut plusieurs qui trempèrent des morceaux de linge dans son sang et se distribuèrent une partie de ses vêtements qu'ils mirent en lambeaux, les uns pour les vendre comme des reliques, les autres pour les garder. Un Anglais fit aussi recueillir quelques gouttes de sang avec un mouchoir : c'est ainsi que, dans la primitive Eglise, on honorait la mémoire des martyrs. La reine n'honora pas moins son époux, quand elle dit à son fils : *Apprenez, mon fils, par les sentiments de votre père, à ne pas venger sa mort.*

M. de Malesherbes, ce respectable vieillard, qui avait étudié de près le pieux Louis XVI, et qui avait su découvrir et apprécier en lui tant de rares qualités, disait : « Si les Français avaient été dignes de ce bon roi, ils l'auraient regardé comme le meilleur des princes, étant aussi religieux que Louis IX, aussi juste que Louis XII, aussi humain qu'Henri IV, et exempt de leurs faiblesses. Son unique tort, ajoutait-il, était de nous aimer trop, de se montrer notre père et pas assez notre roi ; de chercher constamment à nous procurer plus de bonheur que nous ne pouvions en supporter. Ses fautes venaient de ses vertus : les nôtres viennent de nos vices. » En effet, ce prince eut toutes les vertus privées dont un homme peut s'honorer : bon frère, époux tendre et fidèle, excellent père de famille, maître indulgent et équitable, il vivait dans son intérieur avec une noble familiarité qui rapproche les rangs sans les confondre. Rigide observateur de tous les devoirs de la religion, jamais le prince ne lui fit oublier le chrétien. Dans un siècle sans foi comme sans mœurs, il montra une soumission exemplaire aux lois de l'Eglise les plus gênantes pour la sensualité. L'aversion naturelle qu'il avait pour les œufs et le poisson n'était point à ses yeux une raison d'enfreindre l'abstinence ; il savait se contenter alors d'un plat de légumes.

Comme législateur, c'était sur la loi divine qu'il basait les réglements de police et qu'il établissait ses ordonnances : de là l'abrogation de la peine de mort, à laquelle, avant lui, les déserteurs étaient irrémissiblement condamnés ; la suppression de la question dite *préparatoire*, dont le but était d'arracher par les tortures, l'aveu d'un accusé à demi-convaincu ; l'amélioration apportée dans le régime disciplinaire des prisonniers ; la séparation des prisons civiles d'avec les prisons criminelles ; l'abolition de la taille et de la capitation, la dispensation de la corvée et de la servitude dans ses domaines privés ; et il ne tint pas à lui que toutes ces servitudes ne fussent dès lors bannies de tout le territoire français.

Père de son peuple avant tout, il s'oubliait en quelque sorte lui-même, pour ne s'occuper que de ses besoins; aussi nul genre de misères ne put échapper à sa charité prévoyante. Fonder des lits pour les pauvres atteints de maladies extraordinaires; assigner à l'Hôtel-Dieu des salles particulières à chaque genre de maladie; donner un lit à chaque malade (avant lui les malades entassés les uns sur les autres, périssaient par milliers); assurer un asile à six cents aveugles, en doublant l'établissement formé par saint Louis pour les Quinze-Vingts; ériger un *mont-de-piété*, où les personnes peu aisées trouvèrent un moyen sûr et facile de se soustraire à l'avidité meurtrière des usuriers; monter dans Paris et dans plusieurs provinces des ateliers de filature, en faveur des pauvres à qui la misère ne permettait pas de se procurer les matières sur lesquelles s'exerçait leur industrie, etc.; telles sont, en abrégé, les merveilles opérées par la charité inépuisable de ce bon prince, appelé à juste titre *le père du peuple et le restaurateur de la liberté.*

Aux plus belles qualités du cœur, dues à sa foi éclairée et à sa tendre piété, Louis XVI joignait les connaissances les plus variées et les plus rares, même chez les savants de profession. Outre sa langue naturelle, dont il possédait à fond tous les principes, il parlait fort bien le latin, l'italien et l'anglais; on remarque dans ce qu'il a écrit, un style aisé et naturel qui n'exclut point la vigueur. Il était très-versé dans l'histoire, la géographie et l'hydrographie. Aucun de ses ministres ne connaissait comme lui les forces, les productions, les ressources de l'Etat; aucun n'avait approfondi comme lui toutes les branches de l'administration : en un mot, il était l'homme, sinon le plus brillant, du moins le plus sage, le plus prudent et le plus judicieux de son siècle.

Mais laissons ce prince éminemment religieux se peindre lui-même dans la dernière production, nous dirons de son cœur plutôt que de son esprit, tant tout y respire l'amour, la tendresse, l'affection et la piété. Là, c'est-à-dire dans son testament, nous trouverons réunis, comme dans un beau tableau, les sentiments du héros chrétien, du frère affectionné, de l'époux fidèle, du père tendre, du maître bon, de l'ami sincère, de l'homme reconnaissant et du monarque magnanime.

—

Testament de sa majesté Louis XVI, roi de France.

« Au nom de la très-sainte Trinité, du Père, du Fils et du Saint-Esprit, aujourd'hui vingt-cinquième jour de décembre 1792, moi Louis XVIe du nom, roi de France, étant depuis plus de quatre mois renfermé avec ma famille dans la tour du Temple à Paris, par ceux qui étaient mes sujets, et privé de toutes communications quelconques, même, depuis le onze du courant, avec ma famille : de plus, impliqué dans un procès dont il est impossible de prévoir l'issue, à cause des passions des hommes, et dont on ne trouve aucun prétexte ni moyen dans aucune loi existante, n'ayant que Dieu pour témoin de mes pensées, et auquel je puisse m'adresser, je déclare ici en sa présence mes dernières volontés et mes sentiments.

« Je laisse mon âme à Dieu, mon Créateur ; je le prie de la recevoir dans sa miséricorde, de ne pas la juger d'après ses mérites, mais par ceux de Notre Seigneur Jésus-Christ, qui s'est offert en sacrifice à Dieu son Père, pour nous autres hommes, quelque indignes que nous en fussions, et moi le premier.

« Je meurs dans l'union de notre sainte mère l'Église catholique, apostolique et romaine, qui tient ses pouvoirs, par une succession non-interrompue, de saint Pierre, auquel Jésus-Christ les avait confiés.

« Je crois fermement et je confesse tout ce qui est contenu dans le Symbole et les Commandements de Dieu et de l'Église, les sacrements et les mystères tels que que l'Église catholique les enseigne et les a toujours enseignés. Je n'ai jamais prétendu me rendre juge dans les différentes manières d'expliquer les dogmes qui déchirent l'Église de Jésus-Christ; mais je m'en suis rapporté et rapporterai toujours, si Dieu m'accorde vie, aux décisions que les supérieurs ecclésiastiques, unis à la sainte Église catholique, donnent et donneront conformément à la discipline de l'Église, suivie depuis Jésus-Christ. Je plains de tout mon cœur nos frères qui peuvent être dans l'erreur; mais je ne prétends pas les juger, et je ne les aime pas moins tous en Jésus-Christ, suivant ce que la charité chrétienne nous enseigne.

« Je prie Dieu de me pardonner tous mes péchés : j'ai cherché à les connaître scrupuleusement, à les détester et à m'humilier en sa présence. Ne pouvant me servir du ministère d'un prêtre catholique, je prie Dieu de recevoir la confession que je lui en ai faite, et surtout le repentir profond que j'ai d'avoir mis mon nom (quoique cela fût contre ma volonté) à des actes qui peuvent être contraires à la discipline et à la croyance de l'Église catholique, à laquelle je suis toujours resté sincèrement uni de cœur. Je prie Dieu de recevoir la ferme résolution où je suis, s'il m'accorde vie, de me servir, aussitôt que je le pourrai, du ministère d'un prêtre catholique, pour m'accuser de tous mes péchés et recevoir le sacrement de pénitence.

« Je prie tous ceux que je pourrais avoir offensés par inadvertance (car je ne me rappelle pas d'avoir fait sciemment aucune offense à personne), ou ceux à qui j'aurais pu avoir donné de mauvais exemples ou des scandales, de me pardonner le mal qu'ils croient que je peux leur avoir fait.

« Je prie tous ceux qui ont de la charité d'unir leurs prières aux miennes pour obtenir le pardon de mes péchés.

« Je pardonne de tout mon cœur à ceux qui se sont faits mes ennemis sans que je leur en aie donné aucun sujet ; et je prie Dieu de leur pardonner, de même qu'à ceux qui, par un faux zèle ou par un zèle mal entendu, m'ont fait beaucoup de mal.

« Je recommande à Dieu ma femme, mes enfants, ma sœur, mes tantes, mes frères et tous ceux qui me sont attachés par les liens du sang ou par quelque autre moyen que ce puisse être ; je prie Dieu particulièrement de jeter des yeux de miséricorde sur ma femme, mes enfants et ma sœur, qui souffrent depuis longtemps avec moi ; de les soutenir par sa grâce, s'ils viennent à me perdre, et tant qu'ils resteront dans ce monde périssable.

« Je recommande mes enfants à ma femme : je n'ai jamais douté de sa tendresse maternelle pour eux ; je lui recommande surtout d'en faire de bons chrétiens et d'honnêtes hommes, de leur faire regarder les grandeurs de ce monde (s'ils sont condamnés à les éprouver, comme des biens dangereux et périssables, et de tourner leurs regards vers la seule gloire solide et durable de l'éternité. Je prie ma sœur [de vouloir bien continuer sa tendresse à mes enfants, et de leur tenir lieu de mère, s'ils avaient le malheur de perdre la leur.

« Je prie ma femme de me pardonner tous les maux qu'elle souffre pour moi, et les chagrins que je pourrais lui avoir causés dans le cours de notre union, comme elle peut être sûre que je ne garde rien contre elle, si elle croyait avoir quelque chose à se reprocher.

« Je recommande bien vivement à mes enfants, après ce qu'ils doivent à Dieu, qui doit marcher avant tout, de rester toujours unis entr'eux, soumis et obéissants à leur mère, et reconnaissants de tous les soins et de toutes les peines qu'elle se donne pour eux et en mémoire de moi. Je les prie de regarder ma sœur comme une seconde mère.

« Je recommande à mon fils, s'il avait le malheur de devenir roi, de songer qu'il se doit tout au bonheur de ses concitoyens ; qu'il doit oublier toute haine et tout ressentiment, et nommément ce qui a rapport aux malheurs et aux chagrins que j'éprouve ; qu'il ne peut faire le bonheur des peuples qu'en régnant suivant les lois ; mais en même temps qu'un roi ne peut les faire respecter et faire le bien qui est dans son cœur, qu'autant qu'il a l'autorité nécessaire, et qu'autrement, étant lié dans ses opérations et n'inspirant point de respect, il est plus nuisible qu'utile.

« Je recommande à mon fils d'avoir soin de toutes les personnes qui m'étaient attachées, autant que les circonstances où il se trouvera lui en donneront les facultés ; de songer que c'est une dette sacrée que j'ai contractée envers les enfants ou parents de ceux qui sont malheureux pour moi. Je sais qu'il y a plusieurs personnes de celles qui m'étaient attachées, qui ne se sont pas conduites envers moi comme elles le devaient, et qui m'ont même montré de l'ingratitude; mais je leur pardonne ; (souvent dans les moments de trouble et d'effervescence on n'est pas maître de soi), et je prie mon fils, s'il en trouve l'occasion, de ne songer qu'à leur malheur.

« Je voudrais pouvoir ici témoigner ma reconnaissance à ceux qui m'ont montré un véritable attachement et désintéressement; d'un côté, si j'ai été sensiblement touché de l'ingratitude et de la déloyauté de gens à qui je n'avais jamais témoigné que des bontés, à eux, à leurs parents ou amis : de l'autre, j'ai eu de la consolation à voir l'attachement et l'intérêt gratuit que beaucoup de personnes m'ont montrés ; je les prie d'en recevoir mes remercîments. Dans la situation où sont encore les choses, je craindrais de les compromettre si je parlais plus explicitement ; mais je recommande spécialement à mon fils de chercher les occasions de pouvoir les reconnaître.

« Je croirais calomnier cependant les sentiments de la nation, si je ne recommandais ouvertement à mon fils MM. de Chamilly et Hue, que leur véritable attachement pour moi avait portés à s'enfermer avec moi dans ce triste séjour, et qui ont pensé en être les malheureuses victimes. Je lui recommande aussi Cléry, des soins duquel j'ai eu tout lieu de me louer, depuis qu'il est avec moi; comme c'est lui qui est resté avec moi jusqu'à la fin, je prie MM. de la Commune de lui remettre mes hardes, mes livres, ma montre, ma bourse et les autres petits effets qui ont été déposés au Conseil de la Commune.

« Je pardonne encore très-volontiers à ceux qui me

gardaient, les mauvais traitements et les gênes dont ils ont cru devoir user envers moi : j'ai trouvé quelques âmes sensibles et compatissantes ; que celles-là jouissent dans leur cœur de la tranquillité que doit leur donner leur façon de penser !

« Je prie MM. de Malesherbes, Tronchet et Desèze de recevoir tous mes remercîments, et l'expression de ma sensibilité pour tous les soins et les peines qu'ils se sont donnés pour moi.

« Je finis en déclarant devant Dieu, et prêt à paraître devant lui, que je ne me reproche aucun des crimes qui sont avancés contre moi.

« Fait double à la tour du Temple, le vingt-cinq décembre mil sept cent quatre-vingt-douze. Signé Louis. »

Est écrit, Baudrais, officier municipal.

Ludovicus decimus sextus, Dei gratiâ, Franciæ et Navarræ rex.

Anagramma : Ecce rex denudatus, vexatus, martyr Dei causâ; finis gloria vera.

Cette pièce, qui porte avec elle le cachet inimitable de la sincérité, a retenti dans toutes les parties du monde connu. Traduite en toutes les langues, partout elle a produit le même effet sur les esprits ; et ce que nous avons éprouvé et remarqué nous-mêmes, chaque fois que nous l'avons lue publiquement, des milliers de Français disséminés sur les quatre parties du globe en auront également été témoins : ils nous attesteront qu'à Londres comme à Madrid, à Constantinople comme à Rome, à Philadelphie comme à Pétersbourg, et jusqu'au centre de la Chine, le testament de Louis XVI fut arrosé des larmes de ses lecteurs, et même au milieu des armées républicaines.

Mais la clause de ce testament qui paraîtra toujours plus admirable à mesure qu'on l'admirera davantage, c'est sans contredit, celle où, dans une simple parenthèse, échappée à la candeur qui dictait, Louis XVI nous révèle que jamais il n'eut à se reprocher la transgression du précepte si facile à trangresser, de la charité envers le prochain. Et c'est au bout d'environ quarante ans de vie et de vingt ans de règne, après qu'il a fait la guerre et la paix, gouverné les bons, gouverné les méchants, essuyé les outrages de quatre ans de révolte, c'est alors qu'il peut se rendre le témoignage d'une conduite exempte de toute offense envers qui que ce soit. Tous les historiens, il est vrai, s'accordaient sur ce point, mais nous avions besoin de la confession d'une bouche qui ne mentit jamais pour ne pas les suspecter d'exagération. Mais dès-lors, que la mort de Louis XVI ait été ou non celle d'un martyr de la foi, sa vie aura été celle d'un élu de la charité; et, quand on voudra signaler un prodige plutôt qu'un modèle en ce genre, on citera le cœur droit et pur qui, à la veille de paraître devant le scrutateur des consciences, et en lui parlant à lui-même, osait lui dire : « Je ne me rappelle pas avoir fait sciemment aucune offense à personne. »

FIN DU PREMIER LIVRE.

PIÈCES JUSTIFICATIVES.

Note 1. Cette espièglerie ou plutôt ce trait d'esprit dont le jeune prince pétillait sans s'en douter, servit plus tard à le faire reconnaître dans la personne de M. le baron de Richemont, comme l'atteste le certificat suivant que nous transcrivons textuellement :

« Je soussigné *Pierre Sourdon Dumesnil de Saint-Cyr*, propriétaire, demeurant à Versailles, avenue de Saint-Cloud, 10, déclare sur l'honneur la sincérité et la vérité des faits suivants : Professeur d'écriture des enfants de France, j'ai donné en cette qualité des leçons aux deux fils de l'infortuné Louis XVI, et en dernier lieu à monseigneur le duc de Normandie, devenu dauphin en 1789. J'ai continué ce service jusqu'à l'époque du 10 août 1792, jour où toute la famille royale fut arrachée de son palais, par suite du mouvement insurrectionnel, et conduite à la Convention. Plus de cinquante ans s'étaient écoulés depuis la funeste catastrophe dont fut victime cette royale famille, lorsqu'il s'est présenté à moi, dans mon domicile susdit, un personnage qui me dit être le fils du roi-martyr, et par conséquent mon élève ; sans attendre que je lui adressasse des questions assez naturelles entre gens qui s'étaient perdus de vue depuis si longtemps, il m'interrogea lui-même sur quelques faits qui s'étaient passés entre nous, et dont seul il pouvait avoir connaissance ; étonné de m'entendre rappeler certains faits particuliers dont je n'avais parlé à personne, je voulus me convaincre par une autre expérience, si ce personnage était bien ce qu'il disait. Je fus chercher un portefeuille dans lequel se trouvaient des modèles d'écriture de plusieurs de mes élèves, et je lui demandai quelles étaient celles de ces pièces qui avaient été tracées de la main de son altesse le duc de Normandie ; après les avoir examinées, il choisit précisément toutes celles qui avaient été écrites par mon élève, et il me les présenta comme étant les seules de sa main existant dans le portefeuille. Cette circonstance me convainquit que j'étais réellement en présence de mon ancien élève, et dès-lors tous les doutes disparurent. Lui ayant demandé comment il se trouvait en France, et sous quel nom, il me dit qu'il était rentré dans sa patrie depuis près de quinze ans, et qu'il était connu dans le monde sous le nom de baron de Richemont. C'est pour rendre hommage à la vérité, et par reconnaissance pour les bienfaits que j'ai reçus de la famille de son altesse royale, que j'ai délivré le présent pour valoir ce que de droit.

» Versailles, ce 8 novembre 1845.

« *Signé* Sourdon de Saint-Cyr. »

Ce certificat qui ne laisse rien à désirer, et dont l'original est entre les mains du prince lui-même, prouve victorieusement que l'illustre personnage connu dans le monde sous le nom de M. le baron de Richemont, est bien l'auguste élève de M. de Saint-Cyr, dont les ancêtres avaient constamment enseigné les enfants de France, depuis le bon Henri IV, roi qui vivra longtemps encore dans la mémoire du peuple. Mgr le duc de Normandie, fils du pieux et martyr Louis XVI, n'est donc pas mort dans la tour du Temple, comme nous l'établirons invinciblement dans le Livre suivant. M. de Saint-Cyr, pour donner à son royal élève *bien reconnu et retrouvé* dans M. le baron de Richemont, une marque de son profond respect et de son entier dévouement, lui remit lui-même toutes les pièces qu'il avait écrites dans son enfance, lesquelles il conservait avec un soin religieux dans son porte-feuille depuis le 10 août 1792. Ces autographes se trouvant encore aujourd'hui entre les mains du prince, le journal l'*Univers* a bien eu tort de publier dans sa feuille du 12 février 1846, que l'héritière de l'ancien maître d'écriture des fils de Louis XVI, mort tout récemment à Versailles, venait de vendre pour 60,000 francs les pièces d'écriture de Louis XVII.... En vain le baron de Richemont a réclamé contre cette erreur, en communiquant les notes et les pièces qu'il tenait de son ancien maître d'écriture; l'*Univers* n'a répondu que par un silence outrageant. Nous voyons avec beaucoup de peine que ce journal qui accueille avec empressement tous les articles vrais ou faux et hostiles à cet infortuné prince, refuse obstinément de publier ceux qui lui sont favorables. Malheureusement il n'est pas le seul à se rendre coupable d'une pareille injustice ! Mais qu'on y prenne garde ; Dieu est plus fort que les hommes : tôt ou tard la vérité brillera dans tout son éclat, comme le soleil en plein midi ; la calomnie sera confondue, et les coteries démasquées. Non, la Providence ne permettra pas que le fils du roi-martyr meure inconnu....

Note 2. Ce genre de punition n'était pas le seul qui fût infligé à son altesse royale monseigneur le duc de Normandie. M. l'abbé Davaux, son précepteur, avait inventé une espèce de prison vraiment originale, où il renfermait son auguste élève, lorsqu'il s'émancipait trop ou qu'il négligeait de faire son devoir. Si nous rappelons ici ce mode de punition, c'est qu'il a servi plus tard à faire reconnaître le fils du pieux Louis XVI dans la personne de M. le baron de Richemont. En 1837, madame Teste, de Vienne, nièce de M. l'abbé Davaux, mort en 1812, aperçut un jour chez madame Gentil, de la même ville, un personnage qui avait des traits de ressemblance frappants avec le portrait du dauphin, que son oncle lui avait laissé, ainsi qu'un anneau qu'il tenait de son royal élève. Madame Teste ayant fait part de ses conjectures à madame Gentil, celle-ci lui avoua franchement que le personnage qu'elle avait vu dans sa maison était réellement le fils du roi-martyr. Nous saurons bien, s'écria alors madame Teste, si ce monsieur est véritablement le dauphin, j'ai chez moi une bague contenant des cheveux de la reine, que mon oncle m'a donnée avec recommandation de la remettre à monseigneur le duc de Normandie, si jamais il se retrouvait, *car il était assuré que son élève avait été enlevé de la tour du Temple;* mais à la condition qu'il répondît préalablement à des questions que mon oncle m'a données par écrit dans un papier cacheté. Ainsi, si cet étranger répond juste, il sera l'élève de mon oncle, et je lui remettrai l'anneau ; s'il ne répond pas, ce sera alors un imposteur, et il sera démasqué. Une fois ce projet arrêté, il fut communiqué à M. Gentil, à sa fille et à son gendre, M. Guttin, avocat, qui se réunirent à jour dit chez madame Gentil, et là, avant le moment où l'étranger devait arriver, le papier cacheté fut ouvert, et l'on se prépara à lui adresser les questions qui y étaient inscrites.

Effectivement, à peine le fils de Louis XVI fut-il entré, qu'on lui adressa des questions amicales sur certains faits qui l'intéressaient, puis on commença celles contenues dans l'écrit du précepteur, lesquelles étaient relatives au mode de punition employé par le maître: à la manière dont il plaçait son élève ; comment l'élève parvenait à se soustraire à cette punition ; quel moyen il employait pour empêcher l'enfant de s'échapper ; ce qu'il obtint de la complaisance de son élève, et dans quel costume ; enfin ce qu'il lui permit de garder. Monseigneur le dauphin répondit ainsi : « Fatigué de remontrances, mon précepteur, le bon abbé Davaux, qui, malgré sa douceur et sa bonté, avait parfois le diable au corps, réunissait quatre fauteuils, et avec les têtes, formait une petite prison dans laquelle il me faisait entrer, et il se remettait à écrire. Au moment où il y pensait le moins, il m'apercevait à l'autre bout du cabinet. Furieux de ce que j'avais passé par dessous, parce qu'il n'y avait point de barreaux pour m'empêcher de me couler et de sortir, il allait prendre un paravent, avec lequel il environnait les quatre fauteuils dans lesquels il m'avait replacé, et me forçait, par cette diabolique manœuvre, à rester dans cette prison d'un nouveau genre, d'où je ne pouvais sortir que d'après sa volonté. » — « Malgré ma vivacité extraordinaire, pour faire plaisir à mon précepteur que j'aimais beaucoup, je restai trois bons quarts d'heure fixé sur un fauteuil pendant qu'un peintre dessinait mon portrait, qu'il désirait grandement avoir en sa possession et que je lui donnai effectivement. Lorsque je posai pour le portrait en question, fait en 1791 ou 1792, j'étais vêtu d'un petit habit à la française soie couleur puce, collet droit, le col de ma chemise brodé, retombant en dehors et tout autour du contour du col de l'habit, et retombant ainsi sur l'épaule en avant. Le gilet était fond blanc fleurdelisé, à poches de côté et dépassant les boutons du milieu, et boutonné jusqu'au dessous de la poitrine pour laisser la place du jabot de la chemise, entr'ouverte vers le col et au-dessous et sans cravate. La culotte ne se voit pas : on ne portait presque pas de pantalons. Je lui permis de garder mon portrait. »

Cette réponse, qui ne se fit pas attendre, étant parfaitement conforme à celle écrite en regard des questions posées par l'abbé Davaux, madame Teste s'écria : « *Je vous reconnais pour l'élève de mon oncle, et vous êtes bien monseigneur le duc de Normandie.* »

Elle fit remettre au fils de Louis XVI la bague contenant les cheveux de sa mère, par l'abbé Roux de Vienne, actuellement curé à Genas.

Cette bague qu'il reconnut tout de suite, le prince l'ouvrit sans peine, quoiqu'elle fermât par secret ; à la vue des cheveux de l'infortunée reine qu'il baisa mille et mille fois avec une émotion indicible, il versa un torrent de larmes. Tous les spectateurs attendris mêlèrent leurs larmes aux siennes. Cette scène si touchante pour des cœurs sensibles, dura près de trois quarts d'heure.

Le prince écrivit une lettre charmante à madame Teste, pour la remercier de ce précieux don qu'il garde soigneusement.

Nous garantissons l'authenticité de ces faits qui ont été niés plus tard par madame Teste, mue par des motifs de crainte et de pusillanimité.

Nous tenons de source certaine qu'elle a reçu des lettres anonymes qui la menaçaient de la mort si elle persistait dans ses dires.

Son silence a été acheté, ainsi que celui de M. le curé de Roussillon, qui nie ce qu'il a avancé plusieurs fois. Quand il s'agit d'une si noble, si grande, si longue infortune, le silence est un crime : on doit parler, et mourir s'il le faut, martyr de la vérité.

D'ailleurs, M. et Mme Guttin, ainsi que mademoiselle Teste qui tenait ces faits de sa maman, les ont racontés à plusieurs personnes, entr'autres à M. Bernard, notaire à Biol, et actuellement juge-de-paix à Vinay.

Lettre de M. le curé de Genas.

G...., 10 mars 1850.

« Monsieur le Rédacteur,

« Les faits que vous citez dans le huitième numéro de votre estimable journal touchant la probité de certains *meneurs*, ne sont pas les seuls que l'on peut dénoncer au public. Si on les connaissait tous, on se ferait une idée de ce que peut opérer d'étrange l'esprit de parti chez des hommes d'ailleurs honorables, et l'on pourrait comprendre comment la vérité sur un point capital de notre histoire a pu être obscurcie pendant plus d'un demi-siècle. Jusque-là qu'elle ne suscite que la défiance dans un grand nombre de personnes lorsqu'elle apparait au grand jour, étayée de preuves irrécusables.

Depuis quelque temps, le système d'intimidation adopté comme contrepoids aux révélations faites à la France sur l'existence du fils de Louis XVI, a été exercé à l'égard d'une vénérable dame de nos contrées, madame Teste Dubailler, née Delestra, nièce de M. l'abbé Davaux, précepteur de S. A. R. Mgr le duc de Normandie, pour l'amener à nier les communications qu'elle a eues avec M. le baron de Richemont et qui sont rapportées à la page 327 des Mémoires d'un contemporain. Les instances ont été si pressantes et les appréhensions qui en ont été le résultat si vives, que madame Teste n'ose plus avouer les faits qui la concernent, et quelques imprudents amis se sont avancés jusqu'à dire que de ces faits *il n'y a pas un mot de vrai*.

« Or, Monsieur, pour qu'on sache bien à quoi s'en tenir sur cette tactique qui a pour objet d'étouffer la voix de l'opprimé et de tenir la vérité ensevelie à tout jamais, je vais vous dire ce que je sais concernant ces mêmes faits.

« Il y a environ dix-sept ans, j'avais l'honneur d'être reçu chez madame Teste; assez fréquemment nous causions du fils de Louis XVI et de son précepteur M. l'abbé Davaux. Madame Teste, qui savait que le dauphin n'était pas mort au Temple, nourrissait dans son cœur l'espoir qu'elle le verrait un jour, et dans l'intimité de ses communications, elle me disait combien elle serait heureuse de faire hommage au fils du roi-martyr d'un bijou précieux qu'elle tenait de son oncle. C'était un anneau que M. l'abbé Davaux avait reçu un jour que le prince souhaitait la fête à son précepteur. Madame Teste possédait aussi un portrait en miniature du duc de Normandie; ce médaillon, appendu à la cheminée de sa chambre, était exposé aux regards de toutes les personnes que madame Teste recevait, mais l'anneau était soigneusement fermé, et personne ne le voyait.

Plus tard, madame Teste eut l'occasion de voir M. le baron de Richemont chez M. Gentil, négociant à Vienne. Ces entrevues n'ont pas été secrètes, elles ont eu lieu en présence de toutes les personnes de la maison et d'autres encore. Or c'est à M. le baron de Richemont que madame Teste a fait hommage de l'anneau dont j'ai parlé, en témoignage de la conviction qu'elle avait acquise que ce personnage était véritablement l'élève de M. l'abbé Davaux, le fils de Louis XVI, et aussi comme gage de l'affection toute particulière qu'elle lui portait.

« Je crois que dans la circonstance présente, c'est tout à la fois pour moi un droit et un devoir d'attester ce fait, attendu que c'est moi-même qui, pour accomplir la volonté formelle et les désirs expressément articulés de madame Teste, ai été chargé de remettre ce bijou à M. le baron de Richemont. Cet anneau, que je n'avais jamais vu avant le jour où il me fut confié en présence de témoins, pour passer de mes mains dans celles de M. de Richemont, était surmonté d'une gerbe de cheveux appartenant moitié à la reine Marie-Antoinette et moitié à son fils le dauphin ; le lien de la gerbe était un diamant.

« Qu'il me soit permis d'ajouter à ce qui précède, que madame Teste conserve toujours un souvenir précieux des rapports qu'elle a eus avec M. le baron de Richemont. J'ai acquis personnellement la certitude que, malgré les craintes qu'on a réussi à lui inspirer, elle porte un vif intérêt à tout ce qui concerne le malheureux fils de Louis XVI.

Daignez agréer, Monsieur le Rédacteur...

« P.-V. R., curé de G. (Isère). »

Note 3. La divine providence permit qu'au moment où le pieux Louis XVI brûlait tous ses papiers, un billet restât au fond du tiroir. M. le baron Marguerite, demeurant à Paris, rue Saint-Nicolas-d'Antin, 7, déclare qu'ayant rencontré dans le monde un personnage qu'on lui avait dit être le fils de l'infortuné Louis XVI, et voulant s'assurer si le fait était vrai, il lui présenta en 1852, un écrit signé en 1793, au Temple, par le dauphin et les autres membres de sa famille prisonniers avec lui ; ce billet était adressé au roi Louis XVI après leur séparation, afin de lui donner signe de vie. A la première inspection de cet écrit, et sans en avoir pu lire un mot, le prince stupéfait de l'existence d'une pièce unique qu'il croyait détruite depuis longtemps, récita de mémoire et avec une rare fidélité, le contenu de ce billet. Sur sa demande, comment cette pièce se trouvait entre les mains de celui qui la présentait, puisqu'il était notoire que le roi, avant sa mort, avait brûlé tous ses papiers, il fut répondu : que le hasard seul avait tout fait, et que ce billet, oublié sans doute par le roi, avait été trouvé dans le fond de la place du tiroir de sa table. Dès-lors plus de doute *que celui à qui ladite pièce venait d'être présentée, ne fût véritablement le fils de Louis XVI.* C'est effectivement ce dont demeurèrent d'accord les personnes présentes à cette reconnaissance si surprenante, parce que le possesseur de cette pièce ne l'avait montrée à qui que ce fût, et qu'elle n'était jamais sortie de son porte-feuille. La conséquence rigoureuse des faits exposés dans cette troisième note est que le personnage connu sous le nom de M. le baron de Richemont est réellement le fils du saint roi-martyr. *Obsecro, Domine, mitte quem missurus es :* Nous vous en supplions, Seigneur, envoyez celui qui doit donner la paix, la gloire et le bonheur à la France que vous aimez toujours !!!

VIE

DE SON ALTESSE ROYALE MONSEIGNEUR

LE

DUC DE NORMANDIE,

FILS DE LOUIS XVI.

LIVRE DEUXIÈME.

SOMMAIRE :

Vie de la famille royale après la mort du roi. — Le dauphin est arraché aux embrassements de la reine dont on les sépare.—Il est confié à la garde de Simon le cordonnier.—Mauvais traitements qu'il éprouve.—Mort de la reine.—Délivrance du dauphin.—Départ du dauphin de Paris. — Son séjour dans la Vendée.—Mort de madame Élisabeth.—Preuve de l'enlèvement du dauphin. — Empoisonnement du docteur Desault, à la suite de son rapport sur l'état de l'enfant détenu au Temple.—Diversion opérée pour faciliter au dauphin sa sortie de France. — Le jeune Morin à Thiers. — Mort de l'enfant substitué au dauphin. — Arrivée du dauphin auprès du prince de Condé. — Installation et gouvernement du Directoire. — Le dauphin est confié au général Kléber. — Arrivée du dauphin auprès de ce général. — Le dauphin part pour l'expédition d'Egypte — La sibylle égyptienne, anecdote curieuse. — Bataille de Nazareth ou plutôt de Canah — Consulat, 1799. — Départ du dauphin d'Egypte. —Arrivée du dauphin en Italie. — Le dauphin à Paris, 1801. — Assassinat d'Ojardias et du comte de Frotté, libérateurs du dauphin —Visite du dauphin à la femme Simon. — Entrevue du dauphin avec Joséphine. — Mort violente de Pichegru. — Départ du dauphin pour l'Amérique.

— Arrivée du dauphin à New-Yorck. — Séjour du dauphin au Brésil — Le dauphin est arrêté à Civita-Vecchia. — Expédition de Goa commandée par le dauphin. — Le dauphin de retour au Brésil part pour la France.

Toutes les factions s'étaient réunies pour abattre le trône et l'autel ; mais après que, par un crime inouï et un attentat sans exemple dans les annales des peuples, elles eurent, à force de calomnies et de scélératesse, fait tomber sur l'échafaud la tête du plus juste, du plus religieux et du meilleur monarque que la France eût eu depuis plusieurs siècles, elles se divisèrent et se partagèrent en trois principales, connues sous les noms odieux de Girondins, Jacobins et Orléanistes. La faction d'Orléans, la plus faible des trois, avait pour principal appui le fameux Dumouriez, celui de nos généraux qui avait le plus de talents, de réputation pour conduire une entreprise; mais outre qu'on ne pouvait pas répondre d'avoir toujours des succès, quel est l'homme qui aurait compté sur la fidélité de ses engagements, dans le cas où il n'aurait pas trouvé son avantage à les remplir ? Rien n'était donc moins assuré que le pivot sur lequel roulait cette faction. Aussi la défection de Dumouriez entraîna sa chute, et l'infâme d'Orléans, son chef, plus connu sous le nom de Philippe-Egalité, qui avait poussé l'audace et la scélératesse jusqu'à voter la mort de son parent, de son bienfaiteur et de son roi, ne tarda pas de porter sur l'échafaud sa tête criminelle. Il reçut ainsi la juste rétribution de ses crimes.

Les deux autres étaient plus puissantes. Celle de la Gironde s'était à la vérité rendue odieuse par ses cabales contre le roi, et notamment par la journée du 10 août, mais elle marchait sous les étendards des députés qui montraient le plus de talents : elle s'était déclarée ennemie de la monarchie, professait le républicanisme, qui paraissait être l'opinion dominante de la Convention, et s'était fortement prononcée contre les chefs des Jacobins, c'est-à-dire contre Robespierre, Danton et Marat; de sorte qu'elle trouvait, dans la haine qu'elle leur portait, un titre de recommandation à la reconnaissance publique.

La faction de Robespierre, moins puissante par ses talents, mais réellement plus forte par son immoralité et par la scélératesse audacieuse de ses membres, jouissait d'une grande prépondérance. Elle avait pour elle la municipalité, les bandits très nombreux des sections, les Jacobins, beaucoup de Cordeliers, toutes les sociétés populaires et tous les brigands de la république. C'est cette dernière que le ciel, justement irrité contre la France qui venait d'épouvanter l'Europe par l'attentat inouï du 21 janvier, choisit pour être l'instrument de ses vengeances et des châtiments qu'il allait tirer d'un peuple ingrat et coupable d'un affreux régicide.

Une fois la coupe de la colère divine répandue sur la terre, le génie du mal domina partout et promena son glaive exterminateur sur toutes les parties du territoire français; il inspira à ses suppôts, vomis par l'enfer, toutes sortes de moyens de destruction, et en peu de temps, plus de six cent mille personnes tombèrent sous les coups de ces monstres altérés de sang humain. L'honneur français épouvanté se retira pour un temps au milieu de nos armées victorieuses, laissant notre malheureuse et infortunée patrie, que la justice divine poursuivait, en proie à toutes les horreurs de l'anarchie, de la destruction et de la mort. Mais hâtons-nous de rentrer dans la tour du Temple, où nous avons laissé d'augustes et d'illustres victimes,

A la nouvelle de la consommation du forfait inouï qui privait la reine de son époux et la France de son roi, Marie-Antoinette sollicita pour elle et pour ses enfants la permission de prendre le deuil ; elle leur fut accordée ainsi qu'à madame Elisabeth ; mais de combien de privations ces illustres infortunées n'achetèrent-elles point cette faveur ! Que de souffrances et d'injures multipliées ! La reine changeait à vue d'œil ; elle était fréquemment agitée de convulsions douloureuses, qui laissèrent à peine sur toute sa personne quelques traces de ces attraits et de cette taille divine que l'on admirait en elle avant l'époque de ses malheurs. Sa douleur, quelque profonde qu'elle fut, éclatait rarement devant témoins ; mais lorsqu'elle se trouvait seule, des larmes abondantes soulageaient son cœur oppressé ; elle n'espérait, elle ne désirait pas même d'échapper au fer de ses bourreaux. Le dauphin, de son côté, fit une maladie assez sérieuse pour ajouter encore, à l'affliction de la reine, les plus vives angoisses et les plus justes appréhensions. Le jeune prince, unique consolation et seul espoir de son infortunée famille, éprouva un long évanouissement, suite de douleurs et de convulsions causées par une médecine que lui avait administrée, avec intention, dit-on, la Tison, femme du concierge de la tour, et qui était en même temps espion des municipaux. Cependant les soins assidus qui furent donnés à monseigneur le duc de Normandie, dans cette circonstance douloureuse, le rendirent bientôt à son état normal ; sa santé se rétablit, et il continua de consoler l'infortunée reine, ou du moins d'adoucir un peu son affliction pleine d'amertume.

Pendant leur séjour au Temple, la reine et madame Elisabeth eurent de longues et secrètes conférences avec quelques uns des municipaux chargés de surveiller et de garder la famille royale. Parmi eux il s'en trouvait plusieurs qui s'étaient renfermés dans ce triste et lugubre séjour par dévouement à leurs anciens maîtres. A force d'affecter le républicanisme, ils étaient parvenus à persuader la sanguinaire Convention qu'ils étaient véritablement républicains et partisans du nouvel ordre de choses. De ce nombre fut un nommé M. Caron, attaché au service de la cour jusqu'au 10 août 1792, en qualité de *gobeletier*. L'on distinguait encore Toulan, Lepitre, Michonis, Daugé et quelques autres qui tâchaient de se rendre utiles à cette illustre et infortunée famille. Pendant la durée de ces entretiens secrets, les princesses étaient dans l'usage de renfermer le dauphin et sa sœur dans la tourelle où ils eurent souvent à souffrir du très grand froid qu'il y faisait. Daugé conduisait quelquefois le duc de Normandie sur la plate-forme de la cour pour le distraire un peu et lui faire respirer un air plus salubre : c'est là que l'ayant pris un jour dans ses bras, il lui dit : « Je voudrais bien vous voir à la place de votre père. » Le souhait de ce bon gardien s'accomplira en effet ; mais après plus d'un demi-siècle de cruelles infortunes et de persécutions inouïes. Toulan portait la correspondance au dehors et en apportait les réponses. C'est lui qui avait procuré aux princesses les matériaux nécessaires pour écrire. Lepitre et Caron consolaient cette royale famille en lui donnant l'espoir si doux pour des prisonniers, d'une prochaine délivrance.

Les municipaux qui portaient de l'intérêt à la reine et à madame Elisabeth, les avaient engagées à ne se coucher qu'après dix heures, afin qu'elles pussent entendre la voix des crieurs annonçant les évènements qu'ils savaient pouvoir leur donner quelque espérance : tels que les combats du dehors et les luttes des partis dominants à l'intérieur. Nouveaux troubadours, les crieurs s'approchaient alors jusqu'au pied des tours, d'après les précautions prises par Lepitre, et chantaient les exploits de nos armées victorieuses et les orgies sanglantes des factions qui se déchiraient réciproquement.

Le municipal Lepitre, qui gémissait bien sincèrement sur les grandes infortunes de la famille royale, dont il s'efforcait de soulager la position par tous les moyens en son pouvoir, avait composé une romance pour le jeune prince qui l'avait apprise par cœur, et qui la chantait quelquefois devant la reine pour calmer un peu sa douleur. Comme cette touchante romance n'est pas tout-à-fait étrangère à notre sujet, et qu'il en sera encore fait mention au troisième Livre, à l'occasion de la détention du dauphin dans les prisons de Milan, nous croyons devoir la transcrire ici.

> Eh quoi ! tu pleures, ô ma mère !
> Dans tes regards fixés sur moi,
> Se peignent l'amour et l'effroi ;
> J'y vois ton âme tout entière.
> Des maux que ton fils a soufferts,
> Pourquoi te retracer l'image ;
> Puisque ma mère les partage,
> Dois-je me plaindre de mes fers ?

> Des fers ! ô Louis ! ton courage
> Les ennoblit en les portant !
> Ton fils n'a plus, en cet instant,
> Que tes vertus pour héritage.
> Trône, palais, pouvoir, grandeur,
> Tout a fui pour moi sur la terre,

Mais je suis auprès de ma mère,
Je connais encore le bonheur.

Un jour, peut-être, l'espérance
Doit être permise au malheur,
Un jour, en faisant son bonheur,
Je me vengerai de la France.
Un Dieu favorable à ton fils,
Bientôt calmera la tempête,
L'orage qui courbe leur tête
Ne détruira jamais les lys.

Ah! si du poids de nos chaînes
Le ciel daigne nous affranchir,
Nos cœurs doubleront le plaisir
Par le souvenir de nos peines !
Ton fils, plus heureux qu'aujourd'hui,
Saura, dissipant tes alarmes,
Effacer la trace des larmes
Qu'en ce lieu tu versas pour lui.

Et toi, dont les soins, la tendresse
Ont adouci tant de malheurs,
Ta récompense est dans les cœurs
Que tu formas à la sagesse ;
Ah! souviens-toi des derniers vœux
Qu'en mourant exprima ton frère !
Reste toujours près de ma mère,
Et ses enfants en auront deux.

C'est cette romance dont Silvio Pellico trouva, en 1820, un couplet sur le mur d'une chambre que le duc de Normandie avait occupée un instant à Milan, en 1818.

Toulan, Lepitre, Jarjaies et autres, avaient formé le projet d'enlever la reine. Cette princesse qui ne tenait plus à la vie depuis le martyre du roi son époux, refusa de s'y prêter, parce qu'il fallait laisser dans les fers ses enfants et la sœur du vertueux Louis XVI. En vain ses généreux libérateurs lui donnèrent l'espoir de la délivrance prochaine des autres membres de la famille royale; elle leur répondit, en leur exprimant sa vive reconnaissance que, séparée de ses enfants et de madame Elisabeth, son unique désir était de se réunir à son époux dans un monde meilleur. Dénoncés par on ne sait qui, Toulan fut condamné à mort et exécuté ; Lepitre et ses autres courageux complices échappèrent miraculeusement à une condamnation qui paraissait inévitable, après avoir subi plusieurs interrogatoires où il fut impossible de les convaincre de complicité. Cette dénonciation eut les résultats les plus fâcheux pour la famille royale qui semblait trouver quelque consolation à partager mutuellement sa douleur et à mêler ses larmes ensemble.

Le ciel préparait à l'infortunée reine qu'il devait bientôt couronner, un nouveau sacrifice bien sensible à son cœur aimant. Quelques jours après l'exécution du malheureux Toulan, l'on sépara le dauphin de sa mère, de sa sœur et de sa tante. Ne pouvant consentir à une aussi cruelle séparation, la reine tenait son fils entre ses bras étroitement serré contre son sein ; elle l'arrosait de ses larmes, et protestait en même temps que jamais elle ne souffrirait qu'on lui enlevât son fils. Le jeune prince qui embrassait affectueusement sa mère, poussait des cris lamentables avec les autres princesses dont les larmes coulaient en abondance. Cette scène de désolation dura plus d'une heure ; il fallut menacer la reine de massacrer son fils entre ses bras pour l'obliger à laisser emporter ce prince infortuné. Enfin on le lui arracha avec tant de violence, qu'elle faillit en mourir de chagrin. On le confia à un instituteur d'un genre tout nouveau, bien digne d'ailleurs des cannibales qui avaient alors le pouvoir en main. Le nommé Simon, cordonnier de profession, fut le noble gouverneur du fils de cette longue suite de rois qui avaient fait le bonheur de la France pendant plus de quatorze siècles!!! Cette cruelle séparation qui devait être éternelle, eut lieu le 3 de juillet 1793. Les cris déchirants et le désespoir de la reine, les larmes et les prières suppliantes des princesses, les caresses et les pleurs du jeune prince, qui auraient attendri et touché des barbares, ne purent rien opérer sur ces tigres altérés de sang. Ce furent les commissaires Eudes, Gagnant, Véron, Cellier et Ladevèze, qui furent chargés d'accomplir cet acte de cruauté.

A partir de ce moment, commencèrent pour le dauphin les tourments sans nombre, auxquels il n'aurait pas certainement survécu sans une protection toute spéciale de la divine Providence, qui lui réservait d'autres épreuves bien longues et bien cruelles, avant de le rétablir sur le trône de ses pères pour le bonheur de la France. Par un raffinement de malice et de cruauté vraiment infernales, la sanguinaire Convention fit enfermer l'infortuné duc de Normandie dans les appartements qu'avait occupés le pieux Louis XVI, afin que le souvenir continuel des angoisses paternelles ajoutât encore et fournit un nouvel aliment à ses douleurs personnelles. Abandonné à l'autorité brutale de Simon, qui l'accablait de mauvais traitements, il n'eut plus ni de volonté ni de repos. La crainte que ce monstre parvint à inspirer au jeune prince fut telle, qu'elle le rendit docile à tous ses caprices. Ainsi, ce rejeton de tant de rois servait à table le méchant Simon, qui ne lui donnait pour nourriture que le reste de ses repas. Ce n'était pas assez de tourmenter le jeune dauphin, à toutes les heures du jour et de la nuit, par les ordres contradictoires et multipliés qu'on lui intimait avec les menaces les plus terribles dont l'effet suivait aussitôt, s'il n'obéissait pas promptement; on voulut encore l'humilier jusque dans ses habillements de deuil, que la commune ordonna de lui ôter et de remplacer par d'autres. Aussitôt la femme Simon, instrument docile de son barbare époux, et naturellement méchante elle-même, s'empressa d'en dépouiller le jeune prince qui pleura beaucoup en pensant à ses vertueux et malheureux parents, et de le revêtir de ceux d'un mendiant, quoiqu'ils fussent beaucoup trop grands pour lui, et son mari lui couvrant la tête d'un sale bonnet rouge, le faisait jouer, disait-il avec un rire sardonique, au roi détrôné.

Un jour que le cruel Simon venait d'accabler le jeune prince de blasphèmes, de coups et de mauvais traitements, parce qu'il l'avait trouvé récitant la prière que lui avait apprise le roi martyr, il lui demanda avec brutalité: « Eh bien! Capet, si tu devenais jamais roi, que me ferais-tu? — Je vous pardonnerais, répondit le dauphin, avec une douceur angélique. » C'est à l'école de la vertu et de la charité paternelle que ce jeune prince avait puisé cette réponse d'oubli et de pardon. Simon, qui était tout à la fois l'instituteur et le gardien de monseigneur le duc de Normandie, lui apprenait à jurer et à danser l'ignoble carmagnole. Lorsque l'auguste élève, qui ne pouvait pas goûter ce nouveau genre d'éducation, paraissait mettre de la mauvaise volonté à répéter la leçon du maitre, on le frappait et on le privait de nourriture, afin de le rendre plus souple et plus docile. Voilà comme l'infortuné prince passait son temps depuis qu'on l'avait si violemment arraché aux leçons et aux caresses maternelles.

Cependant la faction qui décimait la France, voulant à tout prix se défaire d'une reine que sa résignation à supporter les outrages dont elle était journellement abreuvée, rendait encore plus grande dans l'infortune que sur le trône, conçut l'exécrable projet d'arracher, à force de tortures et de privations, à la faiblesse et à l'ignorance d'un enfant de huit ans, des déclarations qui pussent servir de prétexte pour livrer la noble fille des Césars à la fureur des tribunaux révolutionnaires. Des municipaux, parmi lesquels se trouvaient l'infâme Hébert et l'ignoble Fréry, se transportèrent au Temple pour engager le dauphin à signer un écrit qu'ils lui annonçaient être sans importance, mais dont on ne lui faisait cependant pas la lecture. Le jeune prince, qui soupçonna quelque piège tendu à son inexpérience et à sa bonne foi, refusa constamment de le signer sans le lire. Sur son refus, ces émissaires des Jacobins se retirèrent, après avoir parlé en particulier au cruel Simon. Il fut facile au dauphin de deviner quelle avait été la matière de cet entretien secret, par la conduite que tint immédiatement à son égard son barbare Cerbère. Les traitements que ce gardien féroce lui faisait éprouver auparavant étaient déjà bien rigoureux : un jour il avait même failli lui arracher l'œil droit en le frappant violemment avec une serviette. Mais la résistance du jeune prince qui avait refusé de signer l'écrit accusateur, et les instructions récentes qu'il avait reçues, le poussèrent envers lui à de nouveaux excès. Non content de l'accabler de coups et d'outrages, il le confina dans un réduit obscur, et lui refusa à manger. A chaque instant du jour et de la nuit, ce monstre à face humaine appelait et éveillait le dauphin ; tout malade qu'il était, la voix formidable de ce geôlier cruel le forçait à quitter son grabat, à se traîner péniblement jusqu'à lui, et à répondre : « Me voici ! » Pour récompense de sa docilité, l'infortuné prince recevait d'ordinaire un grand coup de pied qui le renversait le plus souvent, et Simon lui disait, après mille injures que notre plume se refuse à répéter ; « *Va te coucher, race de vipères !* » Grand Dieu ! témoin de ces attentats, vous ne preniez pas en main la défense de l'innocence opprimée et vous ne commandiez pas à la terre de s'entr'ouvrir pour engloutir dans l'abîme ce monstre que l'enfer avait vomi de son sein ! Non, parce que la coupe des vengeances n'est pas encore épuisée, et qu'il fallait que l'innocent payât pour les coupables. Si, lorsque le féroce gardien du dauphin faisait entendre ces mots : *Capet, es-tu là ?* le jeune prince ne se présentait pas à l'instant, le tigre se ruait sur lui et le frappait jusqu'à le mettre tout en sang. Les personnes qui ont l'honneur et le bonheur d'approcher monseigneur le duc de Normandie, nous ont assuré que l'on voyait encore aujourd'hui distinctement sur son corps les traces des coups qui lui furent donnés à cette époque. Ces brutalités calculées, jointes à la privation de nourriture et de sommeil, finirent par affaiblir les facultés physiques et morales du dauphin ; on pensa alors qu'il serait facile, à force de menaces et d'obsessions, de lui arracher quelques paroles compromettantes. Pleins de cette idée inspirée par l'enfer, Pache, Chaumette et Hébert, dans les premiers jours d'octobre 1793, en présence de l'administrateur de police Héousé, des commissaires Fréry, Séguy et Laurent, et du geôlier Simon, lui firent subir un simulacre d'interrogatoire ; ces Jacobins renforcés employèrent la torture morale la plus odieuse pour obtenir ce qu'ils désiraient. Le misérable Simon, placé derrière ces monstres et en face du jeune prince, montrait les poings à celui-ci, et l'outrageait continuellement du geste et de la voix, pour le forcer à confirmer, au moins par signe, les calomnies dirigées par eux et l'infâme Fouquier-Tinville contre l'infortunée reine sa mère et madame Elisabeth sa tante...

Arrêtez, malheureux, n'outragez pas la nature dans ce qu'elle a de plus sacré ! Aveuglés par la fureur, vous ne voyez donc pas que l'infamie dont vous vous couvrez, en révélant la corruption profonde de votre cœur à l'innocence qui ignore heureusement toute votre scélératesse, vous rendra odieux et exécrables à toutes les générations futures ? A la suite de ces aveux dont son inexpérience et sa grande jeunesse pleine de candeur et de vertu lui dérobaient la malice infernale, mais dont le souvenir lui a fait verser plus tard des larmes bien amères, le dauphin perdit connaissance, et tout sentiment d'existence commença à s'éteindre en lui ; il tomba dans une espèce d'insensibilité qui lui fit, pour un temps du moins, oublier ses douleurs, sa position et ses souffrances.

Quant à la malheureuse reine, séparée des princesses dans la nuit du 1er au 2 août 1793, elle fut transférée de la prison du Temple à la Conciergerie. On assure qu'après avoir embrassé madame Royale avec toute la tendresse dont l'amour maternel est capable, elle dit à madame Elisabeth, en la serrant dans ses bras : « *Adieu, chère sœur, adieu; nous ne nous reverrons qu'avec le fils de saint Louis. Je recommande mes enfants à votre tendresse. Oh! qu'il est cruel de vous quitter et de partir sans voir mon infortuné fils!!!* » La reine, sûre d'être condamnée, ne tenant d'ailleurs plus à la vie depuis sa cruelle séparation, consacra tout le temps qu'elle resta à la Conciergerie aux exercices de piété ; chaque jour elle renouvelait à Dieu le sacrifice de sa vie et se préparait à la mort avec une nouvelle ferveur. Malgré la vie pure et mortifiée qu'elle avait menée, surtout depuis sa captivité, elle désirait ardemment de voir un prêtre fidèle : le ciel lui refusa cette dernière consolation !

Marie-Antoinette parut devant le tribunal révolutionnaire dans une noble attitude et avec une constance vraiment héroïque. Quoique prise au dépourvu, elle répondit à tous les chefs d'accusation d'une manière péremptoire. Suivant l'accusateur public, il n'avait pas coulé une goutte de sang des patriotes, qui n'eût été versé par l'ordre de la reine; il ne s'était pas commis un crime, il n'y avait pas eu de pensée contre-révolutionnaire, nos armées n'avaient pas essuyé d'échec, dont elle n'eût été la cause. Ce qu'il y a de plus insupportable dans la tyrannie, c'est la dérision des tyrans, quand ils en sont venus au point de ne mettre plus de bornes à leur impudence et au mépris qu'ils ont pour les peuples abattus à leurs pieds. L'exécrable Hébert ayant été appelé pour déposer, rappela avec des circonstances qui font horreur la calomnie atroce du prétendu crime du jeune dauphin âgé de huit ans, avec sa mère et sa tante, crime imaginé par l'infame Fouquier-Tinville, assisté de Chaumette. Honte à jamais à ces monstres corrompus que l'enfer vomit quelquefois de ses gouffres ténébreux pour souiller la terre et épouvanter les vivants !!!

A ce dernier chef d'accusation, la reine sentit qu'il y avait dans ce monde des peines plus cruelles que la mort, et garda le silence ; un des jurés en ayant fait l'observation : « Si je n'ai pas répondu, dit-elle, c'est que la nature se refuse à rejeter une pareille inculpation faite à une mère. J'en appelle à toutes les mères qui peuvent se trouver ici, ajouta-t-elle, en se tournant avec majesté du côté du peuple. » Ce mouvement oratoire, aussi peu attendu que peu préparé, fit sur tous les auditeurs un effet qu'il est difficile de peindre. Le président, s'apercevant que la reine avait attendri par-là quelques-uns de ses ennemis les plus acharnés, se hâta de passer à l'audition des autres témoins. Robespierre était à table chez un restaurateur avec Barrère et Villatte, juré au tribunal révolutionnaire, quand on lui rapporta cette réponse. Furieux, à cause de l'intérêt qu'elle pouvait inspirer pour la reine, il cassa son assiette d'un coup de fourchette, et dit : « Cet imbécille d'Hébert ! ce n'est pas assez qu'il la charge de tous les crimes de la révolution, il faut encore que, par cette monstruosité absurde, il lui fournisse à son dernier moment ce triomphe de l'intérêt public. » Les autres réponses de la reine, toutes précises et sages, auraient désabusé ses juges sur les chefs d'accusation, s'ils ne s'étaient pas vendus pour être ses bourreaux. Ils entendirent, pour la forme, les plaidoyers de Chauvau-Lagarde, et de Tronçon Ducoudrai, ses défenseurs, qui avaient été nommés d'office, et la condamnèrent, le 16 octobre, à quatre heures et demie du matin, à périr sur l'échafaud. La reine avait conservé, durant son interrogatoire, une contenance noble, calme et assurée; elle entendit prononcer son jugement avec le même calme, et sortit de la salle d'audience sans proférer une seule parole, laissant à la postérité le soin de venger sa mémoire, et ne croyant pas qu'une vie aussi misérable que la sienne valût la peine d'être disputée à des tigres.

Rentrée dans son appartement, excédée de fatigues, la reine se jeta sur son lit où elle ne tarda pas à goûter les douceurs d'un sommeil profond et tranquille. C'était le sommeil de l'âme juste qui allait bientôt se réveiller dans le sein de Dieu. A son réveil elle écrivit une lettre touchante à madame Elisabeth. Tout dans cette lettre, qu'on peut regarder comme le testament de Marie-Antoinette, respire la foi la plus vive, l'espérance la plus ferme, et la charité la plus ardente. Cette âme déjà céleste y prêche à chaque ligne l'oubli et le pardon des injures. La divine providence ayant permis que ce monument de la piété éclairée et de la fermeté généreuse de la reine se trouvât parmi les papiers du conventionnel Courtois, nous croyons devoir le mettre sous les yeux de nos lecteurs, comme renfermant le plus bel éloge qu'on puisse faire de cette infortunée princesse.

« C'est à vous, ma sœur, que j'écris pour la dernière fois. Je viens d'être condamnée, non pas à une mort honteuse (elle ne l'est que pour les criminels), mais à rejoindre votre frère. Comme lui innocente, j'espère montrer la même fermeté que lui dans ses derniers moments. Je suis calme comme on l'est quand la conscience ne reproche rien. J'ai un profond regret d'abandonner mes enfants. Vous savez que je n'existais que pour eux. Et vous, ma bonne et tendre sœur, vous qui avez par votre amitié tout sacrifié pour être avec nous, dans quelle position je vous laisse ! J'ai appris dans le plaidoyer même du procès, que ma fille était séparée de vous (1). Hélas ! la pauvre enfant ! je n'ose pas lui écrire ; elle ne recevrait pas ma lettre. Je ne sais pas même si celle-ci vous parviendra. Recevez pour eux deux ici ma bénédiction. J'espère qu'un jour, lorsqu'ils seront plus grands, ils pourront se réunir à vous

(1) La reine était mal informée ; les princesses ne furent séparées que le 9 mai 1794.

et jouir en entier de vos tendres soins. Qu'ils pensent tous deux à ce que je n'ai cessé de leur inspirer, que les principes et l'accomplissement exact de ses devoirs sont les premiers biens de la vie ; que leur amitié et leur confiance mutuelle en feront le bonheur.

Que ma fille sente qu'à l'âge qu'elle a, elle doit toujours aider son frère par les conseils que l'expérience qu'elle a de plus que lui et son amitié pourront lui inspirer. Que mon fils à son tour rende à sa sœur tous les soins, tous les services que l'amitié peut inspirer. Qu'ils sentent que, dans quelque position qu'ils puissent se trouver, ils ne seront vraiment heureux que par leur union. Qu'ils prennent exemple de nous. Combien, dans nos malheurs, notre amitié nous a donné de consolations ! et dans le bonheur on jouit doublement, quand on le partage avec un ami : et où en trouver de plus tendres que dans sa propre famille ! Que mon fils n'oublie jamais les derniers mots de son père, que je lui répète expressément : *Qu'il ne cherche jamais à venger notre mort !*

J'ai à vous parler d'une chose bien pénible à mon cœur. Je sais combien cet enfant doit vous avoir fait de peine. Pardonnez-lui, ma chère sœur ; pensez à l'âge qu'il a, et combien il est facile de faire dire à un enfant ce qu'on veut, et même ce qu'il ne comprend pas. Un jour viendra où il n'en connaîtra que mieux tout le prix de votre bonté et de votre tendresse pour tous deux. Il me reste à vous confier *ma dernière pensée* (1) : j'aurais voulu vous écrire dès le commencement du procès ; mais outre qu'on ne me laissait pas écrire, la marche en a été si rapide, que je n'en aurais réellement pas eu le temps.

---

(1) Voir la note 1 à la fin du deuxième Livre.

Je meurs dans la religion catholique, apostolique et romaine, dans celle de mes pères, dans celle où j'ai été élevée, et que j'ai toujours professée. N'ayant aucune consolation spirituelle à attendre, ne sachant pas s'il existe encore ici des prêtres de cette religion, et même *le lieu où je suis les exposant trop, s'ils y entraient une fois*, je demande sincèrement pardon à Dieu de toutes les fautes que j'ai pu commettre depuis que j'existe. J'espère que, dans sa bonté, il voudra bien recevoir mes derniers vœux, ainsi que ceux que j'ai faits depuis longtemps pour qu'il veuille bien recevoir mon âme dans sa miséricorde et sa bonté.

Je demande pardon à tous ceux que je connais, et à vous, ma sœur, en particulier, de toutes les peines que, sans le vouloir, j'aurais pu vous causer. *Je pardonne à tous mes ennemis le mal qu'ils m'ont fait.*

Je dis ici adieu à mes tantes et à tous mes frères et sœurs. J'avais des amis; l'idée d'en être séparée pour jamais, et leurs peines, sont un des plus grands regrets que j'emporte en mourant. Qu'ils sachent du moins que, jusqu'à mon dernier moment, j'ai toujours pensé à eux.

Adieu, ma bonne et tendre sœur. Puissé-je mériter vos regrets! Pensez toujours à moi. *Je vous embrasse de tout mon cœur, ainsi que ces bons et chers enfants.* Mon Dieu, qu'il est déchirant de les quitter pour toujours! Adieu! adieu! je ne vais plus m'occuper que de mes devoirs spirituels. Comme je ne suis pas libre de mes actions, on m'amènera peut-être un prêtre (*assermenté*), mais je proteste ici que je le regarderai comme un être absolument étranger.

Signé MARIE-ANTOINETTE. »

Quelle tendresse! quelle piété! quels sentiments sublimes! Ne croirait-on pas lire ici une lettre de ces anciens martyrs de la primitive Église? Honneur à vous, religion sainte, qui seule pouvez former de pareils héros et faire de telles héroïnes!!!

Ainsi que la princesse l'avait prévu, le curé constitutionnel de la paroisse de Saint-Landry, qui était celle du Palais-de-Justice, se rendit à la Conciergerie pour l'assister dans ses derniers moments. Il la trouva assise auprès de son lit, plongée dans la méditation ; mais sans qu'il parût sur son visage ni trouble ni crainte. On y voyait, au contraire, une espèce de sérénité et de calme qui annonçait la paix et la joie intérieure dont sa belle âme jouissait. Quand elle l'aperçut, elle lui demanda ce qu'il désirait. « Je viens, madame, vous offrir mon ministère. — Eh bien! approchez. — Vous connaissez, madame, les devoirs que la religion vous impose. Le premier, le plus sublime de tous c'est de pardonner à vos ennemis. — Eh, mon Dieu! je leur pardonne ; ils ne savent ce qu'ils font. » Elle se mit ensuite à genoux, et fit à haute voix une prière si touchante, si analogue à sa situation, que l'ecclésiastique le plus pieux et le plus éclairé n'en aurait pas fait une plus belle. Mais il paraît que ce fut son dernier acte de religion, et que ses principes ne lui permirent pas de donner sa confiance à ce prêtre constitutionnel, qui se nommait Girard.

La reine monta sur la fatale *charrette*, ce qui était le comble de l'humiliation, à onze heures, en déshabillé blanc, et les mains liées derrière le dos. Le prêtre, vêtu en laïque, était à ses côtés. « Voilà le moment, madame, de montrer du courage, lui dit-il. — Du courage, répondit cette fille des Césars, il y a si longtemps que j'en fais apprentissage, croyez qu'il ne me manquera pas aujourd'hui. » Arrivée à la place de Louis XV, Marie-Antoinette jeta un long regard sur le palais des Tuileries, puis elle monta sur l'échafaud avec ce courage qui ne l'avait jamais abandonnée. Là, elle se mit à genoux, reçut la dernière bénédiction du prêtre, et levant les yeux au ciel : *Seigneur*, s'écria-t-elle, *éclairez et touchez mes bourreaux. Adieu pour toujours, mes enfants, je vais rejoindre votre père.*

Ainsi périt, le 16 octobre 1793, cette princesse âgée de trente-huit ans environ ; tant décriée par ses ennemis et qui méritait si peu de l'être. Elle était grande, bien faite, avait le port majestueux, le visage ovale, le nez aquilin, les yeux grands et bleus, le regard mêlé de douceur, de grâce et de fierté. Elle était bonne et obligeante, avait beaucoup d'esprit ; mais elle manquait peut-être un peu de ce tact que nous appellerons volontiers le talent de voir vite et juste, et de dire ce qu'il faut. La reine ne le montra pas toujours, ce talent. Elle était d'ailleurs ennemie de la contrainte et de cette étiquette qui est un supplément au mérite des rois, et le garant du respect des peuples. Aussi la méchanceté chercha-t-elle à lui donner des torts qu'elle n'eut jamais, et dont elle aurait évité jusqu'aux apparences les plus légères, si elle avait toujours voulu être la reine de ceux dont elle aimait à se dire l'amie. Du reste l'adversité la rendit plus réservée, agrandit son courage, lui donna plus d'expérience en lui faisant connaître les hommes ; et il est hors de doute que si elle eût survécu à la révolution, elle aurait consolé la France par les vertus que le malheur ne manque jamais de faire naître dans les âmes élevées, généreuses et bienfaisantes.

Mais hâtons-nous de revenir au jeune prince que nous avons laissé dans un si triste état. Vers la fin de cette même année 1793, qui l'avait rendu orphelin, la femme Simon changea tout-à-coup de conduite à son égard ; elle commença à lui donner quelques soins. Sa malheureuse position sembla inspirer enfin un peu de pitié à cette femme jusqu'alors si indifférente à ses souffrances : on va voir quelle fut la cause de ce changement inattendu.

Le prince de Condé, ce vieux et fidèle soutien de la monarchie, informé des tourments atroces qu'on faisait éprouver au dauphin, mit tout en œuvre pour l'arracher des mains de ses farouches bourreaux. Il choisit pour exécuter cette entreprise, aussi difficile que périlleuse, le comte de Frotté, gentilhomme digne de toute sa confiance, et lui adjoignit un certain Jenais-Ojardias, homme non-seulement dévoué, mais aussi d'un caractère hardi et entreprenant. Après avoir reçu du prince lui-même les instructions relatives à la mission dont il les chargeait, le comte de Frotté et Ojardias se rendirent à Paris, et s'occupèrent immédiatement du projet qui les y conduisait. Ojardias se faisait passer pour médecin, et le comte de Frotté avait les papiers et le titre d'un commis-voyageur d'une des premières maisons d'Allemagne.

Ils cherchèrent d'abord à connaître les noms des commissaires qui étaient délégués au Temple, leurs demeures, leurs professions ; ils firent de nombreux achats chez ceux qui étaient commerçants, et vinrent au secours de plusieurs d'entr'eux pendant la crise commerciale qui régnait alors. Après avoir conquis ainsi leurs bonnes grâces, ils songèrent à trouver les moyens de s'introduire dans le Temple, et de s'y ménager des intelligences, sans toutefois laisser rien percer de leur projet ultérieur. A force de sollicitations, de prévenances et d'égards, mais surtout en répandant l'or à pleines mains, le comte de Frotté parvint à obtenir, pour le médecin Ojardias, un permis d'entrée au Temple. Muni de cette pièce, au moyen de laquelle il pouvait parcourir à volonté une partie de l'intérieur et des tours, Ojardias fit connaissance avec tous les gens de service, et se mit bientôt en rapport avec Mathey, Rocher, Tison, Simon et les autres préposés à la surveillance de la prison du Temple, après quoi il s'appliqua particulièrement à gagner la femme Simon. Cette femme consentit difficilement à entrer dans les vues d'Ojardias, et il ne parvint à se faire écouter d'elle qu'en lui peignant la situation précaire où elle se trouverait et les vicissitudes auxquelles elle serait exposée par le renvoi ou par la mort de son mari. Il lui fit si bien comprendre que l'une ou l'autre de ces deux alternatives la laisserait sans soutien, sans ressources, en proie à la misère et au désespoir, qu'il la décida à prêter l'oreille à ses propositions.

Pour engager les gardiens et les municipaux à se relâcher un peu de leur sévérité accoutumée, Ojardias, en faisant appel à leur humanité, et en flattant habilement leur amour propre, leur fit envisager tout l'odieux et en même temps toute l'inutilité d'une pareille conduite, qu'on taxait hautement, disait-il, de cruauté et de barbarie. D'un autre côté il réussit, à force de prévenances et de bons offices, à leur inspirer tant de confiance, qu'on le laissait entrer au Temple et en sortir, sans l'assujettir aux visites scrupuleuses auxquelles devait être soumis le petit nombre de ceux qui pouvaient être porteurs de permis. L'état maladif du prince étant bien connu, servit aussi beaucoup dans cette circonstance les projets d'Ojardias, qui conseilla adroitement de lui faire prendre un peu d'exercice en le faisant monter sur un cheval de bois qu'on pourrait placer dans la chambre du fond : cet amusement devait, suivant lui, contribuer de la manière la plus efficace à lui dégourdir les jambes dont il souffrait beaucoup.

Les municipaux et les gardiens, avec lesquels s'était lié Ojardias, cédant d'ailleurs aux insinuations de la femme Simon, qui jouissait de la confiance générale, consentirent au nouveau traitement proposé par le médecin. Fort de cet assentiment, Ojardias fit confectionner un cheval d'enfant d'une assez grande dimension, et offrant une capacité assez vaste pour pouvoir contenir un enfant à peu près de la taille du jeune prince. L'ouverture par laquelle on pouvait l'introduire dans cette machine se trouvait cachée par la housse, ensorte qu'il était difficile de l'apercevoir. Ojardias, qui voyait habituellement le dauphin, ne lui dit pourtant rien de son projet; il pensait avec raison qu'il serait toujours disposé à se prêter à tout ce qui pourrait contribuer à le tirer d'un tel lieu, et que la Simon lui en parlerait.

Quand le cheval fut prêt, Ojardias déroula tout son plan aux yeux de la femme Simon, qu'il avait réussi à mettre entièrement dans ses intérêts, moyennant une grosse somme d'argent déposée dans l'endroit désigné par elle, et il la décida à le seconder dans l'exécution de ce projet qui ne pouvait être mené à bien qu'avec son intervention, et qu'autant qu'elle parviendrait à distraire l'attention des municipaux. Quant à Simon, averti qu'il aurait prochainement à résigner ses fonctions de gardien entre les mains de la commune, et mécontent de l'autorité qui ne lui tenait aucun compte de ses services, il se laissa facilement convaincre par les raisonnements de sa femme, et surtout par l'appât de la récompense promise, qu'il n'avait rien de mieux à faire que de faciliter l'évasion du dauphin, ou du moins de ne pas s'y opposer.

Toutes les mesures étant prises, il fut décidé que l'enlèvement aurait lieu le 19 janvier 1794, jour fixé pour le départ des Simon. Ce jour arrivé, aussitôt que les surveillants se furent mis à causer et à boire comme de coutume avec Simon, sa femme conduisit le jeune prince dans la chambre du fond, suivant l'habitude qu'elle en avait prise. Quelques moments après, Ojardias arriva avec le cheval soi-disant destiné à faire prendre de l'exercice au dauphin. Cette machine contenait un enfant qui était presque de sa taille ; il était muet et atteint d'un vice scrofuleux qui ne lui laissait, suivant toute probabilité, que peu de temps à vivre. On l'avait habillé de vêtements semblables à ceux du jeune prince, et on l'avait endormi à l'aide d'un breuvage narcotique. Le porteur, après avoir causé un instant avec les municipaux, et témoigné son étonnement de ce qu'il trouvait l'appartement dans un désordre complet, passa, suivi de plusieurs d'entr'eux dans la chambre où le dauphin se tenait, et posa en leur présence le joujou à côté du siége sur lequel il était assis. Ceux-ci s'étant éloignés pour laisser à la Simon la liberté d'aller, de venir et de faire ses paquets, Ojardias se hâta de retirer du cheval l'enfant endormi, et le plaça sur la petite chaise que le jeune prince occupait ; puis, après avoir indiqué rapidement à celui-ci ce qu'il allait faire, et aidé de la femme Simon qui paraissait s'occuper activement de son déménagement, il l'enveloppa dans les draps qui lui avaient servi précédemment ainsi que d'autres linges, et proposa de le descendre lui-même. Afin que cela ne parût pas extraordinaire aux municipaux et aux gardiens des divers guichets, la femme Simon feignit d'abord de se récrier vivement contre une chose si insolite de la part d'un médecin; néanmoins elle accepta la proposition d'Ojardias, tout en grommelant contre la nonchalance de certains hommes qui, disait-elle, ne sont bons qu'à se divertir pendant que les pauvres femmes se tuent à travailler....

Ojardias descendit le paquet avec la Simon et déposa son fardeau sur une charrette destinée à emporter les objets appartenant aux Simon, laquelle s'éloigna aussitôt.

Le jour même de l'enlèvement du dauphin, l'enfant qui lui avait été substitué fut remis par Simon aux commissaires délégués par la Commune pour le remplacer. Cet enfant était encore plongé dans un profond sommeil. Les commissaires, qui n'avaient aucun motif de défiance, ne songèrent point à le réveiller pour s'assurer de l'identité; ils s'en rapportèrent aux dires des Simon, et déclarèrent sur le procès-verbal « que le jeune Capet leur avait été remis en bonne santé. » Tous ces détails ont été donnés par Ojardias à monseigneur le duc de Normandie, qui les répéta à la femme Simon qu'il revit en 1802, et qui les a elle-même racontés mille fois, à différentes personnes, surtout aux religieuses de l'hospice des Incurables, où elle s'était retirée et où elle est morte en 1819.

Le prince de Condé, qui avait été informé de tout par ses agents au moment même de l'enlèvement, avait consigné dans une lettre remise au dauphin, toutes les circonstances qui se rattachaient à cet évènement extraordinaire, où l'on ne peut pas s'empêcher de reconnaître la main puissante mais invisible de la divine providence qui conduit tout avec sagesse, et qui dispose de tout selon ses décrets éternels, sans nuire cependant à la liberté de l'homme, sa créature privilégiée, qui sera un jour récompensé ou puni selon ses mérites ou ses démérites.

Avant de suivre le jeune prince dans sa vie désormais errante et aventureuse; nous croyons devoir appeler l'attention de nos lecteurs sur un point historique de la plus haute importance et qui corrobore singulièrement le fait de la substitution que nous venons d'exposer. Tous les historiens d'alors, mais principalement l'abbé Proyart, dans sa vie de **Louis XVII**, M. l'abbé Papon, dans son histoire de la Révolution française, et M. Picot, dans ses Mémoires ecclésiastiques, où il dépeint, comme dans un beau tableau d'une manière sévère et rapide, les scènes tragiques et hideuses de 93, etc., ont fait passer instantanément le dauphin dans un état incroyable d'insensibilité et d'idiotisme, après l'avoir présenté comme un prince vif, spirituel, plein de grâce et parfaitement bien élevé, se conduisant avec une douceur admirable, répondant à tous les mauvais traitements de l'exécrable Simon par une patience invincible accompagnée de réponses pleines de sagesse et de charité, d'oubli et de pardon. Ainsi, selon ces historiens, aujourd'hui monseigneur le duc de Normandie pétille d'esprit, est plein d'intelligence, et a toujours à son service des paroles convenables à sa triste position; et un quart-d'heure, que disons-nous, un quart-d'heure? un instant après, ils en font un automate insensible qui a perdu l'usage de la parole et des sens; qu'on le menace, qu'on le flatte, qu'on le gourmande, qu'on le caresse, qu'on le brutalise, qu'on le traite avec douceur ; qu'on lui serve à manger, qu'on le prive de nourriture ; on ne lui arrachera plus une parole, on n'obtiendra plus aucun signe ni de sensibilité ni de reconnaissance ; et ils sont obligés, pour rester dans la vérité historique, de le faire vivre près d'un an et demi dans cet état de stupidité. Explique qui voudra ce mystère de contradictions, si on n'admet pas l'enlèvement et la substitution? Mais nous n'en sommes pas heureusement réduits à ces preuves d'induction, nous avons des faits positifs qui prouvent d'une manière invincible que le dauphin a été réellement enlevé et remplacé par un enfant muet et scrofuleux ; nous les citerons plus loin : pour le moment, contentons-nous dire que le gouvernement fut bientôt instruit de cette substitution. L'ordre qu'il donna de faire sortir la machine providentielle (2) qui avait servi à introduire l'enfant mis à la place du dauphin, le changement qu'il opéra dans le personnel de la tour du Temple, la nourrice de monseigneur le duc de Normandie qu'il fit venir de Versailles pour reconnaître son ancien élève, le nouveau gardien qu'il nomma pour prendre soin du prétendu dauphin qui fut entièrement abandonné, les recherches secrètes qu'il fit faire pour découvrir le lieu de la retraite du véritable, l'infâme Simon qui porta sa tête sur l'échafaud environ cinq mois après ; tout en un mot prouve victorieusement que la sanguinaire Convention connut immédiatement l'enlèvement.

Mais revenons à notre héros, au nouveau Moïse, dont la conservation paraît encore plus miraculeuse que celle de l'ancien chef du peuple de Dieu. Au sortir de la prison, Ojardias transporta le dauphin dans une maison de la rue Phélippeaux, où le comte de Frotté l'attendait, en compagnie de deux dames, dont l'une était madame Beauhar-

---

(2) Voir la 2e note à la fin de ce Livre.

nais, qui devint plus tard l'impératrice Joséphine. Le jeune prince ne séjourna que quelques heures dans cette maison, où on lui fit changer de vêtements et prendre quelque nourriture. La prudence, comme on le comprend facilement, exigeait impérieusement que le dauphin ne restât pas à Paris ; aussi le même jour, le comte de Frotté et Ojardias, qui avaient tout préparé d'avance, le firent sortir de Paris en voiture et le conduisirent de suite dans les provinces de l'ouest (la Bretagne et le Bas-Poitou), où les persécutions de la faction qui gouvernait la France, se faisaient moins sentir alors que partout ailleurs. On le tint soigneusement caché au milieu de ces provinces, tantôt dans un lieu, tantôt dans un autre, sans le faire sortir des limites occupées par les armées royalistes ; et l'on s'occupa avant tout de rétablir la santé du prince entièrement délabrée par la mauvaise nourriture de la prison et les horribles traitements dont on l'avait accablé pendant sa longue incarcération. Monseigneur de Pins, encore vivant, a donné pour certain que le dauphin était dans la Vendée en 1794 et 1795. Ainsi l'atteste M. le curé de la Croix-Rousse, en date du 20 janvier 1849. M. le curé de Saint-Gervais (Vendée), atteste aussi, sous la date du 31 janvier 1849, avoir appris de Louise Bernard, sa paroissienne, morte il y a deux ans, qu'étant en 94, au quartier général de Charette, elle avait vu pendant quelques jours un enfant mystérieux que personne ne connaissait. Le général ne paraissait devant lui que chapeau bas ; il fit passer en revue sa petite armée devant cet enfant, et le général, donnant l'exemple, on répéta bien des fois ce cri : *Vive Louis XVII !...* Au bout de quelques jours, l'enfant disparut. Cet enfant mystérieux était évidemment le dauphin récemment enlevé du Temple. Les recherches de la police qui voulait à tout prix ressaisir la royale victime étaient si actives, que le comte de Frotté et Ojardias jugèrent qu'il était prudent de ne plus correspondre avec le prince de Condé pour le tenir au courant des affaires et de la santé de l'auguste orphelin ; en sorte que le courageux et vieux soutien de la monarchie ignorait complètement ce qu'était devenu le jeune prince depuis son enlèvement dont il avait été instruit par ses envoyés, et qu'il commençait de croire à sa mort au moment de son arrivée auprès de lui, à la fin de juin 1795.

Nous pourrions encore donner pour preuve du séjour du dauphin dans la Vendée l'allocution du pape Pie VI aux cardinaux indiquant « le jeune Louis-Charles de Normandie comme retiré dans le Bocage, et jouissant d'une parfaite santé ; » mais cette pièce importante, dont l'authenticité ne peut être révoquée en doute, étant citée ailleurs, nous croyons devoir la passer ici sous silence. Madame R. M. C., veuve en premières noces de M. J. L. P..., capitaine au régiment de la reine, infanterie, sous Louis XVI, et en secondes noces, de M. F... de B..., ancien garde-du-corps de LL. MM. Louis XVI, Louis XVIII et Charles X, a attesté pareillement, le 20 juin 1847, avoir vu S. A. R. le duc de Normandie, fils de Louis XVI, , d'abord à la cour, avant 89, puis à Beaupréau, après son enlèvement du Temple. Cette dame dont nous taisons le nom pour ne pas la compromettre, nous a affirmé et donné par écrit, qu'elle avait été témoin de la reconnaissance du jeune prince par les chefs vendéens, rassemblés dans ce but. M. l'abbé J. C..., chanoine, nous a également rapporté, le 16 janvier 1849, que « Mgr Soyer, évêque de Luçon, disait qu'il tenait de deux officiers supérieurs vendéens, que le captif du

Temple avait été amené à l'état-major, et qu'il n'en avait pas été question, parce qu'on redoutait une minorité. » Mais, nous dira-t-on, si le dauphin a été reconnu par des chefs vendéens, s'il a paru à l'état-major de Charette, si les troupes royales ont crié : *vive Louis XVII !!!* pourquoi les historiens n'en parlent-ils pas? Pourquoi cet enfant mystérieux disparaît-il tout-à-coup? Pourquoi Charette lui-même, qui s'était fait général au nom de la légitimité, proclame-t-il Louis XVIII? Pourquoi de tant de personnes qui ont pu voir le dauphin ou savoir son passage en Vendée, s'en trouvent-ils si peu qui l'attestent? Notre réponse sera facile et victorieuse, du moins nous le pensons.

Après les premiers mouvements d'enthousiasme, excités par la conservation miraculeuse et la présence du dauphin, les chefs vendéens, qui le reconnurent dans l'assemblée de Beaupréau et à l'armée de Charette, probablement en assez petit nombre, durent réfléchir au danger d'une manifestation trop éclatante et à leur position critique. L'histoire nous apprend qu'en 1794 ils se voyaient traqués de tous côtés, à la veille de traiter de leur soumission avec la République. Il y aurait donc eu folie de leur part à persister dans la résolution de publier que le roi se trouvait au milieu d'eux. C'était le désigner aux intrigues et aux poignards des conventionnels, attirer contre eux l'effort de toutes les armées républicaines, et se faire écraser avec lui. Les sauveurs du prince conseillèrent nécessairement d'éviter l'éclat. Aussi *l'enfant mystérieux* reprend-il presque aussitôt le plus strict *incognito*, et ce fut fort heureux ; car au commencement de 1795, les Vendéens, Charette et Stofflet étaient obligés de faire la paix, pendant laquelle le fils de Louis XVI sortit de France.

Quant aux cris de *Vive Louis XVII!* ils sont consignés dans les histoires du temps ; mais nous n'y attachons qu'une médiocre importance, parce qu'elle dépend entièrement de l'époque à laquelle ces acclamations furent proférées. A la mort de Louis XVI, en vertu du vieux principe : *Le roi est mort, vive le roi!* les royalistes durent crier : Vive Louis XVII ! rien d'étonnant. Mais après l'acte officiel du *décès* du prince *vivant*, acte unique, auquel pourtant est et fut attaché son salut, les raisons que nous rappellerons plus tard, à l'occasion du silence du prince de Condé, dictèrent la conduite de Charette et des autres chefs qui avaient repris les armes. Ces raisons sont : l'impossibilité d'une *minorité* dans ces temps difficiles où la République ne rencontrait pas d'hommes assez forts pour lutter d'énergie avec elle ; la crainte de diviser les royalistes, qu'on savait travaillés par les agents du comte de Provence ; le désir de soustraire à son ambition et à ses embûches la vie de son neveu. Elles étaient certes de nature à comprimer les sentiments de loyauté et d'amour de la légitimité de Charette. A l'exemple de Condé, il reconnut et proclama Louis XVIII.

Ne soyons donc plus étonnés du silence des chefs et du petit nombre des témoignages. Outre les causes que nous venons d'énumérer, il en est d'autres non moins puissantes : les principaux d'entre eux (et remarquez bien qu'eux seuls ou presque seuls pouvaient être dans la confidence) sont morts fusillés, assassinés. Le reste, muet sous la Restauration, n'a pas voulu déshonorer la royauté, son idole, en révélant ses hontes. Ils voient aujourd'hui la main de Dieu frapper les royautés soi-disant légitimes et leurs dignes alliées ; le secret échappe de leurs lèvres, les preuves de leurs doigts ; elles nous arrivent, elles abondent ; notre seul embarras consiste dans le choix des meilleures ou des plus frappantes, car les limites que nous nous sommes prescrites ne nous permettent pas de citer toutes celles que nous avons sous la main.

Mais retournons un instant dans la tour du Temple où les suppôts de la tyrannie retiennent encore deux victimes, dont l'une doit être bientôt immolée à la colère divine justement irritée contre la France dévorée par l'anarchie et souillée par tous les crimes. Depuis la mort de la reine, madame Elisabeth soupirait ardemment après le moment où elle irait rejoindre le roi-martyr dans la céleste Jérusalem. Tous les jours cet ange de la terre élevait des mains pures et suppliantes vers le ciel, pour en faire descendre la miséricorde et le pardon sur sa malheureuse et ingrate patrie. Cependant l'heure fixée pour le sacrifice de cette troisième victime, ce modèle des plus rares vertus, avait sonné. Le 9 mai 1794, des hommes à figure atroce se précipitent dans la chambre des princesses, et ordonnent à madame Elisabeth de les suivre. « Où la conduisez-vous, s'écrie madame Royale avec l'accent du désespoir ? je veux aller avec celle qui me tient lieu de mère; non, personne ne m'empêchera de la suivre; on me tuera, mais je ne la quitterai pas. » Alors la princesse (ô sublime effort d'amour !) tombe aux pieds de ceux qu'elle dédaignerait d'implorer pour elle-même, et la fille des rois, dans cette posture suppliante, ne peut émouvoir ces cœurs sans pitié ; succombant alors à l'effort qu'elle vient de faire, elle tombe évanouie : ces cannibales la remettent à la concierge et entraînent madame Elisabeth devant le tribunal révolutionnaire. Dans ces jours mauvais, accuser, juger et exécuter, était l'affaire d'un moment. A défaut de crimes dont il était impossible de charger cet ange de vertus, on lui reprocha d'avoir passé dans la société du roi la nuit orageuse du 9 au 10 août ; d'avoir disposé de ses diamants en faveur de ses autres frères, et mille futilités semblables qui prouvaient et son innocence et leur volonté de la faire mourir. Elle répondit toujours à ses accusateurs avec une sagesse et une modération qui auraient touché et désarmé des sauvages, mais qui ne purent rien opérer sur ces tigres altérés de sang humain. Enfin on la reconduisit dans son cachot, où, loin de s'aveugler sur le sort qui lui était réservé, elle ne s'occupa que du soin de préparer son âme à rentrer dans le sein de son créateur. Il n'existait plus alors à Paris aucun signe extérieur de religion ; malgré ses demandes réitérées, elle ne put obtenir l'assistance d'aucun prêtre, même assermenté. Privé de tout secours spirituel, madame Elisabeth puisa dans sa piété seule les consolations que lui refusait la barbarie de ses ennemis. Le lendemain, 10 mai, elle reparut, avec vingt-quatre autres personnes, devant le tribunal de sang; elle entendit son jugement et reçut son arrêt de mort avec la plus grande résignation et la plus parfaite tranquillité d'âme. Elle fut exécutée le même jour avec vingt-trois personnes, parmi lesquelles se trouvait madame de Senozan, sœur de M. de Malesherbes, qui était placée vis-à-vis d'elle sur la même charrette. Cette dame, presque octogénaire, faillit s'évanouir en passant devant l'église de Saint-Roch. *Madame de Senozan*, lui dit madame Elisabeth, *du courage, bientôt nous serons dans le sein de Dieu avec notre famille.* Par un raffinement de cruauté bien digne des monstres qui tenaient alors la France courbée sour leur sceptre de fer, madame Elisabeth eut la douleur de voir tomber successivement, avant la sienne, la tête de vingt-trois des plus zélés sujets de son frère ! Enfin ce supplice trop prolongé va se terminer; la princesse auguste monte à l'échafaud ; dans le court trajet qui la sépare de l'éternité, son fichu se dérange et tombe aux pieds du bourreau; tout entière encore au sentiment de la décence qui dirigea ses actions dans tout le cours de sa vie, elle se tourne vers celui qui va lui donner le coup de la mort, et d'une voix suppliante : « Au nom de la pudeur, lui dit-elle, couvrez-moi le sein. » Telles furent les dernières paroles de celle à qui la France, dans des temps plus heureux, eût élevé des autels; et elle cueillit avec calme et dignité la palme du martyre à l'âge de trente ans.

Madame Elisabeth mourut avec la consolation de connaître l'évasion du Temple de monseigneur le duc de Normandie. C'est M. Caron, municipal dévoué à la famille royale, qui avait appris à ces deux princesses de quelle manière cet enlèvement et cette substitution s'étaient effectués. Ce qui le prouve évidemment, c'est que madame Royale qui, depuis sa cruelle séparation d'avec madame Elisabeth, était traitée avec plus d'humanité, et avait même la permission de descendre chaque jour dans le jardin pour s'y promener, ne demanda jamais à voir le dauphin, quoiqu'elle passât chaque fois devant son appartement, et elle ne s'informa pas même de l'état de sa santé. Cette princesse, qui avait plus de quinze ans et demi à cette époque, aurait tenu une tout autre conduite, si elle n'avait pas été sûre que l'enfant qui habitait l'étage au-dessous d'elle n'était pas le dauphin son frère. D'ailleurs, la princesse qui l'a avoué plus tard, comme nous le verrons dans la suite de cette histoire, le dit formellement dans ses Mémoires manuscrits qu'une dame de la cour de Louis XVIII nous a communiqués, et que nous allons transcrire textuellement :

« Le 19 janvier 1794, nous entendîmes un grand bruit chez mon frère, ce qui nous fit conjecturer qu'il s'en allait du Temple, et nous en fûmes convaincues quand, regardant par le trou de la serrure, nous vîmes emporter des paquets : quelques jours après nous entendîmes ouvrir la porte et marcher dans la chambre ; toujours persuadées qu'il était parti, nous crûmes qu'on avait mis en bas quelques personnages considérables (étrangers ou français) ; mais *j'ai su* depuis que c'était Simon qui était parti (1). Forcé d'opter entre la place de municipal et celle de gardien de mon frère, il avait préféré la première place, et on avait eu la cruauté de laisser mon malheureux frère *seul*, barbarie qui n'a jamais eu d'exemple, d'abandonner ainsi un malheureux enfant de huit ans, déjà malade et de le tenir enfermé dans sa chambre sous clefs et verroux, sans autre secours qu'une malheureuse sonnette qu'il ne tirait jamais, tant il avait peur de ses nouveaux gardiens, et aimant mieux manquer de tout que de demander la moindre chose à ses persécuteurs. Il était dans un lit qu'on n'a pas remué pendant plus de six mois, et qu'il n'avait pas la force de faire ; les puces et les punaises le couvraient ; son linge et sa personne en étaient pleins ; on ne l'a pas changé de chemise ni de draps pendant plus d'un an ; ses ordures restaient aussi dans sa chambre, jamais personne ne les a emportées pendant tout ce temps ; sa fenêtre fer-

---

(1) La princesse ne dit pas : *Nous avons su*, quoiqu'elle restât jusqu'au 9 mai 1794 avec madame Elisabeth, qu'on exécuta le 10. Ceci est significatif et n'a besoin d'aucun commentaire. Elle *l'a su*, quand, gagnée par l'ambitieux et sceptique comte de Provence, Louis XVIII, elle a composé un roman pour faire périr l'infortuné duc de Normandie, son frère, dans la tour du Temple, d'où il était sorti le 19 janvier 1794.

mée au cadenas, avec des barreaux, n'était jamais ouverte, et l'on ne pouvait pas tenir dans sa chambre à cause de l'odeur infecte. De son naturel mon frère était négligent et paresseux, il aurait pu avoir un peu plus de soin de sa personne et se laver au moins, puisqu'on lui mettait une cruche d'eau; mais ce malheureux enfant mourait de peur, il ne demandait jamais rien, tant Simon et les autres le faisaient frémir (1); il passait la journée à ne rien faire, on ne lui donnait point de lumière; cet état faisait beaucoup de mal à son moral et à son physique; il n'est pas étonnant qu'il soit tombé dans un marasme si dangereux; le temps qu'il a été en bonne santé et qu'il a résisté à tant de cruautés, prouve sa bonne constitution. »

Nous avons cité l'alinéa intégralement, pour que nos lecteurs puissent mieux en apprécier le mérite, en apercevoir les inexactitudes et en découvrir les contradictions. Il est donc bien vrai que monseigneur le duc de Normandie est sorti du Temple le 19 janvier 1794, puisque madame Royale le dit formellement dans ses Mémoires; mais il est faux que Simon ait eu la liberté de choisir entre la place de municipal et celle de gardien du dauphin. La sanguinaire Convention, avertie que cet infortuné prince était traité avec moins de barbarie par son féroce gardien, fit signifier à celui-ci qu'il eût à résigner ses fonctions aux trois nouveaux commissaires qui rempliraient sans doute mieux leur mandat que lui. Il est aussi faux que l'enfant substitué au dauphin soit resté

---

(1) Simon ne pouvait plus le faire frémir, ni l'inquiéter en aucune manière, puisqu'il était parti, et qu'il porta sa tête sur l'échafaud pour le fait de l'*évasion* et de la *substitution* qu'on lui reprochait, le 9 thermidor, 27 juillet 1794. (*Voyez* l'abbé Papon, tome 6me, page 107.)

seul. Dès que les commissaires se furent aperçus que l'enfant confié à leur garde ne parlait pas, ils en prévinrent la Commune, qui fit examiner avec soin le nouveau prisonnier. Pour mieux s'assurer de la substitution; on manda au Temple une ancienne nourrice du dauphin, qui demeurait à Versailles. A son arrivée à Paris, cette nourrice se rendit chez une dame Bertrand, son amie, et lui fit part de l'ordre que lui avait intimé le Comité de salut public, et lui communiqua ses appréhensions, à cause des bienfaits qu'elle avait reçus de la malheureuse famille royale. Madame Bertrand l'engagea à se présenter, et lui recommanda de ne pas manquer de repasser chez elle, ajoutant que si on la retenait prisonnière, elle la ferait réclamer.

Conduite près de l'enfant détenu dans la tour du Temple, on lui demanda : « Nourrice, reconnais-tu ton élève? — Non, répondit-elle, mon élève avait les cheveux blonds, celui-là les a rouges; mon élève avait les yeux bleus, celui-là les a noirs. — Tu pourrais te tromper, nourrice : les cheveux changent, lui dit-on. — Oui, répondit-elle; mais les cheveux blonds ne deviennent pas rouges, et les yeux bleus ne deviennent pas noirs. — C'est bon, garde le secret sur ce qui vient de se passer, autrement ta vie en répondra. » De retour chez son amie, elle lui raconta en tremblant ce qui venait de lui arriver. Ce fait extraordinaire fut confié, le même jour, par madame Bertrand, à madame Ladrée, née Rousseau, qu'elle voyait très-souvent. Cette dernière dame, âgée de 80 ans, témoin vivant et jouissant de la plénitude de ses facultés ainsi que de l'estime de toutes les personnes qui la connaissent, a attesté la vérité de ce fait, le 12 février 1849; elle a déclaré aussi, et par pièce authentique :

« qu'elle avait connu le jeune dauphin avant son incarcération (elle en conserve un fort beau médaillon où le dauphin est représenté âgé d'environ 8 ans); qu'habitant en 93 et 94 en face du Temple, elle avait des nouvelles de la famille royale presque tous les jours; *qu'elle a vu entrer au Temple et en ressortir, en 1794, un cheval de carton, long au moins de 4 pieds et demi.* (Revue catholique, 15 février 1849, page 345.) Nous invitons nos lecteurs à bien peser la gravité de ce témoignage, dont nous garantissons l'authenticité et l'exactitude.

La substitution bien constatée et ne pouvant plus être niée, la Commune s'empressa de remplacer les commissaires chargés de la garde de l'enfant muet et scrofuleux, par un nommé Laurent, dont la princesse fait l'éloge dans ses Mémoires. Ce nouveau gardien, qui ignorait tout ce qui s'était passé relativement à l'auguste orphelin, traitait le nouveau prisonnier, qu'il croyait être le *royal enfant*, avec beaucoup de zèle, de soin et d'assiduité. Ces soins prodigués par Laurent, prolongeant trop les jours de l'enfant substitué, contrairement au gré et au désir du Comité de salut public, on lui donna pour successeur un certain Lasne, entièrement dévoué à la sanguinaire Convention(3). Ce dernier qui demeura dans la tour du Temple jusqu'à la mort du malheureux prisonnier, entra en fonctions dans le courant du mois d'août 1794, plus de six mois après l'enlèvement du Dauphin. Ainsi, il est donc bien évident que madame Royale avance des choses inexactes, quand elle dit, *avec intention sans doute:* « qu'on eut la cruauté de laisser son malheureux petit frère seul. » Que l'enfant *substitué*,

---

(3) Voir la note 3 à la fin de ce Livre.

muet et scrofuleux ait été négligé, oublié même par la Convention, moins bien soigné par son délégué qui avait reçu des instructions particulières, on le comprend facilement ; mais enfermé *seul sous clefs et verroux*, dans l'état où il était, c'est chose impossible. En disant que, plus tard, elle apprit que c'était Simon qui était parti, elle confirme et corrobore singulièrement le fait de l'enlèvement opéré précisément le jour du départ des Simon. Madame Royale nous assure dans sesdits Mémoires, que depuis la mort de madame Elisabeth jusqu'à son échange avec les cinq commissaires de la Convention, livrés aux Autrichiens en 1793, par Dumouriez, échange qui eut lieu vers la fin de l'année 1795, l'on eut des égards et des attentions pour elle, et qu'on la traita avec beaucoup de bienveillance et de bonté.

Cependant le comte de Frotté, l'un des généraux de l'armée royaliste, préparait, de concert avec Ojardias, pendant que l'on tenait le jeune prince étroitement caché, les moyens propres à faciliter sa sortie de France, et à le mettre enfin entre les mains du prince de Condé, qui, commençant à croire à sa mort, à cause de l'état maladif où il était lors de sa sortie du Temple, l'avait annoncée officiellement à sa petite armée, qui se couvrit de gloire à la prise du village de Berstheim, obstinément défendu par les républicains. Condé y entra le premier ; il fut suivi par le duc d'Enghien, son petit-fils, qui prit 18 canons. Après cette affaire, le prince de Condé, qui avait appris par les feuilles publiques, le décès, au Temple, du prétendu dauphin, crut à la mort du véritable, dont ses envoyés ne lui avaient donné aucune nouvelle depuis plus de quatre mois, et l'annonça à son armée en ces termes : « Messieurs, le roi Louis XVII est mort ; vive Louis XVIII ! »

Le comte de Frotté et Ojardias avaient compris toutes les difficultés que présentait la sortie de France du jeune prince, principalement dans un moment où les armées républicaines remportaient partout de grands avantages.

Un événement remarquable qui arriva vers le même temps, ne contribua pas peu à augmenter leurs craintes et à leur faire prendre plus de précautions encore. Depuis longtemps la Commune négligeait le prisonnier du Temple, malgré les réclamations du gardien Lasne, qui ne cessait d'annoncer la fin prochaine du prétendu dauphin, si on ne lui procurait incessamment les secours de la médecine. Le gouvernement comprit que, pour mieux jouer son rôle et parvenir plus facilement à tromper le public, qui commençait à murmurer hautement et à traiter de barbare la conduite qu'on tenait à l'égard de cette royale victime, il fallait agir ostensiblement comme si le véritable dauphin était encore leur prisonnier. En conséquence, le 13 prairial an III (17 mai 1795), le Comité de salut public, pour faire enfin droit aux réclamations multipliées de Lasne, chargé depuis neuf mois de la garde du faux dauphin qu'il n'avait jamais ni vu ni connu, se décida à déléguer le docteur Desault pour visiter *l'enfant Capet*, détenu au Temple, et rendre compte de l'état dans lequel il le trouverait.

Ainsi, c'est environ dix-huit mois après la sortie des Simon, qui furent remplacés successivement par des commissaires spéciaux choisis au sein de la Convention, auxquels succéda le gardien Laurent, qui fut remplacé lui-même, en août 1794, comme nous l'avons dit plus haut, par le nommé Lasne; que la Convention, avertie par de fréquents rapports, de la maladie de l'enfant détenu au Temple, harcelée presque continuellement par les gardiens et les municipaux, donna signe de vie, et ordonna la visite du jeune malade. Nous le demandons à toute personne raisonnable et sans prévention, la Convention aurait-elle agi avec tant de lenteur, si elle n'avait pas été certaine que l'enfant qui se trouvait au Temple n'était pas le fils de Louis XVI? D'ailleurs est-il croyable qu'on eût laissé un *enfant-roi* dans la malpropreté, sans soins d'aucune espèce, et dans un abandon si complet, qu'on ne s'occupât ni de sa santé, ni même de la manière dont il était traité et nourri? Il est impossible de fournir une preuve plus frappante de la crainte qu'avait la Convention, que l'on ne découvrît *que cet enfant n'était pas le fils de Louis XVI*, qui avait été enlevé auparavant, chose qu'elle avait tant d'intérêt à cacher.

Mais la divine providence qui veillait sur la destinée de l'auguste orphelin qu'elle veut faire régner un jour sur la France, permettra que toutes les précautions que prendra ce gouvernement révolutionnaire pour étouffer la voix de la victime qu'il veut immoler dans les ténèbres, tourneront contre lui et serviront à révéler de plus en plus son iniquité et sa honte. C'est précisément ce qui arriva dans cette circonstance, comme on va le voir. Le docteur Desault, *premier officier de santé de l'hospice de l'Humanité*, légalement envoyé par le Comité de sûreté générale, se transporta au Temple, visita l'enfant qu'on lui présenta, et s'apercevant immédiatement *que cet enfant n'était pas le fils de Louis XVI, qu'il connaissait parfaitement* pour l'avoir vu plusieurs fois à Meudon et ailleurs, il adressa aux gardiens diverses questions auxquelles ils ne purent ou ne voulurent pas répondre. Après plusieurs jours d'hésitation, de recherches, d'investigations et de démarches, Desault, homme consciencieux et sincèrement attaché à l'ancien ordre de choses, pour rendre hommage à la vérité, et sans doute aussi pour provoquer quelque explication de la part de la Convention qui l'avait délégué, fit et déposa son rapport dans lequel il déclara : « que l'enfant qu'il venait de visiter, d'après les ordres du Comité de sûreté générale, *n'était pas le dauphin* qu'il connaissait bien pour l'avoir vu dans différentes résidences royales, avant le 10 août 1792. »

Cette déclaration à laquelle ils étaient loin de s'attendre, car ils ignoraient que cet officier de santé, délégué par eux, eut jamais vu le duc de Normandie, fut un coup de foudre pour les Conventionnels les plus intéressés à ce que l'on crût à la présence au Temple du fils de Louis XVI, et à ce que le public, la France et l'Europe ignorassent l'évasion du dauphin. Dans la crainte que Desault, dont les questions et les investigations fatiguaient et alarmaient les comités, ne poussât plus loin ses recherches, et ne fit part de ses soupçons à des personnes qui pourraient les publier et donner ainsi l'éveil, ces bourreaux de la famille royale, ces tyrans de la France, prirent le parti de se débarrasser de ce docteur en recourant à leurs moyens ordinaires.

En conséquence, ils l'invitèrent à un dîner qu'ils lui offrirent aussitôt après le dépôt de son rapport qu'ils se gardèrent bien de publier *pour causes maintenant notoires*, et c'est au sortir de ce repas que Desault fut pris de vomissements violents à la suite desquels il cessa de vivre ; ce qui fit dire qu'il avait été empoisonné. Son infortunée veuve, convaincue que la mort violente et cruelle de son époux, arrivée le lendemain du trop funeste dîner offert par les Conventionnels, 1ᵉʳ juin 1795, était l'effet d'un crime calculé, disait publiquement à qui voulait l'entendre : « que son mari était mort empoisonné, aussitôt après le dépôt de son rapport, et au sortir du dîner qui lui avait été donné par les Conventionnels. » Ces monstres, que les propos tenus par la veuve Desault inquiétaient beaucoup et avec raison, à l'exemple de tous les lâches assassins passés et présents, pour qu'on ne s'aperçût de rien, et afin de détourner l'attention publique justement irritée et indignée de tant d'atrocités, firent annoncer par leur organe officiel, le *Moniteur*, ou pour parler plus exactement, le *Menteur universel*, que Desault n'était mort que le 16 prairial, an III (4 juin 1795), quoiqu'il fût de toute certitude qu'il était réellement décédé le 13 prairial, an III (1er juin 1795). Nous avons sous les yeux l'attestation légalisée de madame Thouvenin, nièce du malheureux Desault, la déclaration du docteur Abeille, son élève, le certificat de madame F.., qui a beaucoup connu madame Desault et sa famille. Ces différentes pièces que nous ne transcrivons pas pour éviter des longueurs et des répétitions, sont unanimes sur le fait de la *substitution* et de l'*empoisonnement* du docteur Desault, mort le 1er juin 1795, comme il conste d'après l'acte de décès délivré par la commune de Paris, le 31 août 1842. Ces divers certificats mentionnés ci-dessus portent, les deux premiers, la date du 5 mai 1845, et le troisième, celle du 21 février 1849 (Mémoires d'un contemporain, page 80 ; Revue catholique, page 346 ; M. de la Salette, page 5 ; brochure sur le fils de Louis XVI).

Voilà le premier anneau de cette longue chaîne d'attentats commis pour opprimer l'auguste orphelin du Temple. Désormais on pourra le suivre à la trace de sang répandu sur ses pas par ses bourreaux couronnés. Ambition ! que de crimes tu fais commetre à ceux qui sacrificnt sur les sacriléges autels !

Mais revenons aux libérateurs du dauphin. Les agents du prince de Condé, après avoir longuement cherché le mode qui offrait le plus de chance de succès pour faire sortir le *nouveau Moïse* de France et le remettre entre les mains de son premier libérateur, résolurent d'attirer toute l'attention du gouvernement sur un point éloigné de la route du Nord, que le comte de Frotté lui fit parcourir sans le moindre obstacle, dans le courant de juin 1795. Voici comment ils parvinrent à opérer cette diversion que la divine providence leur avait sans doute inspirée pour faire constater d'une manière officielle et rendre authentique l'enlèvement du dauphin de la tour du Temple et la substitution de l'enfant qui y mourut le 8 juin 1795.

Une fois leur plan bien arrêté, Ojardias retourna à Paris, ou il s'entendit avec un royaliste de sa connaissance, M. Morin de Guérivière, greffier du comité civil de la section de *Bonne-Nouvelle*. Celui-ci consentit à lui confier son fils, enfant d'une faible complexion, et à peu près de la même taille que le dauphin, sous le prétexte apparent de le conduire à la campagne du côté de Lyon, pour y rétablir sa santé. Le 7 juin 1795, l'émissaire du prince de Condé fit atteler de quatre chevaux une berline de voyage, et s'y plaça avec le jeune Morin, qui, sur son invitation, se tint debout devant l'une des portières pour être mieux vu des passants. La voiture traversa ainsi tout Paris avec quelque fracas, et prit la route de Lyon par le Bourbonnais. Ceci, joint à certains bruits qu'Ojardias avait eu soin de faire répandre, concernant le départ prochain du fils de Louis XVI, soi-disant caché à Paris depuis son évasion du Temple, alarma vivement l'autorité, qui fit expédier le lendemain, 8 juin 1795, des commissaires sur diverses routes, et notamment sur celle du Bourbonnais.

La Convention adressa le même jour au représentant Chazal, délégué dans les départements que semblait devoir parcourir Ojardias, une dépêche dans laquelle il était dit, entre autres choses : « *qu'un enfant avait été enlevé la veille, et comme tout portait à croire que c'était celui qui avait été détenu dans le Temple*, et que l'on dirigeait sur Lyon, après l'avoir tenu caché dans la capitale, on invitait ce représentant à donner les ordres les plus prompts et les plus précis, pour que l'enfant et son ravisseur fussent mis en état d'arrestation et immédiatement interrogés. » Cet ordre est clair et précis et n'a besoin d'aucun commentaire. Tout lecteur peut en tirer cette conséquence aussi logique que rigoureuse : donc la Convention connaissait parfaitement que l'enfant qu'elle faisait garder dans la tour du Temple n'était pas le dauphin ; donc elle en imposait au public, à la France, à l'Europe, au monde entier.

Mais voici quelque chose de plus fort et de plus convaincant encore : ce jour même où les Comités de salut public et de sûreté générale faisaient courir après cet enfant qui partait de la capitale, c'est-à-dire, le 8 juin 1795, mourait au Temple l'enfant qui avait été substitué au dauphin, et le lendemain 9, le député Sevestre annonçait officiellement à la Convention la mort du fils de défunt Louis Capet. Ainsi l'autorité faisait constater que le fils de Louis XVI était décédé à Paris, et *ce jour-là même* elle donnait des ordres pour qu'il fût arrêté dans sa fuite. Nous ne pouvons que nous écrier ici : O profondeur de la scélératesse du cœur humain ! O abime de contradictions où tombe l'homme qui a une fois abandonné la voie de la vérité et de la justice pour se livrer tout entier à la perversité de ses fougueuses passions ! Peut-on s'oublier jusqu'à ce point, se couvrir ainsi de honte et d'ignominie, et mentir si impudemment au public ? C'est le cas où jamais d'appliquer ici l'oracle de l'Esprit-Saint : *Mentita est iniquitas sibi* : L'iniquité a menti contre elle-même.

Revenons au jeune Morin de Guérivière. Parti de Paris le 7 juin 1795, il fut conduit dans la ville de Thiers et mis, par Ojardias, entre les mains d'un de ses amis, M. Barge-Béal, ancien seigneur, et l'un des plus riches propriétaires du pays ; puis, par mesure de prudence, l'émissaire du prince de Condé crut devoir s'éloigner dans le premier moment, pour laisser aux agents de la Convention le temps d'exécuter leur mandat. Les ordres de l'autorité ne tardèrent pas effectivement à arriver, et l'enfant fut mis en état d'arrestation dans la maison où il était; mais bientôt on sut par le jeune Morin son nom et sa famille, ce qui calma les esprits. Ojardias informé par M. Barge-Béal de tout ce qui s'était passé, jugea qu'il pouvait alors sans crainte se présenter aux autorités ; il se rendit donc auprès du représentant Chazal qui, satisfait de ses explications, écrivit au procureur-syndic de Thiers : « qu'Ojardias qu'il avait entendu, avait justifié de sa conduite, que le fait qui lui était imputé était faux; qu'en conséquence il l'autorisait à lever les ordres qui retenaient l'enfant dans la maison de Barge-Béal, ainsi que ceux qu'on aurait pu donner contre la liberté d'Ojardias. » (Mémoires d'un contemporain, page 58).

Comme on le voit, le fils de Louis XVI n'est pas mort au Temple : l'ordre envoyé à Chazal, les commissaires dirigés sur Lyon, et les autres actes subséquents en sont une preuve frappante. La Convention savait parfaitement que ce prince avait été enlevé, elle le cherchait partout, et la moindre circonstance renouvelait ses terreurs ; elle le voyait dans tous les enfants qui voyageaient ; et, pendant plusieurs années encore, une surveillance spéciale fut exercée sur tout ce qui sortait de France, lorsqu'il se trouvait quelque enfant parmi la caravane voyageuse (1).

Nous ne pouvons pas nous empêcher de reconnaître ici les voies secrètes et merveilleuses de la divine Providence toujours attentive à veiller à l'exécution de ses décrets, et à tout faire servir à leur accomplissement. Autrefois elle permit le massacre des Saints-Innocents qu'elle couronna dans le ciel, afin que leur voix enfantine jointe aux cris douloureux de leurs mères inconsolables, annonçât à tout l'univers, et la cruauté d'Hérode et la naissance du Messie. Aujourd'hui, elle inspire aux libérateurs du dauphin cet heureux et innocent stratagème, pour faire connaître l'enlèvement et la fuite de l'auguste orphelin du Temple, et pour démasquer l'inique fourberie des impudents et barbares Conventionnels à la face du ciel et de la terre. Que vos voies sont admirables, ô mon Dieu !

Si ces faits si péremptoires et si authentiques ne prou-

---

(1) Le 5 janvier 1849, M. J.-C., chanoine, déclare : « J'ai su qu'en 1795, à l'époque de la prétendue mort du jeune prisonnier du Temple, un ecclésiastique, qui est mort depuis chanoine d'Angers, revenait de Paris avec un jeune enfant dont il faisait l'éducation. Arrivé à Orléans, les voyageurs y couchèrent. Au milieu de la nuit, la justice arrive, entre dans l'appartement où reposaient le précepteur et son élève ; *on visite l'enfant avec soin, et on se retire : ce n'était pas celui qu'on cherchait.* » Voir l'*Inflexible*, n° 5, page 2.

vaient pas d'une manière victorieuse *l'enlèvement* et la *substitution*, nous pourrions ajouter le témoignage de cent personnes diverses prises dans les différents rangs de la société, dont plusieurs vivent encore aujourd'hui; le témoignage de madame Clairet qui, employée en 92 et 93, par le concierge en chef du Temple, Mathey, atteste *que le fils de Louis XVI n'y est pas mort;* celui de Lapierre, porte-clefs au Temple, qui déclara, dans le temps, à M. Baillot, *que le fils de Louis XVI avait été remplacé dans sa prison par un autre enfant;* celui de Pichegru, qui a affirmé que le duc de Normandie existait, et qui ne cachait pas l'intérêt qu'il lui portait; celui de madame la comtesse Adhémar, veuve de l'ambassadeur de ce nom, *qui a certifié sur son âme et conscience, être particulièrement sûre que sa majesté Louis XVII n'a point péri dans la prison du Temple;* celui de M. le baron F. Thierry, qui affirme *que le comte de Frotté,* à la famille duquel il était allié, *fût le principal instrument de l'évasion du dauphin et de sa fuite dans la Vendée;* celui de monseigneur de Pins, ancien administrateur du diocèse de Lyon, qui a déclaré *que le dauphin avait été sauvé du Temple, et qu'il était dans la Vendée en* 1794 *et* 1795*;* celui de M. de Curzay, qui *disait savoir que le dauphin n'est pas mort au Temple*, et qu'il avait acquis cette conviction de 1816 à 1817; celui de l'avocat du roi, qui portait la parole dans le procès de Mathurin Bruneau (un tel homme doit faire autorité), qui n'hésita pas à déclarer que, *quant à l'évasion du dauphin, les recherches qu'il avait faites lui avaient prouvé qu'elle était certaine;* celui du conventionnel Courtois, qui *assurait que le jeune roi n'était pas mort au Temple,* qu'il était réellement en fuite, que sa mort prétendue n'était qu'un mensonge, que c'était celle d'un substitué à sa place, et que des papiers qu'il avait en sa possession pourraient être un jour d'une grande utilité à un auguste personnage qui a été enlevé de prison ; celui du marquis de Rovère, membre de la Convention, « qui attestait la délivrance du fils de Louis XVI des verroux de la prison du Temple, et sa mise en lieu de sûreté hors l'atteinte de ses ennemis ; » celui du conventionnel Cambacérès, « qui convenait qu'on a trompé le public sur la mort du jeune Louis XVII et sur le lieu, quoiqu'il ne voulût jamais révéler ce qu'il savait sur ce point ; » celui de Marchant, membre du Comité de salut public, qui a souvent répété à sa fille Lucie, qu'il était intimement convaincu que le petit Capet n'était point décédé au Temple, que dans le cadavre qui lui avait été présenté lors de la rédaction du procès-verbal, il n'avait reconnu aucun des traits du jeune garçon qu'il connaissait parfaitement ; » celui du conventionnel Lanjuinais, qui a déclaré, lors du procès de Mathurin Bruneau, « qu'il savait parfaitement que le dauphin avait été sauvé du Temple, mais qu'on ne savait pas ce qu'il était devenu ; » celui de M. le comte de Croï, qui assurait à un respectable ecclésiastique, il y a quelques mois à peine, « qu'il avait une conviction profonde de l'existence du dauphin, et de la connaissance qu'en avait sa sœur ; » celui de M. le comte Auguste de Larochejacquelein, encore vivant, qui a attesté avoir parlé de ce prince à la duchesse d'Angoulême, sa sœur, qui lui avait déclaré, comme à la comtesse d'Estherazy, comme à M. l'abbé Tharin, comme à tant d'autres, « qu'elle savait parfaitement que son frère n'était pas mort au Temple, mais qu'elle ignorait ce qu'il était devenu depuis... » Celui de M. le duc de Montesquiou, pair de France, qui a dit à plusieurs personnes : « qu'il tient positivement de

Louis XVIII, la réalité de l'évasion de son neveu de la prison du Temple; » celui de Louis XVIII lui-même, qui n'a pas voulu faire comprendre son neveu Louis XVII dans la cérémonie expiatoire établie en l'honneur de la famille royale, parce qu'il savait qu'il n'était pas mort dans la tour du Temple. » Nous tenons cette dernière preuve par écrit d'une dame de la cour de Louis XVIII. Cette dame qui est vivante ne veut pas qu'on la nomme par égard pour madame la duchesse d'Angoulème.

Voilà des témoignages bien positifs, que nous défions qui que ce soit de contredire et de détruire. Comme nous désirons ardemment d'entraîner la conviction des plus incrédules, pour le bonheur de notre chère patrie et pour la consolation de la plus auguste, de la plus grande, de la plus longue et de la plus inouïe des infortunes qui aient paru sur le terre depuis que le soleil nous éclaire, nous allons passer à un autre genre de preuves, qui trouve naturellement ici sa place. C'est, en premier lieu, le rapport des médecins Dumangin et Pelletan, qui avaient été désignés par la Convention pour remplacer le docteur Desault qui avait vainement essayé de faire parler l'enfant. Les deux nouveaux docteurs cherchèrent aussi à lui adresser quelques questions; mais ayant été prévenus par le gardien et les municipaux *qu'il ne disait pas un mot*, ils s'abstinrent de l'interroger plus longtemps, et se contentèrent de prescrire la continuation du traitement ordonné par Desault.

En second lieu, délégués avec deux autres docteurs, Lassus et Jeanroy, pour procéder à l'ouverture du corps *du fils de défunt Louis Capet*, ces quatre médecins s'expriment ainsi : « Parvenus au second étage, dans la seconde pièce d'un appartement, nous avons trouvé dans un lit le corps mort d'un enfant qui nous a paru âgé d'environ dix ans, *que les commissaires nous ont dit être celui du fils de défunt Louis Capet, et que deux d'entre nous ont reconnu pour être l'enfant auquel ils donnaient des soins depuis quelques jours;* les susdits commissaires nous ont déclaré que cet enfant était mort la veille, vers trois heures de relevée, sur quoi nous avons cherché à vérifier les signes de la mort. » Ces quatre docteurs, après avoir analysé tout le corps et indiqué les différents symptômes de maladie dont chaque partie était atteinte, terminent ainsi leur procès-verbal : « Tous les désordres dont nous venons de donner le détail, sont évidemment l'effet d'un vice scrofuleux existant *depuis longtemps*, et auquel on doit attribuer la mort de l'enfant. »

Or il est de notoriété publique qu'aucun membre de la famille royale n'était atteint de cette terrible maladie, qui est ordinairement héréditaire comme vice du sang. Cet enfant n'était donc pas le dauphin ; aussi les docteurs Pelletan, Dumangin, Lassus et Jeanroy, dont la délégation portait que l'enfant dont ils allaient faire l'ouverture *était le fils de défunt Louis Capet*, ne voulurent pas cependant attester ce fait dans le procès-verbal d'autopsie ; mais ils se contentèrent de déclarer qu'ils avaient trouvé dans un lit le corps d'un enfant *que les commissaires leur dirent être le fils de défunt Louis Capet.* Ces médecins étaient bien sûrs du contraire, mais la crainte d'éprouver le sort du docteur Desault leur fermait la bouche, et leur fit tenir la vérité captive. Au fur et à mesure que nous approchons du temps où le ciel, réconcilié avec la terre, et surtout avec notre belle France, veut manifester au monde étonné, et nous donner dans sa grande miséricorde, pour nous délivrer des maux qui nous accablent depuis si longtemps, et nous retirer de l'abîme où nos prévarications nous ont précipités, le nouveau libérateur existant dans la personne de l'auguste orphelin du Temple, l'aimable Providence multipliera les preuves de son existence et fera briller le soleil de la vérité dans tout son éclat.

C'est pour cela qu'elle a permis que l'on ait découvert, vers la fin de 1846, le squelette de l'enfant mort au Temple le 8 juin 1795, qu'on n'avait jamais pu trouver jusqu'à ce moment, malgré les fouilles multipliées qu'on avait faites. Les sommités médicales de Paris, après l'avoir examiné avec soin, et comparé le résultat de leur examen avec le procès-verbal d'autopsie des quatre médecins qui seront nommés plus tard, ont reconnu et avoué que le sujet *a vécu 15 ans, et qu'il avait les cheveux rouges;* tandis qu'en juin 1795, le dauphin, qui avait les cheveux blonds, ne pouvait avoir que 10 ans et deux mois. C'est sous la même inspiration que madame Pécourié, qui est pleine de vie et de santé, a certifié, dans le mois de février 1849, qu'elle avait assisté, en 1821 ou 1822, à une conversation tenue par M. le baron de Tardif, chez madame de Bussenne, où elle était en visite. M. le baron disait à cette dernière dame: « *qu'il arrivait de Milan, qu'il y avait vu le prince, fils de Louis XVI; que c'était lui qui avait fourni l'enfant qui lui avait été substitué le 19 janvier 1794; que son fils, plus âgé que le dauphin, mais à peu près de la même taille, avait les cheveux rouges et les yeux noirs, et qu'il était muet et atteint d'une maladie incurable.* »

A ces témoignages resplendissants de lumière et écrasants par le poids de leur autorité, qu'oppose-t-on? un acte public qui déclare que le personnage est mort en prison le 8 juin 1795. Mais outre l'irrégularité des formes, cet acte, fait sous une administration justement suspecte, à raison des crimes commis contre la famille royale et contre la nation, dressé le 12 juin seulement, quatre jours après le décès, sur la déclaration du gardien Lasne, vendu à la Convention, et d'un certain Rémi Bigot, qu'on n'a jamais ni vu ni connu, est de plus contredit par les recherches que fit faire le Comité de sûreté générale, pour trouver l'enfant évadé du Temple ; par le décret que la Convention rendit, six jours après le décès de l'enfant, par lequel elle ordonnait l'arrestation, sur toutes les routes de France, de l'enfant évadé du Temple ; et par le rapport du docteur Desault, qui déclare n'avoir pas reconnu dans l'enfant qu'on lui présenta quelques jours avant le décès, le dauphin qu'il connaissait bien. D'ailleurs nous n'avons pas seulement établi l'évasion du prisonnier du Temple, nous avons prouvé aussi la substitution d'un autre enfant à sa place. De la sorte tout s'explique, et l'acte de décès, irrégulier quant à la forme, frauduleux et mensonger au fond, ne sert qu'à faire connaître l'iniquité de la Convention, qui trompait le public ; mais ne diminue en rien la force et la bonté de nos preuves. Concluons donc encore une fois, et disons que l'enfant mort dans la tour du Temple n'était point monseigneur le duc de Normandie, fils du martyr Louis XVI.

Tandis que toute l'attention du Gouvernement était dirigée du côté de Thiers, où le jeune Morin de Guérivière venait d'être conduit par Ojardias, tandis que la Convention, par un décret du 14 juin 1795, six jours après la mort de l'enfant qui était renfermé dans le Temple depuis le 19 janvier 1794, jour de l'enlèvement du dauphin, comme on l'a vu plus haut, ordonnait de poursuivre sur toutes les routes de France le *fils de Capet*, le jeune prince traversait sans obstacle tout le nord de la France, avec le comte de Frotté, et atteignait heureusement la frontière qu'il franchit sans le moindre danger. Ce gentilhomme le conduisit d'abord en Belgique, et, peu de jours après, vers la fin de juin, il le remit plein de vie et de santé entre les mains du prince de Condé, alors à Steinstadt. Le prince reçut le dauphin comme une victime échappée à la mort, et lui témoigna toute la tendresse d'un bon père. Il fut d'autant plus heureux de le revoir que, depuis plusieurs mois, il n'avait pas eu de ses nouvelles pour les raisons que nous avons données plus haut, ce qui lui faisait craindre qu'il ne fût mort. Cette crainte se changeait quasi en certitude aux yeux du prince de Condé, qui connaissait l'état maladif du jeune dauphin, et la triste position où il se trouvait à sa sortie du Temple. Ce fut sous cette inspiration et dans cette persuasion, et plusieurs jours avant l'arrivée du prince à Steinstadt, que le prince de Condé fit à son armée la proclamation du 16 juin 1795, et non pas du 4 juillet, comme l'ont dit plusieurs historiens qui ont servilement copié les journaux révolutionnaires de l'époque. Le prince de Condé, qui connaissait par ses émissaires, toutes les recherches et les démarches de la Convention, et par suite les grands dangers que courait le jeune dauphin, avait encore un autre motif pour faire cette proclamation, que les partisans de la Restauration n'ont pas craint de mettre en avant pour détruire, ou du moins pour affaiblir les preuves et la certitude de l'enlèvement du dauphin de la tour du Temple : ce motif, c'est-à-dire, l'intérêt de la conservation du fils du martyr Louis XVI, était bien plus que suffisant pour engager ce vieux et fidèle serviteur de la monarchie, à faire une démarche ostensible, à l'effet d'assurer la sécurité du prince dont nous esquissons la vie et racontons les infortunes.

Le bruit de l'arrivée du dauphin auprès du prince de Condé se répandit aussitôt dans l'armée, malgré les précautions prises pour la tenir cachée ; aussi plusieurs officiers qui en faisaient partie en ont-ils parlé depuis : nous citerons entre autres, 1° M. le général comte de Foucault qui, le 2 décembre 1842, déclarait qu'à l'époque de 1795, faisant alors partie de l'armée du prince de Condé, le bruit se répandit subitement dans son cantonnement que le dauphin, sauvé avec habileté du Temple, venait d'arriver auprès du prince de Condé ; mais qu'étant éloigné du quartier-général, il n'avait pu s'assurer par lui-même si ce bruit avait *quelque fondement*; 2° M. le chevalier de Saint-Louis Des Fontaines, capitaine dans l'armée de Condé, *qui a asssuré avoir vu en Allemagne, dans les rangs de l'armée, le fils de Louis XVI*; comme le certifie M. l'abbé Coindre, supérieur de la Providence à Fourvières (Lyon), en date du 2 février 1849; 3° M. d'Arzac, électeur du département du Rhône, vieillard respectable encore vivant, qui a déclaré, le 13 septembre 1842, qu'il avait toujours conservé la certitude de l'existence du *fils de Louis XVI, monseigneur le duc de Normandie ;* qu'il l'affirma en face des contradictions des émigrés qui l'entouraient à Lyon, en 1795., et qui le pressaient d'en porter le deuil ; qu'il a parfaitement reconnu dans la personne de M. le baron de Richemont, qu'il vit pour la première fois en 1832, le prince Louis-Charles, duc de Normandie, pour lequel il n'a cessé de faire des vœux, à compter de l'époque si reculée du camp de Famars, qui tout entier cria : *Vive Louis XVII!* dans sa retraite des murs de Valenciennes. Aussi, ce bon vieillard ajoute qu'il ne fut point surpris, lors de l'invasion qui a renversé Bonaparte, d'entendre les Autrichiens logés dans nos maisons, nous dire et nous demander pourquoi nous parlions de Louis XVIII et non de Louis XVII; et que, pendant le règne de Louis XVIII, il attribuait à la non présence ou à la répulsion de Louis XVII, les difficultés qui sourcillaient de toutes parts. Le grand événement de la chute de Charles X, dit-il encore, ne lui a pas autrement apparu que la conséquence inévitable de la même cause. Et nous, avec plus de raison et plus de certitude, nous en dirons autant de la chute honteuse de Louis-Philippe.

Une fois chargé des destinées du dauphin, dont les éminentes qualités donnaient tant et de si belles espérances aux cœurs à sentiments généreux et vraiment français, le prince de Condé dût songer sérieusement à le garantir des piéges qu'on ne manquerait pas de lui tendre pour le faire retomber entre les mains des tyrans et des ennemis de la France. On connaissait le décret de la Convention, que nous avons déjà cité, lequel ordonnait de poursuivre le fils de *Capet* sur toutes les routes de France. Il fallait donc user de la plus grande circonspection et employer tous les moyens suggérés par une prudence sage et éclairée, pour assurer la vie, l'éducation et l'avenir de l'auguste orphelin du Temple. Quoique la révolution du 9 thermidor (27 juillet 1794) eût délivré la France de la cruelle faction des Jacobins, en faisant périr sur l'échafaud et par la main du bourreau, Robespierre son chef, et ses principaux complices, Couthon, Saint-Just, Henriot, etc...., la sanguinaire Convention n'en poursuivait pas moins son plan de persécution contre les amis de l'ordre et de la légitimité. Les violences qu'elle exerça, tant par elle-même que par ses délégués, contre les gens de bien et les citoyens honnêtes et paisibles, firent en quelque sorte regretter la domination des tyrans qu'elle venait de renverser. Cette Assemblée, à jamais mémorable par les crimes, les forfaits et les attentats inouïs commis dans son sein ou par ses ordres, par la nouvelle constitution qu'elle présenta, et par les milliers de décrets contradictoires, absurdes et iniques qu'elle porta, termina son existence par un coup de tonnerre dont Barras, son chef, chargea Bonaparte, officier d'artillerie célèbre depuis le siége et la prise de Toulon, due à son habileté et à son génie militaire. La Convention voulant perpétuer sa domination tyrannique dans le Directoire qui allait la remplacer, aux termes de la nouvelle Constitution acceptée sans réclamation, décréta que les deux tiers de ses membres entreraient de droit dans le Corps législatif, qui devait être divisé en deux Conseils, celui des *Cinq-Cents*, et celui des *Anciens*, qui confirmerait ou rejetterait les projets de lois. Le pouvoir exécutif était confié à un *Directoire* composé de cinq membres.

A cette nouvelle, de tous les coins de la France on s'éleva contre une disposition qui mettait cette odieuse Assemblée en droit de se survivre à elle-même. A Paris surtout le mécontentement éclata. Sur 48 sections, 46 résolurent de résister à l'oppression : dans les principes révolutionnaires tel était le droit, ou plutôt le *plus saint* des devoirs du peuple : les résultats n'en furent pas heureux pour lui. Le jeune Bonaparte, chargé du commandement de l'artillerie conventionnelle, foudroya les parisiens et en fit une boucherie horrible. Les sections furent désarmées, et ceux des chefs qui ne purent se soustraire par la fuite, payèrent leur défaite de la mort. Aussitôt le Directoire fut installé, les deux Conseils s'ouvrirent, et la Convention triomphante y introduisit les deux tiers de ses membres, le 5 brumaire an IV (27 octobre 1795). Pour récompenser le jeune officier d'artillerie du service signalé qu'il venait de rendre, Barras, son protecteur, le fit nommer bientôt après général en chef de l'armé d'Italie, où les entreprises les plus audacieuses, les succès les plus éclatants et les conquêtes les plus rapides signalèrent ce foudre de guerre, dont la Providence voulait se servir pour punir les puissances de l'Europe, et surtout l'Autriche, de l'espèce de connivence secrète qu'elles avaient prise aux attentats révolutionnaires contre l'autorité royale.

Les nouveaux excès du Directoire, son animosité contre les émigrés et les prêtres, les cruautés commises dans les départements par ses agents, les Jacobins réintégrés et protégés dans leurs persécutions atroces contre les citoyens honnêtes et vertueux, la Vendée vaincue, brûlée et saccagée, n'étaient pas propres à rassurer le prince de Condé sur le sort du dépôt sacré qui lui était confié. Ce vieux et fidèle soutien de la monarchie embrassa, d'un coup d'œil rapide, mais sûr, toutes les difficultés, tous les périls, tous les embarras de la nouvelle position dans laquelle venait de le placer l'arrivée de monseigneur le duc de Normandie auprès de lui. Dans cette circonstance aussi délicate que périlleuse, ne voulant rien prendre sous sa responsabilité personnelle, le prince de Condé crut devoir s'entourer des personnes qui pouvaient l'aider de leurs lumières, de leur expérience et de leurs conseils. Il appela donc auprès de lui les ducs de Bourbon et d'Enghien, le comte de Viomesnil, le comte de Peccadeuc et le chevalier de Ligneville. Dans ce conseil, on délibéra d'abord s'il était opportun de faire connaître officiellement à l'Europe l'enlèvement du dauphin de la tour du Temple, ou de le tenir secret. Il fut décidé unanimement, en présence de l'auguste et intéressant orphelin, dont la discrétion, l'intelligence et la rare beauté faisaient l'admiration de tout le monde, qu'on ne le publierait qu'en cas d'absolue nécessité ; qu'avant tout, il était important de dérober sa trace à ses persécuteurs, dont on devait redouter pour lui les tentatives, en quelque lieu qu'ils parvinssent à le découvrir; qu'en conséquence, il fallait paraître ajouter foi à la nouvelle prétendue de sa mort, dont le *Moniteur français* du 23 prairial an III (11 juin 1795), donnait les détails. Néanmoins, on ne crut pas devoir se dispenser d'en prévenir secrètement les souverains de l'Europe.

Ce premier point arrêté, la question de savoir ce que l'on ferait du prince fut ensuite l'objet d'une longue délibération. On convint qu'il y avait danger réel, inévitable, à le remettre entre les mains du comte de Provence, chef actuel de la maison de Bourbon, ou à un des rois de l'Europe, sans en excepter l'empereur d'Autriche, son parent maternel. Aucun des membres du Conseil n'ignorait la conduite des frères de Louis XVI, surtout celle de *Monsieur ;* ses intrigues, son ambition, sa soif de régner, n'étaient un mystère pour personne ; on connaissait les rapports secrets qu'il avait eus avec Philippe Égalité, Robespierre et autres révolutionnaires. On savait aussi qu'il avait été le principal moteur de la conspiration du marquis de Favras, dans laquelle avaient trempé plusieurs gentilshommes de sa maison, et que d'un seul mot il pouvait arracher à la mort ; mais il l'abandonna lâchement ; et le malheureux marquis, victime du machiavélisme du trop fameux Talon qui l'engagea à garder le silence, fut exécuté le 19 février 1790. Ce fait historique explique la faveur dont les enfants de ce Talon ont joui sous le règne de Louis XVIII. Pouvait-on, devait-on, pour tout dire, en un mot, confier le dauphin à celui qui avait voulu tirer un coup de fusil à Louis XVI, ainsi qu'il l'avoua à Martin (*voyez* l'ouvrage de Bricon); à celui qui, possesseur d'une déclaration du roi, son frère, qui lui déléguait l'autorité, dans des circonstances déterminées, s'en servit contre la volonté de son roi, pour mettre cet infortuné monarque en interdit et au ban des souverains de l'Europe ? A celui qui, en 1793, pendant que le sang de son infortuné frère et roi fumait encore, osait écrire à Robespierre, avec lequel il correspondait, sous le nom de M. de *Lille*, ces mots horribles : « Vous avez, il est vrai, détruit le soliveau ; mais il reste encore beaucoup à faire, et tant que le bâtard existera, il n'y aura rien de fait... » Honte, honte à jamais au calomniateur infâme de la vertu persécutée et de la fidélité outragée ! Cette lettre, bien connue aujourd'hui, explique la *pension* de six mille francs que Louis XVIII faisait à la sœur de Robespierre, l'assassin de Louis XVI, de la reine, son épouse, de la vertueuse Elisabeth, sœur du roi, *pension* qui fut continuée sous Charles X ; tandis que les bons et fidèles serviteurs et sujets du saint roi martyr, Louis XVI, étaient laissés dans l'oubli, l'indigence et le besoin. On ne s'étonnera pas, après tous ces faits et bien d'autres qu'on passe sous silence, par égard pour une royale famille, du parti qui fut pris de cacher l'évasion du dauphin, son arrivée auprès du prince de

Condé, et ce qu'on voulait faire de lui, à un parent de ce caractère : il eût été par trop imprudent d'agir autrement.

D'un autre côté, tout en prévenant les potentats de l'Europe de ce qui s'était passé, il n'était pas moins dangereux de remettre le dauphin entre les mains de l'un des souverains étrangers ; leur conduite et leurs intentions contre les vrais intérêts de la France, n'avaient pu échapper à la pénétration des hommes clairvoyants. Les conférences que les émissaires des rois ligués contre notre beau pays avaient eues avec plusieurs français émigrés, ayant mis à nu leur dessein de démembrer la France et de se la partager, il était à craindre qu'ils ne se servissent du fils de Louis XVI comme d'un prétexte, pour faire d'abord une guerre à outrance à sa patrie, puis d'un instrument pour arriver à leurs fins iniques et ambitieuses, sauf à le sacrifier ensuite en cas de résistance ou de revers. Si l'intention des puissances avait été de rétablir Louis XVI sur le trône, lors de leur première coalition contre la France, pourquoi refusèrent-elles aux émigrés l'artillerie qu'ils demandaient, en répondant du succès si on leur permettait de faire eux-mêmes le siége de Thionville ? Pourquoi, pendant toute la campagne, les retint-on sur les derrières, et les condamna-t-on à une inaction honteuse et mortifiante ? Pourquoi le duc de Brunswick ne profita-t-il pas de la terreur que son invasion dans la Champagne avait répandue, pour pénétrer jusqu'à Châlons, où il aurait trouvé des approvisionnements, et peu de résistance de la part de nos troupes, que l'inexpérience et l'indiscipline auraient livrées à la valeur des siennes ? Toutes ces raisons prouvent la sagesse de la résolution prise par le Conseil de ne pas confier le royal orphelin à l'un des souverains de l'Europe.

Mais, dit-on encore, l'empereur d'Autriche, son parent maternel, était là, et il avait six cent mille hommes sous les armes pour le faire proclamer roi de France. Ceux qui tiennent aujourd'hui un pareil langage, ignorent donc que l'Autriche pouvant échanger quatre Conventionnels et un ministre contre quatre membres de la famille royale de France, répondit officiellement : « La reine et la famille royale sauront mourir, et nous saurons les venger! » et qu'elle les échangea ensuite contre la seule duchesse d'Angoulême. Ils ignorent donc que les Autrichiens, en entrant en France, prirent possession, au nom de l'empereur, des villes dont ils s'emparèrent. Ils ne savent donc pas que cet abus de la force révolta, sans exception, tous les Français déjà fortement prévenus contre l'ambition du cabinet de Vienne, et engagea les autres puissances à se retirer de la coalition, ou à ne pas y entrer, pour ne pas contribuer à l'agrandissement d'une maison qu'elles regardaient comme leur ennemie.

Si l'Autriche avait six cent mille hommes sous les armes en faveur de l'orphelin royal, pourquoi plus tard son gouvernement l'a-t-il retenu arbitrairement, et sans le juger, pendant plus de sept ans dans les prisons de Milan? Comme on le voit, c'est à cause de l'ignorance des faits, qu'on cherche à révoquer en doute la conduite pleine de prudence que tint dans cette circonstance importante et critique, le prince de Condé à l'égard de monseigneur le duc de Normandie. On comprend aussi que ce prince ne pouvait garder ce précieux et sacré dépôt auprès de lui, et devait, en l'éloignant, éviter les questions qu'on ne pourrait manquer de lui adresser, en voyant à ses côtés un enfant de dix ans dont on ne connaîtrait point l'origine. Le bruit de l'évasion du Temple s'étant d'ailleurs répandu, était déjà parvenu aux oreilles des personnes que voyait le prince de Condé, et chacun avait les regards fixés sur ceux qui, par leur position ou leurs liens de famille, pouvaient être soupçonnés de prendre intérêt à l'auguste orphelin.

Le résultat de toutes ces considérations fut que, pour mettre le dauphin à l'abri de tout danger, il fallait le condamner à vivre pendant un temps dans l'obscurité la plus profonde. Quant au lieu de sa résidence, le conseil fut d'avis qu'il serait plus en sûreté dans les rangs de l'armée française que partout ailleurs, et toutes les voix se réunirent pour exprimer le vœu qu'il fût confié au général Kléber, dont on connaissait la noblesse de caractère, la haute capacité et la probité à toute épreuve. Connaissant parfaitement l'art militaire, ce général très-versé dans les sciences et les lettres qu'il cultivait avec succès dans ses moments de loisir, réunissait, à un degré supérieur, toutes les qualités nécessaires pour communiquer au dauphin ses connaissances variées, lui donner une éducation noble, généreuse et libérale, et lui enseigner, tant par son exemple que par ses leçons, les choses qui font les grands capitaines, les hommes d'état habiles et les rois puissants, bons et magnanimes.

Ce projet une fois arrêté, un émissaire fut expédié au général qui se trouvait au milieu de son armée. Jusqu'à l'issue de cette négociation, le dauphin fut placé sous la surveillance spéciale du comte de Viomesnil, qui le faisait passer pour son neveu et consacrait à son instruction tout le temps dont il pouvait disposer. Le retour de l'envoyé ayant fait connaître que Kléber acceptait ce qu'on lui proposait relativement au jeune prince, on n'attendit plus que le moment favorable pour le conduire auprès de lui. Pendant ce temps, le prince de Condé, providence visible du dauphin, voulant le prémunir contre les chances incertaines de l'avenir, rédigea un écrit dans lequel il détailla toutes les circonstances de sa naissance, de son emprisonnement, de son enlèvement, de sa résidence dans la Vendée, de son arrivée en Allemagne, de son séjour auprès de lui, des raisons qui l'engageaient à le condamner à une obscurité momentanée, et enfin à le confier à Kléber plutôt qu'à ses parents ou à l'un des monarques de l'Europe. Ce fut aussi à cette époque qu'il fit connaître aux différents souverains l'évasion du royal orphelin de la tour du Temple, et la substitution d'un autre enfant à sa place. Il paraît même que, dans sa notification confidentielle le prince de Condé indiqua la Vendée comme le lieu de résidence du dauphin après sa sortie du Temple. L'écrit extraordinaire qu'on va lire le suppose évidemment.

Nous avons trouvé (dit l'ambassadeur de Rome à Louis XVIII) dans nos archives *restituées par la France* (4) un papier fort essentiel, une allocution du grand pape Pie VI, mort à Valence. Cette allocution adressée au sacré collège, trois jours avant l'enlèvement sacrilège de Pie VI, *indique le jeune Louis-Charles duc de Normandie comme retiré dans le Bocage, et l'y représente comme jouissant alors d'une parfaite santé.* — « Où est cette allocution, monsieur, s'écria le roi ? — La voilà, sire, dit l'envoyé d'Italie ; elle est signée du feu pape, et revêtue du sceau de l'Etat. — Ce n'est là qu'une expédition, observa le prince ; je n'ajoute foi qu'aux originaux. — Les archives des souverains, reprit l'ambassadeur, ne se déplacent que

---

(4) Voir la note 4 à la fin du deuxième Livre.

par violence, les nôtres ont beaucoup trop voyagé. — J'enverrai donc quelqu'un sur les lieux, reprit le monarque?... Mais c'est une mauvaise difficulté qu'on me fait à Rome. Le Comité de salut public n'oublia certainement point de tuer mon neveu de Normandie ; il est bien défunt et je le prouverai. » De là, ajoute M. Lafont d'Aussonne, auteur des lettres anecdotiques où se trouve cet écrit, le procès du faux dauphin, Mathurin Bruneau, qui se plaida à Rouen, par voie de rocambole.

Le nouveau fait qui dissipe de plus en plus les ténèbres de la nuit obscure dans laquelle on a voulu envelopper l'existence du fils infortuné du roi martyr, prouve la sagesse et la prudence de la décision du conseil réuni par le prince de Condé pour prononcer sur la destinée du dauphin, et confirme d'une manière toute particulière les raisons que nous avons données du mauvais vouloir des souverains de l'Europe relativement à la famille royale de France qu'ils abandonnèrent lâchement à son sort, et à l'auguste orphelin dont ils connaissaient parfaitement l'évasion du Temple, et qu'ils sacrifièrent plus tard à une inique politique dont le Ciel a fait justice lui-même. *Et nunc, reges, intelligite ; erudimini qui judicatis terram :* Vous donc maintenant, ô rois, ouvrez votre cœur à l'intelligence, instruisez-vous, vous qui jugez la terre (Ps. 2, v. 10.)

De son côté, le comte de Viomesnil continuait et dirigeait avec zèle l'éducation du jeune prince qui faisait des progrès rapides dans les diverses sciences auxquelles on l'appliquait.

Vers la fin de l'année 1796, le prince de Condé, en vertu de la décision qui avait été prise, fit conduire le dauphin le plus secrètement possible dans les environs de

Mayence par le comte de Viomesnil, qui le remit à un des aides de camp de Kléber, M. Auguste de Damas ; cet officier introduisit l'auguste orphelin dans le camp français, où il eut occasion de voir les braves dont le nom a si souvent retenti en Europe et ailleurs, et qui étaient déjà la terreur des potentats. On eut dit dès-lors que ces intrépides guerriers avaient connaissance de la mission que le Dieu des armées allait leur confier, tant ils montraient de courage, de bravoure et d'intrépidité ! C'est à l'armée de Kléber que le dauphin connut M. Bossu, devenu depuis officier supérieur, et mis en retraite plus tard. Le capitaine Damas le conduisit ensuite dans le Haut-Rhin, près de Colmar, où il fut confié à une personne sûre et fidèle jusqu'au moment où Kléber, mis récemment en disponibilité, vint le rejoindre.

Aussitôt après son arrivée, ce général dit au jeune prince : « Monseigneur, en me chargeant de votre éducation et de votre avenir, j'ai assumé sur ma tête une grande responsabilité ; mais rien ne me coûtera, je n'épargnerai ni soins ni sacrifices pour répondre, autant que peuvent me le permettre et la faiblesse de mes talents et la médiocrité de ma fortune, à la confiance de votre illustre libérateur. Personne plus que moi n'a déploré les excès et les crimes de la Convention qui a fait tomber sous les coups de son horrible tyrannie, vos infortunés et illustres parents, plus grands encore dans les fers, que lorsqu'ils occupaient si dignement le plus beau trône de l'univers. Puisque la divine Providence vous a sauvé d'une manière si merveilleuse, j'ai l'espérance, monseigneur, qu'elle vous réserve des jours plus heureux, et que, dans un avenir peut-être peu éloigné de nous, elle vous rendra le sceptre et la couronne de vos pères, plus illustres et plus recommandables par les vertus qu'ils ont pratiquées et par les bienfaits qu'ils ont répandus, que par l'antiquité et la célébrité de leur nom. Votre infortuné père était le plus sage et le plus vertueux des hommes ; il aimait la vérité et estimait ceux qui la lui disaient ; mais il manquait un peu de cette fermeté et de cette énergie qui sont si nécessaires dans les temps difficiles et les moments critiques. Il avait le cœur trop bon, et il ne croyait pas à la duplicité et à la perversité des hommes : voilà ce qui a fait son malheur, causé sa perte et entraîné la ruine de sa famille. Pour vous, monseigneur, élevé jusqu'ici à l'école de la vertu et de l'adversité, vous n'oublierez jamais les leçons de sagesse et les exemples de patience que vous ont donnés les illustres et trop infortunés auteurs de vos jours, et vous vous rappellerez surtout que celui qui ne sait pas attendre et souffrir, est comme celui qui ne sait pas se taire sur un secret. Je n'ai pas besoin de vous recommander la réserve dans vos paroles et dans vos démarches ; votre position vous en fait une stricte obligation. Vous ne serez connu à l'armée que sous le nom de M. *Louis*, mon neveu, qu'une sœur que j'aimais m'a recommandé sur son lit de mort. Tenez-vous en garde contre les questions indiscrètes qu'on pourrait vous adresser; gardez-bien votre secret, et n'oubliez pas que la moindre indiscrétion de votre part nous perdrait vous et moi. Je ne dois pas vous laisser ignorer que le prince de Condé, votre protecteur, m'a fait remettre un paquet cacheté qui renferme des papiers destinés à vous faire reconnaître un jour. »

Monseigneur le dauphin remercia le général de tous ses bons et salutaires avis, lui promit de les suivre avec fidélité, de ne rien faire qui pût lui déplaire, d'être docile à ses leçons, et que plus tard il se montrerait reconnaissant envers celui qui allait lui tenir lieu de père, et qui voulait bien être son maître, son guide et son *mentor* dans la carrière difficile qu'il allait parcourir, si la divine Providence changeait et améliorait son sort. Après ces premiers avis, Kléber lui traça un plan de conduite, et commença à remplir le premier vœu du prince de Condé relativement à son éducation. Si Kléber, aussi versé dans les belles-lettres, que savant dans l'art militaire, mit beaucoup de zèle et d'assiduité à former le cœur du jeune prince aux vertus propres aux bons rois, et à diriger son esprit dans les études sérieuses et dans l'art si difficile de gouverner les hommes ; de son côté, son auguste élève lui rendit la tâche facile par l'application qu'il apporta à remplir tous les devoirs d'un écolier vertueux, intelligent et laborieux, pendant tout le temps qu'ils passèrent ensemble dans la retraite.

Mais ce repos du maître, si bien utilisé par l'auguste élève, ne fut pas de longue durée.

Le général Bonaparte, qui commandait l'armée d'Italie, ayant résolu, après de brillants succès, de fonder en Égypte un nouvel empire sur les débris de celui de Sésostris et des Rhamnehssès, Kléber fut l'un des généraux désignés pour l'accompagner dans cette expédition ; il se rendit avec le dauphin à Toulon, d'où la flotte mit à la voile le 19 mai 1798. Avant de s'embarquer, Kléber recommanda au jeune prince, qui entrait alors dans sa quatorzième année, d'être peu communicatif, de se conduire avec réserve, d'être poli, bon, affable avec tout le monde. Partez, auguste orphelin, la Providence veille sur vous ; vos jours sont comptés : elle vous délivrera de tout danger, et vous ramènera sain et sauf dans votre malheureuse patrie, dont vous ferez plus tard la gloire et le bonheur!

Le général en chef, avec son état-major et la plupart des généraux, au nombre desquels était Kléber, monta sur le vaisseau *l'Orient*. Le protecteur du duc de Normandie le fit embarquer à bord du *Spartiate*, commandé par le capitaine Émériau, à qui Kléber dit qu'il était un orphelin, fils d'une de ses parentes. Pendant la traversée, le dauphin fit connaissance avec un jeune aspirant nommé Anglade, qui lui demanda son nom : il lui répondit qu'on l'appelait *La terre* (5), mais que ce n'était pas son véritable nom. Cette réponse pleine de sagesse et de vérité, qu'on ne saurait trop admirer dans un jeune homme de treize ans, satisfit la curiosité de M. Anglade, qui ne revint plus là-dessus. Elle a une analogie frappante avec celle que fit Ulysse, le plus sage des hommes, au cyclope Polyphême, quand il lui dit qu'il s'appelait *Personne*. Dans cette circonstance le jeune prince fit preuve d'une grande prudence et d'une sagacité vraiment au-dessus de son âge. Arrivé à Malte, le dauphin s'empressa de rendre compte à son protecteur de tout ce qu'il avait fait, sans oublier la question indiscrète du jeune aspirant et la réponse qu'il avait reçue. Kléber, tout en louant la prudence de son auguste élève, lui fit quitter le *Spartiate* pour le prendre auprès de lui. Aussi prudent qu'habile et expérimenté, ce général craignait avec raison que l'on ne profitât de son absence pour adresser des questions indiscrètes au jeune prince, et pour en tirer des réponses compromettantes.

Pendant la traversée qui fut très-heureuse, le savant

(5) Voir la note 5 à la fin de ce Livre.

précepteur conversa avec le dauphin sur l'art merveilleux de la navigation ; il l'entretint de son utilité et de ses avantages.

L'armée débarqua le 1ᵉʳ juillet 1798, à trois lieues d'Alexandrie. Les chevaux restèrent à bord, et on fit le trajet de là à la ville à pied. Malgré sa jambe de bois, le brave général Caffarelli qui s'était battu avec tant d'intrépidité sur le bord de la Nahe, voulut partager les fatigues d'une marche pénible à travers des sables. Les Arabes voltigeaient sur les flancs de la petite armée, qui marchait en bon ordre au nombre de 4 à 5 mille hommes seulement ; le reste devait suivre immédiatement : il s'engagea une fusillade très-vive qui dispersa bientôt les assaillants dans le désert.

Dès le matin, une population nombreuse garnissait les tours et les murs d'Alexandrie. Des hurlements effroyables d'hommes et de femmes s'élèvent de toutes parts à la vue de l'armée française, pleine de courage et animée d'un noble enthousiasme. Les colonnes françaises s'avancent au pas de charge, et, malgré la défense des assiégés et une grêle de pierres, elles escaladent la première enceinte des murailles. Kléber tomba blessé d'une balle au front. Le dauphin, son jeune aide-de-camp, qui combattait vaillamment à ses côtés, l'aide à se relever et le sort de la mêlée. Heureusement cette blessure ne présente aucune gravité, et les justes alarmes du jeune guerrier firent bientôt place à une joie vivement sentie par son cœur généreux. Le dauphin, rassuré sur le sort de son intrépide protecteur, retourne au combat qui dura longtemps encore. Enfin, après une résistance des plus opiniâtres, Koraïm, commandant des forces turques, obligé de céder à l'ardeur et à l'intrépidité de la petite armée française que rien ne pouvait arrêter, tant l'enthousiasme était grand, lui remit les forts et la ville d'Alexandrie. A peine le général en chef a-t-il établi une forte garnison dans cette ville, qu'il s'avance, à marches forcées, vers le Caire, capitale de toute l'Egypte, après s'être fait précéder toutefois d'une proclamation emphatique, pour rassurer ces populations abruties par l'islamisme. Afin de donner une idée de l'esprit versatile de Bonaparte, qui sacrifiait tout à son ambition sans bornes, nous allons en citer quelques passages : « Il n'y a de Dieu que Dieu. Il n'y a point de fils ni d'associé dans son empire. Les Français sont de véritables *musulmans* (sans doute qu'il jugeait des autres par lui-même); ils se sont portés, il n'y a pas longtemps à Rome, où ils ont renversé le siége du pape, qui suscitait les chrétiens contre les sectateurs de Mahomet, et dirigeant enfin leurs marches et leurs vues vers l'île de Malte, ils en ont expulsé les infidèles, qui se croyaient envoyés de Dieu pour combattre les musulmans. »

Le sage Kléber et son auguste élève désapprouvèrent hautement cette proclamation impie. Le jeune dauphin surtout ne laissa pas ignorer à son savant précepteur ce qu'il en pensait : et la conduite que tint plus tard l'ambitieux Bonaparte ne justifia que trop la justesse de ses réflexions.

L'armée française rencontra peu d'obstacles jusqu'à Chébréïs, où elle soutint contre les forces maritimes arabes une attaque assez sérieuse ; mais rien ne put résister à la valeur et à la discipline de nos intrépides soldats. Malgré sa grande jeunesse, le dauphin se fit remarquer par son ardeur martiale et son courage extraordinaire.

Après ce combat naval mémorable, l'armée française

arriva en face des Pyramides, près du Caire, devant lesquelles l'armée entière des mameluks s'était rangée en bataille.

Pour se mesurer en plaine contre une armée nombreuse et toute composée de cavalerie, il fallait une nouvelle tactique. Le génie militaire de Bonaparte l'eut bientôt trouvée. Ce général aussi prompt dans la conception qu'habile dans l'exécution, n'ayant que de l'infanterie, partagea ses troupes en cinq divisions qui formaient autant de carrés et se flanquaient mutuellement : les bagages étaient mis au centre, et l'artillerie au coin de chaque carré. Le général en chef, pour augmenter encore l'enthousiasme de l'armée française, s'écria : « Soldats, du haut de ces pyramides, quarante siècles vous contemplent ! ils vont être témoins de votre bravoure et de la victoire éclatante qui en sera la récompense. Si en Italie, vous avez excité l'admiration de l'Europe par des prodiges de valeur, ici vous allez conquérir l'immortalité par votre héroïsme ! Soldats ! rappelez-vous que vous êtes ls enfants de la première nation de l'univers, et qu'il est nécessaire pour vous de vaincre ou de devenir les victimes d'un peuple barbare qui ne fait jamais de quartier. »

A peine a-t-il fini ces mots que plus de cent mille mameluks s'ébranlent et caracolent sur les flancs des carrés. On les laisse approcher jusqu'à portée de la mitraille et de la mousqueterie : alors les angles s'ouvrent, l'artillerie se démasque et les foudroie : ils s'acharnent en vain à rompre les murailles de feu qu'on leur oppose ; leur courage, leur agilité, leur nombre, leur fureur, rien ne put les soustraire à une entière défaite. Le fruit de cette célèbre bataille fut la prise du Caire, qui fut bientôt suivie de la pacification de l'Égypte.

Nous croyons devoir placer ici une anecdote à laquelle nous n'attachons pas grande importance, mais qui put cependant agir plus tard sur les déterminations des protecteurs du dauphin, que nous allons laisser parler lui-même.

« C'était quelque temps après la fameuse bataille des Pyramides, où le général en chef, Bonaparte, fit preuve d'une habileté extraordinaire, où son génie grandit et se déploya tout entier aux yeux étonnés de l'armée, qui fit des prodiges de valeur, où cet homme supérieur commanda le respect aux généraux sous ses ordres, dont quelques-uns s'étaient regardés jusque-là comme ses égaux, et où enfin il fut considéré comme un dieu par les naturels du pays, peuple ignorant et superstitieux. Bonaparte se promenait avec son état-major dans les environs du Caire. J'étais à côté du général Kléber : tout-à-coup on voit sortir des roseaux du Nil une espèce de fantôme à figure humaine qui se dirige vers nous. Voilà une sibylle, s'écria Davoust. Général, dit-il à Bonaparte, si vous le voulez, elle vous fera connaître votre bonne aventure ? Bonaparte, qui était en train de rire et un peu fataliste, la fit approcher. La sibylle portait le costume des anciennes prêtresses d'Apollon ; elle dresse sa petite table, dispose ses coquillages et monte sur son trépied qu'elle a placé en face du général en chef dont elle prend la main droite. Tout-à-coup sa figure s'anime, sa taille semble s'agrandir, une espèce de convulsion s'empare de toute sa personne ; on l'eût dite agitée par une puissance invisible, tant ses mouvements étaient prompts et rapides. En même temps elle prononça d'une voix forte et solennelle ces paroles extraordinaires : « Bientôt vous quitterez cette terre des dieux, vous deviendrez le chef d'un grand peuple, et vous prendrez le titre d'empereur ; mais vous mourrez en exil. » Bonaparte qui roulait dans sa tête des projets ambitieux, sourit et s'éloigne quelques pas en disant : « A votre tour, Messieurs. » Kléber, le premier, prend sa place. Les coquillages reçoivent une autre disposition ; sa main est saisie par la pythonisse qui lui dit : « Vous serez bientôt nommé général en chef d'une armée belliqueuse, et vous périrez loin de votre patrie. » Le brave Desaix a remplacé son ami Kléber ; la nouvelle combinaison des coquillages est faite, et la sibylle tenant sa main dans la sienne, prononce d'un air inspiré ces mots mémorables : « Vous remporterez une grande victoire non loin du pays qui vous a vu naître ; mais vous serez enseveli dans votre triomphe. » Desaix tout rêveur s'éloigne un peu, et, poussé par une force irrésistible, je m'approche de la pythonisse, qui distribue ses coquillages d'une manière toute bizarre. Kléber condamne ma légèreté par de sévères regards, et tremble que le secret ne soit trahi : ma main est saisie avec force par la sibylle qui me fixe avec attention ; elle s'agite un instant, et s'écrie enfin d'une voix sépulcrale : « Pour vous, jeune homme, vous serez errant et vagabond, sans feu, sans lieu et sans patrie, et vous mourrez d'être né. » Bonaparte, qui veut mettre fin à cette scène qui commençait à troubler la gaieté de chacun, fait donner deux louis à la sibylle par le chef de ses mameluks, et continue sa promenade avec tout son état-major. »

Sans porter aucun jugement sur la valeur de l'anecdote qu'on vient de lire, nous rappellerons seulement à nos lecteurs que Dieu permit autrefois que la pythonisse d'Endor annonçât à Saül sa triste fin, et que cette prédiction s'accomplît à la lettre.

Une fois l'Egypte pacifiée, la tranquillité et le service du Caire assurés, Bonaparte, dont l'ambition était aussi grande que son génie, entreprit la conquête de la Syrie. Cette nouvelle entreprise, dont le succès lui paraissait certain, devait avoir les résultats les plus considérables. Assurer à la France la possession ou la libre navigation de la mer Méditerranée, établir d'une manière permanente son commerce du Levant, celui des Indes par la mer Rouge; ruiner celui de l'Angleterre, à laquelle on ôtait la suprématie des mers; consolider l'occupation de l'Égypte, rendre facile la conquête de Constantinople, rétablir l'empire d'Orient, etc..., tels étaient les avantages immenses que se promettait dans ses projets gigantesques, le général en chef, qui pensait dès-lors à prendre le titre d'empereur d'Orient.

Sa marche fut celle d'un conquérant heureux jusqu'à Saint-Jean-d'Acre; mais là se terminèrent ses succès en Syrie, et finirent ses rêves ambitieux.

Pendant le siége de Saint-Jean-d'Acre, l'ancienne Ptolémaïde, si célèbre dans l'histoire des Croisades, Kléber reçut ordre de parcourir la campagne dans un certain rayon, avec un camp volant de trois mille hommes seulement. Le but de cette promenade militaire était de tenir en respect les populations du gouvernement de Seyde, autrefois Sidon, et de procurer des vivres à l'armée assiégeante. Le brave Kléber, accompagné de son intrépide aide-de-camp, le jeune dauphin, s'abandonnant à son courage, s'enfonça trop dans ce pays inconnu. Déjà il était à plusieurs jours de distance de Saint-Jean-d'Acre, lorsque, arrivé à Fouley, au pied du Thabor, au moment où il s'y attendait le moins, il fut environné par quarante mille mameluks qui fondirent sur lui comme un éclair. Sa petite troupe, formée en bataillon carré, présenta une haie impénétrable de baïonnettes à cette nuée de cavaliers constamment repoussés par un feu bien nourri. Les Arabes, qui s'aperçoivent du petit nombre, reviennent sans cesse à la charge, malgré les pertes considérables qu'on leur fait éprouver. Le dauphin se conduisit en véritable héros dans cette circonstance critique, où Junot se signala par son intrépidité et son sang-froid. Aller du général aux différents chefs du carré, pour leur porter des paroles d'encouragement, revenir prendre de nouveaux ordres pour les communiquer de rechef ; telles étaient ses occupations pendant près de trois jours et trois nuits qu'ils furent cernés par les Arabes.

Quelle triste position pour Kléber et sa petite armée! Constamment harcelés, attaqués, nos intrépides soldats ne peuvent prendre ni nourriture ni repos : ils tombent de lassitude, d'épuisement et de besoin. Déjà un certain nombre ne peut plus tenir ses armes. Pour comble de malheur les munitions commencent à manquer. L'on devient sourd à la voix de Kléber, qui paie partout de sa personne. Plus de ressources, plus d'espérance, plus de chances de salut. Le désespoir s'est emparé de tous les cœurs. Dans cette extrémité, le dauphin s'adresse au Dieu de saint Louis, au Dieu qui a couronné ses vertueux parents dans la céleste Jérusalem. A peine sa prière est-elle faite, qu'il s'écrie : « Courage, mes amis, voilà du secours, j'ai entendu un coup de canon. » Ces paroles prononcées avec force, font renaître l'espérance et raniment le courage. En effet, le général en chef qui est resté plusieurs jours sans recevoir aucune nouvelle de son lieutenant, pense qu'il s'est peut-être trop aventuré, et qu'il est cerné par une nombreuse cavalerie, qui chez ces peuples nomades se forme et se dissipe en un clin d'œil. Plein de cette idée que le Dieu de saint Louis lui a envoyée, Bonaparte prend six mille hommes d'élite avec vingt-cinq pièces d'artillerie légère, et vole au secours et à la recherche de la petite armée de Kléber, tirant de temps en temps quelques coups de canon à toute volée. C'est le dauphin qui a entendu le premier coup. On écoute de nouveau : on entend d'autres coups auxquels on répond par des signaux de détresse. Bonaparte accourt, prend position sur une hauteur, foudroie les mameluks avec son artillerie qui les disperse, et délivre Kléber et ses intrépides soldats. Le lieutenant saute au cou de son général qu'il serre dans ses bras en lui disant : « Vous nous avez sauvés. »

L'armée de l'empereur Marc-Aurèle dut autrefois son salut à la légion Mélitine, qui adressa de ferventes prières au Dieu des chrétiens qu'elle adorait. Aujourd'hui c'est le petit-fils de saint Louis, qui sauve ses compagnons d'armes d'une mort cruelle et certaine.

De retour devant Saint-Jean-d'Acre, Bonaparte qui veut en finir, pousse le siège avec vigueur, mais sans succès. Enfin, après soixante-un jours de tranchée ouverte et onze assauts, où périrent tant d'intrépides soldats et d'officiers distingués, parmi lesquels on compte le brave général Caffarelli, il fallut songer à lever le siège et à reprendre la route de l'Egypte qui s'était révoltée de nouveau. Nous ne parlerons pas de l'abandon des pestiférés que le farouche et sanguinaire Djezzar, pacha d'Acre, fit lâchement égorger et décapiter, abandon que le dauphin désapprouva et condamna sans ménagement. Combien, disait-il à son sage précepteur, la conduite de saint Louis, au temps des Croisades, fut différente! Nous ne dirons rien non plus des privations, des fatigues éprouvées durant cette retraite aussi longue que pénible et dangereuse, à travers un pays ennemi et dévasté. Continuellement harcelés par des nuées de cavaliers arabes, nos courageux soldats arrivèrent au Caire, où ils eurent bientôt rétabli l'ordre. Bonaparte, apprenant que Mourab-Bey venait de débarquer près d'Aboukir avec plus de quarante mille mameluks, vole à sa rencontre avec les plus intrépides de ses soldats, parmi lesquels se trouvent Kléber et son jeune aide-de-camp. Il fond sur l'ennemi comme l'aigle sur sa proie, les culbutte, les massacre et les précipite dans la mer, sans leur donner le temps de se reconnaître.

De retour au Caire, Bonaparte dégoûté de l'empire d'Orient qui paraissait lui échapper chaque jour davantage, tourna ses vues ambitieuses du côté de l'Europe. Ayant lu dans les journaux anglais et dans celui de Francfort, les revers de l'armée d'Italie et l'évacuation d'une partie de la Suisse, il prit la résolution de revenir de suite en France. Il ne communiqua son projet qu'au contre-amiral Gantheaume et au chef de division Dumanoir, qui lui firent des observations sur les dangers qu'il allait courir à cause de l'escadre anglaise ; mais comptant sans doute sur sa bonne fortune, il fit secrètement avertir, le 30 thermidor, à neuf heures du soir, 21 août 1799, tous ceux qu'il voulait emmener avec lui, de se tenir prêts pour l'accompagner dans un voyage qu'il allait faire dans la Basse-Egypte. Il ne vit point le général Kléber qu'il n'aimait pas, parce que celui-ci animé de l'amour du beau et du juste, désapprouvait souvent sa manière d'agir très arbitraire, pour ne pas dire injuste, et que ses talents militaires plus solides et mieux raisonnés égalaient et surpassaient même les siens; mais il lui fit remettre, par le général Menou, les instructions qu'il lui donnait concernant le commandement général de l'armée, et partit le 5 fructidor, dans la nuit, 27 août, avec les généraux Murat, Lasnes, Marmont, et quelques autres. Après une traversée de quarante-sept jours, il aborda à *Saint-Raphau*, près de *Fréjus*, le 17 vendémiaire; et sans faire quarantaine, il partit aussitôt pour Paris, où il arriva six jours après. Il employa le peu de temps qui lui restait à préparer avec ses amis la journée du 18 brumaire (9 novembre), qui devait le placer à la tête du gouvernement français sous le nom de premier consul.

Elevé à la dignité consulaire, Bonaparte s'occupa activement de régulariser et d'organiser l'intérieur de la France, qui se trouvait dans le plus triste état. Après avoir organisé une nouvelle administration qui lui était dévouée, il pensa sérieusement à reconquérir l'Italie sur les Autrichiens qui, secondés par le célèbre Souvarow, en avaient chassé les Français pendant son séjour en Egypte. Plein de ce projet, et nommé premier consul, il prit, au printemps prochain 1800, le chemin du Piémont avec une armée d'élite, et franchit les Alpes sans rencontrer d'autres obstacles que ceux que lui présentaient ces rochers escarpés qui avaient passé jusqu'alors pour inaccessibles, surtout à une armée traînant à sa suite une nombreuse artillerie et tout le matériel de guerre.

Mais revenons à l'auguste orphelin du Temple qui, après s'être immortalisé en Egypte et en Syrie, va cueillir

de nouveaux lauriers dans cette belle campagne d'Italie(3).
Après le départ du général Bonaparte pour l'Europe,
le jeune prince, épuisé par tant de marches, de fatigues,
de privations et de combats, tomba malade, ce qui engagea Kléber, son protecteur, à le faire partir à la première
occasion sûre et favorable; il craignait qu'un plus long
séjour sur le sol brûlant de l'Afrique ne finît par compromettre tout-à-fait sa santé déjà si délabrée. Peut-être que
ce général que Napoléon avait désigné pour le remplacer
dans le commandement en chef de l'armée d'Egypte, y
fut-il aussi déterminé par un pressentiment secret du funeste sort qui l'attendait sur cette terre étrangère. Quoiqu'il en soit, le 20 mars 1800, le dauphin s'embarqua sur
l'*Etoile* avec Desaix, le Sénécal, Davoust, Rapp, Savary, etc., et un officier anglais chargé de faire respecter le
traité d'El-Arisch. En quittant Kléber, qu'il embrassa tendrement, le dauphin avait le cœur serré et pleura beaucoup; et, malgré toutes les assurances que son protecteur lui donnait qu'ils se reverraient bientôt, il ne pouvait
surmonter la tristesse que lui causait cette séparation qui
devait être hélas! éternelle!.. tant ce prince avait le cœur
bon et sensible, et tant il s'affectionnait à ceux qui lui témoignaient de l'intérêt! Kléber le consola de son mieux
et lui dit qu'il l'avait fortement recommandé au général
Desaix, son ami, à qui il avait cru devoir confier le secret
de sa naissance, ainsi que le paquet qui lui avait été remis
de la part du prince de Condé.

A l'arrivée du bâtiment à Livourne, Desaix, son jeune
aide-de-camp et leur suite furent arrêtés et retenus par
l'ordre de l'amiral Keith, malgré les représentations de

---

(3) Voir la note 3 à la fin de ce Livre.

l'officier anglais et la capitulation d'El-Arisch. Le cabinet de Saint-James ayant donné l'ordre d'exécuter fidèlement ce traité, Desaix, le dauphin et les autres officiers de leur suite quittèrent Livourne et se rendirent à l'armée d'Italie, conformément à l'ordre du premier consul qui la commandait et se préparait à donner une nouvelle et forte leçon à l'incorrigible Autriche. Le sage et brave Desaix, craignant les chances de la guerre sanglante qui venait de se déclarer, et dans la persuasion que les boulets européens ne le connaissaient plus, prit le dauphin en particulier et lui dit : « Les hasards de la guerre sont incertains ; si je succombais dans la lutte qui est engagée, vous vous trouveriez isolé et sans appui. Kléber, en vous confiant à mes soins, m'a tout dit ; ce secret mourra avec moi. Votre santé commence à se rétablir ; votre jeunesse va devenir dangereuse ; vous aurez besoin de surveiller continuellement vos paroles et vos actions. Vous comprenez, mon prince, quelle serait la conséquence de la moindre indiscrétion de votre part ; quoiqu'au milieu de l'armée, vous serez, bien plus qu'en Egypte, un sujet de curiosité et peut-être de jalousie ; on se demandera tout naturellement comment, si jeune encore, vous avez pu avancer avec tant de rapidité ; on fera à ce sujet bien des commentaires. Tenez-vous sur vos gardes et soyez peu communicatif, c'est le moyen le plus sûr pour éloigner de vous les curieux et vous garantir de toute imprudence ; modérez surtout votre trop grande vivacité que le sage Kléber m'a signalée comme une véritable et principale imperfection ; elle vous serait funeste. Tant que je vivrai, je veillerai sur vous et continuerai l'œuvre déjà bien avancée de mon ami Kléber ; mais je puis succomber, et je désire vous assurer un protecteur assez puissant pour vous préserver des pièges qu'on ne manquera pas de tendre à votre inexpérience. Seul, isolé, bon, confiant, généreux il vous serait difficile de les éviter ; j'ai donc pensé à vous recommander fortement à Fouché : voici une lettre pour lui. Que ce nom ne vous effraie pas ; Fouché, j'en ai la certitude, mettra autant d'empressement à vous préserver des embûches de vos ennemis, qu'il a montré d'acharnement à poursuivre votre illustre et infortunée famille. Je sais qu'il n'ignore pas que vous avez eté sauvé du Temple et j'ai de bonnes raisons pour être convaincu que vous trouverez en lui un ami véritable et un protecteur zélé, sûr et dévoué. Il vous servira avec d'autant plus de zèle et de dévouement, qu'il cherchera à vous faire oublier ses torts vis-à-vis de vos augustes parents. Prenez donc courage, prince, et si le sort m'est contraire, confiez-vous entièrement à la probité et à la discrétion de Fouché, que le rang qu'il occupe dans le gouvernement consulaire met, plus que tout autre, en état de vous être utile et de vous soustraire à bien des dangers. »

Après cet entretien, Desaix remit au dauphin le paquet que Kléber lui avait confié, et tous les deux rejoignirent l'armée française dans les environs de *Doghera*. Quelques jours après eût lieu la célèbre bataille de Marengo, dans laquelle Desaix fit des prodiges de valeur, arracha la victoire à l'ennemi et fut enseveli dans son triomphe. Nouveau Décius, cet intrépide général se dévoua pour l'armée française qu'il délivra d'une entière défaite, en se précipitant, à la tête du corps qu'il commandait, au milieu des bataillons Autrichiens victorieux ; il les culbute, les repousse, les taille en pièces et en fait un carnage horrible. Le jeune prince qui combattait avec intrépidité tout près de son courageux protecteur, chargea bravement l'ennemi pour délivrer Desaix qui s'était trop engagé, et reçut une blessure à la main gauche. Au milieu du succès le plus éclatant et le mieux mérité, l'intrépide général fut frappé d'une balle et tomba raide mort.

Par une coïncidence singulière ou plutôt par un trait particulier de la divine Providence qui voulait elle-même conduire comme par la main l'auguste orphelin du Temple, et le préparer peu à peu, par les plus terribles épreuves, à remplir la grande et noble mission qu'elle veut lui confier, le jour même où l'intrépide Desaix succombait glorieusement au champ d'honneur, 14 juin 1800, Kléber, ce grand et sage capitaine que les superstitieux Egyptiens prenaient pour un dieu, était assassiné au Caire par Soleyman, fanatique exalté, envoyé à cet effet par le pacha de Jérusalem à l'instigation du pacha d'Acre, Djezzar, et sur l'invitation du grand visir. Que de crimes ne fait pas commettre une politique fausse, injuste et barbare? Ainsi l'infortuné prince perdit au même instant ses deux prudents et fidèles protecteurs, dont l'un tomba indignement sous le fer d'un lâche assassin, et l'autre trouva une mort glorieuse au sein de la victoire. Le dauphin, dont le cœur est si sensible et si généreux, sentit vivement cette double perte, et le temps qui détruit tout, n'a point effacé ses regrets cuisants et sa profonde douleur qui durent encore.

Parmi les personnes que l'auguste orphelin connut en Allemagne, en Egypte, en Italie, il en a depuis rencontré plusieurs qui l'ont parfaitement reconnu dans la personne de M. le baron de Richemont. Ainsi M. Hérard de Villiers, ancien marin de l'expédition d'Egypte, a dit et répété plusieurs fois *avoir connu, étant en Egypte, le duc de Normandie, qui était un des aides de camp de Kléber, sous le nom de Louis ; qu'il l'avait parfaitement* reconnu *dans M. le baron de Richemont, lorsqu'il lui fut présenté, et qu'il voyait quelquefois ce prince* si recommandable par ses longues infortunes et ses brillantes qualités, depuis sa rentrée en France, en vertu de l'amnistie de 1840.

Ecoutons M. Gillet, ancien officier, attaché à l'état-major du général Kléber, lors de la campagne d'Egypte, qui a certifié, en 1830, qu'il avait connu auprès de ce général un tout jeune homme qui donnait les plus belles espérances, lequel passait pour être son neveu ; et qu'un jour, en présence des généraux Desaix, Menou et autres officiers supérieurs, le général Bonaparte demanda à Kléber : qui était ce jeune homme ? Kléber lui répondit que c'était un de ses neveux, orphelin de père et de mère, à qui il apprenait le métier des armes pour le mettre en état de servir un jour la république.

Ce même M. Gillet, officier d'état-major de l'armée d'Italie, a reconnu, ainsi qu'il l'a attesté, le même jeune homme attaché à la suite du général Desaix, jusqu'à la mort de ce brave général à la bataille de Marengo. M. Gillet a parfaitement reconnu M. le baron de Richemont pour être le même qu'il avait vu en Egypte auprès de Kléber, et en Italie à l'état-major de Desaix. « C'est bien là l'homme que j'ai connu tout jeune en Egypte et en Italie, dit-il ; c'est la même contenance, la même physionomie, le même son de voix ; je ne saurais m'y tromper, c'est bien lui. »

Citons encore M. Laroche, ancien musicien attaché à l'expédition d'Egypte, « qui certifie, sous la date du 20 décembre 1841, qu'en 1798, il a vu souvent auprès du général Kléber, un jeune homme qu'on appelait *Louis* et qu'on disait être neveu du général ; qu'il l'a revu lors de l'expédition de Syrie, puis auprès du général Desaix en 1800, et pendant la campagne d'Italie, ainsi qu'à la bataille de Marengo où il montra un courage et un sang-froid extraordinaires, et où il courut le plus grand danger en voulant sauver l'intrépide Desaix ; *que plus tard, il a reconnu dans la personne de M. le baron de Richemont, M. Louis* qui était chéri et estimé de tous ses compagnons d'armes, lequel il avait parfaitement connu en Egypte. »

A ces témoignages éclatants, qu'oppose-t-on ? un doute injurieux sur leur authenticité. Nous disons injurieux, puisque les pièces originales et légalisées existent, et qu'on peut les voir comme nous entre les mains de l'auguste orphelin du Temple. Une criminelle indifférence, car on doit protection, secours et justice à l'innocence opprimée, persécutée, outragée. O France! ô notre chère patrie! que sont devenues tes vertus chevaleresques qui avaient fait de toi une nation de héros ?

Autrefois, au récit d'une si longue et si noble infortune, tes enfants se seraient levés comme un seul homme et auraient parcouru l'univers pour rétablir sur le trône de ses pères un prince si grand par ses malheurs, si recommandable par ses vertus, et si illustre par son origine! Mais depuis qu'une philosophie impie, cruelle et athée a renversé tous les principes de morale, détruit toutes les croyances religieuses, et a ravalé l'homme au-dessous de la brute, une coupable apathie, un vil égoïsme et un affreux néant ont desséché tous les cœurs et éteint dans les esprits ces vives flammes qui font voir et aimer le beau, le juste et le sublime.

Pour nous, nous descendrons dans la tombe avec plus de calme et de paix, après avoir payé à l'auguste orphelin du Temple, victime perpétuelle d'un barbare machiavélisme, ce faible tribut de notre foi, appuyée sur des faits incontestables, de notre amour et de notre dévouement sans bornes.

Le dauphin quitta l'Italie en 1801, rentra secrètement en France et se rendit à Paris. A la vue de cette ville qui lui rappelait tant de douloureux souvenirs, l'auguste orphelin ne put retenir ses larmes : elles coulèrent en abondance et soulagèrent son cœur oppressé. Il y vint avec l'intention de prendre des renseignements sur le comte de Frotté et Ojardias, dont il n'avait plus entendu parler depuis 1795, époque de son arrivée auprès du prince de Condé. Il eut la douleur d'apprendre que ses deux libérateurs n'existaient plus. Les cannibales qui gouvernaient alors la France, n'avaient pu pardonner au courageux Ojardias la double mystification qu'il leur avait fait éprouver lors de l'enlèvement du dauphin de la tour du Temple et du voyage à Thiers avec le jeune Morin de Guérivière. Pour se venger ils le firent lâchement assassiner en 1797.

Quant au comte de Frotté, le premier consul le fit traîtreusement fusiller près de Vernon, en 1801, au moment où ce général se rendait à Paris, sur la foi d'un sauf-conduit qu'il lui avait accordé lui-même. Le chef de la République savait par Joséphine, Barras et Cambacérès, que ce général Vendéen avait été le principal libérateur du duc de Normandie, quoiqu'il feignît d'ignorer la délivrance de ce prince, pour mieux jouer son rôle et parvenir plus facilement à l'accomplissement de ses projets ambitieux (3). Cet assassinat juridique qui venait d'avoir

(3) Voir la 3e note à la fin de ce Livre.

lieu, quand le dauphin arriva à Paris, fut le premier crime politique que Bonaparte commit; mais malheureusement il fut suivi de beaucoup d'autres.

Le dauphin péniblement affecté des tristes nouvelles qu'il venait d'apprendre, se livra dans son ennui, facile à concevoir, à une espèce de désespoir. La vue des hommes lui était insupportable; il cherchait les lieux les plus solitaires pour s'abandonner tout entier à sa noire mélancolie. Son âme, accablée sous le poids d'une mortelle tristesse, appelait la mort à son secours. La douleur le pressant de tous côtés, il allait succomber à tant de maux, lorsqu'une voix céleste vint le consoler et répandre un baume salutaire sur son cœur : « Fils de saint Louis, s'écria-t-elle, il faut que vous deveniez comme ce saint roi, grand par la patience : les princes qui ont toujours été heureux, ne sont guère dignes de l'être; la mollesse les corrompt, l'orgueil les enivre. Vous avez encore de longues et terribles épreuves à subir. Vous serez, comme le fils de l'homme, rejeté de votre peuple, méconnu et persécuté par vos proches, les monarques et les grands. Que vous serez heureux, si vous surmontez vos malheurs et si vous ne les oubliez jamais! Vous monterez un jour sur le trône du sage et vertueux Louis XVI, votre illustre père, et votre gloire pénètrera jusqu'au ciel, où votre place est déjà marquée. Quand vous serez le maître des autres hommes, souvenez-vous que vous avez été faible, pauvre et souffrant comme eux; prenez plaisir à les soulager; aimez votre peuple, détestez la flatterie, déclarez-vous toujours le protecteur et le soutien du pauvre, de la veuve et de l'orphelin, et sachez que vous ne serez grand qu'autant que vous serez modéré et courageux pour vaincre vos passions. »

Ces paroles divines que lui fit entendre l'auguste Marie sans doute, entrèrent jusqu'au fond de son cœur, où elles firent renaître la joie et le courage. Plein de confiance, rempli de consolation, le dauphin éleva son âme reconnaissante vers le ciel, pour adorer Dieu et remercier l'auguste patronne de sa royale famille. Le prince fut tout étonné de se trouver un nouvel homme : la sagesse éclairait son esprit ; il sentait une douce force pour modérer toutes ses passions et pour arrêter l'impétuosité de son caractère.

Quelques jours après cette vision, le dauphin eut occasion de rencontrer Lucien Bonaparte ; il en profita pour lui adresser une question au sujet de la mort récente du comte de Frotté, acte qu'il qualifia durement et sans aucune espèce de ménagement. « Vous êtes dans l'erreur, lui répondit Lucien, ce général a été jugé et condamné pour une cause tout-à-fait étrangère au fait dont vous parlez. — Condamné, oui, répliqua le dauphin, mais non jugé ; militaire moi-même, ajouta-t-il, je sais comment procèdent les commissions militaires ou les conseils de guerre : on leur livre la victime que l'on veut immoler, et son affaire est faite en un tour de main; sa vie ou sa mort dépendent absolument des instructions qui ont été données, et surtout *par qui*... Les exemples fourmillent... Frère du premier consul, et investi d'une partie de son autorité, vous devez naturellement le défendre et approuver ses actes *quels qu'ils soient*; moi, qui n'ai pas le même intérêt, je blâme ce qui est blâmable, et dans le cas présent, je dis que ce qui s'est passé à Vernon est une infamie ; c'est plus qu'un crime, c'est une faute. »

Surpris d'une sortie aussi brusque, Lucien demanda

au dauphin la cause de l'espèce d'animosité qu'il manifestait contre son frère ; animosité qu'il comprenait d'autant moins qu'en sa qualité de militaire, il devait être nécessairement partisan déclaré du premier consul. « Pas jusqu'à approuver ses méfaits, répliqua le prince en se retirant. »

Redoutant les suites de cette altercation, le dauphin, dont l'esprit droit et le cœur généreux se révoltaient à la vue de toute injustice, de quelque part qu'elle vînt, retourna à l'armée d'Italie. D'un côté, n'osant pas se mettre à la discrétion de Fouché, malgré la lettre et l'assurance que lui avait données le brave Desaix, le nom seul de ce régicide l'effrayait; d'un autre côté, voyant tous ses protecteurs tomber un à un, comme si une main invisible se plaisait à les frapper, ce cœur noble et généreux était vraiment dégoûté de la vie qu'il menait. Ce qui augmentait encore l'ennui, pour ne pas dire le désespoir du dauphin, c'était la destinée de tous ceux qui s'intéressaient à lui et auxquels il semblait porter malheur. L'auguste orphelin, ignorant totalement le lieu de la résidence du prince de Condé, l'auteur de sa délivrance, vivait dans un isolement d'autant plus grand qu'il connaissait les démarches et les recherches secrètes que le premier consul faisait faire à son occasion depuis la bataille de Marengo. Pour rendre ces investigations infructueuses, le dauphin prit le sage parti de retourner à Paris l'année suivante. Là, ayant appris que la femme Simon vivait encore, que son mari avait dissipé les sommes qu'on lui avait remises pour sa délivrance, et que, réduite à la misère, elle avait été obligée d'entrer aux *Incurables*, le prince eut la curiosité d'aller la voir. Comme il parcourait les salles sans articuler son nom, il aperçut sur un lit un couvre-pieds pareil à celui qu'il avait vu au Temple sur la couche de Simon ; pensant que ce lit était peut-être celui de la femme Simon, le dauphin s'en approcha ; elle n'était pas là; mais, voyant un jeune homme auprès de son lit, elle accourut, et lui ayant demandé ce qu'il désirait d'elle, le prince lui dit : « Est-ce que vous ne me reconnaissez pas ? » Cette femme l'ayant alors bien considéré, lui dit: « Je crois effectivement vous avoir vu quelque part; attendez un peu que je rappelle mes souvenirs. »

Pour empêcher qu'une reconnaissance trop brusque de la part de cette femme ne lui fît faire quelque exclamation qui aurait pu attirer l'attention des autres femmes qui étaient dans la salle, le dauphin lui dit qu'ayant remarqué, en parcourant la salle, un couvre-pieds qu'il avait vu autrefois sur le lit de ses gardiens, il s'était approché pour voir la personne qui couchait dans ce lit, et qu'il la connaissait parfaitement.... Habituée au timbre de la voix du prince, la Simon le reconnut aussitôt, et aurait manifesté par des cris de joie et des larmes de repentir, les divers mouvements de son âme, si le dauphin, aussi prudent que généreux, ne lui eût fait comprendre combien une pareille manifestation le mettrait en danger. Au fur et à mesure qu'il lui rappelait ce qui s'était passé entre eux au Temple, et surtout comment et par qui il avait été enlevé, toutes choses dont elle n'avait jamais parlé à qui que ce fût. La Simon examinait le prince de la tête aux pieds; elle s'extasiait à la vue de la santé dont il jouissait, et du développement de sa taille qui, disait-elle, était vraiment admirable. Elle paraissait heureuse de le revoir; posant son doigt sur la cicatrice que lui avait faite le coup de serviette que son mari lui avait donné dans un de ses accès de colère, et qui lui aurait arraché l'œil droit, s'il eût été dirigé un peu plus bas, elle le baisait avec attendrissement, et demandait pardon au dauphin de tous les mauvais traitements qu'il avait éprouvés tant de sa part que de celle de son malheureux mari. Au comble du ravissement, la Simon était presque folle : le prince craignait toujours que ses voisines ne s'aperçussent de ce qui se passait entre elle et lui. En effet, c'était un évènement extraordinaire que la visite d'un jeune homme de dix-sept ans à une femme qu'on savait sans famille et avoir été gardienne du dauphin, dont on lui reprochait journellement la mort.

Craignant que son apparition dans cet établissement ne fût remarquée, s'il prolongeait trop sa visite, le prince s'éloigna; mais, ne pouvant oublier qu'il devait la vie à cette femme, il lui laissa des marques de sa générosité. Héritier de la bonté et de la charité du saint martyr Louis XVI, son illustre père, le dauphin renouvellera souvent, dans le cours de sa vie errante et inconnue, des traits de ce genre, que la religion seule fait opérer et sait ennoblir par la pureté des motifs.

Nous avons cru devoir parler de cette visite du prince à la femme Simon dans le plus grand détail, parce qu'il en sera beaucoup question au Livre suivant. Pour suivre autant que possible, l'ordre chronologique, et établir victorieusement que le prince de Condé avait prévenu les souverains de l'Europe, aussi bien que la cour de Rome, de l'enlèvement du dauphin de la tour du Temple, nous devons rapporter ici le traité de 1802, dont le but était d'enlever à l'Angleterre la suprématie des mers. L'ascendant et la prépondérance que donnait à la France sur les autres puissances de l'Europe le génie de Napoléon, ce foudre de guerre, qu'une puissance invisible conduisait comme par la main pour ébranler ou renverser tous les trônes, rendirent ce traité inutile, il est vrai ; mais ces diverses conventions qui existent encore dans les chancelleries de Naples, de Vienne, de Berlin et de Saint-Pétersbourg, ne mentionnent pas moins *que le fils de Louis XVI avait été enlevé par fraude des prisons du Temple, qu'il existait* à cette époque, et que c'est en vertu de la connaissance qu'elles avaient de l'existence de ce prince, que les différentes puissances refusaient au comte de Provence le titre de roi qu'il prenait dans ses rapports avec elles ; parce que, d'après leurs principes, qui consacrent la légitimité, ce titre appartenait au *seul fils de Louis XVI, qu'elles savaient vivant,* et non pas au comte de Provence.

Cependant le duc Antonin de Serra-Capriola, ambassadeur de Naples près de l'empereur de Russie, dont il avait toute la confiance, obtint de ce souverain des secours et un asile à Mittau pour le comte de Provence, à condition qu'il se contenterait du titre de régent. La copie de la correspondance entre le comte de Provence et le duc Antonin de Serra-Capriola, se trouve encore aujourd'hui dans les mains des héritiers de ce dernier. Voilà un nouvel éclair qui fait de plus en plus briller la vérité au milieu des ténèbres dans lesquelles une coterie intéressée s'obstine à la tenir renfermée.

Malgré sa grande répugnance, le dauphin se décida enfin à se présenter à Fouché, quelques jours après sa visite à la Simon. Le ministre l'accueillit avec bienveillance et l'engagea à se reposer sur lui du soin de sa sécurité. Le prince lui remit la lettre de Desaix et le paquet dont il était porteur ; il le plaça en lieu de sûreté pour lui être restitué à sa réquisition. Informé, par un rapport secret, de la visite qui avait été faite à la Simon, Fouché, après s'être assuré que le visiteur était le dauphin lui-même, lui recommanda la plus grande prudence dans sa conduite privée et une circonspection extraordinaire dans ses rapports avec les hommes.

Le prince, qui n'abordait Fouché qu'avec une certaine appréhension, ne suivit pas toujours de si sages avis. Jeune, bon, généreux et beaucoup trop confiant, il dévoila son origine à quelques personnes, entr'autres à Lucien Bonaparte qui ne le trahit jamais et lui donna toujours de bons conseils.

En 1803, Fouché ménagea au dauphin une entrevue avec la femme du premier consul, cet ange que le ciel vait prêté à la terre pour soulager tant de misères, calmer tant de douleurs, adoucir tant de souffrances. Le but de Fouché, qui était sincèrement dévoué au jeune prince, était de lui procurer, par le moyen de cette entrevue, une puissante protectrice qui pourrait lui être très-utile dans l'occasion. Le dauphin se trouva donc encore en présence de cette femme incomparable qui ne l'avait pas revu depuis le 19 janvier 1794, jour de son enlèvement du Temple. Elle le reconnut de suite à l'inspection de la cicatrice que lui avait faite au-dessus de l'œil droit la serviette de Simon ; elle fut bien étonnée de le trouver frais et jouissant d'une bonne santé, elle qui l'avait vu si chétif et si malade ! Cette entrevue la remplit de joie ; elle le recommanda vivement à Fouché, et ils se séparèrent pour ne plus se revoir. Hélas ! une mort violente et prématurée priva, environ dix ans plus tard, le monde et la France en particulier, de celle qui honora même le diadême !!!

C'est ici le lieu de parler d'une conversation secrète que

Joséphine sollicita de son époux, au moment de sa dernière séparation. Les deux augustes époux s'entretinrent pendant longtemps. Napoléon ne répéta rien de la matière de cet entretien qui fit beaucoup de bruit dans le temps. Joséphine garda le même silence. Une fois, pourtant, ses enfants la pressèrent de dévoiler ce mystère : « J'ai promis de ne jamais révéler, sans le consentement de Bonaparte, ce que vous souhaitez de savoir, leur répondit-elle ; contentez-vous d'apprendre que, dans un moment décisif, j'ai été assez heureuse pour donner à l'empereur un dernier gage de mon amour, en le prévenant d'un fait qui, plus longtemps ignoré de lui, aurait pu avoir plus tard une influence sur sa destinée... Mes enfants, *tous ceux que l'on croit morts ne reposent pas dans la tombe.* » Ces dernières paroles font allusion à l'existence du duc de Normandie, dont la bonne Joséphine avait longuement entretenu Napoléon dans l'intérêt de ce prince.

L'impératrice Joséphine ne voulant pas se trouver présente aux fêtes et aux réjouissances qui devaient naturellement avoir lieu en France à l'occasion du second mariage de Napoléon, quitta secrètement et momentanément son château de Navarre, et se rendit en Suisse, où elle passa quelques semaines à Mont-Choisy, près de la petite ville d'Orbe, canton de Vaud, chez madame Duplessis, née comtesse d'Aumale, qu'elle connaissait beaucoup. L'impératrice parlait souvent à madame Duplessis des malheurs du fils de l'infortuné Louis XVI, de son évasion du Temple et des autres vicissitudes de sa vie ; elle savait qu'il avait été reconnu par la femme Simon, qu'il avait trouvée aux Incurables. L'impératrice l'avait elle-même vu le jour de son enlèvement de la tour du Temple, et revu plus tard à son retour d'Italie. Ce fut encore cette princesse qui facilita sa sortie de France où il n'était plus en sûreté depuis l'arrestation de Pichegru, chez lequel on avait trouvé des papiers compromettants. Dans l'un de ces entretiens, madame Duplessis fit cette exclamation : « Eh quoi ! le fils de Louis XVI, ce saint roi-martyr, vit encore ! » Oui, répondit la princesse, j'en ai la certitude, et j'ai été assez heureuse pour lui donner, dans plusieurs circonstances, des preuves non équivoques de mon entier dévouement à son auguste personne. Espérons, madame, qu'un jour il remontera sur le trône de ses pères pour le bonheur de la France ; et si mes vœux les plus ardents étaient exaucés, et les conseils donnés suivis, ce moment désiré ne se ferait pas longtemps attendre ! »

Dans cette conversation que madame veuve Richard, née Marie-Françoise Duplessis, a donnée par écrit au dauphin lui-même qu'elle a parfaitement reconnu dans la personne de M. le baron de Richemont en 1844, l'impératrice Joséphine fait certainement une mention indirecte du long entretien qu'elle avait eu avec l'empereur Napoléon, et dans lequel, pour le détourner plus efficacement de contracter un nouveau mariage réprouvé par la religion et condamné par l'église, elle l'avait sans doute engagé à reconnaître le prince, à l'adopter pour leur fils et à lui rendre plus tard le trône de ses ancêtres. Ce conseil, du reste, était digne du cœur généreux de la noble princesse qui le donnait. De quelle gloire en effet Napoléon se serait couvert si, après avoir rétabli le culte en France, vaincu tous les souverains de l'Europe, reculé les limites de sa nouvelle patrie qu'il avait pacifiée au-dedans et fait respecter au-dehors, il avait proclamé, à la face de l'Europe vaincue et pour ainsi dire sa tributaire, l'existence du duc de Normandie, fils du martyr Louis XVI, et lui eût rendu l'héritage de ses pères. Mais pour faire une action aussi héroïque et sans exemple dans les annales des nations, il fallait à Napoléon une vertu qui lui manquait, et sans laquelle on rampera toujours sur la terre : la foi qui seule inspire le véritable héroïsme.

Si le général Monck s'est rendu si célèbre en rétablissant Charles II sur le trône, Napoléon se serait immortalisé en faisant beaucoup plus en faveur du prince le plus auguste et le plus infortuné de l'univers.

La divine Providence, dont les voies sont toujours adorables quoiqu'impénétrables, permit que le dauphin fit, à l'insu et contre la volonté de Fouché, la connaissance de Pichegru qui venait d'arriver secrètement à Paris avec le projet vrai ou faux de renverser le gouvernement consulaire pour rétablir les Bourbons sur le trône. Le jeune prince qui perdait quelquefois de vue les sages conseils que lui avaient donnés ses divers protecteurs, s'ouvrit à ce général, après s'être assuré par lui-même de ses intentions et du but qu'il se proposait. C'est à cette occasion qu'il vit aussi Moreau et qu'il conféra avec lui sur le projet qu'ils avaient formé et sur son exécution. Comme le prince écrivait quelquefois à Pichegru, la saisie des papiers de ce dernier, parmi lesquels on trouva des notes de sa main, mit le chef de l'Etat sur ses traces, et cette circonstance contribua peut-être à la mort violente de ce général qui, comme on le sait, fut étranglé dans sa prison par le brigadier de gendarmerie Spon et deux guichetiers. Pour assister au conciliabule de Chaillot, comme ailleurs, le dauphin, sur l'avis de Pichegru qui *seul* de tous les conjurés le connaissait, avait pris le nom de Charles. (*Voyez* à ce sujet les Mémoires tirés des papiers d'un homme d'Etat, tome VIII, page 334, et vous aurez la solution du problème de l'homme mystérieux qui parut alors parmi les conjurés et dans la réunion de Chaillot). Si le prince eût fait connaître à Fouché ses relations avec Pichegru, de grands malheurs eussent été évités. Mais retenu par une fausse honte ou par une trop grande timidité qui lui est naturelle, le dauphin garda le silence, et c'est ce qui perdit tout, comme on va le voir.

Les délégués qui procédèrent à la saisie des papiers de Pichegru, les portèrent à Cambacérès qui se hâta de les mettre sous les yeux de Bonaparte. Celui-ci, qui était loin de se douter que le dauphin fût à Paris, s'emporta contre Fouché qui, disait-il, ne devait pas l'ignorer comme ministre de la police, et le menaça de toute sa colère si, dans un délai donné, il n'avait pas trouvé l'orphelin du Temple pour le mettre à sa disposition. Fouché tâcha de calmer le premier consul en lui faisant la promesse de lui livrer mort ou vif le duc de Normandie, pourvu qu'il fût véritablement en France.

Dès que le prince fut embarqué pour l'Amérique, le rusé Fouché dit à Bonaparte qu'il avait mis sur pied le premier ban et l'arrière-ban de la police, et qu'il avait acquis la certitude que le dauphin n'était pas en Europe. Cette annonce rassura le premier consul, et sa colère se calma. Pendant le court délai qui lui fut accordé, le ministre de la police, qui se trouvait gravement compromis par l'imprudence que venait de faire le jeune prince, s'entendit avec la bonne Joséphine, cet ange tutélaire qui aimait le dauphin et veillait à sa sûreté avec la même sollicitude que s'il avait été son propre fils, et il fut décidé que, pour le mettre à l'abri de toute recherche et le faire échapper à la colère du premier consul, on lui fournirait les moyens de quitter la France et même l'Europe, en attendant que la divine Providence fît luire des jours plus beaux, et naître des circonstances plus heureuses pour le ramener au sein de sa patrie avec les honneurs dus à son haut rang.

Ce projet une fois arrêté, Fouché fit comprendre au prince combien il avait eu tort de lui faire un mystère de ses démarches et de ses relations avec l'infortuné Pichegru, desquelles il ne pouvait prévoir ni la portée ni le danger. Il ajouta que cette imprudence de sa part, pour ne rien dire de plus, le mettait désormais dans l'impossibilité de lui être utile, et même de le soustraire plus longtemps aux investigations actives du premier consul ; qu'il lui conseillait, en conséquence, de partir pour les États-Unis, où il trouverait un asile assuré, et où il passerait une vie douce et ignorée qu'il pourrait consacrer en grande partie à l'étude, pour achever et compléter son éducation. Il finit en lui annonçant qu'il avait tout préparé avec la femme du premier consul, pour son prochain départ. Le dauphin remercia son protecteur de tout ce qu'il avait fait pour lui, lui exprima le regret qu'il éprouvait d'avoir pu le compromettre par l'étourderie qu'il avait faite, laquelle cependant ne devait être attribuée qu'à son inexpérience, à sa grande timidité et à sa jeunesse, et le pria d'être l'interprète de sa vive reconnaissance auprès de la bonne Joséphine, dont il n'oublierait jamais les bontés et la générosité, non plus que le service signalé qu'il lui rendait dans cette circonstance pénible et exceptionnelle. Sa mauvaise étoile et un génie ennemi, ou plutôt les dispositions secrètes d'une sage Providence qui veillait sur ses jours, obligèrent le fils du saint roi-martyr, Louis XVI, à s'expatrier de nouveau, et à aller chercher un asile chez des peuples inconnus. Le premier consul, n'ayant plus rien à craindre du dauphin ni de ses partisans, se livra entièrement à ses projets ambitieux, et se fit proclamer empereur en 1804.

Le dauphin s'embarqua pour l'Amérique dans le courant d'avril 1804. La traversée fut heureuse et sans évènement remarquable. Il arriva à New-Yorck le mois suivant. Il ne fit qu'un très-court séjour aux États-Unis.

Pendant le peu de temps qu'il y resta, le prince, dont la haute intelligence embrassait tout d'un coup d'œil sûr et rapide, ne put cacher son étonnement et en même temps son regret de voir que l'esprit d'égoïsme et d'avarice présidait à toutes les décisions, entravait toutes les démarches et arrêtait tous les grands mouvements. De là il observa avec beaucoup de raison et de discernement, que l'autorité d'un *seul*, réglée et tempérée par un petit nombre de sages lois, est plus avantageuse à la prospérité d'un grand état, et contribue plus au bonheur du peuple, que le pouvoir délégué entre les mains de plusieurs, qui cherchent plutôt à se supplanter mutuellement qu'à assurer la paix et le repos de leurs subordonnés.

En quittant les États-Unis, où il ne se croyait pas en sûreté, le dauphin s'achemina vers les contrées méridionales qu'il parcourut successivement. Conduit par une main invisible qui le préservait de tout danger, le prince visita d'abord la Terre-Ferme ou Castille-d'Or, puis le Pérou, les *Incas* de Marmontel à la main. Tout le Pérou, nous dit-il, n'est pas soumis aux Espagnols. Il y a encore dans les montagnes, surtout vers Cusco, séjour des anciens rois du Pérou, des peuples entiers qui ont conservé leur liberté. Ils haïssent les Espagnols, et en tuent autant qu'ils peuvent. Cette haine, d'après le dauphin, leur vient en partie de leurs pères, qui avaient les Espagnols tellement en horreur, à cause des cruautés horribles qu'ils exercèrent sur eux lorsqu'ils conquirent leur pays, que plusieurs de ceux mêmes qui étaient devenus chrétiens, changèrent de religion, craignant de se trouver en paradis avec les Espagnols, où on leur avait dit que les bons de cette nation allaient après leur mort.

Le prince visita aussi les anciennes réductions du Paraguay, situé à l'occident du pays des Amazones qu'il avait parcouru. Combien son cœur fut douloureusement affecté, en voyant la plupart de ces villages, autrefois si peuplés de fervents chrétiens, détruits et réduits en cendres, leurs habitants dispersés, et un grand nombre d'entre eux retournés à la vie sauvage ! Le dauphin remarqua là ce qu'il avait déjà observé en Egypte et en Syrie, que le christianisme est un esprit vivifiant, qui fait naître l'abondance, la paix et le bonheur partout où il règne, tandis que le philosophisme et l'impiété convertissent en ruines et changent souvent en vastes solitudes les pays qu'ils envahissent.

Après avoir parcouru les diverses parties des contrées méridionales de l'Amérique avec des dangers sans cesse renaissants et des fatigues faciles à imaginer, à travers ces différentes peuplades dont la plupart étaient encore sauvages, le dauphin arriva au Brésil au moment où la famille royale du Portugal, forcée d'abandonner l'Europe, venait de s'y fixer. Ennemi des grandeurs et du faste, et désirant d'ailleurs s'occuper sérieusement de son instruction nécessairement négligée pendant ses diverses pérégrinations, le fils de Louis XVI s'ouvrit franchement à don Juan, régent du royaume, et le pria de le laisser vivre inconnu, et de garder le secret sur sa naissance royale, et surtout sur sa résidence au Brésil, où les sédes du géant pourraient encore l'atteindre; que plus libre, par ce moyen, il pourrait compléter son éducation, dont il sentait de plus en plus la nécessité et les avantages. Don Juan adhéra à tous ses désirs. Ce prince, qui visitait souvent son hôte royal dans la retraite qu'il avait choisie, avait des connaissances très-variées, et était doué des qualités les plus rares, jointes aux talents précieux qu'il avait acquis. Bon, généreux, affable, il donnait également audience à tout le monde, écoutait leurs réclamations et rendait justice à chacun. Connaissant parfaitement l'administration, il gouvernait par lui-même, sous le modeste titre de régent, et s'appliquait à rendre ses peuples heureux.

Le dauphin, pour éviter les curieux, s'était retiré dans une campagne, à peu de distance de la ville, où il pouvait entrer quand bon lui semblait, et donner un libre cours à ses observations. Il examina de près le mécanisme des administrations, auxquelles il était absolument étranger. Il comparait la civilisation de ces contrées avec celle du continent. Ce parallèle lui apprit ce qu'il avait remarqué partout, que le pauvre dépend du riche et que le peuple est à la merci des grands. Cependant une chose inquiétait le dauphin dans sa paisible et agréable retraite qu'il savait si bien utiliser. La précipitation avec laquelle il avait quitté la France en 1804, l'avait empêché de s'occuper du sort d'un jeune étranger qu'il avait rencontré en Italie, et qu'il avait attaché à sa personne en qualité de secrétaire.

Tant qu'il avait mené une vie errante, malheureuse, il avait voulu être seul; mais depuis qu'il goûtait le repos et éprouvait le bonheur dans les états de don Juan, qui fournissait à tous ses besoins avec une munificence vraiment royale, il désirait ardemment s'assurer du sort de son cher Tancrède (c'est le nom du jeune homme qu'il avait laissé à Paris en 1805.) Inquiet sur le compte de ce jeune homme qu'il affectionnait sincèrement, il voulut avoir de ses nouvelles à tout prix. Ne sachant comment s'y prendre, ni à qui s'adresser, parce que toutes les relations avec la France avaient cessé, le dauphin résolut de repasser en Europe, tant pour savoir ce que ce jeune homme était devenu, que pour voir de plus près ce qui se passait dans sa chère et malheureuse patrie qu'il aimait par dessus tout et de laquelle il se trouvait séparé par la vaste étendue des mers et la difficulté insurmontable des communications.

Ayant communiqué son projet à don Juan, ce bon prince tâcha de l'en dissuader, en lui faisant entrevoir tous les dangers qu'il allait de nouveau courir. Aux yeux de la prudence humaine, ce conseil était aussi sage que désintéressé, et le dauphin devait naturellement le suivre ; mais la divine Providence qui voulait fournir une nouvelle preuve de son existence merveilleuse, en décida autrement. Le prince, poussé par une force irrésistible, persista dans son opinion, et s'embarqua de nouveau pour l'Europe.

Arrivé à Civita-Vecchia, où il avait désiré aborder, parce qu'il se croyait parfaitement en sûreté dans les Etats Pontificaux, il fut, à son grand étonnement, arrêté, conduit à Rome et mis à la disposition de l'autorité militaire, alors toute puissante, et la seule qui fonctionnât régulièrement, depuis que l'enlèvement du Saint-Père avait fait annexer ses Etats à l'empire français. Renfermé dans le fort Saint-Ange, le prince fut conduit presque immédiatement dans le cabinet d'un général de gendarmerie, du nom de Radet, déjà en possession d'une triste célébrité, ce qui n'était pas très-rassurant pour le malheureux prisonnier. Après avoir pris connaissance des papiers saisis sur le prince, et l'avoir entendu lui-même, ce général en rendit compte au général *Miollis*, commandant supérieur.

L'auguste Marie sauva le dauphin dans cette circonstance périlleuse, en lui inspirant la pensée de demander d'être conduit immédiatement devant le ministre de la police. Le général, accédant à sa demande, le dirigea sur Paris, où il arriva en 1810, accompagné d'un officier de gendarmerie qui, conformément aux ordres du général Miollis, le remit, ainsi que toutes les pièces dont il était porteur, entre les mains du ministre de la police lui-même. Fouché, après avoir pris connaissance du contenu des dépêches du général Miollis, d'où il résultait pour lui que le prisonnier dont il était question était bien le même personnage qu'il avait fait embarquer en 1804, s'empressa de congédier l'officier. Nous ignorons le contexte du reçu qui fut délivré ; nous présumons, cependant qu'il différa un peu de celui qui fut donné lors de la remise de Pie VII, qui était ainsi conçu : « *Reçu un pape en assez mauvais état* » ; car monseigneur le dauphin jouissait alors d'une très-bonne santé. Quand il fut seul, le prince fit connaître à Fouché les motifs qui l'avaient engagé à revenir en Europe, motifs qu'il fut loin d'approuver. Ce ministre ne lui laissa pas ignorer la grandeur du danger qu'il venait de courir. « Il est très-heureux, lui dit-il, que vous ayez eu l'idée de demander au général Miollis d'être conduit directement devant moi, et qu'on ne vous ait pas déposé ailleurs ; car il eût été bien difficile de vous sauver, surtout si l'on vous eût interrogé avant de m'avoir vu ; avec votre franchise qui ne sait rien dissimuler, vous eussiez tout gâté, et je me serais trouvé dans l'impossibilité de vous être utile et de vous sauver. » Fouché lui donna en même temps des nouvelles de Tancrède, son secrétaire, qu'il n'avait pas perdu de vue, parce que, ajouta-t-il « je connaissais son attachement pour vous et tout l'intérêt que vous lui portiez (7). Quoique l'empereur, continua Fouché, paraisse avoir oublié votre équipée de Chaillot, il serait très-dangereux, croyez-moi, qu'il fût informé de votre présence à Paris, et je ne pourrais plus rien pour vous ; parce que sa majesté impériale a su que je n'avais pas été étranger à votre départ de France et à votre sortie d'Europe. Moi-même je prévois que je serai bientôt remercié de mes services ; mes ennemis m'ont desservi auprès de l'empereur ; on est fatigué de me voir là. Ce que vous avez de mieux à faire, c'est de retourner dans l'asile sûr et ignoré que vous avez quitté trop tôt. »

Le dauphin goûta ces raisons qui étaient toutes dans son intérêt, et son fidèle Tancrède l'ayant rejoint, ils se hâtèrent de quitter Paris. Ils s'embarquèrent pour les États-Unis, d'où il leur fut facile de trouver un bâtiment qui fit voile pour le Brésil, où le prince arriva après une absence de moins d'une année. Don Juan le reçut à bras ouverts, et bénit la divine Providence qui venait d'arracher de nouveau cet illustre rejeton de tant de rois à des périls si imminents, et de manifester son existence et sa présence dans la capitale du monde chrétien d'une manière officielle, comme on le verra dans la quatrième note placée à la fin de ce livre.

(7) Voir la note 7 à la fin de ce Livre.

Le dauphin reprit son genre de vie ordinaire, et se livra à l'étude avec une ardeur toute nouvelle. Pendant son séjour au Brésil, ce prince fit connaissance avec diverses personnes, parmi lesquelles nous citerons le chevalier Napione, piémontais et général au service du Brésil, et le général Torrès, gouverneur de Paraïbo. Le prince voyait souvent aussi le doyen des chanoines de la cathédrale de Rio-Janeïro, qui avait mis sa belle bibliothèque à sa disposition. Le dauphin, au dire du vénérable chanoine, avait une prédilection marquée pour les ouvrages de *Bossuet*, de *Massillon*, de *Bourdaloue*, de *Boileau* et du bon *Lafontaine*. Ce respectable doyen, se rendant à Rome, en 1835, passa par Bourgoin (Isère), et logea chez M. le curé du lieu. C'est là que M. l'abbé Roux, de Vienne, ecclésiastique distingué, ancien vicaire de Bourgoin, et actuellement curé à Genas, eut un long entretien avec ce vieillard, sur le séjour que le duc de Normandie avait fait à la cour du Brésil.

Le vénérable doyen qui se rendait à Rome pour fuir la persécution, avoua qu'il avait beaucoup connu ce prince dont il fit le portrait suivant : « Il était de taille moyenne, plutôt petit, mais bien proportionné ; il avait les cheveux blonds et les yeux bleus, un regard vif, une parole rapide, la démarche assurée ; incapable de réprimer une émotion, il s'emportait à la moindre contrariété. Don Juan croyait réellement que ce prince était le fils de Louis XVI, et le traitait comme tel ; mais les courtisans, les seigneurs de la cour, les officiers généraux, les fils du roi, principalement don Miguel, se moquaient de sa prétention. »

Ce témoignage que M. le curé de Genas a donné par écrit à l'illustre victime de nos discordes civiles, et qu'il est prêt à confirmer de vive voix, à première réquisition, prouve non-seulement que le dauphin n'est pas mort au Temple, mais qu'il existe dans la personne de M. le baron de Richemont que M. l'abbé Roux a parfaitement reconnu d'après le portrait fait par le vénérable doyen du chapitre de Rio-Janeïro (8).

La bienveillance avec laquelle le prince régent traita le dauphin pendant tout le temps qu'il resta à la cour du Brésil, contribua beaucoup à lui attacher ce cœur bon, magnanime, généreux et reconnaissant. Ces deux princes, amis du beau, du juste et de l'honnête, étaient vraiment faits l'un pour l'autre. Leurs pensées, leurs sentiments, leurs paroles et leurs actions s'identifiaient et se confondaient tout naturellement dans l'amour du bien et le désir de faire le bonheur des peuples. Aussi le dauphin qui épousait les intérêts du régent avec un vif empressement, cherchait ardemment l'occasion de lui donner une preuve éclatante de sa reconnaissance et de son dévouement sans bornes. La Providence qui voulait que l'auguste orphelin s'acquittât en grande partie envers son généreux bienfaiteur avant de quitter ses états, ne tarda pas de la lui fournir.

La ville de Goa, située sur la rivière de Maudoa, la plus riche et la plus considérable des possessions portugaises dans les Indes orientales, s'était révoltée de nouveau contre ses véritables maîtres dont elle voulait secouer le joug. L'archevêque de cette ville, de concert avec le grand inquisiteur, s'était mis en hostilité ouverte avec les autres autorités de la colonie et paralysait ainsi l'action du gouvernement. Le vice-roi fermé dans son palais ne

(8) Voir la note 8 à la fin de ce Livre.

pouvait plus rien sur un peuple en pleine révolte. Cet état de choses qui durait depuis quelque temps, d'après les dernières nouvelles reçues, inquiétait vivement le prince régent. Le dauphin, pour témoigner à son bienfaiteur toute sa reconnaissance, offrit de se mettre à la tête de l'expédition qu'on préparait, et promit de ne revenir qu'après avoir soumis les rebelles à l'autorité légitime. Son offre ayant été acceptée, il s'embarqua avec son fidèle Tancrède dans les premiers mois de l'année 1812.

Débarqué à Goa au moment où l'on s'y attendait le moins, après une navigation des plus heureuses, le jeune et habile amiral qui ne comptait pas encore six lustres, délivra le vice-roi prisonnier dans son propre palais, marcha droit contre les rebelles qu'il défit et s'empara des principaux instigateurs des troubles, qu'il fit charger de chaînes et jeter en prison; il nomma de suite une commission qu'il présida lui-même, pour examiner les faits, juger et punir les coupables. Quand tout fut rentré dans l'ordre, et que la justice eût repris son cours, le prince, assisté du vice-roi dont il voulait raffermir l'autorité, fit paraître devant lui les fauteurs de la révolte, leur fit les plus énergiques représentations, mit en liberté les moins coupables et les plus repentants, et renvoya les plus compromis à Rio-Janeiro, afin qu'ils eussent à rendre compte de leur conduite au prince régent du Brésil.

Cette mission remplie avec autant de bonheur que de promptitude, le dauphin, à qui tout le succès et l'honneur en étaient dus, aussi modeste après la victoire que terrible dans l'action, ne voulut pas aller en recueillir les fruits et recevoir les louanges à la cour de Rio-Janeiro. Il fit repartir la flotille sous les ordres d'un de ses lieutenants, à qui il donna les instructions nécessaires; pour lui-même, il resta encore quelque temps à Goa, où sa présence paraissait être nécessaire pour imprimer plus de crainte à ceux qui avaient suivi le parti des rebelles, donner plus d'autorité aux administrations, et inspirer plus de confiance aux sujets fidèles.

En partant de la ville de Goa, le prince, accompagné de son fidèle Tancrède qui ne le quittait plus, visita d'abord le Bengale et surtout les établissements anglais de Calcutta. Il passa de là dans l'île de Ceylan. Les productions de cette île merveilleuse, nous dit le dauphin, aussi abondantes que variées, en font une espèce de paradis terrestre. Les arbres qui produisent la cannelle sont en si grand nombre, qu'il y en a des forêts entières, dont on sent l'odeur de 40 lieues en mer.

Le dauphin visita aussi le royaume de Siam, les colonies hollandaises, et les autres établissements européens de l'Océanie et des Indes. Il semblait qu'une puissance invisible le conduisait comme par la main, dans les différentes parties de l'univers, afin d'apprendre à connaître toutes les misères de l'humanité souffrante, pour savoir toutes les soulager lorsqu'il serait remonté sur le trône de ses pères. Ces différentes excursions entreprises dans le but louable de s'instruire dans l'art, si difficile aujourd'hui, de gouverner les hommes d'après les principes immuables de la justice éternelle, retinrent le dauphin plus de deux ans absent du Brésil, où il n'arriva qu'à la fin de 1814.

Il se rendit immédiatement à *San-Christovao*, palais d'été du souverain; ce fut là qu'il apprit les événements qui venaient de se passer en Europe, et particulièrement en France. *Le prince se décida* aussitôt à rentrer le plus tôt possible dans sa patrie, et il partit dès que les vents le permirent. Don Juan voulut, avant son départ, pourvoir amplement à tous ses besoins et assurer son sort pour l'avenir. Au moment de la séparation, cet ami généreux lui dit : « Que le ciel veille sur vous, et que sa protection vous accompagne toujours ! Si, contre tout espoir, le destin vous était contraire, revenez dans ces contrées, vous y trouverez, comme par le passé, bienveillance et appui... » Cette séparation fut, hélas ! éternelle; don Juan mourut en 1826, au moment où le duc de Normandie, pourchassé comme une bête fauve par les siens, qui régnaient alors en France, se disposait à aller le rejoindre à Lisbonne.

FIN DU LIVRE DEUXIÈME.

PIÈCES JUSTIFICATIVES.

Note 1. — Nous avons transcrit littéralement le document suivant qui jette un grand jour sur la vie politique du déïste Louis XVIII, père de la *Charte* :

« J'ai beaucoup parlé, dit M. A. Gozzoli, de ce prince (Louis
« XVIII) dans mon article, à l'occasion de la mort de l'infortuné
« Fualdès (racontée au 5ᵉ Livre), et je crois que les lecteurs me
« sauront gré de le terminer par le récit d'un tour de gobelet gou-
« vernemental et dynastique dont il est l'auteur. Le fait est très
« peu connu : il s'agit de la falsification officielle du testament de
« Marie-Antoinette. Ce testament, rédigé en forme de lettre à
« Madame Elisabeth, avait été retrouvé dans les papiers du conven-
« tionnel Courtois. Louis XVIII et son ministre favori en firent faire
« des *fac-simile* dont ils eurent soin d'élaguer certain paragraphe
« accusateur qui eût singulièrement édifié la France. Puis, le tes-
« tament ainsi tronqué, M. Decazes vint le lire à la tribune de la
« Chambre des députés, le 22 février 1816, avec toutes les dé-
« monstrations de sensibilité et de douleur que la circonstance
« comportait. Le passage supprimé suivait immédiatement celui
« que la reine termine par ces lignes : « Il me reste à vous *confier*
« encore mes *dernières pensées* ; j'aurais voulu les écrire dès le
« commencement du procès ; mais, outre qu'on ne me laissait pas
« écrire, la marche en a été si rapide, que je n'en aurais réelle-
« ment pas eu le temps. » Quand on arrive à cet endroit, on s'at-
« tend à trouver quelques confidences intimes dans ce qui va

« suivre. On s'apprête à méditer ces dernières pensées d'une reine
« malheureuse, d'une mère qui s'épanche dans le sein d'une amie
« avant de dire adieu à la terre. On est surpris de ne lire que
« des phrases qui ne confient rien, qui ne pouvaient rien apprendre
« à madame Elisabeth, des phrases telles que celles-ci : « Je
« meurs dans la religion catholique, apostolique et romaine, où j'ai
« été élevée... Je demande sincèrement pardon à Dieu, etc... » La
« lacune était évidente, personne ne s'en aperçut, ou, du moins,
« ne parut s'en apercevoir. » Messieurs, dit le comte Decazes, après
« avoir achevé sa lecture, Sa Majesté a désiré que vous vissiez dans
« cette communication une preuve du besoin qu'elle éprouve de
« confondre tous ses sentiments dans ceux de son peuple, de vous
« faire partager les consolations qu'elle reçoit, comme elle partage
« nos espérances et nos maux. » Maintenant, continue M. Gozzoli,
« pour faire apprécier la nature des *consolations* qu'avait dû donner
« au monarque le contenu du testament de sa belle-sœur, je
« me bornerai à dire que le paragraphe supprimé commençait par
« ces mots : *Recommandez à mes enfants de se méfier de leur oncle*
« *Louis-Stanislas-Xavier.* » (L'histoire de la falsification du testament
« de Marie-Antoinette m'a été racontée par un ancien conventionnel
« qui la tenait de bonne source.) »

Ce nouveau document qui charge le *Père de la Charte* du crime
de falsification, n'étonnera pas ceux qui connaissent la conduite
qu'a tenue *Monsieur* envers son frère et son roi le pieux Louis XVI,
avant la révolution de 1789. Du reste, l'histoire des nations nous
apprend que celui qui ne reconnaît d'autre divinité que *son ambition*
sans bornes, ne reculera devant aucun crime pour atteindre
son but. D'ailleurs, la reine n'ignorait pas les rapports de *Monsieur*
avec les philosophes et les esprits forts qui raillaient la piété sincère
du roi Louis XVI et de toute la famille royale. Elle remplissait
donc un devoir sacré en faisant prévenir ses enfants de se méfier
de leur oncle Louis-Stanislas-Xavier.

DÉCLARATION DE M. ARNAULT.

2me *Note.* — « Je soussigné, Pierre Arnault, propriétaire, demeurant
à Triel, déclare que, faisant partie de la garde nationale de
Paris, je me trouvais de service au Temple au commencement de

l'année 1794, sans pouvoir préciser le jour ; qu'au moment où, pour entrer, nous défilions par le guichet qui conduit à la tour du Temple, j'ai vu un homme portant un cheval de carton sur son épaule, et rangé de côté dans le guichet, attendant pour sortir que nous eussions passé.

« Triel, le 9 septembre 1840. — *Signé* : ARNAULT. »

« Vu pour la légalisation, etc., le maire de Triel, *Signé* : DROSY. »

Voilà une déclaration très authentique et bien positive qui suffirait seule pour prouver l'introduction d'un cheval dans la prison du Temple. Qu'a-t-on à répondre? On ne détruit pas des faits par de prétendues impossibilités ou de pures négations dénuées de preuves.

CERTIFICAT AUTHENTIQUE.

3me *Note.* — Je soussigné, Nicolas-Julien-François Casseux, professeur, demeurant à Paris, rue Bourtibourg, 21, déclare que je questionnai, en 1834, lors du jugement de l'ex-baron de Richemont, le sieur Lasne, qui disait avoir gardé le fils de Louis XVI, afin de savoir quelles étaient les réponses que lui faisait cet enfant sur ses ses parents et autres choses, et que le sieur *Lasne* répondit *que l'enfant ne disait jamais rien*.... Fait à Paris le 2 novembre de l'année 1842.   Signé CASSEUX.

Cette réponse du sieur Lasne prouve évidemment que l'enfant substitué au dauphin était muet. Malgré lui, l'homme de la Convention et des autres gouvernements qui l'ont successivement remplacée, fait connaître la vérité et dévoile un long mystère d'iniquité qu'il avait ordre d'ensevelir dans un éternel silence. Voilà un nouveau trait de la Providence en faveur de l'auguste orphelin du Temple, que nous ne pouvons nous empêcher de signaler à nos lecteurs et d'admirer nous-même dans le secret de notre cœur...!

4me *Note.*

Comme la pièce, dont nous avons cité quelques passages seulement au deuxième livre, nous a paru d'une haute importance et de nature à dissiper tout doute, nous avons cru devoir la transcrire intégralement, malgré sa longueur, pour éclairer de plus en plus la religion de nos lecteurs.

« Extrait de l'ouvrage de M. Lafont d'Aussonne, intitulé : *Lettres anecdotiques et politiques, sur les deux départs de la famille royale* »

« *en 1815 et 1830. Paris*, 1832, pages 145, 146, 147, 148 et 149.
« *Lettre VI, à M. le marquis de Latour, à Londres. Paris*, 1818. »

« Je ne m'imagine point, monsieur le marquis, tant votre perspicacité m'est connue, que vous formiez le moindre doute sur la mort du jeune Louis XVII. Le bruyant procès criminel qui remplit depuis quelques jours nos gazettes, n'est autre chose qu'un manifeste politique, arrangé tout exprès par le roi. Une certaine cour de l'Europe lui ayant cherché noise sur ce sujet, il a pensé qu'il devait créer ces débats judiciaires et publics, afin d'y glisser, d'un air naturel, les preuves que sa hauteur habituelle et son rang ne lui permettaient pas d'offrir comme explications exigées et comme excuses.

« Voici de quoi il est question *pour ceux qui savent le dessous des cartes* (1) : Vous vous ressouvenez, monsieur, que dès la bataille de Paris, M. le comte d'Artois vint prendre les rênes du gouvernement en qualité de lieutenant-général du royaume. A cette époque de désordre, les cardinaux romains se trouvaient dispersés dans notre Champagne, où sévèrement dépouillés de leurs insignes écarlates, on les nommait, d'après Bonaparte, les *cardinaux noirs*. Ces cardinaux noirs, affranchis tout à coup par le sort des armes, s'empressèrent de se réunir dans la capitale, et s'adressant au chef très-accessible de l'Etat, ils lui apprirent que Napoléon, lorsqu'il avait fait violence au souverain pontife son consécrateur, s'était emparé des archives romaines, lesquelles étaient maintenant déposées à l'hôtel Soubise du Marais. « Dans l'ensemble confus de nos archives papales, ajoutèrent les cardinaux, il existe un dépôt sacré que le profanateur ignore sans doute et qui, par cela même, est demeuré intact. Ce dépôt, c'est la *chapelle de la canonisation. Le bienheureux*, dont l'apothéose était en instance au Vatican depuis nombre d'années, est renfermé, suivant l'usage, dans le cercueil d'argent. Tristement délaissé parmi les magasins de l'autel Soubise, ce vénérable

---

(1) L'auteur, par ces mots : *pour ceux qui savent le dessous des cartes*, affirme que toute la famille royale ainsi que son entourage, savait positivement *que le fils de Louis XVI n'était mort ni au Temple ni ailleurs*, puisqu'il se trouvait à Paris au vu et au su de ses parents dans le moment même de l'arrestation de Mathurin Bruneau; il ne pouvait donc y avoir d'équivoque; tous les familiers de la cour en étaient informés, et ce n'était un mystère pour aucun d'eux.

cénotaphe implore notre assistance ; nous vous prions, excellent prince, de rendre au souverain pontife ces faibles reliques : elles ont intercédé peut-être pour vous et pour les romains. » M. le comte d'Artois, naturellement bon et religieux, promit aux exilés de les satisfaire, et dès le lendemain, on mit à leur disposition tout ce qu'ils réclamaient. Par ordre de M. le lieutenant-général, on fit construire un long corbillard de velours noir, aux armes de Rome et de France. Le corps du *bienheureux* fut déposé dans cette voiture, soigneusement fermée ; deux cardinaux, deux prélats, six ecclésiastiques le suivirent dans des carrosses de convoi. Il y eut des ordres donnés sur la route pour que les paroisses vinssent offrir l'eau bénite et l'encens ; sur l'entier passage, depuis Paris jusqu'à la mer Méditerranée, les mondains les plus déterminés ne pouvaient se plaindre de ces honneurs funèbres accordés aux dépouilles d'un mort jugées dignes des respects du monde ; et je sais que les mondains eux-mêmes ont un fond de pitié pour le cercueil et pour les morts quels qu'ils soient. Cependant on avait informé Louis XVIII de ces circonstances. A peine arrivé aux Tuileries, il querella son frère sur son administration des deux mois, et lui reprocha notamment ses condescendances nombreuses pour le pape. « Qu'aviez-vous besoin de lui redonner sitôt ses archives, dit-il? Qu'aviez-vous besoin de lui remettre en mains sa chapelle de canonisation et toute sa boutique? J'avais mes projets, moi, et vous m'avez démuni inconsidérément. Je vais faire courir après le *saint*, il faut que cette chose-là du moins nous demeure. — Oh! mon frère, lui dit le comte d'Artois, avec affliction, quel cruel dessein! et quelles paroles! » Les cardinaux, informés de ce qui allait avoir lieu, dépêchèrent aussitôt des courriers extraordinaires. Messieurs du convoi firent prendre la poste, et les gendarmes français n'arrivèrent qu'au moment où le corbillard venait de s'embarquer.

Un mois après cet esclandre impie, un envoyé de Rome vint annoncer à notre roi que, selon bien des apparences, le jeune dauphin, son neveu, pouvait être du monde ; et que, s'il en allait de la sorte, le souverain pontife priait le monarque de ne point se faire sacrer. « Nous avons trouvé, dit l'ambassadeur, dans nos archives *restituées par la France*, un papier fort essentiel, une allocution du grand pape Pie VI, mort à Valence. Cette allocution, adressée au sacré collége trois jours avant l'enlèvement sacrilège de Pie VI, *indique le jeune Louis-Charles de Normandie, comme retiré dans le Bocage, et l'y représente comme jouissant alors d'une parfaite santé.* — Où est cette allocution, monsieur, s'écria le roi? — La voilà, sire, dit l'envoyé d'Italie, elle est signée du feu pape, et revêtue du sceau de l'Etat. — Ce n'est là qu'une expédition, observe le prince; je n'ajoute foi qu'aux originaux. — Les archives des souverains, reprit l'ambassadeur, ne se déplacent que par violence; les nôtres ont beaucoup trop voyagé. — J'enverrai donc quelqu'un sur les lieux, reprit le monarque? mais c'est une mauvaise difficulté qu'on veut me faire à Rome. Le Comité de *salut public* n'oublia certainement pas de tuer mon neveu de Normandie; il est bien défunt, et je le prouverai. » Voilà, monsieur, d'où provient, comme je l'ai d'abord annoncé, le procès du faux dauphin Bruneau, qui se plaide à Rouen, par voie de rocambole. »

« Adieu, monsieur le marquis; je suis votre serviteur bien dévoué, bien affectionné. »

Cette pièce, dont l'authenticité ne peut être révoquée en doute, prouve victorieusement que monseigneur le duc de Normandie n'est point mort dans la tour du Temple, et que le souverain pontife, ainsi que les autres souverains de l'Europe, avaient été officiellement prévenus de son enlèvement et du lieu où ses libérateurs l'avaient d'abord caché.

Il est maintenant bien facile d'apprécier la bonne foi de ceux qui ont gardé le secret qui leur avait été imposé, et la véracité des écrivains à gage, folliculaires et autres, qui ont eu l'audace de rendre compte des faits qu'ils ne connaissaient pas ou qu'ils savaient faux. Il faut être bien aveugle ou bien borné pour ne pas voir la main de Dieu qui agit avec force, mais aussi avec douceur dans tous les évènements qui arrivent en France et en Europe depuis 1850 surtout, et qui se passent pour ainsi dire sous nos yeux. On dirait vraiment que plus la lumière brille avec éclat, plus nous nous obstinons à fermer les yeux afin de demeurer dans les ténèbres. Il faudra l'explosion d'un grand coup de tonnerre pour nous les faire ouvrir!

Note 5me.

La déclaration de M. Anglade ne laisse rien à désirer. Tous nos lecteurs remarqueront avec nous la conversation du jeune passager avec l'aspirant, la promesse qu'il va s'occuper de lui auprès du général. Quel protecteur ! un enfant de 15 ans ! Il faut lui supposer une présomption bien déplacée ou le sentiment intime de ce qu'il est, de ce qu'il peut. Remarquez sa réponse aux questions de son camarade avant de le quitter. Celui-ci lui demande son nom. Un nom? c'est la première confidence qu'on échange entre amis même improvisés. A cet âge, il n'est pas naturel qu'on le cache; ils sont ensemble depuis plusieurs semaines, Anglade ignore son nom. A cette question, le jeune passager réfléchit et répond : « Je ne puis vous dire mon vrai nom et pour cause, mais je vous dirai que j'appartiens à une des plus hautes familles de France, et que je m'appelle Laterre; souvenez-vous en bien et ne l'oubliez jamais, et surtout ne m'en demandez pas davantage... » Il appartient à une des premières familles de France. Mais Kléber et Desaix ne sont pas nobles, et il se nomme Laterre. Le ton et les paroles du jeune Laterre avaient tellement impressionné M. Anglade, que 34 ans plus tard, à Sainte-Pélagie, au milieu des captifs de nos troubles civils, quand il aperçoit M. de Richemont, il n'hésite pas à reconnaître en lui son ami Laterre, et ne s'étonne point de sa qualification du fils de Louis XVI qu'il s'attribue et qu'on ne lui conteste pas.

Déclaration de M. A. Anglade, officier de la Légion d'honneur et lieutenant de vaisseau en retraite.

« En 1798, je fus embarqué, en qualité d'aspirant de marine, sur le vaisseau le *Spartiate*, commandé par le capitaine de vaisseau Émériau, et fîmes partie de l'expédition d'Égypte, partie de Toulon le 29 floréal an VI, et fûmes le premier sous voiles des 14 vaisseaux de guerre qui en faisaient partie. *Un jeune homme d'environ treize à quatorze ans fut embarqué passager à notre bord et admis à notre table par ordre du commandant.* J'avais près de dix-sept ans, et à cet âge on se lie facilement, et surtout lorsque je m'aperçus que ce jeune homme se distinguait sur tous les autres passagers.

« Pendant la traversée, faisant route sur l'île de Malte, je m'attachai à lui plus particulièrement. Tout en faisant route vers cette île, ce jeune homme se mit *à jouer au vingt-un dans la grand'chambre des officiers*, et il *perdait souvent;* comme ami, je lui fis d'abord quelques représentations, et comme il voulut continuer, je le menaçai de lui ôter la clef de sa malle dans laquelle il allait souvent prendre de l'argent ; il s'arrêta et s'abstint.

« Aussitôt la prise de Malte, nous entrâmes dans le port ; le même jour il descendit en ville où il coucha.

« Arrivé à bord le lendemain, il m'apprit qu'il débarquait pour passer sur le vaisseau l'*Orient*, que *le général Kléber voulait l'avoir près de lui* ; cette décision m'attrista beaucoup, et lui aussi me parut y être sensible en me l'annonçant. Il redescendit en ville, et revint le même jour accompagné de quelques marins qui vinrent prendre ses effets ; il monta sur le pont avec eux, je le suivis fort affligé. Au moment de nous séparer, il me prit la main et m'embrassa en me faisant ses adieux ; et pour me consoler un peu sans doute, il me dit qu'*il allait s'occuper de moi auprès du général*. Avant de nous quitter, je lui demandai son nom ; il réfléchit un instant en souriant, et me dit : « *Je ne puis vous dire mon vrai nom, et pour cause ; mais*
« *je vous dirai que j'appartiens à une des plus hautes familles de*
« *France, et que je m'appelle La Terre. Souvenez-vous en bien et ne*
« *l'oubliez jamais, et surtout ne m'en demandez pas davantage. Adieu,*
« *mon ami, adieu !* »

« Depuis 1798, j'ai souvent pensé au nom et à la personne de La Terre, et en ai parlé à plusieurs de mes amis ainsi qu'à mon épouse depuis plus de vingt ans. Lorsqu'en 1834, arrivé à Paris de la Martinique, j'appris qu'un détenu de ma connaissance était à Sainte-Pélagie ; je fus le visiter, *tout étonné de retrouver le monsieur La Terre du vaisseau le Spartiate*, qui me reconnut aussi en m'entendant nommer.

« Après diverses questions toutes naturelles entre gens qui ne s'étaient pas vus depuis plus de trente ans, je *demeurai convaincu que M. le baron de Richemont, qui était à Sainte-Pélagie en 1834, était bien le même personnage que j'avais connu sous le nom de La Terre, en 1798, sur le vaisseau le Spartiate, lors de l'expédition d'Egypte, sous le commandement en chef du général Bonaparte*, me rappelant alors ce qu'il m'avait dit pendant la traversée et au moment de nous quitter à Malte ; et je ne fus point surpris de la qualité de *fils de Louis XVI* qu'on lui donnait *dans la prison*, ce qui me fournit l'explication des paroles qu'il avait prononcées au moment de quitter le vaisseau le *Spartiate*.

« Je partis pour la Martinique ; à mon retour en 1846, M. le baron de Richemont vint me voir plusieurs fois, et nos causeries m'ont pleinement confirmé dans ma conviction, qu'il est bien le même que le La Terre de 1798.

« Si cette déclaration peut lui être utile, je la lui délivre comme étant l'expression de mes souvenirs et de la pure vérité. »

Signé : A. ANGLADE,
Officier de la Légion-d'Honneur,
et lieut. de vaisseau en retraite.

Note 6. La participation de M. de Frotté à l'enlèvement et le séjour du dauphin en Vendée sont attestés dans la lettre suivante, extraite du *Times*, journal anglais.

A M. l'éditeur du *Times*,

« Dans votre feuille d'hier se trouve un long article concernant les infortunes du dauphin. Quelque étranges que soient ces détails et l'existence du fils de Louis XVI, pour ceux qui connaissent les premières années du prince ; cependant il y a de fortes raisons pour croire à la réalité des documents rapportés par le duc de Normandie, dans la publication dont vous entretenez vos lecteurs.

« Un des principaux agents qui se sont employés pour arracher le dauphin du Temple, fut le comte de Frotté, général vendéen, à la famille duquel je suis allié : ma sœur avait épousé son frère ; j'ai eu par conséquent les moyens de m'assurer que le comte de Frotté a été le principal instrument de l'évasion du dauphin et de sa fuite dans la Vendée, où, quelque temps après, il organisa la guerre si célèbre dans l'histoire de France.

« Napoléon, premier consul, voulant rétablir la paix, négocia sur ce point avec le comte de Frotté, et lui déclara que si le général mettait bas les armes et rendait ainsi la tranquillité à cette portion du pays, il lui accorderait un sauf-conduit pour aller résider où bon lui semblerait. Cette proposition fut agréée par M. de Frotté, qui choisit Paris pour le lieu de sa résidence. Sur sa route vers cette ville, néanmoins, en approchant de Verneuil avec son sauf-conduit à la main, le général fut brusquement arrêté, puis barbarement et traîtreusement fusillé. Je défie qui que ce soit de contredire ce fait. Maintenant, pourquoi le chef du pouvoir alors en France commit-il un acte si contraire au droit des gens, à la justice et à l'humanité, si ce n'est parce que le général Frotté connaissait le lieu où le dauphin était caché, et parce qu'il importait à la police de Bonaparte de détruire le moindre vestige d'une existence si dangereuse pour l'exécution de ses desseins, etc., etc.

» Je suis, etc., etc.

Signé : Baron F. Thierry.

« Londres, le 2 décembre 1838. »

Note 7me. — Le 19 août 1845, le *Courrier français* et le *Siècle* publièrent la lettre suivante (à l'occasion de la mort du prussien Naündorff, faux Louis XVII, arrivée à Delfl (Hollande), le 10 août 1845) :

« Tous les journaux annoncent la mort du duc de Normandie, se prétendant fils de Louis XVI. Si le duc de Normandie est le même personnage que j'ai vu à Rome dans les premiers jours de mai 1810 en état d'arrestation, subissant un interrogatoire dans le cabinet de M. *Radet*, général de gendarmerie, il serait effectivement le fils de Louis XVI. Cette conviction, je l'ai puisée dans celle du général Radet, qui venait d'interroger le prétendant, de lire les pièces dont il était porteur. M. le général Radet envoya ce prétendant à Paris. Qu'est-il devenu depuis? je l'ignore. M. le comte Miollis, gouverneur de Rome, a eu nécessairement connaissance de cette arrestation ; on doit en trouver la trace dans les papiers de sa succession ; elle doit aussi se retrouver dans ceux laissés par le général Radet. Il importe à l'histoire que le fait de la filiation du duc de Normandie soit éclairci ; c'est pour provoquer les explications qui l'établiront, que je vous adresse cette note avec prière de vouloir bien la publier.

L'ex-directeur général des postes de l'armée d'Italie,

Signé Hébert.

rue Neuve-St-Nicolas, 22, faubourg St-Martin.

Paris, ce 18 août 1845.

M. Hébert pensait avec raison que la publication de sa lettre aurait pour effet la manifestation de la vérité et la découverte de celui qu'il avait vu à Rome en 1810. En effet, cet ancien fonctionnaire reçut deux lettres bien différentes : la première, *sans signature*, lui annonçait que le personnage qu'il avait vu à Rome, chez le général Radet, n'était autre que Naündorff, que ce général avait dirigé sur Berlin à cette époque. L'auteur anonyme de cette nouvelle fourberie se garde bien de se présenter à M. Hébert, qui, sachant positivement à quelle époque, comment, par qui, et en quel lieu avait été envoyé l'homme en question ; l'eût confondu par un démenti foudroyant et traité d'intrigant de bas étage.

La seconde, *lisiblement signée*, lui donnait les détails sur le lieu où avait été arrêté l'homme qu'il avait vu à Rome dans le cabinet du général Radet ; sur le lieu où il fut renfermé en arrivant dans la capitale du monde chrétien, ainsi que sur les papiers dont il était porteur ; enfin comment, par quel ordre, sous quelle escorte, où et à qui il fut adressé, ce qu'il en advint, etc.

Quelques jours après, le signataire de cette seconde lettre s'étant transporté chez M. Hébert, sa vue seule suffit pour tout expliquer... C'était M. le baron de Richemont que M. l'ex-directeur général des postes de l'armée d'Italie reconnut de suite pour être le personnage arrêté en 1810 à Civita-Vecchia, et conduit chez le général Radet chez qui il se trouvait ; c'est-à-dire, monseigneur le duc de Normandie, fils de l'infortuné Louis XVI, et de Marie-Antoinette, roi et reine de France.

Incrédules, qu'avez-vous à opposer à ce témoignage ?

Note 8. Comme nous voulons que le soleil de la vérité brille dans tout son éclat, et que nous tenons à ce que nos lecteurs puissent recourir s'ils le désirent, à l'origine des faits, nous donnons ici littéralement l'attestation légalisée de M. l'abbé Roux, actuellement curé à Genas (Isère).

« Je soussigné Pierre-Victor Roux, curé de Genas (Isère), atteste sur l'honneur la vérité du fait suivant : J'étais allé, dans l'hiver de 1835, faire une visite au vénérable curé de Bourgoin, que j'avais quitté seulement depuis quelques mois. Il se trouvait alors dans la maison curiale un vieillard qui, soit à cause de son grand âge, soit à cause de ses infortunes, m'inspira le plus vif intérêt ; ce vieillard était un prêtre portugais, dont la tête avait été mise à prix par doña Maria, et qui, à quatre-vingt-treize ans, seul, à pied, vivant d'aumônes, allait rejoindre à Rome son souverain légitime, pour la cause duquel il était persécuté. Il ne parlait que latin, et il parlait peu ; mais, touché des égards dont je l'entourais, et de l'empressement que je mettais à lui procurer quelques petites douceurs et quelques distractions, ce bon vieillard me prit à part et se mit à me parler français, chose, me dit-il, qu'il n'avait point voulu faire depuis qu'il avait mis le pied sur le sol de la France, afin de se soustraire aux investigations de la police et des curieux indiscrets, mais qu'il se le permettait avec moi, à cause de la confiance que j'avais su lui inspirer, et d'un besoin qui le portait à me donner sur sa personne des détails qu'il cachait même à ses confrères. Alors, il m'apprit, entre autres particularités, qu'il avait été précepteur des enfants de don Juan, et qu'il était le doyen du chapitre des chanoines de Rio-Janeiro. J'éprouvai dans ce moment un sentiment dont je tâcherais vainement de me rendre compte. Je crus voir en ce vieillard infortuné un envoyé du ciel pour répondre aux questions que je m'empressai de lui adresser, et que je vais rapporter ici aussi fidèlement que ma mémoire me les retrace : « Avez-vous vu, lui demandai-je tout d'abord, à la cour de don Juan, un personnage portant le titre de duc de Normandie ? — Oui, Monsieur, me répondit-il, je l'ai beaucoup connu, car, comme je lui avais accordé, sur sa demande, la permission de visiter une bibliothèque, dans laquelle se trouvaient, entre autres ouvrages, ceux de vos auteurs les plus célèbres, tels que *Bossuet*, *Massillon*, *Bourdaloue*, *Boileau*, *Lafontaine* et autres, il avait beaucoup de plaisir à y venir ; il y faisait même de longues stations, pourvu qu'il ne fût pas dérangé par *don Miguel*, pour lequel il nourrissait une aversion marquée ; car, à l'instant où ce dernier paraissait, il se levait brusquement et partait. — Quelques-uns prétendent que ce duc de Normandie est véritablement le fils de l'infortuné Louis XVI; qu'en pensait-on à la cour du Brésil ? — Les courtisans, les seigneurs de la cour, les officiers-généraux, les fils du roi, principalement don Miguel, se moquaient de sa prétention ; mais le roi avait pour lui beaucoup d'égards, et le traitait comme s'il eût été réellement ce qu'il disait être. — Permettez-moi, Monsieur, de continuer mes questions sur un sujet qui m'intéresse au dernier point. Depuis quelques années, les journaux ne cessent de nous entretenir d'un personnage qui, sous le nom de *baron de Richemont*, vient d'être traduit devant les tribunaux, où il a publiquement et positivement déclaré qu'il était Louis-Charles de Bourbon, duc de Normandie, fils de Louis XVI, et avait habité aux diverses contrées américaines pendant plus de dix ans; je désirerais bien savoir s'il est bien le même que celui que vous avez connu à Rio-Janeiro. Si donc vous pouvez me donner des indices sur son caractère et sur son signalement, vous me feriez un sensible plaisir, en même temps que vous me rendrez un service signalé. — Le personnage que j'ai vu à Rio-Janeiro, me répondit le bon vieillard, était de taille moyenne, plutôt petit, mais bien proportionné; il avait les cheveux blonds et les yeux bleus, un regard vif, une parole rapide, la démarche assurée; incapable de réprimer une émotion, il s'emportait à la moindre contrariété. — A quelle époque et à quelle occasion a-t-il quitté le Brésil? — J'ignore ce qui a provoqué son départ; mais il a eu lieu en 1812 ou en 1815, je ne me rappelle plus. » Je remerciai le vénérable vieillard des renseignements qu'il venait de me donner, et en retour des témoignages de confiance dont il m'avait honoré, je lui avouai que j'avais rencontré le fils du roi-martyr, qu'il était facile de reconnaître au signalement qu'il venait de donner. Je lui demandai ensuite s'il ne trouverait pas mauvais que je parlasse de lui au duc de Normandie. — Non, certainement, me répondit-il, vous pouvez lui parler de moi, il ne m'aura sans doute pas oublié; vous me désignerez sous le titre du *doyen de la rue Saint-Jean-Baptiste*. Au reste, continua-t-il, je vous laisserai mon adresse. Je lui présentai à l'instant le premier morceau de papier qui me tomba sous la main. Je n'avais pas voulu, par délicatesse, lui demander son nom; je crus qu'il allait me le donner, je m'étais trompé: il n'écrivit que ces mots: *Rio de Janeiro, rue Saint-Jean-Baptiste*, auxquels j'ajoutai ceux-ci: *le doyen-du-chapitre*, comme on peut le voir sur le même morceau de papier ci-inclus. S'il plaît au Seigneur de faire servir cet écrit à l'accomplissement de ses desseins, je déclare et certifie à tous ceux qui en feront lecture, qu'il est en tout conforme à la vérité. Fait à Genas, le 7 octobre 1842 *Signé*: P. V. Roux, curé. — Le maire de de la commune de Genas, canton de Mézieu, certifie la sincérité de la signature de M. Roux, aux qualités par lui prises. Genas, le 7 octobre 1842. *Signé* : QUANTIN.

Après une pareille déclaration, nous ne pouvons que nous écrier avec le prophète-roi : Seigneur, vous rendez vos témoignages dignes de foi : *Testimonia tua, Domine, credibilia facta sunt nimis.*

VIE
DE SON ALTESSE ROYALE MONSEIGNEUR
LE
DUC DE NORMANDIE,
FILS DE LOUIS XVI.

LIVRE TROISIÈME.

SOMMAIRE :

Arrivée du dauphin à Paris. — Entrevue du dauphin avec madame la duchesse d'Angoulême, sa sœur; mai 1816. — Le dauphin repart pour l'étranger. — Relation et preuves de l'assassinat de M. Fualdès, dépositaire des papiers du dauphin. — Procès du faux dauphin Mathurin Bruneau. — Voyage du dauphin dans différentes parties du monde. — Le dauphin est arrêté et emprisonné à Milan. — Causes de l'assassinat du duc de Berri. — Disparition extraordinaire de M. Caron père. — Mort subite de l'impératrice Joséphine. — Le conventionnel Courtois. — Visite de la duchesse d'Angoulême à la femme Simon. — Nouveaux stratagèmes employés par Louis XVIII pour convaincre le public de la mort du dauphin. — Secret de la cassette anglaise à double fond. — L'empereur d'Autriche envoie le cardinal Pacca faire des propositions au dauphin dans les prisons de Milan. — Histoire de la médaille d'or. — Rapports de Silvio Pellico avec le dauphin. — Le dauphin est mis en liberté. — Ordres donnés pour faire arrêter le dauphin aux frontières. — Réclamation adressée par le dauphin à la chambre des pairs. — Mission de Thomas Martin de Gallardon. — Audience accordée par le roi.

Le dauphin, parti du Brésil par un temps magnifique et avec un vent très favorable, arriva dans le mois d'août

1815, en vue des côtes de Bretagne, après avoir changé plusieurs, fois de vaisseau depuis son embarquement. A la vue de cette belle France qu'il voit de nouveau dans une circonstance que la divine Providence semble avoir fait naître exprès pour lui, mille mouvements divers se passent dans son cœur agité : l'espoir, la crainte, l'effroi, la tristesse, la joie, la terreur, l'amour, s'emparent successivement de son âme et se peignent tour-à-tour sur son visage inquiet. Le fidèle Tancrède qui lit l'ennui, l'incertitude et le trouble sur la figure du prince, n'ose lui adresser la parole. Le dauphin était muni d'un passe-port ou plutôt d'une lettre destinée à lui en tenir lieu, que lui avait remise don Juan lui-même. Cette lettre le désignait sous ses véritables noms : *Louis-Charles de France, duc de Normandie, fils de Louis XVI.*

La prudence, dont le prince a donné tant de preuves jusqu'ici, ne l'abandonna pas dans ce moment critique. Pensant qu'il allait être obligé d'exhiber cette pièce à l'autorité en débarquant à Saint-Malo, où le navire se disposait à entrer, et craignant de sa part quelque tracasserie, peut-être même une arrestation, il prit le passe-port de son secrétaire et lui remit le sien. Tancrède, plus fidèle et plus intelligent que le baron de Grunstein qui, pouvant par l'*incognito* sauver l'infortuné duc d'Enghien, son maître, à Ettenheim, le trahit lâchement, comprit la pensée et le dessein du dauphin, et se conduisit comme simple passager tout-à-fait étranger à son égard.

Ce que le prince avait prévu arriva. La divine Providence qui veille sur ses jours l'avait bien inspiré. La lecture de ses papiers motiva l'arrestation de celui qui en était porteur ; la pièce dont nous avons parlé fut saisie et envoyée à Paris, où elle doit se trouver encore dans les archives du ministère de la police. Le dauphin, resté libre par cet innocent stratagème, accourut à Paris, et son premier soin fut de voir Fouché, alors ministre de Louis XVIII, qui était resté depuis 1802, époque de sa première entrevue avec le fils de Louis XVI, que Desaix lui avait fortement recommandé, dépositaire de l'écrit du prince de Condé. Le croyant arrêté à Saint-Malo, Fouché ne pouvait comprendre comment il se trouvait libre et à Paris.

Après que le dauphin lui eût donné l'explication de ce qui s'était passé, les autorités de Saint-Malo reçurent l'ordre de faire immédiatement partir pour l'Angleterre le jeune homme qui avait été arrêté en débarquant.

Fouché, qui n'avait reçu aucune nouvelle du dauphin depuis plus de cinq ans, le croyait mort; aussi parut-il surpris et même contrarié de son retour. Sans perdre de temps, Fouché le conduisit chez le vieux prince de Condé, qui le reconnut à l'instant, même avant que le ministre lui remît le paquet renfermant les preuves de son identité. Ce bon prince reçut le dauphin à bras ouverts et comme un fils que la Providence lui envoyait pour remplacer son petit-fils, l'intrépide duc d'Enghien, arrêté contre le droit des gens dans le château d'Etteinheim, (sur le territoire de Bade), par les ordres du premier consul, qui le fit condamner et fusiller le 21 mars 1804, à Vincennes, par une commission militaire qui avait ordre d'assassiner légalement ce héros, dernier rejeton de la branche des Condé.

Ce fut à cette époque que le dauphin vit son altesse royale madame la duchesse douairière d'Orléans. Cette vertueuse princesse qui avait toujours déploré les crimes de son époux, lui témoigna constamment la plus tendre affection et lui donna des marques non équivoques de son généreux dévouement. Elle s'entretenait souvent de ce prince avec madame la chanoinesse Periez d'Escart, son amie intime, qui tous les soirs priait pour lui (1).

Quoique le dauphin fût arrivé bien tard, le prince de Condé espérait que sa famille l'accueillerait comme elle le devait. Ce vieux fidèle soutien de la monarchie, dont le cœur était si magnanime et l'esprit si juste, jugeant des sentiments d'un autre par les siens, semblait avoir oublié tout ce qu'avait fait autrefois contre le roi Louis XVI et l'infortunée reine Marie-Antoinette, le philosophe comte de Provence, qui occupait sous le nom de Louis XVIII, un trône usurpé, objet constant de son ambition sans bornes. Fouché ne partageait pas cette illusion; néanmoins il s'offrit de sonder Louis XVIII au sujet du dauphin, afin de voir dans quelles dispositions on le trouverait, et de juger s'il était à propos de lui annoncer son retour en France.

Le prince de Condé goûta cet avis, et, quoiqu'il ne doutât pas de la duplicité du comte de Provence, qu'il connaissait depuis longtemps, il ne regardait pas cependant comme une chose impossible de l'amener à de meilleurs sentiments à l'égard du fils du saint roi-martyr, son neveu, que ses grandes et longues infortunes rendaient si recommandable et si intéressant à tout cœur généreux. Le rapport de M. Fouché ne tarda pas de détruire cette illusion bien naturelle aux âmes nobles et aux esprits droits.

---

(1) Voir la note 4 à la fin de ce Livre.

Le prince de Condé, justement irrité de voir tant de bassesse, de fourberie et de scélératesse dans un parent qui devait être le protecteur naturel de l'auguste orphelin, voulait faire un éclat, reconnaître ostensiblement le fils de Louis XVI, et le proclamer roi de France, à la face de l'Europe. Le moment marqué par la Providence n'était pas encore venu. Le dauphin s'y opposa, dans la crainte de fournir un prétexte à la guerre civile, et peut-être de contribuer à une troisième invasion qui aurait amené le partage de sa malheureuse patrie, depuis si longtemps agitée et dominée par des factieux qui se disputaient la gloire de la gouverner pour satisfaire leur ambition effrénée et non pour faire son bonheur. Ce bon prince répétait sans cesse à son libérateur : « Non, non, je ne souffrirai pas que pour ma cause on trouble de nouveau le repos de ma chère patrie. Pourvu que la France soit heureuse, je ferai volontiers le sacrifice de ma liberté, et même de ma vie. »

« Il est bien dur, il est vrai, et bien cruel pour mon cœur qui aime, de ne pouvoir habiter dans mon pays, de me voir repoussé et persécuté par d'indignes parents ; mais, puisque cela est nécessaire, je partirai de nouveau pour l'exil. J'espère que mes chers concitoyens, dont le bonheur me tient tant au cœur, me sauront quelque gré de m'être sacrifié pour leur repos. »

Le fils du saint-roi martyr aima donc mieux se retirer sur le sol étranger et se vouer à toutes les misères, que de demeurer dans le lieu qui l'avait vu naître, où la fureur et la haine de ses cruels ennemis ne manqueraient pas de l'atteindre.

Cependant le prince de Condé pensant que la sœur du dauphin ne partageait pas les sentiments de ses oncles à l'égard de son frère, résolut de faire une dernière tentative auprès de la duchesse d'Angoulême. Le jeune prince consentit donc à faire un appel au cœur de sa sœur qui ne pouvait avoir oublié l'ami de son enfance, le compagnon de ses jeux, de sa captivité, de ses malheurs et de son exil.

Instruit que madame la duchesse d'Angoulême devait aller faire une partie de plaisir à Versailles, le dauphin s'y rendit avec le prince de Condé; ils se cachèrent dans un bosquet et attendirent son apparition dans le parc. Ils ne tardèrent pas, en effet, à la voir sortir du château, accompagnée du duc de Berry, de la marquise d'Agoult et de quelques gentilshommes. Le prince de Condé et le dauphin la suivirent de loin, et lorsqu'elle fut parvenue dans une allée écartée, ils s'approchèrent d'elle, et le prince de Condé lui dit en lui présentant inopinément le dauphin : « Princesse, voilà votre frère... »

Aussitôt le dauphin prit la parole et lui dit qu'il était prêt à répondre à toutes les questions qu'il lui plairait de lui adresser pour la convaincre qu'il n'était point un imposteur, mais bien véritablement son frère qui, comme elle ne l'ignorait pas, avait été enlevé de la tour du Temple par le zèle et les soins du bon prince de Condé qui avait tout fait pour lui jusqu'à ce jour.

La surprise de la princesse fut grande, et le dauphin crut remarquer en elle quelques indices d'une émotion profonde. Il profita de ces premiers moments de trouble, d'agitation, d'incertitude et d'hésitation, qui peignaient si bien les divers mouvements qui se passaient dans son âme, pour lui faire le récit de ce qui lui était arrivé de plus secret, de ce qu'ils avaient éprouvé de plus particulier au Temple et ailleurs.

Le duc de Berry, qui avait concerté cette entrevue avec le prince de Condé, écoutait le dauphin avec une bienveillance marquée, et au moment où celui-ci croyait avoir retrouvé sa sœur, et ouvrait les bras pour la serrer amoureusement contre son cœur, cette princesse qui avait eu le temps de maîtriser un premier élan de sensibilité et de tendresse, s'écria : « Allez ! allez ! vous êtes la cause de bien des malheurs, et jamais mes bras ne s'ouvriront pour recevoir l'ennemi de notre famille ! » Elle faisait allusion aux aveux arrachés au dauphin dans sa prison, par l'infâme Simon, après la torture morale qu'il lui avait fait éprouver.

Ah ! ma sœur ! ma sœur ! s'écria l'infortuné prince en sortant et en croisant ses deux mains sur sa tête, par une espèce de mouvement convulsif, et vous aussi, vous me repoussez ! Ce n'est pas là ce que vous avaient recommandé nos vertueux parents qui nous contemplent du haut du ciel, où ils sont couronnés de gloire et de bonheur. »

Il voulut se disculper et lui faire connaître toute la vérité, mais il ne fut pas écouté ; elle se retira brusquement, et entraîna le duc de Berry, qui cherchait inutilement à la calmer par des paroles conciliantes.

C'est ainsi que fut accueilli ce frère que la duchesse n'avait pas vu depuis vingt ans ! ce frère victime, comme elle, de la révolution ! ce frère qu'un père martyr lui avait spécialement recommandé dans son immortel testament ! ce frère échappé à tant de dangers par une protection visible de la divine Providence ! ce frère qu'elle venait de retrouver ! ce frère qu'elle a parfaitement connu, car son émotion, son trouble, et surtout ses paroles le prouvent évidemment ! Ah ! malheureuse princesse, combien la conduite que vous venez de tenir à l'égard de votre infortuné frère, vous rend coupable devant Dieu et méprisable aux yeux des hommes !

Nous le savons, votre conscience invoque, pour votre tranquillité, les considérations de la politique et les exigences d'une prétendue nécessité? mais au-dessus de cette vaine et misérable politique qui fait commettre tant de crimes à ceux qui en suivent le machiavélisme, est la voix de l'humanité qui ne vous pardonnera jamais d'avoir manqué de respect et de justice au cri du malheur et du sang. En repoussant votre infortuné frère, pour subir les exigences d'une prétendue nécessité, vous vous êtes, ô princesse, créé un avenir plein de troubles, d'agitation et de remords cuisants, qui ne vous laisseront pas un moment de repos, de paix et de bonheur ! La nuit, votre sommeil sera troublé par des songes épouvantables, et l'on vous surprend à murmurer, malgré vous, le nom de celui que vous venez de repousser si inhumainement. (2) Votre infortuné frère deviendra pour vous, par l'ordre de la divine Providence qui venge tôt ou tard l'innocence opprimée, un cauchemar effrayant qui vous poursuivra partout pour vous faire entendre à chaque instant ces terribles paroles : Où est votre frère que vous avez repoussé d'une manière si barbare ? Nous le savons, vous agissez sous l'influence d'une volonté puissante qui vous fait espérer le trône. Mais, princesse, vous avez donc oublié l'exemple et les leçons que vous a données dans les fers l'auguste auteur de vos jours, qui a préféré une mort glorieuse à une couronne périssable conservée par le sacrifice de sa foi et de la justice ? Vous ignorez donc

(2) Voir la note 2 à la fin de ce Livre.

ce que deviennent les empires acquis par l'injustice et possédés par l'iniquité ? Jetez un regard sur l'histoire des nations, et vous l'apprendrez : *Regnum à gente in gentem transfertur propter injustitias, et injurias, et contumelias, et diversos dolos :* Un royaume, dit l'oracle divin, est transféré d'un peuple à un autre, à cause des injustices, des violences, des outrages et des différentes tromperies qui s'y commettent. (Eccli. c. 10, v. 8.)

Nous savons que les partisans de madame la duchesse d'Angoulême nous contesteront la vérité de cette entrevue, persuadés, disent-ils, que, si cette princesse, à vertus si éminentes, eût retrouvé son auguste frère, elle eût ouvert, avec empressement, ses bras pour le recevoir. Mais si cette entrevue qui s'est passée dans les premiers jours de mai 1816, n'avait pas eu lieu, comment M. Métré, premier valet de pied de Charles X, aurait-il raconté en mai ou juin 1817, « que madame d'Angoulême ayant été à Versailles avec le duc de Berry, pour voir son frère, le reconnut si bien, qu'étant à table avec son oncle et sa famille, elle fit part de la connaissance qu'elle avait faite de son frère : que son oncle Louis XVIII l'interdit en lui disant : Madame, si de pareils propos sont récidivés par vous, je vous fais exiler à l'instant ? »

Ce fait important est attesté par madame veuve Pécouné, née Aubry, en date du 20 janvier 1849. (*Revue catholique,* page 353, 15 février 1849.) O princesse ! que ne partîtes-vous à l'instant pour ce noble exil ! il aurait fait connaître le monstre qui nous gouvernait ; il vous eût immortalisée en vous faisant partager les infortunes de l'illustre orphelin, votre frère, mille fois plus grand dans le malheur que son persécuteur sur son trône usurpé !

Si cette entrevue n'a pas eu lieu, comment monseigneur le duc de Berry en a-t-il parlé lui-même plusieurs fois au roi Louis XVIII, son oncle, qui a fini par lui défendre de l'entretenir jamais de cette affaire? Comment MM. les comtes de Pons, de Curial, de Montbrun et d'Arjuton, qui étaient alors attachés à la maison du roi, témoins oculaires du fait, en ont-ils délivré une attestation en bonne et due forme au dauphin lui-même qui la garde par devers lui et qui l'a transcrite en entier dans les *Mémoires d'un contemporain*, où nous l'avons lue (3)?

D'ailleurs, ces quatre derniers témoins vivent encore; on peut les interroger de nouveau. Mais pourra-t-on encore nous objecter : ce jeune homme était peut-être un aventurier. Si ce jeune homme, affligé et profondément ulcéré du langage de la duchesse, n'eût pas été son frère, ne l'eût-on pas fait arrêter à l'instant, quand il se permit de s'écrier : « Ah! ma sœur, ma sœur! et vous aussi vous me repoussez! » La princesse eût-elle manqué de l'apostropher vivement, de le nommer et de s'écrier : « Allez, allez, imposteur, vous n'êtes pas mon frère! » Ne l'eût-elle pas fait appréhender au corps par les gentilshommes qui étaient à ses ordres?

Si ce jeune homme n'avait pas été le frère de madame la duchesse d'Angoulême, le prince de Condé se fût-il permis de le lui présenter comme tel?

Si ce jeune homme n'avait pas été le frère de la princesse, le duc de Berry, témoin de la scène scandaleuse qui venait de se passer, n'eût-il pas provoqué et fait exécuter immédiatement l'incarcération de l'intrus?

(3) Voir la note 3 à la fin de ce Livre.

Au lieu de sévir, le fils du comte d'Artois s'approcha de l'infortuné qui s'éloignait la mort dans l'âme et le désespoir au cœur, et chercha à le calmer et à le consoler !...
Nous le demandons à toute personne sensée, ce prince eût-il agi ainsi, s'il avait seulement pu douter que ce jeune homme pût être autre chose que ce qu'il se disait être ? Le duc de Mouchy et les autres gentilshommes qui étaient à portée de tout voir, ne se seraient-ils pas empressés d'accourir au premier cri ? Tous les Bourbons aînés n'auraient-ils pas publié le fait, qualifié au moins d'attentat, et banni l'impudent après l'avoir fait dévoiler et punir ? Que ceux qui s'obstinent à fermer les yeux à la lumière qui brille dans tout son éclat, nous disent donc la raison pour laquelle rien de tout cela ne se fit, et quelles furent les causes qui forcèrent tous les intéressés à garder le silence au sujet d'un fait aussi remarquable ?

Il est donc évident que l'entrevue a eu lieu, comme il est certain que madame la duchesse d'Angoulême ne pourra effacer cette tâche de sa vie, qu'en faisant une amende honorable par une reconnaissance publique et solennelle, à celui qu'elle a si indignement repoussé, quoiqu'il fût son auguste frère (4).

Tout ce qui venait de se passer, soit à la cour, soit à Versailles, annonçait suffisamment au dauphin et à ses protecteurs que l'on était bien disposé à étouffer la voix et à mettre à néant les réclamations de l'auguste orphelin du Temple.

Un plus long séjour dans sa patrie pouvant compromettre sa liberté et peut-être même sa vie, le prince dût songer de nouveau à partir pour l'exil, et à y rester jus-

---

(4) Voir la 4e note à la fin de ce Livre.

qu'à ce qu'il plût à la divine Providence de mettre un terme à tous ses maux.

Avant de s'éloigner, le dauphin fit une dernière visite à madame la duchesse douairière d'Orléans qui, au courant de toutes ses démarches, déplorait sincèrement l'injustice inqualifiable dont il était la malheureuse victime. La manière dont cette vertueuse princesse l'accueillit et le traita, les bienfaits dont elle le combla, ses vertus et sa piété sincère et éclairée, effacèrent à ses yeux une partie des crimes de son époux qui avait voté la mort de son parent le pieux Louis XVI.

Quelque temps avant sa mort, cette princesse entièrement dévouée à la cause de Louis XVII, cause sacrée, parce que c'est celle de la justice et du malheur, remit à M. Labreli de Fontaine, son bibliothécaire, un cahier manuscrit contenant seize à dix-sept pages d'écriture, toutes de la main de son altesse sérénissime, composé de notes relatives à des lettres de son altesse sérénissime le pieux prince de Condé, ou à des réponses reçues de ce prince, auquel manuscrit étaient jointes deux lettres écrites et signées de la main du prince de Condé, avec ordre exprès de les remettre au prince Louis-Charles de Bourbon, duc de Normandie, quand il aurait le bonheur de le revoir.

Ces notes exprimaient d'une manière bien touchante les sentiments de vénération, de respect et d'amour que cette princesse avait pour *l'auguste victime*, *l'auguste orphelin* du Temple, expressions qu'elle répétait pour ainsi dire à chaque phrase. En remettant ses papiers à son bibliothécaire, elle lui dit : « Je ne crois pas de vivre longtemps, prenez ces papiers, gardez-les soigneusement, et si vous êtes assez heureux pour revoir celui que nous désirons tant, remettez-les lui ; il les comprendra bien, et

ils pourront lui être utiles ; ce que je veux, c'est qu'il soit bien persuadé que deux membres de sa famille le portaient dans leurs cœurs et lui en ont donné des preuves. »
Les larmes qui coulaient abondamment de ses yeux, l'empêchèrent d'en dire davantage.

M. Labreli, qui remit fidèlement ses papiers à monseigneur le dauphin, lui en fit une déclaration dont il est dépositaire (5). Pour le prince de Condé, il fut si indigné de la conduite machiavélique que tint madame la duchesse d'Angoulême dans le parc de Versailles, au moment de la mémorable entrevue qu'il avait habilement ménagée, de concert avec le duc de Berry qu'on avait mis dans le secret, qu'il fût sur le point de ne garder aucune mesure, de donner la plus grande publicité à cette affaire, et d'en appeler au tribunal des souverains de l'Europe, en vertu de la convention secrète qui réservait les droits du dauphin, convention que l'empereur Alexandre lui avait communiquée confidentiellement.

Ce ne fut qu'avec la plus grande peine et des efforts incroyables, que l'auguste orphelin parvint à le calmer un peu et à lui faire comprendre que tout acte d'opposition dans ce moment serait des plus funestes ; qu'il était plus prudent de céder à l'orage et d'attendre une occasion favorable ; que la France se lasserait bientôt de ses gouvernants, qui entassaient fautes sur fautes, et qui finiraient par se faire encore honteusement expulser. Puisque la Providence l'avait conservé jusqu'alors, ajouta-t-il, il espérait qu'elle ne l'abandonnerait pas, et qu'elle ne laisserait point son ouvrage imparfait ; qu'il fallait se résigner ;

---

(5) Voir la note 5 à la fin de ce Livre.

il le pria donc de se désister de ses projets, et ajouta qu'au besoin il lui défendait de passer outre.

Ces paroles pleines de sagesse, de générosité et de prudence, calmèrent enfin ce bon et respectable prince qui dit au dauphin : « Vous le voulez ? Eh bien ! que la volonté de Dieu soit faite et que vos destins s'accomplissent. » Depuis ce jour le prince de Condé déclina visiblement; il se retira à Chantilly, où le vandalisme révolutionnaire lui avait à peine laissé une modeste habitation au milieu d'un tas de ruines; il ne reparut jamais plus à la cour qui, de son côté, l'oublia entièrement comme tous ceux qui avaient montré de l'attachement au pieux Louis XVI et à sa royale famille.

Ce vénérable vieillard charmait sa douleur, dans cette paisible demeure, en entretenant un commerce de lettres avec madame la duchesse douairière d'Orléans, pour parler sans cesse ensemble de l'objet de leur affection, de leur tendresse et de leur amour. C'est là que mourut ce héros, le 13 mai 1818, au moment où il venait d'être informé de l'arrestation et de la détention du dauphin dans les prisons de Milan.

Il répondit à son aumônier, qui l'exhortait à pardonner à ceux qui l'avaient offensé : « Si Dieu me pardonne comme je pardonne à ceux qui m'ont offensé, je suis sûr d'être avec lui. »

Depuis près deux ans, le sceptique Louis XVIII qui connaissait la protection secrète que Fouché avait accordée au duc de Normandie, lui avait retiré sa confiance; après l'avoir envoyé en ambassade, il le condamna à l'exil. Le porte-feuille de la police générale fut donné au machiavélique Decazes qui, pour complaire à son maître, mit tout en œuvre afin de parvenir à découvrir la retraite de l'auguste victime qu'on voulait immoler sans bruit.

Ses protecteurs comprenant qu'il n'y avait plus de sûreté pour le dauphin à rester plus longtemps dans sa patrie, l'engagèrent à sortir de France. Le jour même de son départ, le prince de Condé lui remit sa première lettre, qu'il avait soigneusement conservée et à laquelle il avait ajouté le récit de ce qui s'était passé depuis. Le duc de Normandie avait aussi quelques lettres de don Juan; il les réunit à celles du prince de Condé, et il s'achemina vers le midi de la France. En passant à Rhodez, le dauphin vit M. Fualdès, auquel il remit une lettre du comte de Viomesnil qui le lui recommandait d'une manière spéciale. Cet ancien magistrat, lui inspirant toute confiance, le prince le pria de lui conserver les lettres de don Juan et d'autres papiers concernant son séjour au Brésil; il le fit volontiers. Le dauphin était loin de prévoir alors que ce dépôt de confiance serait la cause de l'assassinat du vertueux Fualdès. Les auteurs de cet attentat horrible, où l'on se fit un barbare plaisir de compter les soupirs ou les battements de cœur de la victime, n'en retirèrent pas tous les avantages qu'ils en attendaient; car ils croyaient y trouver aussi les lettres du prince de Condé que le dauphin avait sur lui. Les papiers enlevés chez le malheureux Fualdès furent envoyés à Paris, et ils n'ont jamais été rendus au duc de Normandie.

Avant de quitter sa patrie, le dauphin rédigea une déclaration motivée par laquelle rappelant son existence aux souverains étrangers qui n'avaient pu l'oublier depuis le 12 décembre 1802, et qui étaient encore vivants, il protesta hautement contre tout ce qui avait été fait, et principalement contre les traités de 1814 et 1815, si onéreux et si humiliants pour la France.

Cette protestation énergique prouve à elle seule qu'il y a plus d'honneur, plus de vrai patriotisme et plus d'amour pour les véritables intérêts de la France, dans le cœur du fils du martyr Louis XVI, que dans tous les gouvernements que nous avons eus jusqu'ici. Puisse donc le Dieu des armées, protecteur de l'innocence et vengeur du crime, lui rendre bientôt l'héritage de ses pères, pour la gloire et le bonheur de notre chère et bien-aimée patrie !!!

Cette protestation, notifiée à tous les cabinets de l'Europe, pour qu'ils n'en ignorassent pas, le royal proscrit que l'auguste Marie protège et garde de tout danger, s'embarqua pour Edimbourg, où le fidèle Tancrède l'attendait, d'après ce qu'ils étaient convenus au moment de leur séparation.

Laissons reposer quelques instants sur cette terre hospitalière, l'auguste orphelin du Temple, en la compagnie d'un ami véritable, de son cher et fidèle Tancrède, et retournons à Rhodez, pour assister à des débats publics qui nous découvriront et feront enfin connaître le véritable assassin du vertueux et trop infortuné Fualdès.

Au commencement de l'année 1817, la ville de Rhodez, chef-lieu du département de l'Aveyron, fut le théâtre d'un de ces crimes qui viennent de loin en loin plonger les populations dans l'épouvante et la stupeur.

Un ancien magistrat, non moins recommandable par ses vertus publiques que par son caractère privé, un vieillard aimé et considéré de ses concitoyens, mourut égorgé dans un lieu de prostitution, où l'avait entraîné sa pitié et son extrême obligeance. Son cadavre, transporté nuitamment hors des murs de la ville par les assassins, et précipité par eux dans un des gouffres les plus profonds de l'Aveyron, avait reparu le lendemain flottant sur les eaux. La justice commença une enquête : des indices la mirent sur les traces de la vérité ; elle entendit des témoins, elle recueillit des preuves, et bientôt le nom des meurtriers et les détails circonstanciés de ce crime furent livrés à la curiosité frémissante d'un public avide d'émotions.

Les lenteurs inévitables de la procédure, le rang et la fortune des deux principaux accusés, les débats dramatiques du procès, recommençant une seconde fois devant la cour d'assises d'Albi, à la suite d'un arrêt de cassation, après avoir occupé la cour d'assises de Rhodez pendant vingt-cinq longues séances ; les aveux, les désaveux, les réticences, les terreurs des témoins, et particulièrement de la célèbre madame Manson ; enfin, l'appareil extraordinaire dont ces débats furent constamment entourés par les ordres du gouvernement, tout contribua à tenir l'émotion générale en haleine, et à la porter au plus haut degré jusqu'au dénouement du drame. L'arrêt définitif fut prononcé : l'échafaud se dressa sur l'une des places d'Albi, et plusieurs têtes y tombèrent. Alors on s'écria : la Justice est satisfaite, la société est vengée !

C'était une erreur : la Justice n'était pas satisfaite, la société n'était pas vengée, car ce n'est pas l'être que de l'être incomplètement. Nous pouvons écrire cela aujourd'hui sans nous compromettre. Plus de trente ans se sont écoulés depuis le supplice des assassins. Deux grandes révolutions qui renferment les plus salutaires enseignements, ont déplacé deux fois le pouvoir en France. L'homme qui commanda le meurtre de Fualdès, pour anéantir en lui le dépositaire incorruptible des titres et du secret de l'auguste orphelin du Temple ; le prince qui recourut au crime comme à un moyen tout simple pour s'emparer du pouvoir, n'est plus à craindre ; Saint-Denis recèle sa dépouille, et la dynastie illégitime qu'il a cru légitimer par de tels moyens, s'éteint à l'étranger, impuissante et découronnée ; parce que le jeune exilé de Goritz ne doit régner qu'après le vieux *Joas*, sauvé du Temple.

La vérité peut se faire jour sans péril pour l'écrivain qui s'en rendra l'organe : eh bien ! la vérité est que, si Fualdès périt immolé d'une manière si barbare, par des hommes qui étaient ses amis, ses parents, qui n'avaient nul intérêt à sa mort ; c'est parce que ces hommes furent les instruments d'une volonté souveraine qui avait besoin d'un crime ; c'est parce que la promesse d'un riche salaire, jointe à l'impunité, les décida à le commettre. Le malheureux Fualdès avait eu l'imprudence de parler du dépôt que le dauphin lui avait confié, et plusieurs personnes en avaient connaissance. On se disait tout doucement que le fils de Louis XVI vivait, qu'il avait visité cet homme de bien, et conféré secrètement et plus d'une fois avec ce vertueux et incorruptible magistrat, à qui il avait confié des papiers importants le concernant.

Le vaste réseau de police dont chaque gouvernement enveloppe la société, porta aux oreilles du ministre le bruit d'un dépôt dont l'existence était menaçante pour la sécurité de la famille royale. Louis XVIII ne tarda pas à en être informé, et donna ordre de s'emparer de ces papiers accusateurs à quelque prix que ce fût. « *Quand un roi veut le crime, il est trop obéi,* » a dit un poète. *Louis-le-Désiré* comprit le danger qui menaçait ses projets ambitieux, il le commit sans hésiter, comme il devait, plus lard, commander celui qui le délivra de son loyal neveu, l'infortuné duc de Berry.

Oui, ce meurtre, exécuté avec une férocité de cannibales, et dont les détails firent frémir la France, fut l'œuvre d'une de ces volontés irresponsables que le châtiment ne peut atteindre, et que les respects du vulgaire mettent à l'abri de tout soupçon ; l'œuvre d'un de ces grands de la terre que nul ne pourrait accuser sans se rendre criminel au plus haut chef. Bastide et Jausion ne furent que ses instruments. Leur immoralité comme leur avarice, leurs rapports familiers de tous les jours et de toutes les heures avec l'homme dont la mort importait au monarque, les désignèrent au choix de ses courtiers d'assassinats. Ils cédèrent à l'appât de l'or et à la croyance de l'impunité. On leur dit : « Frappez, vous n'avez rien à craindre, quand même vous seriez découverts. Celui à qui vous rendrez service est plus puissant que l'indignation publique, plus puissant que les lois, plus puissant que les tribunaux ; il saura bien vous sauver. » On leur [mit] sur les yeux le bandeau dont on devait couvrir ceux [de] Louvel. On les berça jusqu'au dernier moment de ces promesses trompeuses dont les scélérats sont toujours dupes, et dont ils n'aperçoivent le néant qu'en voyant [sus]pendue sur leur tête la hache du bourreau prête à les [fra]pper.

Nous en appelons à l'observateur dont l'œil intelligent a parcouru les débats du procès, à tous ceux qui ont pesé dans la balance de la raison, les dépositions des témoins, les voix de l'accusation et de la défense, ne leur semble-t-il pas qu'il y a derrière la plupart des aveux un aveu que personne ne fait, et qui doit être le complément des autres? Ne leur paraît-il pas évident que cet aveu, toujours prêt à échapper, est retenu chez les uns par la terreur, chez les autres par des promesses, chez tous par un pouvoir occulte qui domine la cour, les jurés, le ministère public, la partie civile, les accusés, les défenseurs, les témoins et l'auditoire. Quelles sont ces révélations nouvelles de certains accusés et de certains témoins, ces révélations qu'on annonce sans cesse et qui n'arrivent jamais, parce que des maladies foudroyantes ou de prétendus suicides viennent inopinément fermer la bouche à ceux qui s'apprêtaient à parler? Ne dirait-on pas qu'un génie fatal, placé à la porte du sanctuaire de la Justice, en interdit l'accès à une partie de la vérité? Que peut-il donc y avoir à révéler encore? Est-ce que tout n'a pas été dit sur le sacrifice de l'infortuné Fualdès? Est-ce qu'on ne sait pas, par vingt témoignages plus précis, plus minutieux les uns que les autres, comment il a été saisi dans la rue, enlevé, bâillonné, entraîné dans la maison Bancal? Est-ce qu'on n'a pas redit sa résistance, ses plaintes, ses prières, sa docilité à signer sa ruine, dans l'espoir de sauver sa vie, son agonie et son dernier soupir?

Oui, l'on a dit tout cela, parce qu'aucun de ces détails ne pouvait compromettre les vrais coupables; mais l'on n'a pas fait connaître la vérité entière. Nous le répétons: on ne pouvait pas le faire sans danger, et d'ailleurs on l'eût fait sans fruit. Nous nous représentons la scène de meurtre telle qu'elle s'est passée, telle qu'on la connaît; nous ne la racontons pas, nous nous bornons à la compléter en y ajoutant ce que chacun s'est accordé à taire. Le malheureux Fualdès a signé avec résignation les actes qui le dépouillent de sa fortune; il croit qu'on lui laissera l'existence après l'avoir ruiné: il s'est trompé. On s'empare de sa personne, on l'étend sur une table;

en lui disant qu'il faut mourir. — « Eh quoi ! s'écria l'infortuné vieillard, vous n'êtes pas satisfaits, il vous faut encore mon sang ! — Ta mort est nécessaire au repos de la famille auguste qui nous gouverne ; l'intérêt de la légitimité te condamne ; tu sais quels papiers tu possèdes ?.. — Eh bien ! allez chez moi ; prenez mes papiers, prenez-les tous ; mais ne m'assassinez pas ! — Sans doute, nous allons les prendre.... tout-à-l'heure.... quand tu ne seras plus de ce monde. — Par pitié, laissez-moi la vie !!! — Non, il faut que tu meures ; il y a des secrets sous le poids desquels un homme ne doit pas vivre. » Et on lui plongea un mauvais couteau dans la gorge à plusieurs reprises, et son sang, recueilli dans un baquet, fut livré à la voracité d'un animal immonde.

L'attentat est consommé, suivons l'un des assassins : il monte en hâte dans l'appartement de la victime ; il enfonce le secrétaire qui contient ses papiers. C'est probablement pour faire disparaître des titres de créances, c'est pour s'emparer des registres où ses créances sont consignées ? Eh bien ! si nul autre motif ne le guide, il va se borner à saisir ces titres, ces registres ; nullement : il fait main basse sur tous les papiers qu'il aperçoit ; il cherche partout pour en découvrir de nouveaux, il n'en laisse aucun ! Méditez ces paroles constamment répétées par le fils de Fualdès dans ses dépositions : « Je n'ai plus trouvé un seul morceau de papier chez mon malheureux père ! »

Ce secret formidable qui domine l'affaire, ce secret qu'on se communique à voix basse en hésitant, mais que nul n'aura la courageuse témérité de dévoiler tout haut, voyez s'il ne se fait pas jour en dépit des efforts officiels et officieux de ceux qui veulent le cacher, s'il ne perce pas malgré la terreur des principaux témoins ; si cette terreur même ne contribue pas à le laisser entrevoir. Ce qui frappe d'abord, c'est la sollicitude extraordinaire du gouvernement, c'est la déclaration du premier fonctionnaire du département qui, appelé à l'audience du 17 août par le pouvoir discrétionnaire du président des assises, ne dissimule pas que lui, préfet, est en correspondance avec le ministre de la police générale, et qu'il lui adresse des rapports sur tous les incidens du procès.

Remarquez bien, lecteurs, que ce ministre de la police générale est M. Decazes, qu'on retrouve ministre de l'intérieur et président du Conseil à l'époque du 13 février 1820, où un prince, qui retraçait dans sa personne la bonté, la franchise, la loyauté, le courage et toutes les vertus du bon Henri IV, son aïeul, tomba sous le poignard d'un lâche assassin ; mais n'anticipons pas, le tour de cette royale victime viendra ; nous dirons alors la cause et l'auteur de ce nouveau crime.

Pour le moment, écoutez, chers lecteurs, ces mots singulièrement significatifs de madame Manson : « Tous les aveux que j'ai faits m'ont été arrachés par la violence. De quoi n'ai-je pas été menacée ? D'un côté, je vois mes frères engagés dans une affaire où nécessairement quelqu'un doit périr... de l'autre, on me parle d'un ordre du roi qui m'exile de ma patrie, qui me prive à jamais de mon enfant, le seul bien qui me reste. » Qu'est-ce que cela veut dire ? Depuis quand la personne du roi intervient-elle dans les débats des cours d'assises p*r influen*cer les témoins ? Depuis quand leur montr*er* de l'exil en perspective, pour les contraindre à dépos*er d'*une manière ou d'une autre ? Que signifie cette men*ace* priver une mère de son enfant, faite au nom de *L*.XVIII ? Que peut avoir à démêler ce prince dans une affaire d'assassinat privé, lui placé si haut par son rang? La justice criminelle a-t-elle l'habitude de s'associer le monarque pour exercer ses fonctions? Quel étrange auxiliaire au juge d'instruction, au ministère public, aux magistrats de la cour et aux jurés.

Maintenant, prêtez l'oreille à la défense de l'accusé Bastide. Voyez comme il cherche à tirer parti de l'absence de tout intérêt apparent, capable de le porter à attenter aux jours de Fualdès, comme il s'appuie sur l'invraisemblance morale de sa participation au crime, pour déclarer faux les témoignages accablants qui le chargent. « Fualdès n'était pas mon créancier, car un propos dénaturé ne deviendra pas à vos yeux un titre d'obligation, et vous ne croyez pas que celui qui empruntait sans cesse les plus petites sommes, eût put prêter 10,000 francs à un ami qui lui prêtait son crédit. Si la cupidité avait égaré un homme sobre, aisé, laborieux ; si elle avait armé mon bras, aurais-je frappé un vieillard dont la fortune n'offrait rien à la cupidité? Aurais-je réclamé l'appui de tous ces sicaires obscurs, niais, inutiles, dangereux? Aurais-je attiré ma victime dans un quartier fréquenté, dans une maison publique, moi que Fualdès invitait à sa table, moi qu'il suivait avec sécurité dans l'épaisseur des bois. »

Il y a dans le discours de Bastide une phrase remarquable entre toutes les autres, une phrase qui ne se rattache par aucun lien ni à celle qui la précède, ni à celle qui la suit, et qui, sans nul doute, a été jetée là à dessein pour frapper l'attention du public et provoquer ses commentaires ; c'est celle-ci : *Une détestable ambition a créé des dangers pour supposer des services.* Ces mots énigmatiques au premier abord, seront bien vite compris quand on saura que l'assassinat de l'infortuné Fualdès, consommé dans un but politique, se trouva par le fait politiquement inutile, et qu'en inventoriant les papiers enlevés de son secrétaire, les assassins n'y trouvèrent qu'une faible partie de ceux qu'ils cherchaient. Les lettres et les autres écrits du prince de Condé, qu'on désirait par dessus tout, ne s'y trouvèrent pas. Le désappointement du coupable, les craintes que sa position commençait à lui inspirer, et sans doute son peu de confiance dans la protection qu'on lui avait promise, lui dictèrent des paroles où il est facile de lire le regret tardif de s'être rendu l'instrument d'un forfait infructueux (6).

Quelque peu intelligible que parut cette phrase isolée, le ministère public en prit l'alarme. « Nous ne chercherons pas à expliquer ces expressions, dit l'avocat-général, mais ce qui est certain, c'est qu'elles sont trop étrangères au style de Bastide pour que nous puissions les regarder comme son ouvrage. Il est évident, et vous allez vous en convaincre, qu'elles sont tracées par une main étrangère, par une main aussi *audacieuse* que *coupable*. Il faut que cette main soit connue. Nous demandons 1° que M. le président se fasse remettre à l'instant par l'accusé Bastide la défense écrite qu'il a lue dans cette audience; 2° que cet accusé soit interpellé sur la personne de qui il la tient; 3° qu'il soit dressé procès-verbal de cette remise et des réponses de Bastide, pour être ultérieurement statué ce qu'il appartiendra. »

Vous avez très-bien fait, M. l'avocat-général, de ne pas chercher à expliquer la nature des *dangers* et des *services* dont voulait parler l'accusé; mais il eût été plus sage à

---

(6) Voir la note 6 à la fin de ce Livre.

vous de laisser passer sa phrase inaperçue. Vous avez marché étourdiment sur des charbons ardents, et nous doutons fort qu'un zèle aussi maladroit que le vôtre ait obtenu l'approbation du roi, votre auguste maître.

Si l'on veut se faire une idée de l'opinion des Ruthenois sur l'attentat qui se commit au sein de leur ville, on n'a qu'à lire l'extrait suivant d'une lettre de Rhodez, en date du 6 septembre 1817. La pensée secrète de chacun et de tous y est indiquée aussi clairement qu'il était possible de le faire dans un écrit destiné à la publicité. Si l'auteur n'articule pas les faits, il met le lecteur sur leur trace.

« L'épouvantable affaire qui occupe depuis quinze jours la cour d'assises, touche à son dénouement, et cependant un voile impénétrable semble encore dérober à la justice des choses qu'il serait pourtant si important de connaître ! On se perd en conjectures, on fouille dans de vieux souvenirs ; le public de cette ville pense généralement que des passions plus fortes encore que celle de la cupidité ont dirigé le poignard dans le sein de l'infortuné Fualdès, et que si les principaux accusés sont trouvés coupables et condamnés, quelques uns d'entre eux, au moment suprême, achèveront des révélations qu'un témoin bien remarquable dans l'affaire a laissé expirer sur ses lèvres. »

Fualdès ne comptait pas un seul ennemi ; il n'avait jamais offensé personne. On ne peut donc attribuer sa mort ni à la haine ni à la vengeance. Retranchons la cupidité, la vengeance et la haine du nombre des mobiles déterminants ; cherchons quels peuvent être les vieux souvenirs qu'on exhume ; rapprochons-les de ce secret d'État qui a évidemment trait à l'enlèvement et à l'existence du dauphin, de ces papiers importants dont le dépôt avait transpiré, et nous en viendrons à savoir aussi bien que Bastide lui-même quel danger les assassins s'étaient chargés de prévenir, quels services ils avaient à rendre.

Nous avons assez dit pour faire connaître la vérité sur ce procès tristement célèbre, et pour dévoiler un mystère que la crainte de toucher au manteau royal empêcha longtemps d'approfondir. Nos lecteurs nous pardonneront cette digression qui, d'ailleurs, n'est pas tout-à-fait étrangère à notre sujet, puisqu'en faisant connaître la vraie cause et le véritable auteur de l'assassinat de l'infortuné Fualdès, elle établit victorieusement l'existence de monseigneur le duc de Normandie, et prouve, d'une manière invincible l'usurpation du comte de Provence, membre gangrené de la famille royale qu'il a fait sortir de la voie de la justice par l'appât d'une couronne, comme si les iniquités et les injustices ne brisaient pas les sceptres et ne renversaient pas les empires. *Regnum à gente in gentem transfertur propter injustitias, et injurias, et contumelias, et diversos dolos.* Un royaume est transféré d'un peuple à un autre, à cause des injustices, des violences, des outrages et des différentes tromperies qui s'y commettent (*Ecclésiast.*, c. 10, v. 8).

Quelle nomenclature funèbre se rattache à l'existence de l'auguste orphelin du Temple, que des aveugles nient encore aujourd'hui ! Que de martyrs dont on n'a fait des martyrs, que parce qu'ils en étaient les témoins ! Desault, Ojardias, vous ne voulûtes pas prêter votre concours à la fraude, et la fraude vous tua. Comte de Frotté, duc d'Enghien, vous menaciez de parler tout haut à l'Europe, et le premier consul, s'emparant de vos personnes, à l'aide d'une trahison, vous livra aux balles de ses soldats.

Bonne Joséphine, qui sauvâtes deux fois le fils de Louis XVI, vous eûtes l'imprudence de le dire à un congrès de rois, à qui vous fites réserver ses droits ; et bientôt après, une main apostée vous présentait le poison au milieu d'une fête champêtre. Nous ne vous oublierons pas, prince magnanime, digne petit-fils du bon Henri IV, Charles-Ferdinand d'Artois, vous qui fatiguâtes un oncle dénaturé et tous les souverains de l'Europe de vos réclamations en faveur de l'auguste orphelin du Temple, du prisonnier de Milan, vous succombâtes noblement sous le poignard d'un assassin armé par l'usurpation couronnée. Que n'a-t-on pas fait pour l'ensevelir dans une obscurité éternelle, cette vérité qui imprimera un sceau de déshonneur sur leur front ! Suivez la route que la royale victime a parcourue pendant plus de cinquante ans, et toujours vous rencontrerez sur sa trace la politique et l'intérêt acharnés à sa perte, et vous la verrez méconnue du monde, mais toujours vivante, poursuivre sa carrière de douleur, en laissant derrière elle une longue traînée de sang et de crimes.

On se le dissimulerait vainement, la volonté divine est manifeste dans cette conservation d'un proscrit mis au ban de l'humanité dès son enfance. Plus on médite sur son histoire, plus on reste convaincu que, dans cette lutte de plus d'un demi-siècle entre la perfidie la plus persévérante et l'innocence la plus résignée qu'il y ait au monde, l'homme de douleurs eût mille fois succombé sans une protection d'en haut, visible et incontestable. Que résultera-t-il de cette conservation miraculeuse ? Dieu le laissera-t-il mourir comme il a vécu, sans nom, sans patrie et dans le mépris ? le laissera-t-il mourir et taché de ce titre d'imposteur dont les siens le flétrissent, et qu'une foule légère accepte sans l'approfondir, sans prendre la peine d'examiner de quel côté sont les vrais imposteurs ! Est-ce là le sort qui est réservé par la sagesse éternelle à l'auguste orphelin du Temple, à ce rejeton des Charlemagne, des Louis IX, des Henri IV, des Louis XIV, des Louis XVI? La foi, la justice, le cœur et la raison rejettent cette solution d'un commun accord. Ils la rejettent comme absurde aux yeux d'une logique providentielle, et comme injurieuse pour la haute pensée qui gouverne le monde. Si cette pensée suprême a conservé le fils de Louis XVI malgré les complots de la perversité la plus puissante, si elle n'a pas permis qu'il succombât dans cette lutte de plus d'un demi-siècle, c'est qu'elle voulait le faire triompher à la fin. Dieu ne lui aurait-il accordé qu'une protection dérisoire ?

Nous en demandons pardon aux esprits forts qui liront ce passage avec un sourire ; nous sommes convaincus que le créateur de l'univers s'occupe de ses créatures un peu plus qu'ils ne l'imaginent. Nous croyons que rien n'arrive ici-bas sans sa volonté, et que la destinée des peuples comme celle des individus est réglée d'avance par ses lois immuables, sans nuire toutefois à la liberté qu'il leur a départie. Notre croyance à cet égard peut se résumer par cet adage d'un homme d'Etat : « L'homme s'agite et Dieu le mène. » Vous l'apprendrez bientôt, légitimistes prétendus, qui vous montrez les ennemis les plus cruels du véritable représentant du principe de la légitimité, qui l'avez signalé comme un fourbe, un aventurier, qui l'avez poursuivi de tant de calomnies et d'outrages dans vos journaux. Mais une grande honte vous attend. Il sera prouvé que vous avez sciemment égaré l'opinion publique ; que vous parliez de principes et de la religion du devoir en charlatans, qui ne croient ni aux principes ni à la religion du devoir.

Quand votre victime sera reconnue et vos trames mises au grand jour, chacun dira avec dégoût : « Ces gens-là le savaient pourtant. » Vous avez pris à tâche de confirmer les paroles de Barrère, qui, interrogé par l'ambassadeur d'un prince allemand sur la réalité du décès du dauphin répondit au diplomate : » *Qu'il soit mort ou qu'il ne soit pas mort, je vous le donne pour mort et bien mort.* »

Barrère était dans son rôle ; il travaillait à saper par sa base la royauté légitime : devait-on s'attendre à trouver en vous des complices de Barrère ? Vous avez vu le fils de Louis XVI invoquer la justice humaine avec une persévérance infatigable, et vous en avez conclu que sa cause était perdue si la justice humaine lui manquait, et vous avez redoublé d'efforts pour qu'elle lui manquât. Tout cela devait arriver ainsi ; tout cela était réglé d'avance par les décrets immuables du ciel. Vous avez concouru humblement à l'exécution de cet arrêt : *Il faut que les hommes se jugent eux-mêmes par leur iniquité.* Que manque-t-il à ce jugement ? l'iniquité des princes, des gouvernements, des tribunaux et des citoyens, n'est-elle pas avérée ? Il est temps qu'une volonté souveraine vienne briser tous ces mauvais vouloirs terrestres qui se sont unis pour éterniser l'oppression d'un juste ! attendons et nous verrons que Dieu est juste et fidèle à sa parole. *Deus verus est et justus in omnibus viis suis.*

Cependant tout ce qui s'était passé pendant le court séjour de monseigneur le duc de Normandie à Paris, avait jeté l'alarme au palais des Tuileries. Ce qu'avait dit Fouché en sondant le roi, l'audience du prince de Condé, l'entrevue de Versailles, des propos indiscrets, tout, en un mot, avait excité la curiosité et éveillé l'attention du public au dernier point. Partout on murmurait le nom de l'auguste orphelin du Temple. Le sceptique Louis XVIII vit le moment où la chose allait devenir publique.

Des ordres sévères furent donnés au trop célèbre Decazes, nouveau ministre de la police, et instrument docile d'une volonté puissante, mais injuste, à qui l'impartiale histoire réserve une page terrible. Il lui fut ordonné de faire rechercher, arrêter et renfermer dans une prison d'état, pour le reste de ses jours, comme autrefois le *Masque de fer*, celui qui venait de troubler le repos des habitants du château, en se présentant comme un simple membre de la famille royale, et qui demandait pour toute faveur, quoique héritier légitime, d'être reconnu et traité comme simple citoyen français, afin de passer désormais une vie moins agitée et plus tranquille au sein de sa chère patrie.

Decazes sut bientôt que l'auguste proscrit n'était plus en France. Aussitôt pour donner le change à l'opinion publique, qui commençait à se prononcer d'une manière peu honorable pour nos gouvernants, la police secrète du ministre donna en pâture au peuple français naturellement léger, mais surtout aux curieux et oisifs parisiens, le procès du faux dauphin, Mathurin Bruneau, qu'on tenait écroué à Rouen depuis assez longtemps.

Le sceptique Louis XVIII, rassuré par les mesures qu'avait prises le rusé Decazes, ne cessait de répéter qu'il ne demandait qu'à connaître la vérité pour rendre tous ses droits à son cher neveu, quoique les registres de la ville de Paris établissent d'une manière authentique qu'il était réellement mort dans la tour du Temple.

La duchesse d'Angoulême, de son côté, envoyait bravement le marquis de Mont-Mort à Rouen, avec la mission de questionner Bruneau, qui se faisait appeler Charles de Navarre, et de s'assurer si réellement il était ou n'était pas le fils du pieux Louis XVI. En vérité, il est impossible de mieux jouer la comédie, mais une comédie machiavélique qui fera mépriser ses auteurs et les couvrira d'une honte éternelle. C'est ainsi que la Providence, qui se joue de la sagesse des sages et de la prudence des prudents, arrachait encore aux Bourbons aînés l'aveu formel que le dauphin n'était pas mort au Temple. Il fut aussi facile alors de prouver que Bruneau n'était qu'un imposteur; qu'il l'avait été, sous le Directoire, le Consulat et l'Empire, d'établir que Jean-Marie Hervagnault n'était qu'un faux Louis XVII, dont l'origine et les parents étaient parfaitement connus.

Celui-ci fut jugé, d'abord à Reims en 1796, puis arrêté de nouveau et condamné à Vitry, en 1802, à quatre ans d'emprisonnement pour imposture et récidive et avoir abusé de la crédulité publique, à l'aide de faux noms et de fausses qualités; enfin il fut enfermé à Bicêtre, où il mourut dans le plus profond oubli et la plus grande misère, pour avoir voulu jouer le même rôle en 1812.

Dans le procès de Mathurin Bruneau, à Rouen, l'avocat du roi fit un aveu remarquable; il dit publiquement que les recherches qu'il avait faites sur l'évasion du dauphin, lui avaient prouvé qu'elle était certaine. Ces imposteurs ne seront pas les derniers ni les plus grands, appelés à jouer un rôle infâme, chaque fois que le véritable dauphin viendra faire entendre sa voix plaintive. Mais de même que la fausse monnaie constate la présence et la réalité de la véritable, ainsi l'apparition des faux Louis XVII à diverses époques et sous les différents gouvernements, ne servira qu'à prouver la délivrance du Temple et l'existence du fils du martyr Louis XVI.

En faisant plaider à Rouen le procès de Mathurin Bruneau avec tant de fracas, l'usurpateur Louis XVIII avait encore pour but d'en imposer à la cour de Rome, qui n'avait pas voulu confirmer son usurpation en le sacrant roi de France, et de faire croire aux autres souverains de l'Europe que le dauphin, dont les droits avaient été réservés dans le traité secret de 1814, avait péri, depuis la révolution, sur quelque plage inconnue de la terre; il ne pouvait pas faire valoir l'acte de décès au Temple, auprès de ces diverses puissances, qui n'auraient pas manqué de lui rappeler, et au besoin, de lui montrer sa proclamation du 14 octobre 1797, en date de Vérone, dans laquelle il s'annonce comme simple régent de France, parce qu'il avait la certitude que le dauphin, son neveu, vivait alors. (*Court-Journal*, feuille anglaise, 24 mars 1832, n° 152, page 186.)

Le duc de Normandie, accompagné de son fidèle Tancrède, avait visité les provinces de l'Ecosse méridionale et la ville d'Édimbourg, autrefois *Castum-Alatum*, à cause de sa position sur le flanc d'une colline, capitale de toute l'Écosse, dont la population est d'environ cent mille habitants. Cette ville, près les Mémoires de ce prince, est partagée en deux parties bien distinctes, qu'on appelle la *vieille* et la *nouvelle* ville. Les maisons de la vieille ville, appuyée sur les flancs d'une colline, ont, d'un côté jusqu'à treize et quatorze étages, et de l'autre un ou deux au plus. La nouvelle, dit le dauphin, est justement renommée pour sa régularité et son élégance. Toutes les maisons y sont en pierre de taille, et plusieurs sont décorées de colonnes et de pilastres. Il honora aussi de sa présence l'université, qui est très célèbre et l'une des meilleures qu'il y ait aujourd'hui en Europe. Elle a produit et produit encore des écrivains très-distingués. Le prince n'oublia pas de visiter un beau château que sa position sur une éminence rend pour ainsi dire imprenable. Qui eût dit à l'auguste orphelin du Temple que treize ans plus tard, Charles X, roi de France, précipité d'un trône usurpé, irait demander un asile pour lui et pour toute la famille royale, à cette même ville qui l'avait possédé quelque temps sans le connaître! Cette similitude de position nous force de reconnaître ici un arrêt de la justice divine, prononcé contre les persécuteurs d'une innocente et illustre victime.

Le prince partit d'Edimbourg pour faire un grand voyage, dans le but louable de s'instruire et d'acquérir de nouvelles et précieuses connaissances par l'étude des mœurs, des usages et des coutumes des divers peuples qu'il allait visiter. Il parcourut d'abord les côtes de l'Afrique, qui tire son nom, nous dit le prince dans ses Mémoires, d'*Afer*, petit-fils d'Abraham et fils de Madian. Il visita les villes d'Alger, de Tripoli et de Tunis, qui forment autant de républiques ou royaumes, qui sont sous la protection des Turcs. Ces trois états différents se trouvent renfermés dans la Barbarie proprement dite. On sait, nous dit le prince, que ce pays a tiré son nom des Arabes, à qui la langue africaine paraissait un jargon inintelligible, lorsqu'ils vinrent s'y établir dans le VIIe siècle. La Barbarie propre contient tout ce que les Anciens connaissaient sous le nom de Lybie extérieure ou de Cyrénaïque, d'Afrique propre, de Numidie et de Mauritanie. C'est le meilleur pays de l'Afrique et le plus peuplé; la terre y est fertile en maïs, en blé, en bons vins et en fruits, comme citrons, oranges, figues, amandes, olives, dattes et melons.

Les peuples de la Barbarie sont ignorants, sans goût pour les sciences et les arts, avares, cruels, défiants, soupçonneux et vindicatifs. Ceux qui habitent le long des côtes se servent de piques et d'armes à feu; mais ceux qui demeurent dans le milieu du pays, ne combattent qu'avec des lances dont ils se servent fort bien. En considérant ce qu'était devenu ce pays, autrefois peuplé de fervents chrétiens, instruits et dirigés par les saints Cyprien, Augustin et tant d'autres savants et pieux évêques, le prince déplorait bien sincèrement les ravages qu'avaient causés dans ces contrées les Vandales et ensuite les Sarrasins, qui les avaient successivement occupées, et y avaient établi, les premiers l'arianisme, et les seconds, le mahométisme, qui est aujourd'hui la religion dominante dans toute la Barbarie. Combien, disait-il à son fidèle Tancrède, en se rendant à Tunis, ces malheureux peuples seraient heureux s'ils connaissaient et pratiquaient la religion chrétienne, que Dieu a donnée à l'homme pour le consoler sur la terre, et pour le conduire au vrai bonheur!

En visitant cette belle et grande ville, son cœur s'émut; il comprit que le sang de saint Louis coulait dans ses veines, aux sensations et aux mouvements qu'il éprouvait dans ces lieux que le saint roi avait sanctifiés par sa présence, et où il avait fait à Dieu le généreux sacrifice de sa vie en prononçant ces paroles du psalmiste : « Seigneur, j'entrerai dans votre maison, je vous adorerai dans votre saint temple. » Il implora le Dieu de ses aïeux; et lui promit d'employer son autorité à le faire connaître aux différents peuples de la terre, si jamais il le faisait remonter sur le trône de ses pères.

Le dauphin passa de là à Damiette en Egypte, si célèbre par la victoire qu'y remporta saint Louis contre les Sarrasins. Un attrait irrésistible l'attirait vers les lieux que ce héros des croisades avait illustrés par sa valeur et sanctifiés par sa piété.

A l'exemple de saint Louis, le dauphin voulut visiter la Palestine, cette terre que le Sauveur du monde avait honorée de sa présence et sanctifiée par les grands mystères qu'il y a opérés pour notre rédemption. Quoique pendant la campagne d'Égypte et l'expédition de Syrie, il en eût déjà parcouru une partie, il éprouvait une joie toute nouvelle à revoir les lieux où le christianisme avait pris naissance. Pendant ces diverses excursions du dauphin, le fidèle Tancrède, qui voulait accompagner partout son bon maître, malgré la faiblesse de sa santé, tomba malade à Jérusalem. Sa maladie prit bientôt des symptômes alarmants. Le prince ne le quittait pas d'un moment ; il le soignait comme un tendre ami. Rien ne fut épargné pour soulager ce fidèle serviteur. Tous les secours de l'art lui furent prodigués. Les médecins ayant déclaré sa maladie mortelle, le dauphin fut le premier à lui parler lui-même des consolations que procure la religion dans ce moment suprême. Le malade, préparé par un si bon maître, reçut les sacrements avec une foi vive et une grande piété. Il mourut quelque temps après, entre les bras du dauphin, qui ressentit vivement cette perte, d'autant plus grande pour lui, qu'il perdait dans le fidèle Tancrède la seule personne qui, dans ce moment, prît part à ses peines et partageât véritablement ses infortunes. Après lui avoir fait rendre les derniers devoirs, le prince, ne pouvant plus se souffrir dans ces lieux qui recélaient la dépouille mortelle de ce bon serviteur, alla visiter le Saint-Sépulcre, où il resta dix jours, entièrement séparé du monde. Que de pieux sentiments devaient se passer dans son cœur si sensible et si aimant, pendant qu'il était comme enseveli avec le Sauveur dans un même tombeau, d'où, à l'exemple de l'Homme-Dieu, il sortira, malgré ses ennemis, glorieux et triomphant, pour régner sur la France de l'auguste Marie, notre belle et chère patrie, dont il fera, comme saint Louis, la gloire et le bonheur !!!

Anges préposés à la garde de ce saint lieu, vous seuls pourriez nous dire quels furent les pieux exercices de ce héros chrétien, qui puisa dans la prière et la grâce du divin Rédempteur, cette fermeté inébranlable, ce courage invincible, cette patience héroïque, dont il avait besoin pour soutenir vaillamment les nouvelles persécutions que ses cruels et impuissants ennemis allaient de nouveau lui susciter ?

Le dauphin se rendit ensuite à Antioche, ville autrefois célèbre, et qui n'est plus aujourd'hui qu'un bourg rempli de jardins ; de là il passa à Alep, visita Damas, grande et belle ville, qui compte plus de 100,000 habitants ; il alla ensuite à Bagdad, ville célèbre du temps des califes, mais dont la population est à peine maintenant de 88,000 âmes. Elle est bâtie sur la rive orientale du Tigre, vis-à-vis de l'ancienne Séleucie qui était sur la rive occidentale. Le prince nous apprend qu'elle tire son nom d'un moine chrétien appelé *Dad*, qui avait une cellule et un jardin dans cet endroit. En effet, Bagdad, en arabe, signifie jardin de Dad. C'est un fameux pèlerinage pour les Persans, qui croient communément que leur prophète Ali y a demeuré.

Arrivé à Bassora, ville située au confluent du Tigre et de l'Euphrate, le dauphin partit pour la Mecque avec la première caravane qu'il rencontra. Le prince, qui avait reçu des lumières si pures au Saint-Sépulcre, berceau du christianisme, ne put s'empêcher de déplorer l'aveuglement de l'esprit humain, en voyant les erreurs grossières de l'islamisme, cette religion du cimeterre et de la volupté, qui accorde tout aux passions brutales de l'homme, tandis qu'elle retient la femme, cette moitié du genre humain, dans le plus honteux et le plus dur esclavage. Que les philosophes, nous dit-il dans ses Mémoires manuscrits, qui ont entrepris de réhabiliter la mémoire de Mahomet, de justifier sa religion et de réfuter les reproches qu'on lui a faits, fassent seulement une fois en leur vie, le pèlerinage de la Mecque, et ils conviendront avec moi qu'il leur serait plus facile de blanchir un nègre, que d'entreprendre une pareille apologie! Car, dit ce prince aussi judicieux que savant, l'état d'ignorance, de stupidité, de servitude, de corruption, dans lequel sont plongés tous les peuples soumis à ses lois, est une démonstration contre laquelle les sophismes et les subterfuges ne tiendront jamais, et qui, tous les jours, couvrira de confusion les apologistes.

Cette ville est bien bâtie, grande et célèbre par la naissance de Mahomet. Elle a la plus fameuse mosquée, et la plus fréquentée des mahométans. Ils croient qu'elle a été bâtie par Adam, et qu'Abraham et Ismaël y ont adoré Dieu. C'est pour cela que Mahomet a ordonné à ses disciples de la visiter au moins une fois en leur vie.

Le dauphin partit de là pour Laodicée, aujourd'hui

Eski-hissar ; puis il visita l'île de Chypre, d'où il se rendit à Smyrne ou Ismir : il ne voulut pas quitter ses côtes sans visiter *Bournabalky*, voisin de l'ancienne Troie. Là, nous dit-il, je retrouvai tout ce qu'Homère a décrit. Son *Iliade* à la main, je pus voir l'emplacement de cette ancienne et célèbre capitale de l'Asie, contempler le Simoïs et le Scamandre, le mont Ida, l'île de Tenedos, la place du camp des Grecs, la plage où fut laissé le fameux cheval de bois, reconnaître le lieu du combat d'Hector et de Patrocle, celui d'Achille et d'Hector, le camp de Diomède, et enfin le tombeau d'Achille. »

Voilà comme le prince savait unir, dans ses voyages, l'étude de l'antiquité à celle des mœurs et des usages des différents peuples qu'il visitait. Après avoir passé plus de trois semaines à parcourir ces divers lieux, il se rendit à Constantinople dans les derniers jours de janvier 1818. Le dauphin resta peu de temps dans cette capitale de l'ancien empire d'Orient, qui a beaucoup perdu de son antique splendeur depuis qu'elle est tombée au pouvoir des Turcs, qui en ont fait la capitale de leur empire sous le nom de Stamboul. Le prince observe, dans ses Mémoires, que c'est en haine du christianisme que les mahométans ont changé le nom de l'ancienne Byzance et de la nouvelle Rome en celui de Stamboul.

En quittant cette ville, il se rendit à Athina, autrefois Athènes. Cette ville, nous dit le dauphin, qui a été la capitale d'une célèbre république, et qui a produit une multitude d'hommes savants et de grands capitaines, conserve à peine aujourd'hui quelques vestiges de son ancienne splendeur. Elle ne renferme qu'environ 6 ou 7,000 habitants, dont la plupart sont chrétiens grecs ; et dans toute l'Attique on n'en compte qu'à peu près 20,000. Il

visita dans le plus grand détail l'ancien temple de Minerve,
l'un des plus beaux édifices de l'univers ; mais il est détruit en grande partie aujourd'hui. Il examina avec soin
la citadelle, qui est très-vaste et bâtie sur un roc escarpé
de tous côtés, excepté au couchant, par où l'on entre.
Il passa de là à Coranto ou Corinthe, autrefois capitale
d'une fameuse république qui a produit beaucoup de
grands hommes et d'excellents peintres et sculpteurs.
Cette ville, dit le prince, fut détruite par le consul Memmius, 143 ans avant Jésus-Christ, la même année que
Carthage, et rétablie par Jules César. Saint Paul, ce grand
héros du Calvaire, l'a illustrée en y prêchant l'Évangile,
et en adressant plus tard deux épîtres aux fidèles de cette
ville. Elle ressemble plus à présent à un village qu'à une
ville, quoique munie d'une citadelle nommée autrefois
Acrocorinthe, qui contient des mosquées, cinq ou six
églises de Grecs et quantité de maisons.

Le dauphin visita encore Coron, ancienne et forte ville
sur un golfe qui porte son nom. Il n'oublia pas Misitra,
autrefois *Lacédémone* et *Sparte*, si célèbre dans l'antiquité par les lois et les coutumes que Lycurgue y avait
établies. Le dauphin observe très judicieusement que ces
lois et coutumes qui autorisaient le vol fait avec adresse,
qui proscrivaient la science, recommandaient la barbarie
et la cruauté, pour entretenir l'ardeur martiale parmi les
Spartiates, qui se servaient du libertinage pour empêcher
la pudeur, la chasteté, l'union conjugale, d'adoucir les
mœurs, n'étaient rien moins que sages et bonnes ; et il
conclut, avec raison, que les républiques chrétiennes les
plus mal constituées, sont plus heureuses que les Lacédémoniens, les Athéniens et tous ces anciens peuples, crus
libres au sein de la tyrannie. Il fait la même réflexion sur
le mahométisme, la pire de toutes les religions.

Le prince, après avoir mis près de deux ans à parcourir diverses contrées de l'Europe, de l'Afrique et de l'Asie, arriva à Parme le 10 avril 1818. Il devait naturellement penser que ses persécuteurs n'auraient pu suivre ses traces, et qu'il pourrait enfin trouver le calme et goûter quelque repos en Italie, où il se proposait de se fixer, en attendant que la divine Providence se déclarât ouvertement pour lui et améliorât son sort. Mais à peine fut-il arrivé dans les états autrichiens d'Italie, qu'il fut arrêté, *sur les instances du gouvernement français*, auprès de Mantoue, le 12 avril 1818, et renfermé dans la prison où, plus de de vingt ans auparavant, avaient été retenus le marquis de Sémonville, et Maret, devenu depuis duc de Bassano.

Conduit ensuite à Milan, l'auguste orphelin fut interrogé sur ses nom, prénoms, qualités, titres, etc., suivant l'usage. Il protesta vivement contre cette violation du droit des gens, en ajoutant qu'en sa qualité d'étranger et de Français, il demandait justice contre cet acte arbitraire que rien ne pouvait motiver. On lui répondit qu'il n'avait été arrêté que sur la demande expresse du gouvernement français, et *principalement parce qu'il était Français*, chose qui n'aurait pas eu lieu, *s'il avait été de toute autre contrée.* Ces dernières paroles prouvent évidemment que c'était en vertu d'ordres émanés de la cour de France, que l'infortuné duc de Normandie était arrêté. Maudit démon de l'ambition, à quels attentats ne portes-tu pas ceux qui se sont volontairement rendus tes malheureux esclaves !

Lors de l'arrestation du dauphin, on saisit tous les papiers dont il était porteur, notamment la lettre que le prince de Condé lui avait remise au moment de son départ. Ne voulant pas que cette lettre fût lue par tout le monde, ou égarée peut-être à dessein, il la mit sous de larges bandes, et écrivit la suscription : « *A Sa Majesté impériale seule...* » Grâce à cette prudente mesure, personne n'osa commettre d'indiscrétion, et le paquet fut adressé directement à l'empereur d'Autriche, qui en prit ainsi connaissance. Sommé, quoique poliment, d'avoir à répondre, le prince dit qu'il se nommait Louis-Charles de Bourbon, Français, voyageur pour son instruction et son plaisir; que libre d'aller où bon lui semblait, nul n'avait à s'en formaliser; que l'Autriche ne pouvait lui demander compte que de ce qu'il avait fait depuis son entrée dans ses Etats et non des motifs de ses voyages; qu'au surplus, dès qu'on n'avait consenti à l'arrêter que *parce qu'il était Français,* il demandait à être conduit à la frontière, ou à être mis entre les mains de son gouvernement, *puisqu'il n'avait été arrêté que d'après ses instances.*

Le dauphin s'aperçut bientôt qu'on désirait en savoir davantage; mais, comme on n'avait aucun reproche à lui faire, et qu'au lieu de manifester des craintes relativement à une extradition, il demandait au contraire à être mis à la disposition des autorités françaises, on fut bien forcé de se contenter de sa réponse, jusqu'à ce que l'empereur eût pris connaissance des pièces qui lui avaient été expédiées. En attendant la réponse et de nouveaux ordres de Vienne, on retint le prince prisonnier; mais l'on ne soupçonna nullement sa qualité, qu'il cacha soigneusement.

Trois mois après, en juillet 1818, un délégué du gouvernement autrichien se rendit auprès du dauphin et lui dit : « Que les papiers saisis sur lui, lors de son arrestation, et qui, sur sa demande expresse, avaient été transmis à sa majesté impériale et royale, ayant dévoilé une haute origine et un degré de parenté très rapproché de l'empereur d'Autriche, il l'engageait à donner des explications claires et précises tant à ce sujet qu'à celui de certains objets trouvés en sa possession. » Le prince hésita d'abord dans la crainte de se compromettre. Ce délégué et ses assesseurs, qui crurent s'apercevoir qu'il se défiait d'eux comme des premiers qui s'étaient présentés, lui dirent franchement : « Que l'Autriche n'ayant aucun grief à lui reprocher, ne l'avait fait arrêter que pour complaire à Louis XVIII qui l'en avait priée ; que là se bornerait sa complaisance, qu'il ne devait point rougir de lui être allié ; qu'elle le traiterait honorablement dès qu'elle aurait acquis la preuve qu'il était véritablement son parent. Néanmoins, ajouta ce délégué, je ne dois pas vous laisser ignorer qu'il existe une loi aussi ancienne que la monarchie, d'après laquelle tout individu qui se dirait proche parent du souverain, serait puni de mort, dès l'instant qu'on aurait reconnu qu'il ne l'était pas.

N'ayant aucune raison de se cacher plus longtemps, le prince demanda des matériaux pour écrire, et il fit de sa main et en français, la déclaration suivante : « Je me nomme Louis-Charles de Bourbon, duc de Normandie, comme le disent les papiers qui ont été saisis sur moi et qui sont ma propriété ; Louis XVI, roi de France, fut mon père, Marie-Antoinette-Josephe-Jeanne de Lorraine, tante de l'empereur actuel d'Autriche et reine de France, fut ma mère ; je naquis à Versailles, le 27 mars 1785. Comme particulier, et quoique je n'aie rien fait pour mériter l'acte rigoureux dont je suis victime, je demande des juges. Comme prince et souverain, je déclare que je ne dois compte de mes actions qu'à Dieu, qui seul a le droit de me le demander. » Le prince signa cette déclaration et attendit.

Faisons ici une réflexion qui se présente naturellement à notre esprit, et que nous soumettons à nos lecteurs. Une déclaration aussi claire, aussi positive et aussi énergique ne prouve-t-elle pas invinciblement que celui qui l'a faite, est réellement ce qu'il doit être ? Ce langage n'est pas celui d'un escroc ni d'un aventurier. L'impudence et l'effronterie ne courent pas ainsi à leur perte de sang-froid ; elles ne sont pas accoutumées à braver la mort avec tant de courage et de résignation, surtout lorsqu'il leur est si facile de s'en délivrer. Cette parole simple, précise, ferme, est véritablement la parole de la vérité, de la justice et de l'innocence. Ce n'est pas ainsi que l'erreur, la folie et le mensonge s'expriment, et nous pouvons dire sans crainte de nous tromper, à l'auteur de cette déclaration, ce que les serviteurs du grand-prêtre disaient à Pierre : « Assurément vous êtes aussi de ces gens-là ; car votre langage vous fait assez connaître : *verè et tu ex illis es : nam et loquela tua manifestum te facit.* »

Oui, prince, nous vous reconnaissons pour le fils du martyr Louis XVI et de l'infortunée Marie-Antoinette, roi et reine de France, car votre langage simple, clair, précis, énergique, le prouve évidemment !... Ceux qui l'avaient arrêté pour complaire à Louis XVIII, lui en donnèrent avis, et comme ils avaient tous le plus grand intérêt à étouffer les cris et les réclamations de leur victime, on ne lui fit aucune réponse ; mais on le retint prisonnier, au secret le plus rigoureux, sans le juger, sans l'interroger de nouveau, et sans lui dire pourquoi on le privait de sa liberté. On fouillerait en vain dans les annales des nations civilisées et des peuples barbares pour trouver un fait de ce genre. Les expressions nous manquent pour qualifier cet acte d'iniquité aussi atroce qu'inouï. Honte! honte à jamais aux gouvernements qui s'en sont rendus coupables! Des injustices aussi révoltantes, aussi atroces, aussi longues (le prince demeura sept ans, six mois, douze jours, prisonnier à Milan), commises par de tels pouvoirs envers un personnage si haut, si illustre et si infortuné, leur proche parent, crient plus éloquemment vers le ciel, que le sang du juste Abel, et appellent des châtiments plus grands sur leurs auteurs, que ceux que la justice divine infligea au malheureux Caïn. Ces attentats horribles contre la liberté et la vie d'un prince que ses infortunes rendent si recommandable, soulèvent le cœur d'indignation et prouvent une fois de plus la vérité et la nécessité de cet oracle des Livres saints : « Que les grands et les puissants de la terre subiront un jugement sans miséricorde, parce qu'ils auront fait servir leur autorité et leur puissance à opprimer l'innocence et à commettre l'iniquité : *Quoniam non custodierunt legem justitiæ... judicium durissimum his qui præsunt fiet, et potente potenter tormenta patientur.* (Sap. c. 6. v. 7.)

Nous essaierons en vain de tracer un tableau fidèle de tout ce que l'infortuné duc de Normandie eût à souffrir dans cet affreux cachot où la lumière du soleil ne pénétrait jamais. Il en est de ces souffrances comme de celles des malheureux réprouvés, l'on ne peut s'en former qu'une idée très imparfaite; comme le disent MM. Andryane et Sylvio Pellico, il faut y avoir été pour pouvoir en parler.

Grand Dieu! quelle triste et affreuse position, même pour le juste opprimé que vous soutenez, que vous conservez miraculeusement, que vous visitez continuellement par la sainte onction de votre grâce que le coupable ne soupçonne même pas ! Nous savons que les tourments qu'endura le malheureux prince dans cet horrible séjour, destiné aux plus grands criminels, furent beaucoup plus considérables, plus sensibles, plus insupportables et bien plus longs que ceux qu'il avait éprouvés dans la tour du Temple. Nous tenons de source certaine que, pendant plus de deux ans, cette illustre victime d'un machiavélisme infernal, ne prit pour toute et unique nourriture que des œufs à la coquille, tantôt frais, tantôt cuits : avalés crus, ils lui servaient tout à la fois de nourriture et de boisson. Elle ne touchait ni au pain ni aux autres mets qu'on lui apportait ; elle ne buvait aussi ni vin ni eau, dans la crainte d'être empoisonnée. Elle restait sans feu, comme sans lumière. Papiers, plumes, encres, livres, rien n'était à sa disposition. Pour tout dire, en un mot, elle était privée avec une barbarie dont on n'use même pas envers les condamnés à mort, de tout ce qui pouvait apporter le moindre soulagement à son affreuse situation.

Évidemment c'était une victime dévouée à la mort, que ses bourreaux couronnés voulaient immoler lentement dans les ténèbres. Aussi, là, mille fois plus que dans la tour du Temple, elle aurait succombée cent fois sans une protection visible du ciel. N'en doutons pas, la divine Marie, sa protectrice, a demandé à Dieu la conservation de son illustre protégé qu'elle veut faire régner sur sa *France* pour notre bonheur, comme autrefois la reine Esther demanda au roi Assuérus la vie de son peuple. Et Marie, comme Esther, a été exaucée : *Dona mihi animam meam pro quâ rogo et populum meum pro quo obsecro.*

Cependant, l'autorité supérieure, étonnée de l'espèce d'obstination que l'infortuné prince, qu'elle voyait si bon, si doux, si prévenant, si reconnaissant pour les moindres services, mettait à refuser toute autre nourriture que des œufs à la coquille, se hasarda un jour de lui en témoigner son mécontentement et de lui demander si, par hasard, il craindrait qu'elle ne voulût l'empoisonner. Le dauphin lui répondit avec une bonté et une douceur charmantes : « Ce n'est pas vous que je crains; mais ce sont mes *bourreaux couronnés* qui n'ont donné des ordres aussi rigoureux qu'injustes que pour se défaire de moi. Comme je me dois à Dieu, à ma patrie, à mes parents et à moi-même, je prends toutes ces précautions pour tromper leur barbare attente. « Nous sommes italiens, s'écria le directeur général de la police par *intérim*, mais non des assassins... ! » Le prince, par ces paroles qui lui parurent sincères, consentit à se nourrir comme les autres hommes, et n'eut jamais lieu de se repentir de sa confiance.

Ceux qui voudront avoir une idée juste des maux sans nombre et de tout genre que le dauphin endura dans les prisons de Milan pendant les sept ans, six mois, douze jours qu'il y fût renfermé, pourront lire l'ouvrage de Silvio Pellico, intitulé : *Mes prisons*, ou celui de M. Andryane sur le même sujet. Il est impossible de les lire sans se sentir le cœur oppressé par la douleur, et sans verser des larmes abondantes au récit des souffrances de toute espèce qu'éprouvaient les malheureux prisonniers dont plusieurs succombaient à leurs maux au bout de quelque temps.

Cependant l'infortuné dauphin parvint à faire savoir au duc de Berri qui lui avait adressé des paroles de consolation et d'espoir, lors de son entrevue avec madame la duchesse d'Angoulême, sa sœur, qu'il avait été arrêté dans les Etats autrichiens d'Italie, et qu'il était retenu dans les cachots de Milan par les ordres de la cour de Vienne donnés sur les instances de Louis XVIII, son oncle. L'auguste et malheureux prisonnier de Milan invitait son cousin à demander au roi de France la raison de la conduite inique qu'il tenait à l'égard du fils de son infortuné frère, mort martyr de sa foi et de son amour pour son peuple. Le duc de Berri, qui avait la franchise, la loyauté et le courage du bon Henri IV, son aïeul, éleva sa voix généreuse pour demander la délivrance du duc de Normandie ; il écrivit même à l'empereur d'Autriche en faveur du dauphin ; et plusieurs fois il en entretint Louis XVIII.

Un habitant des Tuileries, que ses fonctions rapprochaient à toute heure des appartements de Louis XVIII, entendit une fois un bruit inaccoutumé dans le cabinet du monarque ; poussé par une curiosité irrésistible, il prêta l'oreille et recueillit ce dialogue : « Mon oncle, disait le duc de Berry avec chaleur, puisque vous avouez l'existence du fils de Louis XVI, et que vous savez même où il est, pourquoi tardez-vous à le reconnaître et à lui rendre le trône ? — Eh ! répondait le roi impatienté, ne comprenez-vous pas que cette reconnaissance est devenue impossible, qu'elle mettrait en question les traités existants et troublerait la paix générale ?

— Je suis loin de le croire ; l'Europe ne fera pas la guerre à la France, parce qu'elle verra replacer le sceptre dans les mains de son roi légitime. Quand même cela arriverait, la justice d'une telle reconnaissance doit l'emporter sur toute autre considération.

— Mais vous plaidez contre vos intérêts, car ce sont les vôtres que je défends bien plus que les miens. Je suis vieux, Saint-Denis ne tardera pas à me recevoir; mon frère me succèdera, et après lui viendront ses fils. Vous êtes le plus jeune de nous tous, la stérilité de la duchesse d'Angoulême vous donne la certitude de régner; que deviendriez-vous si j'accédais à votre demande?

— Ah! mon oncle, plutôt mille fois l'honneur qu'une couronne!

L'entretien s'animait; la voix de Louis XVIII était devenue tonnante; il ordonnait à son neveu de cesser ses instances, et de ne plus revenir sur ce sujet; il lui criait d'un ton de menace : « Prenez-y garde, Berry, prenez-y garde! »

Quinze jours ne s'étaient pas écoulés depuis cette conversation, que Louvel avait frappé à mort le seul Bourbon populaire, le seul aimé. La nouvelle fatale s'était rapidement répandue dans Paris. La cour, consternée, se pressait autour du lit de douleur dressé à la hâte dans le foyer de l'Opéra. La famille royale était présente; on avait couru réveiller le roi, il s'était levé avec humeur et arriva le dernier. Il opposa une figure impassible à tous les visages baignés de larmes; il mesura d'un œil sec l'effroyable plaie. Chacun pleurait autour de lui; mais lui, préoccupé d'autres pensées, calculait dans sa tête le profit qu'il allait tirer de cet attentat : il méditait des lois destructives de la Charte.

« Sire, disait le duc de Berry, étendu sur sa couche sanglante, grâce pour l'homme qui m'a frappé! et sa voix, de plus en plus faible, répétait : grâce pour l'homme! »

Vos vœux ne seront pas exaucés, noble victime;

l'homme n'aura pas sa grâce, car l'homme pourrait parler, et les morts ne parlent plus.

Franchissons plusieurs mois. La chambre des pairs, constituée en cour de justice, a prononcé la peine capitale contre l'assassin. L'heure de l'expiation a sonné. Une foule immense, accourue sur la place de Grève, assiège les abords de l'instrument du supplice. Louvel arrive : il paraît calme, il monte d'un pas ferme les marches de l'échafaud. Il semble qu'un espoir secret le soutienne, et qu'il ne soit pas bien sûr de son sort; il regarde au loin... L'exécuteur des hautes-œuvres s'empare de sa personne. Plus de doute ! il va subir sa peine. Alors il pâlit, il tremble, il prononce quelques mots. Qu'a-t-il dit ?... Le peuple, tenu à distance par un cercle de force armée, n'a pu entendre ses paroles ; mais des témoins plus rapprochés les ont recueillies ; ses derniers mots, les voici : « *Ah! je n'aurais pas cru qu'ils me laisseraient mourir!* » Il attendait sa grâce jusque sur l'échafaud ! Comprenez-vous, lecteurs, quelle promesse il avait reçue, quelle volonté avait commandé son crime, et quel lien mystérieux rattachait la confiance intrépide de ce misérable à la politique du cabinet royal ?

Nous pourrions en dire davantage, éclairer les ténèbres *volontaires* de l'instruction, et nommer d'autres complices ; ils sont encore puissants, et grâce aux défectuosités de notre législation, il leur serait trop facile de faire condamner comme calomniateur un écrivain véridique, et d'abriter leur infamie sous l'égide de la loi.

Pour compléter l'histoire lamentable de ce drame horrible, nous allons ajouter les réflexions que faisait sur la mort de son Altesse royale le duc de Berry, le 13 février

1839, un journal légitimiste de l'Ouest dont nous devons littéralement rapporter les paroles :

« La douleur a ses jours marqués aussi bien que le plaisir; comme lui elle a ses fêtes, mais tristes, mais lugubres; fêtes où l'on se couvre de crêpes, au lieu de se couvrir de fleurs. C'est au nombre de ces jours sinistres que se trouve le 13 février, déplorable époque à laquelle le meilleur, le plus populaire des princes tomba sous le fer d'un assassin ! L'histoire qui redira ce crime en fera peut-être connaître le véritable auteur ; à nous autres contemporains de la victime, il n'appartient que de déplorer ce malheur. Berry vécut au milieu de nous; comme nous, il prit part à nos plaisirs et ressentit nos douleurs. Tous les français l'aimaient sans doute, mais un le haïssait. Eh? faut-il plus d'un scélérat pour commettre un crime? Qui, se demanderont les générations futures, qui dirigea le fer sous lequel succomba Berry? Quel intérêt fit cette plaie à la France? Qui a pu vouloir sa mort? Louvel... mais Louvel n'avait rien à reprocher, rien à prendre à sa victime ! son bras fut invisiblement dirigé. L'historien en poursuivant ses investigations, devra se dire : Sont-ce les bonapartistes qu'il faut accuser de ce crime? Captif à Sainte-Hélène, pourra-t-on lui répondre, Bonaparte ne possédait qu'une gloire déjà trop entachée par l'assassinat d'un Bourbon. Sont-ce les républicains ? Mais c'est encore une erreur. Berry n'était pas seul appelé à monter sur le trône, après lui venait une kyrielle de collatéraux. Sa mort isolée n'était donc d'aucun intérêt pour les républicains. Qui donc a dirigé le poignard, ne manquera pas de se dire l'histoire? Pour nous, la cause de cet assassinat fut un impénétrable mystère. Puisse l'histoire mieux enseignée en signaler le véritable auteur à l'exécration du genre humain ! (*Mémorial angevin*). »

Aujourd'hui, le vœu de cet habile publiciste est accompli; le voile est déchiré, et la vérité brille dans tout son éclat. C'est le ciel lui-même qui a révélé à la terre cette grande iniquité.

Ecoutons religieusement le simple paysan de la Beauce, son envoyé, Thomas-Martin de Gallandon, qui a fait trembler Louis XVIII sur son trône, comme autrefois saint Paul dans les fers effraya salutairement le gouverneur romain environné de ses gardes : *Disputante autem Paulo de justitiá, et de castitate, et de judicio futuro, tremefactus est Felix;* qui a fait verser un torrent de larmes à ce monarque resté impassible au milieu d'une famille royale en pleurs, et contemplant d'un œil sec la plaie sanglante que le poignard assassin avait ouverte dans la poitrine de l'infortuné duc de Berry ; qui a impérieusement commandé à ce nouveau Cromwel de descendre d'un trône qui ne lui appartenait pas ; qui lui a défendu, sous peine de mort, d'aller recevoir l'onction royale à Reims, défense à laquelle se soumit l'usurpateur. Il nous dira, cet envoyé du ciel que : « Celui qui a porté le coup à Charles-Ferdinand d'Artois (voilà comme l'ange le lui nomma), a été bien trompé, car celui qui avait dirigé la main parricide avait toujours promis qu'on ne lui ferait rien, pourvu qu'il ne déclarât rien, et il avait conservé cette espérance jusqu'au moment de l'exécution qu'il considérait comme une feinte pour lui faire découvrir celui qui lui avait donné ce conseil, et cependant il devait périr le même jour (Voyez le *Passé et l'Avenir*, M. Bricon, page 207). » Le crime de Louvel n'était donc pas un crime isolé, comme le prétendait M. Decazes, ministre de l'intérieur et président du Conseil. Tout le monde en devine maintenant la raison. Disons-le donc bien haut avec l'ange : le premier, le véritable assassin du duc de Berry, est mort roi de France au bout d'un règne de dix ans. Heureux aux yeux du vulgaire qui ne voit que les apparences, la vanité de ce bonheur n'a trompé ni ses proches ni ses courtisans qui ont asssisté aux angoisses de ses derniers moments, entendu l'aveu de ses remords, et ont vu les frayeurs épouvantables qui se cachaient sous l'écorce de scepticisme dont il aimait à s'envelopper.

Ce roi-philosophe, qui allait parfois jusqu'à affecter l'athéisme, prouva à sa mort qu'il n'était rien moins qu'athée. Nous devons constater ici en passant que le duc de Berry avait souvent dit, en 1819 et en 1820, à deux honorables familles qui refusent la publication de leurs noms, par la crainte d'être assassinées, mais que nous pourrions désigner au besoin, que *Louis XVII existait* (*Revue catholique*, page 353).

Après l'immolation de cette noble victime qui faisait sans cesse des démarches en faveur du dauphin, prisonnier à Milan (7), l'usurpateur couronné et ses complices faisaient disparaître dans l'ombre d'autres témoins de l'évasion du Temple et de l'existence actuelle du fils de Louis XVI. Ainsi, sous le ministère Decazes, on vit disparaître subitement l'homme de confiance de M. le marquis de la Roche-Aymon, pair de France; ce fidèle serviteur avait été à même, comme employé à la tour du Temple pendant la captivité de la famille royale, de connaître beaucoup de particularités sur l'enlèvement du dauphin. Il en avait parlé confidentiellement à plusieurs personnes; cette indiscrétion lui coûta cher : M. Decazes le fit arrêter clandestinement, et on n'a jamais su ce qu'il était

---

(7) Voir la note 7 à la fin de ce Livre.

devenu ; il a probablement fini ses jours dans les oubliettes de quelque Bastille.

La disparition de M. Caron, qui arriva vers le même temps, est trop dramatique pour ne pas trouver sa place ici. Mais pour qu'on ne nous accuse pas de trop charger le tableau, nous allons laisser parler le fils de cette nouvelle victime d'un affreux machiavélisme.

« Employé au service de la bouche du roi Louis XVI, en qualité de *gobeletier*, M. Caron, mon père, âgé de 46 ans, en 1792, parvint, après la journée du dix août, l'arrestation et le transfert au Temple de la famille royale, à s'introduire dans cette prison, d'après un ordre de Péthion, et à se rendre utile aux augustes prisonniers. M. Caron voyait souvent le dauphin, et il contribua, dans les plus mauvais moments, à adoucir les souffrances que causaient à cette royale victime la privation de la vue et des soins de sa malheureuse famille, et la rude cruauté de ses farouches gardiens... C'est ainsi qu'il pût avoir pleine et entière connaissance de l'enlèvement du jeune prince, de la manière et par les sollicitudes de qui cet enlèvement fut exécuté.

« Après l'enlèvement, M. Caron en rendit naturellement compte à la fille du roi. Cette princesse dût lui savoir gré d'une pareille confidence, et en conserver un précieux souvenir.

« A la rentrée en France, en 1814, de la famille des Bourbons, la fille de Louis XVI, qui n'avait point oublié les services que M. Caron avait rendus à elle et aux siens dans les jours de malheur, le gratifia d'une pension qu'il reçut avec reconnaissance, et qu'il toucha jusqu'au moment où il fut mis dans l'impossibilité de se présenter pour la recevoir.

« A la seconde restauration, Louis XVIII, inquiet de ce que la duchesse d'Angoulême lui avait raconté relativement à l'enlèvement du dauphin, et plus encore de ce que Martin venait de lui révéler à ce sujet, fit appeler M. Caron, mon père, à qui la flatterie était inconnue, et qui devait croire d'ailleurs que le roi n'avait d'autre but que de s'instruire de la vérité des faits ainsi que de toutes les circonstances qui les avaient accompagnés, lui raconta tout ce qui s'était passé au Temple... Louis XVIII en parut satisfait, et congédia mon père après l'avoir remercié du zèle dont il avait fait preuve à ces époques désastreuses.

« Ma famille ayant observé que mon père était plus sombre et plus taciturne depuis qu'il avait vu le roi, chercha à obtenir de lui quelques éclaircissements ; ce fut en vain, il s'obstina à garder le silence. Mon père reçut dans ce moment la visite du prince Jules de Polignac, avec lequel il s'enfermait et causait. Le *ce mettait par écrit tous les dires de M. Caron, et   soigneusement tout ce qu'il écrivait. De temps   s, le prince l'emmenait dans sa voiture. Où allai   on l'ignore! Mais chaque fois que mon père rentr   femme et ses enfants remarquaient qu'il était in nc   qu'il évitait avec soin tout ce qui pouvait provo   e explication quelconque au sujet de sa conduite s   ordinaire sous tous les rapports. Souvent ma mère   na sœur aînée qu'il chérissait, lui firent des obser   , il r cons- tamment muet tant sur sa visite a   e sur   ts faits par le prince de Polignac et s   courses.

« Enfin, le 4 mars 1820, mon   sortit vers   heure de l'après-midi, en annonçant u'il allait voir   fille aînée et qu'il rentrerait immédiatement. Plusi rs heures s'écoulèrent ; celle du dîner se passa, et ne voyant point revenir mon père, ma mère et moi étonnés d'une absence si insolite, nous nous rendîmes chez ma sœur aînée, qui répondit qu'elle n'avait pas vu mon père depuis quelques jours. Justement alarmés d'un incident aussi imprévu, nous craignîmes que mon père n'eût fait quelque chûte dangereuse dont on voulait nous cacher la gravité, et nous fîmes auprès de nos connaissances des démarches empressées pour savoir si l'on ne l'avait pas vu. Sur les réponses négatives, et ne pouvant nous expliquer les causes d'une absence aussi étrange, nous nous adressâmes au commissaire de police de notre quartier pour obtenir des renseignements. Ma mère écrivit au préfet de police, aux ministres de la police et de l'intérieur, et à tous ceux qui auraient pu rencontrer mon père. Ce fut en vain, personne ne l'avait vu !... Je me présentai en outre chez le secrétaire des commandements de son altesse royale la duchesse d'Angoulême pour savoir si mon père avait reçu sa pension ou s'il avait envoyé quelqu'un pour en toucher le montant. Ce secrétaire répondit, *même un peu sèchement*, que M. Caron n'avait point paru, ni personne de sa part, et *qu'il était surpris que sa famille mît tant de persistance dans ses recherches !*... Cette réponse, plus qu'inconvenante de la part du baron Charlet qui, s'il n'eût reçu des instructions particulières sur cette affaire, aurait dû approuver toutes les angoisses d'une famille justement alarmée, l'encourager, l'aider même dans ses recherches, fit soupçonner que M. Caron pouvait être victime d'un horrible guet-apens dont le but était évidemment de le forcer à garder le silence *sur ce qu'il avait vu et entendu au Temple*.

« Ce qui prouve toute la justesse de cette observation,

c'est que ma mère a été privée de la part lui revenant de la pension de mon père, et ce, contre tous les usages reçus !...

« Un fait qui par lui-même paraissait d'abord sans importance, vint nous éclairer et nous prouver que mon père était tombé dans un piège adroitement tendu *par qui avait le plus grand intérêt à ce qu'il ne révélât à qui que ce fût le secret de l'enlèvement du Temple du fils de Louis XVI.* Voici ce qui se passa quelques jours après la disparition incompréhensible de mon père. Comme je demandais mon père et que je racontais son malheur à tous ceux que je croyais susceptibles de me donner de ses nouvelles, je fus accosté au café qui était celui du theâtre des Variétés, par un individu que j'y rencontrais parfois et que je connaissais à peine ; cet individu me tint ce langage :

« — Je sais que vous faites des démarches très actives pour découvrir le sort de monsieur votre père qui a disparu inopinément ; *je vous engage, dans votre intérêt, à cesser vos recherches, elles ne peuvent aboutir qu'à vous compromettre et voilà tout !...*

« Etonné d'un tel langage et d'une confidence si inattendue, j'adressai à cet homme une foule de questions auxquelles il refusa de répondre, et il s'éloigna pour éviter toute espèce d'explication. Atterré par cette découverte, je fis mon possible pour retrouver cet individu, sans jamais pouvoir le rejoindre. Qui était-il ? Appartenait-il à la police ? je l'ignore encore...

« Après avoir informé ma famille de ce nouvel incident, et fait, malgré les représentations de cet inconnu, auprès de l'autorité supérieure, les démarches les plus actives afin d'être instruit du sort de mon malheureux père, je tombai malade et fus forcé de garder le lit par suite du violent chagrin que m'avait causé l'inexplicable disparition d'un père que j'aimais tendrement et qui chérissait toute sa famille dont il était adoré, Depuis cette funeste catastrophe, nous n'avons eu aucunes nouvelles de mon père, quelles qu'aient été notre activité et notre sollicitude. »

Ici finit le triste drame raconté par M. Caron fils, qui en a fait une relation exacte que nous avons copiée littéralement, et dont l'original signé par lui est entre les mains de monseigneur le dauphin, fils du martyr Louis XVI. Sans l'intervention du prince Jules de Polignac dans une affaire à laquelle il était entièrement étranger, et s'il n'était pas fait mention dans cette lamentable histoire de M. Charlet, secrétaire des commandements de madame la duchesse d'Angoulême, nous aurions livré ces faits à l'appréciation et au jugement de nos lecteurs, sans les accompagner d'aucun commentaire, parce qu'ils parlent assez haut par eux-mêmes, et que le peu que nous avons dit ailleurs de Louis XVIII, connu par son incrédulité et dévoré par l'ambition et par la soif de régner, suffit pour faire juger sans témérité qu'il était capable de tout pour arriver à ses fins. Mais le prince de Polignac ne peut, ne doit agir ici que de la part du frère de Louis XVIII, le comte d'Artois, qui pour s'assurer la paisible possession du trône après la mort de son frère, dont les forces et la santé déclinaient visiblement, prenait d'avance les mesures les plus efficaces pour faire disparaître ceux qui pourraient, après la mort du roi, révéler et faire connaître l'enlèvement et l'existence du dauphin. Nous sommes comme forcés de porter le même jugement sur madame la duchesse d'Angoulême, destinée à régner avec son auguste époux après la mort de Charles X. Car on ne peut guère expliquer autrement les paroles du baron Charlet, secrétaire des commandements de la fille de Louis XVI, et le refus de continuer de payer la partie de la pension à laquelle la veuve de Caron avait des droits incontestables.

On n'a pas oublié tout l'intérêt que l'impératrice Joséphine avait témoigné à l'auguste orphelin du Temple, dans les différentes circonstances où elle avait pu lui être utile. En 1814, l'empereur de Russie, plein de vénération pour une princesse que ses malheurs supportés avec tant de courage et de résignation, rendaient encore plus grande que sa gloire passée, la visita plusieurs fois dans son château de la Malmaison. Dans la dernière visite que lui fit le prince Alexandre, la bonne Joséphine l'entretint longuement du duc de Normandie, fils de l'infortuné Louis XVI, qu'elle avait vu immédiatement après son enlèvement de la tour du Temple, en 1794; puis en 1803, ou 1804, époque où elle lui fournit, de concert avec Fouché, les moyens de s'embarquer pour l'Amérique; ce fut dans cette circonstance qu'elle dit plaisamment à l'empereur Alexandre : « *Pour la légitimité, sire, vous n'y êtes pas encore, car vous n'ignorez pas que le dauphin n'est pas mort au Temple.*

Le czar de Russie lui avoua, de son côté, qu'il savait, depuis la notification qu'en avait faite le prince de Condé en 1795, au cabinet de St-Pétersbourg, que le fils de Louis XVI vivait; que le comte de Provence ne l'ignorait pas non plus en 1797, puisque dans la proclamation de Vérone, du 14 décembre, il s'annonçait comme simple régent du royaume de France. C'est en vertu de cette connaissance, ajouta Alexandre, et pour maintenir le

principe de la légitimité, que, dans le traité signé à Saint-Pétersbourg, le 12 octobre 1802, destiné à enlever à l'Angleterre la suprématie des mers, on ne voulut pas reconnaître le comte de Provence pour l'héritier du trône de France, parce que l'on savait que le fils de Louis XVI, son frère, *était sorti par fraude des prisons du Temple, et qu'il existait.* Nul doute que cet entretien de l'impératrice Joséphine avec l'empereur Alexandre ne contribuât beaucoup à faire insérer, dans les traités de 1814 et 1815, la clause secrète dont la teneur suit : « Que, bien que les
« hautes puissances contractantes, souveraines, alliées,
« n'aient pas la certitude de la mort du fils de Louis XVI,
« la situation de l'Europe et les intérêts publics exigent
« qu'elles placent à la tête du pouvoir en France Louis-
« Stanislas-Xavier-Joseph, comte de Provence, sous le
« titre de roi, ostensiblement ; mais n'étant de fait, dans
« leurs transactions secrètes, que régent du royaume, pen-
« dant les deux années qui vont suivre, se réservant pen-
« dant ce laps de temps, d'acquérir toute certitude
« sur un fait qui déterminera ultérieurement quel doit être
« le souverain régnant de la France, etc... » Nos lecteurs comprennent maintenant combien la présence à Paris et la vie de la bonne Joséphine devaient porter ombrage au sceptique Louis XVIII qui, voulant régner à tout prix, cherchait à faire disparaître tous les témoins de l'évasion du Temple, pour immoler plus facilement et sacrifier plus sûrement à son ambition l'auguste victime de nos discordes civiles. Aussi, le roi philosophe mit sur pied ses séides à gages, et quelques jours après l'on apprit avec étonnement la mort subite de Joséphine, arrivée, au milieu d'une fête champêtre, à la suite de violents vomissements.

Cette mort qui arrivait si à propos, dit la *Voix d'un proscrit*, page 310, ouvrit carrière à d'étranges soupçons. On murmura tout haut qu'elle avait été empoisonnée pour des révélations importantes qu'elle avait faites sur un auguste personnage. Le gouvernement ne fit faire aucune recherche sur ce trépas si insolite ; et le peuple qui aime toujours l'extraordinaire, ne put voir une mort naturelle dans la fin prématurée de la première épouse de Bonaparte. » (Voir les Mémoires d'une femme de qualité sur Louis XVIII, sa cour et son règne, publiés en 1829).

Quoique nous ayons parlé ailleurs du fameux conventionnel Courtois, nous en dirons cependant encore ici quelque chose. Voici ce que nous trouvons de plus frappant dans la *Voix d'un proscrit*, pages 91 et 92 : Demeurant à Remblusin en Lorraine, où il s'était retiré, depuis le 18 brumaire, M. Courtois, répétait à qui voulait l'entendre : « Qu'un jour viendrait où des papiers qu'il avait en sa possession pourraient être d'une grande utilité à un auguste personnage qui avait été *enlevé de prison* ; qu'on avait ordonné de grandes recherches et sans aucun succès ; que plus tard on avait déclaré qu'il était mort en prison, sans que rien ait constaté qu'il ait été repris ; ce qui prouvait incontestablement que ce personnage était en fuite, et que sa mort prétendue n'était qu'un mensonge. » Voilà un témoignage bien clair et non suspect en faveur de l'auguste orphelin du Temple : qu'a-t-on à répondre ? Courtois, comme on le sait, a figuré aux différentes époques de la révolution. Il fut député à la Convention avec son compatriote Danton, dont il partagea les principes républicains. Après la mort de Danton, Courtois devint l'ennemi de Robespierre, non parce qu'il était le fléau de la France, mais parce qu'il avait fait monter Danton sur l'échafaud. Robespierre étant mort, Courtois se fit désigner par la Convention pour faire le rapport sur les papiers trouvés chez le dictateur. Il devint, par ce moyen, le confident de tous les personnages qui avaient été en correspondance avec Robespierre. On a entendu souvent Courtois dire que, dans le dépouillement des papiers, il avait trouvé plus de lettres des chefs royalistes, pour entamer des négociations, qu'il n'avait lu de dénonciations révolutionnaires. Comme à l'époque du 18 fructidor, on lui parlait de la possibilité de voir revenir les princes et Louis XVIII à leur tête; il répondit : « *Croyez-vous donc que Louis XVII soit mort ?* et connaissez-nous les véritables auteurs de la révolution....? Si vous saviez tout ce que je sais, vous ne parleriez pas de Louis Louis XVIII comme de l'héritier du trône. » On fit observer à Courtois qu'il accusait Louis XVIII, parce qu'il voyait en lui le vengeur de son frère Louis XVI et de Louis XVII, assassinés par la Convention ; vous avez tout à redouter de leurs successeurs. Courtois répliqua par ce vers de Rhadamiste :« *Hérite-t-on, Seigneur, de ceux qu'on assassine ?* » On a vu souvent Courtois depuis cette époque ; il a toujours assuré *que le jeune roi n'était pas mort au Temple;* et soit qu'il redoutât le retour de Louis XVIII ou qu'il voulût nuire à ce prince, il a toujours parlé de lui dans les termes les plus injurieux. Courtois fut exilé à Bruxelles, malgré qu'il n'eût pas occupé d'emploi dans les cent jours. Ce régicide mourut à Bruxelles peu de temps après son arrivée dans cette ville; Louis XVIII fit mettre les scellés sur ses papiers dont on fit le triage avec un soin scrupuleux. On devine bien pourquoi ? On trouva des lettres de madame Elisabeth et de la famille royale, ainsi qu'un testament de la reine, en forme de lettre. On fit courir le bruit alors qu'on avait découvert plusieurs correspondances du comte de Lille avec Robespierre. « Tout le monde sait aujourd'hui que *Monsieur* avait pris ce nom pour correspondre avec les révolutionnaires de France, surtout avec Robespierre, pendant l'émigration. Quelle monstruosité ! » Ces détails, que nous tirons de la *Voix d'un proscrit*, jettent un grand jour sur la conduite de Louis XVIII pendant la révolution, et nous apprennent pourquoi ce roi philosophe faisait fouiller avec tant de soin les papiers des plus fameux conventionels, au fur et à mesure que la mort les frappait, et pourquoi il se conduisait d'une manière si différente à l'égard de quelques uns de ceux qui avaient pu rendre quelques services à l'auguste orphelin du Temple.

Fouché et le comte de Viomesnil ont également été utiles au dauphin dans différentes circonstances; mais leur sort, sous la restauration, n'a pas été le même. Le premier, il est vrai, conserva pendant quelque temps le porte-feuille du ministre de la police, qu'il avait gardé sous le consulat et une partie de l'empire; mais dès que Louis XVIII connût les rapports qu'il avait eus autrefois avec le duc de Normandie, et surtout ceux qu'il venait d'avoir avec ce neveu abhorré, il le disgracia, l'envoya en ambassade, et puis de là en exil, où il mourut.

Le comte de Viomesnil, au contraire, qui avait été en 1795 le précepteur du dauphin, pendant son séjour auprès du prince de Condé, et qui, en 1816, lui avait donné une lettre de recommandation pour le malheureux Fualdès, fut fait lieutenant-général, puis maréchal de France, pair, cordon-bleu, etc.... Pourquoi cette différence dans leur destinée. C'est parce qu'on redoutait les révélations du comte, révélations qui eussent couvert la famille royale de honte et de confusion, sans préjudice des dangers. On acheta et paya chèrement son silence. Voilà le motif des faveurs qui lui furent accordées. Fouché fut proscrit, parce que l'on ne redoutait pas les dires d'un oratorien apostat, d'un régicide, d'un ministre de la police, qui, habitué à la dissimulation, aurait tenté en vain de nuire à la famille des Bourbons par des révélations faites après sa disgrâce.

Restait encore la femme Simon qui disait à qui voulait l'entendre que le dauphin n'était pas mort dans la tour du Temple, et qu'elle avait elle-même contribué à son enlèvement. Louis XVIII la fait appeler pour l'interroger lui-même sur ce fait extraordinaire. Il apprend de cette femme toutes les particularités qui ont précédé, accompagné et suivi l'évasion du dauphin qu'elle assure avoir vu depuis en 1802 et bien reconnu. Il la fit passer pour folle (8). Cependant elle continua de parler de l'auguste orphelin à [...] personnes qui allaient la visiter; mais tous les [...] de la restauration ayant embouché la trompette [...] pour proclamer qu'elle était folle, son témoignage re[...] dès-lors sans importance. Néanmoins, madame la d[uchesse] d'Angoulême, justement alarmée des propos qu['elle tena]it à la femme Simon, voulut s'assurer par elle-m[ême] de la vérité des choses. Déguisée en simple bourgeo[ise, da]ns une toilette propre à lui assurer l'incog[nito] qu'el[le souhai]tait garder, cette princesse se rend[it à l']hospice, d[emand]a à la Simon s'il était vrai qu'elle [dis]ait à qui voula[it l'en]tendre, que le dauphin n'était pas

---

(8) Voir la note 8 à la fin de ce Livre.

mort au Temple. Non seulement, répondit-elle, il n'est pas mort au Temple ; mais je l'ai revu depuis et je l'ai parfaitement reconnu. Bah ! lui dit la princesse, vous voulez plaisanter ! comment serait-il possible que vous eussiez reconnu un enfant que vous avez quitté si jeune? — Cela vous étonne, madame ! que diriez-vous donc? si je vous disais que je reconnais en vous la sœur du dauphin, malgré la simplicité de vos habits, et que je ne vous ai pas vue depuis un temps beaucoup plus long (8 *bis*)? A cette réponse inattendue, la princesse tourna le dos et se retira. Sourde à la voix du sang, elle fuyait la lumière qui brillait de toute part. Elle savait bien que son auguste et infortuné frère n'était pas mort dans la tour du Temple, puisqu'elle l'a consigné dans ses Mémoires; puisqu'elle a refusé le cœur de l'enfant mort au Temple, en disant au docteur Pelletan qui le lui présentait, *qu'elle n'était pas assez sûre de la mort de son frère pour accepter des restes qui n'étaient pas peut-être les siens;* puisqu'elle l'a vu depuis et bien reconnu, ainsi qu'elle l'a avoué à madame la comtesse d'Estherazy qui la questionnait un jour sur les bruits répandus relativement au dauphin : « Croyez-moi, comtesse, lui dit-elle, il y a des nécessités qu'on est forcé de subir ; notre position, les traités consentis, les promesses, l'avenir de notre famille, exigeaient impérieusement qu'on repoussât un homme dont l'éducation et les principes politiques et religieux n'étaient point en harmonie avec les nôtres, et encore moins avec ceux de nos alliés ; nous avons dû faire ce sacrifice, quelque pénible qu'il fût, *et il a été abandonné !* » Quels étaient donc ces principes, demanda la comtesse ? « *Il était républicain.* »

(8 *bis*) Voir la note 8 *bis* à la fin de ce Livre.

Il a été abandonné !... Oh ! malheureuse princesse ! un mot si cruel a-il bien pu naître dans votre esprit, sortir de votre bouche ? Quoi ! vous avez abandonné votre frère, l'ami de votre enfance, le compagnon de votre captivité ! votre frère, que vos illustres parents, martyrs de leur charité pour un peuple égaré, vous avaient recommandé d'aimer comme un autre vous-même, afin que vous fussiez tous deux heureux du bonheur l'un de l'autre ! Ah ! ils ne connaissaient pas eux-mêmes cette barbare nécessité qui aveugle l'esprit, dessèche le cœur et fait fouler aux pieds tous les sentiments de la nature ! quels sont donc ces nouveaux principes qui brisent les liens du sang, outragent la religion et déshonorent l'humanité ? Vous prétendez donc, ô infortunée princesse, pouvoir violer impunément la loi éternelle de la justice ! mais ignorez-vous que des promesses, que des traités appuyés sur l'iniquité, sur l'injustice et sur la cruauté, attirent le mépris, la malédiction et la ruine sur leurs coupables auteurs ?

Il a été abandonné ! Ah ! madame, ce mot barbare nous explique le trouble, le remords et l'agitation de votre âme dont le long et continuel martyre est attesté par cette tristesse et cette mélancolie empreintes sur votre royale figure !

Il était républicain !... Vous ignorez donc que le véritable républicain est l'ami de Dieu et des hommes, l'ami de son pays et du peuple ? Ainsi, aimer sa patrie par dessus tout ; défendre son indépendance et son honneur ; travailler sans relâche pour sa grandeur, sa gloire et sa prospérité ; être toujours prêt à sacrifier pour elle vie, affections, haines, fortune ; être l'ami du peuple, de la justice, du progrès et de toutes les réformes utiles ; être favorable à l'émancipation, au bien-être et au bonheur de tous ; voilà ce qu'on appelle être véritablement républi-

Or, les Louis IX, les Louis XII, les Henri IV, les Louis-le-Grand, vos illustres aïeux, la gloire et l'honneur de la France, étaient de véritables républicains. Le bon, le vertueux, le martyr Louis XVI, de qui vous vous glorifiez de descendre, qui a tout sacrifié à l'amour de son peuple, était un vrai républicain. Le sang de tous ces héros, qui coule dans les veines de l'auguste orphelin du Temple, votre illustre frère, doit en faire nécessairement le premier républicain de France, parce qu'il est prêt aujourd'hui, comme toujours, à sacrifier son repos, sa fortune et sa vie, pour la gloire et l'honneur de sa patrie, pour le bonheur et le salut de ses chers concitoyens que des ambitieux et des intrigants égarent et rendent malheureux depuis trop longtemps.

Pour convaincre de plus en plus la nation française de la mort du fils de Louis XVI et de la validité de ses droits héréditaires, la famille régnante eut recours à un autre moyen, moins inique il est vrai, mais aussi contraire à la vérité. On fit paraître coup sur coup plusieurs livres écrits dans ce but. Leurs auteurs, grassement pensionnés par Louis XVIII, avaient une tâche d'autant plus facile à remplir qu'ils se trouvaient sans contradicteurs. Il n'eût pas été prudent de chercher à les réfuter. L'auteur du bulletin manuscrit les *Pourquoi* de 1817 l'apprit à ses dépens; et son exemple éloigna de la lice tous les champions qui auraient pu s'y présenter pour soutenir une vérité trop périlleuse. Les *Mémoires historiques* par M. Eckard, la *Vie de Louis XVII*, par M. Antoine de Saint-Gervais, les prophéties et la mission extraordinaire du paysan de la Beauce, converties en *farces de Saint-Médard*, par l'abbé Wurtz, en 1817, et mille autres productions de ce genre, vinrent en aide au *Moniteur* de la *Convention*, pour attester la possession légale du père de la *Charte* et de ses successeurs. Pour que tous les Français connussent la mort du fils de Louis XVI au Temple, on fit lire la *Vie de Louis XVII*, par M. Antoine de Saint-Gervais, dans tous les colléges royaux, pensions, grands et petits séminaires de France, etc.

A une époque plus rapprochée de nous, un ou deux ans après 1830, précisément dans le temps où M. le baron de Richemont, c'est-à-dire l'auguste orphelin du Temple, se préparait à saisir les tribunaux de sa reconnaissance d'état-civil, M. de Saint-Gervais, qui reçut ordre du *nouveau pouvoir usurpateur* de revenir à la charge, publia une brochure intitulée : *Preuves authentiques de la mort de Louis XVII*. Ce factum, dont la simple lecture suffit pour une réfutation complète, n'est qu'un assemblage de faits controuvés et d'anecdotes fabriquées pour le besoin de la cause. Les événements et les dates y sont tantôt intervertis à dessein, tantôt falsifiés avec une audace rare.

Pour compléter cette comédie d'un machiavélisme infernal, nous ne devons pas oublier l'*Ordo divini officii*, composé chaque année pour la chapelle du roi et l'église de Saint-Denis, qui réglait et consacrait l'usage d'un service funèbre pour Louis XVII ; ni le mandement du 21 janvier 1819, publié par le grand-aumônier de France, qui suppose la mort du royal enfant. Nous pourrions aussi parler des diverses fouilles ordonnées par Louis XVIII, et faites pour découvrir les dépouilles mortelles du prétendu dauphin mort en 1795, dont on voulait transporter solennellement les restes précieux à Saint-Denis ; mais nous passons ce fait sous silence, et plusieurs autres de même nature, qui soulèvent le cœur d'indignation. *Ini-*

quitas mentita est sibi : Pour avoir voulu trop en faire, on s'est perdu.

Comme on le voit, sous le règne du sceptique Louis XVIII, règne à jamais funeste à la religion et aux bonnes mœurs, on se rendit coupable de crimes, d'attentats, de mensonges, de fourberies, de tout ce qui pouvait, de loin ou de près, contribuer à étouffer la voix de l'auguste orphelin, qu'on voulait immoler lentement et faire périr dans un affreux cachot.

Qu'on ne nous accuse pas de trop charger le tableau : le règne du roi philosophe a été funeste à la religion ; pour le prouver, nous rappellerons à nos lecteurs, avec Mgr l'évêque de Langres, prélat aussi pieux que savant, qu'en moins de huit ans, le sceptique Louis XVIII a laissé imprimer, dans sa seule capitale de son royaume *usurpé*, plus de deux millions sept cent mille volumes d'ouvrages athées, séditieux, immoraux, obscènes, qu'on colportait partout à vil prix, et qu'on donnait pour rien quand on ne voulait pas les recevoir autrement. Les mœurs de ce nouveau Sardanapale étaient si débordées, que les courtisans les plus corrompus rougissaient souvent des excès dont ils étaient sans cesse témoins et quelquefois complices. Mais la pudeur nous oblige de jeter un voile funèbre sur ce hideux tableau.

Cependant le Seigneur, qui ne punit jamais qu'à regret, n'avait pas ménagé les avertissements et les enseignements salutaires. Les conjurations de Grenoble et de la Rochelle, les mouvements insurrectionnels qui se manifestaient dans les principales villes de France, les trahisons de quelques ministres, les difficultés qui surgissaient de toutes parts ; enfin la mission extraordinaire du paysan de la Beauce ; tout annonçait à Louis XVIII que le ciel, justement irrité de tant d'iniquités, de forfaits et de crimes, allait frapper les coupables et sauver l'innocent.

Mais revenons à l'auguste victime, qui, depuis environ cinq ans languit sous les verroux dans les prisons de Milan. En 1823, le dauphin, dont la patience héroïque, la fermeté inébranlable et la grandeur d'âme surhumaine étonnaient tous ceux qui l'approchaient dans cet affreux séjour, avait trouvé le moyen de faire parvenir au congrès de Vérone, par l'entremise de l'empereur de Russie, une note énergique qui fut communiquée aux souverains de l'Europe. Le prince y exposait brièvement les causes et les motifs de sa détention inique dans les cachots de l'Autriche, et réclamait au nom de celui qui juge les rois comme les peuples, sa mise en liberté. Comme le prince Alexandre, en qui tout sentiment de justice n'était pas encore éteint, insistait pour que l'on fit droit à la juste réclamation de l'auguste prisonnier, l'Autriche rappela la protestation de 1816, renouvelée depuis son arrivée à Milan, dans laquelle il se prononçait contre tout ce qui se qui s'était fait en France, et surtout contre les traités de 1814 et 1815, qu'il qualifiait de manière à faire apercevoir à la Sainte-Alliance toute l'horreur qu'ils lui inspiraient et le cas qu'il en ferait s'il était jamais appelé à gouverner la France. Cette observation fit fouler aux pieds toutes les lois de l'humanité et les règles les plus sacrées de la justice, et engagea cette sainte, disons mieux, cette exécrable alliance, établie pour l'oppression des peuples et le maintien de l'usurpation couronnée, à ne point admettre la trop juste réclamation de la royale victime, de l'infortuné prisonnier de Milan.

Peu de temps auparavant, le sceptique Louis XVIII, bourrelé de remords et justement alarmé des menaces que le paysan de la Beauce lui avait faites de la part du Ciel, s'il ne rendait pas la couronne à l'héritier légitime, avait fait un testament, par lequel il ordonnait de proclamer, après sa mort, Louis XVII, son neveu, roi de France ; il avait joint à cette pièce importante, écrite et signée de sa main, plusieurs autres papiers concernant l'enlèvement du dauphin, la substitution d'un autre enfant à sa place, dans la tour du Temple, l'existence et la résidence actuelle de l'illustre et trop infortuné prince ; tous ces papiers furent enfermés dans une cassette anglaise à double fond, que le roi plaça dans son cabinet avec cette suscription : « *Boîte renfermant mes dernières volontés*. Une dame, autre que la dame de qualité, qui avait la faveur de tout voir à son gré, confia le secret du contenu de la cassette à un personnage haut placé sur lequel elle savait pouvoir compter, et lui offrit de lui remettre le tout moyennant la somme de cent mille francs, qui serait déposée pour elle au moment même de la livraison de la cassette. Cette dame, qui n'était qu'une courtisane de Louis XVIII, voyant ce prince décliner sensiblement par la suite de ses nombreux excès, et comprenant que sa faveur finirait avec sa vie, voulait, par ce moyen, assurer son avenir et se créer une position honorable après la mort de ce Sardanapale usurpateur. La personne mise dans la confidence en parla au comte d'Artois, frère du roi, qui accepta l'offre, sous la réserve de la soumettre à un grand magistrat qui avait sa confiance, et qui, s'il l'approuvait, recevrait la cassette et en ferait l'examen : le magistrat refusa net d'entrer dans des secrets qui révélaient une iniquité trop profonde, quoiqu'il pût, par ce moyen, la dévoiler et tout déjouer.

En 1824, la même personne, voyant Louis XVIII sur

le point de mourir, fit une visite à M. Franchet, lui raconta l'histoire de la cassette, le pria de vérifier lui-même si elle était toujours à sa place, d'en rendre compte à *Monsieur*, et de prendre ses ordres : elle existait, fut gardée à vue, et au moment de la mort, elle fut remise à M. de Villèle et deux autres ministres, pour en faire l'examen. D'après le rapport de M. Brémond, qui atteste le fait sous la foi du serment, les trois ministres furent d'accord de proclamer le duc de Normandie; mais ils crurent devoir consulter le cardinal de Latil qui, feignant de ne voir qu'une fable dans le récit de Louis XVIII, décida que Charles X devait être proclamé dans l'instant, en lui laissant le soin de juger cette affaire. Cet avis fut suivi ; Charles X examina réellement l'affaire, se convainquit de la vérité, et il eut la faiblesse de céder à de faux intérêts dynastiques. Il se fit sacrer, et, après le plus beau des triomphes militaires, il fut précipité de son trône.

Le secret de la cassette anglaise a, selon nous, beaucoup d'analogie avec un fait très-grave qu'a raconté, en 1831, un fils de M. de Bourmont, ce noble et illustre conquérant de l'Algérie, devant trois personnes respectables actuellement vivantes, dont on pourrait citer les noms. Nous tenons ce fait de l'une d'elles qui nous l'a rapporté ainsi : « Louis XVIII, plus certain que jamais de l'existence du fils de Louis XVI, et ne pouvant se décider à lui céder la couronne, voulut du moins la lui assurer après sa mort, afin de satisfaire, par ce moyen terme, son ambition et sa conscience. Un jour il assembla ses ministres, dont M. Decazes était alors président. Il leur demanda le secret sur une communication qu'il allait leur faire, et fit dresser un acte constatant l'existence de son neveu, et indiquant le lieu de sa résidence. Il enjoignit aux ministres de convoquer, immédiatement après sa mort, les deux chambres, des pairs et des députés, de leur lire cette pièce, et de faire proclamer son neveu, fils de Louis XVI, pour son successeur, roi de France et de Navarre. Cette pièce, revêtue de la signature du roi et de ses ministres, fut déposée dans une urne qui fut fixée sur le bureau de la salle des délibérations du conseil. Aussitôt que Louis XVIII eut rendu le dernier soupir, un des ministres qui avait été initié à ce secret, entra précipitamment dans la salle des délibérations, s'empara de l'urne et en anéantit le contenu. Rien alors ne s'opposa à la proclamation de Charles X. M. Dambray, alors chancelier, fut tellement affligé de la soustraction de cette pièce, qu'il en tomba malade. (*Revue catholique*, 1849, page 393.) » Ce fait, dont nous livrons l'appréciation à l'intelligence de nos lecteurs, corrobore singulièrement le secret de la cassette anglaise, et lui donne un nouveau degré de certitude morale. En effet, l'orgueil et la hauteur du roi philosophe rendent peu probable une communication faite de son vivant, surtout de l'importance et de la nature de celle rapportée par un fils de M. de Bourmont. Du reste, quoiqu'il en soit de ce fait, l'un ne détruit pas l'autre; ils peuvent également tous deux exister et être vrais.

Cependant François 1er, empereur d'Autriche, apprenant que le sceptique Louis XVIII, son complice dans la grande iniquité commise envers leur proche parent le duc de Normandie, touchait à sa fin, et connaissant d'ailleurs les mesures qu'il avait prises pour faire remonter son neveu sur le trône de ses pères après sa mort, envoya à Milan le cardinal Pacca, neveu du célèbre cardinal de ce nom, et qui avait été gouverneur de Rome vers les derniers temps du pontificat de Pie VII, avec des instructions particulières pour l'illustre prisonnier qu'il retenait dans les fers d'une manière aussi barbare qu'inique. M. Pacca, muni de ses pleins pouvoirs, pénétra facilement jusqu'au ténébreux cachot qui renfermait alors la plus illustre, la plus longue et la plus grande infortune des temps anciens et modernes. A la vue du fils du roi-martyr dans les fers, le cardinal versa un torrent de larmes. Tout dans ce prince le frappait d'étonnement et d'admiration. Son état d'abandon et de dénûment universel, sa patience et sa résignation héroïques, sa fermeté et sa grandeur d'âme extraordinaires, sa profonde érudition et ses connaissances variées, la bonté de son cœur et sa haute intelligence le transportaient hors de lui-même. En un mot, disait plus tard M. Pacca à un de ses amis, ce nouveau Salomon avait produit sur son esprit le même effet que l'ancien avait opéré dans celui de la reine de Saba. Quand le cardinal put maîtriser les premiers mouvements que la vue de cette noble victime excitait en lui, il parla en ces termes : « Prince, réjouissez-vous, l'empereur d'Autriche, notre illustre et bien-aimé souverain, a enfin découvert la vérité au milieu de ce dédale ténébreux dans lequel vos nombreux et puissants ennemis l'avaient cachée pour éterniser votre détention; il a reconnu la justice de votre cause et la légitimité de vos droits comme fils du saint roi Louis XVI; il regrette sincèrement que des raisons d'état et de haute politique ne lui aient pas permis de s'occuper plus tôt de l'examen des pièces qui vous concernent et qui doivent, en vous rendant à la liberté, vous faire remonter sur le trône de vos illustres ancêtres. Mais le soin de sa réputation, l'honneur de votre famille, l'intérêt de ses peuples et le repos de l'Europe, exigent que vous ratifiiez les traités de 1814 et de 1815, et que vous ensevelissiez dans un éternel oubli toutes les vexations qu'on vous a faites, toutes les persécutions qu'on vous a suscitées, et tous les mauvais traitements que vous avez éprouvés jusqu'à présent. Moyennant l'acceptation de ces deux conditions et leur ratification par écrit signé de votre main, vos fers vont être brisés à l'instant, et vous serez proclamé roi de France et de Navarre par notre bien-aimé souverain et ses alliés, après la mort de Louis XVIII votre oncle, qui touche à sa fin. »

Le prince répondit avec calme et dignité : « Si la politique des rois a ses droits et ses réserves, la justice divine et l'humanité outragée dans ma personne ont aussi leurs droits imprescriptibles, et je manquerais à ce que je dois à Dieu, à la mémoire du plus juste des rois, mon père, et à moi-même, si je ne les leur réservais pas. Allez donc dire, Monsieur, à l'empereur d'Autriche, votre maître et mon parent, et au roi de France, mon oncle, *mes bourreaux couronnés*, que je n'accepterai jamais de telles conditions ; ils peuvent me laisser pourrir dans cet affreux cachot où je languis depuis plus de sept ans, mais dans aucun cas, je ne souscrirai à une iniquité de ce genre. »

Cette réponse vraiment héroïque, inspirée par le plus pur amour de la justice, arracha des larmes d'attendrissement au cardinal Pacca, qui fit en vain les plus grands efforts pour vaincre ce courage surhumain et changer cette volonté inébranlable (9). Il se retira le cœur navré

(9) Voir la note 9 à la fin de ce Livre.

de douleur, laissant dans les fers ce héros de patience, de fermeté et de courage, noble victime d'un pouvoir inique, et martyr de la vérité et de la vertu.

Continuez donc de souffrir, ô le plus magnanime des princes! le Dieu qui fit triompher Charlemagne et couronna saint Louis, vos illustres aïeux, hait souverainement l'iniquité, et a en horreur ceux qui la commettent; il prendra bientôt votre cause en main, et, par des prodiges de sa toute-puissance, vous rendra cette justice que les rois de la terre vous refusent aujourd'hui d'une manière si cruelle. Déjà le glaive de l'ange exterminateur est suspendu sur la tête du plus coupable d'entr'eux: le nouvel Hérode, qui n'a reculé devant aucun forfait pour faire périr l'héritier légitime, afin de s'emparer de l'héritage, est frappé d'une plaie honteuse, juste châtiment de ses iniquités et de ses débauches, au moment même où il croit enfin recueillir le fruit de tous ses crimes. Louis XVIII meurt pourri dans son lit. Le haut clergé de Paris, qui n'ignorait pas la vie impie et libertine de ce roi incrédule, s'assembla pour savoir s'il rendrait les honneurs funèbres dûs à la majesté royale, à la dépouille mortelle de ce malheureux prince. Des raisons de prudence et de sagesse le condamnèrent au silence, et les funérailles du monarque se firent avec tout l'appareil usité.

Nous devons placer ici un trait historique qui prouve une fois de plus qu'il n'y a point de paix pour l'impie qui tremble toujours même à la vue de son ombre, et qui établit victorieusement que toute la famille des Bourbons savait parfaitement que le fils de Louis XVI vivait. On n'a pas oublié le jeune Morin de Guérivière qu'Ojardias avait conduit, le 7 juin 1795, à Thiers en Auvergne, sous le nom et titre du dauphin enlevé du Temple le 19 janvier 1794. Ce M. Morin avait établi, en 1823, une fabrique dans laquelle plus de cent ouvriers étaient occupés à confectionner une infinité d'objets de cartonnage fin, tels que nécessaires de dames, boîtes élégantes et de fantaisie, jolis étuis à cigarres, portefeuilles, etc. La prospérité de son établissement s'était encore accrue de plusieurs inventions heureuses pour lesquelles le gouvernement lui avait accordé des brevets. L'exposition des produits de l'industrie française allant s'ouvrir, M. Morin de Guérivière pensa que le moment était venu pour lui de recevoir la récompense nationale à laquelle a droit tout industriel qui a travaillé sans relâche à étendre, par des inventions et des perfectionnements utiles, les ressources commerciales de son pays. Il résolut donc d'exposer les échantillons des différents produits de sa fabrique. A cet effet, il obtint de M. Héricart de Thury, sur la recommandation de madame de Châteaubriant, une place très-avantageusement située dans la plus belle galerie du Louvre, et il y fit porter ses marchandises. Tous les curieux qui les examinèrent, tous les exposants eux-mêmes lui en firent unanimement des éloges; aucun d'eux ne doutait qu'il ne dût obtenir la médaille d'or, et cela leur paraissait d'autant plus certain que M. Morin n'avait aucun concurrent dans sa partie. Le comte d'Artois honora ses ouvrages en plaqué d'une attention toute particulière; il en choisit quelques-uns, et adressa les encouragements les plus flatteurs au fils de M. Morin qui se trouvait par hasard à la place de M. son père le jour où son altesse royale visita l'exposition. Avec de telles espérances de succès, le désappointement de M. Morin de Guérivière fut grand lorsqu'on vint lui annoncer que le rapport du jury lui décernait, au lieu de la médaille, une simple mention honorable.

Désespéré de se voir si mal payé de ses travaux, M. Morin prit le parti de faire parvenir directement ses plaintes au pied du trône, et d'implorer en sa faveur la justice du souverain. Pour donner plus de poids à sa requête, il jugea convenable d'y joindre une relation succincte de son voyage à Thiers, *et une copie en bonne forme de son acte de mise en liberté*. Dans l'ignorance où il était des sentiments haineux de Louis XVIII envers le duc de Normandie, M. Morin se crut sûr d'obtenir la bienveillance de ce monarque en lui faisant savoir que, pendant la révolution, il avait été, par suite d'une fatale erreur, arrêté et détenu comme fils de Louis XVI.

En conséquence, M. Morin, revêtu de son uniforme de sergent de la garde nationale, s'achemina vers le château des Tuileries, et au moment où le comte d'Artois revenait de la chasse, il lui remit en mains propres son placet et une expédition notariée de l'acte destiné à se faire valoir. Quelle fut l'agréable surprise de M. Morin de Guérivière, de voir arriver, dès le lendemain matin, les dames de la Halle lui apportant un bouquet d'honneur et le félicitant de ce qu'il avait obtenu la médaille d'or.

Dans la même journée, deux messieurs fort bien mis se présentèrent chez lui : « Vous avez, lui dirent-ils, adressé hier une demande au roi : la médaille d'or vous est accordée. Nous sortons à l'instant du ministère de l'intérieur où nous avons appris cette nouvelle, et nous nous sommes empressés de venir vous en faire part, persuadés qu'elle ne peut manquer de vous être agréable. » Et ils se retirèrent lui ayant à peine laissé le temps de les remercier de leur zèle officieux. Ce jour-là et les deux suivants, le magasin de M. Morin ne désemplit pas ; la

Chaussée-d'Antin et le noble faubourg semblaient s'être donné rendez-vous à son enseigne. A chaque instant de brillants équipages s'arrêtaient devant sa porte; et, chose assez remarquable, les personnes qui en descendaient demandaient toutes à le voir. Les unes étaient persuadées qu'elles s'entendraient mieux avec lui sur le prix des articles qu'elles marchandaient; les autres avaient une commande à lui faire, et ne pouvaient bien expliquer qu'à lui seul ce qui formait l'objet de leurs désirs. Il paraissait, et sa présence levait aussitôt toutes les difficultés, décidait tous les goûts, déterminait tous les choix. L'argent semblait lui pleuvoir d'en haut, et il ne savait à la munificence de quel bon génie il était redevable d'un débit si prodigieux.

Mais dès le troisième jour, M. Morin de Guérivière eût le mot de cette énigme. Sur les huit heures du matin, un homme d'un certain âge, vêtu d'une redingote à brandebourgs, entra chez lui et le pria fort poliment de vouloir bien lui accorder la faveur d'un entretien particulier. M. Morin le conduisit dans sa salle à manger qui était située au haut de son atelier. Ils échangèrent d'abord quelques paroles insignifiantes, et après s'être assuré que personne ne pouvait les entendre, l'inconnu entra ainsi en matière :

« Le sujet qui m'amène est la pétition que vous avez fait remettre au roi ces jours derniers; » — Eh bien ! lui dit M. Morin, sans le laisser aller plus loin, qu'y a-t-il donc là d'extraordinaire ? Me croyant fondé à me plaindre d'une injustice commise à mon préjudice, j'ai pris le roi pour juge de ma réclamation. A la vérité, afin de mieux fixer l'attention de sa majesté, j'ai joint à ma plainte quelques détails sur l'arrestation que j'ai subie autrefois à

Thiers, où j'ai été pris pour le dauphin soi-disant mort au Temple ; mais, au surplus, avant de ne rien faire, j'ai communiqué mon projet à M. Hinault, chef de la police centrale.... »

A ce mot, l'inconnu interrompit M. Morin : « C'est-là, lui dit-il, le meilleur de votre affaire : il est heureux pour vous que vous connaissiez ce monsieur. » Invité à s'expliquer par M. Morin, il continua en ces termes : « Depuis deux jours je fais prendre des renseignements sur vous ; je sais maintenant que vous êtes un honnête homme, et c'est ce qui m'a déterminé à venir vous trouver. Mais je ne puis vous rien dire de plus avant que vous m'ayez engagé votre parole d'honneur de ne jamais parler à M. Hinault des choses que je veux vous confier. »

Quand M. Morin lui eut donné sa parole, il tira de sa poche un morceau de papier, et lui fit voir qu'il était chef de la contre-police du château. « Vous concevez d'après cela, reprit-il, la raison pour laquelle je tiens à ne pas être connu de M. Hinault. Je viens au fait. On vous a vu, il y a deux jours, vous promener plusieurs heures de suite dans la cour du Carrousel, en y attendant le comte d'Artois ; vous lui avez remis un paquet au moment où il descendait de voiture. Sans vous en douter, vous avez jeté l'épouvante dans tout le château ; je ne sais comment le bruit s'y est répandu que Louis XVII s'était présenté aux Tuileries. J'ai été sur-le-champ chargé de mettre des espions en campagne. Il a dû vous venir, le lendemain, des femmes de la Halle ; le même jour vous avez dû recevoir la visite de deux personnes, dont l'une était M. le marquis de Rivière. Quand j'ai eu pris par moi-même et par mes agents les informations dont j'avais besoin pour savoir au juste qui vous étiez, j'ai fait mon rapport ainsi que je le devais ; mais quoique ce rapport soit exact, circonstancié et conçu de la manière la plus propre à tranquilliser les esprits, je n'ose encore me flatter d'être parvenu à éclaircir tous les doutes, à dissiper toutes les inquiétudes que votre démarche a fait naître. Cependant, vous pouvez être sans aucune crainte, il ne vous arrivera rien, et je ne vous cache pas que vous le devez en partie à la connaissance de M. Hinault. »

Enhardi par la confiance que cet homme venait de lui témoigner, M. Morin lui fit la question suivante : « Ce que vous venez de m'apprendre, monsieur, me confirme de plus en plus dans l'opinion où je suis que le dauphin n'a point cessé d'exister. Mais, dites-moi, quelle conduite auriez-vous tenue si vous eussiez découvert en moi le fils de Louis XVI ? » Il lui répondit : « La place qui m'a été dévolue n'est pas celle que je devrais remplir, en raison de tout ce que j'ai fait pour les Bourbons ; mais celui qui nous gouverne ne récompense pas autrement les anciens serviteurs du roi son frère. Aussi, je vous l'avouerai, si vous eussiez été Louis XVII, comme je l'ai cru un moment, mon intention était de venir me jeter à vos pieds, de vous avertir du danger que vous couriez, et de vous soustraire au ressentiment implacable de votre puissant ennemi. Croyez bien que le sujet le plus dévoué de Louis XVI n'aurait pas livré le fils de son roi au poignard d'un assassin (voir *Quotidienne* du 6 novembre 1823, et *Souvenirs de mon enfance*, 1832). »

M. Morin qui, par prudence, avait d'abord cru devoir taire le nom de ce chef de la contre-police du château dans la crainte de le compromettre, nous a appris depuis sa mort qu'il se nommait M. Desmarres, ancien et fidèle serviteur de Louis XVI. Sur le point de mourir, ce

M. Desmarres chargea sa fille de remettre à M. Morin de Guérivière des papiers importants concernant l'existence du duc de Normandie.

Cette anecdote procura beaucoup d'autres visites à M. Morin ; entr'autres celle de M. de Tourzel, qui le félicita d'avoir été arrêté pour le fils de Louis XVI. « Je tiens, lui dit-il, de source certaine, que ce prince est vivant et que sa santé ne se ressent aucunement des souffrances affreuses qu'il a endurées au Temple. Ma conviction est telle à cet égard, que je n'ai pas craint de la manifester ouvertement au roi lui-même, et de lui dire que sa couronne ne lui appartenait pas. Au reste, soyez-en bien sûr, après la mort de Louis XVIII, le duc de Normandie règnera sur la France. » Quand M. de Tourzel parlait ainsi, il ignorait que l'infortuné dauphin gémissait dans les prisons de Milan où il avait été renfermé en vertu des ordres de l'empereur d'Autriche, qui commettait de sang-froid cet acte d'injustice criante et de cruauté inouïe pour complaire à la cour de France, dont l'aveuglement ira toujours croissant pour la punir d'avoir repoussé si indignement et persécuté avec tant de barbarie le fils du saint roi-martyr, par cela seul qu'il était l'héritier légitime. Cette malheureuse famille a imité le crime des vignerons dont il est parlé dans l'Évangile, qui tuèrent l'héritier pour avoir l'héritage ; elle partagera leur châtiment. *Hic est hæres ; venite, occidamus eum, et habebimus hæreditatem ejus :* le Seigneur justement irrité, la chassera honteusement et l'enverra dans la terre de l'exil, d'où elle contemplera la gloire de celui qu'elle a rejeté, méconnu et persécuté.

Mais revenons à notre sujet. Après la mort de Louis XVIII, Charles X, possesseur de tous les papiers qui concernaient son neveu le duc de Normandie, réunit, pour la forme sans doute, son conseil de conscience pour délibérer sur leur contenu. Dans cette réunion composée de personnes intéressées à conserver l'ordre de choses actuel, l'on fit valoir les raisons d'Etat qui abondent toujours en pareille circonstance, les motifs tirés de la nécessité de veiller à la conservation de l'honneur et de la réputation de la famille royale, les principes républicains qu'avait toujours professés le dauphin, la paix de l'Europe, le repos et le bonheur de la France ; enfin l'on n'oublia rien pour étouffer la voix de la conscience et de la justice, pour faire prévaloir l'iniquité et maintenir l'usurpation. Il fut donc décidé que le frère du roi défunt règnerait sous le nom de Charles X, et l'on cria: « Le roi est mort, vive le roi! » Ce fut l'Autriche elle-même qui apprit à l'auguste orphelin du Temple, toujours prisonnier à Milan, et la mort de Louis XVIII et l'avènement de Charles X au trône.

Nous le demandons à toute personne raisonnable; cette puissance se serait-elle conduite ainsi dans une circonstance aussi solennelle, si elle n'avait pas été persuadée que *celui* qu'elle tenait dans ses cachots d'une manière si barbare et si injuste, fût véritablement le duc de Normandie ? Tout ce que nous avons dit jusqu'ici annonce évidemment que le comte d'Artois n'ignorait pas la détention du dauphin dans les prisons de l'Autriche. Cela est d'autant plus sûr, que le duc de Berry, son fils, qui s'était trouvé présent à l'entrevue du frère et de la sœur, et qui s'était exprimé assez vivement avec Louis XVIII au sujet de l'incarcération de son cousin lorsqu'il en eût connaissance, n'a pu manquer de l'en informer. D'ailleurs, la duchesse d'Angoulême elle-même avait entretenu plusieurs fois Charles X de son infortuné frère qu'elle avait si lâchement abandonné dans l'espérance d'une couronne.

Quelque temps après la mort de Louis XVIII, le comte de Bruges, que le comte d'Artois honorait de son estime, s'étant permis de lui parler un jour de l'existence du fils de Louis XVI : « Eh bien ! lui dit ce prince, qu'il se présente, qu'il produise ses preuves, et je m'estimerai heureux d'être son premier sujet. » Nous tenons ce renseignement du dauphin à qui le comte de Bruges lui-même, qui n'en faisait mystère à personne, l'avait donné par écrit. Cette réponse du comte d'Artois n'était donc qu'une amère dérision, pour ne rien dire de plus. Comment, en effet, le fils de Louis XVI pouvait-il se présenter en 1824, puisqu'on le savait dans les cachots de l'Autriche, où on l'avait fait jeter depuis 1818 ? Comment encore ce fils de Louis XVI aurait-il pu produire, en 1824, des titres qu'on savait également lui avoir été enlevés en 1818, au moment de son arrestation en Autriche, arrestation opérée sur la demande de Louis XVIII, et qui n'avait été si vivement sollicitée que dans le but de s'emparer des titres qu'on n'avait pas trouvés chez le malheureux Fualdès, comme on l'avait espéré.

On voudrait en vain se faire illusion et pouvoir se persuader que Louis XVIII, peu communicatif avec les siens, n'avait pas instruit son frère de l'incarcération du dauphin et de ses suites. On verra bientôt qu'il *savait tout.*

Cependant, l'Autriche jugeant qu'il valait mieux, dans ses intérêts, que la France fût gouvernée par Charles X qui laissait tout faire, que par le fils de Louis XVI qui avait hautement protesté et même renouvelé ses protestations jusque dans les fers, continuait de retenir ce prince infortuné.

Pendant son séjour dans les prisons de Milan, le duc de Normandie eût occasion de voir *Silvio Pellico*, et de converser avec cet écrivain de mérite qui a fait trois chapitres sur son compte dans son ouvrage intitulé : *Mes prisons*. La divine Providence qui voulait que l'auteur piémontais constatât un jour dans ses écrits la présence et le séjour dans les cachots de Milan du prince dont nous racontons les infortunes, se servit d'un moyen singulier pour mettre ces deux illustres prisonniers en rapport. Le duc de Normandie, qui avait occupé pendant quelques temps l'appartement qu'habitait Silvio Pellico, avait tracé sur le mur, à l'aide d'un charbon, quelques couplets de la chanson composée par Lepitre pendant qu'il était dans la tour du Temple, et signé au bas : « Le duc de Normandie, fils de Louis XVI. » Silvio, qui parlait assez bien le français, pour tuer le temps toujours trop long pour un prisonnier, fredonnait quelquefois les couplets tracés sur la muraille. Le dauphin, qui demeurait dans une chambre au-dessous, entendant chanter sa chanson sur un air inconnu, continua les couplets suivants, mais sur un autre air.

Les souvenirs de Pellico ne l'ont pas toujours bien servi dans ce qu'il a dit du duc de Normandie ; son récit manque d'exactitude sur plusieurs points. Il dit ne pas partager la conviction des gardiens qui le considéraient comme le fils de Louis XVI. Il est certain qu'aujourd'hui cet écrivain ne mettrait pas la même hésitation à se prononcer au sujet du duc de Normandie, parce qu'il n'a plus les mêmes raisons pour déguiser sa pensée et taire la vérité. A l'époque où il écrivait, la censure de son pays n'eût pas permis la publication de certains faits d'une aussi haute importance que ceux qui se rattachaient à l'existence et à la détention arbitraire du duc de Normandie.

D'un autre côté, la sœur de son souverain étant l'épouse d'un des frères de l'empereur d'Autriche, Silvio Pellico ne pouvait pas blâmer la conduite de celui-ci envers le prisonnier de Milan qui était évidemment proche parent de toute la famille impériale, sans que ce blâme ne retombât en même temps sur la cour du Piémont. Voilà les véritables motifs du peu de franchise que Pellico a mise dans ce qu'il a dit du duc de Normandie, qui eut aussi l'occasion d'entendre, en 1823, la voix d'un français, *Andryane*, qui était renfermé dans un cabanon un peu plus éloigné que le sien, pendant qu'il se trouvait dans les prisons de la haute commission, chargée de juger les auteurs ou fauteurs des divers mouvements insurrectionnels qui avaient eu lieu en Espagne et en Italie, en 1820 et 1821.

Enfin le moment de la délivrance de l'auguste prisonnier de Milan approche. Le Dieu de toute justice qui veille sur lui d'une manière toute spéciale, va briser ses liens en inspirant à ses bourreaux couronnés des sentiments plus humains. L'empereur d'Autriche, qui visitait ses possessions d'Italie, vint à Milan en 1825. Le duc de Normandie saisit avec empressement cette occasion pour adresser à ce monarque une réclamation dans laquelle il demandait hautement justice et raison de la conduite inique qu'on avait tenue envers lui jusqu'à ce moment. Ce prince magnanime qui avait, par sa sage fermeté et sa grande infortune, excité l'admiration de tous ceux qui l'approchaient, fut vivement appuyé dans sa demande par l'archiduc, vice-roi, et par les plus hauts fonctionnaires de la capitale de la Lombardie. Monseigneur le duc de Normandie, dont le cœur est si bon, se plaît à faire ici l'éloge des autorités supérieures qui n'ont cessé, dit-il dans ses Mémoires, d'avoir pour lui tous les égards dûs au malheur. Il rend le même témoignage aux employés subalternes qui ont cherché à rendre sa position aussi supportable que possible, en lui accordant tous les soulagements qui étaient compatibles avec leurs devoirs. L'auguste orphelin avoue qu'il doit son élargissement à leurs instances et à leur persévérant appui.

L'empereur ne pensant plus que la France eût le même intérêt qu'en 1818 à priver le duc de Normandie de sa liberté, fit écrire au gouvernement français pour qu'il eût à s'expliquer définitivement à son sujet, à défaut de quoi son élargissement serait immédiatement ordonné, puisque, de son côté, *il n'avait rien découvert qui pût s'y opposer*... Paroles ambiguës, qui signifiaient évidemment dans la pensée de ceux qui les écrivaient : que l'Autriche, d'après les renseignements qu'elle avait pris, avait acquis la certitude que les faits consignés dans la déclaration du dauphin, écrite du 23 juillet 1818, étaient de toute exactitude, c'est-à-dire, que c'était véritablement le fils de Louis XVI, qu'elle avait fait arrêter sur les instances du comte de Provence, et qu'elle retenait, contre le droit des gens et en violant toutes les lois de la justice et de l'humanité.

Le gouvernement français, mis en demeure de s'expliquer catégoriquement sur une question aussi grave et qui le touchait de si près, répondit que, *ne reconnaissant pas le prisonnier mentionné dans la dépêche pour français*, il n'avait aucune objection à faire à la décision que prendrait l'empereur d'Autriche.

A une pareille réponse, la plume nous tombe des mains; et nous ne pouvons que nous écrier ici avec le prince d'Hohenlohe, ce saint prêtre suscité extraordinairement pour ramener l'Allemagne à l'antique foi de ses pères : Oh! malheureuse famille des Bourbons ! que de crimes commis dans ton sein pour conserver un trône usurpé ! crimes dont le ciel va bientôt tirer une vengeance si éclatante, que les plus incrédules, forcés de se rendre à l'évidence des faits divins, s'écrieront avec les magiciens de Pharaon : *digitus Dei est hìc*, le doigt de Dieu est là.

Au reçu d'une réponse si extraordinaire, réponse qui n'était évidemment qu'une nouvelle turpitude de la part du pouvoir qui avait provoqué l'incarcération de l'infortuné duc de Normandie, l'Autriche dût se repentir du rôle ignoble qu'on lui faisait jouer depuis plus de sept ans ; car elle n'avait consenti à l'arrestation du dauphin, *que parce qu'il était français*, et seulement pour plaire à Louis XVIII, qui, en le signalant comme dangereux, en le faisant poursuivre et enchainer, prouvait assez qu'il ne le connaissait que trop. En effet, tout récemment arrivé dans les États autrichiens, on n'avait rien à reprocher au duc de Normandie; on ne savait qui il était, d'où il venait, où il allait : aucune plainte n'avait été portée contre lui, et il cachait sa qualité avec le plus grand soin. Pourquoi l'a-t-on donc arrêté ? C'est parce que Louis XVIII, son oncle, l'a dénoncé et accusé ; et lorsque l'Autriche, à la vue de ses papiers et autres objets trouvés en sa possession, demande des explications catégoriques, Louis XVIII, le philosophe, garde le silence jusqu'à sa mort ! Et son frère et successeur, Charles X, fait répondre : *que l'homme que l'on a fait suivre, pourchasser et arrêter jusque dans l'étranger, n'est pas français, et qu'il lui est inconnu!*

Il y aurait donc eu erreur dans la désignation du personnage arrêté !.... Pourquoi, dans ce cas, ne s'en est-on pas expliqué de suite, pour faire cesser une détention dont la prolongation devenait un crime atroce?

On va voir bientôt que cette réponse était un nouveau mensonge et un autre guet-apens. Au vu de cette dépêche, qui parvint à l'empereur d'Autriche pendant qu'il se trouvait à Presbourg, ce monarque indigné d'un pareil machiavélisme, donna immédiatement l'ordre de mettre en liberté le prisonnier retenu à Milan depuis le 12 avril 1818.

Ainsi finit cette détention scandaleuse, pour ne rien dire de plus ; détention qui fut une honte pour le prince qui la provoqua, pour celui qui en fut le ministre, et pour les autres souverains qui en tolérèrent la prolongation, malgré les protestations de la victime dont ils avaient tous reconnu les droits en 1802.... Et pourquoi cette dérogation aux principes immuables qu'ils n'avaient cessé de proclamer depuis 1793 ? parce que le dauphin avait protesté contre tout ce qui s'était fait en 1814 et 1815. Mais s'il n'agissait ainsi qu'en vertu du droit de la *légitimité*, que tous avaient reconnu et sanctionné; pourquoi alors lui faire un crime d'avoir rempli un devoir ?

Disons-le donc, car le moment où la vérité, quelque terrible qu'elle soit, doit-être courageusement articulée, est enfin arrivé. Aujourd'hui que les peuples, instruments de la justice divine, ont chassé les rois et renversé les despotes de la terre, l'on n'a plus à craindre leurs cachots et leurs séides. L'infortuné duc de Normandie, qu'on le sache bien, n'a été repoussé par les siens et par tous les potentats de l'Europe, que parce que les uns et les autres voyaient en lui un français aimant sa patrie par-dessus tout, un prince, ami du peuple, avouant ses droits et surtout ses besoins, un habile capitaine incapable de laisser déshonorer le pavillon national, un roi dont on n'eût pu diriger ni les actions ni la politique. Voilà tout le secret de tant d'iniquités commises, de la conduite injuste et barbare tenue envers ce prince éminemment français. Certes, n'en doutons pas, cette conduite eût été bien différente, si on l'avait cru disposé à sanctionner l'abaissement, l'humiliation et la ruine de notre belle et malheureuse France, qui, depuis 1830 surtout, est tombée dans le dernier degré d'avilissement et se traîne péniblement à la remorque des autres grandes puissances, qui la méprisent. O France! ô notre chère patrie! quand reviendront pour toi ces jours de triomphe, de gloire et de bonheur, qui, sous le gouvernement paternel de tes souverains légitimes, t'avaient rendue la reine et l'arbitre des peuples et des rois!

Ce prince, à sentiments nobles et élevés, a préféré l'obscurité à la grandeur avilie, comme il préférera toujours les cachots et la mort au déshonneur et à la lâcheté. A ces traits de courage, de magnanimité et d'héroïsme, tout bon français doit reconnaître dans l'auguste orphelin du Temple, dans le prisonnier de Milan, le noble rejeton des Charlemagne, des saint Louis, des Henri IV, des Louis XIV et du martyr Louis XVI.

L'Autriche, qui n'avait obtenu du duc de Normandie que du mépris pour sa politique et ses complaisances envers les siens et ses anciens alliés, lui rendit enfin la liberté, après l'avoir gardé *sept ans, six mois, et douze jours*, sans que pendant ce long intervalle elle lui eût fait connaître les griefs qui avaient motivé sa détention.

Et, ce qui est bien autrement perfide, l'Autriche garde les papiers saisis sur lui, malgré ses demandes et toutes ses instances pour en obtenir la restitution lors de sa sortie de prison. Honte, honte à jamais à une conduite si machiavélique !!!

Dès que l'ordre de son élargissement fut parvenu à Milan, les autorités supérieures s'empressèrent de lui en communiquer le contenu et de lui annoncer qu'il était libre. Le 25 octobre 1825, jour de son départ, fut une fête pour les employés ; chacun à l'envi vint l'avertir de se tenir sur ses gardes, et souhaiter un bon voyage et bonne chance, *al buon signore Luigi-Carlo di Borbone*, au bon monsieur Louis-Charles de Bourbon. Le même jour, le duc de Normandie coucha à Lugano, d'où il partit pour le Saint-Gothard qu'il traversa, et de là il se rendit à Altorff, patrie du grand Guillaume Tell, dont il visita la maison ; ainsi que les lieux témoins de ses hauts faits, afin de s'inspirer du génie de ce héros, ami du peuple et de la liberté. D'Altorff le dauphin se dirigea sur Lucerne, Berne, Fribourg, Lausanne, et arriva à Genève vers la fin du mois de novembre 1825.

Que se passait-il en France pendant que le duc de Normandie se trouvait encore en pays étranger ? Le gouvernement, instruit de son élargissement, envoya des émissaires pour surveiller toutes ses démarches et donna les ordres les plus rigoureux accompagnés d'instructions secrètes et d'un signalement particulier, pour faire garder toutes les frontières. Aux précautions que l'on prenait, on eût dit qu'il s'agissait d'une invasion ennemie. Comment et par qui la France fût-elle informée de l'époque de sa sortie des prisons de Milan ? L'ambassadeur de Charles X à Vienne vous le dira ; mais alors quel intérêt pouvait-elle avoir à connaître son itinéraire, puisque, d'après ce qu'elle venait d'écrire à l'Autriche, le prisonnier de Milan *n'était pas français, et qu'elle ne le connaissait pas?* Pourquoi Charles X qui, l'année précédente, avait engagé le dauphin à se présenter et à produire ses preuves, a-t-il changé de langage et de conduite, dès qu'il avait eu avis de sa mise en liberté? C'était, au contraire, le moment de prouver qu'il ignorait son sort et qu'il avait été de bonne foi dans la réponse qu'il fit, en 1824, au comte de Bruges. L'occasion était belle, unique, et la divine Providence la lui ménageait comme une dernière faveur, pour le sortir de la mauvaise voie où il s'était malheureusement engagé!

Au lieu de profiter de cette circonstance ménagée par le ciel pour lui faire réparer une injustice des plus criantes; au lieu d'ouvrir ses bras au fils de son malheureux frère, à l'auguste victime de nos déplorables discordes, qui ne demandait aux siens qu'un peu d'affection, Charles X ordonne de recommencer les poursuites et les persécutions! En conséquence, Franchet, directeur-général de la police du royaume, adressa aux préfets, dans les premiers jours de décembre 1825, une circulaire portant l'ordre d'arrêter le duc de Normandie partout où ils le découvriraient; les préfets écrivirent le 10 du même mois, aux commandants de la gendarmerie, des lettres aux mêmes fins, et, le 13, ces commandants transmirent à leurs subordonnés des ordres dans le même but.

Plaçons ici un fait qui prouve évidemment la complicité de Charles X dans tout ce que le sceptique Louis XVIII a ordonné ou fait lui-même contre la liberté et même la vie de l'auguste orphelin du Temple, son neveu. MM. de Joly, de Montciel, anciens ministres de Louis XVI, et de Brémont, ministre d'État, connaissaient parfaitement l'enlèvement du dauphin et attestaient également son existence actuelle à tous ceux qui voulaient les entendre. Tant que Louis XVIII vécut, ils restèrent à l'étranger, pour éviter le sort de plusieurs personnes qui avaient disparu, à cause de l'intérêt qu'elles portaient à l'auguste victime de la révolution. Mais Charles X, en qui ils avaient confiance, étant monté sur le trône, ils vinrent lui apprendre *qu'ils étaient certains de l'existence actuelle du fils de Louis XVI*, qu'il dépendait de lui de le trouver et de lui rendre ses droits. Après avoir consulté M. de Latil, Charles X fit enlever les deux témoins au milieu de la nuit, et ils furent conduits à Bâle, en Suisse, par la gendarmerie. Ainsi l'a certifié, en 1848, M. Hugon-Roidor, qui a beaucoup connu ces messieurs. (*Revue catholique*, page 354).

Franchet lui-même, a avoué, en 1821, à M. Mathon, son ami, marchand drapier à Lyon, que lui et ses maîtres, Louis XVIII et Charles X, savaient tous que le prisonnier de Milan était le fils de Louis XVI (10). Vous avez entendu l'aveu, chers lecteurs, et vous l'avez gravé dans vos cœurs indignés et oppressés par la douleur, à la vue d'une si grande iniquité commise envers un si auguste personnage; pour vous, comme pour eux, que nous laissons à la postérité le soin de juger, pas d'équivoque possible maintenant; l'homme qu'ils faisaient pourchasser en 1825, était bien le même que celui que Franchet disait à M. Mathon être à Milan en 1821, que Louis XVIII

---

(10) Voir la note 10 à la fin de ce Livre.

envoyait chercher en 1816, pour, disait-il, l'installer aux Tuileries ; que Charles X engageait, en 1824, à se présenter et à produire des preuves ! Cet homme était là, sur la frontière, signalé, surveillé, gardé à vue ; cet homme qu'on disait n'être pas Français et ne pas connaître !... Et, au lieu de l'accueillir, ils ordonnent de l'appréhender au corps ! ô infamie ! ô dégradation de l'homme tombé, que vous êtes grande et incompréhensible ! Si ce procédé qu'on ne sait comment qualifier, tant il est horrible, ne prouve pas leur bonne foi, au moins il fait connaître leur pensée et leurs vues atroces, qui ne tendent à rien moins qu'à étouffer les cris et la voix de l'auguste proscrit dans son propre sang. Ce procédé infernal, disons-le, démontre jusqu'à la dernière évidence combien le duc de Normandie avait raison de se défier des uns et des autres, et de prendre toutes les mesures possibles pour ne pas tomber en leur pouvoir.

Mais voici qui est bien plus fort encore : c'est une note qui a été remise tout récemment à monseigneur le dauphin par une personne digne de foi, et qui s'est chargée de la faire régulariser par Franchet lui-même, à sa première demande. Franchet, directeur-général de la police du royaume, raconte cette personne, m'a dit : « *Je suis persuadé que le baron de Richemont est véritablement le fils de Louis XVI* ; mes raisons sont que de tous les prétendus Louis XVII, il n'en est pas un dont on ne soit parvenu à découvrir l'origine véritable. Il n'est pas d'ailleurs de gamin si vagabond dont on ne finisse pas par trouver les parents et le lieu de naissance... Pour le baron de Richemont, on n'a jamais pu lui trouver d'autre ascendance que celle qu'il s'attribue, et cependant la police a fait des perquisitions, non-seulement à Paris et dans toutes les provinces de France, mais encore dans tous les pays étrangers!!!.. »

En présence d'une telle pièce, comment qualifier la conduite de la Restauration et de ses grands dignitaires, accablés sous le poids des honneurs, tandis que les fidèles serviteurs de Louis XVI étaient exportés nuitamment ou laissés dans un profond oubli? Il faudra, dit un auteur, nécessairement descendre en enfer, et en emprunter le langage, car les langues humaines n'ont pas d'expressions assez fortes pour exprimer le poids de l'indignation qui oppresse, qui étouffe le cœur de l'homme à sentiments généreux!!!

Mais revenons à notre héros. En janvier 1826, le duc de Normandie partit de Genève sous le nom et avec le passeport d'un homme recommandable de cette ville. Pour tromper et mettre en défaut tous les espions français, il ne monta en voiture qu'à plusieurs lieues de distance. Arrivé sur la frontière du Jura, il s'aperçut de suite que l'autorité était sur ses gardes. Comme l'auguste voyageur rencontrait des gendarmes à chaque pas, il leur demanda à qui on en voulait, et parvint à le savoir de l'un d'eux, qui lui montra même l'ordre et le signalement, le nom et la qualité de celui qu'on avait ordre d'arrêter, ce qui lui fit redoubler de précautions, quoiqu'il fût travesti de manière qu'il eût été difficile de le reconnaître. Aussi, malgré toutes les mesures prises par le pouvoir et ses agents, le dauphin, conduit par la divine Providence, pénétra dans sa patrie, dont il rêve sans cesse la gloire et le bonheur, et arriva à Lyon vers la fin de janvier 1826. Il resta quelque temps dans cette ville, pour se reposer et se remettre un peu des fatigues du long et périlleux trajet qu'il venait de faire, et il se rendit à Toulon, avec l'intention de s'embarquer pour Lisbonne, afin d'y rejoindre don Juan, qu'il savait être en Europe. N'ayant pu trouver de bâtiment qui fît voile pour le Portugal, le dauphin partit pour le Hâvre, dans l'espoir d'y être plus heureux.

La nouvelle de la mort prématurée de don Juan, qu'il apprit en arrivant, vint changer tous ses projets. Ce nouveau coup du sort, ou plutôt de la Providence, qui afflige pour consoler, qui abaisse pour élever, qui éprouve pour récompenser, en le privant de son meilleur soutien, du dernier ami qui lui restât sur la terre, et dont il fut personnellement bien connu, renversa toutes ses espérances, et le laissa isolé au milieu d'un pays et d'un monde pour lequel il était devenu étranger, par suite de sa longue absence et des inconvénients attachés à sa naissance. S'armant bientôt de courage, le dauphin se rendit à Rouen, pour y séjourner quelque temps.

Afin de se créer une occupation, et aussi pour s'initier un peu au mécanisme de l'administration publique, à laquelle il était resté tout-à-fait étranger par suite de son éloignement forcé de France pendant presque toute sa vie, il chercha à entrer à la préfecture, sous le nom de M. Hébert. Sa demande fut accueillie avec d'autant plus de plaisir, qu'il annonça qu'il ne voulait recevoir aucune espèce d'appointements. Il demeura dans cette ville jusqu'à la fin de 1827.

Vers la fin de 1827, le dauphin quitta Rouen, d'où il emporta l'estime et mérita les regrets de tous ceux qui le connaissaient, et se rendit à Paris, où il se fixa sous le nom de colonel Gustave, qu'il garda pendant quelque temps. Là, comme ailleurs, il se livra à l'étude et à la pratique des bonnes œuvres. Il étonnait par la variété de ses connaissances, par la justesse de ses appréciations des hommes et des choses, et par la sagesse et la solidité de ses réflexions sur l'état des affaires publiques, tous ceux qui avaient l'honneur de le connaître et de l'apprécier. La divine Providence, en remplissant ce prince auguste de l'esprit d'intelligence, de fermeté et de prudence, le dédommageait amplement des persécutions que lui suscitaient sans cesse ses ennemis acharnés.

En 1828, le dauphin adressa à la chambre des pairs une demande, aux fins d'obtenir par son intervention auprès du pouvoir, l'autorisation de vivre en paix dans sa patrie, sous son véritable nom. Le prince s'exprimait ainsi dans cette pièce importante que nous reproduisons textuellement.

« Nobles pairs, organes de la justice, c'est à votre haute sagesse que l'infortuné Louis-Charles de Bourbon, duc de Normandie, vient confier ses intérêts. Arraché, comme par miracle, des mains de ses farouches bourreaux, et après avoir végété pendant de longues années dans les diverses parties de l'univers, il revint en France après la Restauration. Repoussé par ses proches, il fut forcé de s'expatrier pour se soustraire à leurs coupables tentatives. Ayant dirigé ses pas vers les États d'un de ses proches parents maternels, la haine des premiers l'y poursuivit encore, et il fut arrêté... D'après ses réclamations, et au bout de sept années, six mois et douze jours, l'empereur d'Autriche ordonna sa mise en liberté. Il s'adresse loyalement à vos nobles seigneuries...

« Il ne réclame point le trône de ses pères ; il appartient à la nation qui seule a pu et peut en disposer... Il demande seulement à votre équité un asile pour sa tête, qui ne peut reposer nulle part sans péril, et une patrie que plus de trente ans d'exil n'ont pu lui faire oublier... Tout ce qui a été dit ou fait ici en son nom lui est absolument étranger : il rougirait de s'abaisser au rôle d'un obscur factieux ; ces menées furent l'ouvrage de l'iniquité ; leurs véritables auteurs, qui vous sont assez connus, et dont quelques-uns siégent parmi vous, ont cru en faire éterniser le silence, lorsqu'ils eurent réussi à le faire ensevelir dans les cachots de l'Autriche.

« Immédiatement après sa sortie, le duc de Normandie a été en butte à de nouvelles persécutions, et s'est vu obligé de s'éloigner d'un État voisin, qui lui fit signifier qu'il ne pouvait le garder sur son territoire. Il reconnut à ce trait que la haine de ses persécuteurs n'était pas éteinte, et il dut se conformer à l'impérieuse nécessité. Fatigué de mener une vie errante depuis si longtemps, il se présente hardiment à vous, avec l'intime conviction que, non-seulement vous ne repousserez pas sa légitime réclamation, mais que vous prononcerez sur sa validité.

« Tous les Français ont droit à votre justice et à votre impartialité, et il ose croire qu'il n'aura pas la douleur d'être le seul qui se sera confié en vain à votre loyauté et à vos hautes lumières. *Signé :* Le duc de Normandie. »

Si pendant les beaux jours de la république romaine, un roi barbare, que disons-nous, un roi, un simple citoyen, victime d'une injustice quelconque, eût adressé au sénat une réclamation aussi touchante, aussi énergique, aussi juste et aussi bien motivée que celle de l'auguste orphelin du Temple, à l'instant même, ce corps illustre, premier pouvoir du peuple-roi, aurait envoyé ses légions invincibles jusqu'à l'extrémité de l'univers, pour punir les oppresseurs et faire rendre une justice éclatante au faible injustement opprimé. Aussi, pour récompenser les vertus morales de ce peuple souverain, le modérateur suprême des nations lui accorda l'empire de la terre.

Quel effet produisit la courageuse réclamation de l'illustre proscrit auprès des nobles pairs ? Aucun. Nous nous trompons : la noble cour se joignit au pouvoir souverain, pour opprimer le juste persécuté, pourchassé comme une bête fauve ; car ce fut à l'occasion de cette énergique réclamation que le baron Mounier fit à la chambre des pairs une proposition qui portait en substance : qu'à l'avenir, aucune pétition ne serait admise, sans qu'au préalable la signature du pétitionnaire ne fût légalisée par qui de droit, et présentée par un pair. On devine facilement la source et le motif de cette mesure. Voilà comme la cour des pairs méconnut son mandat ; ou plutôt comme elle s'associa avec le pouvoir pour commettre l'iniquité. Aussi son châtiment a déjà commencé.

Dès que cette publication du prince fut connue des hôtes des Tuileries, l'alarme, le trouble et l'agitation se répandirent dans tout le château. On se réunit, on se parle, on se demande comment il a pu échapper à la surveillance, aux investigations de la police. Se perdant en conjectures, on découvrit qu'il avait fait imprimer sa réclamation à l'étranger. De suite les Bourbons mirent en campagne le ban et l'arrière-ban de leurs séides, qui sillonnèrent la Belgique, la Hollande et les frontières, pour tâcher d'arrêter *l'ennemi*.... c'est ainsi que l'on désignait le fils de l'infortuné Louis XVI ! Si Charles X, qu'on disait honnête homme, dont on proclamait journellement la piété et les vertus chevaleresques, et qui ne cessait, du moins ostensiblement, d'appeler de tous ses vœux la vérité à son secours dans une affaire aussi controversée, eût eu réellement à cœur de la découvrir, il s'offrait de nouveau une belle occasion dont il devait naturellement profiter. Qu'avait-il donc à faire dans cette circonstance, que la divine Providence, qui ne punit qu'à regret, lui ménageait pour la seconde fois au moins? (Nous le supposons toujours dans la bonne foi, quoique le contraire soit prouvé par l'évidence des faits.) Il devait engager la chambre des pairs à procéder à une enquête sérieuse, et à sommer le duc de Normandie à comparaître à jour fixe pour être entendu. Ou bien, si la famille royale craignait de lui donner trop d'importance en le soumettant à cette haute juridiction, le faire sommer par huissier d'avoir à se désister de toutes prétentions aux nom et qualités qu'il prenait, à défaut de quoi il y serait contraint par toutes les voies de droit. Voilà la marche, sûre, régulière et légale qu'on devait suivre pour arriver à la découverte de la vérité, si on avait cherché la lumière de bonne foi. Mais ce n'est pas ce que l'on voulait : on craignait, au contraire, que la lumière ne se fît et qu'elle ne portât son flambeau investigateur dans ce dédale d'iniquités dont l'auguste orphelin est depuis si longtemps l'innocente victime. Sûrs de l'enlèvement du Temple, certains de son existence actuelle, craignant par-dessus tout son apparition en France, à Paris, les hôtes barbares des Tuileries ont recours à la ruse et à la force, pour replonger de nouveau le duc de Normandie dans les cachots, le tenir au secret le plus rigoureux, et attenter même à sa vie, s'il le faut pour leur sûreté personnelle; mais la divine Providence, qui veille sur ses jours, et qui a les yeux ouverts sur ses persécuteurs, leur épargnera ce nouveau crime.

Laissons donc un instant l'auguste orphelin du Temple, dans la retraite sûre et cachée qu'il a choisie au milieu de la capitale, tout près de ses cruels parents, occupé à réunir les documents propres à prouver sa naissance royale, et à découvrir les personnes qui avaient été attachées, avant 1793, au service de son illustre et infortunée famille, afin de pouvoir faire procéder un jour à sa réclamation d'état civil, objet constant de ses désirs et de son unique ambition, pour jeter un coup d'œil rapide sur la marche des événements qui se précipitent en France avec une rapidité étonnante, et envisager avec les yeux de la foi, les moyens que va employer, dans sa sagesse, le Dieu qui s'est réservé la vengeance et qui s'est déclaré le protecteur de l'orphelin.

Cependant les livres immoraux, athées, séditieux et impies, imprimés par centaines de milliers, sous le règne du vieux déiste Louis XVIII, répandus avec profusion sous Charles X, colportés dans les campagnes comme dans les villes, sur les montagnes comme dans les plaines, par des individus aux gages du parti révolutionnaire qui se décorait du nom fallacieux de *libéraux*, portaient leurs fruits, fruits amers s'il en fut jamais, qui, dépouillant l'homme de son immortalité, rompaient par là même tous les liens qui l'unissaient à Dieu, détruisaient tous ses rapports de subordination avec ses semblables, en lui montrant l'autorité comme une tyrannie, dont il fallait chercher à secouer le joug par tous les moyens possibles, licites ou criminels. Ainsi l'on prêchait clandestinement la révolte comme le plus saint des devoirs.

Le pouvoir, de son côté, frappé d'aveuglement,

méprisant les salutaires avertissements qui lui venaient de toutes parts, comblait la mesure, en portant une main sacrilége sur l'arche sainte dont il prétendait diriger l'enseignement et les vocations ; et, frappant d'une proscription aussi injuste qu'arbitraire une société illustre et célèbre, dont tout le crime consistait à enseigner la morale évangélique dans toute sa pureté, et à réfuter par de savants et profonds écrits, la doctrine impie, libertine et mensongère, répandue à profusion dans les livres classiques et élémentaires de l'Université, qui s'était imposé l'infernale mission de pervertir toutes les classes de la société, en corrompant la jeunesse esclave de son monopole. Enfin, à la manière dont le roi Charles X se conduisait, on eût dit que le ciel ne pouvant plus longtemps supporter la longue et criante iniquité dont il se rendait coupable à l'égard de l'héritier légitime, le duc de Normandie, lui avait envoyé un nouvel Achitophel pour égarer son conseil et le précipiter plus tôt dans l'abime creusé par la secte philosophique.

Le gouvernement, après avoir fait chercher inutilement le véritable dauphin, pour détourner l'attention du public, fait, à l'instar de tous les usurpateurs, successivement paraître et arrêter à Lyon et ailleurs, les faux dauphins Fontolive, le maçon, et l'ex-militaire Persat, dont l'origine et le rôle sont aussi faciles à découvrir, que ceux des Hervagnault et de Mathurin Bruneau. Mais, comme tout change ici-bas, où rien n'est permanent, cette ignoble comédie qui durait depuis quinze ans, touche enfin à son terme. L'ange du Seigneur, chargé de l'exécution de ses vengeances, a versé sur la belle terre de France la coupe pleine du vin de la colère et de l'indignation célestes.

Au signal donné, la capitale se révolte, chasse un souverain qui s'est perdu par sa propre ineptie, et ressaisit, au nom de toute la France, un pouvoir qu'une nouvelle usurpation va bientôt lui arracher. Le duc de Normandie considéra d'abord ce mouvement insurrectionnel qui commença la révolution de 1830 comme un juste châtiment du ciel pour la conduite inique de ses proches à son égard ; mais son cœur généreux lui fit bientôt oublier ses propres intérêts, pour ne penser qu'à la position critique dans laquelle se trouvaient Charles X et sa malheureuse famille. A ce nouveau trait d'une magnanimité sans exemple dans l'histoire, nous reconnaissons sans peine le noble rejeton de saint Louis, le digne fils du martyr Louis XVI. Le dauphin adressa donc au roi une note dans laquelle il cherchait à l'éclairer sur le seul parti qui lui restât à prendre pour sauver la monarchie ébranlée jusque dans ses fondements. L'auguste orphelin, aussi généreux que l'illustre auteur de ses jours, qui ne voulut jamais faire verser une goutte de sang pour ce qu'il appelait *sa cause*, mit de côté, dans cette circonstance déplorable, tout ressentiment pour ne voir que les suites de l'insurrection, qui était d'ailleurs, dit-il dans ses Mémoires, faciles à prévoir d'après la disposition des esprits de plus en plus égarés par les factieux et les partisans de Louis-Philippe, premier moteur de cette révolution à laquelle il travaillait depuis si longtemps par ses agents soudoyés, et qu'il exploitera bientôt à son profit. Mais Charles X, frappé d'aveuglement, au lieu de montrer un peu plus d'énergie, et de s'abandonner à la générosité d'une population qui n'en voulait qu'à ses conseillers et au système, préféra se retirer et abandonner une partie qui était perdue. Il prouva par sa conduite pleine de lâcheté qu'il n'était qu'un usurpateur ; car l'héritier légitime brise son sceptre et s'ensevelit sous les ruines de la monarchie, mais il n'abandonne pas sa couronne. Et l'oracle de la vérité éternelle enseigna de nouveau à la terre que la justice fonde et élève les empires, et que l'iniquité les mine et les renverse.

On s'est demandé souvent, en 1830, pourquoi les souverains de l'Europe, solidaires les uns pour les autres, en vertu du traité de la *sainte alliance*, n'ont pas pris les armes pour rétablir Charles X, leur allié, sur le trône de France ? La raison de leur conduite est claire et évidente aujourd'hui : c'est que ces potentats regardaient Charles X comme un usurpateur qu'ils n'avaient reconnu et toléré que parce que, ainsi que Louis XVIII, son prédécesseur, il avait accepté les traités ignominieux de 1814 et de 1815, et consenti à toutes les humiliations de la France. Oh ! nos chers concitoyens ! quand donc ouvrirons-nous les yeux sur ce machiavélisme qui dure depuis 1793, et confierons-nous enfin nos intérêts au magnanime Louis XVII, qui, comme le pieux Louis XVI, son illustre et infortuné père, ne rêve que notre bonheur, la gloire et l'honneur de la France, notre chère patrie !!!

Pour ne pas mêler le fait divin avec les témoignages humains recueillis jusqu'ici en faveur de l'auguste orphelin du Temple, nous avons cru devoir placer, à la fin du troisième Livre seulement, la mission de Thomas-Ignace Martin, honnête laboureur de Gallardon, village situé à quatre lieues de Chartres, dans la Beauce, homme simple, qui ne s'était jamais occupé de politique.

Il ne connaissait ni l'exaltation, ni l'enthousiasme, et n'avait point de relations au dehors, remplissant du reste strictement ses devoirs de religion, s'approchant des sacrements à Pâques, ou tout au plus une autre fois dans l'année. Voilà l'homme que le ciel choisit pour lui confier ses secrets et les faire redire aux rois. Depuis plus de trente ans, on a parlé à plusieurs reprises de ce simple villageois; le bruit de ses révélations et des faits qui les ont accompagnées et suivies s'est répandu dans toutes les parties de l'Europe. Notre siècle, dont le génie sceptique et moqueur s'attache à tout, qui jette dans son creuset impie toutes les traditions et toutes les croyances pour arriver à une négation ou à un doute, n'a pas osé pourtant s'attaquer à la mission de Martin. Comme tout ce qui est vérité, la mission de Martin ne craint point l'examen. Notre croyance en lui ne s'est pas établie légèrement; nous le suivrons depuis le jour où, occupé à des travaux champêtres, il reçoit la première visite d'un ange de Dieu; nous le verrons à Paris chez le ministre de la police qu'il confond ; à Charenton, entre les mains des médecins qu'il étonne; puis de là, dans le cabinet de Louis XVIII, où il accomplit la première partie de sa mission. A son retour, nous l'accompagnerons à Gallardon ; nous suivrons toutes les phases de ses révélations si étroitement liées entr'elles, si logiques dans leur ensemble, et faisant un tout si parfaitement indivisible. Il nous sera facile de réfuter la version de ceux qui veulent circonscrire les communications surnaturelles, faites à Martin, dans les limites qu'il leur plaît de tracer arbitrairement, et nous prouverons jusqu'à la dernière évidence que le but *principal et même unique* de cette mission n'a pas été, comme l'avance M. Silvy, *ancien magistrat*, dans sa relation imprimée en 1817, et réimprimée avec des additions en 1830, de recommander à Louis XVIII de veiller à l'observance des dimanches et fêtes (11), mais bien d'enjoindre au parent dénaturé, au roi usurpateur, de restituer à l'orphelin dépouillé son légitime héritage ; enfin de proclamer l'existence du fils du roi-martyr, et plus tard de le reconnaître, quoique cette existence, si peu douteuse aujourd'hui, soit encore traitée de *fable ridicule* par le même M. Silvy. Ainsi tomberont d'elles-mêmes les hypocrites manœuvres de ceux qui, ne pouvant nier l'authenticité et la véracité des prédictions de Martin, cherchent, par des récits tronqués, par des réticences menteuses, à dissimuler le témoignage de Dieu lui-même en faveur de l'auguste proscrit, que leurs aveugles et injustes préventions s'obstinent à repousser.

La mission surnaturelle du paysan de la Beauce est aussi historique et aussi bien constatée que celle de Jeanne d'Arc, avec laquelle du reste elle présente tant de traits d'analogie. Il y a quatre siècles aujourd'hui, Dieu choisit une simple bergère pour arracher la France, vaincue et découragée, aux mains cruelles des Anglais. Et de nos jours, c'est encore un simple villageois que Dieu envoie pour confondre l'orgueil, la puissance et l'incrédulité. En ce qui concerne Martin, la tache de la discussion a été remplie par M. Decazes, ministre de la police en 1816, qui, entreprenant avec toutes les préventions de la philosophie du siècle, toute la sagacité de son génie et toutes les ressources de l'art, de découvrir la fausseté de ses révélations, n'est parvenu, par l'inutilité de ses efforts, qu'à constater authentiquement que Martin, exempt de toute influence physique ou morale, n'était ni fou, ni dupe, ni imposteur.

---

(11) Voir la note 11 à la fin de ce Livre.

Assurément que de pareils faits qui ne s'accomplissent que de loin en loin dans les siècles, doivent frapper singulièrement les esprits ; on se demande la cause de cette dérogation à la marche ordinaire du monde : mais pour qui a coutume de porter ses regards plus haut que le vulgaire, n'est-il pas manifeste que, pendant que l'homme s'agite, la main mystérieuse de la Providence conduit les évènements qui ébranlent les peuples, et qu'il doit exister une cause secrète des grandes révolutions que nous voyons se succéder si rapidement.

Napoléon n'a pas été préservé par toute sa gloire ; ses armées si braves et si nombreuses ont disparu tout-à-coup; et de tant d'empires conquis, de tant de royaumes qu'ils avait distribués, il ne lui est donné que de mourir sur le rocher de Sainte-Hélène !...

Après lui, Louis XVIII meurt sur le trône, mais en proie aux remords, usé par les infirmités, et au milieu des ruines de sa famille. On sait qu'à son lit de mort ce prince coupable, voulut, par une réparation posthume, remplir la promesse qu'il avait faite à l'envoyé de Dieu, dont il avait reconnu la véracité, et qu'il rédigea une déclaration détaillée par laquelle il faisait un devoir à son frère de *rechercher* leur neveu et de le faire reconnaître. Mais les rois qui ne font pas la justice de leur vivant, comment l'espèreraient-ils après leur mort ?

Coupable du recel impie des dernières volontés de son prédécesseur, Charles X, à son tour, parvenu au comble de la puissance souveraine, victorieux en Afrique, voit sa couronne brisée en trois jours par l'insurrection populaire, et va méditer sur la terre étrangère cet arrêt terrible qui lui a été signifié par l'humble cultivateur de

Gallardon : « *Charles X mourra en exil pour avoir méconnu la justice* (12). »

Quel nom donner à la chute honteuse du roi-citoyen, dont le trône est renversé par quelques gamins de Paris, qui l'avaient élevé sur le pavois ?... Prédite aussi par ce bon villageois, la catastrophe du 24 février 1848, inouïe dans les fastes des empires, chasse de la manière la plus ignominieuse du palais qu'il a souillé par son usurpation et ses autres crimes, Louis-Philippe et toute sa dynastie. Ce nouvel Hérode avait cru sans doute qu'en faisant mourir le prophète, il enchaînerait la puissance divine et arrêterait la réalisation des prophéties qui lui annonçaient une chute plus ignominieuse encore que celle de Charles X, parce que ses iniquités étaient plus grandes et plus multipliées. Qu'on dise maintenant si tant de catastrophes ne sortent pas de l'ordre naturel des choses ! Nous sommes pris souvent de tristesse et de douloureuses pensées en songeant que tant d'exemples frappants n'ont pas ouvert les yeux à madame la duchesse d'Angoulême. Elle ne croit pas à Martin, dit-elle, et elle rejette dédaigneusement son témoignage.

Aveugle et malheureuse princesse, vous que trois exils ont frappée, que tant de douleurs accablent ; quand vous vous agenouillez devant la tombe où reposent les restes mortels de votre oncle et de votre auguste époux, ne vous rappelez-vous pas alors qu'il leur avait été annoncé qu'ils ne reverraient plus la terre de leur patrie, et que leurs cendres ne trouveraient pas de place parmi les cendres de leurs ancêtres ? Avez-vous oublié aussi la mort de votre infortuné parent, le loyal duc de Berry ? Dieu veuille

---

(12) Voir la note 12 à la fin de ce Livre.

vous épargner, madame, l'accomplissement de ce qui vous concerne! Nous ne voulons parler du présent qu'avec la réserve qui nous est commandée par la prudence; toutefois il faudrait être bien aveugle pour ne pas voir que l'avenir est enveloppé de nuages sombres, qui nous présagent de nouvelles tempêtes et des malheurs encore plus grands que ceux dont nous avons été témoins. Puisse notre chère patrie être préservée des maux dont nous la croyons menacée, et nos tristes pressentiments ne pas s'accomplir!

Sans doute, nos convictions ne seront pas partagées par tous nos lecteurs; quelques-uns même les tourneront peut-être en risée : avec ceux-là, nous le sentons bien, il n'y a pas de discussion possible. Quant à ceux qui cherchent sincèrement la vérité, il leur suffira de l'exposé des faits dont nous garantissons la fidélité.

Thomas-Ignace Martin, âgé de trente-trois ans, père de famille, homme paisible, ennemi du merveilleux, d'humeur égale, et uniquement occupé des travaux de la campagne, était le 15 janvier 1816, dans un de ses champs assez distant de Gallandon, et dans un lieu entièrement découvert; il étendait du fumier, lorsque vers les deux heures après-midi, sans avoir vu arriver personne, se présente devant lui un très-beau jeune homme, d'environ cinq pieds un ou deux pouces, mince de corps, le visage effilé, très-blanc, vêtu d'une redingote d'une couleur blonde, totalement fermée et pendante jusqu'aux pieds, ayant des souliers attachés avec des cordons, et sur la tête un chapeau à haute forme. Ce jeune homme dit à Martin : « Il faut que vous alliez trouver le roi, que vous lui disiez que sa personne est en danger ainsi que celle des princes; que de mauvaises gens tentent encore de renverser le gouvernement; que plusieurs écrits ou lettres ont déjà circulé dans quelques provinces de ses Etats à ce sujet ; qu'il faut qu'il fasse faire une police générale et exacte dans tous ses Etats et surtout dans la capitale. Il faut aussi qu'il relève le jour du Seigneur, afin qu'on le sanctifie ; il faut qu'il fasse cesser les travaux publics ces jours-là; qu'il fasse ordonner des prières pour la conversion du peuple; qu'il l'excite à la pénitence ; qu'il abolisse et anéantisse tous les désordres qui se commettent dans les jours qui précèdent la sainte-quarantaine. Si l'on ne fait toutes ces choses, la France tombera dans de nouveaux malheurs. »

Le personnage en parlant restait à la même place, mais il faisait des gestes analogues à ses paroles, et le son de sa voix n'avait rien que de fort doux. Martin, fort surpris de cette apparition, répond que d'autres s'acquitteraient mieux que lui de cette commission. *Non*, répliqua l'inconnu, *c'est vous qui irez*. Martin insistant sur ce qu'il s'expliquerait beaucoup mieux lui-même ; *ce n'est pas moi qui irai*, lui répondit-il, *ce sera vous; faites attention à tout ce que je vous dis, et vous ferez tout ce que je vous commande*. Après avoir dit ces mots, ses pieds parurent s'élever de terre, sa tête s'abaisser, et son corps se rapetissant, finit par s'évanouir à la hauteur de la ceinture.

Martin, plus effrayé de cette manière de disparaître qu'il ne l'avait été de l'apparition subite, voulut s'en aller, mais il ne le put, et fut ainsi forcé de continuer son ouvrage, qui se trouva terminé beaucoup plus tôt, ce qui accrut encore sa surprise. De retour chez lui, Martin, de concert avec son frère, alla en parler à son curé, qui traita le tout d'illusion. L'apparition se renouvela en divers lieux, et chaque fois Martin essaya de l'éviter par la fuite.

Le dimanche suivant, 21 janvier, Martin entrait dans l'église à l'heure de vêpres ; comme il prenait de l'eau bénite, il aperçut l'*inconnu* qui en prenait aussi et qui le suivit jusque dans son banc.

Lorsqu'on sortit de l'église, Martin, se voyant suivi par l'*inconnu*, doubla le pas, sans répondre à un de ses amis qui l'appela plusieurs fois pour lui demander la raison de cette démarche accélérée ; il se hâtait dans l'espérance d'arriver le premier à sa porte et de la fermer à l'*inconnu*, mais celui-ci se plaça tout-à-coup devant lui, face à face et lui dit : « Acquittez-vous de votre commission, et faites ce que je vous dis ; vous ne serez pas tranquille tant que votre commission ne sera pas faite. » Martin racontait exactement tout à son curé. Enfin, après six ou sept apparitions, celui-ci crut devoir adresser son paroissien à l'évêque de Versailles, M. Charrier de Laroche.

Trois jours après cette entrevue, le personnage apparut à Martin et lui dit : « Votre commission est bien commencée ; mais ceux qui l'ont entre les mains ne s'en occupent pas : j'étais présent, quoique invisible, quand vous avez fait votre déclaration, il vous a été dit de me demander mon nom, et de quelle part je venais ; mon nom restera inconnu : je viens de la part de celui qui m'a envoyé, et celui qui m'a envoyé est plus grand que moi (en montrant le ciel). » Martin lui dit encore : « Comment vous adressez-vous toujours à moi pour une commission comme celle-là ? Il y a tant de gens d'esprit !

— C'est pour abattre l'orgueil ; pour vous, il ne faut pas prendre d'orgueil de ce que vous avez vu et entendu. Pratiquez la vertu, assistez à tous les offices qui se font à votre paroisse les dimanches et les fêtes, évitez les cabarels et les mauvaises compagnies, où se commettent toutes sortes d'impuretés et de mauvais discours ; ne faites aucun charroi les jours de dimanches et de fêtes. »

Pendant le mois de février, l'inconnu apparut encore différentes fois à Martin. Il lui dit un jour : « Mon ami, on met bien de la lenteur dans ce que j'ai commandé ; voilà pourtant le temps de la pénitence et de la réconciliation qui approche. Il ne faut pas croire que c'est par la volonté des hommes que l'usurpateur est venu l'an passé : c'était pour châtier la France... Toute la famille royale avait fait des prières pour rentrer dans sa légitime possession ; mais une fois revenue, elle a pour ainsi dire tout oublié. Après le second exil, elle a encore fait des vœux et des prières pour recouvrer ses droits, mais elle retombe dans le même penchant. — Comment donc, répondit Martin, venez-vous toujours me tourmenter pour une affaire comme ça ? L'inconnu répliqua : « Persistez, ô mon ami ! et vous parviendrez. » Une autre fois, il lui dit en le pressant de faire sa commission : « Vous paraîtrez devant l'incrédulité et vous la confondrez. J'ai encore autre chose à vous dire qui les convaincra, et ils n'auront rien à répondre. » Il l'incita encore un jour par ces paroles : « Pressez votre commission, on ne fait rien de tout ce que je vous ai dit ; ceux qui ont l'affaire en main sont enivrés d'orgueil. La France est dans un état de délire ; elle sera livrée à toutes sortes de malheurs. » Dans une autre apparition, il lui fit cette annonce : « Si on ne fait pas ce que j'ai dit, la majeure partie du peuple périra, la France sera livrée en proie et en opprobre à toutes les nations, vous leur annoncerez aussi en quel temps la France pourra rentrer en paix ; ces choses, je vous les dirai quand il en sera temps. »

Enfin, un autre jour, l'inconnu dit de nouveau à Martin : « Vous irez trouver le roi, vous lui direz ce que je vous ai annoncé ; il pourra admettre avec lui son frère et ses fils. » En même temps, il l'avertit qu'il serait conduit devant le roi, qu'il lui découvrirait des choses secrètes du temps de son exil, mais que la connaissance ne lui en serait donnée qu'au moment où il serait introduit en sa présence. » Martin, de plus en plus ennuyé de la préférence que lui donnait son mystérieux visiteur, conçut le projet de quitter secrètement le pays, s'imaginant qu'il échapperait de cette manière à ses importunités. Il n'en avait encore communiqué la pensée à personne, lorsque l'ange lui apparut dans sa grange et lui dit : « Vous aviez formé le dessein de partir, mais vous n'auriez pas été loin, il faut que vous fassiez ce qui vous a été annoncé. »

Toutes ces apparitions étaient soigneusement racontées pas Thomas-Ignace à son curé qui, de son côté, en instruisait fidèlement son évêque. Mais celui-ci, au lieu de traiter cette affaire avec des conseillers ecclésiastiques, crut devoir la déférer au ministre de la police, auquel il communiqua même les lettres du curé de Gallardon. Ces lettres furent renvoyées par M. Decazes à M. de Breteuil, préfet d'Eure-et-Loire qui, quelques jours après, manda à Chartres Martin et son curé. Le 5 mars, veille de cette comparution, l'ange dit à Martin : « Vous allez bientôt paraître devant le premier magistrat de votre arrondissement ; il faut que vous rapportiez les choses comme elles vous ont été annoncées ; il ne faut avoir égard ni à la qualité ni à la dignité. »

Le lendemain 6 mars, Martin comparut devant le préfet qui, après l'avoir interrogé longuement, se décida à l'envoyer au ministre sous la garde de M. André, lieutenant de gendarmerie. Ils arrivèrent à Paris le 8, et se rendirent directement à l'hôtel du ministre de la police. En entrant dans la cour de l'hôtel, l'ange apparaît à Martin sans que son conducteur l'aperçoive, et lui dit : « Vous allez être interrogé de plusieurs manières, mais n'ayez ni craintes ni inquiétudes, et dites les choses comme elles sont. »

Martin subit en effet plusieurs interrogatoires, de la part des secrétaires d'abord, puis du ministre, qui ne put réussir à l'intimider. Sur ce que Martin lui dit qu'il venait encore de revoir le personnage qu'il avait vu tant de fois, M. Decazes lui annonce qu'il l'a fait arrêter ; aussitôt, sans se déconcerter, Martin demande la confrontation. Il resta trois quarts d'heure avec le ministre qui le retourna de tous les sens sur ce qu'il avait vu et entendu. M. Decazes prit aussi le ton d'autorité qu'il crut le plus propre à imposer à ce simple campagnard, mais il ne put réussir à le déconcerter. Martin au contraire lui répondit fort exactement et sans témoigner en aucune sorte être ému par toutes ses questions. Toutes ces enquêtes ne s'étant pas terminées à l'honneur de la sagacité ministérielle, on tenta de convaincre Martin de folie. On le fit visiter plusieurs fois par le docteur Pinel, médecin renommé pour les maladies mentales ; mais l'ange le prévenait chaque fois de ses visites. Le 9 mars, après la visite de ce docteur, l'ange dit encore à Martin : « Il faut que vous alliez parler au roi ; quand vous serez en sa présence, je vous inspirerai ce que vous avez à lui dire, je me sers de vous pour abattre l'orgueil et l'incrédulité. Si vous ne parvenez pas à ce but, la France est perdue....

On tâche d'écarter l'affaire, mais elle se découvrira par une autre voie. » Le 10 mars, l'ange lui apparaît au matin et lui dit : « Je vous avais dit que mon nom resterait inconnu ; mais puisque l'incrédulité est si grande, il faut que je vous le découvre. Je suis l'archange Raphaël, ange très célèbre auprès de Dieu. J'ai reçu le pouvoir de frapper la France de toutes sortes de plaies. *Si la France ne se hâte de mettre fin à ses désordres, elle sera dans l'agitation jusqu'en* 1850. »

Le 11 mars, l'ange ordonne encore à Martin d'aller parler au roi, ajoutant : « Au moment où vous serez devant lui, on vous inspirera *ce que vous aurez à lui révéler;* le roi est entouré de gens qui le trahissent, et qui le trahiront encore. Il s'est sauvé un homme des prisons ; on a fait croire au roi que c'était par finesse et par l'effet du hasard ; mais la chose n'était pas telle, elle a été préméditée. Ceux qui auraient dû mettre à sa poursuite ont négligé les moyens ; ils y ont mis beaucoup de lenteur et de négligence ; ils l'ont fait poursuivre quand il n'était plus possible de l'atteindre. » En quittant Martin, l'ange lui annonça encore pour cette journée la visite du même médecin, qui vint en effet, bien que très tard.

Ce même jour, Martin et M. André étaient allés se promener ensemble ; ils étaient seuls, lorsque M. André fit la rencontre d'un de ses amis et s'entretint avec lui l'espace d'une heure ; le lendemain matin nouvelle apparition, dans laquelle l'ange lui dit. « Ceux qui étaient avec vous se sont entretenus de vous ; vous n'entendiez pas leur langue (*ils avaient parlé anglais*) ; mais ils ont dit que vous veniez pour parler au roi, et l'un a dit à l'autre que, quand il serait retourné dans son pays, il lui donnerait des nouvelles pour savoir comment la chose se serait passée; » Martin rapporta ceci à M. André, qui en témoigna une extrême surprise, car il était sûr que le villageois ne connaissait ni la langue anglaise ni l'homme qui l'avait entretenu : il ne pût s'empêcher de dire que cela paraissait incompréhensible. Puisque l'ange vient vous visiter, mon cher Martin, ajouta-t-il, faites-le moi donc voir la première fois qu'il viendra.

Le mardi, 12 mars, sur les sept heures du matin, comme Martin finissait de s'habiller, l'ange se montra près de la fenêtre et lui parla ainsi : « On ne veut rien faire de ce que je dis; plusieurs villes de France seront détruites; il n'y restera pas pierre sur pierre, la France sera en proie à tous les malheurs; d'un fléau on tombera dans un autre. » Dans ce moment, Martin dit à M. André : « Puisque vous désirez le voir, le voilà qui parle. »

Le lieutenant saute aussitôt du lit, vient à la place que lui indique Martin, étend les bras, tâtonne de toutes parts. Pendant ce temps, Martin voyait l'ange varier et changer de place. M. André, ne sentant ni n'entendant rien, dit à Martin : « C'est étonnant que je ne voie ni n'entende rien; comment se peut-il faire que l'un voie et entende, et que l'autre ne voie ni n'entende rien? Passe encore pour voir, mais au moins je devrais entendre. Martin répond : « Je ne comprends pas non plus, mais il faut bien que l'un voie et entende, et que l'autre ne voie et n'entende pas, puisque je vois et que j'entends.

Sur les dix heures, nouvelle apparition dans laquelle l'ange dit à Martin : « On va prendre des informations de vous dans votre pays pour savoir les personnes que vous fréquentiez. » Sur le champ il en donna avis à son frère. Voici un extrait de sa lettre qui est arrivée le 14, par la poste, à Gallardon : » Paris, le 12 mars 1816. Mon frère, je t'écris cette lettre pour te faire savoir que je suis en bonne santé. Ce qui m'inquiète le plus, c'est l'ouvrage. Tous les jours de nouvelles questions. *La même apparition m'a dit que l'on allait prendre des informations de moi à Gallardon, pour savoir les personnes que j'y fréquentais.* Je te dirai que l'incrédulité est si grande qu'il a été obligé de me dire son nom. Je crois bien que ce sera long parce qu'on ne veut rien croire à toutes ces choses, quoiqu'ils se trouvent confondus à toutes les fois.... Qu'on ne prenne aucun chagrin de moi, parce qu'il m'a promis assistance dans tout ce que j'ai à répondre. A tout moment il me dit de nouvelles affaires... Tu diras à ma femme qu'elle ne prenne aucun chagrin de moi... Mais il faut que je fasse la volonté de celui qui m'a envoyé ; et je ne puis me dispenser de faire ce qu'il me commande, etc... »

Martin n'avait point été trompé dans cet avertissement, et il est bien évident qu'il lui était donné surnaturellement, puisque ce n'est que le 15 mars que M. Decazes écrivit au préfet d'Eure-et-Loir, et le 16, au curé de Gallardon. Aussitôt on prit les informations les plus exactes et les plus minutieuses. Lorsque Martin fût revenu au mois d'avril à Gallardon, MM. Pinel et Royer-Collard, médecins, demandèrent à M. le curé l'original de la lettre de Martin à son frère et celle postérieure du préfet, pour constater les faits et l'insérer dans leur rapport. Les deux lettres leur furent envoyées aussitôt en original. Elles ont été déposées à l'hospice de Charenton.

L'après-dîner, le lieutenant sortit avec Martin; ils allèrent ensemble proche le Val-de-Grâce, et le docteur Pinel, que M. André alla voir dans ce quartier, lui remit des papiers qu'il porta de suite à l'hôtel du ministre, toujours accompagné de Martin, avec lequel il revint à l'hôtel de Calais, rue Montmartre, où ils étaient logés. Le lendemain sur les neuf heures du matin, M. André mena chez le ministre Martin qui resta dans une première pièce où étaient plusieurs secrétaires; le lieutenant parla seul au ministre, lequel lui remit des papiers. En sortant il reprit son compagnon, et comme il marchait devant lui à cinq ou six pas de distance, l'ange parut devant Martin. « On va, lui dit-il, vous conduire dans une maison où vous allez être détenu, et votre conducteur s'en retournera seul dans votre pays. »

Lorsqu'il eût rejoint M. André, celui-ci lui dit : « Nous allons nous promener. » Oui, répondit Martin, vous allez me conduire dans une maison où je resterai pour être examiné ; et vous, vous retournerez seul dans le pays. » Non, nous nous en retournerons ensemble. — « Non, nous ne nous en retournerons pas ensemble ; mais on a beau faire, malgré tout ce qu'on fait contre moi, je parviendrai à parler au roi, et on verra bien que les affaires ne viennent pas de moi-même. Il faut nécessairement que je les fasse. » M. André lui dit : on fera comme on voudra ; il faut bien que je fasse aussi ce qu'on m'a commandé ; ils prirent donc une voiture de place et se rendirent à Charenton. Ils y arrivèrent vers midi, et furent trouver aussitôt le directeur de la maison de santé; M. André le lui recommanda comme un homme droit, religieux et digne de tout intérêt.

Le directeur, ayant lu les papiers et les ordres que M. André lui apportait de la part du ministre, interrogea Martin devant son conducteur : « Qu'est-ce que vous avez ? lui dit-il. » Moi, je n'ai rien, répondit Martin. Sur la demande du directeur, M. André dit que, depuis huit jours que Martin était avec lui, il ne lui avait rien vu faire d'extraordinaire, et qu'il n'était pas nécessaire de le tenir à l'étroit. Pourquoi vous envoie-t-on ici? demande le directeur à Martin; celui-ci, sans hésiter, lui rapporte la suite des évènements et les diverses apparitions qui lui sont arrivées depuis le 15 janvier; le lieutenant confirme son témoignage sur plusieurs points, comme en ayant été témoin depuis qu'il était avec lui. Martin dit en finissant : « Vous verrez que je ferai tout ce qui m'est commandé, et que je ne resterai pas ici. »

M. André fait ensuite ses adieux à Martin et lui offre généreusement des secours pécuniaires; mais il les refusa en disant qu'il était persuadé que ceux qui l'avaient fait renfermer pourvoiraient à ses besoins. Martin, en le quittant lui dit : « Vous voyez bien que vous vous en allez seul au pays, et que moi je reste ici pour être examiné. » Je sais bien, répond M. André, que vous me l'aviez dit; mais il a fallu que je fisse ce que le ministre m'avait commandé.

En reléguant Martin parmi les fous, M. Decazes avait voulu le couvrir d'un ineffaçable ridicule : il se promettait *d'écarter l'affaire et de la cacher au roi.* Mais que peuvent les efforts de l'incrédulité contre les desseins de Dieu? Les obstacles qu'elle s'efforce d'apporter ne servent qu'à mieux constater la mission divine. Jeanne d'Arc fut aussi traitée de folle et d'insensée lorsqu'elle se présenta pour la première fois devant le capitaine de Vaucouleurs, Robert de Baudricourt, lui annonçant qu'elle avait vu l'archange Michel qui lui était apparu, et qui lui avait dit qu'elle était choisie pour faire lever le siège d'Orléans, et pour faire sacrer le roi Charles à Reims. Le mauvais vouloir de ce gouverneur fut vaincu par des circonstances en apparences fortuites.

L'ange avait annoncé à Martin que, malgré toutes les précautions prises pour l'empêcher d'arriver au roi, *l'affaire se découvrirait d'un autre côté.*

Dans ce moment-là, M. le vicomte Sosthène de Larochefoucauld, aide-de-camp de M. le comte d'Artois, reçut une lettre de madame la duchesse de Luynes, sa grand'mère, qui habitait le château d'Éclimont, proche de Gallardon. Dans cette lettre, on instruisait M. de Larochefoucauld de tout ce qui s'était passé par rapport à Martin, qu'on peignait comme un homme simple, d'une vie parfaitement régulière, estimé, honoré par tous ceux qui le connaissaient.

M. de Larochefoucauld était sollicité de voir ce brave homme, de le protéger de tous ses moyens contre les tracasseries et les persécutions de la police, fort inhabile et incompétente en matière de révélations. La chose n'était pas facile; car il fallait agir à l'insu de M. Decazes, auquel tous les hommes tenant au frère du roi étaient suspects. Cependant, poussé par une curiosité qu'avait excitée le récit de la duchesse de Luynes, et par son désir d'obliger, M. le vicomte de Larochefoucauld se rendit le 29 mars, de grand matin, à l'hospice de Charenton, en dissimulant son dessein, et sous prétexte de visiter en détail cet établissement.

Accompagné du directeur de la maison, M. de Larochefoucauld parcourut toutes les salles, toutes les chambres particulières; pour ne pas laisser pénétrer le secret de sa visite, il avait soin d'adresser la parole à toutes les personnes qu'il rencontrait, demandant à chacun son nom, son pays, la cause de sa réclusion. Mais, dans ce triste asile de la plus déplorable des infirmités humaines, ses yeux ne rencontraient presque de tous côtés que de pauvres insensés qui l'examinaient sans le voir et lui parlaient sans le comprendre.

Enfin, au deuxième étage, il est conduit dans une petite chambre, où l'on voit assis un homme d'un extérieur convenable, d'une figure calme, et qui contrastait singulièrement avec les malheureux fous au milieu desquels on l'avait relégué. A la peinture qui lui avait été faite de Martin, et à son costume de paysan de la Beauce, M. de Larochefoucauld comprit de suite que c'était là l'homme qu'il cherchait. Sans trahir la satisfaction qu'il éprouvait de cette rencontre, il lui fit, en apparence indifféremment, les mêmes questions qu'aux autres. La réponse fut qu'il s'appelait Thomas-Ignace Martin, cultivateur à Gallardon. — Eh! pour quelle maladie vous trouvez-vous ici? continue le visiteur. — Moi, Monsieur, répond Martin, je n'ai aucune maladie, au contraire, je me porte très-bien; mais le ministre m'a fait enfermer ici pour m'empêcher de voir le roi, et de m'acquitter de la commission que l'ange m'a donnée. A ces mots, M. de Larochefoucauld joue l'étonnement, et fait raconter à Martin tout ce qui lui était arrivé; il lui adresse aussi quelques questions sur ses affaires particulières, sa vie commune, sur sa famille, et se convainc que ce singulier hôte de Charenton jouit parfaitement de toute sa raison, et qu'il y a quelque chose de surnaturel en lui.

Dans ses Mémoires, publiés en 1837, le vicomte de Larochefoucauld raconte en détail et très-exactement, cet incident, et il remarque qu'il avait été frappé du changement qui s'opérait tout-à-coup dans la physionomie de Martin, quand il parlait. Si la conversation roulait sur des choses ordinaires, le ton et le langage de Martin étaient ceux d'un paysan simple et de bon sens ; mais quand il racontait les apparitions, et qu'il disait les paroles de l'ange, son langage s'élevait, ses traits prenaient quelque chose de céleste et d'inspiré, sans exaltation cependant, et il devenait très-persuasif. En se retirant, M. de Larochefoucauld dit à Martin : « Vous espérez voir le roi, mais ce n'est pas facile. — Monsieur, répondit Martin, *je sais bien que je le verrai, car l'ange me l'a dit ; mais je ne sais pas comment.*

Le lendemain de cette visite, un ecclésiastique fut envoyé à Charenton par Mgr de Latil, archevêque de Reims, pour examiner Martin, et s'instruire de sa propre bouche du fond de cette affaire et de ses circonstances. Martin, présenté par M. le directeur, raconta fidèlement tout ce qui lui était arrivé depuis le 15 janvier. Un procès-verbal en fut rédigé au même instant par l'ecclésiastique, qui termine ainsi : « Martin m'a assuré que toutes les fois que l'ange lui parle, c'est toujours avec une douceur ineffable, toujours très-clairement et en peu de mots. Je puis attester, ajoute cet ecclésiastique, qu'ayant causé longtemps avec Martin, je l'ai trouvé dans une raison parfaite : son nouveau genre de vie, si opposé avec celui qu'il avait chez lui, ne lui donne pas la moindre inquiétude ; il a une femme et des enfants, et s'en remet entièrement à la volonté de Dieu sur leur sort et sur le sien. En un mot, il jouit d'un calme surnaturel ; il a une grande douceur, une piété sans exaltation ; il m'a dit que sa dévotion consistait à garder les commandements de Dieu et de l'Église.... Il est d'une naïveté qui ne peut se concevoir. Enfin, il est à son aise avec tout le monde. »

Le soir du même jour, M. de Larochefoucauld revint

encore à Charenton, et examina de nouveau Martin, qui lui confirma ses premières dépositions. Déjà le bruit de cette étrange aventure excitait à la cour quelque sensation ; le curé de Gallardon fut mandé par l'archevêque de Reims ; la lettre portait que, toute affaire cessante, il devait se rendre de suite à Paris : l'entrevue de cet ecclésiastique avec l'archevêque eut lieu le 2 avril, et fut longue. Le prélat, parlant de Martin, ajouta d'un air soucieux : « C'est aujourd'hui qu'il paraît devant le roi, je ne sais quelle impression ceci pourra faire sur sa majesté.

Pendant ces diverses négociations, Martin eut encore une apparition non moins remarquable que les précédentes. Voici comme il l'a rapportée lui-même : « Le dimanche, 31 mars, j'étais, vers les deux ou trois heures de l'après-midi, dans le jardin, lorsque l'ange m'a apparu et m'a dit : Il y aura encore beaucoup de discussions ; les uns diront que c'est une imagination ; les autres que c'est un ange de lumière, et d'autres que c'est un ange de ténèbres : je vous permets de me toucher. En même temps il me prend la main droite avec sa main droite, et me la serre réellement, et comme l'a dit Martin à M. le directeur, en lui prenant la main, aussi sensiblement que je serre actuellement la vôtre. L'ange ouvrit encore sa redingote par devant ; quand elle a été ouverte, cela m'a semblé plus brillant que les rayons du soleil (Martin fut obligé de mettre sa main devant ses yeux) ; il ferma sa redingote, et quand elle fut fermée, je n'ai plus rien vu de brillant ; il m'a semblé comme auparavant. » Puis il retira son chapeau en arrière, et me dit en touchant son front avec sa main : « L'ange rebelle porte ici les marques de sa condamnation, et vous voyez que je n'en ai pas. »

Il me dit en finissant : « Rendez témoignage de ce que vous avez vu et entendu. »

Le 2 avril fut le dernier du séjour que Martin fit à l'hospice de Charenton. Comme il était à son dîner, le directeur vint le trouver pour le mener vers un monsieur qui lui dit : « Mon ami, vous allez venir avec moi. — Eh bien ! répond tranquillement Martin, s'il faut aller à Paris, je veux bien y aller. — Je ne sais pas pourquoi, lui dit-on, mais si vous voyiez aujourd'hui le roi, cela ne vous étonnerait-il pas ? — Non, Monsieur, dit Martin, puisque je ne suis ici que pour aller lui parler. »

Ils partirent ensemble, et arrivèrent à l'hôtel de la police. Le ministre donnait ce jour-là audience ; Martin, pour pouvoir lui parler, fut obligé d'attendre que son audience fût finie. Il se trouvait seul dans le cabinet de M. Decazes, lorsque l'ange lui apparut et lui dit : « Vous allez parler au roi, *et vous serez seul avec lui ;* n'ayez aucune crainte pour ce que vous avez à lui dire, les paroles vous viendront à la bouche. » Les obstacles apportés par le ministre à l'entrevue du roi avec Martin n'avaient fait que confirmer ces paroles de l'ange : « On veut vous empêcher de voir le roi ; mais l'affaire se découvrira d'un autre côté. » Les répugnances de M. Decazes, ses craintes, sa soupçonneuse incrédulité, tous ses efforts et toutes ses précautions pour saisir le fil d'une intrigue de parti, dans le cas où Martin n'aurait été que l'agent de quelque coterie, enfin les échecs multipliés du ministre de la police, tout prouve victorieusement que Martin, étranger à toute manœuvre de la politique, ne faisait que se conformer exactement aux ordres qui lui étaient donnés par le céleste messager.

C'est ainsi que Dieu fait servir à l'accomplissement de

ses mystérieuses volontés., la malice même des hommes; *mais l'affaire devait se découvrir d'un autre côté..*

La curiosité de Louis XVIII, instruit par M. de Larochefoucauld de ce qui se passait, fut éveillée tout-à-coup. C'est le propre des esprits forts de se trouver le plus affectés de ce qui porte le caractère du merveilleux, lorsqu'ils y sont personnellement intéressés ; mais comme la conscience du vieux roi n'était pas tout-à-fait tranquille, et qu'il ne se sentait pas complètement rassuré sur les communications qu'avait à lui faire l'envoyé céleste, il ne consentit à le recevoir, que sous la condition de rester seul avec lui. M. Decazes reçut donc l'ordre, le 2 avril, de lui présenter le bon villageois, qui fut introduit dans son simple costume de paysan ; il s'attendait à être ébloui par la magnificence ; mais ne voyant rien, selon lui, que de très-ordinaire, il n'éprouva pas la moindre surprise.

Quand Martin entra chez le roi, avant qu'il dit un mot, Louis XVIII ordonna au valet de chambre de se retirer et de fermer les portes. Voici le récit que fait Martin lui-même de son entrevue avec le roi : « Quand j'entrai, il (Louis XVIII) était assis devant sa table en face de la porte. J'ai salué le roi en lui disant : Sire, je vous salue. Le roi m'a dit : *Bonjour, Martin ;* et je me suis dit à moi-même : il sait donc bien mon nom. Vous savez, Sire, sûrement pourquoi je viens. — Oui, je sais que vous avez quelque chose à me dire, et l'on m'a dit que c'était quelque chose que vous ne pouviez dire qu'à moi ; asseyez-vous. Alors je me suis assis dans un fauteuil qui était vis-à-vis le roi, de sorte qu'il n'y avait que la table entre nous deux. Je dis ensuite au roi : Faites appeler votre frère et ses fils, car ils doivent savoir ce que j'ai à vous dire. Le roi m'interrompit aussitôt : Cela est inutile; d'ailleurs je leur répéterai tout ce que vous me direz.

» Alors je racontai au roi toutes les apparitions que j'avais eues. Lorsque je parlai de l'homme sauvé de prison, le roi me dit : *Je le sais bien, c'est Lavalette.* Je continuai en lui disant : Il m'a été dit de recommander au roi d'examiner tous ses employés, et surtout ses ministres. — Ne vous a-t-on pas nommé les personnes? — Non, Sire, répondis-je, il m'a été dit qu'il était facile au roi de les connaître; moi, je ne les connais pas. Lui ayant raconté toutes les particularités des apparitions, le roi me dit : Je sais tout cela, l'archevêque de Reims m'a tout rapporté; mais il me semble que vous avez quelque chose à me dire en particulier et en secret : et alors je sentis venir sur ma langue les paroles que l'ange m'avait promises. » D'après le récit de Martin, il paraît que dans ce moment il ne fut qu'un organe purement passif; qu'il n'apprenait ce qu'il disait au roi que par le son de ses propres paroles; et il n'était pas le maître de s'arrêter, ni de choisir ses expressions; il se sentait forcé de parler. Il continua :

« *Le secret que j'ai à vous dire, c'est que vous occupez une place qui ne vous appartient pas.* » Le roi fit aussitôt un vif mouvement et m'interrompit en disant : « Comment ! comment ! mon frère et ses enfants étant morts, je suis le légitime héritier. » Et moi alors je lui dis : « Je ne connais rien à tout cela, mais je sais bien que la *place ne vous appartient pas*; et ce que je vous dis est aussi vrai qu'il est vrai qu'un jour étant à la chasse avec le roi Louis XVI, votre frère, dans la forêt de Saint-Hubert, le roi étant devant vous d'une dizaine de pas, *vous avez eu l'intention de tuer le roi votre frère.* Louis XVI était monté sur un cheval plus grand que le vôtre et venait de passer ; vous avez été embarrassé par une branche d'arbre qui s'est ployée de manière à vous empêcher, en passant sous l'arbre, de commettre ce meurtre, et votre frère avait passé sans être embarrassé par les branches du même arbre. Vous aviez un fusil à deux coups, dont l'un était pour votre frère le roi, et vous auriez tiré l'autre en l'air pour faire croire qu'on aurait aussi tiré sur vous, et vous eussiez accusé quelqu'un de sa suite. Le roi a rejoint sa chasse et vous n'avez pu réussir dans votre projet ; mais vous avez conservé ce dessein pendant longtemps, et vous n'avez jamais eu une occasion favorable pour le mettre à exécution. Vous ignoriez en ce moment que la reine fût enceinte. »

Le roi dit : « O mon Dieu ! ô mon Dieu ! Tout cela est bien vrai ; il n'y a que Dieu, vous et moi qui sachions cela. Promettez-moi de garder sur toutes ces communications le plus grand secret, et je lui promis. Après cela, je lui dis : « *Vous faites des préparatifs pour votre sacre, mais prenez bien garde de ne pas vous faire sacrer*, car si vous le tentiez, vous seriez frappé de mort au milieu de la cérémonie. »

Dans ce moment, et jusqu'à la fin de la conversation, le roi pleura beaucoup, et je continuai alors à lui dire : « Souvenez-vous de votre détresse dans l'adversité du temps de votre exil ; vous avez pleuré sur la France, et il fut un temps où vous n'aviez pas l'espoir d'y rentrer, voyant la France alliée avec tous ses voisins. — Oui, il a été un temps où je n'avais aucun espoir. — Dieu n'a pas voulu perdre la famille royale, il a fait rentrer la famille des Bourbons ; mais où sont les actions de grâces qui ont été rendues pour un tel bienfait ? Pour châtier encore une fois la France, l'usurpateur a été tiré de son exil; ce n'a pas été par la volonté des hommes ni par un pur effet du hasard que les choses ont été permises ainsi; il est rentré sans forces, sans armes, sans qu'on se mette en défense contre lui. Vous avez été obligé de quitter la capitale; croyant tenir encore une ville de France, il vous a fallu aussi l'abandonner. — C'est vrai, je croyais rester à Lille.

« Quand l'usurpateur est rentré, il s'est formé un gouvernement, une armée; et quand il s'est présenté aux ennemis, du premier coup il a été sans ressources, sans asile, sans armes et rejeté de ses sujets. Vous êtes encore rentré en France : où sont les actions de grâces qui ont été rendues à Dieu pour un miracle si éclatant? — C'est vrai, murmura le roi, je n'y ai pas pensé. Je lui dis : « Le bon Dieu ne vous en a pas donné la pensée, parce que *vous n'avez pas le droit de régner*. C'est à celui qui a droit de régner qu'il est réservé de s'acquitter de cela. » Je continuai en lui disant : « Il m'a toujours été dit que je parviendrais à vous parler et à m'acquitter de ma commission, et je vois bien que l'ange ne m'a pas trompé, car je suis avec vous. Il m'a été dit que vous ne chancelleriez pas pour croire *quand je vous dirai les choses*.

« — Non, je ne puis chanceler, puisque c'est la vérité. Ne vous a-t-il pas dit comment il fallait que je m'y prisse pour gouverner la France ? Alors je lui répondis : « *Descendez du trône, et laissez l'affaire à gouverner à qui en a le droit*. Envoyez dans les provinces des gens de confiance pour préparer le règne *du prince légitime qui sera aimé, craint et respecté de ses sujets*. Il m'a été en outre annoncé de vous dire que : *si vous ne faites pas ce qui vous est ordonné, vous ferez tomber la France dans de nouveaux malheurs;* que les rois de France doivent se rappeler qu'ils portent le titre de *rois très-chrétiens*, et que leur devoir est de faire rentrer le peuple dans la chrétienté. » Alors le roi, en me recommandant surtout le secret, me promit de faire toutes les recherches possibles pour trouver celui duquel je lui avais parlé, et de le mettre à sa place. Moi, je lui ai répondu : « *Il m'a été dit que cela ne vous serait pas difficile.*

Après cela, le roi m'a pris la main en disant que je touche la main que l'ange a serrée ! Priez toujours pour moi. Il pleurait encore. Avant de le quitter, je lui ai répété tout ce que je lui avais dit au sujet des dimanches et fêtes et sur les désordres dans lesquels était plongée la France; le roi m'a répondu : « Je ferai en sorte de remédier à tout. » L'entretien a duré cinquante-cinq minutes.

Rien assurément n'est mieux constaté, ni plus historique que la conférence de Louis XVIII et du bon laboureur de la Beauce. Les courtisans, inquiets du résultat de cette entrevue, s'apprêtaient à rire, feignant de croire à une ridicule mystification ; mais bientôt la gravité du roi, les larmes qu'il avait répandues et quelques paroles échappées à son émotion vinrent changer la disposition des esprits.

On prétend qu'une personne qui entretenait avec Louis XVIII des relations intimes, entendit toute la conversation d'un cabinet où elle s'était renfermée. M. de Larochefoucauld, qui était aide-de-camp de Monsieur, comte d'Artois, affirme dans ses Mémoires que, fidèle à la promesse faite à Martin, le roi avait exactement raconté à son frère et à ses deux neveux les communications qu'il avait reçues. S'il en est ainsi, comme tout ce que nous avons dit dans le troisième Livre ne permet pas d'en douter, ces princes ont assumé sur leur tête la complicité de l'odieuse usurpation de Louis XVIII.

On a vu comment Charles X, pour n'avoir pas répudié le coupable héritage d'une couronne illégitime, a été châtié par la vengeance divine qui l'a chassé du trône et l'a envoyé mourir en exil avec le duc d'Angoulême aussi criminel que lui. A ceux qui voudraient encore douter de la mission surnaturelle de Martin, nous dirons : Suivez avec nous cet homme honnête et simple dans le cabinet du vieux roi ; voyez d'un côté la contenance ferme et modeste du villageois qui fait, sans s'émouvoir, le récit du crime épouvantable conçu et nourri longtemps dans la pensée de celui qui l'écoute, tandis que celui-ci frémit de remords et, pressé par l'évidence de la révélation, s'écrie : *Mon Dieu! mon Dieu! Tout cela est bien vrai! Il n'y a que Dieu, vous et moi qui sachions cela.* Si Martin n'eût été qu'un vil imposteur, certes sa témérité eût été bientôt punie. Louis XVIII assurément n'était pas un esprit faible : prince incrédule et athée, pense-t-on qu'il a cru légèrement ? S'il se détermine à donner audience au villageois qui se dit délégué du ciel, ce n'est en apparence que pour satisfaire sa curiosité ; mais bientôt l'esprit fort est vaincu par cet homme si simple. Louis XVIII l'avait reçu le sourire, et presque la moquerie sur les lèvres, et voilà l'incrédule qui croit ; ce cœur si sec et si égoïste qui trouve des larmes.

C'est encore un fait notoire que l'on avait déjà commencé, par ordre du roi, de grands préparatifs pour son sacre avant son entrevue avec Martin, et qu'après cette entrevue tous les préparatifs furent contremandés. Le motif de ce changement subit ne fut pas connu à cette époque, et il donna lieu à toutes sortes de conjectures.

Déjà les journaux avaient annoncé à la France et à l'Europe la belle et imposante cérémonie du sacre, Les chambres qui avaient voté les fonds nécessaires pour le sacre, en parleront et le demanderont chaque année, et toujours le gouvernement le refusera ou l'ajournera sous divers prétextes, tous plus frivoles les uns que les autres. Pourquoi cet ajournement indéfini et ce refus obstiné? Evidemment, si l'huile sainte n'a pas coulé sur le front du roi philosophe, c'est que ces paroles terribles de Martin : « *Il m'a été dit que vous seriez frappé de mort durant la cérémonie*, » le suivaient partout menaçantes, et lui apparaissaient comme l'épée vengeresse de la justice divine suspendue sur sa tête criminelle.

Martin, suivant la promesse qu'il avait faite au roi, ne parla jamais du secret de cette entrevue tant que dura la vie de ce monarque. Ce n'est qu'en 1825 que, interrogé de la part de Charles X, il déclara toute la vérité au duc Mathieu de Montmorency, qui tenta vainement de le faire changer de langage. Nous tenons de M. le curé de Bleury, près de Gallardon, chez lequel eut lieu l'entrevue et qui y assista, que M. le duc de Montmorency, homme éminemment religieux, entièrement dévoué à la famille royale, fut consterné d'une aussi terrible révélation.

Si, précédemment à cette époque, quelques particularités en furent connues, c'est parce que, comme l'affirme M. de Larochefoucauld, Louis XVIII en avait fait part aux princes de sa maison, ou que la dame cachée dans le cabinet ne fut pas assez discrète.

Martin, en quittant le roi, se rendit le même jour, 2 avril 1816, à Charenton, où il passa la nuit. Cet homme bon et simple ne voulait pas quitter une maison où il avait été l'objet de quelques égards, sans faire ses adieux et témoigner toute sa reconnaissance au directeur qui eut toutes les peines du monde à lui faire accepter vingt-cinq francs pour les frais de son voyage ; il revint ensuite à Paris le 3 avril au matin, et alla voir le médecin en chef de l'hospice de Charenton. Dans sa naïveté, il se croyait obligé par toutes les règles de la politesse à rendre sa visite à tous ceux qui lui en avaient fait. Dans cette circonstance, il se montra tout aussi simple qu'avant d'avoir vu le roi, et il ne chercha point à s'en faire valoir. Au sortir de la maison du docteur Royer-Collard, Martin se rendit chez le ministre de la police, qui lui donna un passe-port, après avoir inutilement tenté de lui faire dire le secret qu'il avait révélé au roi. M. Decazes le força d'accepter une gratification de deux cents francs de la part de Louis XVIII ; Martin refusait d'accepter, mais le ministre lui ayant dit qu'on ne pouvait, en aucune sorte, refuser un don du roi, il se rendit à cette raison.

Martin, parti de Paris dans la soirée du 3 avril, est arrivé à Gallardon, dit son curé, le jeudi 4, à dix heures du matin, aussi tranquille qu'il en était parti. Il se reposa quelque temps en arrivant, puis il alla à son travail des champs. Le samedi, 6 avril 1816, Martin se rendit à Chartres, et sans avoir été mandé, il se présenta devant M. le préfet, auquel il raconta, avec autant de naïveté que de sincérité, toutes les circontances de son voyage de Paris, de sa conduite au ministère de la police, à la maison de Charenton, et de sa comparution devant le roi. Le préfet, homme religieux et convaincu du surnaturel de la mission de Martin, lui recommanda la plus grande discrétion. Il lui doit la justice de déclarer que Martin, en lui rapportant son entretien avec le roi, lui ajouta que les particularités qu'il avait révélées étaient un secret qu'il avait refusé de faire connaître au ministre, et que rien au monde ne le lui ferait divulguer.

Quelques personnes peuvent être surprises de voir que Martin après avoir promis à Louis XVIII de tenir cachées les choses qu'il lui avaient révélées, les aurait cependant divulguées après la mort de ce prince. Mais il faut bien remarquer que Martin n'avait point reçu de l'ange l'ordre de garder le secret; s'il l'avait promis, ce n'était pas pour supprimer la vérité, mais pour laisser au roi la plus grande liberté dans l'exécution ; et celui-ci au contraire, ayant résolu de violer ses promesses en conservant un trône usurpé, et redoutant cependant l'influence des personnes de probité qui auraient pu éclairer Martin, éloigna d'abord tous ceux qui étaient initiés dans l'affaire, et qui avaient eu des preuves personnelles de la vérité de cette miraculeuse mission.

C'est ainsi que M. de Breteuil fut transféré à une autre préfecture ; que M. André, le lieutenant de gendarmerie qui avait conduit Martin à Paris, fut envoyé à une grande distance, et qu'on contraignit l'évêque de Versailles à changer le curé de Gallardon.

Lorsque M. de Montmorency alla trouver Martin, pour le décider, il fit intervenir le nom du roi Charles X; il lui fit sentir que l'intérêt de l'Etat et de la religion exigeait que le nouveau roi en fut instruit, assurant que Louis XVIII ne lui en avait pas parlé.

De pareilles raisons assurément devaient vaincre tous les scrupules de Martin, et le disculpent entièrement de toute inculpation d'indiscrétion ou de légèreté.

La mission de Martin s'est accomplie de notre temps, c'est-à-dire dans le siècle le plus enclin au doute raisonneur et le plus ennemi de tout ce qui porte l'empreinte du merveilleux. Si les faits que nous racontons nous étaient légués par le moyen-âge, nous douterions les premiers d'une histoire si extraordinaire, et nous serions portés à croire qu'en traversant des générations ignorantes et crédules, la fantastique imagination des peuples avait créé des visions aujourd'hui indubitables. Elles sont prouvées en effet par des documents officiels et par des témoins oculaires et irrécusables.

Voilà un simple paysan, sans éducation, sans appui, connu seulement dans son village pour un homme de bien, qui déclare tout-à-coup qu'il a reçu l'ordre d'aller parler au roi pour l'avertir des dangers affreux qui le menacent, ainsi que toute la France ; pour lui dire qu'on le trahit; qu'il doit examiner ses ministres et ses employés; en un mot, pour lui annoncer des choses très-pénibles à entendre.

Ce paysan parvient au but de sa mission malgré toutes les préventions qui s'élèvent contre lui, et de la part de ceux surtout qui seuls peuvent le faire parvenir à l'audience de Louis XVIII ! Le premier magistrat de son département emploie tous les moyens propres à le confondre, à le déconcerter, à le détourner de son entreprise. Le ministre le plus en faveur à cette époque, M. Decazes, le tient en son pouvoir, l'examine, cherche à le tromper par ses finesses et ses mensonges, a l'intimider par ses menaces, à le faire passer pour fou ; et il l'enferme dans une maison d'aliénés, et c'est de l'asile de la folie que ce même ministre, après avoir *tâché d'écarter l'affaire qui devait se découvrir par une autre voie*, est enfin obligé, par ordre de Louis XVIII, à qui il avait tout caché, d'envoyer chercher Martin pour être présenté au roi ; il doit lui communiquer des choses extrêmement graves, qu'il a refusé de dire au ministre lui-même; et M. Decazes se prête malgré lui et malgré les inquiétudes et les craintes que pouvait lui inspirer l'issue d'un entretien où il savait que Martin dirait au roi qu'il est entouré de gens qui l'ont trahi et qui le trahiront encore. Qui pourrait voir dans cet évènement un fait ordinaire, possible même suivant les règles et les opinions humaines?

Voudrait-on admettre que Martin a été ou trompeur ou trompé? Nous dirons que c'est impossible. Si Martin eût été trompeur, comment aurait-il pu vaincre tant d'obstacles, se débarrasser de tant de difficultés, confondre tant d'hommes habiles intéressés à le déjouer, préciser à l'avance le résultat de ses démarches et des efforts contraires, et l'issue de l'évènement? S'il eût été trompeur, serait-il parvenu à convaincre et à émouvoir si fortement le vieux roi, en pénétrant audacieusement dans une conscience remplie de crimes?

Qui donc l'aurait instruit d'un fait horrible, d'une pensée d'iniquité qui n'avait eu pour témoin que Dieu seul, à qui rien n'est caché? Dans cette hypothèse, il faut rechercher quel aurait été le mobile secret de Martin; s'il a sciemment trompé, il n'a pu être dirigé que par un instinct bas et vil: ce n'est pas celui de la politique, car il a été surabondamment constaté que Martin, citoyen paisible, ne s'était jamais mêlé aux passions ni aux intérêts de parti, et qu'il n'avait accepté sans grande peine ni grande joie tous les changements de gouvernement et de dynastie. Il n'a pas été poussé par l'amour de la célébrité, car jamais on ne vit un homme si simple, ni plus modeste; ami de l'obscurité et de ses rustiques occupations, jamais il ne chercha à se prévaloir de ce qui lui était arrivé;

Martin a-t-il été poussé par l'amour de l'or? toute sa conduite depuis le premier jour de sa mission jusqu'à la fin de sa vie répond à cette question. Il a fallu que le directeur de la maison de Charenton le pressât beaucoup pour lui faire accepter vingt-cinq francs destinés aux frais de son retour, et il aurait refusé les deux cents francs que lui offrait M. Decazes, si l'on n'eût pas fait intervenir le nom, et, en quelque sorte, l'autorité du roi. Enfin, tous ceux qui l'ont connu, qui sont allés le visiter, savent jusqu'à quel point il portait le désintéressement.

D'un autre côté, il est facile de démontrer que Martin n'a pas été trompé par l'illusion de son imagination, parce que, d'abord, jamais l'hallucination des sens n'aurait pu produire des effets tels que ceux qui ont été si bien constatés. Ce qui caractérise essentiellement les sensations éprouvées par Martin, c'est qu'elles ont été complètement dégagées de toute exaltation d'esprit, de toute altération des facultés intellectuelles, dans le degré même le plus léger; car, non seulement les hommes de l'art, les plus expérimentés et les plus habiles, n'ont observé chez lui aucun vestige de délire, mais ils n'y ont pas remarqué la moindre exaltation de l'imagination, au milieu des circonstances les plus capables de la produire. Quant à son physique, loin d'y découvrir aucune ombre de changement, les médecins ont reconnu qu'il était impossible de jouir d'une santé meilleure, et cet état s'est soutenu jusqu'à la fin, sans présenter aucune altération.

Ces observations faites par des maîtres de l'art, surtout ce qui tient à l'état des facultés physiques et morales, dans la personne de Martin, forcent à conclure qu'il ne reste aucun prétexte pour supposer que ce villageois ait pu être le jouet de l'illusion des sens ou de son imagination : c'est la conclusion qu'en tirait le *Journal de France* du 20 janvier 1817 ; il s'exprimait ainsi :

« Il résulte du rapport de MM. Pinel et Royer-Collard que la science de la médecine ne fournit pas à ces deux savants docteurs des moyens d'expliquer un *phénomène* tel que celui de Martin. » Eh ! pourquoi refuser d'admettre une conclusion forcée ? Si Martin n'est pas un imposteur, s'il n'a pas été illusionné par une imagination malade, n'est-il pas évident qu'il a été guidé par un agent surnaturel ! Nous savons bien que si on reconnait que Martin a été inspiré surnaturellement, il faut admettre aussi, sous peine d'être absurde, que l'existence du fils de Louis XVI, appuyée déjà sur tant de témoignages humains qui l'élèvent au rang d'une vérité historique démontrée, est complètement prouvée par cet évènement; il faut admettre l'odieuse usurpation d'une famille restée sourde aux avertissements même du ciel !

Mais de quoi n'était-il pas capable, ce frère dénaturé qui osa concevoir l'horrible pensée d'un meurtre sur son frère et son roi : ce prince si criminellement ambitieux, qui poussa en secret aux plus cruels excès de notre révolution? calomniateur infame de la vie privée de Marie-Antoinette, cette reine si belle et si pure, le comte de Provence ne poussa-t-il pas l'infamie jusqu'à protester publiquement contre la légitimité des enfants du roi, dont la naissance lui enlevait à jamais l'espérance du trône ?

Marie-Antoinette avait bien deviné ce cœur fourbe, car elle n'avait pas moins de répugnance pour ce beau-frère que pour un autre prince de sa famille, monstre pétri de boue et de sang, nommé Philippe-Égalité d'Orléans.

Il y a des gens, et parmi eux M. Silvy, auteur de plusieurs Mémoires publiés sur Martin, qui, s'appuyant sur les premières relations imprimées en 1816 et 1817, rejettent absolument toutes les déclarations faites par le célèbre villageois, postérieurement à la mort de Louis XVIII.

Une pareille manière de raisonner nous paraît renfermer une inexplicable contradiction. Si Martin, comme le reconnaît et le prouve très bien le sieur Silvy, a été réellement inspiré, s'il était un homme de bien, plein de simplicité et incapable de mentir, comment supposer qu'il eût égaré l'opinion publique sur le point le plus essentiel de sa mission, dans des circonstances aussi solennelles que celles où il a fait sa première déclaration du secret ?

A cela le sieur Silvy nous répond que Martin a approuvé et signé en 1816 et 1817 des relations rédigées sous ses yeux par le curé de Gallardon, dont pas un mot ne vient faire soupçonner l'existence du fils de Louis XVI, et dont toutes les expressions au contraire confirment la légitimité de Louis XVIII.

Ce fait, qui est vrai, prouve seulement que Martin a religieusement tenu la promesse qu'il avait faite à ce monarque. Il faudrait aussi rappeler que lorsque Martin signait ces relations, et qu'il les déclarait conformes à la vérité, il ajoutait en même temps, que *le principal de sa mission n'y était pas renfermé*, ce qu'il exprimait par ces mots, mis en avant de sa signature : » *Il y a même moins que plus.* »

Embarrassé par la promesse faite à Louis XVIII, et ne pouvant pas découvrir toute sa pensée, il avait voulu par-là satisfaire à sa conscience et mettre sa sincérité à couvert, en indiquant suffisamment qu'il ne disait pas tout ; quant aux expressions, telles que celles-ci : « *Le roi est entré dans sa légitime possession*, etc., » desquelles on voudrait induire que Martin reconnaissait alors la légitimité de Louis XVIII, il faut bien remarquer que la cause de cette grave erreur n'appartient pas à Martin ; que le curé de Gallardon qui en était le rédacteur, ignorant le secret qui ne lui était pas dit, a dû, par suite de cette ignorance, donner à ses paroles un sens ou étranger ou contraire à la vérité. Dans sa bonne foi, il cherchait à aider à la lettre de ce que son paroissien lui racontait, expliquant son récit par des additions ou des expressions conformes à ses propres opinions politiques, dont le naïf cultivateur ne comprenait pas assez le sens ou la portée pour les rectifier.

En prenant ces relations pour base, sans tenir compte des rectifications postérieures, le sieur Sylvy dissimule, dénature et dément évidemment à dessein, la fin principale de la mission de Martin ; ou M. Silvy croit à ses révélations, ou il n'y croit pas : s'il n'y croit pas, qu'il laisse au temps le soin d'en faire justice ; mais s'il y croit, et qu'elles lui paraissent indubitables comme il l'assure, pourquoi se montrer inconséquent, en refusant d'admettre le point principal de cette mission ?

Si les communications surnaturelles, faites par Martin à Louis XVIII n'avaient pour but que de l'engager à réprimer les mœurs déréglées et l'impiété du peuple, que de l'inviter à faire surveiller ses ministres et ses autres employés, et à rendre à la divine Providence de solennelles actions de grâces pour les bienfaits signalés que lui et la famille royale en avaient reçus ; comment expliquer, dans cette hypothèse, l'émotion si vive de Louis XVIII, les contre-ordres donnés aux préparatifs du sacre? Quel serait donc ce secret si important et si fortement recommandé à Martin? Il est donc bien évident que la révélation de l'existence de l'infortuné fils de Louis XVI renfermait réellement le but principal de la mission de Martin; cette vérité, confirmée par une longue suite de révélations postérieures, ne peut pas laisser le moindre doute. Le bon villageois n'avait pas reçu seulement pour mission d'annoncer l'existence de Louis XVII; mais il devait aussi prédire la chute de tous les gouvernements qui se disputaient et s'arrachaient mutuellement le pouvoir, et les divers fléaux qui fondraient sur notre malheureuse patrie, coupable d'un régicide et de la plus monstrueuse impiété envers Dieu. « Quand la France, répétait sans cesse l'envoyé du ciel, aura reconnu et réparé, autant que possible, cette double iniquité, en retournant sincèrement à la foi de ses pères, et en se jetant dans les bras du fils du saint roi martyr; alors, alors seulement, la paix, la gloire et le bonheur lui seront accordés. » Thomas-Ignace Martin mourut le 8 mai 1834, non d'une indigestion comme on le répandit, mais de poison; c'est du moins ce que semble constater l'autopsie du corps faite le vingt-quatre du même mois. Quant à l'indigestion, il fut constaté que ce n'était qu'une invention malveillante et exigée par des circonstances un peu louches. On pensait probablement qu'en faisant mourir le prophète, on empêcherait l'accomplissement des prophéties. O malice des méchants, que tu es aveugle et cruelle en même temps (13)!

(15) Voir la note 15 à la fin de ce Livre.

FIN DU LIVRE TROISIÈME.

PIÈCES JUSTIFICATIVES.

Note 1re.
Déclaration de M. Labreli de Fontaine.

« Je soussigné, déclare sur l'honneur que feu son altesse sérénissime madame la duchesse douairière d'Orléans m'a parlé plusieurs fois de son altesse royale monseigneur le duc de Normandie, fils de Louis XVI, et qu'elle s'en entretenait souvent avec madame la chanoinesse Periez-d'Escart, qui tous les soirs priait pour lui. Comme je témoignais à S. A. S. le désir de voir le prince, qui venait quelquefois chez elle, cette princesse me le permit, sous un prétexte quelconque, mais à condition que je ne lui parlerais pas. Un jour que le fils de Louis XVI vint rendre visite à S. A. S., j'entrai dans l'appartement, et j'aperçus ce prince debout, le coude appuyé sur la cheminée. Ce fait date du commencement de 1816; mais je ne saurais préciser le jour où il s'est passé. Plus tard j'ai reconnu dans M. le baron de Richemont, le personnage que j'avais vu chez feue S. A. S.

Paris, le 21 août 1835.
Signé : LABRELI DE FONTAINE,
ancien bibliothécaire de feue S. A. S. madame la duchesse
douairière d'Orléans. »

2me Note.

Une dame d'honneur de la duchesse d'Angoulême couchait dans une chambre attenante à la sienne. Une nuit, elle l'entendit se lever, marcher avec rapidité, puis bientôt elle se mit à pleurer et à éclater en sanglots. Mon frère ! mon pauvre frère ! furent les seules paroles qu'elle prononça. La dame effrayée entra pour s'informer si son altesse était indisposée. — La duchesse demanda vivement : « N'avez-vous rien entendu ? » — Non, madame. — Eh bien ! si vous avez entendu, ne le dites jamais. » (Voir la *Voix d'un proscrit*, page 177).

Qui pourra jamais comprendre les remords, les ennuis, les angoisses et les agitations intérieures de madame la duchesse d'Angoulême ? Maudit qu'en dira-t-on ! Faux honneur ! Exécrable ambition ! que vous faites de malheureux en ce monde et de victimes en l'autre !!!

5me Note.

Déclaration de M. le comte de Pons.

« Je soussigné, Charles, comte de Pons, déclare à qui il appartiendra, qu'en mon ancienne qualité de page de M. le comte d'Artois, en 1816, dans les premiers jours de mai, me promenant dans le parc de Versailles, avec MM. Curial, de Montbrun et d'Ajurson, tous trois mes collègues, nous étions dans une vaste allée de charmille à jouer au cheval fort, lorsque nous fûmes distraits de notre occupation par des personnes dont les voix animées se faisaient entendre dans une promenade rapprochée de la nôtre. Comme leur conversation était très rapide, elle fut l'objet de notre attention, et en particulier de la mienne. Ayant prêté l'oreille et dirigé les yeux d'où nous venaient ces accents, qui ne nous étaient point étrangers, nous reconnûmes madame la duchesse d'Angoulême, monseigneur le duc de Berri et M. de Mouchy, capitaine des gardes ; un quatrième personnage était avec eux : il avait la taille moyenne, il était blond, bien fait, le teint animé ; dans ses mouvements il y avait de la grâce, du geste ; sa voix était douce et sonore. N'ayant rien compris au commencement de la conversation, nous entendîmes ces paroles prononcées par l'inconnu, avec des mouvements convulsifs, ses mains se joignant sur sa tête : « Ah ! ma sœur, ma sœur ! » A ces mots, la duchesse répondit : « Allez ! allez ! vous êtes la cause des malheurs de ma famille !... » Monseigneur le duc de Berri était ému ; M. de Mouchy, qui était à une distance respectueuse, s'approcha et dit à l'inconnu, qu'étant de service, il ne pouvait le laisser davantage dans le parc, où sa présence était ignorée ; alors le groupe se retira. Étonnés de ce que nous venions d'entendre, nous retournâmes au château ; mais, à la porte, nous trouvâmes M. de Mouchy, qui parut surpris de nous voir. Il nous demanda d'où nous venions, ce que nous avions fait, et si nous n'avions rien entendu ? Nous lui répondîmes que nous venions de jouer au cheval fort, et que nous n'avions rien vu ni entendu. Il rentra en nous disant : « Vous êtes bien heureux ! » et en donnant l'ordre à M. de Montbrun d'aller le trouver le même soir à cinq heures. Au Poyet, commune de Pouilly-sous-Charlieu, le 2 octobre 1842. *Signé* : le comte de Pons. — Vu pour la légalisation de la signature de M. le comte de Pons. Pouilly-sur-Charlieu, le 26 décembre 1842. *Signé* : le maire, E. Brossard. »

Une ancienne dame de la cour de Louis XVIII nous a objecté que ce certificat de M. le comte de Pons ne faisait pas mention de M. le prince de Condé qui, d'après les Mémoires d'un contemporain, avait cependant ménagé l'entrevue des deux augustes personnages dont il est ici question. Bien loin d'infirmer l'autorité de ce témoignage, cette objection qui ne signifie rien, la corrobore singulièrement, parce qu'elle annonce que ce certificat émane véritablement de M. le comte de Pons, qui, de l'allée où il se trouvait, ne pouvait pas voir M. le prince de Condé, resté dans le bosquet à une certaine distance des illustres interlocuteurs. M. le comte de Pons n'a dû certifier que ce qu'il a vu et entendu. N'ayant pu apercevoir le vieux prince, il n'a pas dû en parler. D'ailleurs, nos lecteurs seront moins étonnés de la petite argutie de cette belle dame, quand ils sauront qu'elle permettait au luxurieux Louis XVIII de prendre ou de flairer le tabac répandu à dessein sur ses belles épaules d'albâtre (historique).

Pour dissiper toute incertitude sur cette célèbre entrevue, nous joignons à cette attestation l'extrait d'une lettre de ce même M. de Pons à M. le baron de Richemont, en date, à Charlieu, du 20 juillet 1849.

« Quant à ce que j'ai positivement entendu dans les jardins de Versailles, quoiqu'il y ait près de vingt-sept ans et que je fusse fort jeune alors, je puis dire et attester *qu'un individu, habillé en capote brune, de taille moyenne, au teint animé et jeune encore*, eut *une altercation très-vive avec Madame duchesse d'Angoulême*, en présence de monseigneur le duc de Berry et de M. de Mouchy, officier supérieur, de garde au château ce jour-là. J'entendis, ainsi que mes camarades, ces paroles, qui ne s'effaceront jamais de ma mémoire : « *Allez ! vous êtes la cause de tous les malheurs de ma famille !* » A quoi l'étranger répondit : « *Ah! ma sœur, ma sœur !* »

« Cette scène eut lieu, autant que peut me le fournir ma mémoire, dans les premiers jours du printemps de 1816.

« Jeune encore, et ne connaissant pas tous les malheurs de la famille de nos rois, je ne dus guère m'arrêter à une conversation qui était si étrangère à l'innocence de nos jeux, et sans N. B. D..., qui s'occupe sans cesse de vous, je n'aurais jamais répété ce que j'entendis alors.

« Dieu veuille, monsieur le baron, que ma déclaration, en harmonie avec les sentiments que mon cœur éprouve pour le fils d'un monarque aussi vertueux que juste, puisse vous être de quelque utilité ! Mon sang est mêlé du vôtre, et il est à la disposition du petit-fils de saint Louis. Heureux si la dernière goutte coulait un jour pour lui et pour une malheureuse patrie qui n'a plus de bonheur depuis qu'elle a banni la race antique de ses rois !

« C'est dans ces sentiments que j'ai l'honneur d'être avec un profond respect, etc.

« *Signé* : Comte de Pons.

P. S. « Je fus envoyé, par décision ministérielle du 26 mai 1817, au 50ᵉ de ligne, *comme sortant des pages d'Artois.* »

J'ai sous les yeux une note signée d'un ancien militaire, qui prétend avoir été de service à Trianon le même jour, et avoir entendu le duc de Berry dire à la princesse : « Ma sœur... mais je vous prie... c'est votre frère... » et la duchesse d'Angoulême répondre : « Moi !.. reconnaître un monstre qui a signé la mort de ma mère !... » Puis le duc d'Angoulême ajouter : « Petite ! petite ! c'est bien ton frère ! »

N'ayant point contrôlé ce témoignage, je le consigne seulement à titre de renseignement et parce qu'il s'accorde avec celui de M. le comte de Pons, dont le caractère, parfaitement honorable, inspire la plus entière confiance.

Il est donc bien constant que l'entrevue du prince avec sa sœur a eu lieu vers le mois de mai 1816, en présence de Mgr le duc de Berry, de madame d'Agoult, de M. *de Mouchy* et de MM. *Curial, de Montbrun, d'Arjuson* et *de Pons.* M. de Pons était alors *page d'Artois* ; les registres du ministère de la guerre en font foi. La déclaration ne saurait être contestée. Car quel intérêt lui supposer pour altérer la vérité ; le personnage en faveur duquel il la manifeste est persécuté, inconnu, dans le malheur.

Note 4me.
Voici une lettre de M. de Brémont père à madame la duchesse d'Angoulême, dans laquelle il est question des revenus de cette princesse.

« Madame, serviteur du roi martyr, votre auguste père, j'ai reconnu dans M. le baron de Richemont, l'orphelin, votre auguste frère, le duc de Normandie, et je suis devenu son serviteur. Connaissant tous les moyens par lesquels V. A. R. a pu être trompée, et voulant remplir mon devoir de préserver l'orpheline du Temple des calamités qui vont punir tous les coupables, par le jugement de Dieu qui va s'accomplir, je me suis adressé à un de vos plus estimables serviteurs ; je lui ai fait connaître les motifs qui devaient porter V. A. R. à faire un dernier examen de l'identité du duc de Normandie avec M. le baron de Richemont... Je crois donc remplir le devoir que Dieu m'impose envers vous, en vous déclarant qu'à ma connaissance la cour d'Autriche a la preuve authentique de l'enlèvement de l'orphelin du Temple... Il n'existe personne qui puisse vous donner des informations véridiques contraires à ce que j'ai l'honneur de vous faire savoir (la princesse en savait beaucoup plus long sur ce sujet, mais elle ne voulait pas en convenir). Mon honorable ami, feu M. le marquis de Mont-Ciel, a souvent gémi devant moi des illusions où était V. A. R. Plusieurs fois il a été sur le point d'aller vous demander une audience particulière pour vous faire connaître l'existence de votre frère. Cet honorable ami est mort dans mes bras, de douleur de la catastrophe de 1850, et regrettant de n'avoir pas rempli son devoir, en enlevant la cataracte dont on avait couvert vos yeux. Je crois que plusieurs de vos serviteurs, trompés eux-mêmes par le prince qu'ils avaient eu le malheur de servir (Louis XVIII), ont pu vous faire partager leur erreur ; mais pour vous mettre en mesure de juger, j'ajoute les faits suivants : un d'entr'eux, le duc de Blacas, a reçu des mains de M. de Mont-Ciel, le trésor de la couronne qu'il avait sauvé pour le conserver à *l'autorité du roi légitime* ; ce trésor, valeur réelle, était de *trois cents millions*. Il fut converti en neuf millions de rentes placées dans les fonds étrangers, de préférence aux fonds français. J'ai su, en 1820, de mon ami, M. d'André, qu'à sa connaissance il n'existait plus que *sept millions* de rentes du trésor. Depuis cette époque, il n'y a pas eu lieu sans doute de le diminuer. *Ce trésor, madame, appartient à l'héritier légitime, au duc de Normandie ;* il ne vous est plus permis de vous en servir contre lui, et que vos conseillers ne se fassent pas illusion, ce sont eux qui sont responsables devant Dieu de l'emploi que vous en ferez. Mon devoir est donc rempli, madame. Pour récompense de mes services envers le roi martyr et envers toute sa famille, je n'ai jamais rien sollicité ni accepté qu'un portrait de S. A. R., *Monsieur*, qu'il me donna lui-même en 1820. A l'âge de soixante-dix-huit ans, où je suis parvenu, je n'ai plus rien à recevoir de personne sur la terre ; mais je dois me préparer à paraître devant *Dieu qui, du moins, ne me fera pas le reproche de vous avoir caché la vérité.* »

Je suis, avec respect, madame, etc.

Semsales, le 4 novembre 1837. *Signé :* de BRÉMONT père.

(*Voix d'un proscrit*, pages 92, 93).

Il est superflu d'ajouter que celle à qui cette lettre était adressée se renferma dans un majestueux silence, comme elle avait fait précédemment à l'égard de son auguste frère et de plusieurs autres personnes qui lui avaient écrit en sa faveur, etc., et qu'elle ne daigna pas honorer d'un mot de réponse le vieux et le fidèle serviteur de son père. En vérité, il faut que les grandeurs et les richesses aient bien desséché le cœur de cette princesse pour traiter ainsi un frère unique!

Comme on le voit, les trois grandes passions dominatrices du cœur humain se sont réunies pour fermer la bouche à madame la duchesse d'Angoulême et l'empêcher de reconnaître et de recevoir dans ses bras l'orphelin du Temple, son auguste frère. L'ambition d'un trône, la possession de trois cents millions qu'il fallait au moins partager, les engagements pris, les traités secrets qui liaient sans doute toute la famille royale, le soin de sa réputation qu'on croyait perdue en reconnaissant un frère unique, les mauvais conseils donnés en pareille circonstance, voilà les motifs qui ont déterminé la duchesse d'Angoulême à repousser son frère. Ainsi, intérêt d'ambition, intérêt pécuniaire, tout se réunit pour expliquer, sinon pour justifier la conduite de cette malheureuse princesse; mais il faut dès-lors abdiquer *l'auréole de sainteté* et rentrer dans la classe vulgaire des princes politiques selon les doctrines de Machiavel.

Note 5me.

« Je soussigné, certifie avoir adressé au prince Louis-Charles de Bourbon, duc de Normandie, un cahier manuscrit, petit format, contenant quinze à seize pages d'écriture, toutes de la main de S. A. S. madame la duchesse douairière d'Orléans, composé de notes relatives à des lettres de S. A. S. le vieux prince de Condé, ou à des réponses reçues de ce prince, auquel manuscrit étaient jointes deux lettres dont l'écriture et la signature paraissant être de la main du prince, étaient illisibles. Ces notes ne laissaient aucun doute sur les sentiments de la princesse pour le personnage qui en était l'objet; car on y trouvait souvent répétées les expressions d'*auguste victime*, d'*auguste orphelin*. Je certifie, en outre, que ce cahier manuscrit me fut confié par la princesse six à sept mois avant sa mort, et qu'elle me dit : « Je ne crois pas vivre longtemps, prenez ces papiers, gardez-les soigneusement, et si vous êtes assez heureux pour revoir celui que nous désirons tant, remettez-les lui; il les comprendra bien, et ils pourront lui être utiles; ce que je veux, c'est qu'il soit bien persuadé que deux membres de sa famille le portaient dans leurs cœurs; et lui en ont donné des preuves. » Les larmes l'empêchèrent d'en dire davantage. J'ai donc dû conserver ces papiers avec soin, et remplissant les désirs de la princesse, leur donner la destination qu'elle désirait. Je l'ai fait dès que l'occasion s'est présentée; car je ne connaissais rien d'aussi obligatoire que l'exécution d'une telle disposition. Tels sont les faits qui se sont passés, et dont je me plais à signer ici la déclaration la plus formelle.

Paris, 30 juillet 1835.

Signé : LABRELI DE FONTAINE,

ancien bibliothécaire de feue S. A. S. la duchesse douairière d'Orléans.

Voilà des déclarations bien positives et très authentiques, dont l'original est entre les mains du duc de Normandie ; que répondront nos contradicteurs ? Il ne s'agit pas de nier ; il faut combattre nos preuves et détruire les faits cités par des arguments plus forts et des citations plus sûres.

Note 6me.

Peu de mois après le dénouement du procès, M. Fualdès fils qui était venu habiter Paris, traversant le Jardin des Tuileries, s'arrêta un instant devant le château, et dit à une personne qui l'accompagnait, en désignant du geste les appartements de Louis XVIII : « Ah ! le misérable ! c'est lui qui a fait assassiner mon pauvre père ! mais il n'a pas eu tout ce qu'il voulait avoir. Si je parlais, si je disais le secret que je sais ! » M. Fualdès père, qui avait confié son secret à plusieurs autres personnes, n'avait pas manqué de le communiquer à son fils. Son indiscrétion le perdit.

(*Voix d'un proscrit*, page 150).

Note 7me.

Il paraît évident que le duc de Berry avait préparé un mouvement en faveur de son illustre cousin, monseigneur le dauphin, prisonnier à Milan, comme nos lecteurs peuvent s'en convaincre par le document suivant que nous transcrivons textuellement :

(Correspondance). Un de nos abonnés (à la *Voix d'un proscrit*) du département du Tarn, M. le comte Louis Duwalès, colonel en retraite, nous a adressé une lettre que nous voudrions pouvoir insérer tout entière ; circonscrits par le manque d'espace ; nous nous bornerons, bien à regret, à n'en reproduire qu'une faible partie.

« J'avais une connaissance assez exacte d'une partie des faits intéressants que contiennent vos livraisons ; je l'avais acquise dans les années qui se sont succédé depuis 1816. Alors a commencé le drame où le matérialiste comte de Provence remplit le premier rôle. A l'époque où ce drame obscur fut mis en scène, je me disposais à me rendre à Rouen, où une foule de personnes habitant Paris, Versailles et les environs, se rendaient pour tâcher de voir le personnage mystérieux qui y était détenu, passant pour le fils de Louis XVI. Je consultai sur mon projet un ami intime de mon grand-oncle sous les ordres duquel il avait fait ses premières armes. Cet ami était retiré à Paris où je me trouvais alors, et où il jouissait d'une retraite de maréchal de camp. Il combattit fortement mes intentions, en me faisant observer que la police avait les yeux sur tous ceux que la curiosité ou un intérêt bien senti portaient à faire ce voyage. Il ajouta qu'ayant perdu toute ma fortune par l'effet des révolutions je risquais encore de perdre mon grade qui était ma seule ressource. « Je vous parle ainsi au nom de l'attachement que je vous porte, me dit-il, je serais ingrat envers votre oncle si, dans cette occasion, je ne cherchais pas à vous donner des preuves de ma reconnaissance. Vous avez une tête ardente, et vous finiriez par vous compromettre. Oui ! le fils de Louis XVI existe ; je sais bien des choses que je ne puis vous dire encore ; ménagez-vous pour l'occasion où vous pourrez lui être utile, ce moment arrivera tôt ou tard ; ensuite dans cette arrestation mystérieuse de Rouen, il n'est rien moins certain que l'individu arrêté soit le fils de Louis XVI. »

Peu de temps après, je fus obligé de partir pour aller rejoindre mon régiment. Depuis cette époque jusqu'en 1820, j'ai rencontré beaucoup de sympathie chez un grand nombre de personnes qui partageaient ma conviction sur l'existence du dauphin. Dans toute la Provence, depuis Toulon jusqu'à Marseille et Arles, c'était une opinion générale. En 1820, avant l'assassinat du duc de Berry, un rassemblement avait été organisé pour soutenir cet excellent prince qui voulait opérer un mouvement pour faire reconnaître et proclamer le roi légitime. J'étais entré dans cette noble conspiration avec plusieurs autres colonels qui devaient soutenir ce mouvement ; l'assassinat du prince fit tout contremander. Bien certainement si je me fusse trouvé à Paris, je faisais subir au comte de Provence le sort du *roi brasseur* de M. d'Arlincourt. Depuis que ses scélératesses m'étaient connues, je l'avais en exécration ; et j'ai souvent bien regretté d'avoir tant fait pour soutenir les vues usurpatrices d'un pareil homme ; mais j'ignorais son usurpation et la noirceur de son âme. »

Nous abandonnons ce document aux réflexions de nos lecteurs. Que d'iniquités il révèle ! ! !

Note 8me

Paris, le 11 décembre 1848.

A M. le rédacteur de la *Revue catholique*.

M. le rédacteur, je vous remercie d'avoir inséré dans la *Revue catholique* le petit article que je vous ai transmis sur le fils de Louis XVI ; mais je suis bien vivement peiné que votre générosité vous ait attiré du désagrément. Cette cause est un peu comme celle du divin sauveur des hommes, à laquelle on ne peut rendre le moindre service sans s'exposer à l'injuste haine des méchants. Vous me dites que plusieurs personnes du parti légitimiste sont allées chez votre éditeur propriétaire pour lui représenter que cette cause, qu'on introduit dans la *Revue catholique*, doit vouer cette publication au ridicule et la faire tomber ; qu'on en a ri beaucoup à l'*Union*, qu'on en hausse les épaules, que les ecclésiastiques qui rédigent la *Revue* sont dupes d'un intrigant, d'un agent de la police, d'un homme qui depuis longtemps fait des escroqueries, qui a trouvé moyen, il y a quelques années, de se faire donner 500,000 francs par une dame de..., qui a fait beaucoup de bruit à Londres, etc. Vous vous étonnez qu'on ne formule pas ces reproches publiquement au lieu d'aller perfidement les colporter dans l'ombre et bâillonner votre parole. Qu'y faire, M. le rédacteur ? La vérité souffre violence, mais bientôt elle éclatera et emportera tous les obstacles. Patience et courage ; vous avez maintenant la preuve de l'accusation que j'ai portée contre les partis intrigants et faiseurs. Afin de donner lieu à la publicité de discuter les faits, permettez-moi de dire deux mots de l'une des preuves qui viennent encore s'ajouter tous les jours à celles qui sont rapportées dans les *Mémoires d'un contemporain*.

« Il existe encore cinq respectables personnes qui ont connu, fréquenté et servi la femme Simon depuis 1810 jusqu'à sa mort, arrivée en 1819, et qui lui ont entendu répéter maintes et maintes fois que le prince n'était pas mort, qu'elle avait contribué à le sauver, qu'elle était bien sûre qu'il était vivant, et qu'on le verrait un jour. Ces personnes racontent, d'après la femme Simon, que le prince fût enlevé, par des agents du prince de Condé, de la manière que voici ; nous citons textuellement : « On amena dans une voiture plusieurs meubles, une manne d'ozier à double fond, un cheval de carton et plusieurs joujoux dans la manne, pour amuser le prince.

Du cheval de carton on sortit l'enfant qu'on substitua au prince, et l'on mit celui-ci dans un paquet de linge sale qu'on plaça dans la voiture avec la manne, et l'on jeta le linge sale de la femme Simon par dessus. Cette femme était très-occupée (elle déménageait du Temple). Quand il fallut sortir, les gardiens voulaient visiter la voiture; mais la femme Simon se gendarma, les bouscula, criant que c'était son linge sale, et on la laissa passer. » Mais on a élevé des doutes injurieux sur le caractère de la femme Simon; c'est pourquoi l'on a adressé aux témoins susdits les questions que voici, avec les réponses qui y ont été faites unanimement : « La femme Simon était-elle folle ? — Non, non, il n'y en a jamais eu aucun signe. Était-elle imbécile ou idiote ? — Non, elle n'était pas imbécile, non. Avait-elle sa tête ? n'était-elle point lunatique ? — Oui, elle avait sa tête; elle n'était point lunatique, et n'a jamais fait aucune extravagance. Seulement elle avait, sur la fin de sa vie, des absences à cause de son grand âge. Avait-elle du bon sens ? — Oui, elle avait du bon sens naturel et un bon cœur. Avait-elle de l'ordre et de la tenue dans sa conduite ? — Oui, elle était propre, à part les inconvénients de son asthme, et toujours la même; elle approchait des sacrements au moins cinq ou six fois par an; elle est morte très-chrétiennement. N'était-elle pas ivrognesse ? — Non, oh! non, jamais, jamais on ne l'a vue ivre, jamais nous n'avons ouï dire qu'elle bût; nous l'aurions su, mais non. Elle s'emportait souvent contre celles de ses compagnes qui lui reprochaient la mort du prince et la maltraitaient de paroles; mais il n'y avait point là d'ivrognerie. Croyait-elle aux songes ? Parlait-elle de rêves, de bonne aventure ? — Non, jamais. — L'avez-vous jugée sincère, franche et de bonne foi ? — Oui, oui. — Vous n'avez pas pensé qu'elle eût quelque intérêt à inventer l'évasion du Temple ? — Non. Ce qu'elle contait était au contraire contre tous ses intérêts. — L'avez-vous vue ou crue sous l'influence de quelqu'un qui eût pu la porter à tenir ce discours ? — Non. Avant 1814 elle ne voyait jamais personne, elle était toujours seule, et depuis ses propos ne pouvaient que lui nuire. Il lui venait parfois de grands personnages, mais simplement comme curieux, et nous ne nous sommes jamais aperçues qu'on lui eût laissé de l'argent; elle avait seulement une petite pension de quelques centaines de francs. — A-t-elle été constante dans ses dires ? — Oui,

M. le docteur Rémusat a déposé devant la Cour d'assises de la Seine, le 2 novembre 1814 :

« En 1841, j'étais interne à l'hospice des Incurables à Paris. Un jour, en faisant mon service ordinaire dans une des salles de cet hôpital, où se trouvait une femme qu'on appelait madame Simon, je l'entendis se plaindre du régime de l'hôpital. Elle ajouta : « Si mes enfants avaient connaissance de ma position, certainement ils viendraient à mon secours. » Est-ce que vous avez des enfants? lui demandai-je. « Non, répondit-elle, mais je les aime comme mes enfants propres ; ce sont mes chers petits Bourbons, car j'ai été gouvernante des enfants de France. » Cette qualification m'étonna dans une personne qui me paraissait assez mal élevée. Elle me dit que son mari avait été concierge au Temple, et qu'elle était gardienne des enfants. Je lui objectai que le dauphin était mort. Elle répondit *qu'elle avait contribué à le faire sauver dans un paquet de linge ou autrement...* A la pharmacie, une des sœurs m'a dit qu'en effet, c'était la femme du nommé Simon, fameux concierge du Temple. »

Le 1er novembre 1842, madame veuve Rémusat ajoutait à la déposition de son mari « *qu'il avait omis de relater que la femme Simon lui avait dit dans le temps : que le dauphin n'était pas mort au Temple ; qu'il avait été enlevé dans du linge ou un cheval de carton, et que c'était elle qui avait favorisé l'évasion.* »

Le 19 septembre 1843, madame Digney, née Boulanger, demeurant à Paris, rue du Battoir-Saint-André, 10.

En 1815, madame Joly, l'une de mes amies, m'ayant engagée à l'accompagner à l'hospice des Incurables, nous nous y rendîmes ensemble ; arrivées toutes les deux auprès de la femme Simon, veuve du geôlier du fils de Louis XVI, nous l'interrogeâmes sur ce qui s'était passé au Temple pendant son séjour dans cette prison. Cette femme nous dit *que le dauphin n'était pas mort; qu'elle avait contribué à le faire évader, et qu'il fut enlevé dans un paquet de linge...* Ladite femme Simon nous assura en outre *que le jeune prince n'était pas mort*, PUISQU'ELLE L'AVAIT VU DEPUIS. Qu'on les avait faits plus noirs qu'ils n'étaient ; que, d'ailleurs, il fallait bien conserver leur place, et que le dauphin ne se plaindrait pas de ceux oui, elle n'a jamais varié ni faibli. » Suivent les signatures des cinq personnes.

« Voilà un témoignage positif et bien éclairci. Qu'a-t-on à répondre? que penser maintenant des journaux salariés de la Restauration, qui avaient embouché la trompette pour proclamer que la Simon était folle? »

(*Revue catholique*, page 258).

Note. 8 bis.

Madame veuve *Chauvet de Beauregard*, demeurant à Versailles, rue de l'Orangerie, n° 52, le 17 janvier 1852, déclare :

« A l'époque du procès de Mathurin Bruneau, une personne de mes amies m'engagea à aller aux Incurables pour y voir la femme Simon. Nous nous y rendîmes ensemble. La femme Simon nous assura que le dauphin avait été enlevé du Temple, qu'elle l'avait vu depuis et parfaitement reconnu ; elle ajouta qu'elle avait eu la visite de madame la duchesse d'Angoulême. Cette princesse, nous dit-elle, ne m'avait point fait avertir de sa visite, et vint me voir dans une toilette très-simple qui ne pouvait pas me faire deviner son rang. Elle demanda s'il était vrai que je disais à qui voulait l'entendre que le dauphin n'était pas mort au Temple. Je lui répondis : *non-seulement il n'est pas* mort au Temple, mais je l'ai revu depuis et parfaitement *reconnu*. — Bah ! me dit la princesse, vous voulez plaisanter. Comment serait-il possible que vous eussiez reconnu un enfant que vous avez quitté si jeune? — Cela vous étonne, madame; que diriez-vous donc si je vous disais que je reconnais en vous la sœur du dauphin, malgré la simplicité de vos habits, et que je ne vous aie pas revue depuis un temps beaucoup plus long?

« A cette réponse, ajouta la Simon ; la princesse me tourna le dos et se retira.

« La religieuse qui nous avait accompagnées dans le petit cabinet où se trouvait la femme Simon, nous dit que ce que cette femme venait de nous rapporter de sa conversation avec la princesse était exact, et qu'elle avait eu lieu devant madame la supérieure.

« J'ajouterai que la femme Simon jouissait à cette époque de toutes ses facultés intellectuelles ; seulement elle était attaquée d'un asthme qui la forçait quelquefois d'interrompre sa conversation. »

qui avaient contribué à le faire sortir du Temple, et à le sauver, etc., etc.

Le 22 novembre 1848, Marie G...., pensionnaire à l'hospice Larochefoucauld, déclare :

« De 1810 à 1815, j'ai beaucoup connu, fréquenté et servi à l'hospice des Incurables la femme Simon ; je lui ai souvent entendu dire ce qu'elle disait à tout le monde, *que le dauphin n'était pas mort ; qu'elle avait contribué à le sauver ; qu'elle était bien sûre qu'il existait*, et qu'on le reverrait un jour sur le trône ; la duchesse d'Angoulème est venue la voir ; elle a été conduite aux Tuileries ; une dernière fois elle fut enlevée dans un équipage, et quand elle fut revenue, elle disait à ceux qui lui parlaient du prince : « *Ne me parlez pas de ça, je ne puis plus rien dire : il y va de ma vie.* » J'ai appris de personnes respectables et encore vivantes qui avaient assisté la femme Simon à ses derniers moments, qu'elle déclara, sur la demande qu'on lui en fit, *qu'étant prête à paraître devant Dieu qui allait la juger, elle maintenait et affirmait de nouveau tout ce qu'elle avait dit concernant le dauphin, fils de Louis XVI.* »

Le 12 avril 1849, madame F... née G..., demeurant à Chaillot, rue des Batailles, déclare :

« A l'époque de la terreur, Marchant de Beaumont était, sous un nom que j'ignore, membre de la Commune ou du Comité de salut public. Démagogue exalté et appelé, je ne sais à quel titre, à visiter fréquemment le jeune et infortuné Louis XVII, il en parlait plus tard à sa fille avec une sorte d'intérêt. Il lui disait souvent : « Souviens-toi, ma fille, que j'ai l'intime conviction que le petit Capet n'est point décédé au Temple. Un jour l'enfant étant légèrement indisposé, je retournai le voir le lendemain, et dans le jeune garçon qui me fut présenté, je ne reconnus aucun des traits de celui que j'avais vu la veille, et que d'ailleurs je connaissais parfaitement, à cause de mes fréquentes visites. » Mlle Lucie Marchant a été mon associée pendant près de vingt ans. Sa parfaite sincérité était bien connue de tous nos amis ; en conséquence, il n'est rien de plus certain que le témoignage ci-dessus que je puis rapporter fidèlement, le lui ayant entendu répéter toutes les fois qu'il était question de la tourmente révolutionnaire. Marchant est mort en 1852, sa fille en 1846. »

Note 9 me.

Attestation de M. le chevalier d'Olry.

« Le soussigné, conseiller intime de sa majesté le roi de Bavière, son ancien ministre près la cour de Sardaigne, grand-croix de l'ordre du Christ, commandeur de celui de saint Michel, chevalier de ceux de la couronne de Bavière, et de saint Louis de France, atteste, par les présentes, qu'à l'occasion de l'élargissement du baron de Richemont de la prison d'état de Milan en 1825, élargissement ordonné par sa majesté l'empereur d'Autriche, *François premier*, et suivi d'une note officielle de son cabinet, renfermant, outre l'historique de son arrestation, une espèce d'exposé des motifs qui avaient déterminé sa majesté impériale et royale à faire mettre finalement en liberté le prisonnier en question, le soussigné s'est trouvé en position de voir à Turin M. Pacca, neveu du célèbre cardinal de ce nom, et qui avait été gouverneur de Rome vers les derniers temps du souverain pontificat de Pie VII; qu'apprenant de lui-même qu'il avait eu une mission particulière pour prendre dans la capitale de la Lombardie des renseignements sur le susdit prisonnier, le soussigné, attiré par l'intérêt qu'inspiraient ses récits, avait cherché l'occasion de les lui faire renouveler et de provoquer des conversations propres à éclaircir la question par des détails caractéristiques; qu'enfin M. Pacca n'avait pas hésité à dire que, d'après sa conviction, étayée des renseignements variés et divers qu'il avait recueillis, il était persuadé et croyait pouvoir assurer que le captif en question *était vraiment le fils de Louis XVI, le dauphin*, dont il prétendait que l'évasion de la prison du Temple, en 1794, était un fait diplomatiquement constaté. En foi de ces attestations faites au soussigné par feu M. Pacca, il signe le présent attestat de sa main, et y appose le sceau de ses armes.

« Strasbourg, le 26 juillet 1846. *Signé* : le chevalier d'OLRY. »
(Ici le sceau).

En présence d'une pareille pièce, tous les doutes, même des plus incrédules, doivent être dissipés. Il n'y a que la plus insigne mauvaise foi qui puisse résister à une telle évidence.

Note 10me.

« Nous soussigné, curé de la Croix-Rousse, pour rendre hommage officier supérieur sont allés trouver Martin de la part du roi, pour lui demander ce qu'il avait à faire. Martin leur répondit sans hésiter : « Messieurs, dites au roi qu'il sait bien pourquoi ces malheurs lui arrivent ; à présent il ne peut plus rien faire ; quand même il aurait deux cent mille hommes, il ne réussirait qu'à faire verser beaucoup de sang : il faut qu'il aille en exil ; et *il y mourra.* » Ce fut après cette réponse, que Charles X abdiqua et se résigna à quitter la France.

Note 13me.

La vérité sur la mort de Thomas Martin, de Gallardon.

Le journal intitulé *l'Ami de la Religion* contenait, dans son numéro du 11 juin 1854, un article conçu en ces termes : « Le fameux Martin est mort à Chartres, le jeudi, 8 mai, jour de l'Ascension. Nous avons parlé plusieurs fois de cet homme extraordinaire (Voir nos numéros 1703, 1724 et 1726). Thomas-Ignace Martin était un petit laboureur de Gallardon près Chartres, qui fit beaucoup parler de lui en 1816. Il annonçait des révélations particulières, vint à Paris ; et fut admis chez Louis XVIII, auquel il dit des choses très-secrètes.

« Il parut, en 1818, une relation relative à Martin ; cet homme acquit quelque importance : il fut visité souvent dans sa retraite par des hommes de toutes classes. Les opinions se partagèrent à son égard : les uns avaient en lui toute confiance ; les autres, sans le regarder positivement comme un imposteur, ne le croyaient pas exempt d'illusions. Il se peut, en effet, que le respect qu'on témoignait à Martin, l'empressement avec lequel on le consultait de tous côtés, l'espèce d'enthousiasme qu'il excita parmi un certain nombre de personnes, eussent troublé la tête d'un pauvre paysan.

Ce qui paraît certain, c'est que, dans ces derniers temps surtout, il a dit des choses dénuées de vraisemblance. Il s'était fait le patron des rêveries du Louis XVII-Naündorff, et il est encore, dit-on, dans cette illusion. Il n'habitait presque plus Gallardon. La malignité des habitants, qui se moquaient de sa célébrité, lui avait rendu ce séjour désagréable. Il était toujours en route, et souvent à Chartres, où on l'avait accueilli dans une maison honorable de la ville, à la vérité, certifions qu'au mois de novembre 1831, M. *Mathon*, négociant drapier à Lyon, nous a dit qu'ayant, en 1821 ou 1822, interrogé M. Franchet, son compatriote et son ami, sur l'existence de Louis XVII, dont on parlait beaucoup depuis quelques années ; cet ex-directeur général de la police, qui en exerçait alors les fonctions, lui avait répondu : que toutes les recherches faites à ce sujet par le gouvernement avaient été infructueuses, et que si le fils de Louis XVI existait, ce ne pouvait être que dans la personne du prisonnier de Milan. Ce que je déclare véridique et atteste pour servir au besoin.

« La Croix-Rousse, 21 novembre 1839. *Signé* : NICOD, curé de la Croix-Rousse.

« Vu par nous, maire de la Croix-Rousse, pour légalisation de la signature du sieur Nicod, curé de cette ville, apposée ci-dessus.

« A la mairie, le 10 octobre 1842. Le maire de la Croix-Rousse, *Signé* : CABIAS. »

Arrêtons-nous là ; quand nous apporterions cent nouveaux témoignages choisis parmi les milliers que possède le duc de Normandie, les faits allégués n'en seraient ni mieux prouvés, ni plus certains.

Note 11me.

On verra plus tard comment Martin, embarrassé par la promesse qu'il avait faite à Louis XVIII de garder le secret de leur conférence, approuva d'abord une relation fort incomplète qu'il s'empressa de rectifier après la mort de ce monarque. Et encore, quand il approuva cette relation incomplète, il eut soin de mettre avant sa signature ces mots remarquables : « *Il y a même moins que plus.* » ce qui signifiait, dans la pensée de ce bon villageois, qu'il savait encore beaucoup de choses, mais qu'ayant promis le secret au roi, il ne pouvait pas le faire connaître. Il n'a jamais donné son approbation pure et simple qu'à la relation qui a paru en 1832, sous le titre de : *Le passé et l'avenir*, par M. l'abbé Perreau, ancien secrétaire de la grande aumônerie de France ; imprimée à Paris, chez M. Bricon, rue du Vieux-Colombier, n° 19

Note 12me.

C'est un fait certain que pendant les fameuses journées de 1830, la cour étant à Rambouillet, M. de Larochejaquelein et un autre

(Voir à ce sujet dans la Correspondance de Martin, deux lettres des 2 et 23 octobre 1833.)

« Depuis quelque temps sa santé était mauvaise : toutefois il ne donnait aucune inquiétude, quand, le jour de l'Ascension, ayant voulu prendre de la nourriture solide que son estomac n'était plus en état de supporter, il se trouva tout-à-coup pris d'une violente indigestion : il étouffait. On alla vite chercher un prêtre. Le malade, qui ne pouvait se confesser, dit qu'il s'était muni des sacrements peu 'auparavant, et demanda l'absolution qu'il reçut ; il mourut quelques instants après, vers le midi. La dame chez laquelle il était fut troublée de cet événement ; elle venait de perdre sa mère, et son mari était presque mourant. Elle craignait peut-être aussi le ridicule d'avoir un tel hôte.

« On mande donc de Gallardon la femme de Martin, et son beau-frère est chargé d'enlever le corps. Il part le vendredi à deux heures du matin, sans qu'on ait fait aucune déclaration de décès à l'autorité civile. Il porte le corps chez un curé, cousin de Martin, demeurant près de Gallardon ; mais le curé ne voyant ni acte de décès, ni celui de permission de transporter le corps, refuse de le recevoir, dans la crainte de se compromettre. Le beau-frère, fort embarrassé, va à Gallardon, et raconte au maire ce qui arrive. Celui-ci refuse de dresser l'acte de décès, et écrit au maire de Chartres, qui rend plainte en justice. Les personnes chez qui Martin était mort pouvaient être inquiétées, surtout à cause de l'enlèvement nocturne du corps ; mais leur réputation bien établie les mettait à l'abri de tout soupçon fâcheux ; et sur les représentations faites à l'autorité, on laissa ces personnes tranquilles, et on écrivit au maire de Gallardon d'enterrer Martin, après avoir dressé acte de décès.

« Il paraît qu'il était de la destinée de ce cet homme singulier, d'occuper le public de lui, à sa mort comme de son vivant, par quelque circonstance extraordinaire : depuis, ses partisans, déconcertés par une mort si prompte, allèrent jusqu'à dire qu'on avait empoisonné leur prophète ; ce bruit ayant pris une certaine consistance, l'autorité civile de Gallardon, sur la demande des parents et amis de Martin, permit qu'on exhumât son corps. La chose se fit publiquement, le samedi 25 mai. On tira le corps de terre en présence de plus de cent personnes, on l'ouvrit sans plus de mystère, devant ces nombreux témoins, et les chirurgiens déclarèrent que les viscères ne présentaient aucune trace de poison. La plupart des habitants se plaignirent de ce qu'on faisait cette opération aussi publiquement. La tête ne fut point ouverte. Nous ferons observer en finissant, que Mgr l'évêque de Chartres fut toujours opposé aux révélations de Martin, et qu'il refusa d'ordonner une enquête à ce sujet. Aussi Martin n'est jamais venu lui soumettre ses prophéties, quoiqu'un prophète dût s'adresser à ceux qui ont la mission pour reconnaître les révélations véritables. Il faut espérer qu'avec lui vont s'évanouir les mille contes qu'on a débités à son sujet. »

La famille de Thomas Martin, entre autres sa veuve, ses fils, son frère, son beau-frère et ses neveux crurent ne pas devoir laisser cet article, si perfidement conçu, sans réponse; et, conséquemment, ils adressèrent au rédacteur du journal *l'Ami de la Religion*, la lettre qu'on va lire, et que ce dernier se refusa à insérer. Usant du droit commun à quiconque se croit calomnié dans sa propre personne ou dans celle de ses proches, la famille Martin, aux termes de l'article 11 de la loi du 25 mars 1822, somma le rédacteur en chef de *l'Ami de la Religion*, par l'entremise de M. Dier, huissier, d'avoir à insérer dans le plus prochain numéro de son journal, cette lettre, signée d'ailleurs par la plupart de ses membres; et, en attendant que M. le rédacteur en chef, revenu à des sentiments de charité et surtout d'équité qu'il aurait dû comprendre tout d'abord, consentît enfin à accorder à cette honorable famille ce qu'elle réclame de lui à si juste titre, elle a fait imprimer cette réponse, croyant ainsi accomplir et un acte de justice pour la mémoire de son chef, et un acte de bienfaisance pour les pauvres.

Au surplus cette lettre n'est que l'expression vraie des sentiments douloureux qui, à la lecture de l'article du journal *l'Ami de la Religion*, sont venus froisser le cœur de la famille Martin. Dans sa réponse, elle n'a cherché ni à faire du style, ni à provoquer du scandale; il ne s'agissait pour elle que de venger la mémoire de l'homme qui fut constamment aussi simple que charitable, et sans cesse oublieux des mauvais procédés et des outrages de toutes sortes dont il fut abreuvé pendant une vie qui fut, hélas! trop courte pour le bonheur des siens et celui du petit nombre de ceux qui l'ont connu : au surplus, n'a-t-on pas toujours assez d'éloquence, lorsqu'il s'agit de défendre son Dieu, son père et ses amis !

Gallardon, ce 26 juin 1834.

« Monsieur le Rédacteur,

« Ce n'est que tardivement que nous est parvenu le numéro de votre journal du 11 juin présent mois, dans lequel se trouve insérée une notice sur Thomas-Ignace Martin, notre parent; notice que nous nous croyons dans l'obligation de rectifier sur plusieurs points.

« D'abord, pour ce qui est de l'esprit dans lequel elle a été rédigée, elle dénote, chez votre correspondant, une prévention contre Martin poussée jusqu'à la passion. Tout y est incriminé, jusqu'à son involontaire célébrité. Dans ce cas, pourquoi avez-vous cru devoir en occuper encore le public? Pourquoi, dans de fastidieux détails, vous efforcez-vous de vouloir faire accroire qu'il est mort d'une suite d'indigestion? Puis la façon dont son corps fut transféré, nuitamment, dans divers endroits? Comment son acte mortuaire fut dressé illégalement dans un lieu autre que celui de son décès ; et comment enfin, en considération de la *réputation bien établie de madame une telle*, l'autorité sanctionna ces irrégularités? Ensuite, pourquoi ajoutez-vous d'un ton presque triomphant : « Il paraît qu'il était de la destinée de cet homme singulier d'occuper le public de lui à sa mort comme de son vivant, par quelques circonstances extraordinaires...? »

« Eh! mon Dieu! qui donc en parlait au public, si ce n'est vous? Sans vous, aurait-on su que Martin était mort? Pourquoi encore, à propos de ce que vous qualifiez de *rêveries de Louis XVII*, lancer une attaque que nous pourrions qualifier à notre tour de lâcheté? car vous savez combien il pourrait être *dangereux* de vous répondre... Enfin, pourquoi n'avez-vous pas craint de descendre jusqu'à la bassesse d'un mensonge, pour troubler la cendre respectable d'un mort? Il nous a paru, et nous vous le disons sans déguisement, monsieur le rédacteur en chef, que cet étalage de paroles cachait une arrière-pensée : la crainte d'une accusation sérieuse relative à la mort subite et singulière de Martin. Fort que vous vous croyez de votre conscience, alors pourquoi substituez-vous donc une attaque gratuite à une défense si légitime?

« Mais notre défense, à nous, elle sera simple : nous rétablirons les faits dans toute leur exactitude, dans toute la sincérité de notre conscience.

« Thomas Martin reçoit la mission de parler à Louis XVIII, et à travers les épreuves et les obstacles multipliés qu'il rencontre, cette mission s'effectue le 2 avril 1816. Ce prince éclairé (et certes peu crédule) ne peut dissimuler son émotion ; il respecte le simple paysan et lui demande le secret. Martin le lui garde inviolablement pendant dix ans : il faut invoquer le nom du successeur de ce monarque pour le lui arracher.

« Cette révélation vient à se divulguer ; mais c'est contre le vœu de Martin. La vérité se répand ; elle se compose de diverses prédictions, dont l'une entre autres annonce l'expulsion de la branche aînée des Bourbons, réalisée en juillet 1830... D'après l'événement, les autres révélations de Martin ne peuvent-elles pas être croyables? A cette époque la réputation du laboureur de Gallardon s'accroît, et sa sécurité s'évanouit, non par d'inoffensives plaisanteries faites sur son compte, mais bien par de violentes agressions, faites à main armée dans son domicile, agressions qui le forcent à chercher quelque asile plus sûr ; cependant il revient chez lui dès qu'il lui est possible de le faire ; il s'occupe de travaux intérieurs, et évite soigneusement les curieux et les importuns.

« Quant à ses prédictions, elles ne changent pas d'objet ; mais elles se précisent de plus en plus. Ce que depuis huit ans on commençait à connaître, pendant les huit derniers mois qui viennent de s'écouler, Martin le montre, pour ainsi dire, du doigt, quelque effort que l'on tente, quelque ressort que l'on fasse jouer pour l'en détourner ou l'en empêcher. Sa mort, il est vrai, fut singulière. Agé de cinquante-un ans, il n'avait jamais été malade. Il part le 12 avril dernier de Gallardon, pour aller faire, à Chartres, une neuvaine qui lui a été commandée, et en partant il dit à sa femme : « Je sais bien qu'il m'arrivera quelque chose ; j'ignore ce que ce peut être ; mais je remets tout à la volonté de Dieu. »

« La santé de Martin se soutient parfaite durant toute la neuvaine ; mais à peine est-elle terminée, et lorsqu'il est sur le point de repartir, il se sent saisi de douleurs indéfinissables, un feu interne dévore ses entrailles, il scelle sa langue à son palais ; ses lèvres sont brûlantes, sa peau sèche, sa respiration saccadée, et chaque breuvage qu'il prend accroît sa douleur; elle gagne jusqu'aux extrémités de son corps, ses doigts mêmes en sont atteints; il lui semble qu'on lui arrache les ongles. La simplicité du juste se refuse à croire le mal... Quel homme pouvait le tourmenter ainsi?

« D'autre part, une voix importune se fait entendre chaque nuit à son oreille; elle s'attribue le pouvoir de prolonger et d'accroître ses souffrances s'il reste fidèle à sa mission. Cette voix tout à fait casanière était particulière à son petit réduit. Un mois auparavant, il l'avait déjà entendue toujours dans le même cabinet, bien différente en cela de la voix miraculeuse qui se faisait entendre en tout temps et en tout lieu indistinctement. Quelle que fût sa pensée à ce sujet, le ministère d'un médecin était nécessaire: il en venait un donner ses soins au mari de la dame déjà citée, et celle-ci, contre le vœu et la demande de ce dernier, s'opposa à ce que Martin reçût aucune visite ni aucune consultation du docteur.

Les soins empressés, nous le croyons, purent le compenser; cependant pourquoi cette opposition? Les douleurs de Martin cessèrent après neuf jours employés ainsi inutilement à le fatiguer; peu à peu les forces lui revinrent, et le 6 mai un parent et un ami le virent dans un état satisfaisant; alors son retour fut fixé au vendredi suivant (au 9), et ses amis purent s'assurer que les fonctions digestives du convalescent étaient pleinement libres; mais tout-à-coup, le 8 mai, on annonce à madame Martin, à Gallardon, que son mari est dangereusement malade, elle accourt... Martin n'est plus!!!

La malheureuse femme, on ne l'avait appelée que pour se débarrasser d'un cadavre... Une indigestion, lui dit-on, avait étouffé son mari dans la matinée. Mais comment, en plein jour, l'avait-on laissé mourir sans secours, sans témoins, sans l'assistance même d'un médecin? Ne devait-on pas faire toutes les tentatives humaines pour le sauver, ensuite pour constater le décès? Mais, à votre dire, monsieur le rédacteur, *une réputation bien établie dispense de ces formalités vulgaires*, du moins c'est ce que vous semblez vous efforcer de vouloir nous persuader.

« La veuve Martin ayant formellement refusé de se prêter à une translation furtive, *la dame* fit charger le corps sur une voiture qu'elle se procura au *Soleil d'or*, après le départ de la veuve Martin, et elle fit accompagner le corps, non par le beau-frère du défunt, *ce qui est un mensonge*, mais bien par un parent éloigné de Martin, qui lui-même étant l'obligé de cette dame, n'avait rien à lui refuser. Et mieux que cela, d'après les conseils d'un personnage que nous nous abstiendrons de désigner, elle le fit conduire chez un curé, proche parent de Martin, qui fut vivement pressé (toujours de la part de cette dame et de ce personnage), de déclarer que Martin était décédé chez lui; mais sur le refus de cet ecclésiastique de reconnaître le fait, la translation définitive du corps se fit à Gallardon.

« En y arrivant, le cadavre parut prodigieusement enflé; la face était horriblement défigurée, le sang sortait par la bouche et par les narines; les extrémités des doigts et des ongles avaient une teinte jaunâtre... effets prodigieux, nous pourrions dire incroyables, produits par une indigestion.

« Maintenant, monsieur le rédacteur, pourriez-vous nous dire pour quelle cause furent violées les lois qui prescrivent la déclaration d'un décès, au lieu même où il arrive. Pourquoi, tandis qu'il était si facile de réparer cette omission par une rectification facile, on tient à faire disparaître les preuves légales que ce décès avait eu lieu à Chartres?... Et enfin, comment il se fait que l'autorité civile sanctionna elle-même cette prévarication? L'inhumation devenait urgente: elle se fit le 10; mais le fils aîné, absent, désira à son arrivée, d'après ce qu'il apprit sur la fin si précipitée de son père, que les causes de sa mort fussent recherchées. Ce ne fut point l'autorité civile de Gallardon qui donna la permission d'exhumer le corps, il fallut recourir au procureur du roi, à Chartres, et celui-ci, après quelques observations, renvoya au préfet; là, difficultés nouvelles de la part de ce fonctionnaire; il fallut faire une requête motivée.

« Enfin, la permission accordée, l'autopsie eut lieu le 14 mai, et M. le maire de Gallardon y assista. Voilà tout ce que fit l'autorité municipale dans cette douloureuse circonstance; et le reste de votre assertion, monsieur le rédacteur en chef, *est un mensonge*; vous le savez infiniment mieux que nous. Nous transcrirons ici le texte du procès-verbal d'autopsie dressé par quatre médecins, dont deux sont domiciliés à Gallardon, et qui est ainsi rédigé : « Habitudes *corporis* cadavériques extérieures, dans un état de putréfaction très-prononcé ; la tête dans un état de tuméfaction ; le col, la poitrine, l'abdomen, sous l'influence des mêmes phénomènes morbides, c'est-à-dire, distendus par des gaz ; les extrémités supérieures et inférieures également infiltrées et fortement ecchymosées ; la tête, rien de remarquable ; le cerveau dans un état de putréfaction ; la poitrine, la plèvre à l'état sain ; les poumons étaient le siège *d'une congestion sanguine très-prononcée*; le cœur à l'état sain ; *l'abdomen*, l'estomac portant de légères traces d'inflammation à la partie supérieure et moyenne seulement, contenait des aliments plus ou moins chylifiés, entre autres des pommes de terre ; le *duodenum* et le *jejunum* étaient le siège d'une inflammation plus prononcée qui s'étendait jusqu'aux *gros intestins*. Enfin, le *foie* en putréfaction, et la vessie contractée vers l'arcade du *pubis* dans l'état de vacuité.

« Cette autopsie a été faite quinze jours après l'enterrement, et dix-sept après la mort. En foi de quoi, etc. »

« En présence de cette pièce authentique, comment osez-vous assurer, monsieur le rédacteur en chef, que *la tête ne fut point ouverte?* Comment pouvez-vous affirmer que les viscères ne présentaient aucune trace de matières vénéneuses, lorsque neuf jours après la cessation des douleurs il existait encore une inflammation aussi prononcée dans presque toute la longueur du conduit intestinal? Si par le défaut de ces mêmes matières qui, neuf jours plus tard, auraient pu être évacuées, on ne peut prouver l'empoisonnement, vous avouerez au moins qu'il reste des traces qui, jointes aux antécédents, demeureraient pour vous bien inexplicables. L'estomac, dans le cas de mort causée par suite d'indigestion, devait se trouver gorgé d'aliments. Eh bien ! il n'a offert rien de semblable. Le peu que cette région contenait se trouvait dans un état de digestion déjà fort avancée.

« Alors que penser de cette assertion si positive et à laquelle vous attribuez la mort de Martin ? Il fut vraiment suffoqué par cette *congestion sanguine aux poumons* survenue si subitement. Nous laissons aux gens de l'art à raisonner sur ces données ; quant à nous, qui sans une sorte d'agression de votre part, eussions gardé le silence, il sera difficile de nous dissuader :

1° Que notre cher défunt n'ait été la victime d'une barbare tentative répétée pendant neuf jours, non dans le dessein de lui ôter la vie, mais pour le contraindre à des rétractations ;

« 2° Qu'au moment d'échapper au pouvoir de ses persécuteurs, il ne soit survenue une cause externe quelconque, laquelle cause aurait provoqué et déterminé sa suffocation ;

« 3° Que d'après la nature et l'état des aliments trouvés dans l'estomac, et le liquide contenu dans la vessie, l'évènement aurait dû avoir lieu dans la nuit qui précéda la mort, et pendant le premier sommeil ;

« 4° Que cette opinion se trouve corroborée par la disposition des vêtements que la veuve de Martin reconnut étrangère aux habitudes de son mari ; et par conséquent que le corps eût été habillé par des mains étrangères ; il résulterait de tout ceci que le prétendu déjeûner et les conséquences qui en furent les déplorables suites ne seraient qu'une fable officieuse inventée à plaisir. Nous avons, du reste, monsieur le rédacteur, démontré assez de faussetés palpables dans votre article, pour que le lecteur juge à quoi s'en tenir, et ce qu'il peut penser d'une notice farcie de tant de mauvaise foi et d'inexactitude pour ne pas dire pire... ! La charité plus encore que la prudence nous interdisent bien des réflexions... Les intéressés reconnaîtront facilement les motifs qui nous en font supprimer bien d'autres encore, et nous accordons bien volontiers à votre infidèle correspondant le bénéfice de l'anonyme, sous le voile duquel vous avez essayé de vous dissimuler.

« Nous attendons de votre justice et de *votre impartialité*, monsieur le rédacteur en chef, l'insertion *entière et textuelle* de cette lettre dans votre plus prochain numéro, et au besoin, nous le requérons au nom de la religion et de notre honneur. Et n'ayant rien à désavouer dans la présente, nous l'avons tous signée ;

« Charles FRANCHETERRE, *beau-frère* ; FRANCHETERRE, Charles, Augustin, *neveux* ; Louis MARTIN, frère ; Antoine et Anne-Denis MARTIN, *fils* ; veuve MARTIN. »

La soif de l'or fit attenter aux jours du duc de Bourbon, dernier des Condé, et l'ambition du trône a fait abréger ceux de Thomas-Ignace Martin de Gallardon.

VIE

DE SON ALTESSE ROYALE MONSEIGNEUR

LE

DUC DE NORMANDIE,

FILS DE LOUIS XVI.

LIVRE QUATRIÈME.

SOMMAIRE :

Lettre du dauphin à madame la duchesse d'Angoulême, sa sœur. — Protestation du dauphin contre l'usurpation de Louis-Philippe. — Visites du dauphin au duc de Bourbon, suivies de l'assassinat de ce dernier.— Opinion politique du dauphin sur la révolution de 1830. — Piége infernal tendu au dauphin par Louis-Philippe. — Arrestation et emprisonnement du dauphin. — Louis-Philippe offre la main de sa fille au dauphin moyennant une abdication en sa faveur. — Ordre donné de traîner le dauphin à Lyon, quoique malade et pendant l'hiver. — Histoire abrégée du faux dauphin Naündorf. — Le fils de Louis XVI paraît devant la cour d'Assises de la Seine. — Paroles du fils de Louis XVI.— Condamnation du dauphin à douze années de détention. — Invention de la cachette secrète des Tuileries. —Découverte de l'armoire de fer, 3 décembre 1792. — Découverte des diamants des princesses par Louis-Philippe. — Le dauphin à Sainte-Pélagie, d'où il s'échappe après treize mois et vingt jours de détention. — Commission nommée en 1839 par Madame la duchesse d'Angoulême, à l'effet de procéder à la reconnaissance d'état-civil de S. A. R. Mgr le dauphin. — Nouveaux et nombreux témoignages en faveur du dauphin existant dans la personne de M. le baron de Richemont. — Nouvelles propositions faites au dauphin par le château. — Le dauphin est arrêté de nouveau. — Le préfet de police fait mettre le dauphin en liberté. — Pourquoi le roi-citoyen n'a pas fait périr le dauphin. — Supercherie de prétendus légitimistes pour étouffer la voix du dauphin. — Nouvelle démarche auprès de madame la duchesse d'Angoulême sa sœur. — Le dauphin écrit au duc de Bordeaux. — Nouveaux pièges tendus au dauphin qui quitte Paris pour échapper à la mort. — Voyages du dauphin dans divers départements ; ses libéralités. — Corruption du gouvernement de Louis-Philippe. — Chute du gouvernement de Louis-Philippe, annoncée par le dauphin. — République française. Adhésion du prince. — Réclamation motivée du dauphin adressée à la Constituante. — Réponse de l'Assemblée nationale. — Envoyé du souverain Pontife au fils de Louis XVI. — Voyage du fils de Louis XVI à Gaëte. — Entrevue du souverain Pontife et du dauphin. — Lettre du dauphin au roi de Naples. — Assignation donnée par le dauphin à la duchesse d'Angoulême, sa sœur. — Envoyé de madame la duchesse d'Angoulême à Paris. — Sourdes menées du parti légitimiste pour empêcher la reconnaissance du dauphin par sa sœur. — Prophétie d'Orval. — Relation du voyage à Niederbronn.

Après le départ de Charles X et de sa famille pour l'exil, le dauphin crut devoir s'adresser au gouvernement provisoire, et il écrivit à l'un de ses membres, le duc de Choiseul, pour lui annoncer qu'il se mettait à sa disposition, et qu'il était prêt à lui donner toutes les explications et les preuves qu'il pourrait désirer, pour établir d'une manière invincible la vérité de son enlèvement du Temple, lequel avait été effectué le 19 janvier 1794. Comme le prince avait beaucoup connu ce gentilhomme, il devait naturellement penser qu'il se rappellerait l'enfant qu'il avait vu bien des fois dans les résidences royales, et à Varennes, où la reine, sa mère, au moment de monter en voiture, eut la bonté de le recommander aux soins de Romeuf aîné. Mais le duc de Choiseul, vendu au parti révolutionnaire et aveuglé par la passion de l'orgueil, poussa l'ingratitude et l'oubli des convenances jusqu'à laisser la lettre du prince sans réponse. Par cette conduite indigne, ce gentilhomme imprima à son nom une tache indélébile.

Indignement repoussé par le gouvernement provisoire, l'infortuné dauphin, pensant que le malheur aurait amolli le cœur de sa sœur, endurci par la prospérité, lui adressa, le 2 août 1830, une lettre touchante conçue en ces termes :

« Le temps est venu, Madame, où abjurant des sentiments que la nature et l'humanité réprouvent, vous devez donner à mon sujet les explications nécessaires pour mettre un terme aux maux qui m'accablent depuis tant d'années. Je ne vous fais aucun reproche, votre position m'impose un rigoureux silence ; mais la mienne, l'avez-vous rendue meilleure ? Pour ne plus vous compter au nombre de mes persécuteurs, parce que vous voilà dans l'impossibilité de me nuire davantage, cela ne me débarrasse pas d'un nom proscrit ; et, puisque je suis condamné à le porter toute ma vie, facilitez-moi enfin les moyens de le porter avec sécurité.... Tout est fini pour vous : Philippe d'Orléans va profiter de vos fautes et se parer de nos dépouilles.... Quoiqu'on en dise, le peuple est souverain quand il veut, et il est toujours dangereux de méconnaître ses droits ; il ne s'agit pas des miens, il y a longtemps que je n'en ai plus. Si votre cœur peut entendre encore le cri plaintif de la nature outragée, si plus de trente-six ans de souffrances et d'exil, vous paraissent suffisants pour me punir du crime énorme d'être votre plus proche parent, parlez, je vous en supplie, mettez un terme à mes malheurs en dévoilant aujourd'hui ce que vous cachez avec tant d'obstination ; adressez au gouvernement les documents qui doivent se trouver entre vos mains, ainsi que les papiers que vous avez sans doute fait retirer de la chancellerie de Vienne. A l'aide de ces pièces et des renseignements que vous seule pouvez donner, puisqu'il ne m'est pas permis de le faire, je suis certain d'obtenir au moins la faculté de demeurer dans notre patrie ; je viens d'en transmettre la demande au gouvernement provisoire, par le canal du duc de Choiseul, l'un d'eux ; mais que peuvent-ils faire sans titres ou preuves équivalentes ? Vos déclarations, en facilitant leurs investigations, les mettront à même de juger du mérite de ma réclamation ; autrement, il est de toute impossibilité qu'ils prennent jamais une détermination.... Faudra-t-il que, bravant le péril d'une démarche éclatante, j'aille personnellement engager la commission à statuer sur mon sort ? Ce serait un acte de démence ou de désespoir, et l'on m'accuserait justement d'extravagance si j'osais affronter l'indignation d'une assemblée qui, me voyant absolument dépourvu de titres qui peuvent seuls donner à mes dires une espèce de probabilité, me punirait de ma témérité.... Ce n'est pas impunément qu'on mystifie le pouvoir.... Appuyé par vous, Madame, et le dépôt sur le bureau des papiers qui m'ont été soustraits, et qui doivent être entre vos mains, ce serait autre chose ; on se verrait forcé de faire droit à ma demande, d'autant plus que je ne désire, comme par le passé, que l'autorisation de porter mon nom et de le rendre utile à notre patrie. J'ai dit : si votre haine est éteinte, rompez un coupable silence, l'occasion est unique, elle ne se présentera peut-être plus, réfléchissez-y bien et agissez ensuite d'après l'impression de votre conscience et de votre intérêt à venir.... faites un retour sur vous-même, rappelez-vous le passé, et vous comprendrez que, puisque la fortune vous met de nouveau à la merci des étrangers, il vaut encore mieux vous jeter dans les bras de votre malheureux frère.»

Qui n'admirera avec nous les sentiments pleins de noblesse, de piété fraternelle, de dignité, de tendresse et de fermeté, que respire cette belle lettre? Oui, nous le disons hautement, elle contient la vérité, et celui qui l'a écrite, est véritablement l'auguste orphelin du Temple, le fils du pieux Louis XVI, le frère de madame la dauphine; car ce n'est pas ainsi que parle, qu'agit un fourbe, un aventurier. Ce langage vrai, simple, noble, énergique et plein de conviction lui est étranger; il n'appartient qu'au héros de la vérité et de la justice, à la grande et illustre victime de nos discordes civiles.

Cette lettre de monseigneur le duc de Normandie parvint à madame la duchesse d'Angoulême, sa sœur, qui, en la recevant, fit cette exclamation : « Cet être me poursuivra donc toujours. »

Oui, malheureuse princesse, votre infortuné frère, sera pour vous un remords cuisant, un martyre continuel, en cette vie; il sera, malgré lui, votre condamnation, votre plus grand supplice, en l'autre; parce que vous outragez, dans sa personne consacrée par tant et de si grandes infortunes, les droits les plus sacrés de la nature; parce que vous étouffez dans votre cœur plus dur que la pierre, plus insensible que le marbre, la voix du sang, et que vous brisez les liens de la parenté.

Combien fut différente la conduite de cette princesse persanne dont le nom qui nous a échappé, passera plein de gloire et d'honneur à la postérité la plus reculée, comme un exemple de l'amour et du dévouement fraternels !
Elle avait un époux, des enfants et un frère condamnés à la peine capitale pour avoir porté les armes contre leur

souverain légitime. Cette princesse que son roi aimait, à cause de sa fidélité inébranlable à son gouvernement, eût le choix de délivrer de la mort un de ses proches; mais un seulement. Qui va-t-elle choisir? elle les aime tous également; ils lui sont tous aussi chers les uns que les autres. Pouvait-il en être autrement? puisqu'il s'agissait d'un frère, d'un époux et de ses propres enfants. Il faut cependant se décider, car l'heure fatale a sonné, l'appareil du supplice est prêt, et déjà le bourreau saisit les victimes. Cette sœur, cette épouse, cette mère infortunée, les laissera-t-elle tous périr, quand elle peut en sauver un? non. La raison et la nature le lui défendent; mais l'amour qui les veut tous, hésite, tremble et espère encore. Enfin, forcée de se déterminer, elle prononça ces paroles remarquables : « Une seconde alliance pourra me rendre un époux et des enfants ; mais, mon père et ma mère étant morts, rien ne pourra me donner un nouveau frère. » O sublime effort de l'amour fraternel! elle choisit son frère.

Pour vous, Madame, l'aimable Providence ne vous a pas placée dans une position aussi critique. Vous n'avez pas à abandonner au bourreau la tête de quelques uns de vos proches pour sauver un frère. Il s'agit seulement ici de rompre un silence coupable que vous gardez depuis trop longtemps, de mettre sous les pieds un faux point d'honneur, et de surmonter, par une démarche éclatante qui réparera tout un passé, une maudite honte, un misérable orgueil, qui vous rendent exécrable aux yeux des hommes et criminelle devant Dieu. Pensez-y, Madame, cette exclamation : « *Cet être me poursuivra donc toujours!* » traversera les siècles et vous suivra jusque dans l'éternité pour vous accabler comme un lourd cauchemar.

Après une pareille conduite tenue à l'égard d'un frère unique, *son roi*, dans les principes de la légitimité, rendu plus cher encore par tant d'infortunes, on comprendra facilement que madame la duchesse d'Angoulême doit être bourrelée intérieurement de remords déchirants : de là, cet air de mélancolie et de tristesse, qu'on lisait ordinairement sur son visage, même aux jours de fêtes et de bonheur de la cour ; mais était loin de soupçonner que ses chagrins habituels attribués à la piété filiale, eussent une pareille cause.

Quelques jours après les évènements de 1830, la chambre des députés, sans mandat aucun, ayant proclamé roi des français Louis-Philippe d'Orléans, le dauphin crut devoir protester énergiquement contre ce qui lui parut irrégulier dans cette élection ; et, chose tout-à-fait digne de remarque, il *protesta seul* contre l'acte du 7 août, pendant que sa famille, retournait, pour ainsi dire, volontairement en exil !.... Cette conduite de Charles X, qui ne permet pas même à ses généraux de prendre les armes pour défendre sa cause (1), qui ne réclame nullement l'intervention des puissances de l'Europe, à laquelle il avait droit, en vertu de la sainte alliance, prouve évidemment que ce roi détrôné se regardait comme un usurpateur, et qu'il acceptait comme une punition du ciel la révolte qui le bannissait de France pour le faire mourir sur la terre étrangère.

Nous croyons devoir transcrire ici cette protestation, chef-d'œuvre d'énergie, de sens, et d'érudition, qui fut rendue publique, distribuée à profusion, et expédiée à toutes les puissances de l'Europe, par l'entremise de leurs ambassadeurs.

(1) Voir la note 1 à la fin de ce Livre.

« Louis-Charles de France, fils de France, duc de Normandie, considérant, en droit, que tout mandat est spécial ou général (article 1987 du code civil); que le mandataire ne peut rien faire au-delà de ce qui est porté dans son mandat ; que le pouvoir de transiger ne renferme pas celui de compromettre (article 1989); qu'en fait de mandat, le mandant n'est tenu de ce qui a été fait au-delà, qu'autant qu'il l'a ratifié expressément ou tacitement (article 1978); que la violation du mandat rend illégales, irrégulières et par conséquent nulles les opérations qui en découlent; considérant, en fait, que la mission des députés de 1830 fût toute spéciale ; qu'elle avait pour but unique le renversement du ministère et du système, et le refus de subsides, en cas de résistance ; que les députés n'ont pu, sans violer leur mandat, s'arroger le droit de réviser la charte, et encore moins d'imposer à leurs commettants une forme de gouvernement quelconque sans les avoir préalablement consultés; que ces deux opérations ne pouvaient être faites que par des mandataires munis de pouvoirs spéciaux à ce sujet. Par tous ces motifs, et autres à déduire en temps et lieu, je déclare que, comme français, je proteste à la face du ciel et de la terre, contre l'illégalité, l'irrégularité et l'abus monstrueux de pouvoir dont se sont rendus coupables les députés assemblés le 3 août 1830, en révisant la constitution, opération qui ne pouvait être faite que par la nation ou ses mandataires spéciaux. Comme prince et chef de la branche aînée des Bourbons, je proteste contre l'élection de Louis-Philippe d'Orléans et tout ce qui s'en suivra, comme étant ladite élection entachée de nullité radicale, en ce qu'une chambre provisoire ne pouvait être constituante ni transmettre plus de droits qu'elle n'en avait elle même. »

Sans doute que, dans le temps, nos grands politiques, faiseurs de monarchies constitutionnelles, s'amusèrent beaucoup de cette protestation fondée sur le droit, la justice et la raison, parce que son illustre auteur n'avait pas à ses ordres une armée de cent mille hommes pour l'appuyer et la faire prévaloir contre l'arbitraire, l'abus de pouvoir, l'injustice et l'iniquité.

Il en fut de même des cabinets de l'Europe. Alors, comme en 1814 et en 1815, ils acceptèrent et reconnurent cette usurpation, parce qu'ils y trouvèrent leur intérêt du moment, au détriment de notre belle et malheureuse France, qui depuis cette époque, fatale sous tous les rapports, est toujours tombée d'humiliation en humiliation, et est devenue, par la force des choses, puissance du second ordre : témoin les questions belge, italienne et polonaise, où nos intérêts furent sacrifiés à ceux de l'Autriche, de l'Angleterre et de la Russie; témoin encore les questions d'Espagne et de Portugal, résolues dans le seul intérêt anglais. Nous ne disons rien du traité du 15 juillet 1840, où la France fut entièrement mise de côté, comme une puissance effacée de la carte de l'Europe. Nous voulons bien taire aussi le traité du droit de site, qui nous rendait les très-humbles serviteurs d'un simple commis anglais, car nous sentons que la rougeur nous monte au front et nous couvre du voile de la honte et de l'opprobre.

Mais le Dieu qui s'est déclaré le protecteur de la veuve et de l'orphelin, qui aime la justice et hait l'iniquité, regarda d'un autre œil la protestation de monseigneur le duc de Normandie et promit de venger la cause du faible injustement, opprimé et de punir ses oppresseurs d'une manière éclatante.

Le 24 février 1848 et 1849 sont là pour attester à la postérité la plus reculée que le Dieu des armées ne menace pas en vain. Nous pouvons donc dire qu'il en a été de cette énergique protestation, comme d'une excommunication du saint vieillard de Sion. Quand le vicaire de l'Homme-Dieu frappe le chef d'un état, pour punir ses usurpations ou ses iniquités publiques, on rit, on se moque de ces foudres du Vatican, qui, dit-on plaisamment, ne renversent pas les bataillons armés et laissent les remparts debout. Mais la colère divine qui éclate bientôt contre ce puissant du siècle et contre son peuple impie apprend aux géants de la terre qu'ils ne font jamais en vain la guerre au ciel.

Quelques jours après avoir publié sa protestation, le dauphin se rendit à Saint-Leu pour voir le duc de Bourbon. Il lui fit des reproches bien mérités sur la conduite équivoque qu'il avait tenue pendant et après sa détention à Milan ; tandis qu'une déclaration nette et précise de sa part aurait pu changer totalement son sort. Le prince étale aux regards stupéfaits du duc de Bourbon les caricatures qui circulaient et dans lesquelles leur infortunée famille était tournée en ridicule de toutes les manières. Il lui fit sentir les funestes conséquences de sa faiblesse, et lui rappelant les années qu'il avait passées auprès de lui, il lui demanda comment il avait pu oublier ces circonstances, au point de se refuser à les affirmer positivement. L'auguste orphelin ne lui dissimula point l'indignation qu'excitaient en lui des procédés qu'il ne savait comment qualifier, et une conduite que rien ne pouvait justifier.

Comment se fait-il, ajouta le dauphin, qu'informé de ma détention en Autriche, vous n'ayiez rien fait pour mettre un terme a cette iniquité ? Pourquoi, depuis ma sortie, n'avez-vous point répondu à mes diverses lettres qui vous sont parvenues? Quelle est la cause du silence dans lequel vous vous êtes constamment renfermé à mon égard? qu'est-ce que je vous demandais? la vérité, rien de plus. Si je vous eusse importuné pour vous engager à venir à mon secours, vous auriez pu me refuser. Je ne veux rien de personne; et quoique vous sachiez très bien qu'on m'a arbitrairement privé de presque toutes mes ressources, j'ai encore de quoi subvenir à mes besoins : au reste, celui qui sait se contenter du nécessaire, est toujours assez riche. Qu'avez-vous à alléguer pour votre justification? j'ai le droit d'exiger de vous une réponse claire et précise, et je pense que vous ne refuserez pas cette satisfaction à un parent malheureux par votre faute, et à la mémoire de votre illustre père, qui eût tenu une conduite bien différente. »

Atterré par ces reproches trop mérités et surtout par la vue du dauphin, qui lui rappelait des souvenirs déchirants, le duc de Bourbon s'excusa de son mieux, et convint d'une partie de ses torts; mais il donna à entendre aussi qu'on l'avait trompé à son égard, et que s'il eût connu toute la vérité sur ce qui le concernait, il aurait certainement tenu une toute autre conduite. « Du reste, ajouta-t-il, je me conduirai de telle manière à l'avenir que je vous forcerai d'oublier le passé. Je veux vous prouver, prince, que le sang des Condé coule dans mes veines, et que je ne suis indigne ni de mon généreux père ni de mon infortuné fils, qui tous deux vous portaient un si grand intérêt.

Le dauphin se retira, en lui annonçant qu'il allait passer en Belgique pour voir la marche que prendraient les affaires. Le duc de Bourbon, voyant qu'il avait été dupe d'une intrigue ourdie par la trop fameuse baronne de Feuchères, qui s'était entendue avec le duc d'Orléans pour lui arracher un testament en faveur du duc d'Aumale, testament dans lequel elle était comprise elle-même pour un legs d'une valeur immense, résolut de quitter la France et de se retirer à l'étranger. Plein de ce projet qu'il ne communiqua qu'à quelques serviteurs dévoués, il fit tout préparer pour son prochain départ. Malheureusement le secret ne fut pas bien gardé, et la baronne de Feuchères, avertie à temps de la visite du dauphin et du projet du duc de Bourbon qui voulait enfin rompre ses liens et se soustraire à sa funeste et honteuse influence, prévint Louis-Philippe, son conseiller intéressé, de tout ce qui se passait à Saint-Leu, et lui demanda ses ordres pour la conduite à tenir dans cette circonstance périlleuse. Aussitôt les séides furent envoyés, et, la veille de son départ, l'infortuné duc de Bourbon fut étranglé dans son lit et suspendu ensuite à l'espagnolette d'une croisée de sa chambre.

Les journaux salariés du gouvernement usurpateur répandirent le bruit que le dernier des Condé avait terminé sa vie par le suicide, mais personne ne s'y méprit. Les Bourbons accoutumés à souffrir la mort, ne le sont pas à se la donner ; or, le suicide est le plus grand des meurtres, et même de tous les crimes le plus odieux. Le véritable auteur de la révolte de Didier à Grenoble, ne devait pas reculer devant un nouveau forfait pour assurer une riche succession à son fils, le duc d'Aumale. Exécrable soif de l'or, à quels excès n'entraînes-tu pas les mortels !

Quelque temps après sa dernière visite à Saint-Leu, le dauphin apprit la mort ou plutôt l'assassinat du duc de

Bourbon, prince faible, mais bon et à sentiments nobles et généreux, que la célèbre baronne de Feuchères, entièrement maîtresse de son cœur, lui avait malheureusement fait oublier depuis nombre d'années.

Quoique la révolution de Juillet n'eût rien changé à sa position, cependant, le prince avait eu tellement à se plaindre de la conduite politique et privée de ses oncles Louis XVIII et Charles X, à son égard, non seulement depuis leur rentrée en France; mais encore, pour ainsi dire, depuis sa naissance, que l'exil de ce dernier pouvait être pour lui un motif d'envisager l'avenir sous un aspect plus rassurant pour sa personne et plus glorieux pour sa patrie. Le dauphin, dont le cœur bat si noblement et dont les sentiments sont si élevés, comprenait bien que ce qui venait de se passer en août 1830, aurait dû recevoir la sanction nationale, et c'est dans cette conviction qu'il avait protesté pour accomplir un devoir sacré; mais il espérait néanmoins qu'une ère nouvelle allait commencer pour son pays dont il rêvait la prospérité au dedans et la grandeur au dehors. La révolution semblait à cet arrière petit-fils du bon Henri IV, dont le sang coule dans ses veines, et dont le courage, la magnanimité et le génie brillent sur son auguste personne, par le seul fait de son existence, devoir améliorer le bien-être du peuple, en augmentant ses libertés et en réduisant ses charges. Elle devait, suivant lui, émanciper le plus grand nombre possible de Français en leur conférant les droits électoraux; il pensait enfin que la France de Juillet devait prouver à l'Europe, en déchirant les honteux traités de 1814 et 1815, contre lesquels il avait si énergiquement protesté en 1816, qu'elle n'était plus la France humiliée de 1815. Dans son noble enthousiasme, il pensait que désormais il ne se tirerait pas un coup de canon en Europe, sans la permission du peuple français, de ce peuple de héros, fait pour régner sur l'univers entier.

Voilà quelle était la pensée du dauphin, de ce prince magnanime, de ce nouveau Charlemagne, de ce héros éminemment français, qui aime sincèrement sa patrie dont il veut toujours la prospérité, le bonheur, la grandeur. Sa haute capacité, ses vastes connaisssances et son génie perçant lui firent bientôt apercevoir que la révolution de juillet faisait fausse route, et que, si, selon l'expression emphatique du général Lamarque, la Restauration avait été une halte de 15 ans dans la *boue*, nos révolutionnaires feraient descendre notre belle France beaucoup plus bas encore et la forceraient de stationner dans *l'ordure* de l'abaissement et de l'humiliation, à l'extérieur, du gaspillage et de la misère à l'intérieur.

Sous l'empire de cette préoccupation, et connaissant la force que la presse avait à cette époque, le dauphin prit la plume et écrivit. Il fit des articles qui furent insérés dans les journaux, et publia quelques brochures politiques. Il livra à la publication, en 1830, 1831, 1832 et 1833, sans les signer de son nom, plusieurs autres articles et écrits dans lesquels il reprochait amèrement au pouvoir de ne pas être conséquent avec les principes auxquels il devait la vie, et adressait les plus vives remontrances aux politiques qui dirigeaient les conseils de la révolution de juillet. Il leur prouvait avec une rare sagacité que c'était elle qui allait décider de sa situation en Europe. « Dans la société civile, leur disait-il, les existences depuis longtemps établies n'ont pas besoin de se faire accepter; elles conservent leur place naturellement, et personne ne songe à la leur disputer, parce qu'il y a longtemps qu'elle est marquée;

elles ont des influences acquises, des liens formés, des intelligences partout. Mais quand des existences nouvelles viennent à se produire, quand elles s'ouvrent violemment la route, et qu'elles brisent en quelque sorte le cadre pour y entrer, il faut qu'elles conservent, pendant longtemps, quelque chose de l'audace qui a marquée leur début; qu'elles soient toujours prêtes à montrer que l'énergie avec laquelle elles se sont produites, n'a pas dégénérée; qu'elles soient, en un mot, toujours sur le qui-vive. Il en est de même en politique. Les établissements anciens se défendent par leur antiquité même, par le poids de leurs alliances, par les habitudes et les traditions de leur politique; les établissements nouveaux, n'ayant aucun de ces avantages, se défendent par le caractère, ce qui serait souvent témérité chez d'autres, n'est qu'une résolution nécessaire chez eux; et il y a des hardiesses calculées qui ne sont que de la prudence dans des hommes ou des gouvernements sur les mouvements desquels tout le monde a les yeux, pour les accabler s'ils montrent un moment d'hésitation et de faiblesse.

Napoléon, ce grand gagneur de batailles, l'avait bien compris, quand il répondait à ses généraux qui l'invitaient à donner des bals aux Tuileries pendant qu'ils feraient la guerre: « Si j'étais né sur les marches du trône, je suivrais votre conseil; mais, né simple citoyen comme vous, je ne puis m'établir solidement et fonder définitivement ma dynastie qu'en triomphant définitivement de l'Europe par moi-même. » C'est aussi ce que comprit parfaitement Cromwel, lorsqu'après avoir fondé un nouveau gouvernement en Angleterre, il le prit de si haut avec toutes les puissances de l'Europe, exigea que la Hollande abaissât son pavillon devant le sien, se fit le protecteur des réformés de toutes les nations, contraignit le duc de Savoie à révoquer les mesures qu'il avait prises contre les religionnaires de ses états, et ordonna à son ambassadeur de quitter la France dans les vingt-quatre heures, si le cardinal Mazarin n'accordait pas une amnistie aux protestants de Nîmes. Il sentait bien qu'il ne se ferait respecter au dehors qu'à condition de se faire craindre, et que, plus son pouvoir était nouveau et pouvait être désagréable, plus il fallait qu'il fut fier et résolu.

« Que devait donc faire la révolution de juillet, continue le dauphin ? Elle devait, puisqu'elle avait changé la situation de la France, changer en même temps sa politique ; car des effets identiques ne peuvent sortir de causes diamétralement opposées. On aurait certainement pu blâmer, mais on aurait compris des hommes qui, en arrivant en juillet, auraient fait appel à toutes les idées révolutionnaires de l'Europe, et auraient remplacé, par des insurrections excitées dans toutes les monarchies, les alliances naturelles de la France, qu'ils brisaient par leur avènement. Cette réalisation de M. Canning, empruntée à Eole, déchaînant à son gré les tempêtes, et donnant pour alliés à un peuple, les grands vents qui bouleversent le monde, était la seule politique étrangère qui parut en harmonie avec les faits nouveaux.

La première chose que devait donc faire la révolution de juillet, c'était de rompre violemment les traités de 1815, et de déterminer l'épée à la main, le remaniement de l'Europe. On ne l'a pas fait : de là, dans la question de la Belgique qui s'offrait à la France, l'intérêt français sacrifié à l'intérêt anglais d'abord, qui donne pour roi aux Belges un de ses préfets, et qui assure le port d'Anvers à sa marine, en le livrant à la Belgique qui n'en a pas, ensuite à l'intérêt européen qui conserve le Limbourg et le Luxembourg, sans lesquels la Belgique ne saurait être un royaume homogène, compact et viable, pour garder toujours la porte que les traités de 1815 ont laissée ouverte sur notre territoire. Le dénoûment de la question italienne est le même : rien pour l'intérêt français ; une satisfaction illusoire pour l'intérêt révolutionnaire qui arbore un moment le drapeau tricolore sur les murs d'Ancone, mais pour l'en retirer bientôt ; un expédient pour l'intérêt politique dominant en France, car l'expédition d'Ancone permit à ceux qui dirigeaient les affaires du nouvel ordre de choses, de se faire une majorité ; pour l'intérêt anglais, la déchéance de l'influence française en Italie ; enfin, une satisfaction définitive et un triomphe complet pour l'Autriche et l'alliance continentale.

» Dans la question polonaise, que demandait l'intérêt français ? il exigeait le maintien de la nationalité polonaise et s'accordait avec tous les événements de nature à préparer, par de grands remaniements européens, l'indépendance de la Pologne, consentie par la Russie. L'intérêt révolutionnaire demandait le triomphe de la révolution polonaise, et, par conséquent, comportait toutes les mesures qui pouvaient la faire prévaloir. L'intérêt politique excluait toutes les mesures efficaces qui auraient eu pour effet d'entraîner une rupture avec le cabinet de Saint-Pétersbourg, et demandait seulement que la Pologne mît assez de temps à mourir, pour occuper chez elle la Russie ; c'était ce que demandait aussi l'Angleterre.

» Quant à l'intérêt des monarchies du nord, il est trop évident qu'il exigeait la ruine de la révolution polonaise, pour qu'il soit nécessaire d'exprimer cette vérité. Ici encore l'intérêt français n'obtint rien de ce qu'il réclamait. Tout au contraire, il perdit la garantie que la constitution de la Pologne en royaume séparé lui avait donnée. L'intérêt révolutionnaire n'eut que la stérile consolation d'écrire, dans l'*adresse* de chaque année, que la nationalité polonaise, toute morte qu'elle était, ne périrait pas : triste et impuissante promesse d'immortalité inscrite, comme une épitaphe sur le tombeau d'un peuple !

L'intérêt contre-révolutionnaire des monarchies du nord obtint une satisfaction complète, absolue. Quant à l'intérêt anglais, il trouva un avantage sans inconvénient dans les embarras de la Russie ; ce fut aussi le fruit que l'intérêt dominant en France retira de cette affaire. Tant que les Polonais eurent du sang à verser, on les encouragea à la bataille, on leur fit entrevoir des secours, on les excita à mourir, comme ces spectateurs du cirque romain, qui, tranquillement assis sur leurs bancs, engageaient les gladiateurs à bien faire. Lorsqu'ils furent à bout de voies, et que, couverts de sueur et de sang, ils furent contraints de se rendre à merci au vainqueur, l'intérêt politique dominant en France détourna la tête du champ de bataille, et un des ministres vint dire que « l'ordre régnait à Varsovie. » Ainsi, dans la question polonaise, comme dans la question italienne, comme dans la question belge, l'intérêt français fut laissé de côté. Voilà comme nos faiseurs de révolutions conduisaient le vaisseau de l'état, en faisant passer notre belle France par tous les genres d'humiliations au dehors et par tous les degrés de misère au dedans.

Dès le commencement de 1833, le dauphin s'apercevant de l'inutilité de ses efforts, cessa toute participation à la politique, pour ne plus s'occuper que de sa réclamation d'état-civil et des recherches qui devaient la précéder. Il avait fait en 1831, la connaissance de M. Morin de Guérivière, qui avait été enlevé de Paris le 7 juin 1795, par Ojardias, et arrêté à Thiers, comme soupçonné d'être le dauphin évadé du Temple.

Dans le mois de juin 1832, il retrouva M. Labreli de Fontaine qu'il avait vu en 1816, chez madame la duchesse douairière d'Orléans.

Pendant que le prince se livrait aux soins qu'exigeait sa demande en reconnaissance d'état-civil, la police du château qui épiait toutes ses démarches et le suivait pas-à-pas, lui tendit un piège infernal dans lequel le prince, malgré sa perspicacité et sa prudence, donna en partie, et où il eût infailliblement péri, sans une protection visible du ciel qui veillait sur lui pour le rendre un jour à la France. L'âme et le premier moteur de ce guet-apens destiné à prendre le dauphin comme dans un traquenard, qu'on nous passe ce terme, étaient évidemment Louis-Philippe qui n'avait reculé devant aucun crime pour arriver au pouvoir. On sait que ce *Grand Orient* des francs-maçons, plus connus aujourd'hui sous les noms d'*illuminés* en Allemagne, de *carbonari* en Italie et de *libéraux* en France, dirigeaient toutes les insurrections qui eurent lieu sous la Restauration, et qu'il était le chef supérieur de la conjuration de Didier qui reçut, dans un seul envoi, deux cent mille francs, tant en billets de banque qu'en or. On sait aussi que, lors de son passage à Grenoble, il présida une réunion de conjurés, qui se tint à la Bastille. Tout le monde connaît maintenant que la révolution de 1830 est son ouvrage. Et on doit lui rendre cette justice qu'il a bien su l'exploiter à son profit.

Quoique ce roi-citoyen dût son avènement au trône à l'élection irrégulière de 219 représentants sans mandat spécial, et que, sous ce rapport, il parût beaucoup moins intéressé que Louis XVIII et Charles X, qui venaient, disaient-ils hautement, rétablir en France le principe de droit divin, à faire disparaître le dauphin, seul héritier légitime, en vertu de la loi salique qui comptait plus de quatorze siècles de durée ; cependant les raisons les plus fortes et les motifs les plus puissants, que nos lecteurs comprendront facilement, l'engageaient véritablement à retenir ce prince sous sa main pour le faire servir d'instrument à son ambition usurpatrice.

En effet, si Louis-Philippe eût réussi dans son projet exécrable, il mettait le dauphin dans la terrible alternative ou de lui devoir la vie comme une grâce, ou de subir une mort ignominieuse comme convaincu de complot contre la sûreté de l'État et d'attentat contre la personne de l'élu du peuple *souverain*. Dans le premier cas, le roi des français pouvait tout attendre, même une abdication en sa faveur, de la reconnaissance d'un prince aussi généreux, aussi magnanime que le fils de Louis XVI. Par ce moyen, il légitimait son usurpation et transmettait la couronne à sa descendance, soit à titre d'élection, soit à titre d'héritage. Dans le second cas, il affermissait également la couronne sur sa tête et l'assurait à sa nombreuse postérité, en rendant la branche aînée odieuse à toute la nation française, par le supplice infamant justement infligé à son chef. Et dans l'un et l'autre, il ralliait autour de sa personne et attachait à jamais à sa dynastie tous les partisans des Bourbons. Voilà tout le fruit, tout l'avantage que le roi citoyen espérait retirer de l'horrible trame ourdie dans les ténèbres par la police secrète.

Comme on le voit, un intérêt majeur et dynastique, s'opposait à la réclamation d'état-civil, que le dauphin se préparait à présenter aux tribunaux compétents. Aussi Louis-Philippe mettra tout en œuvre pour l'empêcher et pour faire tomber l'infortuné prince dans le piège infernal qu'il lui a tendu.

Il existait à Paris, en 1832, une aventurière qui se faisait appeler la comtesse de *Deux-Ponts*, et qui vivait en société d'un certain *Durut*, qu'elle disait être son mari. Cette femme était connue depuis longtemps d'un nommé Carlier, qu'on disait chef de la police secrète du château, avec lequel elle s'était liée à Strasbourg en 1815; à cette époque, elle était elle-même attachée à la police de la ville, tandis que Carlier y était secrétaire du lieutenant de police. Mise en rapport avec M. Morin de Guérivière, par M. Toulotte, ancien fonctionnaire du Bas-Rhin, la Durut sût bientôt de M. Morin, qui n'en faisait pas mystère, qu'il croyait à l'existence de Louis XVII. Là dessus, la Durut, qui connaissait par la police du château tout ce qui concernait le dauphin, assura à M. Morin qu'elle avait été arrêtée pour lui en 1814. Il n'en fallut pas davantage pour capter sa confiance. Cette méchante femme qui n'a pas oublié la leçon qu'elle a reçue en haut lieu, parle à M. Morin d'un paquet déposé autrefois chez elle, et dans lequel se trouvait des lettres du prince de Condé, de Lafayette et autres concernant l'existence du fils de Louis XVI.

C'est ici que commence, à proprement parler, la trame la plus odieuse qui ait jamais été ourdie, trame dont le dénouement devait être si funeste au dauphin qui, pendant que ces choses avaient lieu, s'occupait sérieusement des recherches dont nous avons parlé ci-dessus. M. Morin qui ne peut pas soupçonner de malice, de ruse et de mauvaise foi dans les promesses que lui fait la Durut, obtient du prince la somme de trois mille francs dont elle a besoin, dit-elle, pour se rendre en Amérique où elle avait déposé, dans le temps, les papiers le concernant. De son côté, le duc de Normandie pensant avoir recueilli assez de matériaux et s'être assuré assez de témoignages, fit choix de Me Leroy, avocat, rue Coquillière, n° 12, afin de saisir régulièrement les tribunaux de sa demande en reconnaissance d'état-civil, et le premier mars 1833, une conférence à laquelle assistèrent Me Béthéder, avoué, place du Châtelet, n° 2, et M. Morin, eut lieu en sa présence chez Me Leroy.

M. Morin, croyant qu'il n'y avait point d'inconvénients à parler de ce qui s'était passé chez Me Leroy, en informa le lendemain la Deux-Ponts Durut, à l'insu du dauphin qui reçut le 3 mars, sous le couvert de M. Morin, la lettre suivante écrite en chiffres :

« Prince, vous ne rendez pas justice à vos amis ; plus ils vous sont dévoués, plus vous paraissez vous en éloigner. Vous cherchez, m'assure-t-on, à découvrir vos amis de captivité, ainsi que les personnes attachées à votre maison et à votre service particulier, et vous fuyez ceux qui peuvent faciliter vos recherches ! *Soyez plus confiant*, et vous trouverez des cœurs qui répondront au vôtre. Vous allez perdre une des colonnes de votre édifice ; une dame de ma connaissance va quitter la capitale, parce que les moyens lui manquent. *Faites des sacrifices*, vous en serez content ; c'est la femme la plus propre à bien servir, et *vous pouvez compter sur elle comme sur vous-même*. Je la connais depuis longtemps ; sa fidélité est à toute épreuve, et lorsque vous l'aurez mise à l'essai, vous verrez que vous en serez satisfait. *Vos démarches sont connues, tenez-vous sur vos gardes; nous ferons bientôt connaissance*, et vous ne vous repentirez pas d'avoir mis vos intérêts entre mes mains, car je vous prouverai qu'ils me sont aussi chers qu'à vous-même. »

Je suis, etc. 3 mars 1833. *Signé* BERGER.

Il faut avouer qu'il serait difficile de faire une lettre avec plus d'adresse, plus d'art et plus de ruse pour surprendre la bonne foi qui se tiendrait le mieux sur le qui-vive. Le prince, sans aucune défiance, ne sachant ce que cela signifiait, par la raison que ce Berger lui était tout-à-fait inconnu, questionna M. Morin; celui-ci lui avoua avoir instruit la Durut de ses affaires, ajoutant que c'était sans doute d'elle qu'il était question dans la lettre, et que par les mots *démarches connues*, on faisait allusion à sa demande en reconnaissance d'état civil.

La première fois que M. Morin revit la Durut, il lui demanda des renseignements sur ce Berger dont le dauphin n'avait jamais entendu parler. Elle lui dit que ce Berger était le chef de la police secrète du château; un *réfugié italien* qu'elle avait connu dans le temps à Strasbourg, lorsqu'il fuyait la persécution des despotes de l'Italie, et qu'elle lui avait même, à cette époque, rendu des services, ainsi qu'à d'autres réfugiés italiens, proscrits comme lui; qu'ayant été impliqué dans les troubles de la Péninsule, il fut arrêté et retenu à Milan, où, se trouvant avec les autres détenus politiques, il avait appris leur manière de correspondre en chiffres, c'est ce qui faisait qu'il avait pu écrire la lettre envoyée par M. Morin, lettre que Berger savait devoir être comprise par le prince, qui s'était trouvé momentanément parmi les détenus arrêtés à la suite des mouvements politiques de

Naples, du Piémont, de Venise, etc., et qui connaissait tous les moyens dont ils se servaient pour correspondre entre eux. M. Morin rendit compte de tout au dauphin, qui, malgré la coïncidence frappante qu'il y avait entre la connaissance par la Durut, de Carlier et de Berger, connaissance qu'elle annonçait avoir été faite à Strasbourg, ce qui prouvait clairement que Carlier et Berger étaient le même individu, ne put penser qu'une femme qu'il venait d'obliger, et qu'il croyait bien née, puisqu'un ancien fonctionnaire, assez haut placé, l'avait présentée à M. Morin, sous le titre de comtesse de Deux-Ponts, pût le tromper d'une manière aussi cruelle.

Cependant, ce prince, doué d'une prudence extraordinaire, chercha à prendre quelques renseignements dont le résultat fut d'adresser à Berger des reproches au sujet de certains faits qui s'étaient passés et dont la Durut se plaignait elle-même assez vivement. La réponse ne se fit pas attendre. « Prince, lui dit Berger, il est vrai que j'ai dit tout ce vous me reprochez ; mais je voulais savoir si la personne à laquelle je m'adressais était toujours digne de ma confiance. Elle s'était remariée : cela change souvent le caractère. C'est avec satisfaction que je l'ai vue aussi solide dans son attachement que par le passé. Cette épreuve me devenait nécessaire ; si elle eût chancelé, on ne pouvait plus s'y fier. C'était d'elle, prince, dont je vous parlais dans ma précédente. Son mari m'assura qu'ils allaient quitter Paris, faute de moyens d'existence. J'ai pensé que vous feriez bien de vous l'attacher. J'ai la certitude qu'elle vous est nécessaire plus que vous ne pensez ; elle peut, à elle seule vous être, de plus d'une manière, utile et même je puis dire *indispensable. Je la connais ; il est important de l'attacher à vos intérêts....* Vous me demandez de la franchise; *je n'ai jamais manqué à l'honneur;* vous devez vous en être aperçu. Je veille plus que vous ne pensez à ce qui vous regarde. Il y a longtemps que vous m'auriez vu ; *mais la prudence m'est plus que jamais nécessaire.* Je suis tellement observé, que la moindre imprudence *nous* perdrait. *Comptez sur moi à la vie, à la mort.* Donnez-moi vos instructions, et vous verrez si je sais servir ceux que j'aime. » Je suis, avec respect, votre dévoué serviteur. *Signé :* Berger. Paris, 8 mars 1833. »

Quelle gradation suivie dans cette trame infernale! Comme l'intérêt va toujours croissant pour le prince ! Quels moyens plus propres à lui inspirer une confiance sans bornes, aveugle, que ceux qu'emploie le maître du château! Ce sont des réfugiés politiques qui doivent lui être d'autant plus dévoués qu'ils ont partagé son sort. Quelle preuve de dévoûment dans l'épreuve à laquelle on dit avoir assujetti la Durut, pour s'assurer par soi-même de sa fidélité! Peut-on mieux s'y prendre pour éviter, pour éloigner indéfiniment une entrevue qu'on ne peut pas, qu'on ne veut pas accorder ? En vérité, il n'y a qu'une sagesse surhumaine qui puisse empêcher le prince de tomber dans des piéges dressés avec tant d'art, mais un art diabolique! Plus rusé que le Vieux de la Montagne, qui se contentait d'envoyer ses séides pour assassiner publiquement ceux qui refusaient de lui payer le tribut, le roi-citoyen dirigeait ses coups dans l'ombre, par le moyen de la Durut, Carlier et autres agents mystérieux, qui devaient empêcher par ruse la demande que le dauphin se proposait de faire en réclamation d'état-civil, laquelle mettait les habitants du château aux abois. Ils l'empêcheront en effet, cette réclamation si juste, si simple et si nécessaire pour donner une position sociale au petit-fils de saint Louis ; ils mettront même sa réputation, son honneur, sa vie en danger imminent, mais sans retirer tout le profit qu'ils espéraient, qu'ils attendaient de cette machination infernale.

Nous n'entrerons pas dans le détail de ce dédale inextricable où la ruse, la fraude, l'audace et la scélératesse semblent se disputer tour-à-tour la palme; nous dirons seulement que le malheureux dauphin, joué de la manière la plus indigne, et victime d'un affreux guet-apens, reçut plus de trente-quatre lettres où l'on gardait toujours un mystérieux anonyme, toutes à projets audacieux pour son service, toutes plus ou moins hostiles au château qu'on menaçait d'incendie, afin de détruire tout d'un coup *toute la couvée*, c'est ainsi que l'on désignait la famille de Louis-Philippe, et qu'il donna, en différentes fois, plus de vingt mille francs à ces agents secrets, qui lui faisaient toujours espérer les papiers les plus importants, mais qui ne lui en remettaient aucun.

A ces lettres infames, écrites avec un venin infernal, le prince fit plusieurs réponses dans lesquelles il désapprouvait, heureusement, ces mesures atroces, et se bornait à demander instamment la remise des pièces le concernant, pour commencer les formalités de sa réclamation en reconnaissance d'état-civil. Il était moralement impossible de ne pas surprendre la bonne foi du dauphin, quoiqu'il fût bien versé dans les affaires, et qu'il eût mille raisons d'agir avec prudence ; puisque, dans cette correspondance que l'on ne sait comment qualifier, tant elle est inique et exécrable, on allait jusqu'à citer des passages entiers des lettres du prince de Condé, et qu'on en précisait même la date avec exactitude.

Ce fait prouve évidemment que l'usurpateur Louis-Philippe était l'âme et le premier moteur de cette atroce machination, et qu'il voulait faire périr juridiquement l'héritier légitime, pour jouir sans crainte de l'héritage usurpé.

Les choses en étaient là, lorsque, le 29 août 1833, à onze heures du matin, le prince fut arrêté près de l'Observatoire, conduit à la Préfecture de police, et immédiatement interrogé par Joly, à qui il déclara son nom et son domicile, tout en protestant contre l'illégalité d'une arrestation exécutée sans mandat quelconque. Une perquisition faite chez lui le même jour, procura la saisie de plusieurs lettres, de quelques brochures, d'une main-courante, d'un poignard, d'un agenda et d'un paquet renfermant un manuscrit de son altesse royale la duchesse douairière d'Orléans, et quelques lettres autographes du prince de Condé. Ces pièces, qui lui avaient été remises par M. Labreli de Fontaines, ne laissaient aucun doute sur ses relations avec le prince et la duchesse.

Le soir du même jour, l'auguste orphelin du Temple fut interrogé par le préfet de police Gisquet, qui fit rédiger de cet interrogatoire un procès-verbal qui ne renfermait ni les réponses du prince, ni la mention de tout ce qui avait été saisi chez lui, ni sa protestation contre l'irrégularité de son arrestation, exécutée sans mandat; aussi il refusa de signer une pareille pièce. Mis à la disposition du procureur du roi, par un abus de pouvoir monstrueux, le prince fut écroué sous les noms d'Éthelbert-Louis-Hector-Alfred, baron de Richemont, comme prévenu de complot, et transféré, quelques jours après, à la prison de Sainte-Pélagie. Mais les papiers saisis, ceux qui étaient au pouvoir de Louis-Philippe, les autres documents authentiques qu'on possédait au château, les renseignements pris au sujet du prisonnier de Sainte-Pélagie, enfin les dépositions des témoins furent si convaincants, que M. d'Argout, ministre de l'intérieur, disait dans une lettre trouvée dans le dossier secret de ce procès monstrueux : « Il paraît notoire que le fils de Louis XVI n'est pas mort au Temple, et tout porte à croire que ce pourrait bien être le prévenu. » C'est pour empêcher le retrait de cette lettre que tous les magistrats du parquet ont lue, ainsi que des autres pièces le concernant, que le duc de Normandie répondit, le 30 octobre, au président, qui lui demandait son nom lors du tirage du jury : « Vous me demandez mon nom ! l'agitation que cette affaire a produite dans le conseil des ministres, les télégraphes mis en jeu et les lettres de plusieurs ministres jointes au dossier, vous le disent assez! » Que répondit le président ? que répondit l'avocat-général ? *rien*, absolument rien !... Ce silence prouve d'une manière péremptoire qu'ils connaissaient parfaitement que le prisonnier de Sainte-Pélagie était le fils de Louis XVI, l'héritier légitime du trône occupé par le nouveau Julien l'Apostat, Louis-Philippe, qui avait tout sacrifié pour arriver au pouvoir, et qui, pour s'y maintenir, se rendrait coupable des plus horribles attentats.

Que vous en semble, chers lecteurs, cette cause n'at-elle pas une analogie frappante avec celle du divin Sauveur ? Dans cette cause, comme dans la sienne, toutes les règles de la justice ne sont-elles pas violées ? N'opprime-t-on pas aujourd'hui le juste, parce qu'il se dit le fils de Louis XVI, comme autrefois le Sauveur, parce qu'il se nommait le fils de Dieu ? Toutes les autorités, depuis la royale jusqu'à celle du simple agent de police, ne crient-elles pas : « Que notre force soit la loi de la Justice; faisons tomber le juste dans nos piéges, parce que sa vue nous est insupportable? »

A la suite de tant d'avanies, le prince tomba malade. On le transporta à l'infirmerie de la prison, et l'on y fit entrer aussitôt, en qualité d'infirmier suppléant, un condamné pour vol, qui paraissait tellement épier ses actions et écouter tout ce qu'il pouvait dire, qu'il fut évident pour monseigneur le dauphin, comme pour toutes les personnes qui se trouvaient sur les lieux, que cet homme était là pour l'espionner.

Sur ces entrefaites, le comte de Rambuteau, préfet de la Seine, se rendit à Sainte-Pélagie pour visiter la localité ; arrivé à l'infirmerie, il vit le lit du prince découvert ; s'étant informé de la cause, l'infirmier lui répondit que la transpiration occasionnée par la fièvre qui tourmentait continuellement le prince, le forçait à se lever et à découvrir son lit afin de faire sécher ses draps. Le préfet, après avoir donné l'ordre de les changer toutes les fois qu'ils seraient mouillés ou humides, sortit de l'infirmerie.

Un instant après survint le directeur de la prison, Prat, que le dauphin n'avait jamais vu, lequel s'approchant de lui, lui dit : « A quoi bon tant de raideur, et que pouvez-vous en attendre? Si Louis-Philippe vous reconnaissait, s'il vous assignait une pension conforme à votre rang ; s'il vous donnait en mariage la princesse Clémentine, sa fille, *consentiriez-vous* à rester tranquille et à abdiquer en sa faveur? »

Vous apercevez, comme nous, chers lecteurs, le bout de l'oreille du premier auteur de cette proposition. Vous comprenez maintenant pourquoi le pouvoir usurpateur a mis tant de monde sur pied pour empêcher la réclamation en reconnaissance d'état-civil ; pourquoi il a fait arbitrairement arrêter l'auguste orphelin ; pourquoi il a bouleversé toute son habitation pour enlever ses pièces et autres papiers qui décelaient son illustre origine ; pourquoi, s'il ne veut rien obtenir, il produira, à grands frais, un nouveau faux Louis XVII, le trop fameux Naündorff.

Surpris au dernier point de l'audace d'une proposition à laquelle il était loin de s'attendre, surtout dans un tel lieu et de la part d'un tel employé, proposition qu'il devait croire sérieuse, puisque le préfet étant encore dans le local, tout pouvait lui faire penser que le directeur n'agissait que d'après ses ordres, ou du moins ses instructions, monseigneur le duc de Normandie répondit : « Qui que ce soit qui vous ait chargé d'un tel message, allez dire à ceux qui vous ont envoyé, qu'entre le pouvoir et moi il n'y a pas de transaction possible. »

Non, non, point de pacte entre le crime couronné et la vertu opprimée. Ce nouveau Moïse, comme l'ancien, aime mieux être affligé avec le peuple de Dieu que de jouir du plaisir si court qui se trouve dans l'iniquité.

Foudroyé par une réponse dont la vigueur et l'acreté le déconcertèrent, le directeur Prat se hâta de lui dire que c'était de son chef qu'il avait parlé. « Dans ce cas, répliqua le prince, de quoi vous mêlez-vous ? » et il lui tourna le dos.

Il est évident pour quiconque réfléchit, que le directeur de la prison de Sainte-Pélagie, qui ne connaissait nullement le prince, ne lui a pas fait cette proposition de son chef ; mais que dans cette circonstance il n'a été que l'instrument passible d'un pouvoir usurpateur qui prétendait se légitimer par cette abdication de l'héritier légitime, et cette alliance étroite qui devait en être la récompense. Ce qui convertit cette assertion en certitude, c'est que le lendemain de cette réponse énergique et digne du noble rejeton de tant de grands rois, l'ordre fut donné, malgré son état de maladie, et quoiqu'on fût en plein hiver, de le faire partir immédiatement pour Lyon, à pied et conduit par la gendarmerie de brigade en brigade. Honte, honte à jamais à un pouvoir qui se rend coupable d'une pareille atrocité ! qui trafique ainsi de la vie du faible et de l'innocent ! Ce ne fut qu'avec peine et encore parce que la presse lui prêta son appui, que l'auguste orphelin du Temple obtint d'être transporté en voiture et à ses frais, chose qu'on accordait sans difficulté aux assassins et aux voleurs. Nul doute que l'intention de ses iniques et puissants persécuteurs ne fût d'abréger ses jours par ce traitement atroce et inouï, car rien ne les obligeait de l'envoyer à Lyon sous le spécieux prétexte de le confronter avec des témoins qu'on pouvait facilement mander à Paris, comme on le fit plus tard pour des personnes qui demeuraient à trente lieues plus loin.

Que n'eût pas à souffrir ce prince atteint d'une fièvre brûlante pendant ce long trajet de plus de cent vingt lieues, dans la saison de l'hiver, entre deux gendarmes qui le gardaient à vue ? Sans doute que, comme ceux qui conduisaient son illustre et infortuné père à l'échafaud, ils avaient reçu l'ordre de le poignarder s'il se faisait quelque manifestation en sa faveur. Vous ne laisserez pas, Seigneur, un si grand crime impuni, et votre justice tirera bientôt une vengeance éclatante de son bourreau couronné que vous précipiterez du trône comme un vil scélérat.

Arrivé à Lyon dans un état facile à concevoir, l'auguste orphelin reçut toutes sortes de secours de quelques personnes dévouées qui le connaissaient particulièrement. Honneur, et trois fois honneur à ces cœurs généreux qui bravent toute la colère d'un pouvoir inique et inhumain pour venir en aide à la plus grande, à la plus longue et à la plus illustre infortune des temps anciens et modernes! Que ces âmes magnanimes jouissent de la gloire que leur procure devant Dieu et devant les hommes une action si désintéressée et si méritoire! La divine Providence inspira ces généreux dévouements pour consoler le dauphin, rétablir sa santé entièrement délabrée par tant de mauvais traitements et le préparer à de nouvelles épreuves.

La confrontation des témoins eut lieu; mais à la honte du pouvoir usurpateur. La trame ourdie dans l'ombre avec une rare habileté pour convaincre le public que l'illustre victime exploitait les bourses des français trop crédules, fut découverte et mise au grand jour. Les agents du pouvoir furent forcés de reconnaître eux-mêmes que la bourse du fils du roi-martyr s'ouvrait souvent, même dans les cachots, pour donner et soulager la misère, mais jamais pour recevoir. Prisonniers de Milan, de Rouen, de Paris, de Lyon; malheureux de tous les lieux où l'auguste orphelin a porté ses pas, combien de faits de ce genre vous pourriez nous raconter, s'il vous était permis de parler! Comme l'illustre auteur de ses jours, le dauphin n'avait pas de plus grande jouissance que de donner. C'est là son plaisir, sa joie, son bonheur de chaque jour. Aussi, quand il n'est pas chargé de chaînes, les hôpitaux reçoivent souvent sa visite.

Le séjour du dauphin faisait sensation dans la grande ville de Lyon qui, sincèrement attaché à ses rois *légitimes*, comme elle le prouva en 1793, lors du siége qu'elle soutint contre la sanguinaire Convention, aurait fait un mouvement en sa faveur, si le roi-citoyen, prévenu à temps par ses lâches complices, ne se fût empressé de le faire reconduire à Paris.

Après deux mois d'absence, l'auguste orphelin fut donc ainsi réintégré dans la prison de Sainte-Pélagie, d'où il écrivit diverses lettres aux différentes autorités, à l'effet de demander sa mise en liberté ou des juges. On ne répondit à toutes ses justes réclamations que par un coupable silence qui accusait tout à la fois le pouvoir usurpateur d'impuissance, de lâcheté et d'injustice ; car aux yeux de la loi, comme de la raison, on doit être présumé innocent tant qu'on n'est pas condamné. L'infame Louis-Philippe s'apercevant, mais trop tard, qu'il avait fait fausse route, enfanta, dans son génie infernal, une nouvelle énormité pour se tirer du mauvais pas où il s'était engagé.

Nanti des pièces, papiers et documents qui concernaient l'illustre et infortuné fils du saint martyr Louis XVI, connaissant d'ailleurs dans le plus grand détail l'intérieur et les malheurs inouis de la famille royale renfermée dans la tour du Temple, d'où le roi, la reine et madame Elisabeth, sœur du roi, ne sortirent que pour verser leur sang et donner leur vie pure et innocente pour la France, leur malheureuse et ingrate patrie, le roi-citoyen, digne fils de Philippe-Égalité, qui avait voté la mort de son parent et de son roi, fit 'dresser. par ses émissaires à gages, un certain Charles-Guillaume Naündorff, prussien d'origine, pour jouer le rôle de Mathurin Bruneau et autres faux dauphins, qui ont paru sous les différents gouvernements usurpateurs. Cet aventurier, dressé à si bonne école, joua si bien son rôle, quoique parlant à peine français, qu'il parvint à faire un certain nombre de dupes.

Pour faire connaître cet individu condamné nombre de fois pour divers délits et crimes, nous transcrivons ici la dépêche officielle adressée en 1836, au ministre de l'intérieur par le cabinet de Berlin.

« Vous avez désiré obtenir quelques renseignements sur la moralité, les antécédents et la position sociale du sieur Naündorff (Charles-Guillaume), qui cherche à se faire passer pour le fils de Louis XVI. Voici, en substance, ceux qui existent dans les archives de mon ministère : ils ont été communiqués officiellement par le gouvernement prussien à M. le ministre des affaires étrangères. Naündorff est signalé comme issu d'une famille de juifs établie dans la Prusse polonaise. Il vint à Berlin en 1810 et y demeura deux ans ; il logeait alors dans la maison d'un tonnelier, et gagnait son pain en colportant des horloges en bois. Il annonçait être marié ; cette déclaration fut reconnue mensongère. Il faisait passer pour sa femme la nommée Christine Hasfert, veuve d'un soldat. En 1812, il partit pour Spandau. Il déclara devant le magistrat de cette ville, le 25 novembre, qu'il désirait s'y établir comme horloger et obtenir les droits de bourgeoisie. En 1818, il se maria avec la fille d'un nommé Einers, fabricant de pipes à Havelberg. Suivant les registres de l'état-civil, il aurait déclaré être protestant de la confession d'Augsbourg, et avoir quarante-trois ans; d'après cette déclaration, il serait né en 1775, c'est-à-dire dix ans avant le dauphin, fils de Louis XVI. De son mariage, il naquit à Spandau, deux enfants qui furent baptisés par le pasteur luthérien Nicolas. En 1822, Naündorff vendit son atelier et alla s'établir à Brandebourg. Il continua son métier et fit de mauvaises affaires. En 1824, il fut traduit devant les tribunaux sous l'accusation d'incendie ; il fut acquitté faute de preuves. En septembre 1824, il fut accusé du crime de fausse monnaie. A cette époque, pour donner le change à ses antécédents, il imagina un roman d'après lequel il serait né à Paris et fils d'un prince. Convaincu de complicité de fausse monnaie, il fut condamné à trois ans de travaux forcés dans une maison de détention, et il a subi sa peine, de 1825 à 1828, dans l'établissement pénitentiaire de Brandebourg ; plus tard, se trouvant à Crossen, il publia qu'il était le fils de Louis XVI, se donna le titre de prince, et fit imprimer un gros livre à l'appui de cette fable. Pour échapper aux poursuites des tribunaux, il se réfugia d'abord à Dresde, puis en Suisse, et ensuite à Paris. Depuis son arrivée en France, il avait réussi à faire des dupes et à exploiter leur crédulité, mais le gouvernement crut devoir mettre un terme à ses escroqueries et à ses manœuvres, quoique plus ridicules encore que dangereuses, en usant des pouvoirs que la loi lui accorde de faire sortir de France tout étranger qui trouble l'ordre. Depuis lors, Naündorff habite l'Angleterre et y continue son rôle ; pour accroître le nombre de ses partisans, il a imaginé des communications avec les esprits célestes, à la suite desquelles il a mis le comble à ses intrigues en se déclarant le chef d'une nouvelle secte.

Arrivé en Angleterre, Naündorff se voyant loin de ceux qui devaient naturellement le surveiller, suivit sa pente naturelle ; il se livra à la débauche et à des désordres tels, que ses propres partisans se virent forcés de le désavouer dans leur publication, le 16 février 1841. Ce désaveu, imprimé, fut signé et répandu à profusion par les avocats qui avaient donné du relief à l'imposteur.

Emprisonné pour dettes et expulsé de la Grande-Bretagne, il se retira à Delft (Hollande), où il mourut le 10 août 1845.

Voilà une notice succincte, mais très-exacte, sur le trop célèbre Naündorff, lancé par la police du château, pour détourner l'attention du public du véritable fils de Louis XVI, détenu prisonnier à Sainte-Pélagie. Cet aventurier prit goût au métier, et peu content des sommes énormes que le roi-citoyen lui faisait toucher pour jouer ce rôle et garder le secret, il se livra tellement à ce genre d'industrie, qu'il porta l'audace, en 1836, jusqu'à faire citer madame la duchesse d'Angoulême devant le tribunal civil de la Seine. Mais il ne renonça pas pour cela à son premier genre de fourberie. A la même époque, M. Auguste Thomas, homme de lettres, déposa au parquet du procureur du roi, une plainte en escroquerie contre le sieur Naündorff, se disant fils de Louis XVI et de Marie-Antoinette, reine de France. (Voyez *Gazette de France*, 4 février 1836.)

Louis-Philippe, craignant que M. Berryer qui plaidait pour M. Auguste Thomas, ne soulevât le voile pour mettre à nu toute son iniquité, empêcha la plaidoierie qui promettait d'occuper l'attention publique à ses dépens, et fit sortir de France comme étranger, son agent Naündorff, Charles-Guillaume, natif de Weymar (Prusse), comme il le déclara publiquement lui-même à l'audience de la Police correctionnelle, le 23 février 1836.

Vous connaissez maintenant, chers lecteurs, l'homme employé par notre roi-citoyen pour perdre dans l'esprit public l'auguste orphelin du Temple, connu sous le nom de M. le baron de Richemont, qu'il retenait arbitrairement prisonnier à Sainte-Pélagie, qu'il avait fait barbarement traîner à Lyon, chargé de chaînes comme le dernier des scélérats, pendant les froids insupportables de la rigoureuse saison de l'hiver, dans le moment même qu'il était atteint d'une fièvre brûlante qui le tourmentait d'une manière horrible. Les expressions vous manquent comme à nous pour qualifier un pareil acte de barbarie, sans exemple même parmi les peuples sauvages, et vous proclamerez hautement avec nous, que dans cette circonstance, le roi-citoyen se montre plus vil et plus scélérat que l'ignoble agent qu'il emploie pour écraser et tuer l'innocent.

Enfin, quand le pouvoir usurpateur crut avoir bien pris ses mesures et dressé toutes ses batteries, il fit comparaître, après plus de quatorze mois de détention préventive, le 30 octobre 1834, M. le baron de Richemont, c'est-à-dire, le fils du saint roi-martyr, devant la cour d'assises de la Seine. Comme tout était fourberie dans ce procès monstrueux, l'acte d'accusation le désignait sous les noms de Ethelbert-Louis-Hector-Alfred, baron de Richemont, âgé de 46 ans, rentier, né à Paris. On l'accusait 1° de complot ayant pour but un attentat contre la vie du roi et des membres de la famille royale, la destruction du gouvernement établi *par le choix du peuple français*, et l'excitation à la guerre civile; 2° de délits de presse; de possession d'une imprimerie clandestine; 4° de port d'une arme prohibée; 5° d'escroquerie. L'accusation trouvait la preuve de ce dernier chef dans les dépenses considérables que faisait le prince, dans les largesses, les bonnes œuvres qu'il pratiquait; (on retrouve ici l'accusation formulée par les régicides contre l'illustre auteur de ses jours, le martyr Louis XVI; comme son père, le dauphin répondra que son plus grand plaisir est de faire du bien.) et, dans un simulacre de vente du domaine de

Lafrétat, fait par la dame de Grigny à sa nièce, qui aurait dû le lui donner sous l'apparence d'une vente. (Il est bon d'observer que, pour jouer la comédie d'escroquerie, le pouvoir avait choisi l'honorable famille de Grigny, parce qu'elle connaissait l'illustre origine de M. le baron de Richemont, et qu'elle le traitait avec la distinction due à son haut rang; mais il se garda bien de la faire assister aux débats. On devine pourquoi. La confrontation des parties intéressées, demandée par l'illustre accusé, et l'audition des témoins, confondirent tellement les inventeurs de ce prétendu délit d'escroquerie, qu'il n'en fut plus question pendant les débats qui durèrent plus de cinq jours.)

Comme les dépositions de la plupart des témoins n'apprennent rien de nouveau, nous ne mentionnerons ici que celles de M. de Caraman, pair de France, et de M. Andryane, ancien prisonnier politique de Milan; le premier, ambassadeur sous la Restauration, à Vienne en Autriche, interrogé par M. l'avocat-général si des ordres avaient été donnés pour faire arrêter et retenir prisonnier à Milan un personnage de cette importance, répondit : « *Il y a eu, en effet*, quelque chose de ce genre, mais rien d'officiel... » Quant aux paroles de M. de Caraman, elles sont très-officielles, claires et précises, et prouvent évidemment que le duc de Normandie a été arrêté et retenu prisonnier d'État à Milan, par les ordres de l'empereur d'Autriche, sur les instances de la cour de France.

Le second témoin à charge, après avoir adressé plusieurs questions insidieuses à M. le baron de Richemont, avoua devant les jurés, qu'il fallait nécessairement avoir été là, renfermé dans le local, pour savoir ce que l'accusé venait de dire.

Plus de doute maintenant sur l'illustre origine de l'accusé ; deux témoins ont déclaré sous la foi du serment, qu'il a été prisonnier à Milan ; mais le prisonnier de Milan n'est autre que l'auguste orphelin du Temple, monseigneur le duc de Normandie, le fils du martyr Louis XVI. Aussi, le pouvoir usurpateur qui se voit pris dans ses propres filets, s'empresse t-il, pour attirer l'attention du public et des jurés d'un autre côté, d'envoyer au milieu des débats, un émissaire du prussien Naündorff, qui remet au président une lettre de cet étranger, dans laquelle il s'annonçait comme étant le seul et véritable fils de Louis XVI, et signait : *Charles-Louis, duc de Normandie*.

Étonné de l'audace du messager et de l'ignorance du prétendu maître, qui allait jusqu'à donner au fils du roi-martyr un nom qui n'était pas le sien, et à accoler à ce nom le titre de duc de Normandie, le dauphin se serait contenté de hausser les épaules, persuadé que c'était un nouveau subterfuge de la police, une nouvelle comédie qu'elle jouait ; mais les regards de la cour, des jurés et de tous les assistants étaient dirigés sur lui pendant que le greffier rédigeait le procès-verbal relatif à cet incident ; il crut devoir dire deux mots à ce sujet. Le prince fit donc l'observation suivante : « Lorsqu'un citoyen quelconque réclame un nom, il doit au moins le connaître : le fils de Louis XVI s'appelle *Louis-Charles*, et non pas Charles-Louis. »

Cette courte mais précise observation aurait dû suffire pour engager l'ignorance ou la mauvaise foi à cesser une plaisanterie qui, après ce qu'il venait de dire, ne pouvait plus être que ridicule ou criminelle ; il ne savait pas encore alors que cette intrigue était dirigée par la police qui en faisait mouvoir tous les fils..... Horreur!!! Le dauphin n'aurait pu y croire, tant étaient absurdes et la prétention et les accords de prénoms au titre, chose tellement insolite, qu'un écolier ne serait pas tombé dans une pareille bévue. En effet, si le fils de Louis XVI avait reçu en naissant les prénoms de *Charles-Louis*, il eût, après la mort de son père, porté le nom de Charles X. Cependant il a été classé au nombre des rois de France sous le nom de Louis XVII, il fallait donc de toute nécessité qu'il se nommât *Louis*-Charles...., rien de plus élémentaire. D'un autre côté, les princes royaux ne mettent jamais leurs titres après leur signature, ce n'est pas l'usage... Ils signent par fois l'un ou l'autre ; mais nulle part on n'a vu le titre après leur nom... Nous ne sommes pas encore à la fin de cette comédie machiavélique où l'absurdité le dispute à l'effronterie. Le lendemain, le prussien Naündorff osa publier une seconde lettre dans laquelle il dit que le fils de Louis XVI s'appelle *Charles-Louis*, qu'il le prouvera en produisant l'acte de naissance de ce prince.... Il paraît que Naündorff l'a emporté dans l'autre monde, car nous n'en avons point vu qui donnât le nom de *Charles-Louis* au dauphin. Mais laissons cet incident qui nous a beaucoup trop occupés, et revenons aux débats, pendant lesquels le prince parla plusieurs fois avec beaucoup d'éloquence, de force et de raison. L'auditoire parut surtout ému lorsque le dauphin, après avoir réfuté victorieusement toutes les allégations mensongères de M. l'avocat-général, prononça ces paroles remarquables :

« Le pouvoir savait qu'il existait une victime échappée à l'orage qui avait englouti presque toute sa famille ; il était instruit par ses agents qu'elle faisait des démarches

pour découvrir d'anciens serviteurs et recouvrer certains papiers qui lui avaient été violemment enlevés, papiers qui lui étaient indispensables pour procéder à une demande en reconnaissance d'état-civil; le pouvoir prévoyait les conséquences de cet acte régulier et légal, et en redoutait les suites ; il fallait donc l'empêcher à tout prix. Les moyens familiers et ordinaires avec lesquels on se débarrasse d'un importun, ne pouvant être employés sans danger, on eut recours à d'autres expédients. L'agent supérieur de *certain lieu* fut chargé de m'écrire pour me détourner de mes projets ; il me dit des choses vraies, *que son maître seul pouvait connaître ;* il m'engagea fortement à ne pas faire procéder à une reconnaissance d'état-civil, m'assurant que les papiers que je cherchais étaient en son pouvoir ; il me donna un détail si exact de leur forme, de leur contexture, de leur contenu, de leurs dates et de leurs signatures, qu'il fallait absolument les avoir à sa disposition et même sous ses yeux pour s'en expliquer ainsi; il m'offrit de me les rendre et de m'aider en outre à découvrir les personnes que je cherchais. Dès-lors plus de doutes possibles.... La crédulité est le partage de la bonne foi. A l'aide de ces promesses, on parvint à m'extorquer des sommes considérables que les agents provocateurs se partagèrent entre eux. En échange de cette coupable spoliation, je reste possesseur d'une correspondance qui compromet gravement le pouvoir...
Le moment est venu, messieurs, de lever le voile qui couvre un grand mystère d'iniquité ! Vous connaîtrez les malheurs qui ont abreuvé mon existence ; vous apprendrez, et l'Europe apprendra avec vous, les persécutions auxquelles ma fatale naissance m'a mis continuellement en butte !... Vous connaîtrez mes oppresseurs, vous con-

naîtrez leur victime! ma présence ici est un de ces phénomènes que les révolutions seules peuvent produire!... Je suis l'une de ces victimes qui survivent rarement à la rage des factions... Renfermé tout vivant dans la tombe à l'aide d'un acte de décès frauduleux, j'erre depuis quarante ans dans tous les pays du monde, sans feu, sans lieu, sans asile où je puisse reposer ma tête avec sécurité. Jusqu'ici les cachots seuls se sont ouverts pour me recevoir dans leurs sombres réduits. J'ai été malheureux toute ma vie; j'ai parcouru la terre, et je n'ai trouvé de repos nulle part. Si c'est un crime indélébile d'être né sur les marches du trône... votre verdict, messieurs, et le pays en décideront. »

Le prince, en terminant ce discours si plein de vérité et de sentiment, s'abandonna à une grande émotion. Ses larmes coulèrent en abondance. Toute l'assemblée émue et attendrie sembla partager sa conviction et son indignation contre le pouvoir dont l'iniquité paraissait flagrante. L'agitation des esprits fut si grande, qu'on fut obligé de suspendre l'audience pendant quelque temps. Jamais, en effet, cause plus noble, plus belle et plus intéressante n'a paru devant les tribunaux? Quoi de plus capable de piquer la curiosité, de réveiller l'intérêt, d'exciter tout à la fois les diverses passions de l'âme, que ces paroles de l'illustre accusé. « Je suis l'une de ces victimes qui survivent rarement à la rage des factions. » Oui, semblait dire l'auguste orphelin, au pouvoir, aux jurés et au public, vous voyez devant vous le descendant d'une longue suite de rois, qui ont fait le bonheur et la gloire de la France, le fils du pieux Louis XVI, mort victime de son amour pour son peuple; oserez-vous bien condamner celui que la divine Providence a conservé d'une manière si merveilleuse jusqu'à présent?

Oui, il sera condamné, celui dont l'innocence est reconnue même par ses juges, qui, comme Pilate, confessent qu'ils n'ont rien découvert en lui qui fût répréhensible, parce que sa condamnation a été achetée par le pouvoir usurpateur, mais sa défaite sera aux yeux des témoins de cette ignoble comédie, l'équivalent du plus glorieux triomphe, puisqu'il a réussi à faire tomber toute la honte de l'accusation infame dont il avait été l'objet sur ceux-là mêmes qui s'étaient flattés de vouer le reste de ses jours à l'ignominie.

Condamné à douze années de détention pour avoir formé avec *deux ou plusieurs personnes restées inconnues*, un complot ayant pour but la destruction du gouvernement et l'excitation à la guerre civile, le prince se retira sans trouble et sans émotion en prononçant ces paroles remarquables et dignes d'un héros chrétien : « Celui qui ne sait pas souffrir, n'est pas digne des honneurs de la persécution. »

Vous avez, comme nous, chers lecteurs, remarqué ces mots, *restées inconnues*, qui proclament hautement l'innocence de l'illustre condamné, qui révèlent la prévarication des juges, qui affichent publiquement la honte, l'infamie et la scélératesse du pouvoir. Car là où il n'y a pas de complices, il n'existe pas de complot. Et puisqu'ils sont restés inconnus, de l'aveu même des jurés, la vérité, la raison et l'équité les déclarent imaginaires.

O nos chers concitoyens ! arrêtons-nous un instant sur ces belles paroles, inspirées par la sagesse incréée dont il est l'image et le représentant, à l'auguste orphelin du Temple, à l'illustre prisonnier de Sainte-Pélagie : » Celui qui ne sait pas souffrir, n'est pas digne des honneurs de la persécution. » Combien celui qui les a prononcées est au-dessus de Socrate, le plus sage des philosophes de l'antiquité, qui, philosophant tranquillement avec ses amis, reçoit la coupe empoisonnée, et bénit celui qui la lui présente ! Tandis que le fils de Sophronisque méprise la vie par orgueil et meurt avec ostentation, le fils du pieux Louis XVI prêche la vertu par son exemple, et l'enseigne par ses paroles. Cette sage maxime qui résume toute la vie de celui qui l'a prononcée, traversera les siècles et apprendra à la postérité la plus reculée que nous sommes justement punis depuis 1789, parce que nous avons fait périr, comme un criminel, sur l'échafaud, le vertueux Louis XVI, le meilleur et le plus sage de nos rois, et que nous avons méconnu, rejeté, persécuté et condamné l'élu, l'oint du seigneur, pour qu'il ne régnât pas sur nous.

Ce jugement inique, que le pouvoir avait acheté par la promesse de places, de décorations et de dignités, ne servit qu'à l'avilir et à faire connaître sa faiblesse. Il en ressortit évidemment pour M. le baron de Richemont qu'on ne put lui trouver d'autre nom et d'autre famille que ceux qu'il s'attribuait ; et il fut clair pour tout le monde, et même pour le président de la cour d'assises, que le condamné, sous le nom de *Henri Hébert*, descendait véritablement, et en ligne directe, des martyrs Louis XVI et Marie-Antoinette, roi et reine de France. Aussi, le gouvernement, pour affaiblir l'impression que ce célèbre procès avait faite dans le public, s'empressa-t-il de faire agir ostensiblement le prussien Naündorff.

Cet imposteur, dressé par les agens de la police secrète du château, afin de mieux égarer l'opinion publique, en lui donnant le change sur sa véritable origine, après avoir débité et fait insérer dans les feuilles salariées mille atrocités sur le compte de l'auguste orphelin prisonnier à Sainte-Pélagie, et proclamé hautement qu'il était le véritable duc de Normandie, dont il ne savait pas même le nom, fit demander par un message solennel, afin, y était-il dit, de donner une preuve sans réplique de son illustre filiation, un sauf-conduit pour aller aux Tuileries chercher et prendre une cassette que lui seul connaissait, laquelle renfermait des papiers et des documents importants le concernant. Cette prétendue cassette, selon lui ou plutôt selon le maître du château, inventeur de cette nouvelle fourberie, avait été placée, en sa présence, par Louis XVI, son père, dans un lieu secret que lui seul pouvait découvrir.

Le roi-citoyen, qui faisait mouvoir toutes les ficelles de cette intrigue, refusa bravement le sauf-conduit pour ne pas recevoir une visite dont le résultat aurait mis à jour cette trame infame ourdie dans l'ombre pour voiler la vérité et perdre l'innocent. Ce nouveau tour d'adresse machiavélique du premier bateleur que la terre ait porté, était d'autant plus spécieux, que l'armoire de fer découverte au commencement de la révolution y donnait un air de vraisemblance capable d'en imposer aux moins crédules.

Voici l'histoire de cette trop célèbre armoire dont les Jacobins firent un crime capital à l'infortuné Louis XVI qui déclara, dans son interrogatoire, n'en avoir aucune connaissance.

Ce saint roi qui n'avait jamais trahi la vérité, méritait d'être cru. On pouvait d'ailleurs lui confronter le serrurier calomniateur. Après l'incarcération de la famille royale, M. de Laporte, intendant de la liste civile sous Louis XVI, fit enfermer, au lieu de les brûler, comme la prudence semblait le lui suggérer, une quantité considérable de papiers composés de mémoires, lettres, notes et autres documents de toute espèce, dans l'épaisseur d'un mur du château des Tuileries, derrière une porte de fer masquée d'un panneau de boiserie. L'intendant avait employé pour faire cette cache, le nommé Gamain, serrurier de Versailles, qui, depuis vingt-six ans, travaillait pour la cour. Quand le roi eut perdu, avec le trône et la liberté, le pouvoir de faire le bien, et que M. de Laporte eut été exécuté, Gamain, comptant sur une grande récompense, ou égaré peut-être par le jacobinisme, alla tout révéler au ministre Rolland, qui fit enlever les papiers et les remit aux comités de la Convention. On ne conçoit pas pourquoi l'on avait gardé des papiers inutiles, qui, s'ils venaient à être découverts, fourniraient des armes contre le roi, et des listes de proscription contre ceux qui avaient voulu le servir. C'est précisément ce qui arriva. Quant au malheureux Gamain, que la vengeance divine poursuivait, il tomba dans la misère ; et, pour s'en tirer, il imagina un crime beaucoup plus noir que son premier crime. C'est le cas de dire avec l'oracle sacré : *abyssus abyssum invocat ;* un abîme creuse un autre abîme. Sa santé s'étant affaiblie, il écrivit à la Convention que le jour où il travaillait à cette cachette, le roi l'avait empoisonné dans un verre de vin. Les Jacobins de la Convention, pour accréditer cette atroce calomnie, sollicitèrent et obtinrent pour l'exécrable Gamain une pension viagère de douze cents francs, à compter du jour où il avait été empoisonné. Quelle énormité ! Le monstre n'en jouit pas longtemps ; bourrelé de remords, en proie à des douleurs horribles, éprouvant une espèce d'enfer anticipé, occasionné par un feu intérieur qui le

brûlait et lui faisait pousser les hauts cris, il expira peu
de temps après dans un affreux désespoir.

Il n'existait aucune autre cachette dans l'intérieur des
Tuileries. Les princesses, il est vrai, avaient déposé
leurs diamants et autres pierres précieuses dans un endroit secret et sûr du château ; mais madame la duchesse
d'Angoulême n'avait pas été initiée au secret, à cause
de sa trop grande jeunesse ; à plus forte raison le dauphin
plus jeune encore, devait-il y être étranger. Madame
Royale savait fort bien que les pierreries de la reine, son
infortunée mère, de madame Élisabeth, sœur du roi et
des autres princesses de la cour, avaient été mises en lieu
de sûreté ; mais elle ignorait dans quel endroit on les avait
déposées : si elle en avait eu connaissance, elle les aurait
certainement fait enlever pendant les quinze ans qu'elle a
habité ces lieux. Aussi le fils régicide de Philippe-Égalité,
qui savait que ces objets précieux n'avaient pas été retrouvés, a-t-il fait, à diverses époques, bouleverser tout
l'intérieur des Tuileries, même les caves et les souterrains,
dans l'intention non avouée, mais formelle, de les découvrir. Plus heureux que la Restauration, il a parfaitement
réussi. Et aujourd'hui ces pierreries ornent le front et parent la tête des princesses d'Orléans. Si l'ex-roi citoyen
voulait nier ce fait que nous tenons de source sûre, nous
l'inviterions à nous indiquer chez quel joaillier il a acheté
les diamants qui ont servi à orner ses filles dans leurs
beaux jours de fêtes ; nous lui demanderions aussi ce qu'il
a fait des boucles d'oreilles de la belle et brillante reine
Marie-Antoinette, pierres si précieuses *que nul n'a pu les
acheter*, quoiqu'il les ait fait présenter à plus d'un bijoutier,
juif ou non, à Londres et ailleurs. Pauvre d'Orléans !
pour remercier l'auguste et royale famille des Bourbons

des bienfaits dont elle l'avait comblé, il ne s'est pas contenté de lui voler le trône, il l'a encore dépouillée de ses diamants. C'est le cas de dire ou jamais, qu'en habile voleur il a tout pris, *principal et accessoire*. Et, ne pouvant plus rien prendre à l'auguste orphelin du Temple, sa victime par excellence, il a voulu lui ravir la *réputation et l'honneur*, biens précieux, *seuls* qui lui restent, et auxquels il tient mille fois plus qu'à la vie. Quelle énormité ! Pour en venir à bout, par le moyen du prussien Naündorff et des agents Carlier, Berger, Durut, etc..., savez-vous, chers lecteurs, quelle somme il a dépensée ? plusieurs millions. Philippe-Égalité, son digne père, n'avait peut-être pas fait de beaucoup plus grands sacrifices pour soulever le peuple de Paris contre son roi et voter la mort du martyr Louis XVI dont le plus grand regret fut d'apprendre qu'un parent qu'il avait comblé de bienfaits, avait aussi levé le pied contre lui. Quelle horreur ! quelle scélératesse ! quelle infamie !

Vous avez assisté, chers lecteurs, au procès monstrueux que le maître du château a suscité à l'auguste orphelin que nous irons bientôt rejoindre à Sainte-Pélagie; vous en avez suivi, à travers ce dédale d'iniquités, les différentes phases, toutes plus hideuses les unes que les autres, et vous vous êtes demandés si de pareilles énormités demeureraient sans châtiments. Non, non ; parce que la justice divine est là pour appliquer la peine du *talion* aux grands criminels que la justice humaine est impuissante à atteindre. Dans cette cause, comme dans celle du Sauveur, beaucoup ont prévariqué, beaucoup doivent être punis. N'en doutons pas, les divers fléaux que nous éprouvons depuis si longtemps sont déjà un terrible, mais juste châtiment de cette grande et longue iniquité commise envers l'illustre et royal orphelin. Les désastres épouvantables de 1848, dont le terme nous est caché, en sont la suite. Voulons-nous réconcilier le ciel avec notre belle France qu'il châtie, mais qu'il ne veut pas perdre, hâtons-nous de reconnaître ce nouveau Moïse sauvé miraculeusement des eaux bourbeuses et infectes de notre hideuse révolution, pour être le chef et le conducteur de la grande et belliqueuse nation des Francs ?

Mais revenons à notre sujet. Voilà comment se termina cette œuvre d'iniquité, s'il en fût jamais ! Combien de fois l'astucieux Louis-Philippe dût se repentir d'avoir conçu et mis en avant, à grands frais, ce projet infernal dont le but avoué était de perdre à tout jamais le duc de Normandie, et dont le résultat ne servit qu'à le faire connaître et à couvrir d'une honte éternelle ses coupables auteurs ? Admirons ici la Providence divine qui tire sa gloire des desseins les plus pervers et les fait tourner à l'avantage de celui qu'elle protège d'une manière si visible !

Aussitôt après sa condamnation du 4 novembre 1834, le duc de Normandie fut réintégré dans la maison d'arrêt de Sainte-Pélagie, et placé dans une chambre au quatrième étage du pavillon de l'est qui est en regard du jardin de l'hospice de la pitié. C'était déjà dans cette prison qu'il avait passé tout le temps de sa longue détention préventive. Là, comme dans ses autres prisons, le prince partageait son temps entre l'étude, la lecture et la politique. C'est par ce moyen, aidé de la haute intelligence que la Providence lui a départie, qu'il est parvenu à acquérir une connaissance parfaite des hommes et des choses, et que, d'un coup d'œil aussi sûr que rapide, il embrasse le vaste horizon dans lequel s'agitent et se décident les évènements humains les plus importants pour les peuples et pour les empires, les discute avec une sagacité et une pénétration extraordinaires, les juge et les règle avec tant de raison et de sagesse, qu'il n'est jamais obligé de revenir sur une décision une fois prise ou sur une solution qu'il a donnée. On voit évidemment que l'esprit de sagesse et d'intelligence s'est reposé sur lui.

Depuis treize mois le prince subissait sa peine, lorsque l'ordre fut donné de transférer tous les condamnés politiques dans la maison centrale de Clairvaux. Tandis qu'il était occupé à faire ses préparatifs de départ, M. Rossignol, condamné politique de l'affaire de juin, l'ayant abordé le 17 août 1835, lui demanda s'il ne préférait pas tenter de recouvrer sa liberté, à l'aide de certains moyens qui paraissaient présenter des chances de réussite, plutôt que de se laisser transférer dans une autre prison. Le prince lui répondit qu'il était disposé à faire tous ses efforts pour sortir d'entre les mains de ses geôliers ; mais que la chose ne lui paraissait pas trop possible. Alors ce condamné lui communiqua le plan d'évasion, qu'il avait conçu avec un autre prisonnier, M. Couder, condamné politique de l'affaire de la rue des Prouvaires. Après l'avoir examiné, quoiqu'il lui parût hérissé de difficultés, le dauphin le trouva possible et l'adopta. Ils se mirent aussitôt en mesure d'agir et fixèrent l'exécution de leur projet au mercredi 19 août 1835. L'un d'eux, M. Couder, s'était chargé d'ouvrir les portes ; il était parvenu à se procurer les clefs de celles qu'il fallait franchir, ce qui était le point important et sur lequel reposait tout le projet. Essayer de sortir au milieu du jour, c'était s'exposer à une non-réussite presque certaine, parce qu'on courait le risque d'être rencontré et infailliblement reconnu par le brigadier dont le logement était dans la petite cour qu'il fallait traverser, et par le cuisinier ou ses aides qui passaient constamment par cette cour, soit en se rendant à l'infirmerie pour y porter la nourriture des malades, soit en allant dans les diverses parties de la maison pour porter les aliments aux prisonniers. Il fut donc décidé que la tentative aurait lieu à huit heures du soir, au moment de la fermeture générale; mais il fallait y mettre une grande célérité, parce que la consigne de la première sentinelle de nuit, qu'on plaçait alors entre huit heures et huit heures cinq minutes, était toute autre que celle des factionnaires du jour et infiniment plus sévère, puisque avec les clefs on n'aurait pas même pu, à partir de cette heure jusqu'à six heures du matin, sortir de cette partie de la prison, ou y entrer sans donner le mot d'ordre au factionnaire.

Le projet étant bien arrêté, le 19 août, à huit heures du soir, au son de la cloche qui indiquait la rentrée des prisonniers, ils montèrent tous les trois dans leurs chambres, changèrent promptement de vêtements, et descendirent avec précaution. Dans la cour ils se mirent à causer haut des réparations à faire dans le pavillon, et ils passèrent ainsi devant le factionnaire intérieur, qui parut bien vouloir leur demander le mot d'ordre, mais qui entendant leur conversation, et voyant l'un d'eux, nanti des clefs, l'autre d'un grand registre, et le troisième d'un papier sur lequel il semblait prendre des notes, les prit pour des architectes et les laissa passer. La porte de la rue ayant été ouverte comme les premières par Couder, ils sortirent tous trois, et à peine hors de la prison, ils aperçurent le caporal avec un soldat qui venait pour relever la sentinelle. Les trois prisonniers suivirent sans trop précipiter leur marche, la rue qui longe le jardin de la Pitié et qui est vis-à-vis la porte par laquelle ils venaient de sortir. Au milieu de la rue, Couder disparut; mais le prince continua avec Rossignol à parcourir plusieurs autres rues, puis ils se séparèrent. Le dauphin était déjà à la barrière d'Enfer, qu'il avait à peine encore à s'imaginer qu'ils eussent pu réussir si heureusement. Aussi, son cœur reconnaissant s'éleva vers Dieu à qui il rendit ses actions de grâces par l'entremise de la divine Marie sa libératrice. Ce qu'il y eut de plus surprenant dans tout ce qui venait de se passer, c'est qu'ils ne furent reconnus ni par le cuisinier, ni par la femme du brigadier, qui étaient dans la petite cour au moment de leur passage. Autrefois le Seigneur envoyait ses anges pour délivrer ses serviteurs des mains du cruel Hérode; aujourd'hui il se contente de frapper d'aveuglement les gardes de l'astucieux Louis-Philippe, dont il fera, en temps et lieu, avorter les projets iniques et ambitieux.

Le lendemain et les jours suivants, plusieurs journaux rendirent compte de cette évasion d'une manière plus ou moins exacte. Le journal ministériel a particulièrement dénaturé les faits, en disant que le prince était l'âme de ce complot, et qu'il avait corrompu les gardiens ou des détenus. La vérité est qu'il n'a été que le complice de l'évasion dont il a profité; qu'il n'a même jamais su comment on s'était procuré les clefs. Mais on comprend que le gouvernement devait faire peser toute la responsabilité de cette merveilleuse évasion sur le dauphin, qu'il poursuivait de toute sa haine. On ne s'aperçut de l'évasion des trois prisonniers qu'à dix heures du soir, au moment où le brigadier, voulant rentrer chez lui, trouva les portes ouvertes et le factionnaire qui en défendait la sortie. Le directeur, le greffier et les autres employés de la prison ne pouvant en deviner la cause, firent faire, contre l'habitude, une visite dans les chambres du pavillon, où ils ne trouvèrent que deux prisonniers au lieu de cinq. Le rapport en fut immédiatement fait au préfet de police, qui en instruisit promptement le pouvoir. Aussitôt les ordres les plus rigoureux furent donnés, et transmis même par voie télégraphique aux frontières et dans tous les départements.

Le prince, que la Providence venait de délivrer de nouveau d'une manière si merveilleuse, sachant positivement combien le château et ses complices seraient contrariés et humiliés par cette évasion, dut prendre toutes les précautions imaginables pour se soustraire aux recherches que l'iniquité, la mauvaise foi et la scélératesse de ses persécuteurs feraient nécesairement. Il sortit de France le plus promptement qu'il fut possible, malgré les mesures sévères que le pouvoir usurpateur avait prises. Le dauphin passa à l'étranger, dans une retraite absolue, les années 1836 et 1837. Vivant dans un grand isolement, il s'adonna entièrement à l'étude et à la pratique des œuvres de miséricorde. Comme le saint roi martyr, son auguste père, il trouvait son plaisir et plaçait son bonheur à soulager les malheureux et à consoler les affligés. S'il lui arrivait de passer un jour sans avoir trouvé l'occasion de pratiquer quelque bonne œuvre, ce bon prince le regardait comme perdu. Combien de fois, en exil, comme en prison, à l'étranger comme dans sa patrie où, comme son divin maître, il ne trouvait pas même où reposer sa tête proscrite, n'a-t-il pas élevé vers le ciel des mains suppliantes pour le bonheur des Français, pour la gloire, la prospérité et la grandeur de la France?

Dans l'année 1838, le dauphin, ennuyé de vivre toujours loin de sa patrie qu'il aime tendrement, et dont il rêve sans cesse l'honneur et la félicité, se rendit à Lyon, où il compte un bon nombre d'*amis* dévoués, car c'est le nom qu'il aime, comme le Sauveur des hommes, à donner à ses fidèles. A peine était-il arrivé dans cette seconde ville du royaume, si célèbre par ses belles manufactures et ses riches fabriques, qu'un fonctionnaire le reconnut et en fit son rapport au procureur-général. Ce magistrat, qui était le président des assises de la Seine, lors du procès du prince, crut devoir faire connaître sa présence à Lyon au garde-des-sceaux, qui répondit de la manière suivante : « Quant au baron de Richemont, *tant qu'il ne réclamera rien, tant qu'il n'écrira pas dans les journaux, et qu'il ne bougera pas*, laissez-le tranquille. » Cette lettre que le dauphin possède par devers lui, qu'il a déjà publiée et qui n'a point été désavouée, signifie évidemment que l'homme qui porte ce nom a des réclamations à faire ; mais, étant fils de Louis XVI, comme nous en avons la certitude, ses réclamations devenues publiques, pourraient nous inquiéter : vous aviserez donc au cas où il voudrait se faire reconnaître comme fils du roi-martyr, et obtenir ainsi une existence légale dont les conséquences seraient désastreuses pour le pouvoir. Comme on le voit, le pouvoir usurpateur change de tactique ; il a recours à la ruse et répand habilement le bruit, par les agents de la police aux ordres du préfet du Rhône, que M. le baron de Richemont est *un employé secret* payé par le gouvernement pour jouer ce rôle ; mais que le fils de Louis XVI, si toutefois il n'est pas mort dans la tour du Temple, ne peut être que celui qui se trouve en Angleterre sous le nom de Charles Naündorff. Voilà de quelle manière on voulait égarer l'opinion publique, et perdre dans l'ombre l'auguste orphelin du Temple, qu'on s'efforçait de faire passer pour un aventurier obscur, agent salarié de la police secrète. Mais cette nouvelle iniquité aura la fin des autres ; car au fur et à mesure que nous avançons notre petit travail, bien imparfait sans doute, mais qui témoigne au moins de notre zèle désintéressé et de notre entier dévoûment à une cause sacrée, parce qu'elle est celle de l'innocence opprimée et de la vérité méconnue, la lumière se fait jour à travers les ténèbres dont on l'entourait ; le voile qui couvrait le mystère d'iniquités est déchiré, et le soleil de justice brille déjà de tout son éclat, pour montrer à l'univers étonné l'auguste victime qu'on voulait vainement lui cacher...

Voici un nouveau témoignage qui parle trop haut en faveur de l'auguste orphelin, formellement reconnu dans la personne de M. le baron de Richemont, pour ne pas en faire mention ici. En 1830, le dauphin avait fait la connaissance du comte de Bruges, lieutenant-général en retraite, ancien grand chancelier de la Légion-d'Honneur, ancien aide-de-camp de Charles X, etc... Cet officier-général le mit au courant de plusieurs particularités qu'il ignorait, et écrivit au sujet de son existence, au duc de Blacas, attaché aux princes exilés ; M. de Blacas lui enjoignit alors, d'après les ordres de madame la duchesse d'Angoulême, d'avoir à faire procéder à une enquête, pour s'assurer si le personnage dont il parlait était bien le fils de Louis XVI, et en rendre compte à son altesse royale. L'enquête eut lieu, des témoins furent entendus, le prince répondit aussi à toutes les questions qui lui furent adressées à ce sujet ; quelques certificats furent produits, le travail enfin allait être clos et expédié à Goritz, lorsque la mort du duc de Blacas et les ordres de la duchesse d'Angoulême vinrent suspendre cette opération, qui touchait à sa fin et qui était couronnée d'un succès plein et entier en faveur de M. le baron de Richemont, déclaré véritable duc de Normandie, fils de Louis XVI et de Marie-Antoinette, roi et reine de France, et frère de S. A. R. madame la duchesse d'Angoulême.

Mais laissons parler MM. les commissaires eux-mêmes qui s'expriment en ces termes : « Par devant nous, comte de Bruges, lieutenant-général en retraite, ancien grand-chancelier de l'ordre de la Légion-d'honneur, etc., etc.; et vicomte de Montchenu, maréchal-de-camp en retraite, etc., etc., commissaires extraordinaires délégués par S. A. R. madame la duchesse d'Angoulême, à l'effet de procéder à la reconnaissance de l'état-civil de son altesse royale monseigneur le dauphin, frère de S. A. R. madame la duchesse d'Angoulême, et de se livrer aux investigations les plus minutieuses pour arriver à constater l'exacte identité de S. A. R. monseigneur le duc de Normandie, dauphin rayé du nombre des vivants par l'acte officiel et révolutionnaire du 24 prairial an III (12 juin 1795), acte évidemment faux, ainsi qu'il résulte d'actes antérieurs et postérieurs et de déclarations de témoins, qui sont prêts à déposer partout où besoin sera, *que le dauphin n'est pas mort au Temple, et qu'ils l'ont vu et parfaitement reconnu depuis*.

« A comparu M. Chamblant, ingénieur-opticien, demeurant à Paris, rue Mazarine, 48, lequel a dit : je suis né à Meudon en 1772; j'y ai connu toute la famille royale, et j'étais de ceux qui croyaient à la mort au Temple du fils de Louis XVI, lorsqu'un de mes amis m'ayant parlé un jour de l'existence du dauphin, je lui dis que j'avais un moyen certain de m'assurer si le personnage dont il me parlait était bien ce prince. Plusieurs années après, en 1838, cet ami que je n'avais pas revu depuis, se présenta chez moi avec un monsieur qui m'était inconnu, et me rappela ce que je lui avais dit au sujet du duc de Normandie. Après avoir réfléchi un instant, je racontai ce qui suit : En 1789, au mois de mai, ma mère m'ayant envoyé chercher de l'eau un matin, à la fontaine de l'Ain, j'aperçus deux petits oiseaux qui sautaient et voltigeaient sur l'herbe. A l'aide de mon mouchoir, je les attrapai d'autant plus facilement qu'ils étaient apprivoisés, et je les rapportai à ma mère qui les mit dans une cage. Diverses personnes qui virent ces oiseaux, nous dirent qu'ils appartenaient aux princes. Ma mère m'ordonna alors de les porter au château, ce que je fis aussitôt ; mon jeune frère, âgé d'environ sept ans, m'accompagna. Nous fûmes conduits à M. le duc d'Harcourt, par le suisse Arlebique, qui nous connaisssait. Le duc nous accueillit avec beaucoup de bienveillance, et voulut nous faire donner deux pièces d'or ; mais, sur mon refus, et sur l'observation du suisse que nos parents étaient dans l'aisance, le duc n'insista pas. Nous allions être congédiés, lorsque je demandai la faveur de remettre directement aux princes les oiseaux que nous leur rapportions ; cette faveur nous fut accordée, et le duc voulut bien nous accompagner dans la galerie où se trouvaient les deux fils du roi. L'aîné était dans un fauteuil et paraissait souffrant ; le duc de Normandie arriva en courant au-devant de nous, tout joyeux de revoir ses oiseaux qu'il avait laissé échapper faute d'avoir songé à fermer leur cage. Nous saluâmes les princes et nous nous retirâmes.. Je terminai ici avec intention mon récit, ajoute M. Chamblant, lorsque l'inconnu qui accompagnait mon ami, m'invita à continuer, en me faisant observer que je n'avais pas tout dit... Sur mon refus d'y rien ajouter, il me dit : « Puisque vous ne voulez pas achever votre narration, je vais le faire pour vous : Pendant que vous vous entreteniez avec les princes en présence de M. le duc d'Harcourt, leur gouverneur, M. votre frère ayant quitté votre main, s'était dirigé vers la table de travail du duc de Normandie, et portant la main sur la carte topographique qui y était étendue, il disait tout haut : *Voilà Meudon, voilà Fleury, voilà Bellevue*, etc... Le duc de Normandie lui prit la main qui parcourait la carte, en disant : *Mon petit ami, on ne met pas les mains là-dessus;* mais s'apercevant aussitôt de l'impression pénible que ce peu de mots avait produite sur votre jeune frère, il le prit par le bras et l'entraîna dans son petit jardin, qui se trouvait à l'autre bout de la galerie, en dehors; ils y jouèrent au jardinier pendant plus d'une heure, après quoi votre frère vous rejoignit, et vous retournâtes chez vous. »

Je laisse à juger, dit M. Chamblant, quel dut être mon étonnement quand j'entendis rapporter ces circonstances qui complétaient mon récit de la manière la plus exacte. Ayant quelques raisons de supposer que le personnage qui me parlait et que j'avais bien examiné, pouvait être S. A. R. monseigneur le duc de Normandie, dont on m'avait parlé tant de fois, j'étais bien aise de m'en assurer par moi-même, et c'était avec intention que j'avais omis ces particularités dont le prince seul pouvait avoir connaissance. Six personnes avaient été témoins des faits qui s'étaient passés alors à Meudon : Monseigneur le dauphin, Monseigneur le duc de Normandie, M. le duc d'Harcourt, Arlebique, mon frère et moi. De ces six personnes, quatre sont mortes, et longtemps j'avais cru que monseigneur le duc de Normandie avait eu le même sort. Je devais donc me croire seul en possession de ces détails, dont je n'avais parlé à personne, vu leur peu d'importance. Dans la pensée que je pouvais me trouver en face du fils du trop infortuné Louis XVI, je lui adressai, pour achever de me convaincre, quelques questions sur la position du local, sur la ville, le petit jardin, la pièce d'eau et autres particularités dont monseigneur le duc de Normandie pouvait peut-être seul se rappeler. Ses réponses furent d'une telle précision et si spontanées, que je fus certain qu'il avait habité le château avant les changements qui y furent faits depuis. Ma conviction étant dès ce moment établie, je me levai et saluai le prince en lui disant : *Comme il n'y a que S. A. R. Monseigneur le duc de Normandie qui puisse savoir ce que vous venez de me dire, Monseigneur, je vous reconnais et suis convaincu que vous êtes réellement le fils de Louis XVI, que je vis à Meudon à l'époque sus-relatée.* Après quelques instants d'entretien, ces messieurs s'éloignèrent, et depuis j'ignore ce qu'est devenu le personnage dont je viens de parler.

« Désirant rendre un hommage éclatant à une vérité pour moi si clairement démontrée, j'ai fait et signé la présente déclaration que j'affirme sur la foi du serment être sincère et véritable. « *Signé :* CHAMBLANT. »

Autre témoignage non moins important. Nous, commissaires susdits, vu le certificat dont la teneur suit :
« Je soussigné, Charles-Joseph *Caffe*, garde suisse en février 1771, grenadier en 1773, compagnie de Vigier, même corps; sorti du corps en qualité de sergent en

1782, capitaine de volontaires nationaux le 4 décembre 1791, etc.; juge aux tribunaux spéciaux de l'Ain et de la Drôme, chevalier de Saint-Louis, admis à la retraite depuis 1815, demeurant à Paris, rue du Foin-Saint-Jacques, 8, déclare devant Dieu et devant les hommes que, par l'effet de la divine Providence, et après une longue absence, je viens de me trouver, pendant plus de trois heures, en présence du fils de l'infortuné Louis XVI ; *que je l'ai parfaitement reconnu*, quoiqu'il se soit écoulé plus de quarante ans depuis que je l'avais vu au château de Versailles, en compagnie de son auguste mère ; que dans l'entretien que j'ai eu avec ce prince, il s'est entretenu sur toutes les particularités de cette époque et me les a racontées avec une exactitude telle, que j'en ai été extraordinairement surpris ; que j'ai parfaitement rencontré sur sa figure les traits de son enfance et ceux qui caractérisaient spécialement ceux du roi son père, et que j'ai eu bien de la peine à revenir de l'étonnement dans lequel toutes ces circonstances m'ont jeté.

« Désirant témoigner à ce prince toute la reconnaissance et le respect que je dois aux illustres auteurs de ses jours, je m'empresse de faire cette déclaration pour servir et valoir ce que de raison, étant prêt et disposé à la confirmer partout où besoin sera, et d'y joindre les titres nécessaires qui serviront à prouver que je suis homme d'honneur et incapable de donner la main à une intrigue quelconque. Je prie en conséquence toutes les personnes qui, comme moi, pourraient avoir des notions directes ou indirectes à cet égard, de les publier dans l'intérêt de la vérité et de l'innocence si injustement opprimée. Fait à Paris, le 21 janvier 1833. *Signé :* Caffe, chevalier de Saint-Louis. »

Vu encore les déclarations 1° de M. Ferrouillat, curé de Roussillon (Isère), qui déclare avoir reconnu dans M. le baron de Richemont, le fils de Louis XVI, à la ressemblance parfaite qui existe entre ce monsieur qu'il avait vu à Peyrouset, et un portrait du dauphin, lequel portrait, madame Teste, de Vienne en Dauphiné, tient de l'abbé Davaux, son oncle, ancien précepteur du duc de Normandie. Comme M. le curé de Roussillon assurait à madame Teste qu'il avait vu à Peyrouset l'original du joli portrait qui décorait son salon, elle lui répondit qu'il était dans l'erreur, attendu que le portrait dont il parlait était celui du fils de Louis XVI, qui lui avait été légué par feu son oncle et qu'elle possédait depuis plus de vingt ans; que son oncle lui avait dit plusieurs fois, à la vérité, que son élève était vivant, mais qu'il ne savait pas ce qu'il était devenu.

Du reste, ajoute cette dame, si c'est réellement le fils de Louis XVI que vous croyez avoir vu, j'ai un moyen sûr de le savoir. Mon oncle, qui est mort avec la certitude que son auguste élève avait été enlevé de la tour du Temple, m'a laissé, dans un papier cacheté, une série de questions auxquelles le dauphin *seul*, m'a-t-il dit, peut répondre. Si donc le monsieur dont vous me parlez peut résoudre ces questions, il sera véritablement Monseigneur le duc de Normandie, fils de l'infortuné Louis XVI. Ces questions, au nombre de six, furent parfaitement résolues. (Voyez la seconde note du premier Livre, page 81°).

2° De M. Marguérite (le baron Marguérite), demeurant à Paris, etc. Comme nous avons cité cette attestation de M. le baron à la fin du premier Livre, 3° note, page 85; nous y renvoyons nos lecteurs, afin de ne pas nous répéter.

Vu aussi une notice écrite de la main de son altesse royale Monseigneur le duc de Normandie signée par lui, et dont la teneur suit :

« 14 janvier 1839. Louis-Charles de France, fils de France, duc de Normandie, naquit à Versailles le 27 mars 1785, emprisonné le 10 août 1792 avec sa famille, d'abord aux Feuillants, puis au Temple, il en fut enlevé le 19 janvier 1794 et conduit dans les provinces de l'ouest où on le tint caché, après quoi on le dirigea sur l'Allemagne en 1795. En 1797, il entra dans les rangs de l'armée française et fit la campagne d'Egypte de 1798 à 1800, qu'il revint en Europe avec Desaix, Rapp, Savary et autres. En juin 1800, il assista à la bataille de Marengo. Reçu froidement par le premier consul *Bonaparte*, au moment où il se présenta pour lui annoncer la mort de Desaix tué à ses côtés, il quitta l'armée quelque temps après et se rendit à Paris. En 1802, il visita la femme Simon qui le reconnut parfaitement. Il se présenta ensuite à Fouché à qui il avait été recommandé très-particulièrement par Desaix. En 1803, Fouché lui procura une entrevue avec la femme du premier consul qui ne l'avait pas revu depuis le jour de son enlèvement du Temple. En 1804, Fouché l'engagea à s'expatrier pour se soustraire aux recherches de Bonaparte, à qui on avait remis des notes de sa main trouvées parmi les papiers saisis chez Pichegru lors de son arrestation.

« Arrivé en Amérique en ladite année 1804, il y séjourna plus de huit ans ; il passa ensuite en Asie, revint en Amérique et rentra en France en 1815. Il fit alors auprès de sa famille et de sa sœur quelques démarches qui n'eurent aucun résultat, quoiqu'il fût puissamment soutenu par le prince de Condé, le duc de Berry et la duchesse douairière d'Orléans qu'il visita pour la dernière fois avant de quitter sa patrie.

« Arrêté d'après les ordres de Louis XVIII, son oncle, dans les états autrichiens, et retenu pendant sept ans six mois et douze jours pour avoir protesté en 1816 contre les traités de 1814 et de 1815, il revint en France, et se trouvait à Paris lors des journées de juillet 1830. Le 12 août il protesta contre l'irrégularité de ce qui venait de s'accomplir, et sa protestation fut expédiée à toutes les puissances par l'intermédiaire de leurs ambassadeurs ; elle fut adressée à la chambre des députés le 14 du même mois.

« En 1833 et 1834, il éprouva de nouvelles persécutions, fut arrêté et condamné pour avoir fait un complot avec des complices *restés inconnus !*... Evadé de prison en 1835, il se vit encore forcé de s'expatrier. *Signé :* Louis-Charles. »

Ces faits entendus, disent MM. les commissaires spéciaux, et après avoir ouï nous-mêmes, et à plusieurs reprises, S. A. R. Monseigneur le duc de Normandie, qui a daigné nous donner sur sa personne et sur sa vie les détails les plus circonstanciés et les plus exacts, disons, à la la suite de ce que nous avons vu, entendu et d'autres renseignements et faits qui sont à notre connaissance, *que le personnage sus-relaté est bien réellement S. A. R. Monseigneur le duc de Normandie, fils de Louis XVI et de Marie-Antoinette-Josephe-Jeanne de Lorraine, archiduchesse d'Autriche, roi et reine de France, et frère de S. A. R. madame la duchesse d'Angoulême ;* que foi doit y être ajoutée, et que S. A. R. Monseigneur le duc de Normandie doit être désormais considéré comme tel, quelque part et dans quelques circonstances qu'il se présente.

Fait et rédigé le présent procès-verbal que nous avons signé et scellé du sceau de nos armes, à Paris, le 21 novembre 1839 (3).

A la suite de pareils témoignages, tout Français raisonnable doit avoir la conviction fondée que M. le baron de Richemont est le fils de Louis XVI.

Car, quand nous entendrions encore M. Hébert, ancien directeur-général des postes de l'armée d'Italie, qui avait vu le duc de Normandie dans le cabinet du général Radet, lorsqu'il fut arrêté à Rome en 1810, nous crier *qu'il l'a reconnu en 1845 dans la personne de M. le baron de Richemont*; quand M. Forest, ancien commissaire des guerres, en retraite à Paris, nous assurerait qu'en 1843 il a parfaitement *reconnu dans la personne du baron de Richemont M. Louis, jeune aide de camp du général Kléber, qu'il avait vu et bien connu en Egypte;* quand madame Ladrée elle-même, témoin vivant, comme grand nombre de ceux que nous avons cités jusqu'ici, qui avait connu l'enfant royal, nous attesterait de nouveau, ainsi qu'elle l'a fait en 1847, qu'elle l'a confirmé le 12 février 1849, qu'elle a *parfaitement reconnu cet auguste rejeton de tant de rois dans la personne de M. le baron de Richemont;* nous le demandons à toute personne pourvue du bon sens ordinaire, notre foi à l'existence du fils de Louis XVI et à son identité avec la personne de M. le baron de Richemont, pourrait-elle reposer sur des fondements plus inébranlables? notre conviction serait-elle plus solidement établie? La certitude de ce fait historique poussée jusqu'à la démonstration, acquerrait-elle un nouveau degré d'évidence? Qu'on ne s'imagine pas que

---

(3) Voir la note 5 à la fin de ce Livre.

nous sommes à bout de voie et que nous n'avons plus de matériaux pour achever l'édifice qui doit être, comme l'arche de Noé, le salut de la France, notre chère patrie, et de la société tout entière! Notre seul embarras consiste dans le choix de ceux que nous devons employer. Indifférents, incrédules de toute classe, en voulez-vous une preuve? Venez, madame Clairet, vous qui fûtes employée chez le concierge du Temple en 1792 et 1793, qui voyiez tous les jours plusieurs fois le royal enfant, assurez-leur qu'en 1833, 1844 et 1848, vous avez *parfaitement reconnu l'auguste prisonnier du Temple dans la personne de M. le baron de Richemont*. Et vous, madame Dezarneaux, veuve de l'ancien fumiste de la cour, vous attesterez de nouveau à ces aveugles volontaires qui ferment les yeux pour ne pas voir la lumière qui brille comme le soleil en plein midi, qu'en 1843 vous avez *reconnu* non-seulement à sa physionomie, mais aussi à *la connaissance parfaite qu'il avait du secret d'un couteau, étui en or, qui avait appartenu à la reine, que l'homme qu'on vous présentait sous le nom de baron de Richemont, était réellement le fils de Louis XVI*. Apparaissez aussi madame Béquet, née Lemoine, vous qui fûtes attachée à la garde-robe de la reine jusqu'en 1792, certifiez-leur pareillement qu'en 1832 et 1842, vous avez *reconnu le fils de Louis XVI, et qu'il est véritablement le personnage connu sous le nom de baron de Richemont*. Vous, M. Jard, ancien lieutenant, qui étiez porte-drapeau dans le régiment dauphin, dont le jeune dauphin était colonel, criez à tous les incrédules qu'en 1842 vous avez *reconnu et avez été plus que convaincu que l'homme que vous voyiez, avec lequel vous échangiez vos souvenirs, et qui avait été condamné par la cour d'assises de la Seine en 1834 pour complot, sous le nom de baron de Richemont*, était bien *le dauphin, fils de Louis XVI.*

Nous passons sous silence M. J.-L. Lemoine, et plusieurs autres personnes qui, en 1842, *reconnurent*, à sa physionomie et aux explications qu'ils en reçurent, M. le baron de Richemont *pour être le dauphin, fils de Louis XVI, qu'ils avaient vu souvent pendant la révolution.* Mais pour vous, madame de Rambaud, ancienne femme de chambre du dauphin, qui vous trouvait si belle, et à qui vous répondiez en souriant que Monseigneur était trop jeune pour s'apercevoir de cela, vous ne serez pas oubliée, parce que trompée en premier lieu par le prussien Naündorff, dressé par l'astucieux Louis-Philippe, sur un souvenir de l'enfance du prince, vous voulez réparer votre erreur et proclamer hautement que, d'après des détails précis et intimes que vous a donnés M. le baron de Richemont, détails qu'ignorait entièrement l'aventurier Naündorff, vous avez *reconnu en lui le fils de Louis XVI, S. A. R. Monseigneur le duc de Normandie*, et lui avez fait présenter plusieurs fois vos respectueux hommages en 1847.

Vous méritez aussi une mention honorable, M. le marquis de Rédon, qui eûtes l'honneur insigne de partager autrefois les jeux, les plaisirs et les caresses du jeune dauphin, vous dont le cœur reconnaissant bat plus loyalement que celui de M. le duc de Choiseul qui, dans un moment solennel, a outragé la mémoire du saint roi martyr Louis XVI, en méconnaissant l'auguste orphelin du Temple, son infortuné fils ; vous avez confessé la vérité, en certifiant et en reconnaissant, d'après une sorte d'enquête minutieuse et pleinement convaincante, que le *prévenu de 1834, sous le nom de baron de Richemont*, était bien *votre royal camarade d'enfance* (4). Nous vous nommerons ici, madame Fillette, née Hattier, qui avez été attachée à la garde-robe des fils de France, parce que vous avez rendu un éclatant hommage à la vérité, en certifiant, en juin 1844, *que vous avez parfaitement reconnu le dauphin, fils de Louis XVI, dans la personne du baron de Richemont* (5).

Ainsi, vous le voyez, chers lecteurs, les témoignages les plus honorables, les plus graves, les plus hauts, les plus irréfragables, fondés sur le signalement corporel, sur le caractère moral et sur les pièces de conviction, reconnaissent, dans M. le baron de Richemont, le fils de Louis XVI.

Mais, nous devons le dire, il est une autre espèce de témoignages non moins sûrs, tirés de la physionomie de l'âme, si nous pouvons parler ainsi, émanés du genre d'habitudes, des manières, de l'expression des sentiments, et, en un mot, de tout ce qui forme le caractère de la personne dont il est question. Or, ce genre de preuves ne manque pas à M. le baron de Richemont. Combien de personnes qui, le voyant pour la première fois, peuvent lui appliquer quelqu'un des témoignages de cette seconde espèce! Il est bien évident alors que leur conviction se forme d'une manière très-rationnelle et très-facile; c'est le chapiteau dont on couronne la colonne lorsqu'elle est posée, lequel la consolide de son poids et l'embellit de ses formes.

Ecoutons M. Rouillé qui nous certifie avoir reconnu dans le timbre de la voix du baron de Richemont, ainsi

---

(4) Voir la note 4 à la fin de ce Livre.
(5) Voir la note 5 à la fin de ce Livre.

que dans ses gestes qui paraissaient fort naturels et sans affectation, ceux qu'il avait été à même de voir et d'entendre chez les princes et chez Charles X lui-même (6).

Entendons madame Richard, née Duplessis : elle nous dira que, fondée sur l'art du peintre qu'elle cultivait, elle a reconnu le fils de Louis XVI dans la personne du baron de Richemont, aux analogies qu'elle a remarquées entre ses traits et ceux des augustes victimes de la révolution française, frappée qu'elle a été de sa ressemblance de face avec Marie-Antoinette, et de profil avec le roi-martyr.

Une personne de notre connaissance qui avait beaucoup connu la famille royale, nous apprendra qu'à cette ressemblance de face et de profil elle a reconnu, il y a peu de temps, M. le baron de Richemont qui passait dans la rue.

Une autre nous dira, à certains propos de M. le baron de Richemont qu'elle observait : « Voilà bien le petit-fils d'Henri IV. » Et nous-même, ainsi qu'une foule de personnes honorables qui ont fréquenté et connu intimement M. le baron de Richemont pendant vingt-quatre ans, vingt-deux ans, seize ans, dix ans, six ans, quatre ans, trois ans, deux ans. etc., nous déclarons, sur le témoignage de notre conscience, que M. le baron de Richemont est sincère, que le témoignage qu'il se rend est vrai, qu'il est incontestablement le fils de Louis XVI.

Un jour, jour de bonheur et de jouissance ! qui demeurera profondément gravé dans notre cœur aimant, ce prince, la bonté même, nous rappelait, comme preuve d'identité, quelques traits caractéristiques dans une visite

---

(6) Voir la note 6 à la fin de ce Livre.

que nous avions l'honneur de lui faire ; entraîné par la force de la vérité appuyée sur notre conviction pleine et entière, nous prîmes la liberté de l'interrompre, en lui disant : « Monseigneur, nous n'avons aucun besoin de ces raisons, il suffit d'avoir connu vos illustres parents et de vous voir pour être convaincu que vous êtes le fils de Louis XVI.

Arrêtons-nous ! nous ferions un gros volume de citations nouvelles, que le fait de l'existence et de l'identité de l'auguste orphelin du Temple dans la personne de M. le baron de Richemont, ne serait ni mieux prouvé ni plus victorieusement établi. Il est donc évident pour tous ceux qui ne veulent pas fermer les yeux à la lumière, que ces témoignages indirects fondés sur la reconnaissance directe de témoins irrécusables, donnent à la filiation et à l'identité du fils de Louis XVI un caractère public et social qui met ses droits au rang des institutions nationales et historiques. Les preuves que nous produisons dépassent donc immensément tout ce qui est régulièrement exigible pour établir le fait le plus extraordinaire. Il n'en faudrait pas tant pour attester la résurrection d'un mort. On en a beaucoup moins pour constater la légitimité et repousser l'accusation de bâtardise formulée contre plusieurs princes et souverains, que nous n'en produisons pour établir l'identité du fils de Louis XVI, et repousser le reproche gratuit qu'on lui fait d'être un intrigant et un aventurier. Cette identité satisfait surabondamment à toutes les exigences des règles de l'histoire, à toute la sévérité des principes de la logique sur la certitude morale. Ce n'est donc pas en vain qu'on pourrait mépriser une semblable démonstration ; ce serait se rendre coupable, par une criminelle indifférence, d'une criante injustice envers un auguste personnage qu'une longue suite de cruelles infortunes doit nous rendre plus sacré encore que son antique et illustre origine.

Afin de ne rien laisser à désirer sur un sujet aussi intéressant qu'important pour tout Français à sentiments nobles et généreux, nous allons placer ici une preuve dite monumentale. Nous avons découvert une médaille en bronze à l'effigie du jeune Louis XVII, frappée par Tiolier père (dont elle porte le nom gravé : N. Tiolier), ainsi que l'assure M. Rousseau, collecteur de médailles, etc., qui l'a achetée de Tiolier fils, avec le cabinet de son père, et nous l'a vendue le 19 février 1849, et nous a certifié son origine le 21 du même mois. M. Tiolier était graveur et chef de la monnaie sous le consulat et sous l'empire. Contemporain de son sujet, il a dû le connaître et en reproduire fidèlement l'effigie. Or, les physiologistes et les artistes éminents auxquels nous avons demandé s'il y avait de la différence entre le sujet enfant représenté par cette médaille, et celui du baron de Richemont représenté par la médaille de M. Houzelot, ont confessé et attesté, qu'à part les différences d'âge, les deux effigies se rapportaient évidemment à un sujet identique. Donc, le baron de Richemont, représenté par la médaille de M. Houzelot, est le même personnage que Louis XVII représenté par la médaille de Tiolier père, à une époque où il n'y avait pas encore de faux Louis XVII. Donc, le fils de Louis XVI existe dans la personne de M. le baron de Richemont.

Pendant que l'enquête que nous avons relatée se poursuivait, vers la fin de 1839, on n'a pas oublié que le prince était toujours sous le poids de la condamnation politique qui l'avait frappé en 1834, et qu'il ne devait la liberté dont il jouissait depuis 1835, qu'à son évasion de Sainte-Pélagie. Cette position critique qui l'obligeait à user d'une grande circonspection, et le condamnait, pour ainsi dire, à une solitude absolue, le gênait beaucoup, dans les circonstances où il se trouvait, pour procéder avec ordre à l'enquête dont nous venons de parler, et rendait presque impossibles les démarches qu'il avait voulu continuer pour recueillir des renseignements et découvrir des personnes dont le témoignage pût servir à constater sa naissance royale. La conduite inique qu'a tenue jusqu'ici le pouvoir usurpateur envers l'auguste orphelin, et les piéges continuels qu'il lui a tendus, nous donnent la mesure des précautions que devait prendre le prince dont nous esquissons les malheurs, pour éviter les dangers sans cesse renaissants sous ses pas. Grand Dieu! quelle position pour le rejeton de tant de grands rois qui ont été la gloire et qui ont fait le bonheur de la France! Être au milieu de ses concitoyens, dans le sein de sa patrie, traqué comme une bête fauve qu'on veut détruire! épié nuit et jour par la police secrète du château, le dauphin ne trouve pas même où reposer sa tête avec sûreté.

Enfin, parut l'ordonnance d'amnistie du 27 avril 1840, qui s'étendait à tous les individus condamnés avant ladite ordonnance, pour crimes et délits politiques, *qu'ils fussent ou non détenus dans les prisons de l'État*, etc. Le prince, qui se trouvait évidemment au nombre de ceux que cette ordonnance concernait, cessa de se tenir caché et recommença ses recherches qu'il a continuées jusqu'ici presque sans interruption. Cependant le maître du château ne le perdait pas un moment de vue. Le dauphin était le tourment et le cauchemar du roi-citoyen, qui l'aurait sans doute fait disparaître comme le duc de Bourbon, Thomas Martin, qui prédisait sa chute ignominieuse, et tant d'autres, sans une disposition particulière de la divine providence, qui ôtait à ce nouveau Julien l'Apostat la volonté ou le pouvoir de se rendre coupable d'un pareil attentat. Peut-être aussi que l'astucieux Louis-Philippe se flattait toujours de l'espoir d'amener monseigneur le duc de Normandie à une abdication en sa faveur, en le reconnaissant comme prince du sang, et en l'accablant sous le poids des honneurs. Mais il ignorait que Dieu avait doué ce nouveau Joas d'une volonté de fer, d'un courage héroïque, d'une énergie sans pareille et d'un amour si extraordinaire pour le beau et pour le juste, que la vue ou la connaissance seule du désordre ou de l'injustice le remplissait d'indignation et le transportait hors de lui-même.

Ce qui convertit cette assertion en certitude, c'est que dans le courant du mois de juillet 1841, un individu nommé Wedimbach, attaché à la police secrète du château, ayant rencontré le prince sur le boulevard des Filles-du-Calvaire, lui dit en l'abordant : « Monsieur le baron, le château est toujours dans de bonnes dispositions à votre égard, il vous veut beaucoup de bien.... Que n'acceptez-vous d'abord un hôtel avec tous ses accessoires, vous seriez au moins tranquille, et nul ne songerait à vous inquiéter.... » Les calomnies atroces, les persécutions inouïes, les prisons arbitraires, les condamnations injustes, n'ayant rien pu obtenir du prince dont le nom et le droit incontestable, quoi qu'en pensent et qu'en disent nos faiseurs de révolutions, sont un remords cuisant et un ver rongeur pour l'usurpateur couronné; on essaie de le gagner par des promesses flatteuses et par l'appât d'une position magnifique. Car cette proposition, calquée en partie sur celle qui lui avait été faite à Sainte-Pélagie, en octobre 1833, et renouvelée huit ans après, par un agent du château, dut naturellement le confirmer dans la pensée que, comme la première, elle était faite *par ordre ;* car, comment expliquer autrement leur coïncidence frappante.

Le prince répondit à Wedimbach que c'était la seconde proposition de ce genre qui lui était faite : « Quoique dans une position bien différente, ajouta-t-il, par suite de l'amnistie de 1840, qui m'a permis de rentrer dans ma patrie et d'y résider paisiblement, je n'en persiste pas moins dans mes refus, et rien au monde ne pourra m'engager à contracter des obligations de la nature de celles dont on vient de me parler. Quant à ma réclamation d'état, continua-t-il, les tribunaux seront bientôt appelés à en apprécier le mérite, attendu que je suis à peu près parvenu à me procurer toutes les pièces dont j'ai besoin pour cela. » Ces derniers mots, prononcés avec intention par le dauphin, parurent produire une impression pénible sur cet émissaire du château, qui se retira peu satisfait de cette nouvelle tentative essayée par les ordres du roi-citoyen qui, après avoir travaillé, conjuré, depuis la chute de l'empire surtout, pour arriver à la possession de la couronne, voulait s'en faire transférer le droit par l'héritier légitime.

Cette persistance incroyable de l'élu des 219 députés, prouve qu'il faisait de cette élection, radicalement nulle, tout le cas qu'elle méritait, et que, selon l'oracle divin, il n'y a pas de paix pour l'impie. Pour obtenir le *droit* et la *paix*, cette royauté bâtarde avait recours à tous les moyens possibles, permis ou défendus, peu lui importait. Quant à monseigneur le dauphin, il continuait ses recherches et ses bonnes œuvres. Une personne qui est attachée à son service nous a assuré que sa compassion pour les malheureux était si grande, qu'il prenait souvent sur son nécessaire pour leur procurer quelque soulagement. Il va souvent visiter les prisonniers, surtout les détenus pour dettes, nous a-t-il dit, et il n'est pas rare de le voir leur compter la somme qu'ils doivent pour les rendre à leurs familles désolées. A ces traits on reconnaît un cœur vraiment royal, un véritable descendant de saint Louis. Quand il est témoin de quelque injustice, et qu'il ne peut pas l'empêcher, il souffre autant que si on la faisait à lui-même. Dieu de Clotilde! nous écrierons-nous avec Clovis, donnez-nous, dans votre grande miséricorde, un prince si accompli, et élevé pendant si longtemps à l'école de l'adversité, qui est la maîtresse de la sagesse, et nous suivrons avec plus de fidélité à l'avenir que par le passé, votre loi sainte, pure et immaculée, qui fait les bons et les grands rois, qui rend les peuples fidèles et soumis!

En 1842, plus de huit mois après sa rencontre avec Wedimbach, cet agent du château n'entendant plus parler de lui, s'adressa à une personne qu'il savait bien connaître le prince, et lui dit *que le roi avait des propositions sérieuses à lui faire, et qu'il désirait le voir et l'entretenir de ses affaires de famille.* » Pendant quelques mois les choses en restèrent là, parce que le dauphin ne fit rien répondre. Enfin, Wedimbach finit par adresser plusieurs petits billets dont voici la copie textuelle: ces billets furent déposés chez un agent présumé de ce Wedimbach, qui en avait indiqué l'adresse.

1er mai 1842. « Ayant une communication à vous faire, je vous prie de venir me trouver avec M. le baron, lundi 2 mai, à midi, sur la place du Carrousel, devant l'Arc de triomphe. »

15 mai 1842. « Votre silence m'inquiète beaucoup ; donnez-moi, je vous prie, promptement des nouvelles de l'état de la santé de M. le baron. »

20 mai 1842. « Votre petite lettre m'a satisfait ; je vous attends, place du Carrousel, comme la dernière fois, samedi 28, à midi précis ; je serais charmé d'y trouver M. le baron. »

Sachant cet homme attaché à la police du château, où on le voyait entrer chaque fois qu'il quittait la personne qui allait causer avec lui ; mais, ne faisant rien qui pût motiver de nouvelles persécutions, le prince voulut connaître par lui-même le but réel de ces obsessions, bien résolu à y mettre un terme. En conséquence, et quoiqu'il fût alors gravement malade, il lui fit savoir qu'il le recevrait le 14 juin. Il vint en effet, et lui dit : « *Le roi veut bien vous reconnaître pour le fils de Louis XVI, votre père : mais secrètement et à condition que vous lui remettrez tous les titres et papiers qu'il sait être en votre possession.* » Le dauphin lui fit observer qu'il serait imprudent à lui de se dessaisir de ses papiers, titres et autres pièces le concernant, dont le roi n'avait que faire ; qu'au surplus, il ne consentirait jamais à une reconnaisance qui ne fût pas régulière et publique ; qu'il savait que Louis-Philippe ne pouvait pas la faire, et que c'était un leurre à l'aide duquel on cherchait à s'emparer de ses papiers et à surprendre sa bonne foi.

Voyant que le prince se refusait positivement à écouter toute proposition de la nature de celles qui lui étaient faites, Wedimbach sortit, et rentrant un instant après, accompagné de deux agents, il lui dit qu'il était chargé de le conduire devant M. le préfet de police. Sans s'enquérir de sa qualité, ni des ordres dont il devait être porteur, et dont il ne lui demanda pas même l'exhibition, le dauphin consentit à le suivre immédiatement, à la seule condition qu'on le portât, parce qu'il lui était impossible de marcher, vu son état de maladie.

A son arrivée à la préfecture de police, au lieu de le conduire devant le préfet, on le mit au dépôt. Interrogé le lendemain, quel ne fut pas son étonnement lorsqu'il s'entendit donner un nom qu'il n'avait jamais porté, et qu'il était arrêté *pour rupture de ban*. Quelle iniquité! On arrête le prince pour une prétendue infraction au règlement de police auquel il n'est pas soumis. Quelle cruauté! on l'enlève de chez lui dans l'état où il est, et on le porte dans une salle de police au risque d'aggraver sa maladie et même de compromettre sa vie! Peut-on tenir à son égard une conduite plus infâme? quelle énormité! a-t-on le moindre prétexte pour le traiter de la sorte? L'autorité supérieure qui se couvre ici d'une honte éternelle, ne peut pas même alléguer pour atténuer le nouvel attentat qu'elle fait commettre par ses agents de police, l'ignorance du domicile du dauphin qui venait de faire signifier à qui de droit des actes judiciaires pour réclamer les effets mobiliers qu'il avait laissés à Sainte-Pélagie, lors de son évasion en 1835, et dans ces actes il avait eu soin d'insérer son adresse que tout le monde devait connaître, car il ne se cachait nullement depuis que l'amnistie de 1840 l'avait rendu à la liberté. Il était donc impossible que le pouvoir ignorât sa présence à Paris. Ce qui prouve péremptoirement que cette machination infernale était le fait du maître du château, c'est que l'arrestation du prince avait été opérée par des agents de police à ses ordres, à la suite de nouvelles propositions rejetées comme les premières ; et que le préfet de police s'empressa d'ordonner sa mise en liberté, dès qu'il eût connaissance de ses réponses ; preuve évidente que l'ordre d'arrestation n'avait point été donné par ce fonctionnaire. La prétendue rupture de ban n'est donc ici qu'un prétexte, et la véritable cause de cette conduite inique et barbare est le refus constant que fait l'héritier légitime du trône de céder ses droits pour légitimer l'usurpation du nouveau Julien l'apostat, qui, comme le premier, tombera sous les coups de l'agneau dominateur, au moment même où il se croira invincible et pour toujours en possession de son usurpation.

Afin de ne laisser aucun doute à nos lecteurs sur le véritable auteur des propositions faites au dauphin à qui on promettait une existence légale, un nom, une patrie, la main d'une princese, un beau palais dans Paris même, moyennant certaines concessions de sa part, nous ajouterons que les agens, qui les avaient faites, à des époques bien différentes, n'ont point été désavoués, et qu'ils ont conservé leurs places et les bonnes grâces du maître du château.

Nous le demandons à tout esprit raisonnable, aurait-on tenu une pareille conduite, en haut lieu, à l'égard de ces agens subalternes, s'ils avaient agi de leur chef ? D'ailleurs, quel motif personnel pouvait les pousser à faire une pareille démarche dont le résultat ne pouvait que leur être nuisible ? On ne peut en assigner aucun, puisqu'ils ne connaissaient nullement le dauphin, de qui, par conséquent, ils ne devaient rien espérer. Ici, on va sans doute nous faire une objection qui s'est déjà présentée vingt fois à notre esprit. Pourquoi, nous dira-t-on, l'astucieux Louis-Philippe, qui n'a reculé devant aucun crime pour arriver au pouvoir, n'a-t-il pas attenté à la vie du dauphin connu dans le monde sous le nom de baron de Richemont, qu'il a eu plusieurs fois à sa discrétion ? Certainement qu'il en a eu la volonté, et qu'il se serait rendu coupable de ce nouveau forfait, d'ailleurs inutile, puisqu'il restait encore un héritier qu'il ne pouvait pas atteindre pour le moment, si la divine Providence qui veille d'une manière si attentive à la garde de l'auguste orphelin ne l'en eût pas constamment détourné par le moyen même qu'il employait pour le perdre. L'histoire nous a transmis que l'ancien Julien l'apostat n'entreprenait rien d'important sans avoir auparavant consulté les oracles les plus fameux des fausses divinités auxquelles il sacrifiait souvent des victimes humaines. Des documents certains et des renseignements positifs nous apprennent que Louis-Philippe avait recours au magnétisme pour se diriger dans l'administration des affaires publiques. Tous les oracles anciens, surtout ceux de Delphes, de Délos et de Dodone promirent la victoire, au nom de tous les dieux de l'empire, à l'ennemi juré du Dieu des chrétiens, dont il voulait abolir le culte, lorsque la guerre entreprise contre les Perses serait terminée. Mais les cris des victimes immolées aux démons étaient montés jusqu'au trône du Dieu trois fois saint qui prononça l'arrêt de mort du trop célèbre Julien l'apostat, arrêt qui fut exécuté d'une manière solennelle et marquée au coin de la vengeance divine, dans l'endroit même où la victoire la plus éclatante lui était promise par tous ses dieux.

Le nouveau Julien, qui, au dire de plusieurs personnes judicieuses et haut placées, a laissé bien loin derrière lui *l'ancien*, dans la guerre sourde et clandestine qu'il a faite au christianisme, consultait aussi quelquefois sa sœur prétendue qu'il magnétisait, ordinairement de minuit à une heure, sur ce qu'il ferait du baron de Richemont qu'il n'avait pas pu gagner par ses propositions insidieuses et ses promesses fallacieuses. La réponse du nouvel oracle ne se faisait pas longtemps attendre. Dès que la magnétisée était mise sur le chapitre du dauphin, elle disait aussitôt à Louis-Philippe : « Vous avez pour vous le pouvoir, les troupes, l'or, l'argent, les forts et les remparts de Paris, qu'avez-vous à craindre ? Laissez donc vivre en paix et mourir ignoré le baron de Richemont, ce *pauvre gueux*, qui n'a ni feu, ni lieu, ni même où reposer sa tête ! »

Rassuré par ces paroles de l'oracle, Louis-Philippe dormait tranquille et se contentait de faire épier et surveiller les démarches de l'héritier légitime. On nous a assuré qu'une fois la magnétisée trop pressée sans doute, vomit une matière noire, sale et infecte : on eût dit une lave impure de l'abîme dans un beau palais. Vite l'on s'empressa de faire disparaître cette infection qui souillait l'appartement royal. O surprise ! ô étonnement ! le monogramme du fils du roi-martyr se trouva imprimé sur le parquet ; et la magnétisée prononça ces mots remarquables : « Il sera chargé de purifier la France souillée depuis si longtemps de tant de crimes représentés par ces crachats noirs et fétides. »

Pour cette fois l'oracle du mensonge dit une grande vérité. Ce n'est pas sans raison que nous avons donné à Louis-Philippe le nom de Julien l'apostat : car, à notre avis, qui est partagé par un grand nombre de personnes aussi judicieuses que versées dans l'histoire, il est peu de princes qui aient autant de traits de ressemblance avec cet ennemi des chrétiens, que le monarque dont nous parlons. En effet, si le but constant de Julien l'apostat fut de rétablir le paganisme que le grand Constantin avait, pour ainsi dire, aboli dans tout l'empire romain ; la vérité nous oblige de dire que les efforts persévérants du gouvernement de Louis-Philippe tendaient à remplacer en France, la religion catholique par le protestantisme.

Les calomnies répandues partout contre la religion chrétienne et ses ministres; les brochures en faveur de la religion protestante colportée jusque dans les chaumières; la loi sur l'enseignement primaire, en vertu de laquelle on traduisait devant les tribunaux et l'on condamnait impitoyablement une pauvre fille, plus recommandable par sa vertu éprouvée que par son âge avancé, qui consacrait son temps et sa vie à enseigner aux enfants pauvres de son village, le catéchisme et les autres vérités de la religion nécessaires au salut; la protection ouverte que l'on accordait à certains instituteurs primaires plus décriés encore par leur immoralité qu'ils affichaient publiquement, que le mauvais enseignement qu'ils donnaient; les tracasseries, les persécutions suscitées à quelques curés des montagnes et des campagnes, qui réunissaient, dans leurs presbystères ou ailleurs, les enfants, cette chère et précieuse portion du troupeau confié à leur sollicitude pastorale par le souverain pasteur des âmes, pour leur apprendre et leur expliquer le catéchisme, pour leur enseigner la loi et la morale de l'Evangile, et remplir ainsi une mission divine que le pouvoir temporel ne peut pas plus donner qu'ôter, sans empiéter sur les lois de l'église; les travaux publics ordonnés et exécutés même par le gouvernement, les jours de dimanches et de fêtes d'obligation ; la loi plus tyrannique encore sur l'enseignement secondaire, élaborée avec une malice infernale, présentée trois fois différentes avec une astuce et une audace persévérantes, et mille autres faits bien connus, qu'il serait trop long d'énumérer ; tout, en un mot, annonçait de la part de Louis-Philippe un projet arrêté ou plutôt un plan bien dressé et suivi avec une persévérance vraiment diabolique de miner peu à peu, par l'enseignement universitaire surtout, l'édifice antique du christianisme, pour se procurer le plaisir satanique de le voir, dans un délai donné, crouler avec un fracas epouvantable qui aurait plongé notre belle France dans un nouveau chaos.

Mais la divine Providence, qui se joue des vains projets des méchants, avait donné à son Église, pour la défendre et veiller à sa garde pendant ces jours mauvais, des évêques recommandables par leur foi éclairée, par leur tendre piété, par leur fermeté inébranlable, et célèbres par leur profonde érudition, leur vaste science, leurs connaissances variées et leurs grands talents, qui, sentinelles vigilantes, prémunissaient les fidèles par leurs salutaires enseignements, éventaient les desseins hostiles de cette armée d'incrédules, renversaient leurs plans de destruction les mieux combinés, et forçaient ces nouveaux suppôts de l'enfer à se consumer en efforts impuissants. Si l'attaque fut terrible et le combat acharné, la défense fut héroïque et la victoire éclatante ; et l'épouse de Jésus-Christ put encore chanter en l'honneur de son divin époux, le cantique d'actions de grâces, dans le temps même que l'impiété proclamait que le christianisme avait vécu.

Mais revenons à notre héros, que nous avons laissé aux prises avec l'infame Wedimbach, qui, malgré les réponses sévères et énergiques qu'il recevait, ne se lassait pas de renouveler ses obsessions. Cet agent du château alla si loin, que le prince, pour se débarrasser de ses importunités, fut obligé d'écrire à M. le préfet de police, en mars 1846, une lettre dans laquelle il prévenait ce fonctionnaire, que si Wedimbach s'introduisait de nouveau chez lui, sans être porteur des marques distinctives de sa qualité, ou d'ordres écrits, émanés d'autorités constituées, il *verrait à aviser...* Il paraît que cette menace produisit son effet; car, depuis ce jour, cet agent ne se présenta plus devant le dauphin, quoiqu'il restât toujours au service du roi-citoyen. Qu'on juge du prix que Louis-Philippe attachait à une abdication faite en sa faveur, par les nombreuses tentatives, accompagnées de promesses ou de menaces, essayées par ses ordres auprès de l'héritier légitime ! Du reste, ces diverses démarches prouvent que, malgré la chute originelle de l'homme, il reste dans son esprit l'idée du juste, du beau et de l'honnête, et que pour calmer le trouble et les remords de son cœur, il fait les plus grands efforts, afin de légitimer plus tard ce que la passion assouvie ou l'ambition satisfaite ont d'abord emporté d'assaut. C'est précisément la position dans laquelle s'est placé l'usurpateur couronné. Mais, par une sage disposition de la divine Providence, plus ce rusé ennemi emploiera de finesse, d'audace et d'adresse pour arriver à ses fins, plus l'auguste orphelin sera revêtu de force, de fermeté, de courage et de prudence pour éviter les piéges qu'on lui tend et rejeter les promesses qu'on lui fait. Bientôt les hommes apprendront de nouveau que la gloire et la prospérité des méchants sont courtes, et que le ciel ne fait passer le fils du saint roi-martyr par de si grandes et de si longues épreuves, que pour mieux le dresser à gouverner les hommes avec sagesse et à régner avec justice. Le temps approche où Louis-Philippe, également odieux à Dieu et aux gens de bien par son impiété et ses forfaits, recevra le juste châtiment dû à ses crimes.

Pour le dauphin, il profitait de ce moment de liberté dont il jouissait pour rechercher et découvrir les anciens serviteurs de ses augustes et infortunés parents. Il en retrouva un certain nombre qui tous le reconnurent parfaitement et lui exprimèrent, dans des écrits dont il est dépositaire, les divers sentiments de surprise, d'admiration et de dévouement respectueux que faisait tour-à-tour naître dans leur cœur la vue de ce rejeton de tant de grands rois, conservé d'une manière si miraculeuse.

Comme nous avons donné jusqu'à présent des preuves surabondantes et multipliées de cette précieuse et merveilleuse existence, pour ne pas nous répéter et ennuyer nos lecteurs par une fastidieuse accumulation de mille témoignages nouveaux qui ont nécessairement beaucoup de ressemblance avec ceux déjà cités, et qui ne pourraient augmenter la lumière du soleil de la vérité qui brille dans tout son éclat, nous ne croyons pas devoir en faire mention ici. D'ailleurs, nous évoquerions toutes les générations passées, que l'existence de l'auguste orphelin du Temple et son identité avec M. le baron de Richemont, n'en seraient ni plus certaines ni mieux prouvées. Quoi ! d'après un axiome du droit écrit, le témoignage de deux personnes capables d'ester en justice, suffit pour constater l'identité, l'innocence, la culpabilité d'un individu ; la vérité ou la fausseté d'un fait quelconque ! et les cent témoins divers pris, la plupart, dans les rangs les plus élevés de la société, en France et dans les pays étrangers, seraient insuffisants pour établir l'enlèvement du fils de Louis XVI, la substitution d'un autre enfant à sa place, mort au Temple, et son existence actuelle dans la personne de M. le baron de Richemont.

Lorsque pardevant un magistrat, on fait dresser un acte de notoriété publique pour tenir lieu d'acte authentique, il suffit de fournir sept témoins qui attestent que le fait ou le droit en question, sont reconnus par le public et surtout par les parties intéressées. On ne peut donc, sans offenser toute la raison humaine, et sans aller contre les règles d'une bonne logique, rejeter les centaines de témoins que nous avons produits, lesquels attestent avoir reconnu monseigneur le duc de Normandie, fils du martyr Louis XVI, les uns à sa physionomie, à ses attitudes, au son de sa voix, à la couleur de ses yeux, de ses cheveux, de sa peau, aux formes et aux marques particulières de son corps, en un mot, à son signalement; les autres, d'une manière non moins sûre, à la physionomie de l'âme, si nous pouvons nous exprimer ainsi, à ses manières, au genre de ses habitudes, à l'expression de ses sentiments, et à tout ce qui forme le caractère personnel. Ceux-ci déclarent l'avoir reconnu par le moyen sûr et infaillible des secrets qu'on s'était confiés, des signes qu'on s'était donnés comme mot d'ordre, des documents et pièces à conviction ; ceux-là à la physionomie, au caractère de famille, moyen moins sûr, si vous voulez, mais qui n'en a pas moins sa valeur. Enfin, tous certifient l'avoir reconnu à la sincérité de ses affirmations. Or, M. le baron de Richemont *seul*, toujours et partout, en France comme à l'étranger, en présence des souverains comme devant les magistrats, dans les fers comme en liberté, a dit, a déclaré, a soutenu qu'il était le fils de Louis XVI et de Marie-Antoinette, roi et reine de France, et a porté un défi solennel à la cour d'assises de la Seine, qui allait le juger, comme à tous les pouvoirs qui l'ont persécuté, de lui trouver et de lui assigner une autre origine !!!

Puisque personne n'a pu le contredire, malgré l'intérêt et les efforts des divers partis qui ont gouverné la France depuis 1793, le témoignage que se rend M. le baron de Richemont est donc véritable. C'est la conclusion que tirait M. Franchet, directeur-général de la police du royaume, dont nous avons déjà invoqué le témoignage : « Je suis persuadé que *M. le baron de Richemont est véritablement le fils de Louis XVI;* mes raisons sont que, de tous les prétendus Louis XVII, il n'en est pas un dont on ne soit parvenu à découvrir l'origine véritable. Il n'est pas, d'ailleurs, de gamin si vagabond dont on ne finisse par trouver les parents et le lieu de naissance... Pour le baron de Richemont, on n'a jamais pu lui trouver d'autre ascendance que celle qu'il s'attribue, et cependant la police a fait des perquisitions, non seulement à Paris et dans toutes les provinces de France, mais encore dans tous les pays étrangers. »

Nous concluons donc, sans hésiter, avec ce directeur-général de la police, que l'existence et l'identité du fils de Louis XVI avec M. le baron de Richemont, sont telles, que c'est un fait public et historique reconnu par l'univers. Désormais tout Français raisonnable peut avoir cette conviction, comme les prétendus légitimistes ont celle que le comte de Chambord est fils du duc de Berri.

C'est à peu près vers ce temps-là que le dauphin rencontra le comte Auguste de Larochejacquelein chez un respectable ecclésiastique de Paris. Après un entretien de plusieurs heures, pendant lequel ils échangèrent leurs souvenirs, le comte lui dit que, depuis de longues années, il était à la recherche du fils de Louis XVI; qu'il en avait parlé à la duchesse d'Angoulême, qui lui avait déclaré, comme à la comtesse d'Esterazy, comme à M. l'abbé Tharin, comme à tant d'autres, *qu'elle savait parfaitement que son frère n'était pas mort au Temple; mais qu'elle ignorait ce qu'il était devenu depuis....* Le comte, auquel le secret ne fut point recommandé, a rapporté ces paroles de la duchesse à qui a voulu les entendre. C'es avec intention que nous rappelons ici l'entrevue que M. le duc de Normandie a eue avec le comte Auguste de Larochejacquelein. En faisant mention de l'honorable général, dont le nom est le type de la bravoure et de la loyauté françaises, nous nous proposons moins de donner une nouvelle preuve de l'existence et de l'identité de l'auguste orphelin du Temple dans la personne de M. le baron de Richemont, vérité dont la démonstration est poussée jusqu'à l'évidence, que de faire connaître une petite supercherie, pour ne rien dire de plus, quoiqu'on nous en ait fourni bonne et ample matière, dont quelques journaux se sont rendus coupables pour déverser le ridicule, le mépris et la calomnie sur la plus longue, la plus auguste et la plus respectable des infortunes.

Grand nombre de nos lecteurs ont lu sans doute une lettre de M. de Larochejacquelein, citée par l'*Univers*, dans son numéro du 19 mai 1849 3e colonne de la 3e page, et ont remarqué ce passage singulier : « Sans doute la mémoire de M. le baron de Richemont le trompe. Je ne puis pas lui avoir donné une pareille assurance, car je déclare que madame la duchesse d'Angoulême ne m'a jamais dit *qu'elle eût la certitude que son frère n'était point mort au Temple.* Quant à reconnaître M. le baron de Richemont pour le fils de Louis XVI, je suis obligé de déclarer que je suis *convaincu du contraire.* » Nous eussions été très-reconnaissant, si, dans la même lettre, M. de Larochejacquelein eût bien voulu nous donner les preuves de sa conviction. Jusque-là il voudra bien nous permettre de ne pas le croire sur parole ; et nous sommes persuadé que nos lecteurs seront de notre avis, quand ils connaîtront la toute petite supercherie à laquelle a eu recours la coterie dont une existence aussi merveilleuse condamne le passé et dérange l'avenir.

Mais auparavant, nous devons citer en entier la lettre que M. le baron de Richemont écrivait le 7 avril dernier, à M. de Larochejacquelein, qu'il savait être indisposé : « Général, vous souvient-il que, le 17 mai 1840, le père Boulanger vous remit, , pour le curé de Saint-Ambroise-Popincourt, une lettre, à l'aide de laquelle vous obtintes de ce vénérable ecclésiastique, ancien aumônier du prince de Condé pendant la première émigration, la facilité de me voir ? Vous souvient-il encore que, le lendemain 18, nous nous sommes rencontrés chez ce curé, et que dans l'entretien que nous avons eu ensemble, vous m'avouâtes que la duchesse d'Angoulême vous avait dit ; « *qu'elle savait parfaitement que son frère n'était pas mort au Temple ;* mais qu'elle ignorait ce qu'il était devenu depuis ? » Dans les Mémoires d'un contemporain, publiés en 1846, j'ai consigné, page 355, cette assertion de votre part, qui me fut confirmée par le curé de St-Ambroise, présent à notre conférence, et au moment où il me confia le billet du père Boulanger. Votre mémoire vous retrace-t-elle assez clairement ce fait, pour vous engager à le consigner par écrit, et à me l'adresser directement? Le 27 mars dernier, j'ai fait assigner la duchesse d'Angoulême à comparaître pardevant le tribunal civil de la Seine, pour voir dire que je suis son frère, etc., etc... Comme il est indispensable de réunir toutes les preuves qui puissent appuyer mes dires, et que le témoignage d'un gentilhomme estimé et justement respecté de tous, serait d'une importance immense, je désire vous faire appeler pour confirmer ce qui a été publié. Dans le cas où vos souvenirs vous feraient défaut, je vous prie d'avoir l'obligeance de me le marquer, afin de vous éviter l'ennui d'un déplacement, et à moi le reproche d'avoir mal entendu ou mal compris. »

Cette lettre, remarquable par sa clarté, sa précision, sa noble simplicité et par sa véracité (car ce n'est pas là le langage étudié d'un faiseur de dupes), demandait naturellement une autre réponse que celle qui a été faite le 19 mai, seulement par la voie de la presse. Il est facile de voir que le général, dont la loyauté est proverbiale dans toute sa province et même en France, a été circonvenu, et que malgré son grand âge et ses infirmités, il se serait conduit autrement, s'il eût été abandonné à ses propres inspirations. Que s'est-il donc passé? beaucoup de choses qui sont maintenant connues. Car si le crime a ses séides qui veillent pour accomplir les noirs complots formés dans l'ombre, la vertu a ses amis qui couvrent de leur dévouement l'auguste victime que tous les pouvoirs ont voulu immoler tant à leur sûreté personnelle qu'au repos de leur dynastie.

Il s'est tenu un conciliabule où la coterie a longuement discuté sur le parti à prendre dans la position critique où la plaçaient les démarches et les réclamations de M. le baron de Richemont. On est convenu que si le général de Larochejacquelein se prononçait en sa faveur, il fallait forcément le reconnaître. Mais comment condamner tout un passé ? vouer à l'exécration publique tous les partisans de trois ou quatre pouvoirs usurpateurs dont le ciel a fait justice ? Mû par ces considérations fondées sur l'iniquité, on a décidé qu'un autre de Larochejacquelein se chargerait de démentir les paroles du général citées par le Contemporain et rapportées dans la petite brochure de M. de la Salette sur le fils de Louis XVI, par une lettre qu'on ferait insérer dans les journaux du *parti*. Un membre de la réunion a même prononcé ces paroles exécrables : « Personne ne pourrait donc nous délivrer de cet homme-là ? » Nous comprenons, en effet, que l'auguste orphelin du Temple doit peser comme un long remords sur certaines consciences, et écraser comme un lourd cauchemar grand nombre de hauts et puissants prévaricateurs. Les Juifs aussi désiraient qu'on les délivrât du divin Sauvéur. Et l'on sait comment leurs vœux déicides furent exaucés. Insensés que vous êtes ! vous ignorez donc qu'il n'y a pas de conseil contre le Seigneur ? que les désirs des méchants périront ? Sachez que, malgré vos conciliabules, vos calomnies, vos dénégations, vos railleries et vos infâmes projets, les desseins de Dieu s'accompliront ; et que celui qui est aujourd'hui l'objet de votre haine, de vos mépris et de vos injures, sera un jour votre chef, quoique vous criiez comme le peuple juif : Nous ne voulons pas que celui-ci soit notre roi. Nous pouvons assurer à nos lecteurs qu'on nous a désigné la ville et le lieu où le conciliabule s'est tenu, et qu'on nous a nommé l'individu qui a poussé le cri du peuple déicide : Délivrez-nous-en, détruisez-le ; mais la prudence et de hautes considérations ne nous permettent pas de parler d'une manière plus explicite.

L'amour de la vérité et notre conscience nous obligent de dire aussi quelque chose de deux autres lettres qui suivent immédiatement celle de M. de La Rochejacquelein, lesquelles ont été écrites et publiées dans le même but. Nous nous contenterons de prévenir nos lecteurs que c'est la même intrigue qui a poussé l'entourage de M. Franchet Despérey, ancien policier, vieillard octogénaire et malheureusement aveugle, à publier la lettre citée par l'*Union*, l'*Univers* et quelques autres journaux. La personne de qui nous tenons nos renseignements, a entre les mains des pièces de conviction. Encore quelque temps, et tout sera mis au grand jour. En attendant, mépris pour les journaux qui publient l'attaque et qui refusent d'insérer la réponse !

Pour M. Dambray fils, il dit que son père n'a jamais eu de preuves matérielles de la mort du fils de Louis XVI ; mais qu'il ne doutait pas qu'il ne fût mort ignoré au milieu de la tempête révolutionnaire. Le fils de M. le chancelier fait preuve de probité et de courage, chose assez rare de nos jours, en publiant l'opinion de son père ; nous l'en félicitons sincèrement. Mais, dès le moment qu'on avoue qu'on n'a pas de preuves matérielles de la mort du dauphin, on convient par là-même qu'il n'est pas mort au Temple. Dès-lors on a la certitude que l'enfant qui y est décédé n'était pas le fils de Louis XVI. Car, selon nous, le certificat d'autopsie des quatre médecins, et l'acte de décès dressé par l'officier municipal, sont des preuves très-matérielles de la mort d'un enfant au Temple. Or, d'après l'opinion de M. Dambray, le dauphin a dû nécessairement avoir été transporté quelque part par une ou plusieurs personnes qui, sans doute, en auront pris grand soin. Ces personnes qui sauvaient ce nouveau Joas pour le bonheur de la France, n'ont certainement pas gardé ce secret pour elles seules. Est-il présumable, alors, que ce descendant de tant de rois, dont la vie importait au monde entier, ait pu être abandonné et perdu de vue au point de disparaître de la surface de la terre sans laisser de traces quelconques? Est-il présumable, encore, que les souverains de l'Europe, et sa famille surtout, qui devaient avoir tant d'intérêt à découvrir le sort de ce prince, n'aient jamais pu y parvenir?

Voilà des réflexions qui se présentent naturellement à l'esprit, lesquelles n'avaient certainement pas échappées à la haute intelligence de M. Dambray père. Il n'était donc pas certain que le dauphin fût mort ignoré au milieu de la tempête révolutionnaire. Nous pensons, au contraire, que M. Dambray avait la conviction que le fils de Louis XVI vivait, et que, malgré cette conviction, il pouvait, sans trahir sa conscience, reconnaître un gouvernement de fait, et garder les hautes fonctions qui lui avaient été confiées. Si M. Dambray fils prétend nous faire changer d'opinion, il voudra bien nous donner d'autres preuves que celles qu'il a apportées dans sa lettre du 24 mars 1849, citée par l'*Univers*, le 19 mai de la même année. A voir l'acharnement que quelques feuilles soudoyées par un *certain parti*, mettent à poursuivre et à accabler, sous le poids de l'injure et du silence, l'auguste orphelin qu'elles désignent ordinairement sous les noms odieux d'intrigant, d'aventurier, d'agent secret de la police, ne croirait-on pas entendre les cruels vignerons dont il est parlé dans l'Évangile, s'ecrier à l'envi : Voici l'héritier légitime, venez, tuons-le, et nous aurons son héritage. »

Mais si cet homme qui vous gêne tant en réclamant un nom et une patrie, choses qu'on ne refuse pas au dernier mendiant de la terre, est un intrigant, déchirez le voile, démasquez ses intrigues; si c'est un aventurier, faites-le connaître au public ; hâtez-vous de signaler cet agent secret de la police, ce faiseur de dupes, selon vous, et vous aurez rendu un grand service à la société tout entière. Car, par cette conspiration du silence et de l'injure que vous employez, vous prouvez que vous êtes sans loyauté, sans bonne foi et même sans justice.

Quand on leur porte un pareil défi, savez-vous ce qu'ils répondent ? « Nous savons fort bien que M. le baron de Richemont est le fils de Louis XVI ; mais nous ne voulons pas l'avouer, parce que ce serait affaiblir notre parti, ce serait accuser d'usurpation tous les régimes passés, ce serait condamner la conduite de la duchesse d'Angoulême, cette princesse si vertueuse. (Historique.)

Puisque la loyauté, la bonne foi, la justice et les droits les plus sacrés sont foulés aux pieds, il ne nous reste plus qu'à nous voiler la tête et à nous résigner à la mort; car l'oracle divin nous apprend que lorsque dans une grande nation, l'iniquité et l'injustice ont prévalu, sa dernière heure a sonné : un royaume est transféré d'un peuple à un autre, à cause des injustices, des violences, des outrages et des différentes tromperies qui s'y commettent.

Vers cette même époque, le prince dont nous avons essayé d'esquisser les incroyables infortunes, crut devoir faire une nouvelle démarche auprès de sa famille, surtout de madame la duchesse d'Angoulême, sa sœur. Son cœur bon, généreux et magnanime, s'afflige à la seule idée d'une réclamation d'état-civil par la voie des tribunaux, en pensant à la honte, à l'ignominie et au mépris qui vont rejaillir sur ceux qui l'auront forcé à avoir recours à ce moyen de rigueur. Combien de fois ne l'avons-nous pas entendu dire : « Ah ! si ma sœur savait ce que je souffre, lorsque je considère l'abîme affreux où son obstiné silence va la précipiter ! certainement qu'elle s'épargnerait un si grand malheur et à moi une pareille douleur, en ouvrant ses bras aux embrassements d'un frère qui l'aime et la chérit comme un autre lui-même. »

D'autres fois, si l'on se permettait en sa présence de qualifier un peu énergiquement les procédés indignes de quelques membres de sa famille, et en particulier de madame la duchesse d'Angoulême, ce bon prince, à sentiments vraiment héroïques, interrompait l'interlocuteur par ces paroles dignes d'un héros chrétien : « C'est ma sœur, n'en dites pas du mal ; » et ses yeux se mouillaient de larmes.

Le dauphin fit donc expédier, pour être mis sous les yeux de Marie-Thérèse, sa sœur, une lettre renfermant le résumé de sa vie, depuis son enlèvement du Temple jusqu'à ce jour. Cette lettre fut immédiatement remise à madame la duchesse d'Angoulême, qui partit sur-le-champ pour Vienne, où elle conféra de son contenu avec le prince de Metternich, l'un de ses conseillers. Le résultat de la conférence fut que la lettre resterait sans réponse. Nous sommes moralement sûr que si cette infortunée princesse, qui expie bien douloureusement la faute que lui a fait commettre le sceptique Louis XVIII, son oncle, en la condamnant à garder un silence aussi obstiné que criminel, suivait l'impulsion de son cœur, elle n'hésiterait pas un instant à venir se jeter dans les bras d'un frère magnanime qui a mangé avec elle le pain des larmes, et a partagé sa captivité du Temple.

Mais de hauts et d'influents personnages, dominés par un intérêt politique auquel ils sacrifient tout, la retiennent dans la voie de l'iniquité, calment même sa conscience par de faux raisonnements, chaque fois qu'elle éprouve un remords, et lui font ainsi étouffer les cris du sang et la voix de la religion.

Quelque temps après, une notice détaillée et tellement explicative, qu'on jugea qu'elle ne pourrait pas rester sans réponse, fut adressée à Marie-Thérèse par l'intermédiaire de M. de Montbel. Voici la réponse que ce gentilhomme fit parvenir de la part de la princesse, sa sœur: Elle disait « *que son frère était mort au Temple, qu'elle en avait la certitude.* » Comment concilier cette assertion de nouvelle invention avec les Mémoires manuscrits de Madame royale, que nous avons cités dans le second Livre, avec tout ce qui s'était passé depuis 1814? avec l'entrevue dans le parc de Versailles, entrevue prouvée et qu'il n'est plus possible de nier? avec la lettre à la comtesse d'Estherazy, lettre qui a été lue par plusieurs personnes, notamment par M. Tharin, ancien évêque de Strasbourg, et ancien précepteur du duc de Bordeaux, qui l'a répété plusieurs fois au prince lui-même, en présence de personnes dignes de foi? avec ce qu'elle a dit ensuite à la même comtesse, lorsque celle-ci lui parlait des bruits qui circulaient au sujet de l'apparition de son frère : « Il est des nécessités de position, etc...

auxquelles il eût été très-dangereux de chercher à se soustraire ; d'ailleurs, l'éducation et les principes politiques et religieux de mon frère n'étant nullement en harmonie avec les nôtres, nous avons dû le repousser ; *il a été abandonné !!!*

Il a été abandonné !... Comprend-on tout ce que ce mot renferme de cruel et d'horrible ?... Eh quoi ! parce que cet infortuné prince avait profité de la terrible catastrophe qui avait englouti les illustres auteurs de ses jours et de ses propres malheurs, pour s'instruire et se dépouiller de vieilles idées qui n'étaient plus en rapport avec notre siècle ! parce qu'il ne voulait plus voir dans les Français que des frères ! parce qu'il désirait la liberté pour eux comme pour lui, et qu'il rêvait pour sa bien-aimée patrie, grandeur, gloire, prospérité, honneur ! parce qu'il maudissait les invasions qui avaient mis notre belle France à la merci de rois sans pitié et sans générosité ! parce qu'il aurait versé jusqu'à la dernière goutte de son sang plutôt que de placer son pays sous la dépendance d'une politique étrangère, et par conséquent anti-nationale ! parce qu'il demandait que l'on respectât les personnes, les propriétés, les croyances et les opinions ! parce qu'il n'eût jamais abandonné la fortune publique à la rapacité de quelques transfuges ou d'insolents parvenus ! parce qu'il n'eût pas souffert l'intrusion du clergé dans le gouvernement ! parce qu'il désirait l'abolition de l'impôt immoral du sel et la diminution de toutes les charges qui pèsent spécialement sur le peuple, il fallait le repousser, le proscrire, le dénoncer et le faire emprisonner !... Mépris à jamais pour cette politique machiavélique qui a fait prononcer ce mot si cruel : *Il a été abandonné !*

En supposant même que cet infortuné prince, pourchassé comme une bête fauve, eût été réellement indigne et incapable de régner, n'était-il pas le fils de Louis XVI, le représentant du principe proclamé hautement par sa famille et par ses alliés ? Ne devait-on pas respecter dans sa personne le principe sacré pour lequel on se targuait d'avoir combattu et triomphé ? L'auguste orphelin n'avait-il pas au moins droit à sa part dans l'héritage de ses infortunés parents ? était-il donc incapable de posséder ? Dans ce cas, quelles preuves a-t-on produites de cette indignité ou incapacité prétendues ? quels juges ont prononcé ? quelle enquête fut faite ? par qui ordonnée ? Nous défions tous les partisans de la légitimité d'en trouver le moindre vestige ! Et, pour commettre cette monstrueuse iniquité, l'on a osé invoquer la *nécessité*, mot terrible qui sert merveilleusement à couvrir toutes les injustices, toutes les infamies, toutes les énormités !... Mais la divine Providence, qui s'est déclarée la protectrice de la veuve et de l'orphelin, a prouvé en 1830, que cette prétendue *nécessité* était la plus criante des iniquités, par le châtiment exemplaire qu'elle a infligé à ceux qui l'avaient invoquée, et la postérité la plus reculée flétrira les odieuses manœuvres dont le royal orphelin a été et est encore l'innocente victime.

Comment concilier encore la réponse dictée au comte de Montbel, en 1842, avec les ordres donnés, en 1816, par Louis XVIII, au comte de Clairvaux ? Comme à cette époque, l'apparition du dauphin à Paris fit beaucoup de bruit, le sceptique Louis XVIII ordonna à cet officier supérieur d'aller avec des gardes-du-corps, chercher le fils de Louis XVI, aussitôt qu'on aurait la certitude qu'il allait sortir de France, de le ramener à Paris, et de l'installer aux Tuileries. Quel machiavélisme ! avec les paroles de Marie-Thérèse au comte Auguste de Larochejacquelein et à d'autres personnes qui n'en ont pas fait mystère ? avec la prescription de l'enquête en 1839, et autres actes subséquents ?

O infortunée princesse ! il est donc vrai que le oui et le non se trouvent dans votre bouche ! que lorsqu'il s'agit de donner l'existence légale, d'assurer un asile, de rendre une patrie et de fixer un sort à celui que la nature a fait votre frère, et que le droit que vous invoquez, ainsi que les vôtres, proclame votre roi ; vos actes d'aujourd'hui démentent ceux d'hier !... Oh ! combien sont coupables devant Dieu et méprisables aux yeux des hommes, ces infames conseillers, ces perfides adulateurs, ces lâches courtisans qui vous font fouler aux pieds tout ce qu'il y a de plus sacré dans la nature et dans la religion, qui vous endorment sur le bord de l'abîme, qui vous entretiennent dans un repos criminel, pour vous empêcher de rendre un éclatant témoignage à la vérité, de réparer avec éclat tout un passé, et de réconcilier le ciel avec notre belle et malheureuse France, qui n'attend qu'un mot de votre part pour faire amende honorable à vos illustres et infortunés parents dans la personne de l'auguste orphelin du Temple !

Rappelez-vous, Madame, les leçons et les exemples que vous donnèrent, les prescriptions que vous firent ces nobles victimes, ces saints martyrs qui ont échangé une couronne périssable avec une couronne immortelle, un royaume passager avec un royaume éternel ! N'en doutez pas, infortunée princesse, si les larmes et la douleur pouvaient pénétrer dans la céleste Jérusalem où ils sont couronnés de gloire et de bonheur, la conduite que vous tenez envers celui qu'ils vous avaient tant recommandé d'aimer comme ils l'ont aimé eux-mêmes, le silence obstiné que vous gardez à son sujet et à son grand préjudice, troubleraient leur félicité, et leur feraient répandre des larmes bien amères sur votre grand aveuglement. Comment oserez-vous paraître devant le juge suprême et espérer un arrêt favorable, après avoir repoussé, méconnu, renié le compagnon de votre captivité, l'auguste orphelin du Temple, votre infortuné frère, votre roi? Vous le voyez, ô princesse ! vos intérêts les plus chers vous pressent de parler, de faire connaître la vérité, et de triompher ainsi d'un maudit respect humain, d'un misérable qu'en dira-ton, enfantés par l'orgueil !

De 1842 à 1845, le prince, qui ne voulait pas avoir à se reprocher d'avoir négligé aucun moyen de faire connaître son existence à sa famille, crut devoir adresser deux lettres au duc de Bordeaux : dans la première, il rappelait d'une manière digne, noble et touchante, les longues et grandes infortunes qu'il avait éprouvées depuis l'épouvantable catastrophe de 1793, les vexations de toute espèce, les cruelles persécutions que lui avaient suscitées ses propres parents, etc.

Dans la seconde, il exposait succinctement, mais avec force et énergie, les preuves les plus frappantes de sa conservation miraculeuse et de son existence actuelle dans la personne de M. le baron de Richemont (7).

Après le décès du duc d'Angoulême, le dauphin écrivit encore à la princesse, sa sœur, la lettre suivante; il savait d'avance que cette dépêche aurait le sort des précédentes ; mais il ne crut pas pouvoir se dispenser de

---

(7) Voir la note 7 à la fin de ce Livre.

faire cette dernière démarche, ne fût-ce que pour ne jamais manquer aux convenances du devoir.

« Paris, le 17 août 1844. Princesse, les 15 novembre 1842 et 15 juillet de cette année, j'ai écrit au comte de Chambord, pour lui faire connaître des faits qui me concernent, et qu'il avait sans doute ignorés jusque-là. Comme je présume que ces lettres vous ont été communiquées, je n'ajouterai aucun détail à ce sujet... Mettons donc de côté tout ressentiment, tout dédain, toute susceptibilité... Montrons aux regards surpris d'un monde qui nous contemple, l'accord qui règne entre nous, et ne songeons qu'à l'intérêt de notre patrie, qui est aussi celui de notre famille... Aidons-nous, la Providence fera le reste. *Signé :* Louis-Charles, connu sous le nom de baron de Richemont. »

Quel prince ! Où peut-on trouver plus de magnanimité, plus de générosité, plus d'abnégation de soi-même, plus d'amour fraternel que dans les différentes lettres qu'on vient de lire ? Quoiqu'il ait grandement à se plaindre de la conduite de madame la duchesse d'Angoulême à son égard, voyez comme il la ménage, lorsqu'il est obligé de parler d'elle dans les lettres adressées au comte de Chambord ! Il la citera comme témoin de son existence; il rapportera ses propres paroles, dites à plusieurs personnes; mais il ne lui adressera pas le moindre reproche, il se contentera de dire que le prince de Condé, que le duc de Berri et la duchesse douairière d'Orléans, osèrent seuls s'intéresser en sa faveur et blâmer la conduite de sa sœur à son égard; il rappellera seulement que les différentes démarches qu'il a faites auprès de cette princesse, à diverses époques, ont été infructueuses, sans ajouter un seul mot qui puisse respirer la haine ou l'indignation.

À ces traits d'oubli, de pardon, de charité fraternelle, on est forcé de reconnaître dans la personne de M. le baron de Richemont, le généreux et digne fils du pieux Louis XVI, mort martyr de sa charité. Si, dans la seconde lettre au duc de Bordeaux, il est obligé de citer les propres paroles de la princesse, sa sœur, pour prouver qu'elle connaissait son existence, il s'abstiendra avec soin de les commenter ou de les accompagner de quelques réflexions propres à indiquer de l'aigreur ou le plus léger ressentiment pour la conduite tenue par sa sœur envers lui. Il ne laisse pas ignorer à M. le comte de Chambord toute la peine qu'il éprouve de se voir obligé de recourir aux tribunaux pour obtenir une existence légale et une patrie, et sa peine vient, dit-il, de ce que cette démarche ne manquera pas d'attirer le blâme sur une princesse qui lui est et lui sera toujours chère, parce qu'elle est sa sœur.

Dès qu'il apprend qu'une nouvelle douleur l'a frappée dans la perte de son royal époux, le duc d'Angoulême, il s'empresse de lui annoncer qu'il partage son affliction. Et pour prouver que ce n'est pas pour remplir une vaine étiquette de cour, il suspendra les formalités commencées pour sa demande en réclamation d'état-civil, afin de ne pas ajouter une nouvelle croix à celle que le ciel vient de lui envoyer. Dans cette lettre, comme pour faire diversion à son grand chagrin, il lui insinuera avec une réserve marquée au coin de la délicatesse la plus exquise, de penser à l'intérêt de sa patrie, de ne pas oublier son avenir, ni celui de sa famille ; mais vous n'y trouverez pas un mot qui décèle un cœur ulcéré ; tout, au contraire, y respire l'amour fraternel. Non, non, si le sang du pieux Louis XVI ne coulait pas dans toutes les veines de M. le baron de Richemont, il ne pourrait jamais se contrefaire au point d'avoir des procédés aussi nobles, aussi généreux envers madame la duchesse d'Angoulême, qui, certes, n'a rien fait jusqu'à présent pour les mériter.

Un jour, quelques anciens serviteurs du roi Louis XVI le rencontrèrent dans le jardin des Tuileries sans le connaître. Frappés de la ressemblance parfaite qu'il avait avec leur bon maître, ils s'écrièrent : « Vraiment, si le vertueux Louis XVI n'avait pas été si rigide observateur de la foi conjugale, nous dirions que ce monsieur est son fils; il a son port, sa figure, sa démarche, ses gestes, seulement il annonce un peu plus de vivacité dans ses mouvements. » Ils disaient vrai ; mais ils étaient loin de soupçonner que c'était monseigneur le duc de Normandie, qu'ils croyaient être mort au Temple. Puique le physique de M. le baron de Richemont retrace si parfaitement les traits du pieux Louis XVI, son infortuné père, on ne doit pas être étonné de le reconnaître à la physionomie, c'est-à-dire, aux qualités de l'âme.

Tandis que le prince se livrait tout de nouveau aux soins qu'exigeait sa demande en réclamation d'état civil, il reçut avis que le roi-citoyen, qui désespérait de triompher de sa fermeté inébranlable et de vaincre son courage héroïque, lui tendait un nouveau piége, par le moyen de la police secrète du châtau. Pour cette fois ci, il ne s'agissait de rien moins que de faire éprouver à l'auguste orphelin du Temple, le sort des nombreuses victimes qui avaient payé de leur vie la connaissance qu'elles avaient eue de son existence, ou l'intérêt qu'elles lui avaient témoigné. L'aimable Providence qui veille depuis si longtemps sur ses jours d'une manière toute spéciale, lui fit dire, comme autrefois à Joseph, de fuir, jusqu'à ce que le nouveau Julien l'Apostat reçût le juste châtiment de ses crimes. Le prince quitta la capitale et passa, en grande partie, les années 1846 et 1847, à parcourir secrètement les départements du Rhône, de l'Isère, des Bouches-du-Rhône, du Var, de la Seine-Inférieure et plusieurs autres, où il compte un grand nombre d'amis dévoués et fidèles. Dans ces diverses courses, le fils du pieux Louis XVI, parmi les nombreuses misères qu'il rencontra sur ses pas, n'en laissa pas une seule sans la soulager. Quand on se permettait de lui faire quelques observations sur sa trop grande générosité peu proportionnée avec ses modiques revenus (8), le prince héritier des vertus comme du nom du saint roi-martyr, se contentait de répondre « On est toujours assez riche quand on sait modérer ses désirs et se réduire au strict nécessaire. Pourquoi voudriez-vous me priver de cette jouissance ? »

D'autres fois, pour mieux cacher sa charité inépuisable, il citait quelques mots piquants du bon Henri IV, son aïeul, comme ceux-ci : « Grelu Premier, premier gueux de France et de Navarre, je me sers moi-même et ne manque de rien. » Cette spirituelle plaisanterie apprêtait à rire, et l'aumône passait inaperçue : le but du prince était atteint, et le malheureux se retirait en priant pour l'auguste orphelin qu'il ne connaissait point. Voilà comme le petit-fils de saint Louis exploite les châteaux et les sacristies ! Honte à jamais à ces infames calomniateurs qui insultent à la vertu du héros chrétien dont l'existence merveilleuse dérange les combinaisons et renverse les projets ! Si le dauphin fut témoin de grandes

---

(8) Voir la note 8 à la fin de ce Livre.

misères dans ses différentes courses, ses yeux virent encore beaucoup plus d'iniquités. Combien son cœur vertueux fut douloureusement affecté à la vue des intrigues, des cabales, des ruses, des fraudes de toute espèce, auxquelles on avait recours pour assurer des voix au gouvernement de Louis-Philippe ! On avait tendu comme un vaste réseau sur toute la France : depuis l'employé du plus bas étage, dit le dauphin dans ses Mémoires manuscrits, jusqu'au fonctionnaire le plus élevé, tous étaient obligés, chacun dans sa sphère, de s'agiter, d'agir activement pour gagner les électeurs. La corruption et la vénalité étaient générales. Le gain ou la perte d'un procès, l'exemption du service militaire ou un avancement rapide dans l'armée, la concession d'une faveur, l'obtention d'un emploi, l'augmentation de traitement, etc., dépendaient souvent de la voix d'un électeur. Les injustices les plus criantes, les iniquités les plus grandes se commettaient impunément dans toutes les régions du pouvoir. Il serait difficile, ajoute le prince, de trouver, dans l'histoire des nations civilisées, ou les annales des peuples barbares, un exemple d'une corruption aussi grande, d'une vénalité aussi générale et d'un pouvoir aussi injuste.

Il observa aussi que l'agriculture, qui est la richesse, qui annonce la prospérité et fait la force d'une grande nation, était négligée et comme abandonnée dans plusieurs endroits. Surpris au dernier point que ce qu'il voyait de ses propres yeux était si peu en rapport avec les progrès étonnants qu'avait faits, d'après les journaux de la capitale, cette première industrie du territoire français, dont les productions diverses se multipliaient à l'infini, selon ces feuilles parasites, le prince daigna lui-même interroger quelques petits propriétaires sur le peu de soin qu'ils paraissaient apporter à la culture de leurs terres : « La cause, monsieur, s'en trouve dans l'impôt foncier qui est beaucoup trop élevé. Au train qu'on y va depuis la maudite révolution de 1830, nous sommes devenus les simples fermiers de l'État. Dans l'impossibilité d'attacher nos enfants au toit paternel et de les faire aimer notre condition, qui est devenue la plus ingrate et la pire de toutes, nous les lançons, quand nous pouvons, dans quelque branche de l'administration, ou bien nous les engageons à se mettre dans le commerce, tandis que nous tirons avec peine notre subsistance de la terre, après avoir prélevé l'impôt du gouvernement qui nous suce jusqu'au sang. Aussi, quand nos blés ne se vendent pas, ou qu'une mauvaise année arrive, nous sommes obligés de recourir à l'emprunt pour payer nos impositions et pour subvenir à nos besoins les plus urgents. Voilà comme la plupart d'entre nous se trouvent ruinés en peu de temps. »

Le prince comprit la justesse de ces raisons, et prit la résolution, si jamais la divine providence le faisait remonter sur le trône de ses pères, d'apporter un prompt remède à cette plaie de la société, qui faisait déserter la campagne et remplissait les villes d'un surcroît de population cosmopolite constamment aux ordres de tous les agitateurs et des faiseurs de révolutions.

Ce fut vers la fin de 1846, que le dauphin publia une nouvelle édition des *Mémoires d'un contemporain*, dont la première, beaucoup moins complète, avait été publiée en 1843. Cet ouvrage, remarquable par son style simple et naturel, par sa clarté et par une multitude de faits intéressants et de preuves frappantes qu'il renferme, est empreint d'un caractère tout particulier de vérité. Quand on l'a lu attentivement et sans prévention, il est impossible de ne pas croire à l'existence du dauphin et à son identité avec M. le baron de Richemont.

Dans cet ouvrage, qui forme un beau volume in-8°, l'intérêt, qui va toujours croissant, vous saisit d'abord. A la vue de si grandes, de si longues et de si augustes infortunes, racontées sans art comme sans prévention, l'esprit est convaincu et le cœur est touché; les larmes coulent en abondance. Plusieurs personnes, d'abord très éloignées de croire à l'existence de monseigneur le duc de Normandie, que tous nos historiens font mourir dans la tour du Temple, nous ont avoué qu'une fois commencée, elles n'ont plus pu quitter la lecture des Mémoires d'un contemporain, sans l'avoir finie, tant l'intérêt en est grand et la vérité frappante.

Cependant, le ciel, fatigué de tant de crimes, d'injustices et d'iniquités, qui se commettaient dans le royaume autrefois si chrétien, allait verser de nouveau la coupe de sa colère sur notre malheureuse France. Dans les premiers jours du mois de février 1848, le roi citoyen, rassuré par le résultat des élections, qui donnaient une grande majorité à son gouvernement, satisfait des relations qu'il entretenait avec les différents souverains de l'Europe, qu'il avait ralliés à sa dynastie à force de concessions et de sacrifices aussi honteux qu'onéreux pour la France, disait à quelques confidents de ses pensées intimes : « Désormais je quitterai la vie sans peine comme sans inquiétude, car la couronne est assurée à ma famille pour toujours. Jamais mes rapports avec les puissances étrangères, qui toutes m'ont reconnu, n'ont été en aussi bons termes qu'à présent. A l'intérieur la paix règne, et mon gouvernement n'a jamais été aussi fort. » Les députés qui avaient la confiance du monarque, l'entretenaient dans cette fausse sécurité, et exaltaient sa haute sagesse, qui avait surmonté tous les obstacles, triomphé de toutes les difficultés, et obtenu d'aussi beaux et d'aussi heureux résultats. Mais celui qui s'appelle la verge qui veille, qui se joue de la sagesse des sages comme de la science des savants, avait déjà prononcé l'arrêt et commandé aux ministres de sa justice d'abattre l'arbre par le pied, parce qu'il n'avait porté que des fruits d'iniquité.

De son côté, le prince qui est doué d'une perspicacité extraordinaire, et dont le regard perçant comme celui de l'aigle, lit les effets dans les causes, et l'avenir dans le présent, portait sur l'ordre de choses actuel un jugement bien différent de celui du roi-citoyen ; il prévoyait une nouvelle catastrophe et la regardait comme très-imminente. De retour depuis quelque temps à Paris, où il vivait dans une profonde solitude pour éviter les recherches et les piéges de la police du château, il s'entretenait un jour familièrement avec quelques amis sur la situation des affaires en France. Un d'eux lui ayant demandé son sentiment sur le gouvernement de Louis-Philippe, qui paraissait établi sur des bases inébranlables, depuis surtout les fortifications de Paris, qui le garantissaient de toute émeute nouvelle, le prince répondit : « Assis sur l'iniquité, le trône est miné en dessous, et va bientôt crouler. Soutenu par le crime et gouverné par l'intrigue, la ruse et la fraude, il ressemble à ces terrains qui paraissent fermes et immobiles, mais que l'on sape peu à peu en dessous : longtemps on se moque du faible travail qui en attaque les fondements ; rien ne paraît affaibli, tout est uni, rien ne s'ébranle ; cependant tous les soutiens souterrains sont détruits peu à peu : jusqu'au moment où tout-à-coup, le terrain s'affaisse et ouvre un abîme. Ainsi tombera bientôt la puissance de l'avare et avide Louis-Philippe, qui a creusé par ses exactions et ses injustices, un précipice sous ses pieds. La fraude et la corruption ont gangrené tous les supports et ébranlé les fondements de son autorité, qui est sans force et que nul ne respecte ; en réalité, cette autorité n'existe déjà plus : le moindre souffle révolutionnaire va la faire tomber, et rien ne pourra la relever, parce qu'il a lui-même détruit de ses propres mains les seuls soutiens du trône, la bonne foi, la religion et la justice... »

C'était le 11 février 1848, que le prince tenait ce langage si éloigné en apparence de toute vraisemblance, mais qui a un rapport frappant avec les paroles prophétiques du Fils de Dieu, lorsque, assis avec ses apôtres sur le mont des Oliviers, il leur annonçait la destruction du Temple, dont ils lui faisaient remarquer la belle structure, et la ruine de Jérusalem qui allait combler la mesure de ses iniquités en demandant à grands cris la mort de son Sauveur.

L'histoire nous a transmis l'accomplissement littéral des paroles du Fils de Dieu, et le 24 février est venu justifier la prévision si invraisemblable du dauphin. En effet, qui craignait ou espérait alors la chute d'un gouvernement qui paraissait assis sur des bases inébranlables ? qui croyait possible le renversement d'une royauté qu'une ceinture de forts inexpugnables et qu'une armée bien disciplinée semblaient devoir défendre envers et contre toute attaque du dedans et du dehors ? Et pour que le roi-citoyen apprît par un châtiment plus honteux que ceux dont l'histoire nous a transmis l'exemple, que la loi du talion existe pour les rois comme pour les peuples, Dieu, qui a un pouvoir absolu sur les royaumes des hommes, et qui les donne à qui il lui plaît, commandera à une cinquantaine d'enfants de Paris d'aller faire descendre du trône usurpé, ce nouveau Julien, et de le chasser ignominieusement de la France.

Les exécuteurs de la justice divine s'avancent, traversent les bataillons armés, arrivent aux Tuileries où ils s'installent, pendant que Louis-Philippe s'esquive lâchement, et va demander un asile à nos perfides voisins qu'il avait ménagés, aux dépens de nos intérêts, de notre grandeur, de notre prospérité et de notre gloire.

On chercherait en vain chez les peuples anciens et modernes l'exemple d'une chute pareille; elle est tellement marquée du sceau de la vengeance divine, que les plus incrédules conviennent malgré eux que les hommes n'y sont pour rien, et avouent avec les magiciens de Pharaon, que le doigt de Dieu est là.

Dès que les individus qui faisaient la honte et l'ignominie de la France furent renversés et chassés du pays qu'ils avaient, pendant dix-huit ans, couvert de boue et d'immondices de toute espèce, le fils de Louis XVI, connu dans le monde sous le nom de baron de Richemont, s'empressa d'envoyer son adhésion à la République qui venait d'être proclamée; et il adressa la lettre suivante au Gouvernement provisoire.

« Paris, 29 février 1848. — Messieurs, de toutes parts on m'engage à envoyer mon adhésion au gouvernement provisoire de la République française. Que peut signifier cet acte de la part de l'homme que les événements, les potentats et leurs séides ont mis dans la position la plus extraordinaire qui se soit jamais vue? Mes principes, mes opinions et ma protestation contre les odieux traités de 1814 et 1815, m'ont fait repousser par ma famille et par les souverains ; ma conduite en 1830, et ma protestation du 12 août n'ont pu qu'augmenter leur aversion. La révolution actuelle, et la petite part que j'y ai prise, prouvent surabondamment que je n'ai pas changé. La République, que j'ai fidèlement servie jusqu'au moment où elle fut trahie et écrasée par qui lui devait tout, peut donc compter sur mon concours aussi bien que sur mon dévouement. *Signé :* le baron de RICHEMONT. »

La teneur de cette lettre indique assez elle-même le but que se proposait le prince, en l'adressant aux membres du Gouvernement provisoire, dont quelques-uns le connaissaient personnellement. Le silence obstiné qu'ils gardèrent, prouve qu'aux yeux de ces fiers républicains, comme aux yeux des gouvernements renversés, la justice n'est qu'un mot sonore qui sert admirablement leur ambition, et qu'ils mettent de côté, comme trop importun, lorsqu'ils sont arrivés au pouvoir.

Le dauphin ne recevant aucune réponse, et cette nouvelle révolution n'ayant rien changé à sa triste position, qui est unique dans l'univers, adressa, le 2 mars suivant, au Gouvernement provisoire, une réclamation pour lui rappeler que, s'il avait eu la puissance d'abolir la royauté, la noblesse, les priviléges et les titres, il devait avoir aussi celle de rétablir chacun dans ses droits civils et politiques.

Les membres de ce gouvernement ne goûtèrent point ce raisonnement tout naturel, et plein de logique, et ils se retranchèrent derrière un silence absolu.

Ne vous lassez pas, prince infortuné, plus grand dans

l'adversité qui vous poursuit depuis votre berceau royal, que les potentats les plus puissants ; votre cause est celle de la justice, comme celle du Sauveur des hommes ; elle triomphera, mais d'une manière toute divine, du mauvais vouloir, des passions et de l'iniquité des différents partis qui se disputent le pouvoir et qui se l'arrachent tour à tour. En vain les puissances ont frémi et les rois usurpateurs ont médité de noirs projets contre vous, sans défense, sans appui, sans nom comme sans patrie. Les puissances sont ébranlées, les rois sont tombés, malgré leurs gardes et leurs remparts ; et vous, vous avez grandi, votre nom passe de bouche en bouche, et votre mémoire, comme celle du juste persécuté, sera bénie de génération en génération. C'est là l'œuvre merveilleuse du Très-Haut.

Le 25 mai, le fils de Louis XVI transmit au président de l'Assemblée nationale une réclamation motivée, dans laquelle il demandait que les faits énoncés fussent examinés de près, et qu'elle se prononçât ensuite d'une manière quelconque. Cette demande fut accompagnée de la lettre suivante au président lui-même : « Paris, 25 mai 1848. — Monsieur le président, c'est à l'historien impartial, à l'écrivain distingué, que je transmets la demande que j'adresse à l'Assemblée nationale, bien plutôt qu'à son honorable président. J'ose espérer que cette juste réclamation suivra son cours, et que la discussion n'en sera point étouffée. Comme j'habite à la campagne, à cause de l'indisposition dont je suis atteint, je prie monsieur le président d'avoir l'obligeance de me faire parvenir, à mon domicile politique, boulevart Beaumarchais, 83, les injonctions qu'il croirait devoir me faire, et je m'y conformerai scrupuleusement.

Signé : l'ex-baron de Richemont. »

— 487 —

Nous croyons devoir transcrire ici littéralement la réclamation motivée de M. le baron de Richemont, parce qu'elle est un chef-d'œuvre de précision et de clarté, parce qu'elle résume d'une manière succincte mais parfaite, toutes les infortunes et les persécutions du royal orphelin, et parce qu'elle servira, mieux que tout ce que nous pourrions dire, à faire connaître l'insensibilité, l'égoïsme et la partialité calculée de tous les partis dominants en France depuis plus d'un demi-siècle, lesquels laissent passer inaperçu et sans discussion aucune, un *document* tel, que nous pouvons avancer, sans craindre d'être démenti, que jamais Mémoire plus important n'a été soumis à une assemblée délibérante, depuis l'origine des nations. Du reste, nos lecteurs jugeront par eux-mêmes du mérite de cette pièce unique dans son espèce :

« Citoyens Représentants,

« Le 12 juin 1795, un acte irrégulier dans la forme et notoirement frauduleux au fond, raya le fils de Louis XVI du nombre des vivants. L'autorité qui commit cette audacieuse iniquité, fournit elle-même, *et le même jour*, une preuve flagrante de son mensonge et de sa complicité, par ses ordres écrits à des délégués de la Convention dans les départements, et par l'envoi extraordinaire de commissaires chargés de faire arrêter un enfant enlevé de Paris la veille, et qu'elle désignait clairement *comme étant le même que celui dont elle publiait officiellement la mort*. Depuis ce moment, la victime d'un forfait sans exemple s'est trouvée dans l'impossibilité absolue de protester d'une manière efficace et régulière.

Pour le soustraire aux recherches actives et incessantes de ceux qui paraissaient avoir tant d'intérêt à s'en emparer, celui qui avait fait enlever le fils de Louis XVI, le fit entrer secrètement et sous un nom modeste, dans les rangs de l'armée française, dont il partagea les travaux en Allemagne, en Égypte et en Italie, de 1797 à 1804.

« Le 12 décembre 1802, fut signé le fameux traité dans lequel les rois, tout en recevant le comte de Provence comme partie intervenante, ne voulurent cependant le reconnaître qu'en qualité de *régent*, attendu, y est-il expressément stipulé, *qu'ils savaient que le fils de son frère aîné avait été enlevé par fraude des prisons du Temple, et qu'il existait.* Où sont donc les preuves que ce neveu soit mort depuis ?

Forcé de quitter la France après la chute de la République, le fils de Louis XVI se retira dans les Amériques, où il résida jusqu'en 1815. Rentré dans sa patrie, et présenté à sa famille par celui qui l'avait sauvé, il eut, en mai 1816, à Versailles, une entrevue avec sa sœur, en présence du prince de Condé, des ducs de Berri et de Mouchy, de la marquise d'Agout et de quatre pages encore vivants.

Reconnu, mais repoussé par cette princesse, qui ne put tolérer en lui des principes politiques totalement en désaccord avec les siens, ceux de sa famille et des alliés qu'il avait combattus, le fils de Louis XVI se vit contraint de s'expatrier de nouveau, après avoir, toutefois, protesté contre les odieux traités de 1814 et de 1815. Arrêté, le 12 avril 1818, dans les états autrichiens, sur les instances de son oncle, Louis XVIII, le fils de Louis XVI, fut retenu, *plus de sept ans*, au secret le plus rigoureux, dans les prisons de l'Autriche, réclamant en vain sa liberté ou des juges; crime inouï, et qui suffit à lui seul pour mettre sur la trace de tant d'autres........

Mis en liberté après la mort de Louis XVIII, et sur l'ordre exprès de l'empereur d'Autriche, le fils de Louis XVI parvint à pénétrer en France, malgré les obstacles opposés à son entrée et les mesures prises par son oncle, Charles X, pour s'assurer de sa personne. Aussitôt après son arrivée, il adressa à la chambre des pairs, le 2 février 1828, une demande aux fins d'être admis à fournir ses preuves. Au lieu de permettre cette enquête, sa famille ordonna de le poursuivre, suivant les précédents employés à son égard.

Aux journées de Juillet 1830, il se trouvait à Paris, où il a été vu, soit parmi les opposants, soit à l'Hôtel-de-Ville, soit à la chambre des députés; lors de la manifestation du 6 août, et le 12 du même mois, il protesta contre l'acte du 9 et tout ce qui s'en suivrait. En 1833, au moment où le fils de Louis XVI saisissait les tribunaux de sa demande en réclamation d'état-civil, il fut arrêté pour le crime imaginaire *de complot*, et remis à la disposition de l'autorité judiciaire, qui, après plus *de quatorze mois* de détention préventive, le renvoya devant la cour d'assises de la Seine, où il fut condamné, le 4 novembre 1834, à *douze années de détention*, *non* pour être ou n'être pas le fils de Louis XVI, question qu'on ne voulut jamais aborder, malgré ses instances réitérées, mais bien pour l'étrange motif *d'avoir, pendant quatre ans, tramé un complot tendant au renversement du gouvernement, avec des complices restés inconnus!*....

S'étant évadé de Sainte-Pélagie, le 19 août 1835, il passa à l'étranger, et ne revit librement sa patrie qu'après l'amnistie de 1840. Le 1ᵉʳ novembre 1846, le fils de Louis XVI publia *les Mémoires d'un Contemporain*, dont il dépose un exemplaire sur le bureau du président de l'Assemblée nationale, et dans lequel sont relatés tous les faits qui le concernent, ainsi que les preuves à l'appui. Nul n'a encore osé démentir un seul de ces faits, ni aucune des terribles révélations qu'ils contiennent.

Le 29 février 1848, il envoya son adhésion à la République qui venait d'être proclamée. Le 2 mars suivant, il adressa au gouvernement provisoire une réclamation pour lui rappeler que, s'il avait eu la puissance d'abolir la royauté, la noblesse, les priviléges et les titres, il devait avoir aussi celle de rétablir chacun dans ses droits civils et politiques. Il paraît que cette logique ne fut pas agréée par les membres du gouvernement, puisqu'ils crurent devoir faire une exception à ce sujet en gardant le silence. Le fils de Louis XVI était personnellement connu de quelques-uns d'entre eux ; ceux-ci n'ignoraient ni les persécutions atroces qu'il avait eu à supporter, ni comment il avait été traité chaque fois qu'il avait élevé la voix pour réclamer son état-civil. Tout le portait donc à croire qu'ils répondraient avec sympathie, et prendraient souci de lui indiquer la marche à suivre ; il n'en a rien été..... Il semble, en vérité, que le pouvoir soit destiné à tarir chez les hommes la source de tous les sentiments généreux !...

Représentants de la nation ! le fils de Louis XVI ne vient rien réclamer auprès de vous, en vertu de droits surannés et de prétentions absurdes.... Sa foi politique fut toujours telle à cet égard, qu'elle lui a valu la haine des rois et de sa famille elle-même.... Mais en sa qualité de Français, de citoyen, d'homme libre, il a droit à un nom et à une patrie ; pouvez-vous les lui refuser ? Souffrirez-vous qu'il y ait un paria dans notre République ? Il compte parmi vous plusieurs de ses connaissances ; y trouvera-t-il un ami, au moins un courageux défenseur de la justice et de l'innocence opprimée ? y trouvera-t-il quelqu'un assez grand et assez ferme, pour s'élever au-dessus des préjugés de la peur ou du ridicule, pour réclamer hautement une enquête sur l'ordre des faits qui viennent d'être signalés, et faire procéder régulièrement à l'examen des pièces qu'il produit pour revendiquer son nom, ainsi que ses droits civils et politiques ? Le repousserez-vous, parce qu'il est fils de roi ? mais serait-ce juste, serait-ce raisonnable de lui faire encore aujourd'hui un crime de son origine, crime qu'il a déjà si cruellement expié par plus de cinquante ans de vicissitudes et de maux de toute espèce ? Songez qu'il ne demande que l'autorisation de porter le nom de son père, seul héritage qu'il lui ait laissé en mourant. Osera-t-on l'accuser d'ambition ? Mais, simple particulier, il était sur la route des honneurs ; le grand homme qui a, pendant tant d'années, conduit les Français à la victoire, et qui se connaissait en mérite et en bravoure, se fût certainement souvenu de son jeune compagnon d'Egypte et d'Italie, et l'eût traité avec sa bonté et son équité ordinaires, malgré la médiocrité de son talent, s'il avait eu quelque velléité d'ambition.

D'ailleurs, ne pouvait-il pas, depuis 1815, rentrer dans les bonnes grâces des rois, qui n'exigeaient, pour lui rendre le rang qui lui appartenait, qu'une simple adhésion à tout ce qu'ils avaient fait, et qu'il partageât leurs principes et leurs vues ? Il refusa : il ne voulut point mentir à sa conscience ; il préféra l'obscurité au parjure. Verrez-vous là la conduite d'un ambitieux ? Osera-t-on accuser de folie celui qui réclame depuis un demi-siècle le nom de son père ? Mais remarquez que cette folie, qui aurait dû simplement exciter l'intérêt ou la compassion à son égard, lui a, au contraire, mérité des persécutions continuelles, des haines profondes, des piéges perfides, des poursuites incessantes, des calomnies horribles, des propositions outrageantes, une proscription sans fin !... donc, on ne peut admettre qu'il ait jamais été considéré comme fou.

Osera-t-on enfin l'accuser d'intérêt ? Mais il est notoire qu'il n'a rien demandé, rien reçu et rien voulu recevoir de qui que ce soit, qu'il a refusé et refuse journellement les offres qui lui sont faites ; il a été en outre bien prouvé, lors des scandaleux procès qu'on a osé lui intenter, qu'il avait donné de l'argent, fait du bien, et jamais de mal à personne. Si aucune de ces trois passions n'a pu guider le fils de Louis XVI, à quel motif attribuer la persistance, pour ne pas dire l'obstination, qu'il met à réclamer un nom qui ne lui a valu jusqu'ici que la haine, l'exil, la prison et tout le cortége obligé des souffrances et des peines qu'il a endurées partout et toujours ?...

Représentants de la nation ! l'Europe vous contemple avec admiration et anxiété ! Vous êtes investis de pouvoirs immenses ! Je suis certain que vous en ferez un noble usage à l'égard de l'homme qui s'adresse à vous ; que vous le placerez sous votre protection directe ; que vous ne permettrez point qu'il soit maltraité pour avoir le courage de protester contre la plus grande iniquité des temps modernes, et que vous prendrez à son sujet la détermination que vous dicteront votre justice et votre impartialité. Le prisonnier du Temple et de Milan, condamné politique de 1834, signé : « L'ex-baron de Richemont. » Paris, le 25 mai 1848.

Nous le demandons à tout lecteur impartial : Sont-ce là le langage et la conduite d'un imposteur, d'un escroc, d'un aventurier, ou d'un agent de la police? Qu'on nous pardonne de rappeler ces qualifications odieuses que la presse, et la presse qui se dit religieuse, n'a pas rougi de donner à l'auguste orphelin du Temple ! L'élévation des pensées, la noblesse des sentiments, le choix et l'énergie des expressions, la délicatesse et la douceur de l'élocution, la force de la vérité, l'évidence des faits, tout, en un mot, nous révèle une haute capacité, un génie transcendant, une intelligence du premier ordre ; tout proclame hautement l'existence miraculeuse et annonce la présence providentielle du fils de Louis XVI. Celui-ci s'est offert en holocauste à la justice divine pour expier nos crimes, celui-là nous a été conservé par la miséricorde de Dieu pour nous délivrer de l'anarchie, et pour sauver la France de l'abîme révolutionnaire. En vain les différents pouvoirs, honteux de leur origine usurpatrice, ont-ils voulu étouffer la voix de la vérité dont la seule présence leur reprochait leurs grandes iniquités ? Ils sont tombés, et la vérité nous reste comme une ancre de salut. Qu'ils apprennent donc une fois pour toutes, que tout ce que les méchants font pour opprimer la vertu, retourne à sa gloire. La vérité se délivre elle-même ; elle peut bien être emprisonnée et comme liée pour un temps, mais elle ne peut être vaincue ; elle se contente du petit nombre de ses défenseurs, et elle ne craint point la multitude de ses ennemis. Ainsi, malgré les efforts de tous les partis conjurés contre lui, le royal orphelin du Temple triomphera au jour marqué dans les décrets éternels de celui qui a dit · Je suis la voie, la vérité et la vie.

Cette pièce, qui seule suffirait pour immortaliser son auteur, fut envoyée aux représentants présents à Paris, ainsi qu'à tous les journaux, qui n'en firent aucune mention, eux qui ne laisseraient pas passer le cadavre d'un chien, sans raconter le drame de sa mort, et que plusieurs prirent, *sans la lire*, pour une circulaire électorale, puisque quelques-uns annoncèrent que M. l'ex-baron de Richemont se mettait sur les rangs pour les prochaines élections.

Désirant connaître le sort de sa réclamation, le prince apprit, à la suite des informations qu'il avait fait prendre, qu'elle avait été déposée par le président Buchez, et qu'elle se trouvait entre les mains du comité des pétitions. Il écrivit alors aux membres de ce comité la lettre suivante :

« Paris, 6 juin 1848. — Messieurs, aussitôt que j'ai pu connaître vos noms et votre adresse, je me suis empressé de vous envoyer à chacun un exemplaire des *Mémoires d'un Contemporain*, rédigés et publiés par moi. Ces documents vous fourniront les moyens de faire votre rapport sur la réclamation que j'ai transmise au président, qui l'a déposée le 25 mai dernier. Je présume que vous prendrez en considération les faits relatés dans ma demande, que vous ne la considérerez point comme une de ces légèretés que nul n'oserait se permettre envers une assemblée qui est l'expression libre de la volonté de tous, y compris la mienne, et que justice sera faite. »
Signé : L'ex-baron de Richemont. »

Nos lecteurs sont impatients, sans doute, de connaître le résultat de tant de démarches, et la décision de l'Assemblée, saisie d'une affaire aussi importante et évidemment de sa compétence, selon l'axiome du droit écrit :

Celui qui peut plus, peut moins. Après six mois d'attente et de nombreuses réclamations, l'Assemblée nationale et le gouvernement, qui, par les documents que les chancelleries mettent à leur disposition, en savent, sur la cause de M. le baron de Richemont, plus long que le baron lui-même, lui firent déclarer « *qu'ils sont parfaitement convaincus qu'il est le fils de Louis XVI....;* mais que son affaire n'étant pas une affaire d'état, ils ne lui répondront point officiellement; que, du reste, citoyen comme les autres, il peut s'adresser aux tribunaux et qu'ils ne s'y opposeront nullement. »

Il est donc évident, d'après cette réponse, que le gouvernement provisoire, que la commission exécutive, que l'Assemblée nationale, ont la certitude morale que l'auguste orphelin du Temple n'est pas mort, et qu'il existe dans la personne de M. le baron de Richemont. Mais, dans ce cas-là, pourquoi ne pas le proclamer à la face du ciel et de la terre, et réparer ainsi une criante injustice ? Pourquoi ne pas déchirer le prétendu acte de décès ? Pourquoi ne pas rendre à cette royale victime de nos divisions intestines le nom de son illustre et infortuné père, son unique héritage ? Pourquoi enfin ne pas rétablir de suite le fils de Louis XVI dans la plénitude de ses droits civils et politiques, chose qu'il a constamment réclamée et qu'il ne cesse de demander? Les anciennes Républiques de la Grèce et de Rome, auraient sans doute fait tout cela et beaucoup plus encore, en faveur d'une aussi grande infortune, parce qu'elles avaient conservé l'idée de l'équité naturelle. Mais le code philosophique, qui gouverne la France depuis 89, a posé d'autres principes que nos représentants croient devoir suivre religieusement. Or, en vertu de ces principes proclamés par la philosophie du dix-huitième siècle, nos gouvernants savent que « la vérité, comme la vertu, n'ont de valeur qu'autant qu'elles sont utiles. » (LA METTRIE, *de l'âme*, page 31.)

Il parait qu'il n'a été *utile* à aucun gouvernement de reconnaître le fils infortuné du martyr Louis XVI. Tout lecteur en comprend la raison. « La vertu n'est pas un bien. »

Vers la fin du mois d'octobre 1848, il arriva à Lyon un des supérieurs généraux d'un des ordres religieux qui existent en Europe. Le but de ce voyage était de s'assurer de l'identité du fils de Louis XVI, existant dans la personne de M. le baron de Richemont. Dans l'audience de congé que cet envoyé extraordinaire avait obtenue du pape avant son départ de Rome pour venir en France, sa sainteté l'avait entretenu avec un vif intérêt de ce prince infortuné qu'elle savait vivant, d'après des pièces authentiques qui existent dans les archives du Vatican, et plusieurs autres documents qui avaient passé sous ses yeux.

Arrivé à Lyon, le révérend père se hâta d'en faire part à son correspondant, personnage éminent, aussi recommandable par sa foi éclairée, sa tendre piété, que célèbre par ses grands talents. Muni des instructions nécessaires, ce vénérable prélat partit immédiatement pour Paris afin d'apprendre au fils de Louis XVI que si, à l'exemple du Christ, il est méconnu des siens, il occupe une large place dans l'estime et l'affection du père commun des fidèles. Aussitôt arrivé, le révérend père se fit présenter à l'auguste orphelin du Temple qui le reçut avec sa bonté ordinaire et avec une effusion de cœur indicible. Ce bon prince est si heureux quand il rencontre des âmes généreuses qui prennent part à ses grandes infortunes, qu'il met en quelque sorte son noble cœur à nu devant elles, de sorte qu'on peut y lire sans peine les sentiments héroïques dont il est animé.

Dans la première audience que le fils de Louis XVI accorda à l'envoyé du souverain pontife, il se passa quelque chose d'extraordinaire. A la vue de cette royale victime, de ce nouveau Moïse sauvé des eaux révolutionnaires, de ce rejeton de tant de rois, vivant ignoré et méconnu dans la capitale du premier royaume de l'univers où l'illustre auteur de ses jours régna, mon cœur fut tellement ému, dit le révérend père, que la parole expira sur mes lèvres et que je restai quelques instants dans un silence d'étonnement et d'admiration. Revenu à moi-même, je racontai d'abord au prince comment j'avais acquis, par la lecture des *Mémoires d'un contemporain*, la certitude de son existence et de son identité dans la personne de M. le baron de Richemont; je lui avouai ingénument que, possédant le portrait de Louis XVI, j'avais été frappé on ne peut plus des traits de ressemblance qu'il a avec ce saint roi; que sa seule présence faisait tomber toutes les objections que je me proposais de lui faire sur une existence aussi merveilleuse et aussi extraordinaire que la sienne. Je lui rappelai ensuite les paroles pleines de bienveillance et de bonté que le saint père m'avait chargé de lui transmettre de sa part, et l'assurai que non-seulement le souverain pontife était convaincu que le fils de Louis XVI était vivant, mais qu'il croyait fermement que le ciel ne l'avait conservé d'une manière aussi miraculeuse que pour rendre à l'Eglise son ancienne liberté et à la France son antique splendeur. »

Dans la seconde et dernière audience que monseigneur le duc de Normandie accorda à l'envoyé extraordinaire de Rome, la conversation roula sur divers sujets de controverse religieuse et de matière politique. « Jamais, répétait le vénérable prélat à son savant correspondant de Lyon, je n'ai entendu discuter avec plus de clarté, de justesse, de science et de jugement sur des questions aussi ardues, aussi variées que celles qui faisaient le sujet de notre entretien. Quel prince ! Il connaît tout, il se rappelle de tout, il parle de tout avec une facilité étonnante. Je doute que Salomon qui faisait l'admiration de tout l'orient eût plus de sagesse, de science, de jugement, de connaissance et de discernement que le fils de Louis XVI. » On comprend facilement qu'à la suite d'une pareille visite faite au nom de l'immortel Pie IX, le prince dût soupirer ardemment après le jour où il pourrait confier ses peines à ce grand cœur paternel qui, connaissant la douleur, sait aussi mieux y compatir. Il jugea toutefois convenable de se faire précéder d'une lettre qu'il adressa au souverain pontife par la même voie qui lui avait fait connaître les dispositions de sa sainteté à son égard. Elle était ainsi conçue :

« Très-saint père, votre sainteté connaît les malheurs de l'auguste famille royale de France, la mort du roi, de la reine, de la princesse, sœur du roi, et la captivité au Temple des enfants du roi. Elle a été informée du prétendu décès du prince royal, de son enlèvement, de sa conservation miraculeuse et toute providentielle, et de ses apparitions en Europe depuis ce prétendu décès. Votre sainteté aura connu également l'arrestation du fils de Louis XVI, sa détention de plus de sept ans dans les états autrichiens sans motif apparent et sans jugement, et sa mise en liberté en vertu des ordres de l'empereur lui-même. Votre sainteté a su aussi la rentrée en France en 1826 du fils de Louis XVI, ses luttes avec les pouvoirs et les gouvernements, sa nouvelle incarcération en 1833, le procès qui lui fut fait pour un crime imaginaire, sa condamnation, son évasion en 1835, son retour dans sa patrie et les démarches qu'il a faites jusqu'à ce jour.

« Très-saint père, ce prince se propose de demander légalement l'annulation de l'acte de décès irrégulier et frauduleux du 12 juin 1795, attendu qu'il ne porte point son nom, et que c'est celui d'un autre enfant. Une multitude de preuves écrites et orales seront produites à l'appui de sa réclamation, et il a l'espoir de réussir. Cependant, quoique la route fermée jusqu'ici lui soit ouverte, quoique tout se réunisse pour assurer à sa demande un succès certain, le fils de Louis XVI vient soumettre à votre sainteté l'étrangeté de sa position, lui exposer les causes qui le forcent à agir et la prier de lui accorder sa bienveillante protection, et de s'interposer officieusement entre lui et la princesse fille du roi, sa sœur, afin qu'elle reconnaisse dans la victime de tant de vicissitudes le frère qu'elle sait n'être mort ni au Temple ni ailleurs. Cette déclaration de la princesse pourra seule éviter à sa famille, à son frère, à elle-même les regrets amers que va nécessairement occasionner le scandale d'une procédure qui doit dévoiler à la face du monde étonné et consterné les manœuvres employées pour étouffer les cris de l'innocence opprimée. Ces manœuvres voueront à la honte et à l'ignominie tous ceux qui ont sciemment contribué à maintenir une suppression d'état contre laquelle protestent énergiquement la nature, la religion, la morale, la justice et la probité.

« Quelle que soit la détermination que prendra votre sainteté, le fils de l'infortuné Louis XVI n'en persistera pas moins à se dire, de votre béatitude, très-saint père, le très-humble et très-soumis fils en Jésus-Christ, *Signé :* Louis-Charles. Paris, le 4 novembre 1848. »

Si nous n'avions pas surabondamment prouvé que M. le baron de Richemont est le fils de Louis XVI, cette lettre si touchante, si respectueuse et si pleine de vérités atterrantes, suffirait à elle seule pour établir l'existence de l'auguste orphelin du Temple, et son identité avec la personne de celui qui l'a écrite, car ce n'est pas ainsi que parle et qu'agit un imposteur. Ce langage énergique et cette noble conduite révèlent nécessairement l'héritier légitime, quelqu'un qui combat sur son propre terrain et qui se défend avec des armes qu'il connaît bien et qu'il manie parfaitement.

Mais ce n'était pas assez d'une lettre, il fallait se voir, s'entendre, et rapprocher deux cœurs si bien faits l'un pour l'autre par la similitude de leur position respective. Le prince prit donc la résolution de faire le voyage de Rome, ou mieux de Gaëte, devenue momentanément la résidence du chef de l'Eglise catholique. Le fils du saint roi-martyr voulut aller épancher lui-même sa grande douleur dans l'âme compatissante du vicaire de l'homme-Dieu, qui boit aussi lui-même dans le calice d'amertume.

Monseigneur le duc de Normandie, parti de Paris le 22 janvier 1849, accompagné de son médecin, arriva à Lyon le 24, et à Marseille le 6 février. Ils furent rejoints à Valence par M. l'abbé Royannais, curé de Chauffry (diocèse de Meaux). Embarqués le 9 à bord du *Sésostris*, ils arrivèrent à Naples le 14. L'illustre voyageur et ses deux compagnons y reçurent un accueil très-gracieux de la part des chefs de la police qui leur délivrèrent des passe-ports pour Gaëte en échange des leurs.

Le 17 février, le fils de Louis XVI arrivait à Gaëte, petite ville fortifiée où n'entre pas tout venant, et où le roi, qui avait cédé son château au pape, logeait dans une modeste maison avec toute sa famille, et le corps diplomatique dans deux hôtels à Mola, près de Gaëte, où le prince avec sa suite trouva à grand'peine à se loger lui-même.

Le 18, l'officier supérieur des gardes du roi, chargé de veiller à la sûreté du pape, adressa au fils de Louis XVI la lettre suivante : « Le soussigné a l'honneur de faire part à M. Louis-Charles de France que son éminence le cardinal Antonelli, pro-secrétaire d'Etat, le recevra aujourd'hui. Ladite éminence est visible toute la journée à la seule exception de 2 heures et demie à 4 heures, qui est l'heure du dîner. Monsieur de France pourra donc se régler de sorte à venir avant ou après. Gaëte, 18 février 1849. *Signé :* DE JONGH, major. »

Introduit auprès du premier ministre cardinal Antonelli, à 4 heures, le fils de Louis XVI n'en sortit que fort tard. Que se passa-t-il entre le cardinal ministre et le fils de Louis XVI ? nous l'ignorons, disent les compagnons du prince, que nous allons laisser parler désormais ; *mais* à l'air de satisfaction du prince et de son éminence à laquelle nous fûmes présentés immédiatement, nous pûmes juger que la séance avait été fort agréable pour tous les deux.

Le lendemain 19, le fils de Louis XVI reçut la dépêche suivante : « Le major Jongh a l'honneur de faire part à M. Louis-Charles de France que sa sainteté le recevra demain matin à onze heures pour baiser le pied. L'ordre sera donné à la porte de la place pour l'entrée. Gaëte, le 19 février 1849. »

Enfin le 20 février, le fils de Louis XVI, après avoir

eu une nouvelle conférence avec le cardinal premier ministre, fut reçu par le saint père. Après trois quarts d'heure d'entretien secret avec le fils de Louis XVI, sa sainteté daigna nous admettre à l'honneur de baiser le pied. Sa belle figure était calme et radieuse. Le saint père était debout à côté et à la gauche du prince ; l'air de bonté qui respirait dans tous ses traits, l'affabilité avec laquelle il nous accueillit, nous pauvres serviteurs, nous prouvèrent qu'il venait de se passer quelque chose de bien grave et de bien satisfaisant pour l'un et pour l'autre, entre ces deux personnages dont la position identique, sous plus d'un rapport, rend l'entrevue si extraordinaire et si mémorable.

Après la cérémonie du baiser du pied, le saint père adressa ces paroles à M. l'abbé Royannais et à moi : « Je vous félicite de la preuve de courage et de dévouement que vous avez donné à votre prince en l'accompagnant jusqu'ici. C'est dans le malheur que l'on connaît ses vrais amis. Soyez toujours unis et vous serez forts. »

Après les saluts d'usage, nous nous sommes retirés tous trois pleins de bonheur, d'admiration et de reconnaissance.

Pendant notre séjour à Gaëte, nous avons vu le roi de Naples et sa famille plusieurs fois par jour. Les saluts gracieux de ce monarque et des princes de sa maison au fils de Louis XVI, ont dû lui faire présumer avec fondement qu'il serait accueilli avec plaisir par le roi s'il sollicitait une audience ; mais le prince a préféré s'abstenir, et il a eu sans doute de bonnes raisons pour en agir ainsi. Toutefois, il n'a pas voulu quitter les états de Naples sans exprimer à sa majesté les sentiments de sa reconnaissance.

Voici sa lettre écrite de Naples à sa majesté : « Sire, l'accueil plein de bonté que sa sainteté a daigné me faire lorsque je me suis présenté pour déposer à ses pieds l'hommage de mon respect et de mon admiration, semblait pouvoir m'encourager à offrir à V. M. le juste tribut de reconnaissance qui lui est dû. J'eusse rempli ce devoir avec d'autant plus de plaisir, que l'affabilité dont elle m'a donné des preuves chaque fois que j'ai eu le bonheur de la rencontrer à Gaëte, provoquait tout naturellement ma confiance. Mais l'étrangeté de ma position politique, tout ce qu'elle renferme d'équivoque, ont dû imposer silence à mon pauvre cœur et me forcer à quitter ses états sans avoir osé demander audience.

« Sire, un acte de décès irrégulier en la forme et frauduleux au fond me raya, le 12 juin 1795, du nombre des vivants. Depuis ce jour, j'ai vainement protesté contre une telle monstruosité. Chaque fois que j'ai voulu réclamer, la prison ou l'exil furent mon partage; j'ai donc été forcé de me résigner et de continuer à souffrir. Malheureusement, la justice divine prit soin de punir mes oppresseurs en les condamnant à diverses reprises à subir les maux dont ils avaient abreuvé mon enfance, ma jeunesse et presque toute ma vie. L'incroyable, et pour ainsi dire, fabuleux évènement du 24 février 1848, m'ayant enfin fourni l'occasion de faire entendre ma voix plaintive, sans crainte et sans danger, je me dispose à saisir les tribunaux français d'une demande en réclamation d'état-civil, afin d'anéantir l'acte informe que ma famille opposa sans cesse à toutes mes prétentions, et j'ai la certitude de réussir. Les preuves surabondent, et il sera démontré jusqu'à la dernière évidence, que l'enfant mort au Temple n'était pas le fils de Louis XVI, puisque cet enfant, dont le squelette vient d'être providentiellement découvert et examiné avec la plus scrupuleuse attention par quatre des premiers médecins de Paris, avait près de *quinze ans*, tandis que le prince royal, né le 27 mars 1785, n'était dans ce moment âgé que de *dix ans, deux mois et douze jours*. Le dauphin fut enlevé du Temple le 19 janvier 1794; l'une des deux personnes qui procédèrent à cette opération fut assassinée en 1797, d'après les instructions secrètes des membres de la Convention qui avaient déjà fait empoisonner, le 31 mai 1795, le docteur Desault, qui mourut le premier juin, et l'autre fusillé en 1801. En 1798, quelques jours avant l'attentat horrible commis sur la personne de Pie VI, ce pontife fit au sacré collége une allocution dans laquelle il annonçait que Louis-Charles, duc de Normandie, échappé des mains de ses bourreaux, avait habité la Vendée en 1794 et 1795. Cette pièce, signée du souverain pontife et revêtue du sceau de l'Etat, fut présentée en 1814 à Louis XVIII par un ambassadeur de Pie VII qui refusait de le sacrer, parce qu'il était notoire que son neveu le duc de Normandie était encore vivant.

« Le 12 décembre 1800, les rois coalisés signèrent un traité dans lequel ils refusèrent de reconnaître comme roi de France le comte de Provence, depuis Louis XVIII, attendu *qu'ils savaient que le fils de son frère aîné avait été enlevé par fraude des prisons du Temple, et qu'il existait*. Ce fut le duc Antonin de Serra-Capriola qui négocia ce traité dont expédition doit exister dans les archives de Saint-Pétersbourg, Vienne, Berlin et Naples. En 1804, Joséphine qui avait vu le dauphin le jour même de son enlèvement du Temple, puis en 1803, le fit embarquer pour l'Amérique d'où il ne put revenir qu'en août 1815, alors que tout était terminé.

« Ce prince n'a cessé de protester contre tout ce qui se fit à cette époque et depuis. Ces faits sont bien connus de l'illustre duchesse de Berri, sœur de votre majesté. Son royal époux périt pour s'être trop vivement intéressé à mon triste sort. Toutes les personnes qui ont servi, approché, vu et connu le fils de Louis XVI dans les châteaux royaux, au Temple et ailleurs, du 27 mars 1785 au 20 janvier 1849, l'ont parfaitement reconnu et sont prêtes à déposer partout où besoin sera,

« Sire, le saint père, dont la charité est immense, a bien pu ne pas repousser la victime qui venait verser dans son sein paternel le secret de ses douleurs. Sa sainteté avait en main les preuves matérielles de l'existence du fils de Louis XVI et d'autres preuves morales qui ont pu lui suffire, mais ces dernières n'étant pas admises par la politique, j'ai cru devoir m'abstenir. J'ose espérer que votre majesté ne verra dans cette conduite de ma part qu'une prudente réserve qu'elle daignera pardonner.

« Je suis, avec le plus profond respect, de votre majesté, sire, le très-humble serviteur. *Signé :* Louis-Charles. Naples, le 23 février 1849. »

La cour, le corps diplomatique, les cardinaux, les étrangers qui se trouvaient à Gaëte, ont pu tous voir le fils de Louis XVI. Aucun mystère n'a été mis dans ses démarches et nul d'entre eux n'a dû ignorer sa présence et ce qui s'est passé. M. d'Harcourt, ambassadeur français près le Saint-Siége, a pu voir tous les jours le prince qui logeait dans le même hôtel. N'ayant pas jugé à propos de faire une visite à ce diplomate, le prince lui adressa le billet dont la teneur suit :

« Gaëte, le 20 février 1849. Monsieur l'ambassadeur, appelé auprès de Sa Sainteté Pie IX, pour mes affaires particulières, j'eusse été charmé de faire une visite au parent du gentilhomme illustre qui guida mes premiers pas dans la vie, et qui partagea une partie des infortunes qui anéantirent presque toute ma famille (on n'a pas oublié que le duc d'Harcourt, proche parent de l'ambassadeur actuel, fut gouverneur des fils de France jusqu'au 10 août 1792.) Le caractère dont vous êtes revêtu m'a empêché de suivre l'élan de mon cœur ; et ne croyant pas à la possibilité de séparer en ce moment, l'homme public de l'homme privé, j'ai dû partir sans vous voir. Quel que soit le sort que la Providence me réserve, soyez convaincu, monsieur l'ambassadeur, que je n'oublierai jamais le nom que vous portez et qui me fut bien cher... *Signé :* l'ex-baron de RICHEMONT. »

La lettre à sa majesté sicilienne fut transmise directement au cardinal premier ministre, avec prière de la faire parvenir au roi. A cet effet, le fils de Louis XVI adressa ce billet à son éminence : « Eminence, je viens de nouveau remercier votre éminence de l'affabilité avec laquelle elle m'a reçu, écouté et présenté au vicaire de Jésus-Christ. Qu'elle soit bien assurée que je n'oublierai jamais tout ce qu'elle a eu la bonté de faire pour moi. N'ayant pas cru devoir demander une audience au roi, à cause de l'étrangeté de ma position politique, je prends la liberté de vous adresser directement la lettre que j'écris à sa majesté, et dont vous trouverez ci-joint la copie. J'espère que votre éminence aura l'obligeance de la lui faire remettre. Je demande encore pardon à votre éminence de mon importunité. Je lui réitère les sentiments de respect qui lui sont dus, et qui, quel que soit mon sort, m'engageront toujours à me dire, de votre éminence, le très-humble serviteur. *Signé :* LOUIS-CHARLES. Naples, le 23 février 1849. »

Ici finit la relation du voyage du prince à Gaëte ; elle a été rédigée et publiée par M. Noyer, médecin distingué de Paris, qui, comme témoin des faits, atteste qu'elle ne renferme que la vérité. *Signé :* Noyer, médecin, rue Cassette, l'un des compagnons du voyage. Paris, ce 12 mars 1849. »

En présence d'une relation aussi claire, aussi détaillée, rédigée par un témoin oculaire et auriculaire, médecin de Paris, connu par sa foi éclairée et sa tendre piété, comment qualifier les insinuations perfides, les fades plaisanteries, nous pourrions dire les injures grossières et les indignités monstrueuses, renfermées dans les numéros des 5, 14 et 15 mai 1849 du journal l'*Univers*, et de plusieurs autres feuilles de la capitale? Au lieu de défigurer les faits, de travestir la vérité, de débiter des mensonges, et de jeter l'insulte à la face d'une illustre victime, d'une grande et longue infortune, pourquoi ne donnez-vous pas la généalogie de M. le baron de Richemont, comme on a établi celle du prussien Naündorff et de 23 autres faux Louis XVII, lancés la plupart par la police des différents gouvernements, pour étouffer la voix plaintive du véritable ? Pourquoi ne prouvez-vous pas clairement qu'il n'est pas le fils de Louis XVI et de Marie-Antoinette, roi et reine de France? Pourquoi ne citez-vous pas au moins un fait positif à l'appui de vos injurieuses et outrageantes suggestions d'*exploiteur* de châteaux et de sacristies ? On vous en a porté cent fois le défi, et vous avez gardé un silence *absolu* qui est très-significatif et parle hautement en faveur de l'auguste orphelin du Temple, dont les bonnes œuvres et les aumônes abondantes proclament le désintéressement et la munificence royale.

Qu'on le sache bien, malgré le mauvais vouloir des publicistes et l'acharnement de la coterie, la cause du fils de Louis XVI grandit chaque jour d'une manière surprenante, et bientôt ce nouvel astre, annoncé par des oracles anciens et modernes, qui paraît déjà sur notre horizon, arrivé à son plein midi, répandra son heureuse influence sur la France, notre chère patrie, et lui rendra le rang qu'elle doit occuper parmi les nations dont elle redeviendra l'arbitre et la reine.

M. le docteur Noyer, personnellement attaqué dans les articles de l'*Univers*, sus-énoncés, adressa, le 15 juillet 1849, une lettre au rédacteur en chef de ce journal. Comme ce publiciste refusa obstinément de la publier, ainsi que plusieurs autres de M. le baron de Richemont, nous croyons devoir la rapporter textuellement.

« Monsieur, dans vos numéros des 5, 14 et 15 mai, vous avez publié une lettre de votre correspondant de Rome, du 21 avril précédent, relativement à la visite de M. de Richemont au souverain Pontife. En la rapportant, commentée à votre manière, vous traitez de *crédules* les gens qui regardent comme avérée l'existence du fils de l'infortuné Louis XVI ; d'*insensés*, les bruits qu'ils répandent ; d'*exploitation* et de *manœuvres*, les démarches de M. de Richemont. Si M. de Richemont est un fourbe, un intrigant, ses compagnons de voyage sont des fous, des complices ou des imposteurs. Je suis l'un de ces compagnons de voyage, signataire de la relation insérée dans la *Revue catholique* du 15 mars, désigné par vous sous le titre de *médecin*. Je viens, conformément à l'article 15 de la loi du 25 mars 1822, réclamer l'insertion de ma réponse à vos insinuations.

« Un sentiment qui vous paraîtrait honorable, Monsieur,

si les nécessités d'une opinion, arrêtée d'avance, ne détruisait souvent chez le publiciste l'impartialité de l'homme privé, m'avait engagé à livrer à la presse quelques détails sur l'entrevue de M. de Richemont avec le Saint-Père, j'eusse agi plus prudemment, peut-être, et plus diplomatiquement, sans doute, en gardant le silence; mais quand on a la conviction intime, profonde, de la naissance, de la conservation, de l'identité du fils de Louis XVI ; quand le cœur s'émeut à l'aspect d'une vie commencée si haut, précipitée si bas, d'un enchaînement de malheurs inouïs; quand on voit la victime échappée miraculeusement à une lente agonie, à une mort cruelle, repoussée par sa famille, et réduite à demander aux tribunaux de sa patrie un nom, autrefois royal, le sien ; quand enfin tant de Français, qui, de l'invraisemblance historique, sont tombés dans le doute, et n'attendent qu'une confirmation judiciaire pour passer à une foi publique ; comment pouvoir se taire ? Si mes paroles pénétraient jusqu'à Gaëte, empreintes du respect et de la vénération que m'ont inspirés la noble et touchante figure de Pie IX, ses vertus et sa bienveillance, il me pardonnerait, j'en suis sûr, d'avoir soulevé, pour une noble et sainte cause, le voile de la discrétion. Je ne dirai, du reste, que ce qui peut-être strictement dit, et soyez certain, Monsieur, que la réserve me fait omettre des détails non moins nombreux et non moins intéressants que ceux de la relation du 12 mars. A la différence de votre correspondant, je ne veux pas d'insinuations, je veux des faits ; les faits ont une logique ; ils la tirent d'eux-mêmes ou des circonstances, et toutes les correspondances du monde, toutes les mauvaises volontés possibles ne sauraient l'affaiblir. Le 17 février, nous arrivions à Gaëte, devenue aujourd'hui, par la force des événements, le centre de la politique européenne. Gaëte offre à peine un asile aux étrangers, qui, ainsi que presque tous les ambassadeurs, sont obligés de loger dans deux hôtels à Mola, près de Gaëte. Dans une ville si petite, où résident deux princes éprouvés par les révolutions, entourés d'habiles ministres, de troupes fidèles, d'une police vigilante, nul ne pénètre sans qu'on sache parfaitement qui il est, et pourquoi il vient. Les représentants des puissances exercent eux-mêmes un contrôle actif sur tout ce qui se passe. Or, M. de Richemont va choisir son appartement à l'hôtel Capocèle, résidence de l'ambassadeur français et d'une partie du corps diplomatique. Chaque jour, ceux qui l'accompagnent se trouvent en contact avec les personnes de l'ambassade française; ils ne font point mystère du véritable nom de M. de Richemont, qu'ils appellent hautement *prince*, devant les gens de l'hôtel, et ceux-ci ne manquent pas de répéter à qui veut l'entendre : Voici le fils de Louis XVI ; son nom et sa qualité sont inscrits sur le registre des voyageurs..... Le jour de son arrivée, M. de Richemont remit au major de Jongh, officier supérieur des gardes du roi de Naples, non pas seulement son passeport délivré au nom de Louis-Charles de France, visé en France et à l'étranger par les autorités compétentes, mais encore une pièce authentique, le désignant comme fils de Louis XVI et de Marie-Antoinette, et vous prétendez, monsieur, qu'il a été reçu comme un simple particulier, sans qu'il y ait eu le moindre rapport entre sa réception et la qualité qu'il se donnait !! Ou les deux souverains, réunis à Gaëte, l'ont su, ou ils l'ont ignoré; s'ils l'ont su et qu'ils aient autorisé le séjour et l'introduction de M. de Richemont près du Saint-Père, ils avaient apparemment de bonnes raisons pour ne pas voir en lui un intrigant; s'ils l'ont ignoré, il faut aller jusqu'à supposer que le major de Jongh, vieux serviteur du roi des Deux-Siciles, et investi de toute sa confiance, aurait gardé par-devers lui, sans la communiquer à son gouvernement et à celui du Pape, une pièce de cette importance. Notez bien qu'elle n'a été rendue à M. de Richemont qu'au moment de son départ.

« Votre correspondant insulte à la raison du lecteur, en le supposant capable de se laisser leurrer au point de ne pas tirer des faits leurs conséquences naturelles. Une première entrevue de plus d'une heure et demie eut lieu entre le prince et le premier ministre de Sa Sainteté, qui, lui-même, le 20 février, à la suite d'une nouvelle conférence, introduisit le fils de Louis XVI auprès de Pie IX. Sa Sainteté et le prince s'entretinrent secrètement trois quarts-d'heure environ; que se passa-t-il? Je l'ignore; mais quand nous fûmes admis, à notre tour, mon compagnon et moi, l'expression, à la fois grave et satisfaite du pontife et du prince, annonçait qu'ils s'étaient compris. Jamais je n'oublierai la figure sainte et gracieuse du pasteur suprême; jamais je n'oublierai la bonté de son regard, de son accueil paternel, accueil que nous ne dûmes, certes pas à nous-mêmes, pauvres inconnus, mais à celui qui avait accepté notre dévouement.

« Une seule réflexion maintenant, et vous nous la pardonnerez bien, puisqu'elle est appuyée sur un fait positif. Vous qui trouvez simple et facile l'admission de tout fidèle auprès du Pape, avez-vous vu souvent, avez-vous vu une seule fois, un premier ministre introduisant le premier venu à l'audience d'un souverain? C'est cependant ce qui a eu lieu pour M. de Richemont, qui n'eut recours qu'à lui-même, et pour nous qui n'eûmes recours qu'à lui. Ainsi, la protection d'un intrigant se trouve toute-puissante là où souvent échoue celle des ambassadeurs!!! Vous l'avouerez, Monsieur, une telle influence est pour le moins fort étonnante... Et que doit-on penser des paroles suivantes du Saint-Père aux compagnons de voyage de la victime du Temple? « Je vous félicite de la preuve de courage et de dévouement que vous avez donnée à votre *prince* en l'accompagnant jusqu'ici. C'est dans le malheur qu'on connaît ses vrais amis. Soyez toujours unis et vous serez forts. »

« Je me résume ; une seule crainte a dirigé vos attaques ; vous avez affecté de poser M. de Richemont en *prétendant.* En effet, le fils de Louis XVI prétend à la restitution d'un nom qui lui a été ravi, d'un état-civil qui est l'apanage du moindre citoyen. A ce compte, tout homme qui réclame son nom est un prétendant ; M. de Richemont est un prétendant en ce sens, et ses prétentions seront bientôt développées devant les juges civils ; peut-être alors entrera-t-il quelque regret dans l'âme de ceux dont la résistance aura provoqué un pareil éclat.

« Je fais appel à votre impartialité pour donner à ces explications la même publicité que vous avez donnée à votre attaque. *Signé :* Noyer, médecin, rue Cassette, 8. »

Afin de donner une nouvelle autorité au récit du docteur Noyer, dont nous apprécions les rares talents, et reconnaissons la solide et tendre piété, nous ajoutons ici l'adhésion de M. le curé de Chauffry.

« Je soussigné, déclare que la Relation du voyage à Gaëte, publiée le 12 mars 1849, par M. Noyer, médecin à Paris, rue Cassette, 8, et mon compagnon de voyage, *est de toute exactitude ;* seulement les premières paroles prononcées par le Saint Père, au moment où nous nous sommes prosternés à ses pieds, n'ont pas été comprises par moi, parce que je ne connais pas assez l'italien. Tout ce que je puis dire, cependant, c'est que la conduite de Sa Sainteté et de sa cour envers l'ex-baron de Richemont, signifiait qu'elle savait qu'elle recevait en ce personnage, le fils de l'infortuné Louis XVI. Paris, le 29 juillet 1849. *Signé :* Royannais, prêtre, curé de Chauffry, »

Maintenant, il nous sera permis de dire à M. le rédacteur de *l'Univers*, que nous préférons le récit de M. Noyer, corroboré du témoignage de M. le curé de Chauffry, l'un et l'autre témoins oculaires et auriculaires des faits, tous deux dans une position sociale qui élève à l'évidence le témoignage qu'ils rendent à la *vérité malheureuse*, sans aucun intérêt personnel, à la lettre vraie ou supposée du 24 avril, de votre correspondant de Rome, *qui habite Paris,* lequel paraît être bien mal informé ou très-mal intentionné ; libre à vous, monsieur le rédacteur, *de maintenir de nouveau tout ce que vous avez dit,* même les calomnies les plus noires, les injures les plus grossières, les outrages les plus sanglants, et à nous de penser et de proclamer hautement, pour l'édification de vos lecteurs et des nôtres, que c'est la partialité et l'esprit de parti qui dirigent votre plume trempée dans le fiel, quand vous parlez de l'auguste orphelin du Temple, existant dans la personne de M. le baron de Richemont. Et si vous nous demandez la preuve de notre assertion, nous la tirerons tout simplement de votre refus obstiné de publier la défense ou la réponse de la victime opprimée, après avoir inséré dans vos colonnes, avec une prédilection marquée au coin de la partialité, les diverses attaques que la haine *seule* vous a transmises, auxquelles vous avez joint, avec un rare talent que personne ne vous conteste, des réflexions malignes, des insinuations perfides et des conclusions mensongères, pour donner le change à vos lecteurs indignement trompés. Et vous serez obligé d'avouer que cette preuve tirée de votre conduite personnelle, élève notre assertion à une certitude morale d'un fait public désormais inattaquable.

Le prince, qui saisit avec empressement toutes les occasions qui se présentent pour augmenter ou perfectionner les connaissances variées dont son esprit est orné, visita, dans le plus grand détail, pendant son voyage à Gaëte, le Vésuve et ses environs. Le cratère de ce fameux volcan, le beau palais royal de Portici, non loin des ruines d'Herculanum, attirèrent surtout son attention.

De retour à Paris, il pensa sérieusement à saisir les tribunaux de sa demande en reconnaissance d'état-civil; il crut devoir la faire précéder de la lettre suivante adressée à la *Revue catholique* du 15 avril 1849 :

« Paris, 10 avril 1849. Monsieur, il paraît que mon voyage à Gaëte, et la réception qui m'a été faite, ont singulièrement offusqué certaines gens; les démarches tentées auprès du nonce apostolique à Paris, sembleraient dénoter un grand désappointement. Pourquoi cherche-t-on à révoquer en doute une action si naturelle et si publique surtout? Quel peut donc être l'intérêt qui pousse ces gens à se fourvoyer ainsi? Tout le monde peut offrir à l'auguste et immortel Pie IX les hommages de respect et de vénération qui lui sont dus ; pourquoi n'y aurait-il eu d'exclusion que pour moi ? On dirait, en vérité, que ce voyage a renversé bien des projets, trompé bien des espérances et détruit bien des illusions !... Quoi qu'il en soit, je me suis empressé, aussitôt après mon retour, de saisir régulièrement les tribunaux compétents de ma demande en reconnaissance d'état-civil. Je vous en transmets ci-joint une copie. La lutte est engagée ; que le blâme retombe sur ceux qui m'y ont forcé. L'ex-baron de Richemont. » Voici la teneur de cet acte :

L'an mil huit cent quarante-neuf, le vingt-sept mars, à la requête de Louis-Charles de France, ci-devant duc de Normandie, connu dans le monde, par le fait de circonstances indépendantes de son acte de naissance, sous les prénoms et nom de Ethelbert-Louis-Hector-Alfred, ex-baron de Richemont, demeurant à Paris ; assignation a été donnée à dame Marie-Thérèse-Charlotte de France, ex-duchesse d'Angoulême, demeurant à Frohsdorff près de Vienne (Autriche), à comparaître devant le tribunal de première instance du département de la Seine, pour : attendu que le requérant n'est autre, ainsi qu'il en sera justifié tant par titres que par témoins, que Louis-Charles de France, ex-duc de Normandie, né à Versailles, département de Seine-et-Oise, le 29 mars 1785, de feu Louis-Auguste, roi de France et de Navarre, et de feue dame Marie-Antoinette-Josephe-Jeanne, archiduchesse d'Autriche, reine de France et de Navarre, son épouse ; et attendu que c'est faussement qu'un acte inscrit sur les registres de l'état-civil de la municipalité de Paris, le 24 prairial an III (12 juin 1795), a constaté le décès du requérant, sous les noms de Louis-Charles Capet, à la date du 20 prairial (8 juin) même année ; qu'il est en mesure d'établir que l'enfant auquel se rapporte l'acte de décès ci-dessus relaté, avait été mis à sa place dans la prison du Temple pour cacher l'évasion du requérant, laquelle a été facilitée et exécutée par des hommes dévoués à sa famille ; voir dire et ordonner que ledit acte de décès sera déclaré nul, comme attestant faussement le décès de Louis-Charles de France, issu du mariage de feu Louis-Auguste, roi de France et de Navarre, et de feue dame Marie-Antoinette-Josèphe-Jeanne, archiduchesse d'Autriche, reine de France et de Navarre, son épouse ; voir déclarer, en conséquence, le requérant rétabli dans tous les droits et actions résultant pour lui de son acte de naissance et de la filiation ci-dessus indiquée, aux offres de faire, au besoin, les preuves, tant par titres que par témoins, de sa filiation et de son identité. *Enregistré* le 28 du même mois, par Duchêne, receveur, qui a perçu les droits. »

A peine cet acte fut-il signifié, que presque tous les journaux de la capitale le publièrent, en le commentant, chacun à sa manière ; mais certes, les commentaires n'étaient point en la faveur de M. le baron de Richemont, qui s'y trouvait plus ou moins maltraité. Les uns, comme l'*Univers*, avançaient que les nombreux échecs judiciaires qu'avait déjà éprouvés M. le baron de Richemont, ne le rebutaient point, etc..... Et il est notoire, comme on a pu s'en assurer par la lecture de cet ouvrage, que le prince n'a jamais eu qu'un seul procès, celui de 1834, qu'il fut condamné, après six jours de débats animés, à douze années de détention dans une forteresse, non pour être ou n'être pas le fils de Louis XVI, question qu'on ne voulut jamais agiter, malgré ses instances réitérées ; mais pour avoir, en 1830, 1831, 1832 et 1833, *formé un complot avec deux ou plusieurs personnes restées inconnues...*

Les autres, comme dame *Gazette de France*, prétendaient que M. le baron de Richemont réclamait le titre de Louis XVII, etc...

Si ces journaux s'étaient donné la peine de lire avec un peu d'attention l'acte dont ils parlaient, ils auraient vu qu'il n'y était nullement question d'une demande, qui aurait été d'autant plus ridicule de la part du prince, qu'il avait publié dans la *Démocratie pacifique*, du 26 novembre 1848, une lettre dans laquelle il déclarait positivement que, par suite du décret du 21 septembre 1792, *qui n'a point été rapporté*, aucun fils de France n'a pu prendre le titre de Louis XVII, ce qui est bien différent de ce qu'on lui faisait dire.

En vain l'infortuné prince réclamait contre ces infidélités volontaires, ces interprétations malignes, ces commentaires mensongers ; ses réclamations étaient rejetées par ces fameux publicistes qui se donnent pour les organes de la vérité ; mais qu'on ferait bien d'appeler *faussaires de l'opinion publique*. Qu'ont dû croire les nombreux lecteurs de ces feuilles, en face du silence de l'homme si évidemment provoqué ? Ils ont naturellement pensé que M. le baron de Richemont était un extravagant ou un fou ; que malgré les échecs qu'il avait déjà éprouvés, il persistait à présenter une demande qui avait été maintes fois repoussée, et que c'était une affaire jugée... Et cependant il n'en était rien !... Toutes ces énonciations étaient fausses et injustifiables !

Voilà comme l'innocente victime de nos discordes civiles est traitée, est calomniée, est outragée par les partisans d'une certaine coterie, ennemie acharnée de l'auguste orphelin du Temple, comme les pharisiens orgueilleux l'étaient du divin Sauveur, qui démasquait leur hypocrisie et condamnait leurs vices.

Mais, pourra-t-on nous objecter, si M. le baron de Richemont est véritablement le fils de Louis XVI, comme il paraît évident d'après les témoignages aussi nombreux qu'imposants, cités en confirmations de cette vérité de faits, comment se fait-il que l'épiscopat ne se soit pas déclaré en sa faveur, surtout depuis sa visite à l'immortel Pie IX, qui, quoiqu'en disent les journaux de la coterie, l'a reçu et traité comme le fils du saint roi martyr ?

A cela nous n'avons qu'une seule chose à répondre : c'est qu'il ne nous appartient pas à nous, simples laïcs, d'examiner et de juger la conduite de nos pères et de nos maîtres dans la foi. Mais nous nous sommes souvent dit que si, par exemple, le cardinal de Latil avait parlé à Charles X, comme saint Jean à Hérode : Il ne vous est pas permis d'occuper un trône qui ne vous appartient pas, au lieu d'aller le sacrer à Reims ; que si l'aumônier de Madame la duchesse d'Angoulême, au lieu de rassurer sa conscience justement alarmée, avait dit à cette princesse : Il ne vous est pas permis de garder un coupable silence pendant que votre infortuné frère est en butte à des attaques incessantes, injustes et acharnées des rois, des gouvernements et même de vos propres partisans, nous aurions évité de grands malheurs, et la France ne serait pas aujourd'hui dans l'état d'anarchie où elle se trouve et d'où elle ne sortira que par une crise épouvantable ; car il est dans l'ordre de la justice divine que les grandes injustices attirent de grands châtiments. Or, tous les pouvoirs ayant prévariqué et persécuté le royal orphelin, il est nécessaire que tous soient punis. Déjà la plupart des grands coupables ont été frappés. attendons, et nous verrons que bonne justice sera faite.

Cependant, Madame la duchesse d'Angoulême, épouvantée des suites de l'assignation du 27 mars, et encouragée, d'ailleurs, par les paroles bienveillantes que lui avait adressées le souverain Pontife, avait résolu de rompre enfin le silence et de reconnaitre pour son frère M. le baron de Richemont, qui est réellement ce fils de Louis XVI, si longtemps méconnu et rejeté. Elle avait, à cet effet, envoyé à Paris un agent secret chargé de s'entendre avec M. le baron de Richemont, sur la manière dont la reconnaissance publique devait être faite. La princesse avait, sans doute, été portée à cette démarche par le Père commun des fidèles, qui l'assura que ses conseillers l'avaient égarée, et qu'elle ne pourrait rentrer dans la voie de la vérité et de la justice qu'en se prononçant franchement sur la destinée et la conservation miraculeuse de son auguste frère qui paraissait exister véritablement dans la personne de M. le baron de Richemont.

D'un autre côté, un saint prêtre lui disait : « Madame, du haut du ciel où ils sont couronnés de gloire et de bonheur, vos illustres et vertueux parents, martyrs de leur foi et de leur amour pour la France, leur ingrate patrie, qui expie son horrible attentat envers leurs royales personnes, d'une manière bien terrible et bien longue, vous pressent, vous conjurent, par ma bouche, de parler, de reconnaitre et de serrer affectueusement dans vos bras ce bon, ce cher, ce tendre frère qu'ils vous recommandaient, dans les fers, d'aimer, de chérir comme *un autre eux-mêmes*. Ah! madame, comment pourriez-vous supporter leur présence, soutenir leurs regards et entendre leurs reproches, si vous quittiez la terre de votre pèlerinage et le lieu de votre exil, avant d'avoir fait cette grande et solennelle réparation qu'ils attendent de vous, et que la justice vous prescrit impérieusement? Si vous saviez, madame, combien monseigneur le dauphin vous aime et vous affectionne, vous n'hésiteriez pas un instant à vous jeter dans ses bras? Son grand et noble cœur ne connaît pas la haine; jamais sentiment d'aversion n'a pu y pénétrer. Comme son illustre père et le vôtre, il n'a jamais fait de mal à personne, et il a fait tout le bien qu'il a été en son pouvoir de faire. Sa bourse, malgré la modicité de ses revenus, s'ouvre toujours pour donner et jamais pour recevoir; et il peut défier ceux qui se sont faits bien gratuitement ses ennemis, de prouver qu'il ait jamais reçu un centime de personne, quoique très-souvent des bourses pleines d'or lui aient été offertes.

« Parlez donc, ô madame, quel triomphe pour la vérité! Quel mérite pour votre vertu! Que la voix d'un simple prêtre soit plus efficace auprès de vous, que celle de la coterie qui vous a tant fait de mal, que celle des potentats de l'Europe, qui vous ont condamnée au silence, sans se mettre en peine de vos intérêts éternels! »

Dès que le parti *prétendu légitimiste* eût vent des démarches de la princesse, il s'agita en tout sens et remua ciel et terre pour parer au coup qui devait, disait-il, frapper en même temps la religion et les honnêtes gens : comme si le christianisme, qui a converti et civilisé le monde, qui commande toutes les vertus, autorisait les fraudes, les injustices, les usurpations et tous les autres attentats qu'on peut commettre à l'ombre ou impunément. Les Pharisiens aussi se paraient d'un beau zèle pour la religion, quand ils demandaient la mort du Sauveur.

On voyagea de Paris à Frohsdorf, de Frohsdorf à Londres, de Londres à Paris.

Le résultat de toutes ces sourdes menées fut une lettre publiée d'abord par l'*Atlas*, journal de Londres, et répétée ensuite par plusieurs feuilles de Paris, lettre inventée par la malignité, et dont le but évident était d'envelopper dans la même ruine et le frère et la sœur, afin de paralyser l'effet de la démarche commencée par madame la duchesse d'Angoulême.

Pour que nos lecteurs puissent mieux saisir le fil de cette trame infernale, ourdie dans l'ombre par deux génies malfaisants, versés depuis fort longtemps dans la politique machiavélique dont le ciel a enfin fait bonne et salutaire justice, nous croyons devoir citer ici textuellement la lettre dont il est question :

« Il paraît que la duchesse d'Angoulême a résolu de reconnaître pour son frère le baron de Richemont si longtemps méconnu et rejeté. On tient cette nouvelle aussi secrète que possible. L'agent des Bourbons qui arrive de Frohsdorf est chargé d'un message verbal de la duchesse pour le baron ; elle le prie de formuler ses exigences, et demande dans quelles formes doit être faite la reconnaissance publique. Pas un mot de tendresse, d'affection, ni de regret dans le message de la dauphine ; mais elle se résigne à la force des circonstances et aux conseils et à la direction du Pape, qui l'a relevée de l'effrayant serment en vertu duquel elle s'était engagée à nier l'existence de son frère, contrainte à cela par la politique de Louis XVIII et des souverains alliés. Le baron a obtenu quelques jours pour réfléchir : on croit que sa réponse sera d'accord avec les principes nobles et libéraux qu'il a toujours professés. Mais il n'acceptera rien de mystérieux ;

la reconnaissance de son nom et de son titre, comme Bourbon, doit avoir lieu à la face de l'Europe. L'empereur d'Autriche a, dit-on, eu des renseignements précis sur l'emprisonnement du baron, pendant sept années, dans la citadelle du Spielberg. La menace faite par le baron à la duchesse de tout rendre public, l'a enfin décidée à faire justice. Le baron attend patiemment depuis cinquante années, et il ne paraît pas étonné de ce qui arrive, sachant bien qu'à la fin cela devait arriver ainsi. Les principes d'ultrà-républicanisme professés par le baron étaient, disait-on, la cause que ses prétentions ont toujours été rejetées par la Sainte-Alliance. La vérité est, au contraire, que l'ambition de Louis XVIII a tout fait. Ce dernier avait arraché à la duchesse d'Angoulême le serment de garder le secret, comme étant la condition moyennant laquelle il lui livrerait une correspondance de Marie-Antoinette dont la publication pouvait jeter des doutes sur la légitimité de ses deux enfants. Quelle immoralité profonde ! Il n'est pas étonnant que la malédiction de Dieu ait frappé cette famille. »

En vérité, quand Lucifer serait l'auteur de cette lettre infâme, elle ne serait pas empreinte de plus de venin ; elle ne renfermerait pas davantage de faussetés odieuses, de calomnies atroces, d'indignités dégoûtantes. Mais aussi il serait difficile de trouver des hommes plus versés dans l'art diabolique que les deux individus qui l'ont fabriquée pour déshonorer, pour vouer au mépris et pour abreuver d'outrages, la famille royale la plus ancienne, la plus illustre, la plus auguste et plus religieuse, nous ne disons pas de l'Europe, mais de l'univers entier.

En effet, qu'on parcoure l'histoire des races royales, depuis la fondation des différentes monarchies de la terre, jusqu'à nos jours ; quel empire, quel royaume offrira, pendant plus de quatorze siècles, une succession non interrompue de rois, où l'on puisse compter autant de grands capitaines, de sages législateurs, de religieux monarques, de bons rois, d'intrépides guerriers, que dans la famille de Bourbon ? Où trouver une cour plus religieuse, plus exemplaire que celle du pieux Louis XVI. Dans un siècle où le vice était en honneur et la vertu vouée au mépris, le roi et la reine de France, madame Elisabeth, sœur du roi, ne donnaient-ils pas l'exemple de la foi la plus éclairée, de la piété la plus tendre et de la charité la plus ardente ? Le vertueux Louis XVI n'avait-il pas tout fait pour rendre son peuple heureux ? La reine dans sa simplicité ne répondait-elle pas aux courtisans qui louaient sa beauté et l'engageaient à se produire ? « Je ne trouve du plaisir et du bonheur qu'en la compagnie de mon royal époux. » (Historique.) Combien de fois ne demeura-t-elle pas renfermée des quinze jours entiers dans ses appartements, uniquement occupée de la personne du roi et du soin de sa famille ? Sa fidélité conjugale n'était-elle pas devenue proverbiale à la cour ? Ne sait-on pas que c'est son affection sincère et son tendre amour pour son royal époux qui l'ont fait renfermer et demeurer dans la tour du Temple avec le roi ? Ignore-t-on qu'on lui a offert plusieurs fois de la délivrer des mains de ses ennemis, et que cette magnanime princesse a constamment refusé de séparer son sort de celui de son royal époux et de sa famille ! Elle vécut pour lui sur le trône, elle souffrit avec lui dans les fers ; elle suivit son royal époux jusque sur l'échafaud ; elle règne avec lui dans le ciel.

Voilà la reine sur la vertu de laquelle d'infames calomniateurs prétendent aujourd'hui élever des doutes injurieux, afin de diminuer l'intérêt que tout français généreux porte au royal orphelin du Temple ; quelles insinuations perfides ! On semble dire, mais sans oser l'assurer, que l'empereur d'Autriche a su que M. le baron de Richemont avait été en prison au Spielberg. Par cette insinuation mensongère, on prétend sans doute détruire la preuve de l'emprisonnement de monseigneur le duc de Normandie à Milan, mais non au Spielberg, pendant sept ans, six mois, douze jours. Quel machiavélisme ! On annonce d'abord que ce sont les principes républicains du dauphin, qui l'ont fait repousser par sa famille et par les souverains alliés ; et puis on affirme positivement que c'est l'ambition de Louis XVIII qui a tout fait. Mais, insinue-t-on, il avait de bonnes raisons pour agir ainsi. C'est qu'il voulait conserver la couronne à l'héritier légitime... Quelle monstruosité ! Nos deux imposteurs ne croient pas en Dieu, vous en serez convaincus, chers lecteurs, quand nous vous aurons décliné leurs noms ; mais cela ne les empêche pas de dire *qu'il n'est pas étonnant que la malédiction de Dieu ait frappé cette famille.*

Nous le demandons maintenant à toute personne impartiale, peut-on s'y prendre plus adroitement pour perdre quelqu'un de réputation ? Ne glisse-t-on pas, pour ainsi dire, le poison dans l'esprit du lecteur sans qu'il s'en aperçoive ? Après avoir lu cette infame lettre, ne se sent-on pas, comme malgré soi, porté à épouser les sentiments de ceux qui l'ont fabriquée, et à laisser dans l'oubli et le mépris d'illustres et de cruelles infortunes ?

Déchirons maintenant le voile de l'anonyme, et pour l'édification de nos lecteurs, apprenons-leur d'abord que le correspondant de l'*Atlas* demeure à Londres au lieu d'habiter Paris, comme le journal anglais le suppose, et que les deux impudents calomniateurs de feue Marie-Antoinette, reine de France et de Navarre, et du royal orphelin du Temple, sont l'ex-roi Louis-Philippe, l'un des chefs de la franc-maçonnerie, qui a conspiré toute sa vie pour usurper un trône d'où il a été précipité d'une manière si honteuse, et le trop célèbre de Metternich qui a enfin reçu le châtiment de la politique machiavélique qu'il a exercée pendant plus de trente ans en Autriche. Ces deux scélérats, ennemis jurés l'un de l'autre, se sont réunis, à l'exemple de Pilate et d'Hérode, dont ils subissent la peine, pour calomnier une reine vertueuse, morte martyre de sa foi, et pour perdre et sacrifier à leur haine infernale le fils du pieux Louis XVI qu'ils ont persécuté pendant toute sa vie et qu'ils continuent de poursuivre de leur fureur impuissante.

Honte, honte à jamais à ces calomniateurs impudents de la vertu malheureuse, à ces persécuteurs acharnés de l'innocence outragée et victime du machiavélisme des souverains de l'Europe! Déjà le ciel a fait justice d'un grand nombre, et nous pouvons désormais chanter avec l'auguste Marie, protectrice du royal orphelin : Il a renversé les grands de leurs trônes! Espérons que bientôt il nous sera donné d'ajouter : et il a élevé les petits. Oui, le Tout-Puissant fera de grandes choses en faveur du royal orphelin du Temple, parce qu'il l'a fait passer par de grandes épreuves.

Disons maintenant quelques mots du procès en reconnaissance d'état-civil pendant au tribunal de première instance de la Seine. Ce célèbre procès, unique dans son genre, devait commencer en août 1849. A cette époque, les débats qui devaient être aussi longs qu'intéressants, furent renvoyés après les vacances, c'est-à-dire, au mois de novembre suivant. On nous annonce aujourd'hui que les plaidoiries auront lieu plus tard. Nous soupçonnons avec raison que M. le baron de Richemont, dont les sentiments sont si nobles, si élevés, et le cœur si généreux et si magnanime, désire laisser le temps de la réflexion à madame la duchesse d'Angoulême, sa sœur, pour lui prouver une fois de plus toute la répugnance qu'il éprouve à recourir à ce moyen de rigueur, pour qu'enfin justice lui soit rendue. Laissons donc l'orphelin du Temple, conservé jusqu'ici d'une manière si miraculeuse, occupé à recueillir les pièces qui peuvent encore lui être nécessaires, et à préparer ces matériaux pour ce grand drame dont le dénouement jettera un grand jour sur l'histoire contemporaine, dissipera bien des doutes, fera crouler de hautes réputations de vertus, vaincra bien des incrédulités, et expliquera le gouvernement de la Providence sur l'Europe et sur la France en particulier pendant ces 60 années qui viennent de tomber comme une goutte d'eau dans le gouffre de l'éternité!!!

FIN DU LIVRE QUATRIÈME.

PIÈCES JUSTIFICATIVES.

PIÈCES JUSTIFICATIVES.

Note 1re.

Il est notoire que le général Dampierre demanda, le 29 ou le 30 juillet, à Charles X, pendant qu'il était encore à Rambouillet, le commandement général de toutes les troupes, avec promesse de comprimer l'émeute et de le rétablir sur son trône dans le délai de huit jours. Sur le refus du roi qui se résigna à partir pour l'exil, comme on va faire une promenade ordinaire, cet officier supérieur brisa son épée de colère, se retira en pleurant sur l'ineptie et l'aveuglement de son maître, et prononça ces paroles remarquables : « Je suis dégagé de mon serment et vais offrir mon épée à Louis XVII. » Elles furent entendues de plusieurs personnes, entre autres, de M. Mont-Jusin et de madame la marquise d'Agout, qui n'en ont pas fait mystère.

Note 2me.

Les enfants des rois de France ont été désignés sous la qualité d'enfants de France, parce que tous ces rois, lors de leur accession à la couronne, réunissaient leurs domaines à celui de l'État. Dépouillés ainsi de leur héritage, ces enfants étaient dotés par la France qui remplaçait vis-à-vis d'eux le chef de la famille. Louis-Philippe d'Orléans n'ayant point réuni ses domaines à ceux de l'État, ses enfants ne *sont point enfants de la France* ; ils ne doivent rien recevoir d'elle, puisqu'ils sont dotés par leur père qui leur a abandonné la nu-propriété de ses domaines, contrairement aux anciennes coutumes, et ne s'en est réservé que la jouissance. Aussi il a pris le titre de roi des Français, et non pas de France.

Note 5me.

Ce procès-verbal, dont l'original est entre les mains du prince, ne fut pas signé des deux commissaires spéciaux, par suite des ordres donnés par madame la duchesse d'Angoulême qui prescrivait de tout suspendre. L'un des commissaires spéciaux, M. le vicomte de Montchenu, en fait mention dans le certificat suivant :

« Le comte de Bruges ayant été chargé par madame la duchesse d'Angoulême de faire une enquête sur le compte de son frère sorti du Temple le 19 janvier 1794, me dit que je lui étais associé dans cette recherche. On avait depuis longtemps bien des documents sur cette grave et importante affaire, et pour nous, comme pour beaucoup d'autres personnes, *l'existence et l'identité furent complètes dans la personne du baron de Richemont*, condamné le 4 novembre 1834 par la cour d'assises de la Seine, pour complot. Le comte de Bruges est mort dans cette croyance, dans cette foi ; et si, comme lui, je meurs avant le triomphe de cette vérité, j'espère que ceux qui m'auront connu, rendant témoignage et justice à ma véracité, porteront secours, appui et dévouement à celui qui est le fils de notre malheureux roi. C'est dans cette assurance et dans cette foi que je signe ce résultat de mes recherches et de ma conviction.

« Fait à Paris, le 8 novembre 1842.

Signé : le vicomte de MONTCHENU. »

Pour corroborer ce dernier certificat, faire connaître quelle était la position de MM. de Bruges et de Montchenu à la cour, la considération dont ils jouissaient, et en même temps compléter à l'égard de Charles X ce que nous avons dit de la certitude que la famille royale avait de l'existence du fils de Louis XVI, nous insérons ici une lettre de M. Nicod, curé de la Croix-Rousse, au rédacteur de *l'Inflexible*.

Lettre de M. Nicod.

« Monsieur le rédacteur,

« Il y a des personnes dont le cœur n'a de compassion que pour le côté qui les flatte ; c'est une plaie de notre siècle. Il y a chez lui trop d'égoïsme pour laisser un peu de place à la charité qui est toujours juste.

« Si je m'afflige pour les grandes infortunes et les respecte quelle qu'en ait été la cause, je respecte encore plus l'innocence outragée, persécutée pendant plus d'un demi-siècle.

« Ce sentiment de justice, plus fort que toutes les considérations humaines qui doivent se taire en pareille circonstance, m'engage à publier en faveur de l'infortuné fils du plus infortuné des rois, un témoignage qui, réuni à ceux que renferme l'*Inflexible* dans ses numéros 12 et 13, servira à prouver ce que pensait la famille royale des Bourbons sur la conservation des jours du dauphin.

« Lié intimement depuis 1836 avec M. le vicomte de Montchenu, j'avais chaque année, moins celle où il se fractura une jambe, l'avantage de recevoir sa visite à son passage à Lyon. Au sortir de chez moi, il allait presque toujours offrir un témoignage de son affectueux souvenir à un vieil ami, Mgr l'archevêque d'Amasie, qui ne le niera pas, et qui le voyant entrer lui disait aussitôt : « Donnez-moi vite des nouvelles de Louis XVII. »

« Dans nos causeries intimes, pendant plusieurs années, et à plusieurs reprises, M. de Montchenu m'a raconté le fait suivant : « Aussitôt après la mort de Louis XVIII, dit M. le vicomte, *Monsieur* (le comte d'Artois), qui déjà, à nos yeux, était Charles X, nous manda auprès de lui le comte de Bruges et moi. « Messieurs, nous dit-il, dans la circonstance délicate où je me trouve, j'ai éprouvé le besoin *de prendre conseil de deux loyaux et anciens serviteurs comme vous.* La mort si regrettable de mon frère, en laissant le trône vacant, me place dans une pénible alternative : d'un côté la France ne voit que moi, n'attend que moi ; d'un autre, je ne puis vous le cacher, *le fils de l'infortuné Louis XVI existe.* » (Cette parole, dit le vicomte de Montchenu, fut pour de Bruges et pour moi comme un coup de foudre). « C'est lui, continua Charles X, à qui notre émotion n'avait pu échapper, *c'est lui que le droit de succession appelle au trône;* mais en voulant l'y faire monter, n'est-il pas à craindre qu'une telle détermination, toute pleine d'équité qu'elle est, ne lui devienne funeste et à nous tous? Le parti royaliste va se diviser; la guerre civile peut éclater; les libéraux, dont les progrès sont chaque jour plus effrayants, ne manqueront pas de fomenter la discorde pour renverser le trône ou le ravir à la branche aînée; que deviendrait alors l'héritier légitime? en voulant lui rendre la couronne, elle peut se briser sur sa tête et plonger la France dans de nouveaux malheurs. Ne vaut-il pas mieux laisser les choses suivre leur cours tel qu'il a été ostensible jusqu'ici? le repos de la France est garanti et la succession est assurée par la présence de mon petit-fils. »

« Altesse royale, répondîmes-nous, sans avoir pu nous concerter, *en rendant le trône à qui il appartient, vous ferez un grand acte de justice, et c'est la justice qui sauve les empires.* » Le lendemain nous apprîmes que de plus hautes influences avaient prévalu sur notre conseil.

« Voilà, monsieur le rédacteur, ce dont je puis attester la vérité devant Dieu et devant les hommes.

« Je ne dirai pas les regrets que plus tard la famille royale éprouva de n'avoir pas reconnu, dans le temps, le fils de Louis XVI, le seul héritier légitime; quand une fois on s'est fourvoyé et que chaque jour, ajoutant au nombre des pas égarés, a rendu le retour difficile, il en coûte de revenir en arrière!!! On aimerait mieux voir périr la justice, si cette justice éternelle pouvait périr...

« Périsse la France! périsse la patrie! plutôt qu'un pareil retour à la justice. Un vœu aussi impie fermente dans plus d'un cœur ténébreux. Mais il ne sera pas accompli; et tout ce qui porte un cœur catholique, un cœur français, ne tardera pas longtemps encore à comprendre que c'est la *justice* qui est le *fondement* et le *salut des empires.*

« J'ai l'honneur d'être, etc.

« NICOD,

« Curé de la Croix-Rousse de Lyon. »

Cette lettre de M. Nicod, ecclésiastique, d'une érudition profonde et d'une grande piété, jette un grand jour sur ce que nous avons dit jusqu'ici et nous montre, pour ainsi dire, visiblement la main invisible de Dieu protecteur de l'innocence, poursuivant à outrance tous les oppresseurs du fils infortuné du roi-martyr, et renversant les uns après les autres tous les potentats usurpateurs, pour apprendre à la terre que la justice fonde et conserve les empires, et que l'iniquité les mine et les détruit.

Note 4ᵐᵒ.

Dans les premiers jours de janvier 1844, M. Chamblant, qui avait présenté le marquis de Rédon à M. le baron de Richemont, apporta à celui-ci la lettre suivante qu'il venait de recevoir :

« Monsieur, l'honneur que j'eus, dans mes premières années, de partager les jeux de S. A. R. Monseigneur le duc de Normandie et d'obtenir la bienveillance de son auguste et malheureuse mère, vous ont fait penser que je pourrais vous donner quelques éclaircissements au sujet du personnage qui a joué un rôle politique en 1833, et qui depuis a fait publier un ouvrage aussi remarquable par les faits qu'il rapporte que par les témoignages invoqués pour appuyer et corroborer ses idées. Fort jeune lors de la première révolution, il semblerait que ma mémoire ne dût pas se rappeler les souvenirs d'enfance; mais ma profonde gratitude, pour les bienfaits dont moi et ma famille avons été comblés par les royales victimes de nos discordes civiles, les empêche de s'effacer, et chaque jour, au lieu de s'affaiblir, les grands évènements, qui se sont déroulés sous mes yeux à cette pénible époque, semblent se rapprocher et devenir plus clairs et plus frappants. Cousine du prince de Tingry, alliée aux plus grandes maisons de France, mon aïeule la baronne de Mizéry, que son service près de la reine appelait souvent à la cour, recevait dans ses salons les personnages les plus éminents. La politique envahissait tout alors, et quoique à peine âgé de cinq ans, je connaissais le nom des meneurs de la révolution, et celui des personnes auxquelles le gouvernement ne pouvait ni n'osait confier ses projets. La gravité des circonstances n'avait pas encore empêché notre noble et belle souveraine de se livrer à son penchant pour la toilette, aussi avait-elle commandé pour un jour très-rapproché une robe et ses accessoires d'une coupe et d'une couleur qui devaient, suivant ses prévisions, fixer tous les regards. Jeune, belle et d'une taille plus élevée que celle de la reine, la marquise de Rédon, ma mère, eut connaissance de la parure ordonnée par sa majesté et, par un caprice que je ne m'explique pas, elle se fit faire un costume absolument semblable et s'en para le jour même où la reine devait porter le sien. J'ignore pourquoi la reine ne mit pas son costume (La reine, qui ne faisait rien sans consulter son royal époux, lui communiqua la note du prix de la robe à confectionner. « Oh! madame, s'écria le roi d'un ton pénétré, avec cette somme nous soulagerions plus de deux cents malheureux! » A l'instant la reine contremanda sa toilette et versa l'argent dans le sein des pauvres. La marquise de Rédon eut, sans le savoir, la robe destinée à la reine. Hist. de l'abbé Proyart). Mais le soir, dans le petit comité de sa majesté, où se trouvaient le duc de Choiseul, le marquis du Puget, Henri de Campan et moi, la reine me caressa beaucoup, et me voyant un habillement de satin rose fort joli, elle me dit, en m'embrassant : « Rien ne manquait aujourd'hui à la parure de ta mère, mais la tienne n'est pas complète. » Prenant alors une petite épée, elle me la donna en ajoutant : « Qu'en feras-tu, Maxime? — Je m'en servirai pour vous défendre, madame, répondis-je avec une assurance qui ne pouvait provenir que de la prévision des évènements dont à chaque minute on s'entretenait devant moi. » Plus de quarante années s'étaient écoulées depuis les désastres qui ont accablé et détruit tant de familles, lorsque le premier novembre 1834, le baron de Richemont, traduit en cour d'assises pour complot, après avoir déclaré qu'il était le fils de Louis XVI et en avoir offert la preuve tant par titres que par témoins, adressa au duc de Choiseul, assigné à sa requête, plusieurs questions relatives au voyage de Varennes en 1791 ; le duc surpris de ces interpellations qui reposaient sur des faits peu connus et jamais publiés, me fit l'honneur de me manifester son étonnement pendant une des suspensions de l'audience, et me dit, en faisant allusion à la petite épée : « L'accusé m'a fort étonné, et s'il eût parlé du cadeau que vous fit sa majesté, des doutes bien sérieux s'élèveraient dans mon esprit. Il est surprenant qu'il ne vous ait pas fait assigner (1). J'en ignore la cause, répon-

---

(1) Dès l'instant que le duc de Choiseul a cru avoir des doutes, il était de son devoir de les éclaircir : Maxime de Rédon était à l'audience, le duc

dis-je, mais la ressemblance de l'accusé avec le duc de Normandie me paraît de nature à faire naître de singuliers soupçons. Telle fut, monsieur, ma réponse faite en présence de plusieurs personnes attachées à la rédaction des journaux qui s'étaient approchées et ont parfaitement entendu. Le baron de Richemont ayant été transféré à Sainte-Pélagie après sa condamnation, je n'eus aucune occasion de le voir, je sus seulement, par la rumeur publique, qu'il s'était évadé de Sainte-Pélagie le 19 août 1835. Rentré en France après l'ordonnance du 27 avril 1840, le baron de Richemont reparut à Paris, je ne cherchai point à le voir.

Dans les premiers jours de mai 1845, au moment où j'y songeais le moins, je reçus par la voie de la poste une lettre ainsi conçue : « Monsieur le marquis, forcé, par suite d'une maladie, à me servir de mains amies pour écrire mes lettres, je n'emploierai pas le style qui, jadis, m'était famillier avec mes amis... la révolution qui a fait tant et de si belles choses, ayant proscrit le langage du cœur, je suis obligé de me conformer à ses prescriptions.... Après bien des courses inutiles, et malgré toutes les mesures que j'avais prises, je n'ai pu vous rencontrer ; j'en suis d'autant plus fâché, que j'aurais besoin de causer avec vous : je n'y ai renoncé que lorsque j'ai reconnu l'impossibilité de réussir. Quels que soient vos motifs, je ne dois pas insister davantage. Vous n'avez pas oublié, je pense, les paroles que vous prononçâtes au moment où l'auguste infortunée, qui fut ma mère, vous remit en ma présence une épée que vous avez, sans doute conservée avec soin, je vous sommerai un jour, j'espère, d'avoir à tenir les promesses que vous fîtes à cette époque : je présume que vous ne vous étudierez pas à éviter ma présence qui ne doit cependant rien avoir de bien désagréable pour vous.

Signé : Louis-Charles. »

n'avait qu'à le dire au président, qui n'aurait pu se refuser à ce qu'il fût entendu et mis en présence de l'accusé, dès-lors tout se serait éclairci ; mais c'est là précisément tout ce que l'on ne voulait pas. Nous ne pouvons nous empêcher de dire que, dans cette circonstance solennelle, M. le duc de Choiseul a menti à sa conscience et a trahi la vérité ; car il savait fort bien que le fils de Louis XVI n'était pas mort au Temple. Si le prince ne fit pas assigner le marquis de Rédon à cette époque, c'est qu'il ignorait qu'il fût vivant.

Etonné de m'entendre raconter pour ainsi dire le principal épisode de mon enfance et dont je n'avais jamais parlé, je cherchais le signataire de la lettre, lorsqu'un ami m'offrit de me conduire près de ce personnage mystérieux ; j'acceptai sans hésiter, et vingt minutes après, je me trouvai en présence de l'homme, qui, en face du jury, avait affirmé devoir le jour aux deux royales victimes du siècle dernier. Mon émotion fut grande, comme vous pouvez le penser, mais bientôt remis, j'entendis le baron me nommer *Rousseau*, son maître d'armes, le comte *de Salverte*, écuyer cavalcadour de la reine, le marquis *de Lastours*, premier page, qui tous deux étaient dans les bonnes grâces du prince, soit à Versailles, soit aux Tuileries ; et après avoir donné à la mémoire de *Henri Campan* un souvenir affectueux, il me parla des dames de *Tourzel*, de *Lamballe*, de *Soucy*, de *Makau*, etc., etc...

Tous ces noms, le personnage dont il s'agit, pouvait les avoir appris par des personnes employées autrefois à la cour, et je me hasardai à lui demander s'il se rappelait une jeune demoiselle, placée jadis auprès de son altesse royale madame la duchesse d'Angoulême.

La réponse ne se fit pas longtemps attendre, et je vous la rapporte fidèlement.

La jeune personne dont vous me parlez, dit le baron de Richemont, se nommait *Ernestine Lambriquet;* sa mère était une des femmes de chambre de ma sœur ; un jour, avec elle et d'autres enfants de notre âge, nous jouions aux gages touchés : le vôtre venait d'être appelé. Excitée par Henri Campan, Ernestine vous commanda d'aller embrasser la reine ; au lieu d'obéir, vous fléchîtes un genoux devant sa majesté, et vous lui baisâtes la main. Bien que préparé à quelque chose d'inattendu, je ne pus maîtriser l'excès de ma stupéfaction en m'entendant rappeler une circonstance connue seulement du fils de Louis XVI et de moi.

Les doutes qui jusqu'alors avaient existé dans mon esprit se dissipèrent, et remerciant la Providence qui avait miraculeusement sauvé les jours d'un prince dont j'avais déploré la perte, je lui renouvelai l'assurance du respect d'un homme qui ne peut oublier les bontés de Marie-Antoinette, de Louis XVI et de leurs augustes enfants.

Voilà, monsieur, tout ce qu'il m'est possible de vous dire, et je termine en vous offrant l'expression de mes sentiments les plus distingués.

Paris, ce 7 janvier 1844. *Signé* : le marquis de Rédon.

Il nous semble qu'en présence d'un pareil témoignage, accompagné de tant de circonstances inconnues à toute autre personne qu'au fils de Louis XVI, toute incrédulité doit disparaître. Il est inutile d'observer de nouveau que le prince est possesseur de la lettre autographe de M. le marquis de Rédon. »

Note 5 ^{me}.

« Je soussignée, *Thérèse Hattier*, veuve de Louis Fillette, de son vivant valet de chambre de M. le duc de *Guiche*, et en dernier lieu de M. le prince de *Schwartzemberg*, demeurant, ladite dame, à Paris, rue Saint-Dominique-Saint-Germain, 25, certifie à tous qu'il appartiendra : que me trouvant chez moi, dans le courant du mois de juin, je vis entrer un monsieur, qui, en me saluant, me dit : Bonjour mademoiselle Fillette. » Surprise de m'entendre interpréter ainsi, ce qui n'avait lieu qu'à la cour de mes anciens maîtres, le roi, la reine, leurs enfants, les princes et princesses de la famille royale, ainsi que par tout ce qui approchait leurs majestés, ou était employé au château, je demeurai stupéfaite et interdite d'abord, puis ayant bien examiné la personne qui était là, debout devant moi, je remarquai en elle des traits qui ne m'étaient point inconnus; faisant alors un appel à mes souvenirs, je crus reconnaître le petit enfant auprès duquel je m'étais trouvée avant et au moment de la révolution, en qualité de femme de service attachée à la garde-robe des fils du roi et de la reine, et je lui dis : « Comme il n'y avait que les enfants du roi Louis XVI, qui savaient qu'on m'appelait mademoiselle, quoique je fusse mariée et mère, vous êtes monseigneur le dauphin, que l'on m'a toujours dit n'être pas mort et avoir été sauvé du Temple. » Désirant néanmoins me convaincre par quelques expériences que je n'étais pas dupe d'une hallucination, et que c'était bien monseigneur le dauphin que je voyais, je lui adressai plusieurs questions sur les personnes qu'il avait dû naturellement connaître dans son enfance, et dont les noms ne pouvaient être oubliés.... Il me répondit de suite et sans hésiter : »

Le gouverneur des enfants de France était le duc d'Harcourt, les sous-gouverneurs, les chevaliers du Puget et d'Allonville; les gouvernantes, mesdames de Polignac, de Tourzel; les sous-gouvernantes, mesdames de Makau (baronne), de Soucy (comtesse), de Soucy (marquise), et de Villefort (comtesse); les principales femmes de chambre de la reine étaient mesdames de Mizéry, Thibault, de Campan, de Jarjaies, Auguié, d'Arcambal, de Marolles, etc...; les premiers valets de chambre des fils du roi; Villette et Cléry; les premières femmes de chambre, mesdames Lemoine et de Neuville; les femmes de chambre, mesdames Messilier, Thouin, Belliard, Saint-Brice, de Rambaud, de Sannay, etc., etc.; le précepteur, l'abbé d'Avaux; le maître d'écriture, M. de Saint-Cyr; le maître d'armes, Rousseau, dont la femme était aussi au service du château. Madame de Neuville fut à Varennes avec madame Brunier, femme de notre docteur; elles étaient dans un cabriolet, en avant, et MM. de Valory, de Maldan et Dumoustier escortaient et conduisaient la voiture dans laquelle se trouvaient le roi, la reine, madame Elisabeth, les deux enfants et madame de Tourzel, etc., etc. Arrêtée l'année suivante, la famille royale fut conduite aux Feuillants, où siégeait la Convention; elle fut rejointe par madame de Lamballe, surintendante de la maison de la reine, Pauline de Tourzel, fille de la gouvernante des enfants de France, mesdames Thibault, Auguié, Navarre, Bazire, Saint-Brice, etc.; MM. de Chamilly et Hue furent renfermés au Temple avec ces dames et la famille royale, et y restèrent quelques jours; enfin, vous étiez vous-même attachée à la garde-robe du dauphin, après avoir été employée en cette qualité à celle de la princesse *Sophie*, ma dernière sœur, qui mourut âgée de moins d'un an. » A l'ouïe de tants de noms et de faits qui m'étaient si familliers, je restai surprise au dernier point... Je fis au personnage quelques questions de détail auxquelles il me répondit avec autant de promptitude que de justesse... Lui ayant demandé en outre, s'il se rappelait un petit enfant de son âge, ce qu'il avait remarqué un jour en le voyant, lorsqu'on le lui conduisit, et ce qu'il lui donna. Le personnage me dit : « Cet enfant était votre fils; on l'avait revêtu des habits du dauphin, que madame de Neuville avait donnés, avec l'autorisation de la reine; il n'y manquait que les insignes; les deux enfants étaient du même âge, à quelques jours près ; le dauphin lui donna des gâteaux ; etc., etc. » Lui ayant enfin demandé s'il se rappelait certain bouquet, et de quelles fleurs il était composé, il me dit : « Vous savez que grand amateur de fleurs, le dauphin en cultivait avec soin dans son petit jardin, soit à Versailles, Meudon, Rambouillet, soit aux Tuileries.... Se trouvant un soir au lit, au lieu de dormir, il disait à madame de Polignac qu'il voulait faire un bouquet ; lui ayant demandé un jour de quelles fleurs il se composerait, il répondit qu'il le composerait de trois fleurs seulement : une rose pour la reine, un œillet pour le roi, et un lys pour son frère, qui, à cause de sa maladie, prenait souvent des bains de pieds, et comme l'enfant jabotait toujours, madame de Polignac l'engageait à dormir, etc., etc. Après ces réponses et ces faits, dont j'appréciai la justesse et l'exactitude, par la connaissance que j'en avais moi-même, je lui demandai comment il se trouvait en France, sous quel nom, et s'il ne craignait pas d'être inquiété... Il me dit : « Je suis en France depuis 1840 ; je suis rentré après l'amnistie, et suis connu sous le nom de baron de Richemont ; depuis 1842, je puis résider ostensiblement et publiquement dans ma patrie. » La loi de proscription ne vous a-t-elle pas atteint comme le reste de votre famille infortunée ? répliquai-je... « Cette loi, répondit le personnage, n'a proscrit, d'après ma réclamation, que Charles X et ses descendants à perpétuité, et non ses ascendants ; donc elle ne saurait m'atteindre. » Après avoir causé d'une foule de choses et d'autres, le personnage, qui n'était plus un étranger pour moi, me quitta, et je ne l'ai plus revu depuis. J'ai cru devoir, tant par respect pour d'aussi grandes infortunes, que par reconnaissance, faire et signer la présente déclaration pour servir et valoir ce que de raison.

A Paris, le 15 juillet 1844.

Signée : Thérèse Hattier, veuve Fillette. »

Note 6me.

Je soussigné Louis-Emile Rouillé, ancien garde-du-corps de sa majesté Charles X, demeurant à Paris, rue de Lille, 15 ; déclare qu'en revenant de conduire la famille royale à Cherbourg, un de mes camarades, M. de Mont-Jusin, me dit qu'il avait entendu M. le général de Dampierre dire hautement : « Je suis dégagé de mon serment et vais offrir mon épée à Louis XVII. » Etonné de ce langage, je me rappelai qu'un ancien ami, M. Hérard de Villiers m'avait dit, quelques années auparavant, que le fils de Louis XVI existait, qu'il en avait la certitude, chose à laquelle je fis peu d'attention dans le moment. A mon retour à Paris, je revis mon vieil ami de Villiers, et lui racontai ce que Mont-Jusin m'avait dit. C'est alors que nous entrâmes dans de grands détails au sujet du dauphin. De Villers me dit qu'il avait vu et connu, étant en Egypte, le duc de Normandie, qui était un des aides-de-camp de Kléber, sous le nom de *Louis*, qu'il l'avait parfaitement reconnu dans le baron de Richemont, lorsqu'il lui fut présenté ; que depuis sa rentrée en vertu de l'amnistie de 1840, et son retour à Paris, il voyait quelquefois ce prince. Comme je témoignais le désir de voir ce personnage, de Villiers m'engagea de me rendre chez lui à jour fixe ; ce que je fis... Parmi les personnes qui s'y trouvaient, je ne tardai pas à remarquer à la figure et aux manières distinguées, le personnage dont de Villiers m'avait parlé... J'écoutai sa conversation à la fois sérieuse et instructive, et je reconnus dans le timbre de sa voix et dans ses gestes qui me paraissaient forts naturels et sans affectation, ceux que j'avais été à même de voir et d'entendre chez les princes, et chez Charles X lui-même. Depuis ce jour, j'ai eu l'avantage de voir plusieurs fois, et à diverses reprises, M. le baron de Richemont, que j'ai toujours trouvé homme de bonne compagnie, d'une franche gaîté, d'un excellent cœur, aimant à rendre service, causant de tout avec une extrême facilité, et doué d'une mémoire prodigieuse. Il m'a remis un exemplaire du *Contemporain*, qu'il a publiés en 1845, et dans lequel il retrace une grande partie de sa vie et de ses malheurs. Je l'ai lu avec attention ; j'en ai causé avec quelques sommités de la société, tant en province qu'à Paris, et, comme moi, elles y ont pris le plus vif intérêt. Informé que cet infortuné rejeton d'une famille proscrite et malheureuse, est dans l'intention de publier une seconde édition du *Contemporain*, destinée à préparer les voies à sa demande en réclamation d'état, j'ai pensé qu'une déclaration de ma part pourrait servir à constater sa présence en Egypte, dans les rangs de l'armée française, combattant là, comme ailleurs, les ennemis de la France, et remplacer celle que lui aurait certainement délivrée M. Hérard-de-Villiers, si une mort prématurée et trop prompte ne l'eût enlevé à l'affection de ses nombreux amis.

A Paris, le 22 octobre 1844. *Signé* : Rouillé. »

Note 7me.

Paris, le 15 novembre 1842.

Prince, vers la fin du siècle dernier, l'Europe fut épouvantée par les crimes qui ensanglantèrent la France. L'autel et le trône furent renversés, le roi et la reine furent massacrés, leur sœur eut le même sort, et l'on répandit le bruit de la mort du jeune roi leur fils. Vingt-cinq ans plus tard, un autre prince de la même race descendit dans la tombe, encore victime d'un assassinat ; ce prince était votre père... Enfin, dix ans après, un roi, suivi de son fils et de son petit-fils, se dirigeait vers le sol étranger : il était banni ainsi que sa descendance. Telle est l'histoire des malheurs de notre maison depuis cinquante ans !... Ceux qui vous ont fait connaître les détails de ces malheurs, vous ont peut-être affirmé que le fils de Louis XVI avait péri dans la prison où il gémit longtemps, et vous avez dû croire à leur assertion. S'il en est ainsi, prince, vous êtes dans l'erreur ; vous avez été trompé ; le tombeau ne s'est point ouvert pour recevoir le fils du roi-martyr, il est encore sur la terre pour souffrir. Enlevé de la tour du Temple, le fils de Louis XVI fut conduit d'abord dans les provinces de l'ouest de la France, et de là en Allemagne ; il rentra deux ans après dans sa patrie, et fit, en 1798, partie de l'armée qui allait conquérir l'Egypte ; il revint d'Afrique pour assister à la bataille de Marengo, et continua à servir dans les rangs de l'armée française jusqu'en 1804. Compromis par des amis imprudents, il fut forcé de se retirer en Amérique, où il resta jusqu'en 1815. De retour dans sa patrie, ce prince fit des démarches pour se faire reconnaître par les membres de sa famille, et particulièrement par celui qui était assis sur son trône ; il fut repoussé !... Le duc de Berri, le prince de Condé et la duchesse douairière d'Orléans osèrent seuls s'intéresser en sa faveur et blâmer la conduite de Louis XVIII et de la duchesse d'Angoulême ; malgré ces puissants auxiliaires, il se vit forcé de s'expatrier de nouveau. Après différentes vicissitudes, ce prince fut arrêté sur l'invitation pressante de Louis XVIII, dans les états autrichiens d'Italie, conduit à Milan, et retenu pendant plus de sept ans au secret. Interrogé sur sa qualité, il fit la réponse suivante : « Je me nomme Louis-Charles de Bourbon, et suis fils de Louis XVI ; comme particulier, et quoique je n'aie rien fait pour mériter l'acte de rigueur dont je suis la victime, je demande des juges ; comme prince souverain, je déclare que je ne dois compte de mes actions qu'à Dieu, qui seul a le droit de me le demander. » Ceci se passait en juillet 1818, environ trois mois après l'arrestation du prince, qui avait jusque-là gardé un profond silence sur son origine. Rendu à la liberté en octobre 1825, par l'ordre de l'empereur d'Autriche, auquel il s'était directement adressé, le fils de Louis XVI se disposait à rentrer en France, lorsqu'il découvrit que des ordres avaient été donnés sur la frontière de l'arrêter partout où il serait rencontré. Malgré cet obstacle, qui le forçait à reconnaître que, parmi les membres de la famille, son seul ennemi n'avait pas été Louis XVIII, il pénétra en France et vint à Paris. Il y vivait caché, lorsque la providence voulut punir tant d'iniquités de la part des persécuteurs du pauvre orphelin. Le ciel frappa en effet ce trône occupé par un prince auquel il n'appartenait pas légitimement, et la catastrophe de 1830 fut la juste punition de la conduite tenue envers le frère de Marie-Thérèse. L'arrêt de proscription atteignit alors non seulement les coupables, mais aussi votre héroïque mère, vous, prince, et votre sœur, ce que Dieu permit sans doute pour vous donner un avertissement dont vous pouvez profiter aujourd'hui !... Douze années se sont écoulées depuis ce terrible évènement ; pendant ce temps, diverses démarches ont été faites par le fils de Louis XVI auprès de la duchesse d'Angoulême, sa sœur, pour se faire reconnaître par elle ; la dernière est du 27 mars de cette année. Voyant que toutes ses tentatives sont demeurées sans résultat, le fils de Louis XVI se décide enfin à investir régulièrement les tribunaux d'une demande en reconnaissance d'état-civil ; fort de la justice de sa cause, il invoque l'aide du ciel et espère réussir. Cependant, avant de commencer sans l'assentiment de sa famille, une procédure dont le résultat serait alors d'attirer le blâme général sur la conduite d'une princesse qui, malgré tout, est sa sœur, le fils de Louis XVI a cru devoir à lui-même, à la mémoire du noble duc, votre père, et à vous, prince, sur qui repose l'espoir de sa maison et de sa patrie ;

le fils de Louis XVI a cru devoir, dis-je, vous faire connaître directement son existence et ce qu'il se propose de faire. Il pense que votre intervention pourra amener une reconnaissance de famille avant que les tribunaux aient à statuer sur sa réclamation d'état-civil, et il se prêtera à toute entrevue ou examen propre à constater son identité, soit en France, soit partout ailleurs où il pourrait se rendre avec sécurité. Quelle que soit votre détermination, le fils de Louis XVI n'aura rien à se reprocher, et il sera satisfait d'avoir rempli un devoir.

Signé : Louïs-Charles,
connu sous le nom de baron de Richemont. »

Deuxième lettre.

Paris, le 15 juillet 1844.

Prince, le 15 novembre 1842, je vous ai adressé à Prague, sous le couvert du prince de Rohan, une lettre dans laquelle je vous donnais quelques détails relatifs à mon existence et aux vicissitudes de ma vie depuis mon enlèvement du Temple; je vous indiquais les moyens de vous convaincre par vous-même de la vérité de mes allégations, et vous faisais connaître la voie la plus simple et la plus sûre pour atteindre le but que nous nous proposons tous... Cette lettre, restée sans réponse, n'a pu produire d'autre effet que de vous mettre un peu au courant des faits qui me concernent, faits que vous aviez sans doute ignorés jusque-là, et dont je ne retraçais que quelques circonstances majeures. La mission de Martin, *reconnue divine* par tout le monde chrétien et surtout par la fille de Louis XVI, eut pour effet de rappeler à Louis XVIII qui paraissait trop disposé à l'oublier, *qu'il occupait une place qui ne lui appartenait pas...* Or, de qui Martin a-t-il voulu parler, si ce n'est du fils du roi-martyr; et quel autre que ce prince pouvait y avoir des droits?... Et si le fils de Louis XVI fût mort au Temple, que signifiait cette mission?... N'était-elle pas un effet sans cause?... Cela peut-il se présumer?... En 1839, le comte de Bruges, poussé, comme toujours, par le dévouement envers la famille proscrite, prit sur lui d'informer le duc de Blacas qu'il venait de rencontrer le fils de Louis XVI ; en l'engageant à en donner connaissance à qui de droit, le comte de Bruges demandait des instructions relativement à la conduite qu'il devait tenir à l'égard de l'auguste orphelin.. Après en avoir conféré avec la princesse spécialement intéressée dans cette affaire, le duc de Blacas répondit que la princesse ordonnait qu'une enquête fût faite, et qu'elle nommait pour commissaires ledit comte de Bruges et vicomte de Mont-Chenu, aux fins de voir et d'entendre les témoins et le prétendant lui-même, de faire un rapport et de le lui adresser immédiatement. D'après cet ordre, l'enquête eut lieu, des témoins furent entendus, des pièces furent produites, et comme le royal orphelin se trouvait hors de France dans ce moment, il envoya une notice circonstanciée qui servit à corroborer et à confirmer les déclarations déjà faites, et d'où il résulta pour les commissaires la preuve incontestable *que ce personnage était réellement le fils de Louis XVI*, et qu'il devait, en tout temps et en tous lieux, être considéré et traité comme tel !... Le tout allait être expédié, lorsque le comte de Bruges reçut l'ordre d'en suspendre l'envoi... L'affaire en resta là... Le dossier fut remis au royal orphelin, à son arrivée à Paris, avec l'attestation de l'un des commissaires désignés par la princesse. Si donc le fils de Louis XVI fut décédé au Temple et si Marie-Thérèse l'avait cru, pourquoi cette enquête de 1839, et à quoi pouvait-elle aboutir ?... Ne serait-ce pas, dans ce cas, la plus odieuse mystification ? oser le penser serait un outrage !... Plus tard, M. l'abbé Sharin, ancien évêque de Strasbourg, et votre précepteur, fut présenté au royal orphelin ; le prélat, après s'être entretenu assez longuement avec ce prince, ne conserva plus de doutes, et lui avoua avoir vu une lettre de la princesse, sa sœur, adressée dans le temps à la comtesse d'Estérazy, et dans laquelle Marie-Thérèse disait, entre autres choses : » Je sais parfaitement que mon frère n'est point décédé au Temple, mais je ne sais ce qu'il est devenu depuis !... » Ce prélat ajouta, qu'ayant parlé à la comtesse des bruits qui avaient couru dans le temps, elle lui dit qu'il en avait été en effet question entre elle et la princesse, et qu'un jour Marie-Thérèse s'exprima ainsi : » Il est des nécessités de position, auxquelles il serait dangereux de se soustraire, etc..., etc... D'ailleurs, l'éducation et les principes politiques et religieux de mon frère, n'étant nullement en harmonie avec les nôtres et avec ceux de nos alliés, nous avons dû le repousser; *il a été abandonné.*

La princesse avait dit aussi au comte Auguste de la Rochejacquelein, *que son frère n'était point mort au Temple*; l'abbé et le général, dont la véracité ne saurait être révoquée en doute, n'ont jamais fait mystère de ces particularités; et ils témoignèrent, en quittant le royal orphelin, tout le bonheur que leur causait la découverte providentielle qu'ils avaient faite de sa personne, ce qui présageait pour notre patrie un avenir moins sombre et moins malheureux... Il était donc évident pour eux, que la prétendue mort au Temple n'avait été qu'une ruse adroitement mise en œuvre par qui voulait en profiter et s'étourdir pour conserver la position avec la place prise...! Or, comment concilier cette prétention avec l'ordre donné en 1816 au comte de Clairvaux d'aller, avec des gardes-du-corps, chercher le fils de Louis XVI, aussitôt qu'on eût avis de son départ, de le ramener à Paris et de l'installer aux Tuileries?... Cette démarche de la part de Louis XVIII, après sa conduite antérieure à l'égard de son neveu, ne devait-elle pas être considérée comme un piège, et le royal orphelin n'était-il pas autorisé à s'en défier et à agir en conséquence?

En juin 1843, le fils de Louis XVI publia un ouvrage, qui, quoique incomplet, produisit une grande sensation, et ne fut considéré que comme l'avant-coureur d'une demande en réclamation d'état-civil.

Lors de votre voyage en Angleterre, voyage qui a été interprété de tant de manières, le royal orphelin eût bien désiré se rapprocher de vous; sa position, la vôtre, l'intérêt à venir de toute notre maison, exigeaient impérieusement que nous nous entendissions sur tous les points. Deux causes s'y sont opposées : ma santé, qui me met dans l'impossibilité absolue de supporter la fatigue d'un déplacement de plusieurs heures; et ensuite l'affluence de tant de gentilshommes et autres qui se sont empressés d'aller vous offrir leurs respectueux hommages, et qui ont eu, pour la plupart, la maladresse de s'abandonner publiquement à un enthousiasme au moins irréfléchi dans un pays qui, depuis si longtemps, exploite les passions et les frayeurs de ceux qui gouvernent notre belle France !

N'ayant pu charger personne d'une mission spéciale auprès de vous, je me résignai de nouveau... Je me disposais néanmoins à investir régulièrement les tribunaux compétents de ma demande en réclamation d'état, que j'avais retardée jusque-là, par égard pour des infortunes et des douleurs que je partage, malgré l'injuste répulsion dont je suis l'objet et la victime, lorsque le triste événement du 5 juin dernier, annonça à l'Europe qu'un des princes de notre famille venait de terminer sa carrière... Je dus m'arrêter pour l'instant...

Cet événement ayant simplifié votre position que tant de causes avaient contribué à compliquer, vous pouvez faire aujourd'hui ce que de hautes convenances vous interdisaient auparavant ; vous le devez même, ne fût-ce que pour l'acquit de votre conscience, qui a dû plusieurs fois, ce me semble, se révolter à l'idée qu'une grande iniquité a été commise, et qu'il vous appartient de la réparer, du moins autant que faire se pourrait dans la situation actuelle des choses... Une enquête a été faite en 1859, donnez des ordres pour qu'il soit procédé à de nouvelles informations, chargez-en des personnes dignes de confiance et qui comprendront leur devoir... Vous saurez enfin à quoi vous en tenir relativement à des réclamations et à des bruits inquiétants et dangereux... L'affaire est d'une importance immense et vaut certainement la peine qu'on s'en occupe... Votre satisfaction sera dans les résultats, quels qu'ils soient...

Signé : LOUIS-CHARLES,
connu sous le nom de baron de Richemont. »

Nous nous permettrons d'observer à monsieur le comte de Chambord qu'en présence de pareils documents, il deviendrait coupable aux yeux de toute personne sensée, s'il gardait le silence et demeurait dans l'inaction. Monseigneur le duc de Berri, son illustre et infortuné père, dans une circonstance à peu près semblable, mais dans une position un peu plus difficile, n'écouta que les généreux sentiments de son noble cœur et la voix de la justice. Il cria à l'usurpateur couronné : « Mon oncle, mon oncle, justice avant tout ! point de couronne au détriment de l'honneur ! » Et pendant que ce prince magnanime préparait un mouvement en faveur du royal orphelin prisonnier à Milan, le séide du sceptique Louis XVIII le frappait à mort avec le poignard de l'infâme Louvel. Ces deux assassins sont connus : le premier est mort roi de France ; l'autre est devenu président du ministère, duc, pair, etc... Que n'a pas droit d'obtenir le complice d'un usurpateur couronné ? Mais, pendant que l'histoire livrera leurs noms odieux à la postérité la plus reculée pour les faire exécrer, le sang du duc de Berri, comme celui du juste Abel, continuera de crier : *justice, justice par dessus tout; point de couronne sans l'honneur.* Voilà, dirons-nous à monsieur le comte de Chambord, les beaux et touchants exemples d'une vertu vraiment héroïque, que vous a laissés l'illustre auteur de vos jours, mort martyr de l'honneur et de la justice !!! (1)

Note 8me.

On nous a souvent demandé quels étaient les revenus du prince ? et quelle était la source intarissable de tant de largesses et de bonnes œuvres ? Le prince de Condé, Don Juan, régent du Brésil, madame la duchesse douairière d'Orléans : voilà les cœurs généreux et compatissants qui ont assuré à l'auguste orphelin du Temple, des revenus considérables pour le mettre non seulement à l'abri de tout besoin, mais encore pour lui faciliter le moyen de suivre les nobles impulsions de sa vertu favorite, qui est la charité.

Nous pouvons assurer à nos lecteurs que le fils du pieux et martyr Louis XVI s'est tellement livré à l'exercice de cette reine des vertus, qu'il a diminué au moins de deux tiers ses ressources annuelles qui dépassaient la somme de cent mille francs. Son ange tutélaire, qui est, sans doute un archange du premier ordre, présente sans cesse ses abondantes aumônes devant le trône de Dieu, comme faisait autrefois l'archange Raphaël en faveur du vieux Tobie, et obtient, en échange, de la divine miséricorde, ces lumières extraordinaires qui remplissent sa noble intelligence dont les vastes connaissances embrassent toutes les sciences ; cette rare sagesse, cette prudence consommée, qui lui ont fait éviter avec un bonheur constant, tous les pièges tendus contre son existence par les divers pouvoirs qui se disputaient et s'arrachaient réciproquement son héritage ; cette constance, cette fermeté, ce courage

---

(1) Nous avons été informés que M. le comte de Chambord n'avait point reçu les deux lettres ci-dessus.

merveilleux, qui lui ont fait supporter persévéramment toutes les adversités, toutes les persécutions, toutes les calomnies, toutes les indignités, toutes les énormités, dont il est victime depuis plus d'un demi-siècle. Non, sans une assistance divine, sans une protection qui sort visiblement de l'ordre naturel, le royal orphelin du Temple, qui est le premier à la reconnaître et à la publier hautement à la gloire du Très-Haut, n'aurait jamais pu soutenir tant de combats divers et triompher d'un si grand nombre d'ennemis puissants et acharnés à sa perte.

FIN DES PIÈCES JUSTIFICATIVES DU QUATRIÈME
ET DERNIER LIVRE.

NOTES SUPPLÉMENTAIRES DU 2me LIVRE.

Note 3e bis au lieu de 3e, page 166.

DÉCLARATION DE M. ASSELIN.

« Je soussigné, *Laurent-Joachim Asselin*, rentier, demeurant à Paris, rue d'Astorg, 45, certifie en mon âme et conscience la vérité des faits suivants :

« Un de mes amis, *M. Gillet*, ancien officier attaché à l'état-major du général Kléber, lors de la campagne d'Égypte, m'a dit, en 1830, *qu'il avait connu auprès de ce général, un tout jeune homme qui passait pour être son neveu, et qu'un jour, en présence des généraux Desaix, Menou et autres officiers supérieurs, le général Bonaparte demanda à Kléber qui était ce jeune homme, Kléber lui répondit que c'était un de ses neveux, orphelin de père et de mère, à qui il apprenait le métier des armes, pour le mettre en état de servir un jour la république.*

« A la campagne d'Italie, M. Gillet, officier d'état-major de l'armée, a reconnu, m'a-t-il dit, le même jeune homme *attaché à la suite du général Desaix*, jusqu'à la mort de ce brave général, à la bataille de Marengo.

« En 1835, étant allés, M. Gillet moi, faire une visite à M. Boucher-Lemaistre, rue Saint-Méry, 46, nous y avons rencontré M. le baron de Richemont, que M. Gillet *a parfaitement reconnu pour être le même qu'il avait vu en Égypte, auprès de Kléber, et en Italie à l'état-major de Desaix*. La conversation s'est engagée sur les mouvement de l'armée d'Egypte et sur les généraux qui en faisaient partie. M. le baron de Richemont a rapporté à M. Gillet une quantité de circonstances particulières que celui-ci a dit être parfaitement exactes. Dans le cours de l'entretien, qui dura près de trois heures, et auquel je fus toujours présent, M. de Richemont, en parlant de Kléber, raconta qu'avant de partir pour l'Egypte, ce général avait une amie à Strasbourg, et qu'il chargea un jour un de ses officiers de lui porter, de sa part, une montre en argent montée sur pierres. M. Gillet reconnut si bien la vérité de ce fait, que c'était lui-même qui avait été chargé de cette commission.

« En sortant de chez M. Boucher-Lemaistre, M. Gillet me dit avec persuasion et confiance : *C'est bien là l'homme que j'ai connu tout jeune en Egypte et en Italie; c'est la même contenance, la même physionomie, le même son de voix ; je ne saurais m'y tromper : c'est bien lui*. Peu de temps après cette entrevue, qui eut aussi M. Boucher-Lemaistre pour témoin, M. Gillet a quitté Paris, et depuis je n'ai pas eu de ses nouvelles. S'il vit encore, je suis certain qu'il reconnaîtra l'entière vérité des faits attestés ci-dessus, dont je suis prêt à déposer devant les tribunaux.

« Paris, 1er septembre 1842.

« *Signé* : ASSELIN. »

Le maire du premier arrondissement, à qui M. Asselin, accompagné de deux témoins, présenta son certificat pour faire légaliser sa signature, le 17 octobre 1842, lesquels témoins étaient M. Gervais, demeurant rue d'Astorg, 37, et M. Barthélemy, tous deux propriétaires et négociants à Paris, ayant fait la lecture et pris connaissance de la déclaration ci-dessus, *refusa formellement de légaliser la signature de M. Asselin*, en lui disant, en présence de ses deux témoins, *que son certificat n'était pas un certificat ordinaire.*

Ce refus, aussi inusité qu'arbitraire et illégal, ayant donné la mesure du bon vouloir de l'autorité communale de Paris, on n'a pas cru devoir présenter les autres pièces à la légalisation d'autorités prévenues, sinon ennemies, et qui méconnaissent si ouvertement leurs devoirs.

Note 8 bis pour la page 240.

CERTIFICAT DE M. LE CHEVALIER D'OLRY.

« Le soussigné, conseiller intime actuel de S. M. le roi de Bavière, son ancien ministre auprès de divers Etats de l'Europe, grand' croix de l'ordre du Christ, commandeur de celui de Saint-Michel, chevalier de l'ordre de la couronne de Bavière, ainsi que de celui de Saint-Louis de France,

« Déclare avoir eu, pendant son séjour en Suisse, depuis 1807 à 1827, avec M. de Montciel, l'un des derniers ministres du règne de Louis XVI, des relations particulières aussi fréquentes qu'intimes ; ce respectable gentilhomme, homme d'Etat aussi distingué que vertueux et fidèle, qui n'avait accepté que par un dévouement sans espoir le périlleux honneur de servir cet auguste monarque, alors que sa fin tragique était pressentie de toute part, m'a assuré dans maintes conversations sur les événements du temps, dont mes souvenirs étaient pleins comme acteur et victime dès l'âge de 23 ans, *qu'il était du moins heureux d'être certain de l'existence du dauphin, fils du roi martyr; que le jeune prince avait été sauvé du Temple, et transporté de là dans la Vendée, et remis entre les mains de M. de Frotté, dont il considérait le noble dévouement à cette cause comme le motif de l'atroce exécution qu'il a subie.*

« M. de Brémont, qui avait été son secrétaire, s'était établi à Semsales, au canton de Fribourg, en Suisse; il y avait acquis une verrerie et une modeste habitation y attenante, que M. de Montciel, son ami et son ancien chef, venait co-habiter avec lui, surtout pendant l'été, *parce que ni l'un ni l'autre, et chacun par conviction consciencieuse, ne voulait rentrer en France au service de Louis XVIII, qu'ils regardaient franchement comme un intrus, dont, disaient-ils, ils avaient d'ailleurs parfaitement connu dès 1789 la conduite et les relations particulières..*

« Aux circonstances de l'évasion du dauphin du Temple, M. de Brémont ajoutait que, quelques années plus tard, après que Jean VI (don Juan), roi de Portugal, eut transféré au Brésil la couronne de la maison de Bragance, il avait été positivement informé *que le jeune dauphin, dans le cours d'un exil, toujours pressé, surveillé et poursuivi par de traîtreuses ou d'ambitieuses recherches, avait abordé à Rio-Janeiro; qu'il y avait été reconnu et reçu à la cour par le roi Jean avec toute l'effusion de cœur et toute la noble sympathie d'une royale parenté; et que S. M. très fidèle l'avait muni de témoignages propres à constater à tout événement son identité partout où il en pourrait être besoin.*

« M. le marquis de Montciel *accordait toute foi à ce renseignement*; et cela est tout simple par le motif qui en déterminait le poids; car M. de Brémont avait alors reçu un caractère officiel par le brevet de *consul de Portugal* auprès de la Confédération Helvétique, qui lui avait été expédié; il en continuait les fonctions encore à l'époque où j'ai quitté la Suisse avec tout le zèle que lui inspirait la haute confiance dont le roi de Portugal l'avait honoré. Ses correspondances traversaient alors l'Espagne pour gagner Lisbonne, et de là, la haute mer, et, *ce sont précisément ces correspondances, marchant sous couvert officiel, qui donnent un grand relief et un caractère de gravité aux assertions mentionnées ci-dessus et émanées d'un consul portugais.*

« M. de Brémont ajoutait à tout cela une notion non moins importante *pour établir en fait l'évasion du Temple.* Il prétendait savoir que *le dauphin*, en passant en Espagne, *s'était présenté à madame la duchesse d'Orléans, née duchesse de Penthièvre*, dont il avait été également reçu avec un tendre et compatissant empressement, et *qu'elle aussi lui avait remis des témoignages écrits et signés par elle, pour lui servir à ce que de droit.*

« Le soussigné a encore un autre témoignage à consigner sur l'évasion de Louis XVII du Temple, et celui-ci, quant au personnage dont il émane, n'aura, ni moins d'importance, ni moins de valeur morale ou historique : je veux parler du comte *de Moustier*, l'un des trois gardes du corps qui, sous le nom de *Melchior*, a accompagné, du choix du roi, l'infortuné Louis XVI dans son voyage de Varennes. Tout le monde en connaît l'histoire : deux de ces trois gardes du corps, le comte *Valori*, d'abord, puis le comte Moustier, dont je parle, en ont publié la relation imprimée à Paris. Quoi qu'il en soit, j'ai trouvé ce dernier à Saint-Pétersbourg où, pendant un séjour de six ans, de 1800 à 1806, je me suis intimément lié avec ce noble chevalier; j'étais plus jeune que lui ; j'avais alors 34 ans; c'est dans ces moments d'effusion où, en parlant des catastrophes de la Révolution, nos cœurs s'émouvaient, qu'il me répétait souvent, avec tout l'enthousiasme de son attachement à la famille du roi martyr : « Je suis un vieux soldat couvert de blessures; si Dieu exauce mes prières je mourrai sur un champ de bataille; je veux donc déposer dans votre sein un fait bien important pour la France, notre primitive patrie, *c'est qu'il est de toute fausseté que le fils de Louis XVI soit mort au Temple; il en a été sauvé, conduit en Vendée, et remis entre les mains de M. de Frotté.* »

« Plus tard, en 1815, j'ai revu cet intrépide vieillard en Suisse, à son passage pour se rendre à Paris; il me répétait l'assertion ci-dessus.

« Lors de mon séjour à Turin, de 1827 à 1842, monseigneur *Tharin*, précepteur de S. A. R. monseigneur le duc de Bordeaux et, plus tard, évêque de Strasbourg, ainsi que monseigneur *Janson*, évêque de Nancy, *m'ont donné mot pour mot la même assurance.*

« En foi de quoi j'ai signé les présentes et j'y ai apposé le sceau de mes armes. A Keintzhein, Haut-Rhin, le 17 février 1850.

« *Signé* : le chevalier d'OLRY. »

FIN.

Lyon. — Imprimerie de Rodanet, rue de l'Archevêché, 3.

APPENDICE.

Nous croyons faire plaisir à nos lecteurs en ajoutant ici la célèbre prophétie dite d'Orval, précédée d'une courte notice historique pour en établir l'authenticité, et à laquelle nous joindrons un petit commentaire tiré soit de la prophétie elle-même, dans sa partie accomplie, soit d'autres révélations moins connues mais également certaines. D'ailleurs cette prophétie est si peu étrangère à l'intéressant sujet que nous traitons, qu'elle parle formellement du fils de Louis XVI, qu'elle désigne sous le nom du *vieux sang des siècles* et *d'un seul pasteur*.

L'abbaye d'Orval, de l'ordre de Citeaux, est située dans le diocèse de Trèves, frontière du Luxembourg. Lorsque les Français révolutionnaires, dit le noble auteur de qui nous empruntons ces lignes, vinrent faire le blocus du Luxembourg, où commandait le maréchal de Bender, et où s'étaient réfugiés un grand nombre d'émigrés lorrains, l'abbé d'Orval et ses moines arrivèrent dans la place avec leurs vases sacrés, leurs ornements les plus précieux et une partie de leurs archives, qu'ils apportèrent dans leur *refuge* (1).

Au bout de quelques jours, l'abbé, en mettant en ordre

---

(1) On appelait ainsi les maisons que les monastères des environs possédaient à Luxembourg en cas de siége.

les papiers qu'il avait sauvés, trouva les *Prévisions d'un Solitaire*, imprimées en 1544, et attribuées à un moine appelé Philippe Olivarius. Il les apporta au maréchal de Bender, qui, dit-on, en rit beaucoup. Mais les Français de distinction qui se trouvaient dans son salon, en prirent des copies qui se répandirent dans toute la ville et au-delà. La mort de Louis XVI, si bien annoncée dans ces *Prévisions*, leur donna une vogue extraordinaire. Mme la comtesse Adèle de Ficquelmont, chanoinesse de Porchais, en émigration avec son père, en entendit lire des copies chez le comte de Latour, son oncle, depuis ministre de la guerre à Vienne. Elle épousa à son retour en France le comte de Monthureux Ficquelmont. Plusieurs autres personnes, plus distinguées encore par leur piété sincère que par leur haute extraction, entre autres la comtesse Alexandrine de Raigecourt, chanoinesse de St-Louis, affirment l'avoir entendu lire en 1792. Enfin, une ancienne religieuse qui vivait encore à Trouard près de Nancy en 1838, possédait une copie de cette prophétie qui datait de 1792. En dernier lieu, voici l'extrait d'une lettre adressée le 4 novembre 1831 à un noble personnage de Nancy, chevalier de St-Louis, par M. l'abbé de Mansuy, grand-vicaire de l'évêché de Verdun.

« La prévision d'Orval me fut communiquée par un prêtre bien respectable, qui l'avait vue à Orval au moment de la révolution de 1789, et étant encore laïque. Il est à observer que cette prédiction, écrite en 1544, annonçait les événements depuis cette époque ; mais, lorsqu'elle fut retrouvée au commencement de la révolution, la plupart des copistes eurent la malencontreuse négligence d'omettre la partie déjà accomplie alors, se contentant de transcrire seulement la partie qui restait à accomplir. C'est ce que prouve cette phrase citée plus haut : « La mort de

Louis XVI, *si bien annoncée* dans ces prévisions, etc. »
Or, il n'en est question dans aucune des copies parvenues jusqu'à nous, et toutes commencent au *jeune homme venu d'outre-mer*. Comme l'authenticité de cette prophétie a été contestée et même détruite par la lettre de Mgr. l'évêque de Verdun, sous la date du 6 février 1849, reproduite textuellement par l'*Univers*, numéro du 17 mars suivant, nous avons voulu approfondir cette question de fait, et voir si les savantes recherches faites par l'illustre prélat se rapportaient véritablement à la prophétie dite d'Orval, citée par nombre d'auteurs, entre autres, par celui de l'ouvrage intitulé : « *Prédictions modernes*, Avignon, chez Seguin, 1840 » lequel fait précéder la citation des preuves qui établissent son authenticité d'une manière victorieuse.

« Pour nous édifier, nous avons comparé les assertions renfermées dans la lettre de Mgr. l'évêque de Verdun avec celles rapportées dans le livre ci-dessus indiqué, avec les preuves données par l'*Invariable*, citées par le *Propagateur* (tome V, page 154, note 14), avec les documents que renferme le journal la *Lecture*, 15 août 1846, page 75 et suivantes. Or, le résultat de cette comparaison ou confrontation nous a convaincu qu'il n'y a aucune identité entre les lambeaux de prophéties que Mgr. l'évêque de Verdun a justement flétris en dévoilant au public leur origine frauduleuse qui ne remonte pas au-delà de 1823, et la véritable prophétie d'Orval, dont l'authenticité reste toujours incontestable, comme tout le monde peut s'en assurer en recourant aux mêmes moyens que nous avons employés. D'abord, aucun des auteurs cités qui donnent les preuves de l'existence antique et de l'authenticité réelle des *Prévisions d'un solitaire* de l'abbaye d'Orval ne parle de ce frère *Aubertin* dépositaire de la prophétie originale.

En second lieu, tous citent plusieurs témoins qui l'ont lue et copiée en 1792. La plupart de ces copies existent encore aujourd'hui, dit le *Propagateur*, en France et à l'étranger. Nous avons comparé entre elles un grand nombre de copies pour mieux nous assurer de l'intégrité du texte, et nous n'y avons remarqué d'autres différences que l'altération de quelques mots sans aucune importance et ne changeant en rien le sens, simples erreurs de copistes inhabiles ou distraits. »

D'ailleurs, nous pouvons encore ajouter avec l'auteur de la brochure sur le fils de Louis XVI : « On ne raisonne pas contre les faits; or, il est incontestable que cette prophétie d'Orval était connue avant notre première révolution. Il n'est pas, je crois, un seul département où plusieurs familles ne possèdent des manuscrits datant de cette époque et de plus loin. » Nous pouvons affirmer nous-même que nous connaissons, en Dauphiné et dans le département du Rhône, des personnes honorables qui conservent avec soin des manuscrits des *Prévisions d'un solitaire d'Orval* portant les dates de 1793, 1800, 1810, 1820, etc.

Il reste donc bien établi que la lettre de Mgr. l'évêque de Verdun n'affaiblit en rien l'authenticité de la prophétie dite d'Orval, laquelle n'a aucun rapport avec celles qu'elle flétrit justement comme apocryphes et mensongères.

Prophétie dite d'Orval, expliquée par un noble Milanais.

En ce temps-là, un jeune homme venu d'outre-mer dans le pays du celte gaulois, se manifestera par conseils de force; mais les grands qu'il ombragera l'enverront guerroyer dans la terre de la captivité (1). La victoire le ramènera au pays premier. Les fils de Brutus moult stupides seront à son approche, car il les dominera et prendra nom empereur. Moult hauts et puissants rois seront en crainte vraie et son aigle enlèvera moult sceptres et moult couronnes ; piétons et cavaliers portant aigle et sang, autant que moucherons dans les airs, courront avec lui dans toute l'Europe, qui sera moult ébahie et moult sanglante. Il sera tant fort, que Dieu sera cru guerroyer d'avec lui. L'Eglise de Dieu moult désolée se consolera tant peu, en voyant ouvrir encore les temples à des brebis tout plein égarées ; et Dieu sera béni. Mais c'est fait : les lunes seront passées ; le vieillard (2) de Sion maltraité criera à Dieu, et voilà que le puissant sera aveuglé pour péchés et crimes. Il quittera la grande ville avec une armée si belle, que aucune ne fut jamais si pareille ; mais oncques guerroyer ne tiendra bon devant la face du temps : la tierce part et encore la tierce part de son armée périra par le froid du Seigneur puissant. Alors deux lustres seront passés depuis le siècle de la désolation ; les veuves et les orphelins crieront à Dieu, et voilà que les hauts abaissés reprendront force ; ils s'uniront pour abattre l'homme tant redouté. Voici venir, avec maints guerroyers, le vieux sang des siècles (3), qui reprendra place et lieu en la grande ville.

Alors l'homme tant redouté s'en ira tout abaissé dans le pays d'outre-mer d'où il était advenu. Dieu seul est grand ! la lune onzième n'aura pas encore relui, et le fouet sanguinolent du Seigneur reviendra en la grande ville, le vieux

(1) L'Egypte.
(2) Le souverain pontife.
(3) Les Bourbons.

sang quittera la grande ville. Dieu seul est grand ! il aime son peuple et a le sang en haine. La cinquième lune reluira sur maints et maints guerroyers d'Orient, la Gaule est couverte d'hommes et de machines de guerre ; c'est fait de l'homme de mer ; voici encore venir le vieux sang de l'homme de Cap (1). Dieu veut la paix et que son nom soit béni. Or, paix grande sera dans le pays du celte gaulois ; la fleur blanche sera en honneur moult grand, les maisons de Dieu ouïront moult saints cantiques. Mais les fils de Brutus, haïssant la fleur blanche, obtiennent règlements puissants dont Dieu est moult encore fâché à cause des siens ; le grand jour est encore moult profané. Ce pourtant Dieu veut éprouver le retour par dix huit fois dix lunes.

Dieu seul est grand ! il purge son peuple par maintes tribulations ; mais toujours les mauvais auront fin. En ce temps là, une grande conspiration contre la fleur blanche cheminera dans l'ombre par mains de compagnies maudites, et le pauvre vieux sang quittera la grande ville, et moult gaudiront les fils de Brutus. Les serviteurs de Dieu crieront tout plein à Dieu ; mais Dieu, pour ce jour-là, sera sourd, parce qu'il retrempera ses flèches pour bientôt les mettre au sein des mauvais. Malheur au celte gaulois ! Le coq effacera la fleur blanche et un grand s'appellera *roi du peuple* ; une grande commotion se fera sentir chez les gens, parce que la couronne sera placée par mains d'ouvriers qui auront guerroyé dans la grande ville. Dieu seul est grand ! le règne des méchants sera vu croître ; mais qu'ils se hâtent ! Voilà que les pensées du celte gaulois se choquent, et que grande division est dans leur entendement. Le roi du peuple, assis, sera vu en abord moult

---

(1) Racine du mot Capet.

foible, et pourtant contre ira bien des méchants ; mais il n'était pas bien assis, et voilà que Dieu le jette bas.

Hurlez, fils de Brutus, appelez par vos cris les bêtes qui vont vous manger. Dieu grand! quel bruit d'armes! Il n'y a pas encore un nombre plein de lunes, et voici venir maints guerroyers. C'est fait ; la montagne de Dieu désolée (1) a crié à Dieu, les fils de Judas (2) ont crié à Dieu de la terre étrangère, et voilà que Dieu n'est plus sourd. Quel feu va avec ses flèches ? Dix fois six lunes et pas encore dix fois six lunes ont nourri sa colère. Malheur à toi, grande ville! voici dix rois armés par le Seigneur ; mais déjà le feu t'a égalée à la terre. Pourtant les justes ne périront pas : Dieu les a écoutés. La place du crime est purgée par le feu, le grand ruisseau a conduit ses eaux toutes rouges de sang; la Gaule, vue comme délabrée, va se rejoindre. Dieu aime la paix : Venez, jeune prince! quittez l'île de la captivité, joignez le lion à la fleur blanche. Ce qui est prévu, Dieu le veut. Le vieux sang des siècles terminera encore longues divisions. Lors un seul pasteur sera vu dans la Celte Gaule ; l'homme puissant, par Dieu, s'assiera bien, moult sages règlements appelleront la paix, Dieu sera cru guerroyer d'avec lui, tant prudent et sage sera le rejeton de la Cap. Grâce au père de la miséricorde! la sainte Sion rechante dans les temples un seul Dieu grand : moult brebis égarées s'en viendront boire au vrai ruisseau vif. Trois princes et rois mettront bas le manteau de l'erreur et verront clair en la foi de Dieu ; un grand pouple de la mer reprendra vraie croyance en deux tierces parts. Dieu est encore béni pendant quatorze fois six lunes et six

---

(1) L'Eglise.
(2) Famille royale.

fois treize lunes. Dieu seul est grand, les biens sont faits, les saints vont souffrir. L'homme du mal arrive de deux sangs, il prend croissance, la fleur blanche s'obscurcit pendant dix fois six lunes et six fois vingt lunes, et disparaît pour ne plus paraître. Moult de mal peu, de bien seront en ce temps-là, moult grandes villes périront. Israël viendra à Dieu Christ de tout de bon. Sectes maudites et fidèles seront en deux parties bien marquées. C'est fait, Dieu seul sera cru, et la tierce part de la Gaule, et encore la tierce part et demie n'aura plus de croyance, comme aussi les autres gens. Et voilà déjà six fois trois lunes et quatre fois cinq lunes qui sont passées, et le siècle de fin a commencé après le nombre non fait de ces lunes. Dieu combat par ses deux justes, et l'homme du mal a le dessus. Mais c'est fait, le haut Dieu met un mur de feu qui obscurcit mon entendement, et je n'y vois plus. Qu'il soit béni à jamais. Amen. Ainsi-soit-il.

Explication.

Quand le noble Milanais eut fini la lecture de son vieux manuscrit, il nous parla ainsi : « Maintenant que les faits qui concernent Bonaparte, le plus grand capitaine des temps anciens et modernes, sont accomplis, ils sont devenus très-intelligibles ; mais avant cet accomplissement, ils avaient une aussi grande obscurité que ceux que nous considérons à travers le sombre voile d'un avenir plus ou moins rapproché de nous. En effet, si en 1792, six à sept ans environ avant l'expédition d'Egypte, on vous eût demandé le nom du jeune héros que les *grands* ou les Conventionnels devaient envoyer dans la terre de la captivité, vous auriez été fort embarrassé de répondre, malgré votre prophétie. Mais l'histoire à la main, vous suivez pas à pas ce foudre de guerre, dont le Dieu des armées devait abattre la puissance à Moscou pour l'envoyer expirer sur le rocher de Sainte-Hélène. Il en est de même de la Restauration, dont le tableau est tracé de main de maître dans ma prophétie. Auriez-vous jamais deviné, avant l'événement, que les *règlements puissants obtenus* par les fils de Brutus, ou les républicains qui haïssent par principe le gouvernement monarchique, n'était autre chose que la charte octroyée par le déiste Louis XVIII, laquelle portait dans son sein le germe de tous les bouleversements politiques et religieux ? Qui aurait pu dire, en 1825, que le duc d'Orléans recevrait en 1830, sous le *nom de roi du peuple*, la couronne de mains d'ouvriers à qui il donnerait en échange, des poignées de mains dans les rues de Paris ? Mais je me hâte d'arriver à la partie non encore accomplie sur laquelle, puisque vous le désirez, je vous soumettrai les réflexions interprétatives que j'ai faites, réflexions que les événements de chaque jour semblent de plus en plus justifier. A mon avis, la clef de cette prophétie se trouve dans ces mots : « *Il n'y a pas encore un nombre plein de lunes* » qui ont été interprétés de vingt manières différentes. Doit-on entendre par là, une année, dix ans, quinze ans, etc... ? Non, rien de tout cela. *Un nombre plein de lunes* signifie tout simplement le *cycle lunaire*, période de dix-neuf années lunaires, à la fin desquelles les nouvelles et pleines lunes reviennent aux mêmes jours auxquels elles étaient arrivées dix-neuf ans auparavant. Or, les quatre ans du consulat, désignées par : *les lunes seront passées*; les dix années de l'Empire clairement annoncées par : *les deux lustres seront passés*; quinze ans de la Restauration indiqués par : *dix-huit fois dix lunes*, nous mènent évi-

demment à 1830, époque où commence le cycle lunaire que Louis-Philippe ne doit pas voir finir ; *mais il n'était pas bien assis et voilà que Dieu le jette bas :* arrêt de la Justice divine exécuté à la lettre le 24 février 1848, un peu plus de dix-huit mois avant le *nombre plein de lunes.*
« *Hurlez, fils de Brutus, appelez par vos cris les bêtes qui vont vous manger.* »

Les républicains qui, par leurs fausses doctrines, ont aboli le droit divin, confondu tous les principes, rompu tous les liens de subordination par la proscription du christianisme qui peut *seul* sauver la société, vont, par la force des choses, *digitus Dei est hìc,* être envahis, emportés par le *socialisme* qui, comme un torrent impétueux, dévorera leurs personnes et leurs biens; et tout cela se fera au nom de la *liberté,* de l'*égalité* et de la *fraternité.* Remarquez bien que c'est avec ces mots que l'ennemi de tout bien perdit *Adam* et sa postérité dans le jardin d'*Eden.* Les insensés ! qui ont voulu détruire sur la terre cette belle hiérarchie dont la perfection est au ciel, sans laquelle toute société est impossible ! *Dix fois six lunes et pas encore dix fois six lunes ont nourri sa colère.* Ce nombre de lunes, qui fait un peu moins de dix ans, a commencé, selon plusieurs personnes très-versées dans l'interprétation des prophéties, de 1838 à 1839, époque où le roi d'un peuple, se croyant enfin solidement établi, a déclaré d'une manière toute spéciale la guerre au Très-Haut, dont il a voulu faire cesser sur la terre tous les jours de fêtes, en faisant travailler tous les dimanches sur différents chantiers de l'Etat, mais surtout aux fortifications de Paris. *Quiescere faciamus omnes dies festos Dei à terrâ* (Ps. 73, v. 8).

La loi tyrannique sur l'enseignement secondaire, élaborée avec une malice infernale, présentée trois fois différentes avec une astuce et une audace persévérantes, n'avait-elle pas pour but de miner peu à peu, par l'enseignement universitaire surtout, l'édifice antique du christianisme, pour se procurer le plaisir satanique de le voir, dans un délai donné, crouler avec un fracas épouvantable qui aurait plongé votre belle France, et avec elle toute l'Europe dans un nouveau chaos ? Voilà ce qui a, pardessus tout, allumé la colère divine qui doit éclater d'une manière terrible avant l'expiration du nombre plein de lunes. Les journées de juin 1848 sont là pour confirmer la vérité de cette interprétation. *Voici dix rois armés par le Seigneur :* on doit convenir que ce passage est difficile à comprendre et même inintelligible, si on le prend dans le sens littéral. Or, toutes les fois, disent les meilleurs commentateurs des divines écritures, qu'un passage ne présente aucun sens selon la lettre, on doit être persuadé que l'Esprit Saint a eu en vue le sens spirituel caché sous l'écorce de la lettre. Ces *dix rois* armés par le Seigneur nous représentent simplement trois nombres sacrés renfermés ou cachés dans le sens littéral : les nombres *dix, trois* et *quatre*. En effet, si ces rois sont armés par le Seigneur, ils combattront nécessairement pour la cause du Verbe de Dieu par qui tout a été fait : ils figurent donc le nom incommunicable de Dieu représenté dans les saintes écritures par le nombre *trois*. Mais c'est au Verbe de Dieu fait homme que tout pouvoir a été donné dans le ciel et sur la terre ; or, le nombre consacré pour représenter l'Homme-Dieu ou Jésus-Christ est le nombre *quatre* ; mais ces trois nombres réunis font dix-sept. Le lieutenant que Jéhovah armera pour prendre sa cause en main et rendre la justice en son nom, sera donc le fils du martyr Louis XVI, c'est-à-dire Louis XVII, persécuté par tous les partis et rejeté par le peuple qu'on a égaré et trompé sur le compte de ce prince infortuné. *Mais déjà le feu l'a égalée à la terre :* il est évident par ce passage que le grand roi que Dieu donnera à la France dans sa grande miséricorde, ne sera reconnu et reçu qu'après la grande catastrophe annoncée par tant de révélations anciennes et modernes.

« Venez, jeune prince, joignez le *lion* à la fleur blanche. » Peut-on annoncer d'une manière plus claire le mariage du duc de Bordeaux avec une princesse de Modène, dont les armoiries sont représentées par le *lion*, comme le *lis* figure celles de la maison de Bourbon.

« Le vieux sang des siècles terminera encore longues divisions. » Voilà qui a trait à Louis XVII dont je vous ai déjà entretenu. Vous avez l'air de sourire, M. le Dauphinois, mais, si vous aviez l'honneur de voir ce prince, comme moi, d'apprécier ses éminentes qualités, vous partageriez certainement mon opinion là-dessus. Du reste, les événements marchent rapidement ; ils sont à la porte : encore un peu de patience et vous verrez... » *Lors un seul pasteur sera vu dans la Celte Gaule*, etc.

L'auguste orphelin du Temple, le prisonnier de Milan, le fils infortuné de Louis XVI, en un mot, est encore désigné sous la figure d'un seul pasteur. Dans le langage prophétique, comme dans l'Ecriture sainte, le terme *pasteur* est synonyme de conducteur, chef, roi. Ainsi, dans Ezéchiel, Dieu dit : « *Suscitabo super eas pastorem unum qui pascat eas, servum meum David... Servus meus David princeps in medio eorum.* » Je susciterai sur mes brebis le pasteur unique que j'ai choisi pour les paître, mon serviteur David... qui sera au milieu d'elles comme leur prince (Ezech, 34, v. 23). Comme il n'appartient à aucun parti, et qu'il a été également méconnu et repoussé par tous, le fils de Louis XVI rendra à tous une rigoureuse et stricte justice : voilà comme il parviendra à réunir tous les partis qui déchirent maintenant encore votre belle et malheureuse France, et par elle une partie de l'Europe. Ce grand monarque que Dieu va donner à votre infortunée patrie dans sa grande miséricorde, ayant été également rejeté et même persécuté par la plupart des potentats qui connaissaient parfaitement son enlèvement du Temple et son existence actuelle, ne se trouvera point lié par les traités de 1814 et de 1815 si humiliants pour la France, pour l'Italie et pour la malheureuse Pologne : il pourra donc agir en toute liberté et rendre à sa patrie, qu'il aime d'un amour de prédilection, cette nation si célèbre par son courage et par sa magnanimité, le rang qu'elle doit occuper parmi les puissances de l'univers entier dont elle redeviendra l'arbitre et la souveraine, comme aux temps des Charlemagne, des Louis IX et des Louis XIV ; et dites-moi, à moins d'envoyer un ange du ciel, Dieu, dans sa sagesse infinie, pouvait-il faire un meilleur choix pour tirer la France de cet état d'humiliation et de misère dans lesquelles l'ont jetée les différents partis qui se disputent et s'arrachent mutuellement le pouvoir depuis plus d'un demi-siècle, et pour faire sortir l'Europe de cet état d'anarchie qui menace d'entraîner les peuples et les rois dans un abîme sans fond. D'ailleurs ne voyez-vous pas que depuis assez longtemps la France et l'Europe sont travaillées comme une femme dans les douleurs de l'enfantement, et que, dans l'ordre de la divine Providence qui ne s'occupe jamais mieux du gouvernement du monde que lorsque les esprits légers et ignorants pensent qu'elle en a abandonné la direction au génie du mal, cet état de crise et de bouleversement général est le présage et l'annonce d'un heureux et bel avenir auquel nous touchons. Hâtons-en l'arrivée par nos prières et notre retour sincère vers Dieu ! »

Ces dernières paroles prononcées avec conviction, le noble Milanais se sépara de nous et nous ne l'avons jamais revu... En comparant ce qui est arrivé depuis, ce qui se passe aujourd'hui en France, en Italie et ailleurs, avec l'entretien de cet inconnu, nous serions vraiment tenté de le regarder comme un prophète qui cachait la connaissance qu'il avait de l'avenir sous l'apparente interprétation d'une ancienne prédiction.

De tout ce que nous avons dit jusqu'ici nous conclurons avec M. de la Salette que la vie du fils de Louis XVI, existant dans la personne de M. le baron de Richemont, est la clef de l'histoire contemporaine. Oui, dirons-nous à nos lecteurs, l'histoire que se donne M. le baron de Richemont explique les événements mystérieux de la politique humaine et du gouvernement de la Providence, pendant le demi-siècle qui vient de s'écouler. Le premier mystère inexplicable, c'est l'origine même et le nom de M. le baron de Richemont. En pleine audience de la cour d'assises de la Seine, en 1834, il portait à la cour et au gouvernement ce courageux défi : « Vous osez m'accuser d'avoir pris de faux noms et de faux titres !... où sont vos preuves ? la société me doit un nom, et il n'a pu être permis d'en priver violemment, et encore moins officiellement, un citoyen quelconque, en le rayant du nombre des vivants, alors qu'on le sait existant, et qu'on en fournit soi-même la preuve la plus irréfragable. » (En prononçant ces mots le prince désignait le dossier du procès qui était sur le bureau.)

S'avouant vaincu, le président des assises commença

son résumé des débats en ces termes : « Messieurs, quel est l'accusé qui se trouve aujourd'hui devant vous ? quel est son nom véritable, son origine, sa famille, ses antécédents, sa vie tout entière ? Serait-ce un de ces artisans de discorde ?... serait-ce un instrument des ennemis de la France ? Ne serait-ce qu'un infortuné sauvé par miracle ? ou ne serait-ce qu'un homme placé sous une préoccupation fâcheuse ? C'est un point sur lequel nous appellerons votre attention. » *Mémoires d'un contemporain*, page 274.)

Pour le condamner cependant, il fallait lui donner un nom. Quel nom donner à l'accusé ? s'écrie l'avocat général. Sera-ce le colonel Gustave, Transtamarre, Legras, Esthelbert, baron de Richemont ? Le nom d'Henri Hébert se trouve dans presque tous les actes importants où l'accusé a figuré. On se rappelle que le prince fut condamné à *douze années de détention* pour complot formé avec des personnes *restées inconnues*, sous le nom de Henri Hébert, se disant Esthelbert-Louis-Hector-Alfred, baron de Richemont.

On n'a pas oublié la conclusion que tirait Franchet, directeur général de la police du royaume : « Je suis persuadé *que le baron de Richemont est véritablement le fils de Louis XVI*. Mes raisons sont que, de tous les prétendus Louis XVII, il n'en est pas un dont on ne soit parvenu à découvrir la véritable origine. Il n'est pas, d'ailleurs, de gamin si vagabond dont on ne finisse par trouver les parents et le lieu de la naissance... Pour le baron de Richemont, on n'a jamais pu lui trouver d'autre descendance que celle qu'il s'attribue, et cependant la police a fait des perquisitions, non-seulement à Paris et dans toutes les provinces de France, mais encore dans tous les pays étrangers. »

Un autre mystère est celui de l'enfant mort au Temple le 8 juin 1795. Si cet enfant était le Dauphin, pourquoi, le jour même de son décès, la Convention fait-elle courir après un enfant qu'elle dit enlevé du Temple, et le fait-elle arrêter à Thiers, ainsi que l'a attesté en pleine audience l'enfant même qui fut arrêté, M. Morin de Guérivière? En quoi elle se trompa, comme en convient le conventionnel délégué Chazal, qui prescrivit la levée des ordres lancés contre cet enfant, ainsi que contre Ojardias qui était accusé d'avoir fait cet enlèvement.

Pourquoi, quelques semaines avant la mort de cet enfant, le docteur Desault, nommé par la Convention pour lui donner des soins, et ayant consigné dans son rapport *qu'il n'avait pas reconnu, dans l'enfant qu'on lui avait présenté, le Dauphin qu'il avait vu quelquefois avant l'arrestation de la famille royale, fut-il, le jour même du dépôt de son rapport*, invité à dîner par les conventionnels et empoisonné, ainsi que le certifie madame Thouvenin née Calmet, nièce par alliance du docteur Desault?

Pourquoi, le 14 juin 1795, six jours après le décès de l'enfant, la Convention rendit-elle un décret qui ordonnait de poursuivre le fils de Capet sur toutes les routes de France? Que signifie le cheval de carton que madame Ladrée a vu entrer au Temple et en ressortir en 1794, que M. Arnaud certifie avoir vu emporter de la tour du Temple au commencement de la même année?

L'évasion eut lieu en effet le 17 janvier 1794. Pourquoi Ojardias, soupçonné d'avoir enlevé le Dauphin du Temple fut-il assassiné en 1797? Pourquoi le comte de Frotté, également soupçonné, fut-il assassiné juridiquement sous le Consulat, quoique muni d'un sauf-conduit ?

Pourquoi n'a-t-il jamais été célébré de service religieux pour un prince mort à l'âge de dix ans, et à qui la Restauration a donné le titre de roi de France ? et pourquoi a-t-on laissé dire, sans le démentir, *que les hauts dignitaires de l'Eglise gallicane ont constamment refusé de célébrer les obsèques annuelles à la mémoire de Louis XVII ?*

Pourquoi le marquis de Montmort fut-il envoyé, par la la duchesse d'Angoulême, lors du procès de Rouen, avec la mission de questionner Bruneau ? Une foule d'autres questions se présentent. Ainsi, pourquoi, à la mort du conventionnel Courtois, y eut-il un triage fait dans ses papiers par autorité supérieure ? Pourquoi un pareil triage dans les papiers de Cambacérès après la mort de ce personnage ? Pourquoi l'enlèvement des papiers de Fualdès après l'assassinat de ce magistrat ? Pourquoi la disparition de Caron, ancien gobeletier du roi, après diverses communications avec les Tuileries, le 4 mars 1820 ? Pourquoi, suivant l'attestation de plusieurs personnes graves, Joséphine fut-elle empoisonnée à la suite d'un dîner qu'elle donna aux souverains de la sainte-alliance, et où elle parla de l'existence de Louis XVII ? Pourquoi Pichegru fut-il étranglé dans sa prison ? Pourquoi l'ordre de ne publier les mémoires du trop célèbre Talleyrand que trente ans après sa mort ?

Enfin et surtout, pourquoi, d'après le *Court-journal* du 14 mars 1852, qui n'a pas été démenti, et d'après l'affirmation de personnes bien informées, les puissances alliées commencent-elles le traité de Paris de 1814, avec cette clause étonnante : « Que bien que les hautes puissances contractantes *n'aient pas la certitude de la mort du fils de Louis XVI*, la situation du l'Europe et les intérêts publics exigent qu'elles placent à la tête du pouvoir en France, Louis-Xavier-Stanislas-Joseph comte de Provence, sous le titre de roi, ostensiblement, *mais n'étant de fait, dans leurs transactions secrètes, que régent du royaume*, pendant les deux années qui vont suivre, *se réservant pendant ce laps de temps, d'acquérir toute certitude sur un fait qui déterminera ultérieurement quel doit être le souverain régnant de la France, etc. ?*

Pourquoi, si le neveu est mort au Temple en 1795, l'oncle, quatre ans plus tard, ne se fit-il pas proclamer roi, ni ne fut vingt ans plus tard proclamé roi par ses alliés qui avaient travaillé à sa restauration? Pourquoi Louis XVIII ne s'est-il fait jamais sacrer, quoique les préparatifs du sacre eussent été commandés, et que les Chambres le demandassent chaque année? Pourquoi l'infortuné duc de Berri a-t-il été assassiné? Pourquoi le duc de Bourbon a-t-il été étranglé? Pourquoi Thomas Martin a-t-il été empoisonné? etc. etc.

Nous pourrions facilement multiplier ces questions restées sans réponse jusqu'à présent, et que l'histoire de M. le baron de Richemont résout d'une manière si simple et si lumineuse. Voilà certainement les pas d'un homme inconnu; or, le pied royal du baron de Richemont se rapporte à ces pas avec une exactitude parfaite; donc ce sont-là les traces de ses infortunes royales; donc il est l'orphelin royal

Rappelons encore quelques questions sur le gouvernement de la divine Providence, si inexplicable au vulgaire, mais si sage et si juste pour ceux qui connaissent l'histoire du baron de Richemont. Pourquoi, depuis la révolution

de 93, aucun pouvoir ne peut il s'affermir en France ?...
Pourquoi tous glissent-ils sur cette terre trempée du sang
du roi martyr ?... Ce sang si pur qui devrait, comme celui
des Machabées, avoir expié les crimes des rois et ceux de
la nation, a-t il donc à jamais rendu le pouvoir impossible ?...
Et pourquoi tout genre de pouvoir est-il instable parmi
nous comme l'amour du fornicateur et de l'adultère ?...
Pourquoi, semblable à Caïn, le pouvoir craint-il tous les
partis, et dit-il comme ce premier homicide : quiconque
me trouvera, me tuera, parce que vous m'avez maudit à
cause de mon crime ?

La légitimité est-elle condamnée par Celui qui aime la
justice et qui hait l'iniquité ?... Et pourquoi donc la race
des Bourbons, qu'il avait choisie pour régner sur la France
de la divine Marie, est-elle frappée jusqu'à la troisième
et à la quatrième génération ?... Y a-t-il donc une haine irré-
missible entre les peuples et le pouvoir ? ou, tombant dans
une irrémédiable dissolution, la société fait-elle le suprême
effort de l'agonie pour expulser de son sein tout principe
d'organisation et de vie ?

L'existence et l'oppression du fils de Louis XVI ne sont-
elles pas une réponse parfaitement claire à toutes ces
questions, et à mille autres que l'on pourrait faire ? Pour
n'en citer que quelques-unes qui ont directement rapport à
notre sujet, comment expliquer ceci : à la première atteinte
mortelle portée, en 1789, à la liberté de Louis XVI, par
l'émeute, le Dauphin avait quatre ans ; en 1815, à la
liberté de Napoléon par l'exil, le duc de Reischtadt avait
quatre ans ; en 1824, à la Restauration par la mort de
Louis XVIII, le duc de Bordeaux avait quatre ans ; à l'établissement de juillet par la mort du duc d'Orléans, le
comte de Paris avait quatre ans.

Lors de l'acte de décès de l'enfant du Temple, qui laissa le Dauphin sans avenir, il avait dix ans ; lors de la mort de Napoléon, qui laissa son fils sans avenir, ce fils avait dix ans ; lors de l'exil de Charles X, qui laissa son petit-fils sans avenir, ce petit-fils avait 10 ans. 1793 assassina une dynastie et proscrivit quatre générations de rois ; 1815 expulsa une dynastie et proscrivit deux générations d'empereurs ; 1830 expulsa une dynastie et proscrivit quatre générations de rois ; 1848 expulsa une dynastie et proscrivit six générations de rois !!!

Expliquez-nous donc l'étrange hasard de ces rapports et l'étonnante fatalité de ces coïncidences ?

Mais si la divine Providence gouverne le monde, et si sa justice y exerce son infaillible juridiction ; ses arrêts et ses châtiments ne sont-ils pas évidents sur les oppresseurs du fils de Louis XVI et sur une nation qui s'est laissée faire leur complice ?

Et maintenant dites-nous pourquoi l'on n'a jamais pu trouver le squelette de l'enfant mort au Temple, et pourquoi il vient d'être découvert par hasard, c'est-à-dire providentiellement, au moment opportun ; et pourquoi la curiosité, c'est-à-dire l'action de la Providence, l'a fait passer entre les mains des sommités médicales, qui ont reconnu et avoué, après examen, que le sujet a *vécu* 15 *ans*, tandis qu'en juin 1795 le Dauphin ne pouvait avoir que dix ans et deux mois ?

La biographie du baron de Richemont est la clef de l'histoire contemporaine ; elle est le mot d'ordre des événements accomplis pendant un demi-siècle ; elle y a sa place comme le système artériel dans l'organisme ; elle y est nécessaire comme le cœur dans la poitrine, et sans elle l'histoire atrophiée manque de lumière et de vie. Cette biographie est donc vraie, puisqu'elle est nécessaire ; et si elle n'existait pas, il faudrait inventer quelque chose qui lui ressemblât.

Ainsi, s'adressant à M. le baron de Richemont, le Maître de la vie par les mystères de sa providence lui dit : Tu es mon élu, le fils du roi martyr, que j'ai sauvé et protégé ; la mort lui crie, à travers la tombe entr'ouverte : Je ne te connais pas, tu n'es pas encore descendu dans mon empire ; l'histoire contemporaine, ouvrant son sein, montre sa place, et lui dit : Tu m'appartiens ; les monuments, secouant leur poussière, constatent son identité. Les plus fameux conventionnels, sortant de leur tombe, crient : Nous avons trompé le public par un acte de décès frauduleux et mensonger ; mais celui que nous avons fait orphelin n'est pas mort, le fils du martyr Louis XVI vit. Les traités des congrès de souverains lui disent : Nous avons réservé tes droits ; l'enquête ordonnée par la duchesse d'Angoulême lui dit : Tu es le frère que j'ai méconnu, que je confesse et que je redoute ; la diplomatie lui proteste qu'il est le prisonnier de Milan, le duc de Normandie ; l'*Echo du Brésil* vient lui avouer qu'il l'a connu comme duc de Normandie ; ses compagnons d'armes de l'Italie et de l'Egypte lui confessent qu'il est bien le protégé de Kléber, le duc de Normandie ; ses amis et ses serviteurs d'enfance lui disent, dans leurs hommages : Vous êtes notre ancien maître, le Dauphin, prisonnier du Temple, fils de Louis XVI. La conscience éclairée d'une foule d'amis dévoués lui dit : Je vous reconnais, vous êtes sincère, le témoignage que vous vous rendez à vous-même est vrai et fidèle ; et répondant à la confession de ses amis, des centaines de milliers d'hommes se lèvent de Toulon à Lille, de Strasbourg à Bordeaux et crient : Oui, le témoignage qu'on vous rend est vrai, les hommes qui vous confessent méritent créance, les hommages qu'on vous offre sont sincères ; nous y prenons part, et nous proclamons que vous êtes bien le fils de Louis XVI.

Voilà où en est la cause du fils de Louis XVI ; chaque jour elle grandit d'une manière prodigieuse ; bientôt elle remplira la France, l'Europe, l'univers entier, des infortunes et de la gloire de ce rejeton de tant de grands et de puissants monarques : que les incrédules et les insulteurs osent se montrer !

Maintenant, il doit nous être permis de dire à nos compatriotes, que nul n'est plus digne du droit de cité parmi nous que M. le baron de Richemont, fils de Louis XVI, ni plus capable de remplir toutes les fonctions publiques dont il voudrait bien se charger. Jusqu'au 10 août 1792, c'est-à-dire jusqu'à l'âge de sept ans et cinq mois, il a reçu à la cour de Louis XVI, l'éducation des rois ; tant que Louis XVI put l'avoir avec lui au Temple, il se fit lui-même son précepteur, comme on l'a vu au premier livre ; en Égypte, Kléber, ce général aussi distingué par sa loyauté que par sa bravoure, après lui avoir tracé un plan de conduite, s'occupa de son éducation avec un soin et une sollicitude toute paternelle, que Desaix continua en Italie. Pendant les huit années environ qu'il a passées au Brésil, dans ses nombreux voyages, et plus tard en France, il n'a pas discontinué d'étudier et de s'instruire, jusqu'au fond des cachots où ses bourreaux couronnés le retenaient prisonnier d'une manière aussi arbitraire qu'inique. Et M. Anglade atteste : « que parmi cette belle jeunesse qui formait l'état-major de Kléber, aucun officier ne donnait de plus belles espérances et ne surpassait M. de Richemont en mérite, en valeur et en conduite.

Et quant à son caractère, M. Hérard de Villiers lui a rendu un témoignage qui est celui de tous ses amis, quand il dit : « qu'il l'a toujours trouvé homme de bonne com-
« pagnie, d'une franche gaîté, d'un excellent cœur, aimant
« à rendre service, causant de tout avec une extrême
« facilité, et doué d'une mémoire prodigieuse. » Ajoutons qu'il est doué d'une capacité intellectuelle non moins prodigieuse, comme on a pu s'en convaincre en lisant cet abrégé de ses infortunes, qu'il apprend tout et n'oublie rien; qu'il a tout étudié, tout expérimenté, la religion, la politique, la diplomatie, la philosophie, la physique, la chimie, la physiologie, l'histoire, l'administration, le commerce, les peuples, leurs lois et leurs mœurs.

Ses voyages dans les diverses contrées du globe étaient sérieusement employés; on nous comprendra si nous disons qu'il parcourait les ruines de Troie, un Homère à la main, et que, pour bien connaître les pratiques administratives, il s'est fait employé, et qu'il a, pendant dix-huit mois, rempli les fonctions de secrétaire particulier du préfet de la Seine-Inférieure, sans traitement, sous le nom d'Henri Hébert. Ecrivain habile, il a été l'un des rédacteurs du journal le mieux fait et le plus lu par la bonne société, sous la Restauration; il a écrit en vers et en prose dans divers autres journaux.

C'est lui qui, parlant devant la cour d'assises de la Seine, jeta sa grande histoire à ses juges dans ces deux mots sublimes : « Il existe une victime échappée à l'orage qui a englouti presque toute sa famille. J'ai été malheureux toute ma vie; j'ai parcouru la terre et n'ai trouvé d'asile nulle part. » Il peut dire avec le divin Sauveur, son type parfait: Les renards ont leurs tannières, et les oiseaux du ciel leurs nids; mais le Fils de l'homme n'a pas où reposer sa tête.

Jamais homme n'eut un jugement plus sûr, une perspicacité plus vive, un plus parfait discernement des caractères et des esprits, et ne sut mieux se mettre à leur portée, se livrer à propos et placer sa confiance. C'est à l'aide de ces qualités supérieures dont Dieu l'a doué, que seul, proscrit, privé même de son nom, obligé de se cacher et de vivre inconnu, même sur la terre de l'exil, opprimé par tous les pouvoirs, emprisonné cinq fois, il a pu avantageusement soutenir pendant plus de quarante ans, la persécution cauteleuse, la chasse haineuse que cinq puissants souverains n'ont cessé de diriger contre lui.

Plein d'ailleurs d'une haute sagesse et d'une parfaite confiance au Dieu de ses pères, aucun malheur ne put jamais l'abattre. Il est l'homme inébranlable et toujours supérieur à l'infortune. C'est lui qui, en se retirant de devant la Cour d'assises de la Seine qui venait de le condamner à douze ans de détention, dit tranquillement : « Celui qui ne sait pas « souffrir n'est pas digne des honneurs de la persécution. » Maxime digne de saint Louis, et qu'on croirait empruntée au Fils de la divine Marie. Jamais le fiel de la haine et le poison de la vengeance n'ont pénétré dans son noble cœur. Après 50 ans d'exil, de persécutions et d'épreuves en tout genre, le Dauphin peut dire, comme Louis XVI son illustre père : Je ne me rappelle pas avoir jamais offensé personne, et ajouter avec le Sauveur des hommes : Mes ennemis m'ont haï et persécuté sans sujet : *odio habuerunt me gratis.*

O France! tu consoleras sa vieillesse dont la fraîche et vigoureuse énergie n'étonne pas ceux qui savent qu'il n'y a au monde que deux choses qu'il ne connut jamais, le plaisir et le vice. Il a partagé la vie des malheureux, et il fut l'hôte des rois, le publiciste habile de la liberté, le défenseur de la patrie, l'admirateur de l'homme de talent et l'ami du prêtre.

La vertu et l'honnêteté sont à ses yeux de véritables titres de noblesse. Mais le théâtre ne le connut jamais, les lieux de plaisir l'ignorent complètement, et jamais l'homme vicieux, ni la femme corrompue, ne mirent leur main dans la sienne. Son austère vertu et sa sévère probité, tempérées par son aimable gaîté et par son excellent cœur, font de lui un homme qu'on place d'autant plus haut dans son estime et dans son affection, qu'on le connaît davantage, et qu'on se croit heureux de toute l'élévation qu'on lui donne dans son propre cœur.

Français! Voilà celui que le ciel a préparé par tant de vicissitudes, par de si grandes et de si longues infortunes, pour vous donner la paix et vous procurer le bonheur. Si donc vous aimez la gloire de votre patrie, favorisez, par vos prières et par votre action, la reconnaissance et la venue de l'élu de Dieu, du fils du pieux Louis XVI, mort victime de son amour pour son peuple.

Pour nous, nous descendrons avec plus de repos et de calme dans la tombe, maintenant que, suivant l'impulsion de notre cœur, nous avons payé ce faible tribut de notre dévouement à l'auguste orphelin du Temple, perpétuelle victime de nos discordes civiles.

FIN.

PRINCIPAUX ERRATA DES FEUILLES 1 à 34 (1).

Page. Ligne.

Page	Ligne	Correction
48	14	*Lisez :* pouvaient, *et non* pouvait.
55	12	*Lisez :* 3ᵉ note, *et non* 4ᵉ.
117	8	*Lisez :* inique, *au lieu de* unique.
130	7	*Lisez :* mains, *au lieu de* moins.
1x9	47	*Lisez :* pour, *et non* poar.
151	10	*Lisez :* Ce nouveau, *et non* Le.
165	9	*Lisez :* Raphan, *et non* Raphau.
166	1ʳᵉ	*Supprimez la note et le renvoi de note.*
168	22	*Lisez :* Voghera, *et non* Doghera.
172	31	*Lisez :* la note 6ᵉ, *et non* la note 3ᵉ.
176	26	Après *fût*, virgule et non un point.
190	29	*Lisez :* 7ᵉ note, *et non* 4ᵉ note.
192	23	*Lisez :* Mandoa, *et non* Maudoa.
207	6	*Lisez :* garda, *et non* garde.
214	8	*Lisez :* ce vieux et fidèle....
218	16	*Lisez :* surprendra, *et non* surprend.
220	6	*Lisez :* d'Arjuson, *et non* d'Arjuton.
224	26	Ajoutez *de* avant deux ans.
236	9	*Lisez :* Nous *en* avons.
237	31	*Lisez :* entaché, *et non* et taché.
253	7	*Lisez :* dit, *et non* doit.
254	21	*Lisez :* potentes, *et non* potente.
256	16	Ajoutez *rassuré* après prince.
261	9	*Lisez :* Gallardon, *et non* Gallandon.
267	4	Après *adoré* un point, *et non* virgule.
271	13	*Lisez :* vous, *et non* nous.
272	20	*Lisez :* ministère, *et non* ministre.
275	2	*Lisez :* a-t-il, *et non* a-il.
278	15	*Lisez :* la, *et non* sa capitale.
287	18	*Lisez :* à le, *et non* à se.
303	26	*Lisez :* Louis XVII, *et non* Louis XVIII.
312	32	*Lisez :* une partie qui était loin d'être perdue; *et non* qui était perdue.
318	21	*Lisez :* Gallardon, *et non* Gallandon.
319	10	*Lisez :* quarantaine, *et non* quarantainer.
363	2	*Lisez :* 1834, *et non* 1814. — Page placée avant la page 362ᵉ.
367	»»	Placée par erreur avant la page 366ᵉ.
383	8	Ajoutez *on* avant était.
404	21	*Lisez :* rendait *et non* rendrait.
406	4	*Lisez :* peut, *et non* veut.
408	26	*Lisez :* dresser, *mot renversé*.
413	21	Après *délit de presse*, ajoutez 3ᵒ omis.
423	16	*Lisez :* le fils du régicide, *et non* le fils régicide.
428	6	*Lisez :* peine, *et non* à peine.
462	4	*Lisez :* avait, *et non* avait.
462	11	*Lisez :* c'est, *et non* c'es.
465	4	Après *reconnaître* il faut un point.
472	30	*Lisez :* qu'on eut, *et non* qu'on aurait.

(1) De l'imprimerie Rodanet et Cᵉ Lyon.

TABLE DES MATIÈRES.

Préface. ix
Introduction. xiii

LIVRE 1ᵉʳ.

Histoire de monseigneur le duc de Normandie, sa naissance. . . . . Pag.	1
Histoire de la boussole.	7
Voyage de Montmédy, son issue malheureuse. . . .	15
Journée du 20 juin 1792	24
La famille royale renfermée aux Feuillants, puis au Temple, à la suite de la journée du 10 août 1792 .	28
Massacres du 2 septembre 1792.	33
Vie de la famille royale dans l'intérieur du Temple . .	34
Séparation du roi d'avec la famille royale	41
Le roi est mis en accusation	48
Le roi paraît à la barre de la Convention	50
Séparation nouvelle et entière du roi d'avec sa famille .	51
Le roi est condamné à la peine de mort	53
Entrevue du roi avec sa famille.	59
Mort du roi	66
Testament du roi	71
Pièces justificatives du premier livre	79

LIVRE DEUXIÈME.

Vie de la famille royale après la mort du roi . . .	90
Le Dauphin est arraché aux embrassements de la reine dont on le sépare.	94

Il est confié à la garde de Simon le cordonnier : mauvais traitements qu'il éprouve 95
Mort de la Reine 97
Délivrance du Dauphin 107
Départ du Dauphin de Paris. 113
Son séjour dans la Vendée 114
Mort de Madame Elisabeth 118
Preuves de l'enlèvement du Dauphin 120
Empoisonnement du docteur Desault, à la suite de son rapport sur l'état de l'enfant détenu au Temple. . 126
Diversion opérée pour faciliter au Dauphin la sortie de France 130
Le jeune Morin de Guérivière à Thiers 130
Mort de l'enfant substitué au Dauphin 131
Arrivée du Dauphin auprès du prince de Condé . . . 137
Installation et gouvernement du Directoire 143
Le Dauphin est confié au général Kléber. 149
Arrivée du Dauphin auprès de ce général 152
Le Dauphin part pour l'expédition d'Egypte. 154
La sibylle Egyptienne, anecdote curieuse 159
Bataille de Nazareth ou plutôt de Cana 161
Consulat, 1799, Napoléon premier consul 165
Départ du Dauphin d'Egypte 166
Arrivée du Dauphin en Italie 167
Le Dauphin à Paris, 1801 172
Assassinat d'Ojardias et du comte de Frotté, libérateurs du Dauphin 172
Visite du Dauphin à la femme Simon. 175
Entrevue du Dauphin avec Joséphine. 179
Mort violente de Pichegru 182
Départ du Dauphin pour l'Amérique 185
Arrivée du Dauphin à New-Yorck. 185
Séjour du Dauphin au Brésil. 186
Le Dauphin est arrêté à Civita-Vecchia 188
Expédition de Goa commandée par le Dauphin. . . . 192
Le Dauphin de retour au Brésil part pour la France. . 194
Pièces justificatives du second livre 197

LIVRE TROISIÈME.

Arrivée du Dauphin à Paris	213
Entrevue du Dauphin avec Madame la duchesse d'Angoulême, sa sœur, mai 1816	215
Le Dauphin repart pour l'étranger	221
Relation et preuves de l'assassinat de M. Fualdès, dépositaire des papiers du Dauphin	226
Procès du faux Dauphin Mathurin Bruneau	240
Voyage du Dauphin dans différentes parties du monde	242
Le Dauphin est arrêté et emprisonné à Milan	250
Cause de l'assassinat du duc de Berry	256
Disparition extraordinaire de M. Caron père	263
Mort subite de l'impératrice Joséphine	268
Le conventionnel Courtois	270
Visite de la duchesse d'Angoulême à la femme Simon	273
Nouveaux stratagèmes employés par Louis XVIII pour convaincre le public de la mort du Dauphin	276
Secret de la cassette anglaise à double fond	279
L'empereur d'Autriche envoie le Cardinal Pacca faire des propositions au Dauphin dans les prisons de Milan	282
Histoire de la médaille d'or	285
Rapports de Silvio Pellico avec le Dauphin	294
Le Dauphin est mis en liberté	295
Ordres donnés pour faire arrêter le Dauphin aux frontières	300
Réclamation adressée par le Dauphin à la chambre des Pairs	306
Mission de Thomas Martin de Gallardon	313
Audience accordée par le roi	334
Pièces justificatives du troisième livre	351

LIVRE QUATRIÈME.

Lettre du Dauphin à Madame la duchesse d'Angoulême, sa sœur	379
Protestation du Dauphin contre l'usurpation de Louis-Philippe	384

Visites du Dauphin au duc de Bourbon, suivies de l'assassinat de ce dernier.	386
Opinion politique du Dauphin sur la révolution de 1830.	389
Piége infernal tendu au Dauphin par Louis-Philippe.	395
Arrestation et emprisonnement du Dauphin.	403
Louis-Philippe offre la main de sa fille au Dauphin, moyennant une abdication en sa faveur	405
Ordre donné de traîner le Dauphin à Lyon, quoique malade et pendant l'hiver.	407
Histoire abrégée du faux Dauphin Naündorf	409
Le fils de Louis XVI paraît devant la cour d'assises de la Seine.	413
Paroles du fils de Louis XVI.	416
Condamnation du Dauphin à douze années de détention.	419
Invention de la cachette secrète aux Tuileries.	420
Découverte de l'armoire de fer, 3 décembre 1792	421
Découverte des diamants des princesses par Louis-Philippe.	423
Le Dauphin à Sainte Pélagie d'où il s'échappe après treize mois et vingt jours de détention.	425
Commission nommée en 1839 par Madame la duchesse d'Angoulême, à l'effet de procéder à la reconnaissance d'état civil du Dauphin.	431
Nouveaux et nombreux témoignages en faveur du Dauphin existant dans la personne de M. le baron de Richemont.	440
Nouvelles propositions faites au Dauphin par le château.	447
Le Dauphin est arrêté de nouveau.	451
Le préfet de police fait mettre le Dauphin en liberté.	453
Pourquoi le roi citoyen n'a pas fait périr le Dauphin.	454
Supercherie de prétendus légitimistes pour étouffer la voix du Dauphin.	462
Nouvelle démarche du Dauphin auprès de Madame la duchesse d'Angoulême sa sœur	468
Le Dauphin écrit au duc de Bordeaux.	474
Nouveaux piéges tendus au Dauphin qui quitte Paris pour échapper à la mort	477

Voyages du Dauphin dans divers départements, ses libéralités 478
Corruption du gouvernement de Louis-Philippe . . . 479
Chute du gouvernement de Louis-Philippe, annoncée par le Dauphin. 482
République française; adhésion du prince 484
Réclamation motivée du Dauphin adressée à la Constituante 486
Réponse de l'Assemblée nationale. 495
Envoyé du souverain Pontife au fils de Louis XVI . . 496
Voyage du fils de Louis XVI à Gaëte. 501
Entrevue du souverain Pontife et du Dauphin. . . . 502
Lettre du Dauphin au roi de Naples 503
Assignation donnée par le Dauphin à la duchesse d'Angoulême. 515
Envoyé de Madame la duchesse d'Angoulême à Paris. . 519
Sourdes menées du parti légitimiste pour empêcher la reconnaissance du Dauphin par sa sœur. . . . 520

APPENDICE.

Notice sur l'authenticité de la prophétie d'Orval . . . 545
Prophétie d'Orval. 548
Explication 552
Conclusion 558
Table des matières 571

FIN DE LA TABLE.

www.ingramcontent.com/pod-product-compliance
Lightning Source LLC
Chambersburg PA
CBHW051318230426
43668CB00010B/1070